조선후기 사회와 천주교

조 광

景仁文化社

머리말

　조선후기 서학西學의 형태로 전래되기 시작했던 천주교 신앙은 18세기 말엽부터 본격적인 종교운동으로 전개되어 갔다. 수용초기 서학은 지식인집단의 신문화수용운동적 특성을 가지고 전개되었다. 그러나 이 사상운동이 전개되는 과정에서 곧 서학은 천주교신앙으로 인식되었고, 종교 신앙이 가지고 있는 보편적 특성과 관련하여 일반 민인民人들에게로 확산되어 갔다. 서학은 더 이상 신문화수용운동으로만 머물지 않고 천주교 신앙으로 수용되면서 민중종교운동으로 확산되어 갔다.

　18세기 후반 조선왕조는 일종의 정치종교적 성격을 가지고 있던 성리학을 지도이념으로 삼고 있었다. 이 상황에서 천주교의 수용과 보급은 성리학적 질서에 대한 중대한 도전으로 인식되었다. 지배층은 서학을 성리학적 가치체계에 대한 본격적 거부로 인식했다. 그들에게 있어서 서학 즉 천주교는 일종의 평등지향의 사상이었다. 따라서 천주교 신앙은 '나라를 원망하는' 원국지도怨國之徒, 그리고 '세상의 변혁을 생각하고 바라던 사람들[思欲變世者]'이나 가질 수 있는 이단사설異端邪說이요 이적금수지도夷狄禽獸之道에 지나지 않았다.

　여기에서 정부 당국에서는 서학 즉 천주학에 대해 엄격히 배격하는 정책을 강행해 나갔다. 물론 천주교 신앙은 수용 직후부터 배격되고 있었으나, 천주교 확산에 관한 본격적 탄압이 강행되던 때는 1801년이었다. 이때에 이르러 천주교에 대한 문제는 조정에서 논의되던 여러 주제들 가운데 가장 중요한 비중을 차지하게 되었다. 순조 원년 1801년의 『조선왕조실록』을 검토해 보면 당시 사회에서 천주교 사건이 차지하고 있던 비중을 확연히 알 수 있다. 이 종교운동은 조선후기 민인들의 각성을 뜻하는 사실이기도 했기 때문이다.

　이 책에서는 천주교가 수용된 이후 1801년의 교난을 중심으로 하여 조선후기 천주교사에 관한 글들을 정리해 보았다. 먼저 제1편에서는 조선후기 천주교사에 대한 연구사적 정리와 반성을 시도해 보았다. 그리고 천주교회의 기원과 그 성립 배경에 관한 문제를 집중적으로 검토했다. 황사영백서가 작성된 시대적 배경에 대한 분석을 통해서 천주교가 성행하게 된 사회사상적 배경의 한 측면에 대해서도 주목해 보았다.

　이에 이어서 제2편에서는 19세기 천주교사가 전개되는 과정에서 마주하게 되었던 국제환경을 주목하고자 했다. 또한 제3편에서는 1801년의 교난을 중심으로 하여 당시 일반신도들의 일상생활과 이승훈李承薰, 주문모周文謨, 정약종丁若鍾 등 당시 교회의 대표적 지도자의 발자취를 추적해 보았다. 이에 대한 검토에 이어서 제4편에서는 조선후기 한글로 기록된 천주교서적 등에서 나타나는 인간관계론을 중심으로 하여 그 사상적 특성을 검토하고자 했다. 그리고 동학사상과 서학사상의 상호관계를 규명을 시도했다. 또한 조선후기 근기近畿지방, 해미를 중심으로 한 내포지방 그리고 호남지방에서 천주교 신앙이 전개되어 나간 양상을 파악해 보고자 했다.

　이 책에 수록된 글들은 그동안 30여 년에 걸쳐 여러 역사학 계통의 논문집에 간헐적으로 발표했던 글들을 기본으로 하고 있다. 나는 이를 한 권의 책자로 만드는 과정에서 그 내용과 형식을 다시 가다듬어 하나의 책자로 엮어보았다. 그러나 각 논문에서 수정하는 부분을 최소화하여 논문작성 당시에 가지고 있던 문제의식을 그대로 드러내고자 했다. 따라서 이 글들은 여러 모로 부족한 측면을 가지고 있으리라 생각된다. 그렇다 하더라도 이 책이 조선후기 사회와 사상을 이해하고 천주교 신앙운동이 전개되어 나가는 과정에 대한 이해에 보탬이 될 수 있다면 다행으로 생각하겠다. 이 바람을 가지고 책의 제목을 『조선후기 사회와 천주교』로 정해 보았다.

이 책을 정리하는 데에는 내가 아끼는 제자들의 도움이 컸다. 고려대학교 대학원에서 박사과정을 이수하고 있는 김한신은 이 책의 정리에 적지 않은 시간을 할애해 주었다. 그리고 석사논문을 준비하고 있는 이주화와 이한나, 송미정은 교정과 색인 작성 작업을 위해 적지 않은 노력을 기우렸다. 이들의 도움이 아니었으면 책을 하나로 엮는 일 자체가 어려웠으리라 생각된다. 또한 이 책의 근간을 이루는 논문을 작성하는 데에 자극과 도움을 주신 모든 분들에게도 머리 숙여 감사드린다.

2010년 2월
안암의 연구실에서
조 광

목 차

제4부
조선후기 천주교사의 특성

x

본문 출처

제1부

제1장. 2000, 「조선후기 천주교사 연구의 과제」『한국 천주교회사의 성찰』, 한
국교회사연구소.
제2장. 1999, 「조선교회 임진왜란 기원설의 역사적 검토」『누리와 말씀』3, 인천
가톨릭대학교출판부.
제3장. 1991, 「한국 천주교회의 기원 –가설에 관한 역사성 문제–」『그리스도교
와 겨레문화』, 한국교회사연구소.
제4장. 1977, 「황사영백서黃嗣永帛書의 사회사상적 배경」『史叢』21, 역사학연구
회(高大史學會).

제2부

제1장. 1997, 「조선후기 서세동점西勢東漸과 조선천주교회 –김대건金大建 순교殉教
의 역사적 배경–」『敎會史研究』12, 한국교회사연구소.
제2장. 2006, 「19세기 중·후반 프랑스 선교사의 조선인식–le Pére Calais, M.E.P.를
중심으로–」『한불수교 120주년기념 학술대회 발표집』.
제3장. 2006, 「병인양요丙寅洋擾에 대한 조선 측의 반응」『병인양요의 역사적 재
조명』, 한국정신문화연구원.

제3부

제1장. 1996, 「조선후기 천주교도의 일상생활」『한국학술진흥재단 학제간연구
결과 보고서』.
제2장. 1992, 「신유교난辛酉教難과 이승훈李承薰」『敎會史研究』8, 한국교회사연
구소.
제3장. 1995, 「주문모周文謨의 조선 입국과 그 활동」『敎會史研究』10.
제4장. 2002, 「정약종丁若鍾과 초기 천주교회」『韓國思想史學』18, 한국사상사
학회.

제4부

제1장. 1996, 「조선후기 서학서西學書의 인간관계에 대한 이해」 『具仲書教授華
甲紀念史學論叢』.
제2장. 2003, 「19세기 후반 서학과 동학의 상호관계에 관한 연구」 『東學學報』
6, 동학학회.
제3장. 「조선후기 근기 지방의 천주교 신앙」, 미발표.
제4장. 1993, 「19세기 해미 지방에서의 서학 신봉」 『남도영교수고희기념사학논
총』, 민족문화사.
제5장. 2004, 「호남지역 천주교의 전파와 조선정부의 대응」 『신학전망』, 광주가
톨릭대학교 신학연구소.

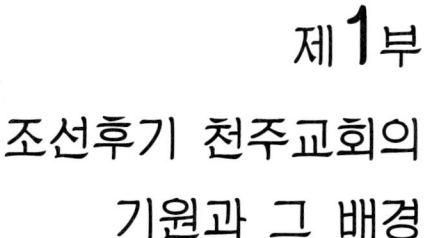

제1부

조선후기 천주교회의
기원과 그 배경

제 1 장

조선후기 천주교사 연구의 과제

1. 머리말

모든 역사의 연구에서는 시대적·지역적 특성에 대한 배려와 함께 구체적 주제의 제시가 요청되고 있다. 이는 역사연구가 시대와 지역과 주제에 의해서 한정된다는 말이 된다. 한국천주교사의 연구에 있어서도 이 원칙은 마찬가지로 적용된다. 한국천주교사는 한국이라는 지역적 요소와 함께 천주교 신앙공동체라는 주제를 다루고 있다. 그리고 한국천주교사는 다시 몇 단계의 시기로 구분된다. 한국천주교사의 시대구분에서 등장하는 '박해시대'라는 용어는 교회가 창설된 1784년부터 신앙의 자유를 얻게 된 1882년을 전후한 100여년에 걸친 시기를 지칭한다.

한편, 역사의 연구는 사실의 발견과 그 사실에 대한 해석을 뜻한다. 사실의 발견은 단일회적單一回的 객관적 사건에 대한 확인이라면, 사실에 대한 해석은 연구자가 처해 있던 시대정신의 반영일 수밖에 없다. 이 점은 한국천주교사의 연구에 있어서도 동일하게 적용된다. 천주교사의 연구자들은 자신의 체험이나 사료를 통해서 천주교사적 사건을 확인하고 정리해 나간다. 또한 그들은 자신이 처해 있던 시기의 역사학설歷史學說이

나 선교학宣敎學의 이론적 도움을 받아가며 천주교사적 사건을 해석하게
된다. 그러므로 천주교사 연구는 연구자가 처한 시대에 따라서 그 해석
의 방향이 변화하게 마련이다. 천주교사적 사건을 확인하여 이해하는 방
향은 연구자가 처해 있던 각 시대의 특성을 반영하며, 그 시대정신에 의
해서 제약되고 있다. 여기에서 시대에 따라 천주교사 연구의 주제가 확
대되어 나가며, 천주교사에서 나타나는 동일한 사건이라 하더라도 시대
마다 그 의미 규정이 달라진다.

역사학 내지는 천주교사가 가지고 있는 이와 같은 일반적 특성은 한
국천주교사 가운데 조선후기 부분의 연구에 있어서도 동일하게 적용된
다. 조선후기 한국천주교사에 대한 연구는 박해가 진행되던 당대부터 시
작되어, 개항기와 일제시대를 거쳐서 해방 이후 오늘에 이르기까지 꾸준
히 지속되어 왔다. 그런데 각 시대의 천주교사 연구자는 자신이 처해 있
던 사회와 교회의 사조思潮에 의해 천주교사를 연구하고 해석했다. 이는
조선후기의 천주교사를 연구하는 사람들에게서도 동일하게 드러난다.
이 때문에 조선후기의 천주교사에 관한 연구에서는 연구자가 활동했던
시대별로 그 연구 주제와 해석 방법상의 차이를 확인할 수 있게 된다.

그러므로 조선후기 천주교사의 연구사를 정리하기 위해서는 각 연구
들이 시대에 따라서 지니고 있던 특성을 먼저 파악해야 한다. 그리고 조
선후기 천주교사를 해석했던 이론과 그 연구에 적용되었던 방법론의 특
성이 주목되어야 한다. 이와 동시에 조선후기 천주교사에 관한 사료의
발굴과 정리를 위한 노력이 어떻게 전개되었는지를 점검할 수 있다. 또
한 각 시대에 간행된 한국교회사 개설서의 서술상 특성이 변화해 가는
과정도 주목할 수 있을 것이다. 본고에서는 조선후기 천주교사가 조선후
기 당대와 개항기 및 식민지시대에 어떻게 연구되었는지를 집중적으로
살펴보고자 한다.[1]

---

1) 해방 이후 현대사회에서 전개된 조선후기의 천주교사에 관한 연구는 필자의 다음

연구사硏究史의 정리는 역사 연구의 출발점이며, 동시에 종착점이 된
다. 이 작업은 천주교사의 연구 업적과 특성을 확인하는 일이다. 연구사
정리를 통해서 그동안 성취된 연구업적을 유념하고서 새로운 연구주제
를 찾게 된다. 또한 연구자는 연구사의 정리를 통해서 자신의 연구가 해
당분야에서 차지하고 있는 위상을 파악하고, 그 연구가 나아갈 방향을
설정하게 된다. 여기에서 연구사의 검토 작업은 역사연구의 종착점이
된다.

그러므로 우리는 연구사에 관한 검토를 통해서 한국 천주교사 학계의
연구 성과를 확인하며, 천주교사 연구가 나아갈 방향을 모색하게 된다.
그리고 천주교사 연구가 지향해야 하는 방향은 오늘날의 교회가 나아갈
진로를 모색하는 데에도 도움을 줄 수 있을 것이다. 이와 같은 이유로
인해서 조선후기 천주교사에 관한 연구사 정리는 한국사학 뿐만 아니라
한국그리스도교 연구에도 다같이 요청되는 작업이 된다.

'조선후기 천주교사의 연구'라는 구절에는 두 가지의 개념이 포함되
어 있다. 즉, 하나는 '조선후기의 천주교회에서 일어난 역사적 사건에 대
한 연구'라는 의미가 있다. 그리고 또 다른 하나는 '조선후기의 천주교
사에 대한 당대나 후대의 연구자들이 진행시킨 연구'라는 개념이다. 이
글에서는 후자의 개념으로 이 용어를 사용하고자 한다. 그렇다 하더라도
본고에서는 조선후기 천주교사를 대상으로 삼았던 연구성과들을 구체적
으로 제시하지는 않겠다. 그 연구성과들은 이미 필자가 작성한 「한국천
주교회사 관계논저의 정리」(I~V)에 수록되어 있기 때문이다. 단지 여
기에서는 각 시대에 따라 그 연구들에서 내포되어 있던 연구방법론적 특
성이나 연구목적의 변화 등에 관해서만 간략히 서술하고자 한다.

글을 우선 참조할 수 있을 것이다. 조광, 1987, 「西學과 天主敎」 『한국사연구입
문』(제2판, 한국사연구회 편), 지식산업사, 385~392쪽.

2. 연구사 정리를 위한 노력의 전개

한 시대의 특정 분야에 관한 연구사를 정리하기 위해서는 우선 그에 관한 논문의 존재부터 확인해야 한다. 이를 위해서는 논저 목록 작성 내지 논저 색인작업이 요청된다. 이러한 논저의 목록 색인작업은 1960년대 신민족주의적 경향과 더불어 한국학 연구가 강화되어가던 분위기에서 진행되었다. 그러나 한국의 학계에서 논저목록류가 본격적으로 간행된 것은 1970년대 이후의 일이었다. 즉, 1973년 고려대학교 민족문화연구소에서는『한국논저해제』를 기획하여 간행했고, 1973년에는 그 제Ⅱ권(역사학편)이 출간되었다. 그리고 대한민국학술원에서는 1972년에『학술총람』을 간행하여 연구논저를 정리해주었다. 1972년도에 간행된 그 제Ⅵ권(역사학편, 1901~1970)과 1976년에 나온『학술총람』Ⅱ(철학편)에는 천주교사 관계 논저들이 포함되어 있었다. 이와 비슷한 시기에 국립중앙도서관과 국회도서관에서도 논저 색인작업을 진행시켰다. 이렇게 간행된 논저해제류의 역사학 편에는 한국천주교사 관계 연구논문들도 수록되어 있었다.

이와 비슷한 시기에 한국신학 관계 논저 색인작업이 진행되었다. 신학관계의 색인 가운데 대표적 작업으로는 1979년 총신대학 출판부에서 박종호朴鐘浩 편으로 간행된『한국신학논문총색인韓國神學論文總索引』(1916~1977)을 들 수 있다. 이 색인집에서도 천주교사분야가 다루어지고 있었다. 그러나 이 작업은 개신교 신학계의 업적을 중심으로 해서 작성했다는 한계를 지니고 있었다. 이어서 개신교를 중심으로 한 그리스도교사에 관한 색인 작업이 1982년 고신대학 교회사연구회와 1986년 한국기독교사연구회의 주관으로 진행되었다.[2] 이 색인 작업에서도 한국천주교사

---

2) 고신대학 교회사연구회, 1982,『한국교회사 관계 문헌목록(1918~1981)』, 양문출

내지 조선후기 천주교사에 관한 목록이 부분적으로 포함되어 있다.

이와는 별도로 본격적인 천주교사 관계 논문 색인 작업은 1970년에 착수되었다.[3] 이때의 색인 작업을 기초로 하여 역사학계에서는 한국천주교사 관계 논저를 정리하고자 하는 노력이 지속적으로 진행되었다. 그리하여 1982년에는 당시까지 집필·간행되었던 한국천주교사 관계 논저목록이 발표될 수 있었다. 이 논저목록은 한국천주교사관계 논저들을 집필된 언어별로 100 단위 분류를 하고, 논저의 종류를 학위논문, 연구논문, 전문서적으로 나누어 10단위로 분류했다. 그리고 '학위논문'을 다시 박사학위, 석사학위, 기타학위로 분류했다. '연구논문'은 논저의 성격과 시대를 감안해서 기초연구(0), 특수연구(1), 교회사 전사敎會史 前史(2), 박해시대(3), 개화운동기(4), 광복운동기(5), 통일운동기(6)로 1단위單位를 분류했다. '전문서적'의 경우에도 기초도서, 특수연구서, 개설서, 시대사, 교구사, 본당사, 수도회사, 단체사 등으로 세분했다.

이와 같은 분류 원칙에 의한 천주교사 논저목록 정리작업은 1982년 이후부터 1999년 말 현재에 이르기까지 모두 5회에 걸쳐서 발표되었다.[4] 한편, 1991년에도 한국교회사 논저 해제집이 별도로 간행된 바 있

판사, 158쪽.
한국기독교사연구회, 1986,「한국기독교사 관계 논저목록」『한국기독교와 민족운동』, 보성, 553~582쪽.
3) 趙珖, 1970,「한국교회사관계 논문목록 해제(1)」『敎會史硏究誌』 3, 가톨릭대학교 교회사연구회.
4) 趙珖, 1982,「한국천주교회사관계 논저의 정리 I(1874~1982)」『최석우신부화갑기념 한국교회사학논총』, 한국교회사연구소.
趙珖, 1988,「한국천주교회사관계 논저의 정리 II(1983~1987)」『敎會史硏究』 6, 한국교회사연구소.
趙珖, 1991,「한국천주교회사관계 논저의 정리 III(1988~1990)」『韓國가톨릭 文化活動과 敎會史』, 한국교회사연구소.
趙珖, 1994,「한국천주교회사관계 논저의 정리 IV(1991~1993)」『한국교회와 복음선교』, 도서출판 빅벨.
趙珖, 1997,「한국천주교회사관계 논저의 정리 V(1994~1997)」『역사와 사회』,

었다.5) 이 책에서는 교회사 관계 일부 저서와 논문들을 해제하거나 제목을 제시해 주었다. 그런데 이 색인집에는 100여 쪽의 분량에 이르는 한국교회 관계 구문歐文 논저목록이 영인되어 수록되어 있다.6) 19세기 이후 제2차 세계대전 이전까지의 기간에 프랑스어, 영어, 독일어, 이태리어 등 유럽어로 씌어진 한국교회 관계의 연구논저나 잡지 기사는 이 목록을 통해서 파악될 수 있다.

천주교사 연구에 관한 새로운 정보를 꾸준히 보완함으로써 연구논저목록집이 가지고 있는 가치가 지속될 수 있을 것이다. 한국천주교사 관계 논저색인도 꾸준히 보완 집필되어야 한다. 따라서 이 한국천주교사 관계 논저색인의 보완작업도 계속 진행 중에 있다. 현재까지는 1999년도 말까지의 한국천주교사관계 연구논저들이 대강 정리되어 있다.7) 한편, 이러한 보완작업은 최근에 이르러서는 종이책보다 전자책의 간행을 통해서 효율적으로 전개될 수 있을 것이다. 21세기의 한국천주교사 논저목록은 전자책으로 간행될 수 있을 것으로 전망된다. 이와 같은 각종의 논저목록을 통해서 조선후기 천주교사에 대한 연구 성과를 우리는 점검할 수 있다.

1918년 이후 현재에 이르기까지 한국어로 작성된 한국천주교사에 관한 연구업적의 통계를 분야별로 작성해보면 다음과 같다.

현암사.

5) 金玉姬, 1991, 『韓國敎會史論·著 解題集』, 圖書出版 殉敎의 脈, 397쪽.

6) 『韓國敎會史 論·著 解題集』에는 이 구문(歐文) 목록(目錄)의 출처가 밝혀져 있지 않았다. 그러나 그 구문 목록의 설명문이 독일어로 작성되었고, 한국관계 기사가 제2차 세계대전이 일어나기 직전인 1937년도의 기록까지 있는 것을 보면 이 책자는 독일의 선교신학계에서 제2차 세계대전 이전의 선교지역에 관한 학술 정보만을 정리하여 간행했던 것으로 생각된다.

7) 현재 필자가 작성하고 있는 1998년 이후의 한국천주교사 연구논저 목록은 필자에게 E-Mail로 요청할 경우 즉시 공개할 것이다. 필자의 ID는 chokwangkorea@hanmail.net이다.

〈표〉 한국천주교사 관계 한국어 논문(1918~1999)

기호	분류명	내 용	수량	비고
001	학위~박사학위	일반대학원	40	1997.2.까지
002	학위~석사학위	일반대학원, 특수대학원	375	1997.2.까지
010	논문~기초연구	문헌연구, 연구사, 해제	120	1999.12.까지
011	논문~특수연구	타사상과의 관계, 이론	349	이하 동일함
012	논문~교회사전사	1784년 이전의 역사	35	
013	논문~박해시대	1784년~1876년	282	
014	논문~개화운동기	1876년~1910년	140	
015	논문~광복운동기	1910년~1945년	157	
016	논문~통일운동기	1945년~1999년	121	

자료 : 조광, 한국천주교회사관계 논저의 정리(Ⅰ~Ⅴ)

이 표에서 제시되고 있는 논문 분야의 분류 가운데 조선후기 천주교 사에 대한 연구 성과는 모두 282편이 확인되고 있다. 그리고 기초연구 (120편)나 특수연구(349편)의 연구논문 가운데 상당 부분의 논문이 조선후 기 박해시대를 대상으로 한 것이었다. 그렇다면 대략 600여 편 이상의 조선후기 천주교사 논문이 발표되었던 것으로 추정된다. 그리고 한국천 주교사에 관한 100여 종의 단행본 가운데에서도 조선후기 천주교사에 관한 언급이 적지 않은 부분을 차지하고 있다.

조선후기 천주교사의 연구사는 이러한 연구성과에 대한 분석을 말한 다. 그런데 연구사 정리를 위해서 이 논문들을 일일이 언급한다는 것은 효율적 작업이 아니라고 생각된다. 그러므로 조선후기 천주교사 연구사 를 정리하고자 하는 본고에서는 개별 논문에 관한 구체적 언급은 생략하 고 그 연구방법론과 이론 등에서 드러나는 특징만을 간추려 정리하고자 한다.

한편, 조선후기 천주교사의 연구사 정리는 1957년도 홍이섭(洪以燮)의 연구에 이어서 이미 수차례에 걸쳐서 진행되어 왔다.[8] 홍이섭은 이 연구 를 통해서 조선후기 이래 전개되어 온 한국천주교사 연구의 업적들을 전반적으로 조명하고 있다. 그는 먼저 한국천주교사에 관한 조선후기 당대의 연구업적 내지 자료들을 주목하여 설명했다. 그리고 그는 달레(Dallet)와 로네(Launey) 등 프랑스의 파리외방선교회 선교사들이 수행했던 한국천주교사 연구에 관한 고전적 업적들을 정리해서 제시했다. 또한 그는 피숑(Pichon)신부가 수행하고 있었던 사료발굴과 정리의 노력도 정당하게 평가해 주었다. 이에 이어서 그는 "천주교사天主教史 연구研究에 근대적近代的인 방면方面의 적용適用과 연구研究의 개척開拓에 손을 댄 구 일인舊日人 학자의 제 연구諸研究"를 주목해서,9) 근대적 학문방법론을 적용하여 천주교사 연구를 개척한 일본인 연구자들의 업적을 주목하여 소개했다.

그런데, 당시까지 천주교사 연구는 조선후기에 관한 연구가 주류를 이루고 있었다. 그러므로 홍이섭이 시도한 천주교사 연구사의 정리작업은 조선후기 천주교사를 밝히는 데에 집중되었다. 그의 연구사 정리는 조선후기 한국천주교사 연구를 한 단계 높여주는 데에 이바지했다. 그러나 그의 연구사 정리는 연구업적을 정리 소개하는 것을 위주로 삼은 듯하다. 그의 연구사에서는 아직까지 천주교사 연구에 있어서 사건 해석의 실마리를 제공해 주고자 하는 노력이 제시되지 않았기 때문이다. 한편, 그는 이 논문 안에서 천주교사 연구사의 정리에 이어서 개신교사 연구업적들도 함께 소개했다. 이 부분은 개신교사 연구사 정리의 효시로 생각된다.

홍이섭의 연구사 정리에 이어서 최석우崔奭祐는10) 1974년에 한국천주교사 연구사를 정리해주었다. 그의 이 정리작업은 다시 가다듬어져서

---

8) 洪以燮, 1957,「韓國基督教史研究小史」『白樂濬博士回甲紀念論文集』, 思想界社.
9) 洪以燮, 1957, 앞의 논문, 778쪽.
10) 崔奭祐, 1974,「韓國教會史는 어떻게 敍述되어 왔나」『朴相一修女回甲紀念論文集』, 同刊行委員會.
　　崔奭祐, 1976,『司牧』34, 한국천주교중앙협의회.
　　崔奭祐, 1982,『韓國教會史의 探究』, 한국천주교사연구소.

1976년 한국천주교 중앙협의회에서 간행하는 『사목司牧』잡지에 수록되었다. 그는 이 글을 통해서 구베아 서한을 비롯하여 초기 천주교사에 관해 서양인 선교사들이 작성했던 사료들이 가지고 있는 당대사적 천주교사 인식을 밝혀주었다. 그리고 파리외방선교사들의 천주교사 정리 내지는 순교자 연구의 업적들을 밝혀주었다. 물론 그는 일본인 연구자의 연구성과도 간략히 소개했다.

최석우는 이 연구사 정리를 통해서 "우리가 먼저 교회의 과거 전체를 이해하지 못한다면 교회의 현재도 이해하지 못할 것이다"라는 독일의 교회사가 묄러(Möller)의 말을 인용하여 제2차 바티칸 공의회가 제시한 쇄신의 원칙을 한국교회가 올바로 파악해야 함을 말했다. 그리고 교회는 "현대가 무엇을 요구하는가라고 질문하기에 앞서 본디 그리스도적인 것을 어떻게 전달할 것인가라는 질문에 먼저 대답해야 한다"고 주장했다. 그리고 천주교사의 대상이 신앙의 교회임과 동시에 역사의 교회임을 밝히면서, 교회사의 과제가 신과 인간의 협동을 추적하는 데에 있음을 밝혔다.

또한 그는 한국천주교사 연구의 기초작업으로서 자료목록이나 사료집의 간행이 중요함을 역설했다. 그는 현대천주교사가 안고 있는 호교적護敎的 경향을 벗어나야 한다고 주장했다. 그리고 교회사에서의 패배와 과실을 시인할 줄 알아야 함을 말했다. 그의 단계에 이르러 조선후기 천주교사 연구는 이론적으로 진일보하게 되었다.

역사학의 입장에서 천주교사를 연구하고 있던 이원순李元淳도 천주교사 연구사를 정리했다.[11] 그의 연구사 정리작업은 1976년에 착수되었다. 그는 벽위적闢衛的 의도에서 선도된 조선후기의 천주교사 연구를 간

---

11) 李元淳, 1976, 「天主敎」 『韓國史論』, 국사편찬위원회.
李元淳, 1981, 「天主敎」 『韓國學硏究入門』, 지식산업사.
李元淳, 1982, 「韓國天主敎史 硏究小史」 『崔奭祐神父華甲紀念韓國敎會史論叢』, 한국교회사연구소.

략히 언급했다. 그리고 프랑스 선교사들의 업적을 점검한 데 이어서,
1930년대에 일본인 연구자들에 의해서 전개된 '근대사학적' 연구를 주
목했다. 그는 이능화李能和를 비롯한 조선인 연구자들의 업적을 점검했고,
해방 이후 새롭게 전개된 한국천주교사연구의 과정을 조명해 주었다.

한편, 그는 천주교사 연구에 대한 의미를 스스로 확인하고자 했다. 이
러한 그의 의도는 다음의 인용문을 통해서 드러난다.

> 지금까지 천주교사 연구의 일부에서 볼 수 있었던 호교론적 경향이나 종
> 파적 편향은 단연코 시정되어야 하거니와 또한 민족사를 내재론적內在論的 연
> 구로만 해명하고자 하는 나머지 역사발전에서의 외래적 역사인소歷史因素를
> 고의적으로 거부하는 단견과 오류도 타파되어야 한다. 한 민족의 역사가 그
> 민족사회의 자생적 역사영역歷史營力에 의해서 추진되는 것은 물론이나 그렇
> 다고 하여 외적外的 변수요인變數要因 또한 무시할 수 없는 것이다. 외래적 역
> 사변수歷史變數가 민족사회에 진취적으로 수용 정착되고 민족사회에 용해되는
> 과정에서 새로이 전개됨으로써 '민족문화의 재창조=발전'이 추진되는 것이
> 다. 이러한 관점에서 호교와 학문의 혼효混淆를 극력 배제하는 한편 우리 민
> 족의 문화적 능력, 역사적 추진력을 이해 파악하기 위한 적극적 의욕에서 교
> 회사가 연구되어야 한다.12)

이상의 언급을 통해서 볼 수 있는 바와 같이 그는 한국사 발전의 외래
적 역사인소歷史因素로서 외래문화의 수용을 주목하고자 했고, 조선후기
천주교 신앙의 수용은 이 한국역사의 발전에 작용한 외래적 요인이었음
을 설명했다. 그는 1960년대 후반기 이래 한국사학계에서 지배적이었던
내재적內在的 발전론發展論에 의해서 역사발전에 미치는 외래적 요소가 부
정되거나 고의적으로 무시되던 학계의 문제점을 바로잡고자 했다. 그는
한국천주교사가 학문적 연구의 대상이 될 수 없다고까지 생각했던 일부
연구자들의 각성을 촉구함과 동시에, 그들의 이와 같은 편견은 "호교護敎

---

12) 李元淳, 1981, 「天主敎」『韓國學硏究入門』, 지식산업사, 363~364쪽.

와 학문學問이 혼재混在된 일부의 천주교사 연구에서 그릇 인식하게 된 유견謬見일 것이니 마땅히 시정되어야 할 것이다. 반면에 이러한 견해가 나올 수 있었던 배경은 이 방면의 연구자들이 앞으로의 연구를 위해 유의해야 할 문제이기도 하다"고 말했다.13) 즉 여기에서 그는 한국사학계에서 천주교사 연구의 가치를 정당하게 평가하지 아니한 데에는 일부 연구자들의 호교적 태도에 원인이 있음을 들어서 천주교사 연구자들의 반성도 촉구해 주었다.

조선후기 천주교사의 연구사적 정리는 조광趙珖에 의해서도 진행되었다.14) 그는 조선후기 서학西學사상이 수용되는 과정에서, 당시 조선의 학계가 가지고 있던 사변적思辨的 경향에 따라, 서학의 과학기술적 요소보다는 천주교 신앙이라는 이념적 측면의 이론이 주목받았음을 말했다. 그리고 이렇게 도입된 서학 내지는 천주교는 일제하 식민사관적 측면에서 접근 연구되었음을 지적했다. 또한 그는 조선후기 천주교사 연구는 당시의 '문화운동적文化運動的' 차원에서 주목되었음도 밝혔다. 이 경향의 연구에서는 당시의 지배적 문화였던 유학과 천주교 신앙사이에서 이루어진 문화복합文化複合 현상을 규명하려는 경향이 강했음이 제시되었다.

그는 이에 이어서 '종교신앙적' 측면에서도 조선후기의 천주교사가 연구되었음을 지적했다. 종교신앙적 측면의 연구 가운데 일부는 천주교사를 호교론적 입장에서 '박해사迫害史'로만 규정하고 있는 문제점을 의식하면서, 그는 천주교사의 연구가 호교적 선입견에 의해 역사학의 학문적 엄격성에서 일탈되어서는 안 된다는 문제의식을 제기했다. 그러나 종교신앙적 차원의 천주교사연구는 조선후기 사회·문화와 인간에 대한 이해를 심화시킬 수 있기 때문에 이러한 시각의 연구가 계속되어야 함을

---

13) 李元淳, 1982, 「韓國天主敎史 硏究小史」『崔奭祐神父華甲紀念韓國敎會史論叢』, 한국교회사연구소, 703쪽.
14) 趙珖, 1987, 「西學과 天主敎」『한국사연구입문』(제2판, 한국사연구회 편), 지식산업사, 383~392쪽.

말했다. 또한 사회사社會史 내지는 사회사상사의 일부로 당시의 천주교사
가 주목되었음을 지적했다. 그는 이 분야의 연구가 조선후기 사회에 있
어서 천주교 신앙공동체가 가지고 있던 특성의 확인작업임을 강조하면
서, 조선후기사의 전체적 맥락에서 천주교사의 자리매김을 시도하는 연
구들을 주목했다.

조선후기 천주교사에 대한 연구사적 접근은 1990년대에 접어들어서
도 계속되었다. 특히 1995년 해방 50주년을 맞아서 한국 학계에서는 자
신의 학문적 연구에 대한 성찰이 진행되어 갔다. 이 과정에서 이은봉李恩
奉은 해방이후 50년간에 걸친 한국종교사연구의 상황을 폭넓게 조망해
주었다. 그는 이 작업에서 천주교사 연구에 대해서도 간략하게 언급하고
넘어갔다. 그는 해방이후 천주교사 연구가 조선후기에 집중되어 있음을
말했다. 그리고 그 연구 방법론에 있어서는 "자기 해명의 호교론이 강하
게 나타나고 있으며, 반면에 민족주의나 고유문화의 개발은 극히 희소한
것은 천주교가 민족문제나 문화적 고유성의 문제에 대한 관심이 부족함
을 볼 수 있다"고 지적했다.[15]

한편, 한국종교학회에서는 해방이후 한국 종교연구사를 종합적으로
검토하여 각 종교사별로 전문연구자에게 위촉하여 연구사를 집필해서
간행했다. 이 기획에 차기진車基眞이 참여하여 천주교사 연구부분을 정리
했다. 그는 해방이후 천주교사 연구를 1945년부터 1970년, 1971년부터
1984년 그리고 1985년에서 1995년에 이르는 세단계로 나누어 연구논문
들을 개별적으로 검토 소개했다. 그는 한국인 연구자의 주도하에 천주교
사 연구가 질적 양적으로 확대되어 가는 과정을 서술하고자 했다.[16]

---

15) 李恩奉, 1996, 「해방후 50년 한국종교연구사」『韓國學報』 82, 일지사, 22쪽.
16) 車基眞, 1997, 「역사에 뿌리내리는 교회의 역사」『해방후 50년 한국종교연구사』
    (한국종교학회 편), 도서출판 窓.
    車基眞, 1998, 「천주교의 수용과 발전에 관한 연구」『韓國史論』28, 국사편찬위
    원회.

조선후기 천주교사의 연구에 대한 부분적 정리작업은 김수태金壽泰에
의해서도 시도되었다. 그는 주로 조선후기 천주교사 연구를 추진하고 있
었던 일본인 연구자들의 연구내용과 그 문제점들을 지적했다.17) 그는
일제시대 천주교사 연구가 가지고 있는 특성을 확인하는 과정에서 이능
화李能和의 천주교사 연구에 관한 문제를 집중적으로 밝혀주었다. 그는
이능화의 조선후기 천주교사 연구가 사회발전에 있어서 사상의 자유와
대외관계에 있어서의 개방성을 역설하면서, 조선후기 양반사회를 신랄
히 비판했음을 지적했다.18) 그리고 그는 달레(Dallet)의『한국천주교회사』
에 대한 올바른 평가를 위한 노력을 전개했다.19)

한국종교사 연구에 대한 검토작업은 1990년대 말에도 진행되었다. 이
때에 이르러서 서강대학교 종교연구소는 새 천년기千年紀를 전망하면서
20세기 100년간 전개된 한국종교문화연구 상황을 검토했다. 이 때 이찬
수는「한국그리스도교 연구 100년」의 과정을 정리했다. 이 글의 상당
부분에서 조선후기 천주교사 연구의 전개과정을 검토했고,20) 특히 그는
한국천주교사에 관한 개설서를 중심으로 연구 경향을 분석했다. 그리하
여 그는 호교론을 거부해야 한다고 주장했던 해방 이후의 기성 연구자들
까지도 결국은 선교론적~호교론적 차원에서 천주교사를 연구했다고 지
적했다. 또 그는 '순교자 현양을 위한 교회사 연구들'을 먼저 언급했고,
다음으로 해방 이후에 등장했던 일부 연구자들의 작업을 분석했다. 그는
결론적으로 이때의 연구들 가운데 상당 부분은 교회사를 서술하는 과정
에서 '한국'이 장소 내지 공간개념으로만 등장할 뿐이며, 그들의 저술에

---

17) 金壽泰, 1996,「일본인의 한국천주교회사연구; 1960년대까지의 연구를 중심으로」
『釜山敎會史報』9, 부산교회사연구소, 5~22쪽.
18) 金壽泰, 1994,「李能和의 韓國基督敎 硏究」『李能和研究』, 집문당, 130쪽.
19) 金壽泰, 2000.「샤를르 달레의 한국천주교회사」『교회와 역사』300, 7~13쪽.
20) 이찬수, 1999,「한국그리스도교 연구 100년」『韓國宗敎研究』1, 서강대학교 종교
연구소.

서는 한국의 역사·문화가 천주교와 맺을 수밖에 없던 관계가 거의 보이
지 않는다는 문제점을 지적했다. 그는 조선후기의 천주교사가 '박해자'
와 '피박해자'의 역사, 박해와 순교의 역사에만 국한되어서는 안 된다고
말하며, 천주교사에 관한 해석의 중요성을 언급했다.

요컨대, 조선후기 천주교사 연구의 출발점은 그 연구사 정리에 있다.
조선후기 천주교사의 연구 상황에 관한 학술적 검토작업은 1957년 홍이
섭洪以燮에 의해서 착수된 이래 오늘에 이르기까지 수차례에 걸쳐서 진행
되었다. 이 작업을 통해서 조선후기 천주교사연구의 양적量的 성과가 확
인되었고, 그 질적質的 특성이 분석되었다. 그리하여 기존의 연구 가운데
호교일변도護敎─邊倒의 연구나 식민사관에 의해서 오도된 연구가 가지고
있던 문제점들이 지적되었다. 또한 내재적 발전론의 입장에서 역사발전
에 미치는 외래적 요인에 대한 검토를 간과했던 일부 경향에 대한 반성
이 주장되었다. 이러한 연구사 정리 과정에서 우리는 조선후기 천주교사
가 세계교회사의 일부임과 동시에 한국이라는 지역적 특성과 조선후기
라는 시간적 조건에 영향을 받고 있음을 확인하게 되었다.

3. 조선후기 당대의 천주교사 연구

조선에 천주교가 전래된 시기는 18세기 말엽이었다. 교회가 창설된
직후부터 신앙의 자유를 얻게 된 1880년대에 이르기까지 천주교는 사회
운동적 성격을 띠며 전개되어 갔다. 이 과정에서 당대 천주교의 역사를
서술하고자 하는 시도가 대략 세 방향에서 진행되었다. 우선 그 첫 번째
로는 조선후기를 살았던 천주교 신도들의 노력을 들 수 있다. 그들은
'보고서'나 '전기傳記' 등의 형태로 자신의 역사를 정리했다. 또한 같은
시기의 사족士族들은 척사론의 연장선상에서 당대의 천주교사를 정리했

다. 그리고 선교사들은 선교론 내지 호교론적 시각에서 조선후기 천주교
사를 정리했다. 이들의 조선천주교사 정리작업은 오리엔탈리즘적 시각
에서 진행된 것으로 볼 수 있다.

조선후기 당대에 있어서 천주교운동에 참여했던 사람들은 교회박해
의 과정에서 자신의 역사적 기록을 정리해 왔다. 조선후기 박해시대를
살았던 조선교회의 지도층들은 자신이 체험한 당대의 사실을 기록했다.
조선후기 당대의 천주교사를 서술한 사례로는 다산茶山 정약용丁若鏞(1762
~1836)의 『조선복음전래사朝鮮福音傳來史』를 주목할 수 있다.21) 이 책이 비
록 현재 전해지지 않고 있다 하더라도 달레의 언급을 살펴볼 때 이 책의
존재는 거의 틀림없는 것으로 생각된다. 이 책은 조선인이 집필한 최초
의 천주교사였다. 그의 『여유당전서與猶堂全書』 안에 수록되어 있는 「자
찬묘지명自撰墓地銘」을 비롯한 여러 단편적 기록들을 통해서, 우리는 초기
천주교사에 대한 그의 이해를 가늠할 수 있다.

그러나 현재 전해지고 있는 당대 천주교 관계 인물들의 저술은 보고
서나 전기류의 형식을 취하고 있다. 이 역사적 기록 가운데 중요한 것은
황사영黃嗣永의 「백서帛書」를 우선 들 수 있다. 이 기록은 박해에 대한 보
고와 함께 대책을 제안한 내용을 담고 있다.22) 이 보고 가운데 상당 부
분은 당대사當代史에 대한 기록으로 보아도 무방할 것이다. 그리고 조선

---

21) 崔奭祐, 1970, 「Dallet가 引用한 丁若鏞의 韓國福音傳來史」『李海南教授 華甲紀
   念史學論叢』, 一潮閣.
   崔奭祐, 1982, 「Dallet가 引用한 丁若鏞의 朝鮮福音傳來史」『韓國教會史의 探
   究』, 한국교회사연구소, 98~109쪽.
   『조선복음전래사』라는 제목은 달레가 프랑스어로 번역하여 채택한 서명을 다시
   한국어로 번역한 것이다. 아마도 원래 정약용이 이 책을 지었을 때에는 이와 같은
   제목이 아니라『서학동점고(西學東漸考)』와 유사한 제목을 달았을 것으로 추정
   된다.
22) 여진천, 1999, 『황사영 백서 해제: 누가 저희를 위로해 주겠습니까』, 기쁜 소식,
   168쪽.

신도들이 1811년 교황에게 보낸 보고서 겸 탄원서인 「동국교우상교황서東國敎友上敎皇書」도 교회 창설 이래 당대에 이르는 천주교사를 요약해서 제시하고 순교자에 대한 기록을 담고 있었다.[23] 한편, 현석문玄錫文(1797~1846)이 작성한 『긔히일긔己亥日記』에는 78명의 순교자에 대한 역사적 기록이 수록되어 있다.[24]

한편, 김대건金大建(1821~1826)과 최양업崔良業(1821~1861)도 '박해시대'의 순교사를 정리했다. 김대건은 1845년 서울에서 「조선 순교사와 순교자들에 관한 보고서」를 라틴어로 작성했다.[25] 이 보고서의 제1부는 조선교회의 창립에 관한 개요이다. 그는 여기에서 먼저 조선에 천주교가 창설된 과정과 초기의 박해를 서술했고, 이어서 1839년에 일어난 박해의 진상에 대해서 서술해주었다. 제2부에서 그는 1839년의 박해과정에서 순교한 주요 순교자 34인의 행적을 정리했다. 그는 우선 자신의 신앙을 고백하며 순교했던 신도들에 대한 기록을 남기려는 뚜렷한 의식을 가지고 이를 작성했다. 그리고 그는 거듭된 박해에도 불구하고 "신자들은 점점 신앙심이 불타올라 열성이 자라나고, 배교자들도 뉘우치고 회두하는" 상황이 오고 있음을 말하고서,[26] 조선 선교에 대한 낙관적 전망을 밝히고자 했다.

최양업도 1847년 초에 중국 상하이에 있던 파리외방전교회 극동대표부에 머물면서 1839년과 1846년의 박해에서 순교한 사람들의 행적을 라틴어로 번역 정리했다.[27] 당시 조선교구장이었던 페레올(Ferréol, 1808~

---

23) 趙珖, 1996, 「東國敎友上敎皇書의 史料的 價値」『全州史學』4, 255~284쪽.

24) 崔奭祐, 1976, 「긔히일긔의 몇 가지 문제점」『司牧』43, 한국천주교중앙협의회.
   崔奭祐, 1982, 「긔히일긔의 몇 가지 문제점」『韓國敎會史의 探究』, 한국천주교사연구소, 265~276쪽.

25) 한국천주교사연구소, 1996, 『성 김대건 안드레아 신부의 서한』, 한국천주교사연구소, 217~341쪽.

26) 앞의 책, 257쪽.

27) 崔良業 저, 鄭鎭奭 역, 1997, 『기해·병오박해 순교자들의 행적』, 천주교 청주교구,

1853) 주교는 현석문과 이재의李在誼가 수집 정리한 자료를 바탕으로 하여 이를 프랑스어로 번역해서 상하이로 보냈다. 페레올이 보낸 자료에는 모두 78명의 순교자가 수록되어 있었다. 그러나 최양업은 78명이었던 인원 가운데 73명만을 가려 뽑아서 라틴어로 옮겼고, 그 원본의 표현과 내용에 손을 보았다. 그러므로 최양업의 번역본은 원본의 수정본으로 보아야 할 것이다. 최양업도 이 작업을 통해서 순교자들이 가지고 있는 영웅적 신앙을 밝히고자 했다. 이처럼 김대건과 최양업은 모두 선교사관 내지는 순교사관의 입장에서 조선후기 천주교사에 대한 정리작업을 전개했다.

그런데 조선후기 천주교사에 대한 이 기록들을 통사적通史的 안목을 갖고 저술된 역사서로 보기에는 한계가 있다. 그러나 이 기록들은 당대의 역사를 수록하고 있었고, 조선후기 박해시대 당대를 살았던 사람들의 역사의식에서 유래한 작업이었다. 그러므로 조선후기 천주교사 연구사를 정리하는 첫머리에서 이들의 작업은 주목을 받게 된다. 이들의 기록 방법은 전통적 서술의 방법을 취하고 있다. 그러나 이들은 정하상丁夏祥 (1795~1839)이 「상재상서上宰相書」를 통해서 표현했던 바와 같이 자신의 신앙에 대한 당당한 자세를 가지고 자신의 체험담을 비롯한 초기 교회의 역사를 정리했다. 그들의 집필 방법은 전통적 방법이었으나, 그들이 가지고 있었던 역사 정신은 기존의 성리학적 역사정신과는 달랐다.

조선인 신도들이 가지고 있었던 이러한 특성은 당시의 교회 및 선교사들과 맥을 같이한 것이었다. 그러나 그들 대부분은 서양인 선교사와는 달리 자신의 문화를 판단하지 않았고, 자신의 문화를 기반으로 하여 교회의 역사를 서술했다. 여기에서 이들의 서술정신은 후술後述하는 바와 같은 척사론적斥邪論的 입장의 서술이나 오리엔탈리즘적 시각과는 일정한 차별을 드러내고 있다. 조선후기의 천주교 신도들이 자칭했던 '그리스당

258쪽.

(그리스도人, Christian)'으로 가지고 있던 자기 인식의 현상은 이 역사적 기록을 통해서 확인되는 바이다.

그러나 조선후기 당대의 천주교사에 대한 기록은 집권 양반사족들에 의해서 더욱 다양하게 정리되었다. 그들이 당대의 천주교사를 파악하고자 했던 의도는 당시의 천주교 사건에 대한 대책이었다는 성격을 갖는다. 그들은 '사옥邪獄'으로 지칭되던 천주교 사건의 실체를 분명히 파악하고, 천주교 탄압을 정당화할 수 있는 이론적 근거를 제공하기 위해서 당대의 천주교사를 검토했고 천주교에 대한 탄압의 과정을 기록에 남겼다. 물론 그들은 천주교를 변척辨斥하기 위해 철학적 측면에서 적지 않은 글들을 지었고 천주교 성행 현상에 대한 대책을 서술했다. 홍정하洪正河(19세기 전반기)의 『대동정로大東正路』나 윤종의尹宗儀(1805~1886)의 『벽위신편闢衛新編』과 같은 저서가 그러한 종류에 포함될 것이다. 물론 이러한 기록들도 집권사족층의 역사의식이 반영된 것이지만, 이를 역사서로 보기에는 어려움이 따른다.

그러므로 일단 여기에서는 그들이 정리한 천주교 관계 사건기록 및 전기류傳記類 자료만을 역사서의 범위에 넣어 약술해 보고자 한다. 이에 관한 서적으로는 이기경李基慶(1756~1819)의 『벽위편闢衛編』과 저자 미상의 『사학징의』邪學懲義를 들 수 있다. 『벽위편闢衛編』이란 제명題名을 통해서 알 수 있는 바와 같이, 이기경은 이 역사서의 저술을 통해서 '벽사위정闢邪衛正'의 의지를 분명히 했다. 즉, 그가 이 책을 저술한 목적은 성리학적 이상사회의 추구에 방해되는 사학邪學=천주교天主敎를 철저히 배격하는 데에 있었다.[28] 또한 1801년의 천주교 박해과정을 자세히 기록하고 있는 『사학징의邪學懲義』의 경우에도 사학邪學=천주교天主敎를 징치懲治하여

---

28) 崔奭祐, 1978, 「闢衛編의 形成」『闢衛編』, 曙光社.
　　崔奭祐, 1982, 「闢衛編의 形成」『韓國敎會史의 探究』, 한국천주교사연구소, 253
　　~263쪽.

의리義理를 밝히려는 의도에서 저술된 역사서였다.[29]

　이와 같은 기록 이외에도『정종기사正宗記事』,『순종기사純宗記事』,『헌
종기사憲宗記事』와 같은 야사野史의 편찬자들도 천주교 사건의 전개를 주
목하여 적지 않은 부분을 할애하고 있다.[30] 그리고 이기경과 가까웠던
강세정姜世靖의『송담유록松潭遺錄』에는 1801년의 박해에 관한 목격기록
이 정리되어 있다.[31] 홍양호洪良浩(1724~1802)의『이계선생문집耳溪先生文集』
에 수록되어 있는「최필공전崔必恭傳」과 같은 기록도 초기 천주교사의 이
해에 도움을 주는 역사기록이다. 이러한 단편적 기록들에 대한 연구사적
검토도 진행되어야 할 것이다.

　조선후기 천주교사 연구의 한 축에는 이상과 같은 연구들이 있었다.
조선후기 사족士族들이 작성한 천주교사 관계 역사기록들은 근대 역사학
의 시각에서 검토하면 완벽한 역사서로 평가하는 데에는 어려움이 따른
다. 그러나 이 기록들을 당시 야사野史들이 가지고 있던 일반적 틀을 감
안하여 평가하자면 이 기록들은 분명히 역사서로 평가되어야 할 것이다.
그들은 '정학正學'을 선양하고 '사학邪學'을 배격하기 위한 당당한 의식을
가지고 당대의 천주교사를 정리했다. 그들이 정리한 역사기록은 천주교
탄압에 대한 정당성을 실증하려던 노력의 일환이었다. 그들은 성리학에
기초한 자신의 역사의식을 표출시키고 있었다. 그러므로 그들이 작성한
조선후기 당대의 천주교사는 성리학적 역사관에 의해 유도된 역사서의
일종으로 파악된다.

　조선후기 천주교사는 '박해시대'로 규정된다. 이와 같은 역사인식은
유럽 선교사들의 조선 천주교사 인식에 기초하여 나온 것이다. 조선후기
'박해시대'에 집필된 당대사에 관한 최초의 기록으로는 중국 북경 교구

---

29) 趙珖, 1977,「邪學懲義의 史料的 價値」『邪學懲義』, 不咸文化社, 1~12쪽.
30) 이 기록들은 별개의 저서로 집필되어 전해지고 있기도 하며,『大東稗林』과 같은
　　야사전서(野史全書)에 포함되어 널리 유포되고 있다.
31) 李元淳, 1982, 앞의 논문, 681쪽.

장敎區長이었던 구베아(Gouvea, 1751~1808)가 작성한 『조선왕조에 기적적으로 수용된 그리스도교의 상황에 대하여』(De Statu Christianismi in Regnum Coreae mirabiliter ingressi)를 들 수 있다.[32] 그리고 1803년 멕시코에서는 로페즈 피멘텔(Lopez Pimentel)이 『동아시아 신도들의 역경』(Tribulaciones de los fieles en la parte oriental de la Asia)을 간행해서 신대륙에 조선천주교회의 역사를 전하고 있다. 한편, 조선후기 당대의 천주교사를 정리하고자 하는 뚜렷한 의식 아래 간행된 책자로는 달레(Dallet, 1829~1878)가 쓴 『한국천주교회사韓國天主敎會史』(Histoire de l'Église de Corée)를 들 수 있다.

이들은 모두가 서양인 선교사였다. 구베아는 포르투갈 선교사로서 1782년 교황 비오 10세에 의해 북경교구장北京敎區長에 임명되었다. 그는 자신의 관할 지역 인근에 있는 조선의 천주교회에 대해서도 관심을 갖고 이곳에 선교사를 파송하기 위한 문제를 교황청敎皇廳 포교부布敎部와 논의하는 2통의 편지를 1790년 10월 6일자로 작성해서 발송했다. 그는 1797년 8월15일 조선교회에 관한 세번째 편지를 중국 사천교구장四川敎區長이었던 마르땡(Jean Lidier de st. Martin)주교에게 라틴어로 작성하여 발송했다.

구베아는 이 편지에서 천주교 신앙이 조선에 '기적적'으로 전파된 사실에 대해 감격했고 '조선왕국에 있어서 신생 교회의 간단한 역사'를[33] 정리했다. 여기에서 그는 조선교회의 자발적 창설과정을 서술한 데 이어서 1791년에 순교한 윤지충尹持忠과 권상연權尙然, 그리고 1795년의 박해과정에서 순교한 지황池璜, 윤유일尹有一, 최인길崔仁吉의 순교사실을 전하고 있다. 그는 선교사적 열정을 가지고 조선인 신도들의 활동과 순교를 서술했다. 구베아가 조선후기 당대의 천주교사를 이해했던 기본 시각은 그의 서한 결론 부분에 나오는 다음과 같은 말을 통해서 확인할 수 있을

---

32) 崔奭祐, 1992, 「李承薰 관계 書翰 자료」 『敎會史硏究』 8, 한국천주교사연구소, 59~86쪽.
33) 구베아 著, 崔奭祐 譯, 1992, 「이승훈관계 서한 번역문」 『敎會史硏究』 8, 203쪽.

것이다.

> 지극히 인자하신 천주님께서는 당신의 자비하심에서 최근에 이 나라를 바
> 라보시고, 어둠에 앉아 있는 사람들을 비추시고 … 그들을 평화와 구원의 길
> 로 인도하셨습니다. … 천주의 성령이 아니고서는 그 누가 사람들의 마음에
> 그렇게 급작스러운 변화를 일으켜 오랫동안 죽음의 그늘에 앉아 있던 사람들
> 이 빛을 보고 즉시 일어나 그것을 따라가게 할 수 있겠습니까? 천주의 성령이
> 아니고서는 그 누가 … 영세에 필요한 것을 간신히 배운 그 젊은이가 그의
> 동포들의 사도와 설교자가 되어, 수많은 사람들을 신앙으로 인도하는 힘을 지
> 니게 하는 전능의 큰 기적을 행할 수 있겠습니까? 천주 성령이 아니고서는
> 그 누가 당신의 내적 은총으로 허약한 사람들의 마음을 굳세게 하여, 그들의
> 육체와 세속의 유혹을 물리치고, 그들이 흠숭하기 시작한 천주를 배반하기 보
> 다는 오히려 가혹한 고문에 죽게 할 수 있겠습니까?[34]

이상의 인용문을 통해서 볼 수 있는 바와 같이 구베아는 조선교회사
를 섭리론적 차원에서 해석하고 있다. 그는 "교회 밖에는 구원이 없다
(Extra Ecclesia, Nulla Salus)"라는 중세적 교회관에 입각하여, 이교도에 대한
선교의 가치를 중시하면서 선교지의 역사를 서술하던 선교사관宣敎史觀에
기초하여 조선교회사를 정리하기 시작했다. 따라서 그는 조선문화에 대
한 긍정적 인식이나 조선교회가 창설된 역사적 조건 등에 관해서는 특별
한 관심을 기울이지 아니했다. 전근대사회를 살았던 그는 물론 선교사였
고 역사학자가 아니었다. 그러므로 그에게서 근대 역사서술방법에 의한
조선천주교사의 서술을 요구하는 것은 무리한 일이다. 그러나 그의 역사
서술이 가지고 있는 특성을 오늘의 연구시각을 기초로 하여 비판적으로
검토하면 이와 같은 평가가 가능할 것이다.

구베아의 조선 초기천주교사에 관한 초기 기록은 유럽에 전해져서 프
랑스어, 이태리어, 포르투갈어 등으로 번역되고 간행되어 널리 읽히고

---

34) 구베아 著, 崔奭祐 譯, 1992, 앞의 논문, 203쪽.

있었다. 그리고 이 서한을 기본 자료로 하여 조선의 초기천주교사가 스페인어로 저술되어 간행되었다. 이 책이 『동아시아에서의 신도들의 역경』이다.

로페즈 피멘텔이 지은 이 책은 중국과 베트남 그리고 조선에 전파된 천주교회의 역사를 간략히 정리한 책자였다. 여기에 수록된 조선교회에 관한 내용의 번역문은 200자 원고지 105매에 지나지 않은 간략한 것이었다. 물론 이 책도 46쪽에 불과한 소책자였다. 이 책이 간행된 1803년은 조선에 교회가 세워진지 불과 19년 후였다. 그리고 조선 사람들 가운데 그 누구도 멕시코에 대해서 알지 못하던 때였다. 사실 당시는 멕시코라는 나라 이름이 존재하지 않았다. 오늘의 멕시코 지역은 그때 누에바에스파냐(Nueva España)로 불리던 스페인의 식민지였다. 멕시코가 스페인 식민지에서 벗어나 독립한 때는 이 책이 간행되고서 18년이나 지난 1821년이었다. 그러므로 이 책이 간행된 멕시코는 누에바 에스파냐의 중심이 되는 도시의 이름일 뿐이었다.

피멘텔은 이 책에서 먼저 조선에 관해 간략히 소개했다. 그리고 조선교회의 사정을 구베아 서한을 주된 자료로 삼아서 정리했다. 그는 "동아시아에 사는 수많은 우상숭배자들을 변화시키기 위해서 그리고 이러한 일을 위해 마음을 함께 하는 사람들에게 편의를 제공하려는" 의도를 가지고 있었다. 그에게는 "선교사들이 우상숭배의 나라에서 부딪히는 난관과 역경을 소개하고 … 그리스도교의 선교에 관심을 가지고 있는 신도들의 열망을 충족시켜주기 위한" 목적이 있었다. 또한 그는 이 책이 "엄청난 시련에도 불구하고 지칠 줄 모르는 신자들의 열성과 경건함을 고양시킴으로써 동아시아 지역에서 고통을 당하고 있는 그리스도교인들을 위로하기 위해서, 야만적 행위와 폭정과 같은 장애가 신도들의 믿음을 가로막고 있지만 빠른 시일 내에 믿음이 전파되기를 확신하고" 이에 기여하기 위해서 이 책을 썼다.[35]

그는 이 책에서 먼저 조선에서 그리스도교 신앙이 외국인 선교사의 도움을 받지 않고 자발적으로 전파되어 신자수가 4천여 명에 이르고 있음을 특기했다. 그리고 윤지충, 권상연의 순교와 주문모 신부의 활동을 서술했다. 또 주문모 신부 입국 초기에 있었던 지황, 최인길, 윤유일 등의 순교 사실을 기록했다. 그러나 그는 1801년의 처절한 박해에 관해서는 전혀 알 수 없었다. 그러므로 자신의 책에서는 조선교회의 순탄한 발전을 전망하면서, 조선의 교회를 위한 하느님의 은총을 기원하고 있었다.

이 책에서 드러나는 바와 같이 피멘텔의 경우에도 동아시아의 교회사를 밝힘으로써 그리스도교 선교를 촉진시키고, 그가 살고 있던 누에바 에스파니아에 선교열을 일으키기 위해서 이 책을 썼다. 그의 이러한 열정은 다블뤼(Daveluy, 1818~1866)나 달레(Dallet)에 의해서 계승되었다. 다블뤼는 조선에 선교사로 활동하면서 조선교회가 가지고 있는 순교의 역사를 저술하고자 했다. 다블뤼가 작성해서 보내준 자료에 전적으로 의존하여 달레는 1874년 프랑스 파리의 빅토르 팔메(Victor Palmé) 출판사에서 『조선천주교회사』 2책을 간행했다.[36]

달레의 이 책은 조선후기 '박해시대'의 천주교사를 정리해준 결정판이자 주요 사료로서의 기능을 하고 있다. 이 책에는 당대에 채록된 많은 증언들이 수록되어 있기 때문이다. 달레는 이 책을 간행하면서 그 저술 목적을 다음과 같이 밝혔다.

> 한국천주교회의 역사, 그 섭리적 기원과 빠른 발전을 이야기 하는 것, 이
> 나라에 복음을 전한 선교사들과 그들의 활동과 순교의 무대가 되었던 나라를

---

35) Pimentel, Mariano Lopez. *Tribulaciones de los fieles en la parte oriental de la Asia.* Mexico, D. Mariano Joseph de Zuniga y Ontiveros, 1803, pp.2·5.

36) 崔奭祐, 1982, 「달레著 韓國天主敎會史의 形成過程」 『韓國敎會史의 探究』, 298 ~343쪽.

알리고 그들이 전교한 국민의 성격과 그들이 이겨나가야 한 온갖 어려움을 알리는 것, 박해를 당하는 천주교인들의 괴로움과 사형집행인들의 잔인성을 상기시키는 것, 예수그리스도와 지옥 사이의 이 처절한 싸움의 변천과 고민을 묘사하는 것, 순교자들의 행적을 발표하여 그리스도교의 이름을 빛낸 영웅적 덕행의 몇몇 모범을 망각에서 구해내는 것, 이런 것들이 이 책의 목적이다.[37]

그는 이 책의 저술 목적이 조선에서 전개된 순교의 역사를 밝히는 데에 있음을 분명히 했다. 그리하여 그는 이 책에서 선교사의 활동을 소개했고, 순교자와 박해자의 대결구도를 설정하여 이를 예수 그리스도와 지옥의 싸움으로 비유했다. 그는 무엇보다도 그리스도교의 이름을 빛낸 순교자의 영웅적 덕행을 드러내는 데에 목적을 두고 있었다. 그리고 이 책이 무엇보다도 "예수 그리스도의 권능과 은총과 영광을 나타내는 데"에 이바지하기 위해서 쓰였음을 말했다.

그는 조선의 신입 신도들이 서양의 신도들보다도 못하지 않으며, "똑같은 성령이 똑같은 전능한 은총으로 인종과 언어와 피부색의 구별 없이 모든 사람의 마음에 힘을 불어넣어 줄 수 있음을 증명한다"고 주장했다. 그리고 그는 "순교는 가장 큰 애덕의 행위이며 가장 위대한 신앙의 증거이며, 순교자가 있는 곳에 교회가 튼튼히 세워지고 아시아에서도 서양에서도 순교자의 피는 천주교인들의 씨앗이 된다"고[38] 했다. 한편 그는 자신의 책에서 순교에 관한 기록이 너무나 단조롭게 기록되어 있음을 인정했다. 그러나 그는 자신이 선교사의 편지를 비롯한 원사료原史料들을 길게 인용한 것은 조선천주교회의 초기 역사 자료를 최대한으로 안전하게 보존하기 위한 방법이었다고 말했다.[39]

이처럼 달레는 그리스도교 신앙을 통해서 인종적 편견을 뛰어넘었고,

37) 달레著, 安應烈·崔奭祐 譯註, 1987, 『韓國天主敎會史』上, 한국교회사연구소, 11~12쪽.
38) 달레, 1987, 앞의 책 上, 13쪽.
39) 달레, 1987, 앞의 책 上, 17쪽.

이 입장에서 조선교회와 신도들의 역사를 '공정하게' 기록하고자 했다. 그가 조선교회의 순교자를 기록한 부분은 그 용기에 대한 존경과 상찬賞讚으로 채워져 있다. 그는 신앙의 울타리 안에서 조선인 신도들을 대등하게 인정하고 있었다. 그는 프랑스 독자들에게 선교사가 조선에서 겪었던 난관을 소개하고자 하던 열망과 조선교회의 미래에 대한 희망을 동시에 표현했다. 그는 신앙의 결과인 순교를 서술함과 동시에 신앙 형성의 과정에 대해서도 서술했다. 그리고 대외관계의 틀 속에서 조선천주교사를 보면서 서유럽 국가들의 조선 진출 정책을 비판적으로 살펴보았다.[40]

그러나 그는 19세기 선교사로서의 한계를 벗어나지 못했다. 그에게 있어서 신도 이외의 조선인들은 '우상숭배자'(idolatres)에 지나지 않았다.[41] 그는 조선문화가 가지고 있는 가치를 인정하는 데에 인색했으며, 19세기 선교신학의 입장을 고수하면서 조선인들이 조상에 대한 효심孝心의 자연스런 표현으로 생각했던 제사문제를 우상숭배로 규정하는 데에 주저하지 않았다. 이는 1740년에 결정된 중국전례 문제에 대한 교회의 공적 입장을 철저히 존중하는 해석이었지, 조선의 문화나 조선인의 감정을 감안한 해석은 아니었다.[42]

그는 조선 여성의 처지를 동정했으며, 조선의 종교를 우상숭배의 범위 안에서만 이해하고자 했다. 한편, 그는 상부상조하는 조선인의 생활관습을 보고 '인류애의 법칙을 선천적으로 존중하고 실천하는' 것으로 설명했고 이러한 조선인의 장점은 현대문명의 이기주의에 물든 여러 국민들보다도 훨씬 우위에 섰다고 보았다. 그러나 그는 조선인이 동물적 본능에 매달리며 참다운 사랑을 모르는 사람이라고 서구인의 안목에서 규정했다.

---

40) 金壽泰, 2000, 「샤를르 달레의 한국천주교회사」, 『교회와 역사』 300, 9~12쪽.
41) 달레, 1987, 앞의 책 上, 18쪽.
42) 달레, 1987, 앞의 책 上, 334쪽 참조.

그의 『조선천주교회사』가 간행되었던 1874년은 사실 프랑스에서도 근대 사학이 본격적으로 성립되기 직전이었다.[43] 18세기 후반기 이래로 프랑스를 비롯한 당시 유럽학계에서는 각종의 근대적 역사이론이 실험되고 있었고, 그 일부로 물질주의적 역사해석이 성행했다.[44] 여기에서 달레는 '민족의 역사를 모두 인종과 풍토의 차이를 갖고 설명하려 드는 물질주의적 이론' 위험성을 지적하며,[45] 이를 거부하고 있었다. 물질주의에 대한 거부는 그리스도교 선교사가 취할 수 있었던 당연한 태도였다. 그러나 이러한 그의 태도는 동시에 그가 근대 역사과학을 형성시켜가던 당시 유럽학계의 조류를 거부하고 있었음을 알 수 있다.

여기에서 그는 전통적 그리스도교의 역사관에 입각하여 조선후기 당대의 교회사인 『조선천주교회사』를 집필했다. 또한 그가 가지고 있던 교회관도 트리엔트 공의회에서 확정된 성직자 중심의 교회관에서 벗어나지 못했다. 그는 당시 선교신학의 풍조에 따라서 정복론적征服論的 선교관宣教觀에 머물고 있었다. 이러한 제한성이 그의 저서에서는 드러나고 있다.

이상에서와 같이 조선후기 당대에 조선교회사를 서술했던 인물들의 기록을 검토해보면 우상숭배자들에게 그리스도교를 전하는 희생적 선교사들과 새로 받아들인 자신의 신앙을 지킨 영웅적 순교자들의 기록으로 점철되어 있다. 그러나 그들이 가지고 있던 구원론은 중세 신학적 전통에 기반을 둔 것으로서 그리스도교 신앙에 대한 확신에서 타종교의 가치를 거부하는 것이었다. 그러므로 그들은 '거룩한 정복자'로서 동양사회

---

43) 프랑스 근대 사학의 기점은 1876년 Gabriel Nomod가 Aulard나 Sorel 등의 협조를 얻어 창간했던 "Revue Historique"의 출현을 기점으로 삼을 수 있을 것이다(cf. Carbonell, Charles Olivier, L'Historiographie, PUF, 1986, p.90). Dallet의 저서는 이러한 프랑스 근대 사학의 흐름과는 무관하게 저술되었다.

44) 李相信, 1984, 『西洋史學史』, 청사, 601~696쪽.

45) 달레, 1987, 앞의 책 上, 12쪽.

와 조선사회에 진출했고, 이 지역에 유럽인의 가치를 심고자 했다. 이로 볼 때 그들의 구원론救援論이나 선교론宣敎論은 유럽우월주의적 요소와 쉽게 결합할 수 있었다.

따라서 서구의 선교사들이 조선후기 천주교사를 지을 때 무의식적으로 전재하고 있었던 입장은 유럽우월주의적 입장이었다. 그들이 조선의 상황을 해석하는 데에 적용했던 견해는 오리엔탈리즘(Orientalisme)적 입장과 연결된다. 원래 오리엔탈리즘이란 단어는 프랑스에서 1830년에 출현했다.[46] 이 단어의 뜻은 원래 '동양적 학문'이나 '동양 취향' 또는 '동양적 특성'을 지칭하는 말이었다. 그리고 이 단어는 1806년 이후에 출현한 유로페아니즘(Européanisme)에 대한 대칭어로 사용되기도 했다. 유로페아니즘은 유럽적 취향이나 특성을 일컫는 말이었다. 그런데 19세기 이후 유럽의 팽창이 진행되던 과정에서 오리엔탈리즘은 점차 부정적 의미를 갖게 되었다.[47]

즉, 본래 오리엔탈리즘은 '동양에 관한 학문'을 중심으로 하여 형성된 가치중립적 개념이었다. 그러나 오리엔탈리즘은 "19세기부터 20세기 초엽까지 유럽 식민주의의 난폭하기 짝이 없던 통치자들의 태도를 암시하게" 되었으며, 오리엔탈리즘의 범위 안에 포함되어 있던 요소들이 '서양의 동양에 대한 우월을 시위하기 위한 것'으로 변화되어 갔다. 그리하여 오리엔탈리즘은 서양우월주의 대對 동양열등주의의 구도 안에서 동양에 대한 부정적 이미지를 나타내는 이데올로기의 모습을 갖추어 갔고, 하나의 담론談論(discourse)으로 자리 잡게 되었다.[48]

---

46) *Le Petit Robert* Ⅰ, Paris, Le Robert, 1967. 'orientalisme', 'européanisme'.

47) 물론 오리엔탈리즘이란 개념도 시대와 지역에 따라서 긍정적 의미로 사용되기도 했다. 예를 들면 19세기 말엽 러시아史에서 등장하는 Vostochniki는 Easterners나 Orientalist로 번역될 수 있을 것이다(*cf. Malozemoff, Russian Far Eastern Polish 1881 ~1904*. Univ of Caiifornia Press, 1958, 42쪽). 이 경우는 오늘날 일종의 담론으로 자리잡은 Orientalism의 개념과는 분명히 차이가 있다.

48) Said, 1978, *Orientalism*, NY ; Partheon Books.

조선후기 당대의 천주교사에 대한 서양인 연구자들의 저술을 검토해 볼 때, 거기에서는 광의의 오리엔탈리즘적 경향을 확인하게 된다. 따라서 19세기 서양인 연구자들이 저술한 당대의 천주교사를 검토하는 오늘의 시각에서는 그들에게서 드러나는 오리엔탈리즘적 인식의 극복을 과제로 삼게 되었다.

요컨대, 조선후기 당대의 천주교사는 조선인 신도와 천주교탄압에 앞장섰던 사족들, 그리고 서양인 연구자들에 의해서 서술되었다. 조선인 신도들은 자신이 터득한 신앙의 감격과 신앙 실천의 정당성을 강조하는 차원에서 그들의 당대사를 저술했다. 반면에 척사론적 사족들의 저술에서는 성리학적 이상사회인 왕도정치를 구현하려는 입장에서 평등사상으로 이해되던 이질적인 천주교 신앙의 문제점을 밝히고, 탄압의 이론을 확보하고 그 정당함을 강화하는 측면에서 천주교사를 서술했다.

한편, 서양의 선교사들을 비롯한 연구자들은 정복론적 선교사관宣教史觀에 입각하여 조선 교회사를 서술했다. 그들은 조선인 그리스도 신자의 존엄성을 인정했다. 그러나 조선인 신도들은 자신이 속해 왔던 떳떳한 문화전통과 사회로부터의 단절을 통해서 멀리 떨어진 서양인으로부터 그 존엄성을 인정받을 수 있었다. 조선후기 당대 천주교사에 대한 서양인 연구자들이 가지고 있던 관념은 오리엔탈리즘의 일부로 해석될 수 있다. 동양사회에 대한 부정적 시각을 나타내는 이 일종의 담론으로부터 오늘의 연구자들은 자유로워져야 할 과제를 가지게 되었다.

4. 개항기 및 일제강점기의 천주교사 연구

조선은 1876년 일제의 강압에 의해서 개항되었다. 개항은 조선사회의

박홍규 譯, 1991, 『오리엔탈리즘』, 교보문고, 18·23쪽.

전면적 변화를 논하는 데에 매우 큰 계기를 제공하고 있다. 그런데 개항 즉시 조선에 신앙의 자유가 주어지지는 않았다. 조선왕조에서는 1881년에 개항에 반대하는 유생들의 요구에 의해서 다시 척사윤음斥邪綸音을 반포하기도 했다. 그러나 조선천주교회는 대략 1882년부터 신앙의 자유를 묵인 받았다. 이해에 천주교회에서는 일반인을 상대로 한 교육기관을 개설하고, 교회의 조직을 정비할 수 있었기 때문이다. 이러한 일은 천주교 신앙에 대한 정부의 묵인 없이는 불가능한 일이었다. 당시 역사의 방향은 개항으로 정립되어 있었다. 이 때문에 교회는 신앙 자유의 폭을 넓혀 가면서 1895년에는 신앙의 자유를 공인받고 그 이후 사회적 기능을 적극적으로 발휘할 수 있었다.

개항은 조선에 새로운 역사적 조건을 형상했다. 조선은 문호를 개방하고 자본주의 세계 질서의 최말단에 편입되었다. 그리고 조선에서는 제국주의의 침략에 대항하기 위한 사투가 시작되었다. 이 사투의 과정에서 조선왕조는 쓰러졌지만, 조선사회는 근대화로의 방향을 확실히 잡아갔다. 즉, 개항기를 거쳐 조선은 일본 제국주의의 식민지로 전락되었다. 그러나 이 기간에 조선사회는 강렬한 민족적 자각 아래 반제국주의 운동을 전개하게 되었다. 이들은 민족주의적 문화운동에 투신하기도 했다.

이와 동시에 당시 식민지 사회에서는 '문화주의文化主義'의 기치 아래 세계적 보편주의의 탈을 쓴 식민지적 문화이론과 민족적 자각을 결합시켜 보려던 시도가 실험되고 있었다. 이러한 과정에서 1920년대를 전후하여 일본인 연구자들과 이에 동조하던 조선인들에 의해서 조선학朝鮮學에 대한 연구가 진행되어 갔다. 이상의 두 가지 상이한 지성사적 풍토가 착종했던 가운데 조선인 연구자들과 일본인 연구자들이 천주교사를 연구하게 되었다. 그리고 조선에서 활동하던 선교사들도 19세기 이래의 전통을 이어받아 조선후기 천주교사를 연구하고 있었다.

개항기 조선사회에서 전개된 조선후기의 천주교사 연구는 달레의 『조선천주교회사』에 대한 번역 작업부터 시작되었다. 이 책이 한글로 번역 되기 시작한 것은 1885년 경부터였다. 조선에서 활동하던 프랑스 선교 사들은 이 책을 나누어 번역하기 시작했다. 이들의 번역은 1906년에 간 행된『경향신문』의 부록인『보감寶鑑』에 연재되기 시작했고, 그 연재는 『경향잡지』에 이어졌다. 이 번역과정에서 프랑스어로 표기된 고유명사 를 비롯해서 조선관계 기록들 다수가 한자어漢字語로 복원되었다. 이 번 역 작업은 일종의 연구를 수반한 작업이었다. 그리하여 이 번역본은 개 항기와 일제강점기의 신도들과 연구자에게 조선후기 천주교사에 대한 인식의 범위를 넓혀주었다.

개항기 및 일제강점기에 조선후기 천주교사에 관한 조선인들의 연구 는 전 단계에 비하여 저조한 상황이었다. 조선후기의 경우에는 천주교를 탄압하던 당사자나 자신의 신앙을 지키려던 신도들이 자신의 주장이 가 지고 있는 정당성을 천명하려는 목적에서 각기 천주교에 관한 역사 저술 작업을 전개했었다. 그리고 서양의 선교사들도 조선교회의 극적 상황을 기록에 남기고자 노력한 결과로 적지 않은 연구업적들이 축적될 수 있었 다. 그러나 개항기 이후에 이르러서는 신앙의 자유가 점차 확산되던 과 정에서 척사론적 천주교사 연구는 이미 그 효력이 상실되었고, 신앙의 자유를 보장받은 조선인 신도들도 자신의 존재에 대한 천명의 필요성이 약해졌기 때문에 천주교사 서술이 답보되었다. 또한 이 시기는 전 단계 와는 달리 학문의 분화를 경험했던 때였다. 즉, 문사철文史哲이 통합되어 있던 조선후기 사회에서는 누구나 역사를 집필할 수 있었다. 그러나 이 제는 근대 역사과학의 연구방법에 접했던 사람들에 의해서 전문적 역사 연구가 진행되었으므로 역사 집필자의 외적 규모는 축소되어 나갔다.

그러나 이러한 가운데 천주교회 내에서 간행되던『경향잡지』에는 '박 해시대'의 체험담을 비롯한 조선후기 천주교의 역사에 대한 기록이 단편 적으로 나타났다. 일제강점기 조선교회에서 간행하던『가톨릭청년靑年』

이나 『가톨릭연구研究』, 『가톨릭조선朝鮮』과 같은 잡지에 조선후기 천주
교사 자료의 정리 결과가 발표되었고, '박해시대'의 천주교사를 서술한
단편적 글들이 수록되기 시작했다. 당시 피숑(Pichon, 宋世興, 1893~1945)은
자신이 정리한 조선후기 자료들을 한국어로 번역하여 『가톨릭청년』에
수록한 바 있었다.

조선인에 의해서 전개된 조선후기 천주교사에 관한 연구는 1928년에
간행된 이능화李能和(1869~1943)의 『조선기독교급외교사朝鮮基督教及外交史』
와 1931년에 간행된 장면張勉(1899~1966)의 『조선천주공교회약사朝鮮天主
公教會略史』가 주목된다. 전자의 경우는 조선의 천주교와 개신교가 시작된
이래 1920년대 당시까지의 역사를 다루었다. 그러나 이 가운데 가장 중
심이 되는 부분은 조선후기 천주교사였다. 그는 대략 1920년대에 접어
들어 기독교사에 대한 본격적 관심을 가지게 되었다.[49]

일제 총독부 당국은 민족주의 사학의 발흥에 맞서 식민지 지배의 정
당성을 강변하기 위해서 1922년 조선사편수위원회朝鮮史編纂委員會를 조직
했다. 이능화는 그 이전부터 조선의 종교사에 대한 저술 작업을 하고 있
었다.[50] 이러한 인연으로 그는 조선사편찬위원회의 위원으로 참여했다.
그리고 이 위원회가 1925년 '조선사편수회朝鮮史編修會'로 개편되었을 때
에도 이완용李完用, 박영효朴泳孝, 홍희洪熹 등과 함께 위원으로 참여했
다.[51] 그는 조선사편수회에서 『조선사朝鮮史』의 편찬에 참여했다. 그가
직접 참여한 부분은 『조선사』 제4편(光海君~景宗) 및 제6편(英祖~甲午更長)이
었다. 주지하다시피 『조선사』 『조선왕조실록』을 비롯한 관찬 연대기 사
료를 기초로 하여 작성되었다. 그리하여 그는 당시 『조선왕조실록』이라
는 주요 자료에 접근할 수 있었던 소수의 조선인 가운데 하나였다.

---

49) 金壽泰, 1994, 「李能和의 韓國基督教研究」 『李能和研究』, 집문당, 119쪽.
50) 그는 1918년에 『朝鮮佛教通史』를 간행했고, 조선 종교 전반에 걸친 관심을 표현
　　하고 있었다.
51) 朝鮮總督府 朝鮮史編修會, 『朝鮮史編修會事業概要』, 시인사, 37쪽.

이능화는 이 기회를 활용하여 조선왕조실록에서 종교사 및 민속사 관계의 자료들을 발췌했고 이를 기반으로 하여 자신의 연구작업을 지속해 나갔다. 그의 『조선기독교급외교사朝鮮基督敎及外交史』의 핵심을 이루고 있는 조선후기 천주교사 부분의 자료는 이와 같은 과정에서 발췌되었다. 그는 프랑스어에 능통했고, 달레(Dallet)의 『조선천주교회사』를 분명히 읽고 검토했다. 그러나 그가 구사하고자 했던 자료는 주로 조선의 관찬 연대기 사료였다. 그는 『조선왕조실록』과 같은 연대기 사료를 중심으로 하여 천주교사 자료를 발췌 제시했다.

이능화의 연구를 통해서 조선후기 천주교사의 흐름이 조선사의 주체적 입장에서 일목요연하게 드러날 수 있었다. 그는 자신의 저서를 통해서 조선후기 천주교사에 대한 고유한 연구의 시각視覺을 제시했다. 그의 연구방법론은 오늘의 관점에서 볼 때 사상사 내지는 사회사 연구방법론의 원형으로 분류될 수 있다. 그는 이러한 연구방법론을 통해서 종전의 서양인 연구자들이 취하고 있었던 순교사 중심의 연구 시각을 극복 확대했다. 그리고 이능화는 조선후기 천주교사 연구방법론에 있어서 당대의 사회와 문화를 중시해야 한다는 입장을 암시해 주었다.

이능화는 조선후기 천주교를 언급하면서 천주교 신앙이 조선인의 학문적 탐구에 의해서 자발적으로 수용되었음을 말했다. 그리고 그는 천주교 박해가 조선 정계의 내부적 원인에 의해서 진행되었다고 보았다. 그는 이 책에서 천주교사의 전개를 당시 조선 조정朝廷 내부의 정치적 상황과 연결하여 서술했고, 천주교와 남인의 관계를 강조했다. 또한 이능화는 천주교의 전파과정을 시대와 지역과 신분에 유념하면서 정리하고 있다.52) 그는 천주교의 사회적 성격문제에 있어서 신분제적 질서를 극복하기 위한 '평등성의 추구'라는 점을 제시했다. 그는 천주교의 확산과정에서 한글교리서의 중요성을 의식하고 있었다.53) 이러한 그의 조선후

---

52) 金壽泰, 1994, 앞의 논문, 121~123쪽.

기 천주교사 연구는 전단계의 연구자들이 가지고 있던 연구 시각을 변경시켜 주었고, 그 방법론에 있어서도 진일보한 측면을 드러내 주었다. 그리고 그는 천주교사 연구 자료의 폭을 넓혀주었다. 그러므로 그의 연구는 당대로서는 최고의 연구 수준을 나타내 주었으며 동시에 후대의 연구자들에게도 적지 않은 영향을 주었다.

그러나 그의 연구에서는 1920년대적 조선사 연구 수준이 가지고 있던 문제점이 드러나고 있다. 예를 들면 그는 연구방법론의 시야를 넓혀주었지만, 연구방법론을 체계적으로 제시하거나 적용하지는 못했다. 그는 국내의 관찬사료가 가지고 있는 중요성은 인정했지만, 한글자료를 비롯한 사료인식의 범위에 있어서 오늘의 연구보다는 제한되어 있었다. 그가 조선후기 천주교사를 서술하는 과정에서 제시했던 시각이나 구체적 문제에 대한 견해들 가운데 상당수는 문제점을 가지고 있었다.

그는 당시 조선사 연구의 경향처럼 박해의 원인을 당쟁에서만 구하고자 했다. 이러한 그의 시도는 조선사를 외래적 원인이 아닌 내재적 요인에서 해석해보려던 노력이기는 했다. 그러나 천주교 박해의 원인은 당쟁을 비롯한 정치적 역학관계에서만 파악될 수 없는 것이다. 물론 그는 천주교사에 등장하는 서민의 존재를 의식하고 있었으나, 조선후기 천주교사에서 양반 지배층의 존재를 부각시켰다. 이는 그가 당쟁사와 관련하여 천주교사를 이해하려 했던 시도의 당연한 결과였다. 그의 조선후기 천주교사 서술에서는 교회 창설 직후의 일시적 상황에 불과했던 천주교와 남인 양반들의 기여를 지나치게 확대시켜 천주교사를 서술했다. 물론 조선후기 사회는 정교분리政敎分離를 체험하지 못했던 사회였으므로 천주교사건은 당연히 정치적 문제가 될 수밖에 없었다. 그러나 천주교 박해의 원인이 정치사적 측면에서만 설명되어서는 안 될 것이다.

---

53) 金壽泰, 1996, 「일본인의 한국천주교회사연구; 1960년대까지의 연구를 중심으로」 『釜山敎會史報』 9, 부산교회사연구소, 12~14쪽 참조.

한편, 조선후기 천주교사 초창기를 제외하면, 천주교 신도들은 사실상 양반지배층이 아니었다. 그러나 그가 천주교사의 전개에 있어서 정치적 요소를 상대적으로 강조한 결과, 당시 정치의 주연이었던 양반의 역할이 부각되었다. 또한 그는 신앙의 자유가 한불조약을 통해서 이루어졌다고 서술했다. 그러나 신앙의 실천이 묵인된 것은 한불조약 체결 이전부터였다. 그는 한불조약이 조선왕조에 강요된 제국주의 불평등조약에 불과했는데도 그 의미를 지나치게 확대해서 해석했다. 그는 천주교회에 대한 사상사적 접근에 취약했다. 물론 그는 발췌된 조선왕조실록의 자료를 순서대로 배열해 제시하면서 사상사적 분야에서 해석될 수 있는 자료들을 다수 제시해 주었다. 그러나 그는 사상사 관계의 내용들을 비롯해서 다수의 천주교 관계 사실을 발굴해서 확인해주었지만, 이를 본격적으로 분석하는 데에까지는 이르지 못했다.

이처럼 이능화의 연구자료와 시각은 1920년대적 한계를 드러내주었다. 그러나 그는 조선인의 시각을 가지고 처음으로 조선기독교사를 정리했다. 이 책은 현토懸吐한 한문 자료를 직접 제시하여 독자층이 제한될 수밖에 없었다. 그렇다 하더라도 그는 이 책을 통해서 사회발전에 있어서 사상의 자유와 대외관계에 있어서 개방성이 중요하다는 점을 서술하고자 했다. 그리고 그 나름대로 양반사회에 대한 비판의식을 가지고 양반 집단으로부터 탄압받던 천주교사를 서술해 보고자 했다. 바로 이와 같은 정신에서 그의 저서는 전 단계에 쓰어진 조선후기 천주교사의 수준을 능가했다. 한편, 1931년에 조선교구 설정 100주년을 기념하여 경성교구京城教區 천주교청년연합회天主教青年聯合會의 명의로 『조선천주공교회약사朝鮮天主公教會略史』가 간행되었다. 국판 120쪽으로 간행된 이 책자는 조선인이 조선어로 간행한 최초의 조선천주교 통사通史였다. 이 책에는 저자가 밝혀져 있지 않으나, 그의 유족은 이 책의 저자가 장면張勉이었음을 증언하고 있다.[54) 이 책이 간행되던 당시 장면은 동성상업학교 교사였고 경성교구 천주교청년회에서 활동하고 있었다. 한편, 장면과 함께 당시 가톨릭청년운동에 참여했던 박준호朴準鎬, 김교주金敎周, 이의필李義弼 등이 있었다. 그런데 이 책의 간행을 전후하여 이들 중 그 누구도 한국 천주교사에 대한 글을 발표한 바가 없다. 그렇다면 이 책의 실제 저자가 장면이었다는 유족의 증언은 의심이 없다고 생각된다.

장면은 1921년에서 1925년 사이 미국 맨해튼 대학에서 유학할 때에 인문학 분야를 중심으로 하여 모두 186학점을 이수했다. 그가 이수한 과목으로는 영어(36학점), 프랑스어(32학점), 종교(26학점), 그리고 역사학 분야에서 24학점을 취득했다. 그가 이수한 과목 중에서 도구과목인 어학이나 교책과목校策科目인 종교를 제외하고서 가장 많은 학점을 딴 분야가 역사학이었고, 역사학 분야의 평균성적도 87점으로서 비교적 높은 편이었다. 여기에서 주목되는 바는 그가 역사학 분야에서 많은 학점을 취득했다는 사실이다. 이로써 그는 후일 『가톨릭청년』에 호교적 입장에서 서술된 세계교회사를 연재하거나, 『조선천주공교회 약사』를 저술할 수 있었던 기초 소양을 다질 수 있었다고 생각된다.[55]

장면이 저술한 이 책은 여러 측면에서 특징을 가지고 있다. 그는 우선 조선후기 천주교 신앙운동의 기원을 조선인의 자율적 역사로 강조했다. 그는 조선후기 천주교에 대한 박해를 서술했지만, 이 박해의 원인으로 다른 저서에서 강조하고 있었던 당쟁의 문제를 비교적 가볍게 언급하고 있을 뿐이었다. 그리고 그는 순교자에 관한 기록을 중시하면서도, 이 책의 근간을 순교자 개인의 신심보다는 조선교회의 교계제도에 설정했다. 또한 그는 신앙의 자유가 1882년을 계기로 하여 묵인되어 가고 있음을 중시했다. 그리고 그는 자신이 살고 있는 당대의 천주교사에 관해서 체

---

54) 이 증언은 張勉의 長子인 張震 교수에게서 채록되었다. 생전에 장면은 자신이 이 책의 저자였음을 말했다 한다.

55) 조광, 1999, 「장면의 신앙과 사상」『운석장면의 생애와 업적』(운석 장면 선생 탄신 100주년 기념학술회의 자료), 3쪽 참조.

계적인 정리를 시도했다.

장면이 이 책을 저술했던 목적은 일반 신도 대중에 조선의 천주교회를 이해시키는 데에 있었다. 그러므로 이 책은 최초로 씌어진 한글판 천주교사가 되었다. 이 책의 본문에서는 괄호 안에 한자어漢字語를 쓰고 있고, 한자로 된 제명題名 위에는 한글로 토를 달아 놓았다. 그는 이 책을 저술하면서 조선후기 이래 한글을 중시하던 교회의 전통을 되살리고자 했다. 그는 이 책을 통해서 교회창설 이래 자신이 살고 있던 당대에 이르기는 조선천주교사를 밝혀주었다. 그리고 풍부한 사진자료를 함께 제공함으로써 이 책에 쉽게 접근하도록 배려했다.

조선의 천주교사에 대한 장면의 견해와 입장은 그에 선행했던 이능화 등의 입장과는 상당한 차이를 드러내주고 있었다. 그는 국내 학계와는 연결이 약했던 입장에서 식민사관 등 기존 이론에 대해서 비교적 자유로울 수 있었다. 이러한 그의 처지는 그로 하여금 조선후기의 천주교사를 객관적으로 이해하는 데에 오히려 도움을 주었다. 우리는 그의 저서를 통해서 조선후기 천주교사 인식의 방향이 풍부해지고 있음을 확인하게 된다. 그러나 이 책은 조선천주교사에 대한 본격적 연구에까지 이르지는 못했다. 이 책의 저자 장면張勉은 본격적 역사 연구자가 아니었고, 이러한 저자의 한계는 이 책에서 계속 확인된다. 그러나 이 책은 "한국인에 의해 한국천주교사가 바르게 쓰이는 궤도軌道를 이루어 놓는 점에서 그 가치가 높게 평가된다"는[56) 견해는 충분히 수긍될 수 있다.

개항기·일제강점기 조선인에 의한 조선후기 천주교사의 연구에 이어서 당시 일본인 연구자들이 진행시킨 연구 성과를 검토하면 다음과 같다. 즉, 이 시기의 일본인 연구자들은 조선후기 천주교사에 관해 모두 3종의 단행본과 31편의 논문을 발표했다.[57) 당시에 간행된 단행본으로

---

56) 李元淳, 1982, 앞의 논문, 683쪽.
57) 趙珖, 1982, 「韓國天主敎會史 關係 論著의 整理(1874~1982)」 『崔奭祐神父 華甲

는 우선 에노모토 타케아키(榎本武揚, 1836~1908)가 1876년에 간행한 『조선
사정朝鮮事情~原名 高麗史略』을 들 수 있다. 그리고 1933년에 구스다 오노
사부로楠田斧三郎가 간행한 『조선천주교소사朝鮮天主教小史』와 우라가와 와
사부로浦川和三郎가 1944년에 간행한 『조선순교사朝鮮殉教史』가 있다. 그리
고 31편의 논문 가운데 6편은 사료 발굴 및 문헌해제에 대한 논문들이
고, 7편의 논문은 임진왜란 시 천주교의 조선 전파 가능성에 대한 연구
였다. 조선후기 천주교사에 대해서는 16편의 논문이 있다.

이와 같은 일본인 연구자들이 가지고 있었던 조선후기 천주교사 연구
의 학설사적 의미를 파악하기 위해서는 당시 일본 학계가 가지고 있던
특성을 잠시 살펴 볼 필요가 있다. 일본의 동경제국대학東京帝國大學에 사
학과史學科가 처음으로 설치된 것은 1887년의 일이었다. 그리고 1894년
에 이르러 '동양사'라는 용어가 처음으로 성립되어 중국사를 비롯한 일
본에 인접한 지역의 역사를 근대적 방법론으로 연구하려는 시도가 강화
되었다.58) 조선사연구에 있어서도 동경제국대학 사학과 출신들에 의해
연구가 착수되었다. 조선사에 대해 근대 학문방법론을 준용한 연구는
1894년 시라토리 구라기지白鳥庫吉에 의해서 시작되었다.59) 그 이후 '한
일합방'이 강행되고 일본인 연구자들의 조선사에 대한 관심의 폭이 확
대되던 과정에서 일본인 학자들은 조선후기 천주교사에도 주목하게 되
었다.

그러나 당시 일본인 학자 대부분은 식민사관植民史觀을 가지고 있었다.
그들이 한국사를 연구하는 목적은 일본의 한국 침략을 보조하거나 옹호
하고 한국에 대한 일본의 지배를 정당화하기 위해서였다. 그들은 한국사
의 독자성獨自性을 부인하며 한국의 역사는 주변 강대국의 정치사나 문화

紀念 韓國敎會史學論叢』, 한국교회사연구소, 744~748쪽.

58) 板本太郎, 1958, 『日本史學史』, 東京 ; 至文堂.
　　　박인호·임상선, 1991, 『일본사학사』, 첨성대, 217쪽.
59) 五井直弘, 1976, 『近代日本と東洋史學』, 東京 ; 靑木書店, 32쪽.

사의 연장에 불과한 것으로 파악했다. 식민지 시대 일본인 연구자들이 조선사연구에 적용했던 식민사관植民史觀으로는 정치사에서의 타율성他律性을 강조했는데, 이 타율성론은 이른바 당파성론黨派性論, 사대주의론事大主義論, 반도적 성격론半島的 性格論 내지는 민족성론民族性論으로 부연 설명되었다. 또한 그들은 사회경제사 분야에서는 정체성停滯性을 설명하고자 했다. 그리고 문화사적 측면에서 조선문화의 독창성은 거부되고 그 모방성模倣性이 강조되던 경향이었다.

또한 1920년대 이래 일본 학계에서는 문화사학文化史學이 일어났다. 이 사관은 당시 일본학계에 수용된 신칸트주의 철학의 영향을 받았으며, 정치사중심 내지는 고증 위주의 아카데미즘 사학에 대한 반성의 결과로 성립되었다.[60] 문화사학은 역사의 변천에 미친 문화적 기능의 중요성에 입각하여 정치, 제도, 문화, 예술, 종교, 풍속 등의 요소를 총체적으로 추구하여 역사발전의 현상과 의미를 파악하려는 연구 경향이었다. 그러나 이 문화사학에는 사회 진화론적 경향이 잔존되어 있었고, 일본 문화 중심론의 입장에서 동아시아의 역사를 해석하려던 이론적 틀을 가지고 있었다.[61]

일본인 학자들이 조선천주교사를 연구할 때에도 당시 학계의 지배적 담론이었던 식민사관과 문화사학의 범위를 벗어날 수 없었다. 그들에게 적용되었던 식민사관은 제국주의적 사론의 전형적 사례에 지나지 않았고, 그들의 문화사관文化史觀도 식민지 지배를 정당화하려는 의도를 가지게 되었다. 여기에서 조선후기 천주교사를 연구했던 식민지 시대 일본인 연구자들의 문제점이 드러난다. 이 시기에 있어서 그들의 천주교사에 대한 관심은 일본의 대륙침략정책이나 식민사관에 의한 한국사의 왜곡과

---

60) 板本太郎, 1985, 앞의 책, 224~226쪽.
61) 五井直弘, 1976, 앞의 책, 79~160쪽 및 趙東杰, 1998, 『現代韓國史學史』, 나남출판사, 178~197쪽 참조.

관련되고 있었다.

일본인의 조선후기 천주교사 연구는 대략 두 단계로 나누어 볼 수 있다. 그 첫째 단계는 1876년부터 1929년까지의 기간이다. 이 때에 조선후기 천주교사에 관한 저술이 번역되기 시작했고, 역사교과서들을 통해 천주교의 전래와 박해에 관한 간단한 언급들이 나타났다. 그리고 이마니시 류우今西龍와 같은 일본인에 의해 조선후기 천주교사가 주목을 받기 시작한 때이기도 했다.

일본인의 조선후기 천주교사에 대한 연구의 제2단계는 1930년부터 1945년까지이다. 이 단계에 있어서 한국천주교사는 주로 경성제국대학京城帝國大學에 관계하고 있던 연구자들이나 그곳을 졸업한 야마구치 마사유키山口正之와 같은 신진 학자들에 의하여 주도되다가, 그 연구자층이 식민모국植民母國으로 확대되어 갔다. 제2단계의 기점이 되는 1930년은 식민지 조선에 나와 있던 일본인 어용 사학자들이 주로 한국사를 연구하기 위해 청구학회青丘學會를 조직하고 학술지로 『청구학총青丘學叢』을 간행하기 시작한 때였다. 그러므로 제2단계의 초기에는 조선후기 천주교사 관계의 논문도 주로 『청구학총』을 통하여 발표되고 있다. 이때 오다 쇼오고小田省吾, 다보하시 지오시田保橋潔, 스에마츠 요시가즈末松保和 등 경성제국대학 교수들이 조선후기 천주교사 관계 연구들을 발표했고, 야마구치 마사유키는 가장 활발히 연구활동을 전개했다.

한편, 조선후기 천주교사 연구의 제2단계 초기에는 단지 2편의 논문만이 일본학계에서 발표되고 나머지 대부분은 식민지 조선의 사상계史學界에서 발표되었다. 그러나 곧 조선후기 천주교사는 식민지 학계에 연구되던 단계로부터 전체 일본의 학계로 확산되어 나갔다. 그리고 그 연구경향에 있어서도 단순한 사실事實 추구의 단계로부터 벗어나 사상사思想史, 사회사社會史의 연구방법이 적용되기 시작했다. 그리고 천주교사에 관한 연구 인구도 증가되었다. 즉 제2단계의 후반에 이르러서는 야마구치 마사유키의 활동이 상대적으로 저조해 진 반면, 아카키 진베에赤木仁兵衛, 이시이 도시오石井壽夫와 같은 새로운 연구자들이 활발한 연구를 새롭게 진행시켜 나갔다. 이들은 선배 연구자들이 주로 조선후기 천주교사, 즉 조선교회 의 초창기에 관심을 가졌던 것과는 달리 조선후기 천주교사의 전체 영역을 연구해 나갔다.

일본인 중 한국천주교사에 주목했던 최초의 인물로는 에노모토 타케아키榎本武揚(1836~1908)를 들 수 있다. 그는 메이지유신明治維新 직후 해군海軍에 관한 지식을 습득하기 위해 화란에 5년간 유학한 바 있었던 인물이다. 그는 1872년 이후 외무경外務卿, 해군경海軍卿, 문상文相 등을 역임했던 인물로서 일본의 대륙침략정책을 수립하고 추진하는 데에 중요한 역할을 하고 있었다. 그는 화란어로 번역된 달레(Dallet)의 교회사를 읽고 이를 부분적으로 번역하여 일본의 대륙침략 정책에 활용하고자 했다.

즉, 에노모토 타케아키는 병자수호조약이 체결되던 1876년『조선사정朝鮮事情~原名 高麗史略』이라는 제목으로 달레 교회사의 서설序說 15편 중 13편과 달레의 교회사의 제2권 중 4장과 5장을 번역 출간했다.[62] 그가 이 책을 간행한 것은 조선을 침략하기 위해서 조선에 관한 기초적 지식의 보급이 필요하다고 판단했기 때문이었다. 이와 같은 일본인에 의한 한국천주회사 연구는 그 출발점부터 일본의 대륙침략정책과 관련되고 있음을 우리는 주목할 필요가 있다.

에노모토에 이어서 천주교 관계 저서를 간행한 인물은 구스다 오노사부로楠田斧三郎의『조선천주교소사朝鮮天主敎小史』를 들 수 있다.[63] 그는 전문적 역사연구자가 아니라 부산에서 농장을 경영하던 인물이었다. 그는 아마추어 사가史家로서『청구학총靑丘學叢』에 수록된 오다 쇼오고 및 야

---

62) Dallet 著, 榎本武揚 譯, 初版(1876),『朝鮮事情』, 138쪽, 東京 ; 丸屋善七(再版 (1882), 138쪽).

63) 楠田斧三郎, 1933,『朝鮮天主敎小史』, 博文堂書店, 373쪽.

마구치 마사유키 등의 논문과 천주교天主教 경성교구장京城敎區長 뮈텔 주교의 열성에 자극을 받아 조선천주교사에 대한 관심을 갖게 되었다. 그는 자신의 책을 '사화史話'라고 겸사謙辭했다. 그리고 "참고문헌이 아주 적고 또 사료독파의 역부족力不足을 자인하며, 또한 조선측 문헌을 참고하지 못하고 선교사측 문헌만을 많이 참고함으로써 선교사측 보고에 편중한 경향이 있고, 그 결과 조선인측의 여러 귀중한 사실이 빠져 있음을 각오한다"고 고백했다.64) 이 책의 저자 자신이 인정한 이러한 결함은 당시의 서평을 통해서도 지적된 바 있었다. 그리고 특히 유럽어로 기록된 자료들의 인명人名과 지명地名 등 고유명사를 한자어로 환원하는 과정에서 드러나는 문제점 등이 지적되었다. 그러나 이 책은 일본어로 처음 간행된 조선천주교사 통사로 일반인에게 권장된 바 있었다.65) 그렇다 하더라도 이 책은 1930년대 초 일본인의 조선사 연구 수준을 이해하는 데에는 도움을 주고 있다.66)

그러나 조선천주교소사의 취약점으로는 간행 직후부터 지적되었던 바와 같이 일본이나 프랑스에서까지 자료를 수집했지만, 조선 국내의 사료는 대부분 간과하고 말았다는 사료활용상의 문제점을 들 수 있다. 그러나 이 책이 가지고 있던 더 큰 문제점은 이 책의 구성과 천주교사를 연구하는 시각視覺에서 드러나고 있었다. 그는 이 책에서 조선천주교사를 문화전파적文化傳播的 입장에서 서술했고 서양문화가 팽창되어 가는 상황의 일부로 조선천주교사를 파악했다. 그는 전문적 역사학자가 아니었으므로 조선후기 천주교사 사건들의 역사적 배경이나 원인을 탐색하는 데에는 관심이 없었다. 이러한 문제점이 그의 저서에서 확인되고 있다.

한편, 우라가와 와사부로浦川和三郎는 1944년『조선순교사朝鮮殉教史』를

---

64) 楠田斧三郎, 1933, 앞의 책, 3쪽.
65) 山口正之, 1934,「書評 朝鮮天主教小史」『靑丘學叢』15, 靑丘學會, 193~197쪽.
66) 李元淳, 1982, 앞의 논문, 667쪽.

저술했다.[67] 일본 천주교의 순교 사적지인 나가사키長崎에서 천주교 성
직자로서 사목에 종사했었고, 센다이 교구敎區의 교구장 주교였던 그는
순교사에 대해 깊은 관심을 가지고 있었다. 그는 호교적 입장에서 순교
정신의 앙양昻揚을 시도했다. 이 때문에 그는 조선의 순교자들에 관한 기
록도 정리하고자 했다. 그리하여 그는 당시 간행되었던 천주교측의 연구
성과인 『조선순교복자 79위전』이나 피송의 사료정리 작업에 기초하고,
오다 쇼오코, 야마구치 마사유키, 구스다 오노사부로 등의 연구에 도움
을 받아서 이 책을 저술했다.[68]

그는 이 책에서 임진왜란 때 세스페데스가 조선에 입국한 사실로부터
김대건 신부가 순교한 사실에 이르기까지 조선후기 천주교사를 서술했
다. 그가 이 책을 집필하면서 가지고 있던 의도는 다음의 언급을 통해서
확인할 수 있다.

> 순교자 가운데 한 사람인 황사영黃嗣永은 그 백서帛書 중에서 '우리 조선인
> 의 인품은 유약하다我東人品柔弱'고 말했다. 그러나 이 유약한 조선인도 한번
> 신앙을 고수하고 이념理念에 죽는다는 단계에서는 그야말로 침착沈着 강담剛膽
> 용맹勇猛 장렬壯烈해서 … 만번 죽어도 사양하지 않는 열렬한 정신에 이르러
> 서는 어떠한 국민에게도 결코 떨어지지 않는다.[69]
> 조선 순교자를 … 일독一讀하면 가슴을 벅차게 하는 무엇이 있다. … 내가
> 특히 순교담殉敎談에 무게를 두고 가급적 상세하게 그것을 기술하는 까닭은
> 조선 신교의 장렬강담壯烈剛膽, 용왕매진勇往邁進, 불굴불요不屈不撓의 신념에
> 감탄하고 경모하는 바 있어서 금후에 있어서도 어떠한 난관에 부딪치거나 간
> 고艱苦를 맞게 되어도 충분히 신뢰할 수 있으며 기대를 걸기에 넉넉한 국민임
> 을 널리 세상에 소해하기를 바라기 때문이다[70]

---

67) 浦川和三郞, 1944, 『朝鮮殉敎史』, 大阪 ; 全國書房, 811쪽.
68) 浦川和三郞, 1944, 앞의 책, 4~6쪽.
69) 浦川和三郞, 1944, 앞의 책, 2쪽.
70) 浦川和三郞, 1944, 앞의 책, 4쪽.

그는 이상에서와 같이 조선인 순교자들의 용기를 높이 평가했다. 그리고 그는 조선인에 대한 동정적 입장에서 조선인도 일본인과 대등하게 대동아 공영권의 일원이 될 수 있음을 말했다. 그는 일본과 조선의 순교자들을 비교하면서 무사도武士道의 나라 일본은 물론이거니와 조선 순교자의 경우에도 어떠한 잔혹한 형벌을 가하더라도 무저항주의적 입장에서 온화한 양과 같이 죽어갔다고 했다. 이 책의 서문에서는 이와 같은 조선인의 강인한 정신을 지적한 부분이 있다. 이로 인해서 서울에서는 경찰 당국이 이 책의 발매를 금지시키기까지 했다.71)

그러나 『조선순교사朝鮮殉敎史』의 서문序文을 통해서 저술목적에는 순교정신의 앙양이라는 측면과 함께 내선일체內鮮一體의 실천이라는 현실 정치적 의도가 그 서문에서 표현되고 있었다. 당시 이 책이 간행되었던 시점은 저자가 언급하고 있는 바와 같이 징병제도가 이미 실시되고, 2400만 조선인이 대동아 공영권의 일익을 담당해야 하던 시점이었다.72) 바로 이 시점에서 저자는 조선인의 순교정신이 일본 군국주의의 발전에 기여할 수 있을 것으로 기대했다.

그런데 이 책의 본문은 순교자 위주의 기록으로서, 달레(Dallet)나 로네(Launey)의 기록을 그대로 옮겨놓은 부분이 적지 않다. 그리고 그가 서문에 기록한 군국주의적 의도가 본문의 내용에까지 관철되지는 않은 듯했다. 또한 그가 서문에 '내선일체內鮮一體'적 의도를 표현한 것은 전쟁말기라는 상황에서 자신의 책을 간행하기 위한 고육책이었다는 점도 감안할 수 있다. 그러나 이러한 변호의 말들이 그의 저서를 이해하는 데에는 참고가 될 수 있다 하더라도 그의 저서 또한 순교사 위주의 서술이나 문화전파론文化傳播論적 입장을 고수함으로써 식민사학의 일반적 문제점에서 자유로울 수 없었다. 적어도 그는 일본의 무사도적 문화의 우월성과 대

---

71) 洪以燮, 1957, 앞의 논문, 785쪽.
72) 浦川和三郎, 1944, 앞의 책, 2쪽.

동아 공영권의 존재를 인정하면서 조선의 순교사와 일본의 그것을 비교하고 있었다. 이러한 측면에서 볼 때 그의 저서도 식민사관의 범위 안에서 저술되었던 점을 인정하게 된다.

이상에서 검토한 일본인 연구자들의 저서와 함께 일제강점기 일본인 연구자들이 수행한 천주교사 연구의 상황을 점검하기 위해서는 그들이 발표했던 논문들을 주목해야 한다. 일본인이 조선후기 천주교사를 연구하여 본격적인 논문으로 발표한 때는 한국에서 일본의 무단정치武斷政治가 자행되던 1918년이었다. 이 때 이마니시 류우今西龍는 '조선이태왕朝鮮李太王과 천주교도학살天主敎徒虐殺'이란 논문을 『歷史と地理』에 발표하고 있다.73) 그는 시라토리白鳥庫吉 등과 함께 식민사관에 입각하여 한국사를 왜곡시켜 나갔던 대표적 인물이었다. 그는 1866년의 박해를 서술하면서 천주교와 외세外勢의 관계, 그리고 조선왕조의 지배자들이 가지고 있던 잔혹성을 강조했다. 그 이후 1930년대에 이르러 조선후기 천주교사 연구가 활발하게 진전되어 갔다.

일본인 연구자들이 조선후기 천주교사에 접근할 수 있었던 계기는 당시 일본학계에 성행하고 있었던 문화사학론文化史學論의 영향이었던 것으로 생각된다. 그리고 그들은 당시에 성행하던 식민사관植民史觀의 시각에서 조선후기 천주교사를 연구했다. 이들의 연구성과에서 드러나는 구체적 사실의 착인錯認이나 자료상의 오류도 당시 연구의 문제점으로 지적할 수 있다. 그러나 무엇보다도 주목되는 바는 그들의 논문이 가지고 있던 전체적 구성이나 그 시각 상의 문제점들이다.

그들은 우선 한국사의 독자적 발전을 인정하지 아니한 식민사관 중 타율성론의 입장에서 천주교사를 주목했다. 따라서 그들이 연구한 천주교사는 천주교 신앙의 전파사이며, 서양인 선교사의 활동사였다. 그들은 타율적 요소인 외래의 문화나 힘만이 조선의 개화를 가능하게 해준다는

---

73) 今西龍, 1918, 「朝鮮李太王と天主敎徒虐殺」『歷史と地理』 1~6.

가정 위에서 조선후기 천주교사 연구를 진행시켰다.[74] 여기에서 그들은 조선천주교의 성립에 있어서 외래적 타율적 요소를 강조했고, 그 역사의 기점으로 임진왜란 과정에서 세스페데스(Cespedes)와 같은 선교사의 조선 입국을 주목했다. 그리고 일본에 잡혀간 조선인 피납자들이 천주교에 입교했던 사실을 중시했다. 이는 그들이 조선 천주교사를 일본 기리시단사 切利支丹史의 연장으로 보려던 의도를 나타내 주고 있다. 그들의 연구에서는 한국교회의 자생적 성립이 지니는 의미의 중요성을 상대적으로 낮추어 평가해 보고자 하던 의도가 발견된다.[75]

또한, 일본인 연구자들 가운데 상당수는 조선후기 천주교사를 서술하면서 식민사관을 직접 적용하고 있다. 예를 들면 오다 쇼오고小田省吾는 '이조李朝의 붕당朋黨을 약술略述하여 천주교박해天主敎迫害에 이름' 과 같은 논문을 발표했다.[76] 그는 이 글에서 천주교 박해가 당쟁의 결과로 발생했다고 주장했다. 그는 당쟁의 폐단이 천주교 문제에까지 영향을 미치고 있음을 말함으로써, 식민사관의 대표적 주장인 당파성黨派性 이론을 실증해 보고자 했다.

일본인 연구자들 가운데 일부는 식민사학적 타율성론의 한 축을 이루고 있던 사대주의론 내지는 반도적 성격론의 연장에서 조선후기 천주교사를 파악하고 있었다. 사대주의론이나 반도적 성격론에서는 모두 조선 문화의 독자적 가치에 대한 부정을 전제하고 있었다. 이러한 견해는 조선후기 천주교사를 연구한 일본인 연구자 가운데 대표적 존재인 야마구치 마사유키에게서도 확인된다. 그는 조선이 처한 반도적 특성 때문에 일본이나 중국을 통한 천주교 신앙 전파가 필연적이었다고 강조했다. 그

---

74) 金壽泰, 1996, 앞의 논문, 18쪽.
75) 趙珖, 1999,「朝鮮敎會 壬辰倭亂 起源說의 史的 檢討」『누리와 말씀』3, 인천가톨릭대학교, 138~167쪽.
76) 小田省吾, 1930,「李朝の朋黨を略敍して天主敎迫害に及ぶ」『靑丘學叢』1, 靑丘學會, 1~26쪽.

는 서구문화의 동점東漸을 주목했고 동시에 조선후기 부연사행赴燕使行에 의한 천주교의 수용은 사대주의 정책의 결과 가운데 하나로 파악했다.[77]

식민사관의 입장에서 한국천주교사를 파악하고 있던 인물로는 이시이 도시오石井壽夫도 들 수 있다. 그는 조선후기 천주교사를 검토하면서 분석적 방법을 주로 구사했다. 이러한 그의 연구방법론은 당시로서는 참신한 방법으로 주목받을 만했다. 그는 '이학지상주의理學至上主義 이조李朝에의 천주교天主敎의 도전挑戰'을 비롯해서 수편의 논문을 발표했다. 그러나 그는 황국사관皇國史觀에 투철한 인물로서 극우적 역사 해석의 입장을 견지했다. 그는 "무지無知 무식無識의 천주교도들이 가지고 있는 신앙이 이학지상주의理學至上主義 이조李朝를 타도하고 현대조선을 이끌 수 있는 큰 힘이 되었다는 점에 깊은 역사적 의미를 찾을 수 있다. 그러나 다만 또 그 까닭에 현대 조선이 황도皇道에 귀일歸一하는 데에 있어 큰 화근禍根이 생겨날 수도 있음을 잊어서는 안된다"고 말함으로써 그 연구의 궁극적 목적이 '황도皇道의 선양宣揚'에 있음을 말했다.[78]

또한 이시이 도시오는 자신의 논문들을 통해서 천주교 문제를 중심으로 한 양반 지배층과 민중의 대결이 조선왕조가 멸망하게 된 원인임을 강조하고 있다. 그리고 조선에 있어서 이러한 투쟁이 조선을 멸망으로 이끌었던 사실을 "조국祖國 일본日本의 메이지유신明治維新"과 비교해 보도록 독자의 주의를 환기시켜 주고 있다. 이는 그가 일본인의 우월성과 한국인의 '저열성'을 비교하고 파악시키기 위해 천주교사에 관한 주제를 선택하였음을 뜻하는 것이다.[79]

77) 山口正之, 1967, 『朝鮮西敎史』, 東京, 雄山閣. 여기에는 그의 초기적 연구성과들이 수합되어 있다.
78) 石井壽夫, 1941, 「李太王朝の 天主敎とその 迫害」『史學雜誌』52~55, 東京 ; 日本史學會, 1977, 「高宗朝의 朝鮮天主敎와 그 迫害」『韓國天主敎會史論文選集』1, 한국천주교사연구소, 210쪽.
79) 石井壽夫, 1942, 「理學至上主義 李朝への 天主敎の 挑戰」『歷史學硏究』12~16, 東京, 歷史學硏究會(1977, 「理學至上主義 李朝에의 天主敎의 挑戰」『韓國天主敎

또한 식민지시대 일본인 연구자 다수는 '고질불변痼疾不變한 조선민족성론朝鮮民族性論'의 연장에서 조선후기 천주교사를 조명했다. 조선인은 의타성이 강하고, 비겁하고 무기력한 민족이라는 전제위에서 이를 실증하기 위해 천주교사를 보고자 했다. 그리고 조선인들은 그 민족성으로 말미암아 박해에 대해서 보다 적극적이고 현실적으로 대처하지 못하고, 외세의존과 같이 소극적이고 도피적 태도를 취했다고 보았다.80)

한편, 이시이 도시오와 같은 연구자는 조선이 기본적으로 정체된 사회였다고 파악했다. 또한 대부분의 일본인 연구자들이 조선문화 및 조선 천주교사가 가지고 있는 독창성을 인식하지 못했다. 그러므로 그들은 한글 천주교 서적이나 조선인의 천주교 사상에 관한 자료들을 간과해버렸다. 이와 같이 식민사관이란 선입견에 의해서 일본인들이 한국천주교사를 바라보는 시각은 오도되고 있었다.

물론 식민지시대 일본인 연구자들은, 새로운 사료의 발굴을 위해서 일정한 노력을 전개했다. 그리고 역사연구 방법론에 있어서도 문헌고증을 중시하던 당시의 학풍을 따랐고, 문화사학의 이론에 영향 받아 그 연구의 시각을 넓혀 가기도 했다. 조선후기 천주교사 연구에 있어서 그들은 개항 이전의 조선인 연구자나 서양인 선교사들의 접근방법과는 달리 '근대적' 연구 방법론을 드러내 주었다. 그들의 이러한 노력으로 인해서 "한국천주교사 연구는 역사학 이전의 상태에서 벗어나게 되었다."81) 이 시기 일본인 연구자들의 업적은 근대적 연구 방법의 적용과 연구의 개척으로 평가되기도 했다.82)

그들 가운데 일부는 당시 학문연구의 수준에서 그들 나름대로의 '객관성'을 유지하고자 했다. 물론 그들 가운데 일부는 한국천주교사에 애

會史論文選集』1, 한국천주교사연구소, 95쪽).
80) 金壽泰, 1996, 앞의 논문, 17쪽.
81) 李元淳, 1982, 앞의 논문, 665쪽.
82) 洪以燮, 1957, 앞의 논문, 778쪽.

정을 가지고 이를 널리 알리고자 노력했던 인물도 있었다. 그러나 그들의 천주교사 연구는 대체적으로 문화주의적 취향을 가지고 있는 것이었다. 그러나 그들의 연구는 식민사학이라는 당시 학계를 억누르던 질곡을 벗어날 수 없었다. 그들은 조선사 연구에 있어서 새로운 해석을 제공하지 못했고, 기존의 제한된 시각에 매몰埋沒되었던 인물이었다. 여기에서 식민지시대 천주교사 연구자들의 연구에서는 식민사학적 해독이 드러나게 되었다.

일본인 연구자들에 의해서 조선후기 천주교사가 연구되던 시기에 서구의 선교사들도 자신의 연구를 지속시켰다. 즉, 1874년에 간행되었던 달레의 연구업적에 이어서 서구인의 조선후기 천주교사에 관한 연구업적은 1895년 후레(Fourer)가 낭시(Nancy)에서 간행한『조선, 순교자와 선교사(La Corée, Martyrs et missionnaires)』를 들 수 있다. 1924년에는 드브레(Devred) 주교가『조선의 가톨릭교(Le Catholicisme en Corée)』를 간행하여 박해시대 및 개화기와 일제 초기의 천주교사를 연구해 주었다. 이에 앞서 파리외방전교회의 로네(Launay)신부는『빠리외방전교회사』의 일부분으로 한국에서 전개된 파리외방전교회의 활동을 정리해 주었다. 그리고 그는 1925년『조선순교복자 79위전』을 저술하여 1839년과 1846년에 순교했고 1924년에 시복된 복자들의 행적을 밝혀 주었다.[83]

한편 서울교구의 교구장이었던 뮈텔(Mutel) 주교도 한국천주교사의 연구에 있어서 중요한 업적을 남긴 인물이다. 그는 한국천주교사 관계 사료의 발굴과 번역, 정리 작업에 있어서 특출한 공헌을 남겨 주었다. 그리고 피숑(Pichon, 宋世興)신부도 한국천주교사의 연구에 종사하며 1930년대에 간행하고 있던『가톨릭青年』을 통하여『조선카톨릭사의 편영』(朝鮮카톨릭史의 片影)이란 제목으로 자신의 연구결과를 계속 발표해 나갔다.

---

83) 조광, 1986,「프랑스 선교사들의 韓國殉教者觀」『교회와 역사』136, 한국교회사연구소, 17쪽.

개항기 및 일제강점기 구미인에 의한 천주교사연구는 달레의 교회사가 간행된 1874년 이후 피숑의 활동이 전개되던 1936년경까지를 들 수 있다. 그들 중 대부분은 역사학을 정식으로 수학하지는 않았다. 그러나 이 시기의 연구자들은 그 연구방법에 있어서 전단계의 연구자들보다 좀 더 발전되어 가고 있었다. 로네는 『파리외방전교사』의 한 부분으로 한국교회 관계를 서술할 때 상당히 세련된 역사적 안목을 보여 주었다.

이 시기의 연구자들은 새로운 자료의 개발과 활용에 있어서 중요한 특징을 드러내었다. 즉 뮈텔 주교는 『기해일기』를 발굴해 내었으며 그 밖에 각종 관찬사료官撰史料에 주목하고 있었다. 피숑 신부도 김대건의 서한을 비롯한 새로운 사료의 발굴에 일정한 기여를 하였다. 이와 같이 천주교사 연구에 있어서 기본적 사료에 대한 관심이 증가되고 있는 현상은 구미인들에 의한 한국천주교사 연구가 일보 전진하고 있음을 나타낸다. 이 시기 구미인 연구자들도 천주교사 연구의 목적을 전 단계와 마찬가지로 순교정신 앙양에 두고 있다. 그렇지만 그 연구방법에 있어서는 일정한 발전을 보여주었던 것이다.

5. 맺음말

조선후기 천주교사 연구는 천주교에 대한 탄압이 진행되던 당대부터 연구되기 시작했다. 그리고 개항기와 식민지 시대를 거쳐 그 연구의 방법론과 시각視覺에 있어서 일대 전환이 이루어졌다. 이러한 과정을 거쳐 조선후기 천주교사 연구는 1945년 해방을 계기로 하여 일대 비약이 가능해졌다.

해방 이후의 천주교사 연구는 거의 조선후기에 집중되었던 전 단계와는 달리 개항 이후 현대에 이르기까지 그 연구 대상의 시기가 다양해졌다. 그리고 그 연구 주제 및 사관에 있어서도 다양성을 띠게 되었다. 그러므로 해방 이전에 진행되었던 조선후기 천주교사 연구와 해방 이후의 그것 사이에는 많은 차이가 드러나게 되었다. 해방 이후 천주교사의 대체적인 경향은 필자가 앞서 약술한 바 있으므로 본고에서는 이를 생략하고 해방 이전의 천주교사 연구 경향만을 집중적으로 서술했다.

조선후기 당대에 진행되었던 천주교사 연구는 조선인 신도들과 선교사들에 의해서 그리고 척사적 인물들에 의해서 동시에 진행되고 있었다. 이 당시 천주교사의 연구는 호교적 차원에서 전개되었거나 탄압의 정당성을 강화하기 위한 노력의 일환으로 전개되었다. 그리고 개항기와 일제 강점기에 이르러서는 일본인 연구자들이 두각을 드러내게 되었다. 이들은 당시 한국사 해석에 적용되고 있었던 식민사학의 시각에서 조선후기 천주교사를 연구했다. 한편, 서양인 선교사들은 순교정신의 앙양을 목표로 삼아서 천주교사를 정리했고, 순교자들의 전기를 정리했다. 여기에서 그들은 오늘날 연구자들이 극복해야 할 적지 않은 과제를 남겨주었다.

기존의 조선후기 천주교사 연구에서는 역사학 연구의 과학성과 일반성을 감안하지 않은 호교주의가 강력하게 제시되어 있었다. 이 점은 프랑스인 선교사들 및 일부 조선인 연구자들이 가지고 있었던 천주교사 인식상의 문제였다. 그리고 동시에 조선후기 천주교사는 편협한 성리학적 사관에 입각하여 왜곡되기도 했다. 조선후기에 출현했던 척사론적 천주교사 인식은 상당히 장기간 지속되었다. 한편, 조선후기 천주교사 인식에는 한국문화 자체에 대한 이해 부족의 결과 식민사관이나 문화사관 및 오리엔탈리즘 해석이 출현했다.

그러나 자신의 문화가 가지고 있는 긍정성에 대한 인식이 없이는 조선후기 천주교사는 올바로 서술될 수 없다. 조선후기의 천주교사는 문화 상대주의의 입장에서 논의될 때 올바른 연구의 방향을 잡을 수 있을 것으로 생각된다. 그리고 조선후기 천주교사는 조선후기라는 사회와 문화의 맥락에서 이해되어야 한다. 그리하면 순교신심 앙양만을 목적으로 하는 순교자 중심의 연구는 극복될 것이다. 조선후기 천주교사 연구는 한국사연구가 일반적으로 지향해야 할 인간성과 그 발현과정의 성숙을 이해하는 데에 도움을 주게 될 것이다.

앞으로 전개될 조선후기 천주교사 연구는 신도들의 사회적 존재나 그 의식을 밝혀나가야 한다. 그리고 그들의 생활사를 밝히고, 그들의 생각과 문화생활을 주목하며, 교회운영의 기본적 구조를 밝혀주어야 한다. 교회라는 신앙공동체를 중심으로 하여 형성되었던 인간에 대한 인식과 각종의 인간관계를 규명하여 오늘의 인간 이해를 위한 단초를 제공해 주어야 한다. 포스트 모던적 현대 상황에서 조선후기 천주교사 연구를 위한 이론적 틀을 마련하려는 노력이 지속되어야 한다.

제2장

조선교회 임진왜란 기원설의 역사적 검토

1. 머리말

16세기 말엽 7년간에 걸쳐 조선을 전장戰場으로 삼아 전개되었던 임진왜란(1592~1598)은 한국사에 있어서 매우 중요한 사건으로 평가된다. 임진왜란은 조선시대사 연구자들이 조선왕조를 전기와 후기로 시대를 구분할 때 그 분기점이 되고 있다. 물론 최근 조선시대사 연구 성과에서는 임진왜란이 조선 사회의 변동에 미친 영향을 종전의 연구 성과에서보다는 상대적으로 약화시켜 평가하기도 한다. 그렇다 하더라도 이 전쟁이 조선의 역사에 미친 영향을 결코 과소평가할 수는 없을 것이다.

전쟁사의 연구에서는 전투 과정에 대한 단순한 연구 이외에도 그 전략 전술이나 전쟁을 통해서 진행된 쌍방 간의 문화교류 등에 관해서도 연구된다. 임진왜란사를 연구하는 과정에서도 양국간의 문화교류 문제가 연구된 것은 일견 당연한 일이기도 하다. 임진왜란을 통한 문화교류는 주로 조선문화의 동전東傳 과정을 밝히는 데에 집중되어 왔다. 이와 함께 일본을 통해 그리스도교 문화가 조선 전파된 사실을 밝히려는 문화의 서전西傳 과정을 밝히려는 시도가 진행되기도 했다.

사실 전쟁을 통한 문화의 상호교류란 당연한 일이기도 하다. 그리고 여러 문헌 자료를 검토해 볼 때 그리스도교 신앙이 임진왜란 과정에서 조선인 피랍자들에게 전파되었음을 우리는 확인할 수 있다.

이 때문에 일부 연구자들은 조선 천주교회의 기원이 임진왜란 당시까지 소급되는 것으로 주장하기도 했다. 편의상 이러한 주장을 '조선교회 임진왜란 기원설朝鮮教會 壬辰倭亂 起源說'로 명명할 수 있을 것이다. 그런데 한국교회사 연구자 거의 모두는 조선 교회의 기원이 1784년에 있음을 확인해 왔다. 즉, 그들은 조선 교회가 현재로부터 200여 년 전인 1784년에 조선인 신도들의 손에 의해서 창설된 것으로 보는 데에 합의하고 있다. 이처럼 상이한 두 종류의 견해로 말미암아 이 문제에 관심 있는 사람들 가운데 약간의 당혹감을 갖는 경우도 있다.

여기에서 오늘의 한국교회사 연구자들은 조선교회의 기원에 관한 문제를 좀 더 분명히 해야 한다는 요청을 받고 있다. 그리하여 본고에서는 조선교회의 기원을 어떻게 설정해야 하는지에 관해서 집중적으로 검토해 보고자 한다. 이 작업을 위해서 본고에서는 우선 임진왜란과 조선 교회의 기원을 연관시켜 논하고자 했던 여러 시도들을 검토해 보고자 한다. 그리고 이에 이어서 조선 교회가 임진왜란 피랍자들에 대한 예수회 선교사들의 선교를 통해서 시작되었음을 주장하는 일련의 연구업적을 집중적으로 분석하고자 한다. 그리고 여기에 이어서 조선 교회의 기원이 언제인지를 거듭 검토해 보고자 한다.

임진왜란을 조선 교회의 기원으로 보려는 견해에 대한 비판적 연구는 부분적으로 진행된 바 있었고,[1] 이원순李元淳에 의해서 집중적으로 시도되었다.[2] 이 논고 이전에도 이 견해의 부당성에 대한 지적이 지속되어

---

1) 崔奭祐, 1981,「달레著 韓國天主教會史의 形成過程」『教會史研究』3, 한국교회사연구소, 130쪽 참조.

왔다. 본고에서는 이러한 선행의 문제의식과 연구업적을 이어 받아 조선교회의 임진왜란 기원설에 대해서 종합적으로 비판 검토해 보고자 한다. 본고의 시도가 조선교회의 기원을 좀 더 명확히 하는 데에 도움이 될 수 있기를 기대해 본다.

2. 기원설起源說 논의의 근거

일반적으로 유럽 이외의 특정 지역에 그리스도교가 전파되는 것은 선교사들의 공적으로 돌리고 있다. 선교사들은 특정 지역에 입국한 이후 그곳에 지역교회를 창설했다. 그러므로 한국교회사를 논하는 과정에서도 한국교회의 연원이 선교사들에 있음을 주장하고, 그 선교사가 한국을 향해서 출발한 지역의 교회에 관해 주목하고자 하는 연구 경향이 나타났다. 이 까닭에 조선교회의 '임진왜란 기원설'이 제시되기에 이르렀다. 이 설은 임진왜란을 계기로 하여 일본에 나와 있던 선교사들에 의해서 조선교회가 세워졌고, 이것이 조선교회의 기원이 된다는 사실로 축약될 수 있다. 여기에서는 그 기원설의 주장 근거가 가지고 있는 정당성 여부를 명확히 판별해 보기 위해서 임진왜란을 전후하여 나타나는 조선에 대한 선교사들의 관심 및 조선과의 관계를 먼저 주목하자 한다.

그런데, 그리스도교는 조선 중기를 살았던 16~7세기의 지식인들에게 전혀 생소한 문화였다. 이들도 독서나 인적 접촉을 통해서만이 그리스도교의 존재를 확인할 수 있었다. 새로운 문화의 존재를 파악할 수 있는 통로는 한문서적漢文書籍의 독서나 인적人的 접촉을 들 수 있다. 그러므로 조선후기 사람들도 서양인 선교와의 직접적인 만남이나 그들이 남긴 한

---

2) 李元淳, 1992,「韓國天主教會 倭亂起源說論考」『朝鮮時代史論集』, 느티나무, 39
  ~50쪽.

문 서학서西學書를 통해서 그리스도교의 존재를 확인하게 되었다.

유럽인 선교사들은 17세기를 전후하여 전개된 서세동점의 과정에서 동양에 이르렀다. 이들은 확대된 지리상의 지식을 기반으로 하여 조선의 존재에 대해서는 적지 않은 사실들을 알고 있었다. 그리고 중국이나 일본에 도착했던 선교사들은 선교지의 확대를 위한 노력의 과정에서 조선을 주목하게 되었고 조선에의 선교를 시도했다. 그들은 조선인 지식인들이 그리스도교를 알기보다 훨씬 먼저 조선의 존재를 파악하고서 조선을 선교의 대상으로 삼고자 했었다. 이러한 유럽 선교사들의 노력은 조선인들의 의도와는 상관없이 일방적으로 진행된 것이었다.

16세기 후반 로마 가톨릭 교회에서는 조선을 포함한 동양에 대한 선교를 시도했다. 조선과도 관련된 이 시도는 우선 1576년 1월 마카오 교구에 내린 교황의 대칙서大勅書(bula)에서 확인된다. 이 대칙서에서는 교구의 관할 구역을 '중국 일본과 인접 지역'으로 규정했다. 이로서 막연하게나마 조선은 마카오 교구의 관할 지역 안에 포함되기에 이르렀다. 16세기 말엽 중국에 도착했던 예수회 선교사 리치(Matteo Ricci)가 1599년 2월 6일 남경南京에서 코리아(Coria)에 관해서 짧게 언급하여 조선 선교에 대한 관심을 간접적으로 표현한 바 있었다.[3]

그 후 1659년 로마 교황청에서는 조선을 중국의 남경대교구南京代牧區에 부속시키고 이 지역에 대한 선교를 위임했다. 즉, 교황 인노첸시오 11세(Innocentio XI)는 1679년 중국출신 도미니꼬회 선교사인 그레고리오 로페즈(Gregorio Lopez) 신부를 '남경南京과 조선 및 인근 성省'의 대목代牧으로 임명했다.[4] 그리고 1690년 교황청이 남경대목구로부터 북경대목구北

---

3) Matteo Ricci, *Fonti Ricciane* II, 38~39쪽.

矢澤利彦, 1954, 「マッテオ·リッチと文祿慶長の役」 『日本歷史』 70號, 14~19 쪽.

4) 1972, 『壬辰亂史 國外資料』, 서울대학교 동아문화연구소, 62쪽.

Breve Notizia della Corea e del suo Christianismo nel Secolo XVI e XVII, cap. II, 188 쪽. "vicaria apostolico di Nankino, della Corea e d'altra provincie confinanti."

京代牧區를 독립시키면서 조선 선교의 책임은 북경대목구의 관할로 넘어
갔다. 로마 교황청에서는 이처럼 일찍부터 조선 선교를 지향하면서 그
관할권에 대한 배려에 관심을 가지고 있었다.5)

그런데 조선 선교에 대한 구체적 관심은 일본에서 그리스도교를 선교
하던 예수회 계통의 선교사들에 의해서 나타나고 있었다. 이들의 관심으
로 인해서 이른바 조선교회 임진왜란 기원설이 제시되고 있는 것으로 생
각된다. 16세기 일본에서 활동하던 선교사 가운데 조선을 주목한 대표적
인물은 포르투갈 출신 예수회 선교사 가스빠르 비렐라(Gaspar Vilelar)이다.
그는 1571년 10월 6일 친우에게 보낸 편지에서 그리스도교를 선교하기
위해 조선 입국을 시도했지만, '전쟁'으로 인해서 가는 길을 방해받아
입국하지 못했음을 전하고 있었다.6) 그의 조선 입국이 불가능했던 까닭
은 당시 전국시대戰國時代에 처해 있던 일본의 국내 사정 때문이었던 것
으로 생각된다.

한편, 임진왜란壬辰倭亂(1592~1598)의 발발로 인해서 예수회 선교사가
조선에 입국할 수 있게 되었다. 즉, 일본에 나와 있던 선교사들의 조선
입국 시도는 세스페데스(Gregorio de Céspedes, 1551~1611)에 의해서 이루어졌
다. 스페인 출신 예수회 선교사인 그는 고니시 유키나가小西行長의 개인적
인 초청에 의해서 1593년 12월 27일에 조선의 남해안에 도착했고, 웅천
熊川에 있던 고니시의 진영에서 일 년 가까이 머물면서, 일본군 가운데

---

5) Manuel Teixeira, *A Missão da Coreia*, Macau : Tipografia Marsul, 1982, 22~23쪽.
6) 朴哲, 1987, 『예수회 신부 세스뻬데스』, 서강대학교 출판부, 42쪽
　　村上博士 譯, 渡邊博士 註, 『耶蘇會士 日本通信』 下卷, 217~218쪽
　　山口正之, 1931, 「耶蘇會 宣教師の入鮮計畫」 『靑丘學叢』3, 138쪽. '1571년 10월
　　6일자 편지' 참조. "나는 그 나라에 가고자 했으나, 당시 도중에 전쟁이 일어나
　　가는 길을 방해받아 가지 못했다. (그곳으로 가라는 하느님의) 부르심을 받을 날
　　은 아직 오지 않았다. 우리들의 주님은 그들을 인도하여 광명을 주옵소서. 아멘.
　　이와 같이 많은 이교도들이 그들이 믿는 것 외엔 아무 것도 없는 줄 알고, 그 잘
　　못에 속아서 망해 감을 보는 것은 매우 슬픈 일이다."

천주교 신자였던 2000여 명의 장병을 대상으로 하여 성사聖事를 집전했다. 그가 조선인과 직접적인 접촉을 갖고 조선에서 그리스도교를 전파한 기록은 없다.

그러나 세스페데스는 가토 기요마사加藤淸正의 방해를 받아 일본 본토로 귀환하던 도중,7) 대마도對馬島 도주島主의 집에 피랍되어 머물러 있던 조선인 소년 한 명에게 빈센떼(Vincente)라는 세례명으로 세례를 주었다. 빈센떼는 일본의 신학교를 마치고 전교사傳敎師가 되었으며, 포교를 목적으로 조선에 입국하기 위해서 1614년 북경에 가서 조선 입국의 길을 모색하다가 1620년 일본으로 되돌아갔다.8) 그리고 이때를 전후하여 일본에서는 임진왜란 과정에서 피랍되었던 조선인들이 대거 그리스도교에 영세 입교한 바 있다.9)

조선인 피랍자들이 일본에서 그리스도교 세례를 받은 17세기 초엽 서양인 선교사들은 조선에 대한 직접적인 선교를 시도했다. 이러한 시도에는 예수회 선교사 이외에 도미니꼬회會 선교사도 참여했다. 즉, 도미니꼬회 선교사로서 스페인의 가스띨(Castil) 지방 출신인 후안(Juan)은 1601년 필리핀에 도착하여 말레이(Malay)어語를 익히다가, 조선 포교의 최적임자最適任者로 선발되어, 동지 두 사람과 같이 먼 길을 항해하여 1618년 조선에 도착했다 한다. 그러나 그들은 입국이 거부되어 다른 두 사람은 그대로 필리핀으로 회항回航하고, 후안은 단신으로 일본에 상륙했다가 곧 체

---

7) 朴哲, 앞의 책, 42, 50, 92쪽.

8) Luis de Guzmán, *Historia de las Misiones de la Compañía Jesús en la India, en la China y Japón desde 1540 hasta 1600,* Bilbao, 1891, 596~597쪽
朴哲, 앞의 책, 91쪽.

9) 메디나 著, 朴哲 譯, 1989, 『한국천주교 전래의 기원』, 서강대 출판부 참조. 이 책에서는 임진왜란 때에 조선교회가 형성된 것으로 묘사하고 있으나, 필자의 견해는 이와 다르다. 한편, 이 책의 제2부에는 1566년 이후부터 1698년에 이르는 기간 동안 작성된 한국천주교사 前史에 관한 서양자료들이 발췌 번역되어 있다. 이 자료는 그 前史의 이해를 위해서 일정하게 도움을 줄 수 있을 것으로 생각된다.

포되어 히젠肥前 오오무라大村 감옥에 투옥되었으며, 1619년에 그곳에서 옥사했다는 기록도 전한다.[10] 이 기록은 당시의 서양 선교사들이 일본을 통해서 조선에 대한 선교를 시도하고 있었다는 사실만은 간접적으로나마 확인시켜 주는 것이다.

그러나 일본에서는 도쿠가와 막부德川幕府가 성립된 이후 그리스도교에 대한 탄압이 강화되어 갔다. 일본의 그리스도교가 막부로부터 탄압받고 있던 사실은 1638년(인조 16)과 1640년(인조 18)에 조선에 전달되었다. 그리고 1643년(인조 21)과 이듬해 1644년 및 1648(인조 26), 1650년(효종 원년)에 일본은 조선에 대해서 일본인 천주교도의 착송捉送을 요구해 왔다. 이러한 요구에 따라서 조선은 1644년 전라도 진도에 표착한 황당선荒唐船을 포착하여 왜관에 치송致送한 바 있는데, 선인船人 61인 중 5인이 천주교인이었다 하여 대마도주對馬島主가 간곡한 감사 서한을 낸 바 있었다. 그 후에도 대마도주는 그리스도교를 경계하는 공문을 1665년(현종 7)에 조선의 예조참판에게 보내고 있었다.[11]

이러한 과정에서 조선 지식인 가운데 일부는 그리스도교의 존재를 알게 되었다. 그리스도교에 관해 언급된 초기적 사례로는 유몽인柳夢寅(1559

---

10) E. Papinot, *Dictionaire d'Histoire et Geographie du Japon*, 1906, Yokohama ; 山口正之, 1931, 앞의 논문, 140쪽 참조. 여기에서는 그들이 조선에 도착했지만 관리들의 거부로 상륙과 선교가 불가능하자, 2인의 신부는 마카오로 귀환하고 후안 신부는 일본에 머물다가 도쿠가와의 그리스도교 박해 과정에서 1619년에 오오무라에서 순교한 것으로 서술하고 있다. 한편, 메디나, 1989. 앞의 책, 61~65 쪽에서는 조선인 피랍자 또마스와 함께 산또 도밍고 신부가 조선에의 입국을 시도하면서 일본에 머물다가 1619년 오오무라에서 순교한 것으로 기록하고 있다.

11) 『顯宗實錄』 7년 10월 庚午
『同文考略』 卷15, 「交隣漂風」 顯宗 7년 12월
『顯宗改修實錄』 卷16 8년 2월 辛未
『仁祖實錄』 卷36, 16년 3월 丙子; 卷41, 18년 9월 丁酉 ; 卷45, 22년 5월 戊申 ; 卷45, 23년 3월 辛未 ; 卷49, 26년 5월 庚戌.
『孝宗實錄』 卷3 元年 2월 壬戌.
金良善, 1967, 앞의 논문, 60~63쪽.

~1623)을 들 수 있다. 그는 『어우야담』於于野談에서 '서교西敎'에 관해서 논하고 있다.12) 그가 그리스도교에 대해서 알게 된 것은 임진왜란 이후 일본과의 간접 접촉이나 중국과의 직접 접촉이 계기가 되었을 것으로 생각된다. 또한 조선은 17세기 전반기 일본을 통해서도 '야소종문耶蘇宗門'의 위험성을 듣게 되었다. 그러나 17세기 전반기 조선의 조정에서는 그리스도교 문제를 현실적 위험으로 파악하지는 않았고, 이에 대한 구체적 대책을 세운 바도 없었다.

일본에서 그리스도교의 선교가 금지되어 가던 17세기 전반기, 중국에 입국했던 예수회 계통의 선교사들도 조선 선교를 시도했다. 이러한 시도는 명말明末 서광계徐光啓(1562~1633)와 삼비아시(François Sambiasi, 畢方濟, 1682~1649)에 의해서 추진되었다. 서광계는 만주족의 침입에 대비하여 자신이 조선에 군대의 파견을 요청하는 청병사신請兵使臣이 될 경우 삼비아시 신부를 대동하고 조선에 들어가 개교한다는 계획을 세웠으나, '청병'請兵 자체가 좌절되면서 전교 계획도 무산되었다.13) 이러한 서광계의 계획은 대략 1619년경에 수립되었던 일이고, 이 계획의 아이디어를 낸 사람은 롱고바르디(Longobardi, 龍華民, 1559~1654)였다고 한다.14)

그 후 중국에 주재하던 선교사 가운데 조선 선교를 구체적으로 생각하고 추진했던 인물은 샬(Adam Schall, 1591~1666)이었다. 그는 북경에서 조선의 소현세자昭顯世子를 만났고, 조선에 대한 선교를 구체적으로 추진하고자 했다. 이미 널리 알려져 있는 바와 같이, 소현세자는 1637년부터 청의 인질이 되어 심양瀋陽에 머물다가 청의 입관 이후 순치順治 황제를 따라서 북경에 입경했다. 그는 1644년 9월 19일부터 11월 26일까지 약 70여 일간 북경에 체류하면서 샬과 교류하였다. 샬은 소현세자가 가지고

---

12) 柳夢寅, 『於于野談』 卷2, 「犀牛」 "西敎 … 語多有理 而天堂地獄謂有 … 烏得免 挾左道惑世之罪也"
13) 張貞蘭, 1994, 「昭顯世子 硏究에 있어서의 몇 가지 問題」 『敎會史硏究』 9, 191쪽.
14) 메디나, 앞의 책, 67쪽.

있던 서양학문과 천주교에 대한 관심과 호의 그리고 샬 자신의 소현세자에 대한 관심과 천주교 선교에 대한 열의를 그의 회고록에서 서술해 주었다.15)

샬의 전교 노력은 프란치스꼬회의 산따 마리아(Antonio Caballero de Santa Maria) 신부를 통해서 계속되었다. 즉 1650년과 1652년 두 차례에 걸쳐서 산따 마리아 신부는 아담 샬의 권고에 따라서 북경으로부터 조선 입국을 시도했다. 그리고 샬은 1651년 10월 20일 자로 상해上海에 있는 브랑까띠(F. Brancati) 신부에게 보낸 편지에서 자신과 산따 마리아 신부가 조선에 대한 전교를 계속해서 시도하고 있음을 확인해 주었다.16) 샬은 산따 마리아 신부에게 필요한 모든 공식 서류를 갖추어 주고, 조선에 관한 상세한 정보를 그에게 알려 주며 그의 조선입국을 주선했지만 이 노력은 결국 실패로 돌아갔다. 그 후 샬은 조선에 입국하기 위한 입지적 조건이 비교적 유리한 산동山東 반도를 통해 해로로 입국을 시도했으나 성과를 거두지 못했다.

청대清代 17세기 후반기나 18세기 전반기에 이르러서도 중국에 주재하던 선교사들은 조선 선교의 가능성을 계속해서 모색하고 있었다. 즉, 1684년에는 프랑스 출신 예수회 신부였던 피아밍고(Antoine Thomas Fiamingo)가 그리스도교 선교를 위해 조선 입국을 시도했지만 좌절되었다.17) 레지스(Regis) 신부를 도와서 중국의 지도를 작성했던 예수회 선교사인 프리델(Xavier Fridell, 費隱, 1673~1743)은 1712년경에 조선에 그리스도교를 선교하고자 하는 원의를 가지고 「조선지도」를 작성했다.18) 또한 중국지도

---

15) 山口正之, 1931, 「昭顯世子と湯若望」『靑丘學叢』 5, 101~117쪽
   張貞蘭, 1994, 앞의 논문, 192~5쪽.
16) 張貞蘭, 1994, 앞의 논문, 191·198쪽.
17) Antoine Thomas Fiamingo SJ, *Traités sur Quelques Points Importants de la Mission de la Chine*, Paris, 1701.
   Breve Notizia della Corea e del suo Christianismo nel Secolo ⅩⅥ e ⅩⅦ, cap. Ⅱ(1972, 『壬辰亂史 國外資料』, 서울대학교 동아문화연구소, 51쪽).

의 제작에 참여하고 있었던 자르뚜(Pierre Jartoux, 杜德美, 1668~1720)신부나 고빌(Antoine Gaubil, 宋君榮, 1689~1759) 신부도 조선 선교에 관심이 있었던 것으로 전해지고 있다.19)

요컨대, 지리상의 발견 이후 서세동점의 과정에서 그리스도교의 동양 선교가 촉진되어 갔고 중국 등지에 새로운 교구가 설정되었다. 이 교구 설정의 과정에서 교황청에서는 막연하나마 조선도 선교의 대상지로 삼 고 있었다. 그리고 일본과 중국에 그리스도교 선교를 위해 파견된 선교 사들은 조선 선교에 관심을 가지고 있었다. 특히 일본에 파견되었던 선 교사들은 조선 입국을 시도한 바도 있었고, 이 시도는 임진왜란의 과정 에서 부분적으로 이루어졌다. 임진왜란 피랍자들 가운데 일부는 일본에 서 그리스도교에 입교한 사례도 있었다. 한편, 일본에서 그리스도교 박 해가 강화된 후에는 중국에 파견되었던 선교사들의 조선 입국을 위한 노 력이 확인된다. 일부 조선인들은 중국에서 선교사들과 접촉하기도 했다. 즉, 17세기를 전후하여 확대되는 지리지식과 치열한 그리스도교 선교열 을 가지고 있던 선교사 내지는 서양인들은 조선에 대해서 일정한 관심을 드러내었다. 이러한 사실에 근거하여 휠 일부 연구자들은 조선 교회의 기원을 설명하고자 했다. 여기에서 '조선교회 임진왜란 기원설'이 제기 된 것으로 판단된다.

---

18) Pfister, Notices Biographiques et Bibliographiques sur les Jéuites de l'Ancienne Missions de Chine 1552~1778, Chang~hai; Imprimerie de la Mission Catholique, 1932, 608쪽.

19) 崔奭祐, 1984,「韓佛條約 締結 이전의 한불관계」『韓佛修交100年史』, 韓國史硏 究協議會, 5쪽.

3. 오리엔탈리즘적 접근

지리상의 발견 이후 일본과 중국에 도착한 선교사들은 그리스도교 선교에 종사했다. 또한 그들은 조선에 대한 선교의 가능성을 모색했고, 세스페데스의 경우에는 임진왜란 과정에서 조선에 주둔해 있던 일본의 고니시 유키나가小西行長의 진중陣中에 머물기도 했다. 또한 일본에 피랍되어 간 조선인 가운데에서 그리스도교 신자가 나타났다. 이러한 사실들은 17세기를 전후하여 작성된 선교사들의 서한을 통해서 확인되는 사실이다.

이 사실에 근거하여 유럽인 연구자들은 그 서한을 검토해서 조선교회의 시원始源을 규명해 보려는 시도를 전개하기도 했다. 서유럽의 연구자들은 그리스도교의 동양선교에 대한 자료를 정리해 나갔다. 특히 16세기와 17세기 일본에서 활동한 유럽인 선교사들이 남긴 자료는 18세기 이후 유럽의 동양학자들에게 많은 연구 주제를 제공했고, 일본 교회사 내지는 일본 선교사에 대한 저술들이 다수 간행되기에 이르렀다.

이들의 연구 결과는 오리엔탈리즘에 입각한 것이었다. 오리엔탈리즘이란 동양의 문물과 문화에 관해 서양인들이 가지고 있던 서구 중심적 사고방식의 총칭이며, 여기에서는 동양에 대한 호기심好奇心 내지는 애호감愛好感이나 멸시감蔑視感 등 특정한 경향성이 드러나고 있다.[20] 한국교회의 기원에 관한 이 오리엔탈리즘적 견해는 18세기 이후의 선교사가宣教史家들에 의해서 주로 제시되었다. 그러므로 본 장에서는 오리엔탈리즘적 선입견에 의해서 조선교회 기원설이 여하히 제시되고 있는지 검토하

---

20) 오리엔탈리즘에 관해서는 다음의 책자가 참조된다.
   에드워드 사이드 著·박홍규 역, 1991, 『오리엔탈리즘』, 교보문고(Edward W. Said, *Orientalism*, New York ; Pantheon Books, 1978; Peregrin Books, 1985).

고자 한다.

18세기 이후 유럽의 선교사가宣敎史家들은 조선과 그리스도교가 접촉하게 된 계기로 임진왜란을 주목했다. 그들은 우선 임진왜란을 계기로 하여 조선 국내에서 그리스도교 신앙이 전파되었고, 조선인 신자들이 출현했다고 주장한다. 그들은 이를 조선교회의 창설이라고 명시적으로 표현하지 않은 경우가 대부분이었다. 그러나 그들은 일본 주재 선교사에 의해 조선에서 천주교 신앙이 실천되기 시작했음을 말했다. 이로써 그들은 조선 교회 설립의 연원을 임진왜란에서 구해야 함을 역설했다.

또한 그들은 '조선교회 임진왜란 기원설'을 합리화하기 위한 방증적傍證的 사실로 임진왜란 시 조선인 피랍자들이 일본에서 그리스도교 신앙을 실천했고, 이를 조선에 전파하기 위해서 노력했다는 사실을 주목했다. 18세기 이후의 연구자 가운데 임진왜란을 계기로 하여 조선에 천주교회가 세워졌음을 말하는 대표적 논자論者로는 샤를르브와(Charlevois)나 크라세(Crasset)나 위끄(Huc), 빠제(Pagès)와 같은 사람들을 들 수 있다. 이들은 주로 일본 기리시단사史를 연구하던 사람들이었다. 이들의 견해는 다음의 자료를 통해서 살펴 볼 수 있다.

> a-1 : 이 수도신부는 대마도에 체류하면서 많은 영적 수확을 거두었고, 조선으로 건너갔다. 그의 뒤를 따라서 몇몇 선교사들이 건너갔다. 그들은 일본인에게도 조선인에게도 포교하였다. 조선인으로서 그리스도교에 입교한 사람도 다수 있었다. 그들은 선교사들의 강론보다도 정복자들이 보여준 덕행의 아름다움에 감동한 결과였다. 일본의 기리시단 다이묘大名들은 반도에 집합해 있어서 주군主君을 위해 정복에 종사할 필요가 없었으므로 하느님을 위하여 그 영적 정복을 전개해서 얻은 바가 컸다.[21]

---

21) CHARLEVOIX, Pierre~Francois~Xavier de, O.S.J. "Histoire et description generale du Japon ou l'on trouvera tout ce qu'on a pu apprendre de la nature & des productions du pays, du caractere & des coutumes des habitans, du gouvernement & du commerce, des revolutions arrivees dans l'empire & dans la religion, & l'exa-

a-2 : 세스페데스 신부는 바다를 건너갔다. 매일 미사를 봉헌하고 설교를 하
였으며, 신도들의 고해를 듣고 외교인에 설교하였다.[22]

a-3 : 신도들 가운데는 연한 불로 태움을 받은 자, 능지처참형을 받은 자, 분
골쇄신형을 받은 자, 살아서 생생한 육신을 형리들에게 씹어 먹힌 자도
있었다. 평화가 회복된 후에도 표면상 배교하고 박해의 칼날을 면한 소
수의 신도들이 있었으나 고해를 받아주는 사람이 없었다. 겁나서 저지
른 죄가 항상 마음에 걸려 참기 어려운 번민의 씨앗이 되기 있으나 주
교도 없고 신부도 없으니 신앙을 돌이켜 줄 사람이 없었다. 겨우 싹이
텄던 조선천주교회는 마침내 폐허 속에 매몰되어 버렸다.[23]

이상의 자료들은 18세기 이후의 연구자들이 그리스도교의 일본 선교
를 논하는 과정에서 언급하고 있는 조선교회의 설립과 관련된 사실들이
다. 여기에서 드러나는 바와 같이 조선교회의 임진왜란 기원설에 관한
서술을 시도한 대표적 인물로는 우선 샤를르브와를 들 수 있다. 그는
1736년에 간행된 자신의 저서에서 쎄스페데스 신부를 비롯한 '몇 명의'
예수회 선교사들이 조선으로 건너가 일본인에게 뿐만 아니라 조선인에
게도 선교한 것으로 서술했다. 그리고 크라세의 경우에 있어서도 세스페
데스 신부에 의해서 조선에 신앙공동체가 생겼을 가능성을 암시했다. 위
끄는 이에 한 발 더 나아가서 임진왜란을 계기로 하여 조선에 그리스도
교가 설립되었고, 일본군이 조선을 철수한 다음 적지 않은 '은복隱伏 기
독교 신자'들이 있다가 소멸되었다고 보았다.

men de tous les auteurs, qui ont ecrit sur le meme sujet, avec les fastes chro-
nologiques de la decouverte du nouveau monde", Paris : Gandouin etc., 1736.
vol.4, 447쪽.

22) CRASSET, R.P., O.S.J. Histoire de l'Englise du Japon., Paris, François Montalant,
1715, vol.1, 657쪽.

23) HUC, M., L`Empire Chinois : faisant suite a l'ouvrage in tifule. Paris, L`Imprimerie
Imperiale, 1854, vol.1.
浦川和三郎, 1944, 『朝鮮殉教史』, 大阪 ; 全國書房(浦川和三郎, 1977, 「朝鮮天主
教 先史」『韓國天主教會史論文選集』(한국교회사연구소 편) 2, 한국교회사연구소,
35쪽.

그러나 우리는 이들의 주장 가운데서 자료의 뒷받침을 받지 못하고, 비논리적으로 서술된 부분들을 확인하게 된다. 즉 샤를르브와는 세스페데스가 입국한 이후 조선인들을 상대로 하여 선교했다는 기록을 남기고 있다. 그러나 이 기록의 근거 사료가 되었을 세스페데스의 서한에는 그 자신이 조선에서 조선인들을 직접적인 대상으로 삼아 선교에 종사했다는 기록이 없다. 그렇다면 샤를르브와는 세스뻬데스의 서한을 확대 해석했고, 세스뻬데스가 조선에서 조선인을 상대로 선교했을 개연성에 입각하여 이와 같은 문학적 서술을 시도한 것으로 볼 수 있다. 그러나 역사적 사실과 문학적 개연성은 엄연히 구분되어야 한다. 역사적 사실에 근거해야만 과거의 진실을 밝힐 수 있는 것이므로, 샤를르브와의 이 견해는 올바르지 못한 것이었다.

한편, 1715년에 간행된 크라세의 저서에서도 세스페데스가 조선에서 선교했을 가능성을 암시하고 있다. 그러나 이는 앞서 말한 바와 같이 세스페데스 서한에 대한 확대해석의 결과였고, 하나의 가능성을 역사적 사실로 둔갑시킨 것에 지나지 않았다. 그리고 위끄의 경우에는 1854년에 간행된 책자를 통해서 임진왜란 직후 조선에서 그리스도교에 대한 혹독한 박해가 일어났고 이로 말미암아 그리스도교 신앙이 조선에서 단절되었음을 말하고 있다. 즉 그는 일본에 파견되었던 선교사들이 조선교회를 세웠다는 사실을 전제로 하고 이 조선교회의 탄압사실을 서술해 주었다. 여기에서 위끄는 17세기 조선교회사의 박해를 말했지만 이는 사실史實이 아닌 가상적 사건에 지나지 않은 것이었다. 더욱이 그는 존재하지도 않은 17세기 조선에서의 그리스도교 박해를 서술함으로써 이교문화異敎文化의 맹목성盲目性과 이교도異敎徒의 잔혹성殘酷性을 강조했다. 그리고 그리스도교 선교가 가지고 있는 문화적 사명을 간접적으로 강조하고자 했다. 이러한 일련의 기록을 통해서 우리는 조선교회의 기원에 적용된 오리엔탈리즘적 취향을 확인하게 되는 것이다.

18세기 이래 유럽인 선교사가宣敎史家들이 가지고 있었던 조선교회 임진왜란 기원설의 영향을 우리는 달레의 『한국천주교회사』에서도 확인할 수 있다. 달레는 그의 저서 제1편에 "조선천주교의 도입부터 조선대목구의 설정까지(1784~1831)"라는 제목을 달았다. 이 제목에서 제시해주는 바와 같이 달레는 조선천주교회사의 시작이 '1784년'에 있음을 전제하고 있었다. 또한 이 책 제1권에도 "첫 입교자들로부터 북경주교가 파견한 주문모周文謨 신부의 입국까지(1784~1794)"라는 제목을 부여해 주었다. 이러한 제목들을 볼 때 달레의 조선교회사에서는 조선교회의 기원을 1784년으로 설정하고자 했음을 알 수 있다.

그러나 이러한 의도와는 달리 제1편 제1권 제1장의 제목은 "16세기 일본인의 조선침략~일본에서의 조선인 신입신자와 순교자들"이라고 되어 있다. 그리고 여기에서는 세스페데스 신부의 입국 및 조선에서의 활동과 일본에서 조선인 피랍자들이 그리스도교에 입교한 사실들을 제시해 주었다. 즉 그는 조선교회의 임진왜란 기원설을 주장했던 유럽인 연구자들의 견해를 별다른 비판 없이 제시함으로써 임진왜란 기원설에 동의하는 듯한 입장을 취했다. 달레가 드러낸 이와 같은 입장은 『한국천주교회사』의 고본稿本을 작성해서 보내준 다블뤼(Daveluy, 1818~1866)의 견해와는 다른 것이었다. 다블뤼는 그의 『비망기備忘記』를 통해서 조선천주교회의 기원이 이승훈李承薰의 입교와 포교활동에 있다는 사실을 명확히 했고 이를 본론의 시작으로 삼으려 했다.[24] 그러나 달레는 다블뤼가 작성한 이 『비망기』의 기록을 조정 보완하여 임진왜란 당시 세스페데스 신부가 조선에 입국한 사실이나 조선인 피랍자들이 일본에서 입교한 사실 등을 본론의 첫 머리에서 서술함으로써 조선교회의 기원에 관한 혼동의 여지를 남겨 놓았다.

---

24) 崔奭祐, 1981, 「달레著 韓國天主敎會史의 形成過程」 『敎會史硏究』, 한국교회사
연구소, 132쪽.

그러나 달레는 "일본의 침략은 조선에 아무러한 복음의 자취도 남기지 않고 사라졌고, 하느님의 뜻에는 지옥의 질투가 그처럼 완전히 문호를 막고 있는 이 나라에 신앙이 뚫고 들어갈 수 있기까지는 아직도 두 세기가 흘러가야만 하였다. 이 오랜 기간 들어야 할 유일한 사실은 여러 차례에 걸쳐 한문漢文으로 된 천주교 서적이 조선에 들어갔다는 것이다. 그것은 해마다 조선 왕이 중국에 보내던 사신使臣들 편에 이루어졌다"[25]고 말했다. 이는 조선교회의 기원이 18세기 말엽에 있음을 말하고자 한 것이다. 그러나 그는 이 서술에 앞서서 임진왜란과 관련된 사실을 장황히 서술함으로써 조선교회의 기원을 모호하게 처리했고, 이에 대해서 후발 연구자들이 혼동할 가능성을 조성했다.

19세기 말엽에 저술된 달레의 저서는 당시까지 서양어로 간행된 조선 관계의 책자 중에 가장 정확하고 풍부한 내용을 가지고 있는 것이었다. 그러므로 그 책이 간행된 이후 유럽인 연구자들은 조선 연구의 출발점을 이 책에서 구하게 되었다. 달레의 영향을 받은 일부 유럽인들은 한국교회의 기원을 임진왜란에 잘못 설정하기도 했고, 조선교회의 설정에 관해 달레처럼 모호한 입장을 드러내기도 했다. 그러나 이때 유럽에서 간행된 연구서들에서는 그리스도교의 전래에 대해서 상대적으로나마 정확히 서술하고 있는 책자들도 나타났다. 우리는 이러한 사례를 다음의 자료를 통해서 확인할 수 있을 것이다.

그리스도교가 처음으로 한반도에 들어온 것은 일본군대가 조선에 침입했을 때인 1592년이었다. … 그러나 일본인들이 그리스도교를 한반도에 가져오기는 했으나 적대감정을 일으키고 살육을 일삼음으로써 토착국민들 속에 그리스도교를 전파하는 데에 있어서 어떠한 성공도 거두지 못했다. … 이러한 조건에서 일본군은 자기들이 물러간 후에 그리스도교의 흔적을 남기지 않았다. 그렇기 때문에 한국에 그리스도교가 실제로 들어온 시초는 1784년에 가

---

25) 달레 著·安應烈 崔奭祐 譯, 『韓國天主教會史』 上, 韓國教會史研究所, 294쪽.

서야 이루어졌다고 보아야 할 것이다.[26]

즉, 1900년 러시아의 뻬쩨르부르크에서 간행된 이 자료에서 볼 수 있는 바와 같이 일부 서양인 연구자들은 임진왜란 당시 조선에 입국한 선교사들이 조선에서 선교활동을 전개했으나 조선인들이 그 신앙의 수용을 거부한 것으로 이해하기도 했다. 그리고 조선교회의 실질적 기원은 1784년임을 밝히기도 했다.

요컨대, 18세기이래 서양의 선교사가宣敎史家들은 17세기의 개막을 전후하여 일본에 주재하던 선교사들이 남긴 기록을 원용하여 조선에 그리스도교가 전파되었을 가능성을 제시했다. 그러나 이들이 제시한 '조선교회 임진왜란 기원설'적 발상은 사료적 근거가 부족하다. 그들의 주장에는 문학적 상상력의 일부로 이해되는 부분이 있으며, 오리엔탈리즘적 경향성을 드러내는 견해도 발견된다. 한편, 달레의 『한국천주교회사』에서는 조선교회의 기원을 1784년으로 분명히 밝힌 바 있다. 그러나 이에 선행하여 본론의 첫 머리에 임진왜란과 관련하여 천주교 문제를 장황히 서술함으로써, 조선교회의 기원에 대한 이해에 혼선의 가능성을 제시했다. 그럼에도 불구하고 19세기 말엽 이래 서양어로 간행된 일부 서적에서는 조선교회사의 연원을 비교적 정확히 기록하고자 하는 노력이 드러나기도 했다.

4. 타율성론적 인식

조선은 20세기 전반기 일본 제국주의의 식민지로 전락되었고, 식민사관植民史觀의 영향 아래 조선의 역사가 왜곡되었다. 식민사관의 일종으로

---

26) 러시아 대장성 편·金炳璘 譯, 1984, 『國譯 韓國誌』, 한국정신문화연구원, 367쪽.

는 타율성 이론이 있었다. 이는 조선역사의 자율적 전개와 발전을 부정하고 그 타율적 요소를 강조하는 역사해석상의 경향이었다. 그들은 조선역사의 이해에 있어서 타율성론의 구체적 내용으로 사대주의론事大主義論, 당파성론黨派性論, 반도적 성격론半島的 性格論을 주장했다.

그리고 조선의 문화에는 고유성이 결여되었고, 외래의 영향에 의해서 주도되고 있음을 전제했다. 즉 그들은 반도半島라는 지정학적地政學的 위치가 조선사 이해의 전제가 되며, 조선의 사상도 외래의 영향에 의해서 모방적으로 답습되는 것으로 이해했다.27)

그런데 한국교회사에 관한 근대 학문적 연구는 일본인 학자들에 의해서 선도되었다.28) 그러나 교회사도 한국사의 다른 분야에서와 마찬가지로 식민사학의 이론에 침윤浸潤되고 있었다. 식민지 시대 일본인 연구자들은 이 식민사학의 이론을 조선교회사의 서술에도 적용시켜 가고 있었다. 식민지시기 일본인 연구자들은 조선교회사를 서술하는 데에 몇 가지 특성을 드러내고 있었다. 즉 그들은 조선교회의 연원이 일본의 기리시단(キリシタン)에 있음을 주장했다. 그들은 반도 조선에 미친 일본이나 중국의 문화적 역할을 특히 주목해야 된다고 강조했다.

그리고 천주교에 대한 박해를 조선의 당파성을 드러내고, 조선 민족의 '저열성低劣性'을 증명해 주는 사건으로 해석하기도 했다. 또한 조선의 천주교 사상은 중국교회의 사상적 업적을 무조건적으로 수용한 것으로서 거기에는 아무러한 발전도 없음을 전제하여 이해해 왔다. 즉 조선 천주교를 조선인에 의해서 이해된 신앙으로 파악하기보다는 중국에서 단순 이식移植되고 조선에서는 더 이상의 발전이 정지된 사상인 듯이 서술하기도 했다. 그들 가운데 일부는 조선교회사 관계 논문이나 저서를 통

---

27) 李哲成, 1994, 「식민지시기 역사서술과 역사인식」『한국사』23, 한길사, 120~128쪽 참조.
28) 李元淳, 1977, 「日人學者들의 韓國天主敎會史 硏究」『韓國天主敎會史論文選集』 2, 한국교회사연구소, 9쪽.

해서 직접적으로 '황국皇國'의 위대함을 강조하거나 '내선일체內鮮一體'를 주장하기도 했다. 한국 천주교회사를 이해하는 데에서 드러내고 있던 이러한 입장들은 식민사관의 연장에 지나지 않은 것으로 생각된다.

조선교회의 연원이 일본의 기리시단에 있음을 상정한 일본인 연구자로서는 야마구치 마사유키山口正之를 들 수 있다. 그는 이미 1930대 초반기부터 임진왜란과 일본 교회사와의 관계를 추적해 나갔다. 또한 우라가와 와사부로浦川和三郞의 경우도 일본이 조선에 '천주교를 전해준 사실'에 주목하고 있었다. 우리는 이러한 사실을 다음의 자료를 통해서 확인할 수 있다.

> b-1 : 저자著者는 조선에 그리스도교가 전래되었다는 역사적 사실을 일본과 중국에서 그 기점起點을 구했고. 동아시아에 있어서 그리스도교 분포선分布線의 교차점을 조선에 두고, 조선에 그리스도교가 확대된 사실은 미션 필드(mission field)의 필연적 발전으로 해결했다. … 16세기 후반에 일본 그리스도교회가 그 발전을 모색하는 사이에 지리적 문화적 발전으로서 조선 반도의 해안가에 파급되었다. 저자는 그 대표적 사례로서 임진왜란 중 조선에 입국한 일본 그리스도교 예수회 선교사 세스페데스를 들어, 전운戰雲이 감도는 조선 진중에서 발송한 미간행된 세스페데스 서한 두 통을 얻어서 그 행동을 분명히 해주었다. 그리고 8년에 걸친 임진왜란을 통해서 일본에 입국한 수 만 명의 조선인 난민의 입교와 노예매매의 사실을 탐구했지만, 조선인 최초로 유럽에 들어간 그리스도교 신자 안토니오 코레아는 이와 같은 사적史的 발전의 정상頂上을 드러내주는 것이다.29)
>
> b-2 : 대체 조선은 일본과 중국의 중간에 위치하고 있으니, 이 두 나라에 복음이 홍통弘通되고 있었던 이상 조선에도 파급될 것임은 재언再言의 필요가 없다. 먼저 이 영광의 대역大役을 맡고 나선 것이 일본이었다. 일찍이 일본은 조선에서 한문학·예술·사상思想을 수입하여 큰 덕을 본 바 있으니 이번에는 그리스도교를 조선에 수출하여 그 청신淸新 명랑明朗한 공기를 맛보게 하여서 구은舊恩에 보답코자 힘쓰게 되었다.30)

---

29) 山口正之, 1967, 『朝鮮西教史』, 東京 ; 熊山閣, 4~5쪽.

즉 야마구치 마사유키山口正之는 1967년에 간행한『조선서교사朝鮮西教 史』의 '자서自序'를 통해서 이미 그리스도교가 전파되었던 중국과 일본의 사이에 있는 반도 조선이 그리스도교의 미션 필드에 편입된 사실을 지정 학적 견지에서 설명하고 있다. 그리고 16세기 일본 기리시단이 문화적으 로 발전된 결과 조선의 해안에 그리스도교 신앙을 이식할 수 있었던 것 으로 이해했다. 일본 주재 예수회 선교사였던 세스페데스가 그것을 이식 하는 역할을 맡은 것으로 해석했다. 또한 조선인으로서 최초로 유럽을 간 안토니오 코레아는 일본 그리스도교가 사적史的으로 발전해 나가는 과정에서 드러나는 하나의 정점으로 인식했다.

이와 함께 우라가와 와사부로浦川和三郞도 그의 저서에서 조선의 지정 학적 위치를 주목했다. 그리고 일본이 조선에 천주교를 전하는 '영광榮光 의 대역大役'을 맡았으며, 조선교회의 연원은 일본에 있음을 말했다. 그 러나 그는 일본이 조선에 천주교를 전해준 사실이 조선의 구은舊恩에 대 한 일본의 보은적報恩的 사건으로 파악했다.

이상에서 살펴 본 바와 같이 조선교회사를 연구한 대표적 일본인 연 구자인 야마구치 마사유키나, 조선교회사에 깊은 애정을 가지고 있었던 우라가와 와사부로의 경우에는 모두가 조선교회의 기원을 일본에서 구 하고 있다. 이는 식민 종주국의 학자로서 그들이 가지고 있었던 한계를 드러내는 현상으로 이해된다. 그들은 당시 한국사 해석에 적용되던 타율 성 이론에 함몰되어 한국교회사의 기원에 관한 올바른 사실을 파악하는 데에 이르지 못했다.

또한 그들이 조선에 그리스도교가 전래된 사실을 해명하는 데에 있어 서도 조선이 처해 있던 지리적 요소를 중시하고 있다. 이러한 입장이 반

---

30) 浦川和三郞, 1944,『朝鮮殉教史』, 大阪 ; 全國書房(浦川和三郞, 1977,「朝鮮天主 教 先史」『韓國天主教會史論文選集』(한국교회사연구소 편) 2, 한국교회사연구소, 32쪽.

드시 틀린 것만은 아니다. 그러나 그들이 한국교회사의 이해에 있어서
지리적 요소를 강조한 사실이 식민사학의 일환으로 제시되고 있었던 지
리결정론의 범주 안에 든 것이라면 이를 문제 삼아야 할 것이다. 식민사
학에서는 조선인의 주체적 발전을 논하기보다는 지리라는 숙명적 요소
를 강조함으로써 조선사의 내재적 발전 가능성을 원천적으로 부정했기
때문이다.

한편 야마구치 마사유키나 우라가와 와사부로는 조선교회가 임진왜
란에 기원을 두고 있다는 설에 대해서 완벽한 자신감을 갖지는 못했다.
이는 그들이 1784년 이후에 전개된 조선교회사를 분명히 알고 있었기
때문이었다. 그러므로 야마구치는 임진왜란 이후 조선 신도들이 사실상
소멸된 사실을 인정하고 중국을 통한 조선 선교의 가능성을 밝히고자 했
다.[31] 우라가와도 조선교회의 기원을 이룬다는 세스페데스 신부의 입국
과 조선인에 대한 선교를 '유성적流星的 포교'라는 말로 표현한 바 있
다.[32] 아마도 이 표현은 그가 조선에 대한 일본의 그리스도교 포교가 유
성처럼 일회적 사건으로 마무리되었음을 표현하고자 했던 결과로 생각
된다.

이러한 사실들은 비록 그들이 조선교회의 출발을 일본교회사의 연장
으로 파악하고자 하면서도, 그 주장의 논거가 미약함을 스스로 인정한
것이라고 생각된다. 사실 우라가와는 임진왜란 시 "일본인의 주둔지 근
처에 천주교회가 성립되었다 하더라도 그 철퇴 후까지 명맥을 유지하기
는 곤란했을 것이고, 다행히도 아무러한 박해를 받지 않았다 하더라도
자멸을 면치 못했을 것이다. 게다가 일본인에 대한 조선인의 반감은 보
통이 아니었다.

일본의 숨결이 걸린 교회를 그대로 두지는 않았을 것이다. 그러나 이

---

31) 山口正之, 앞의 책, 37~70쪽.
32) 浦川和三郎, 1944, 앞의 책, 37쪽.

에 관해 최종적 단안을 내릴 수 있는 것은 조선 내의 개인 또는 공공公共
의 문고文庫에 비장秘藏되어 있는 고문서뿐이다. 우리는 하루 속히 이러한
기록들이 발견되기를 바라마지 않고 있다." 고 말했다.33) 이 인용문에서
드러나는 바와 같이 그들은 조선교회 임진왜란 기원설의 논거에 문제가
있음을 인정하면서도, 이 설을 결코 포기하지는 아니했다.

요컨대, 1930년대 이후 조선교회사를 연구하던 일본인 연구자들은 한
국교회사의 기원을 논하는 과정에서도 당시 조선사 해석에 적용되던 식
민사관적 오류에 젖어 있었다. 그들은 조선 교회의 창설이 일본 교회사
의 연장으로 이루어 졌다고 주장했다. 그들은 근대역사과학의 연구방법
론에 입각하여 조선교회 임진왜란 기원설을 논증하고자 했다. 그러나 그
들의 연구방법론은 올바른 것이었다 하더라도 그들의 역사의식에는 한
계가 뚜렷했다. 그들은 의식적으로나 무의식적으로 식민사학이 제시하
고 있던 조선사 해석의 기준을 따랐다. 여기에서 우리는 그들이 주장하
고자 하던 조선교회 임진왜란 기원설의 문제점을 확인할 수 있게 된다.
즉 조선교회가 임진왜란 시 일본교회의 연장으로 성립되었다는 주장은
식민사관의 타율성론에 속하는 것으로 해석된다. 그들의 주장은 역사적
사실을 밝힌 것이라기보다는 파편적 사실에 대한 확대해석에 지나지 않
는다. 조선에서 그리스도교가 수용되고 실천된 것은 임진왜란과는 무관
하게 전개된 역사사실이기 때문이다.

5. 신新오리엔탈리즘적 주장

조선교회 임진왜란 기원설은 해방 이후에도 결코 포기되지 아니하고
지속적으로 전개되었다. 즉, 식민사관의 일정한 영향 아래 조선교회사를

---

33) 浦川和三郞, 1944, 앞의 책, 36쪽.

연구하던 야마구치 마사유키의 연구논문들은 1967년에 책자로 엮어져 간행되었다. 그리고 우라가와 와사부로의 책도 1970년대 국서간행회國書刊行會에서 재간되고 있다. 이와 같은 사실을 보면 타율성론에 입각한 이설이 결코 소멸된 것으로 볼 수는 없을 것이다. 또한 최근까지도 서양어로 쓰인 한국교회사 관계 논문 가운데는 한국교회의 임진왜란 기원설에 대한 오리엔탈리즘적 견해를 확대 재생산하는 경우도 있었다.

그러나 한국교회의 임진왜란 기원설에 관한 '체계적' 주장은 일본교회사 가운데 16~17세기 예수회의 활동에 큰 관심을 가지고 있었던 메디나에 의해서 다시 재기되었다.[34] 그리고 임진왜란 당시 일본교회와 조선인의 접촉을 주목하는 글이 스페인문학을 전공하는 박철朴哲에 의해서 정리되기도 했다. 이러한 저술들이 취하고 있는 특성은 지난날의 오리엔탈리즘적 취향과 일정한 관계가 있는 것으로 파악된다. 그러므로 이 연구 결과들을 18~19세기에 제시되었던 오리엔탈리즘과 구별하여 신新오리엔탈리즘으로 편의상 명명해서 그 연구가 가지고 있는 특성을 검토해 보고자 한다.

메디나는 자신의 연구를 통해서 첫째로 조선교회가 1592~1593년경에 세워졌음을 말하면서 1784년에 조선 교회가 세워졌다는 일반적인 견해를 부정했다. 그리고 그는 두 번째로 조선교회는 일본 기리시단의 연장에서 세워졌다는 주장을 통해서 조선교회의 자발적 창설이라는 기존의 학설을 거부했다. 또한 세 번째로 그는 임진왜란 이후 세워진 조선교회에 '가쿠레 기리시단'이 있었으므로 이들의 존재를 밝히고 주목해야 한다고 강변했다.

먼저 메디나는 그의 저서에서 임진왜란의 초기에 해당되는 1592년~1593년은 유아의 교회라 할 한국교회가 탄생했음을 다음과 같이 말

---

34) 메디나 著·박철 譯, 1989, 『한국천주교 전래의 기원: 1566~1784』, 서강대학교 출판부; 원명은 *Origenes de la Iglesia Catholica Coreana*로 1986년 로마에서 간행되었다.

하고 있다.

　　일본의 점령 기간인 1592년 5월부터 1599년 1월까지 조선에서의 선교 활동은 당초 기대했던 것만큼 좋은 성과를 올리지는 못했다. 그러나 이 시기에 다소 예외적이기는 하지만 정당한 방법으로 한반도에 최초로 천주교회가 세워졌다. … 프로이스 신부는 봉고豊後의 한 천주교 귀족이 참전 시에 행한 훌륭한 업적을 기록했다. … 그 동료들의 말에 의하면 이 무사는 약 200명의 아이들에게 세례를 주었다고 한다. 이것이 조선에서의 초기 천주교 활동이다. … 신학적으로 볼 때 조선천주교회는 1592년에 세워졌음이 확실하다. 비록 이 초기교회의 성직자들이 외국에 있기는 하지만 실제로 교회는 존재했었다.35)

　　즉, 그는 조선천주교회가 임진왜란의 과정에서 일본인 무사들이 조선 고아들에게 세례를 베풂으로서 시작되었음을 말하고 이를 '유아교회幼兒敎會'로 규정했다. 또한 그는 조선인 피랍자 중 13세 소년이 일본에서 세례를 받은 사실에 큰 의미를 부여하여 이를 '대인교회大人敎會'를 형성하게 되었다는 사실을 주목하면서 이를 또 다른 기원으로 파악하고자 했다. 즉 그는 한국교회가 탄생된 해를 1592년이나 1593년으로 잡아야 한다고 생각했다.36) 이는 한국 천주교회가 1784년에 설립되었다고 인식해왔던 종전의 견해들을 뒤엎는 것이었다.

　　또한 그는 한국 천주교회가 외국인 선교사의 도움이 없이 자발적으로 탄생되었음을 거부하고 예수회 선교사의 지도 아래 놓여 있던 일본 기리시단切利支丹 교회에 의해서 탄생된 것으로 주장했다. 이로써 그는 한국교회사의 연구자들이 한국교회가 18세기 말엽 조선인 스스로의 노력에 의해서 탄생했다는 주장에 정면으로 도전하고 있었다. 그의 이와 같은 입장은 다음의 자료를 통해서 명확히 확인된다.

---

35) 메디나, 앞의 책, 38쪽.
36) 李元淳, 1992, 『朝鮮時代史論集』, 느티나무, 49쪽.

　　한국천주교회는 누군가가 부정확하게 언급했듯이 우발적 세대의 결실도
아니다. 더욱이 외국선교사들의 도움 없이 일반 신자들에 의해서 세워진 것도
아니다. 무료로 제공된 듯한 이 반역사적인 주장은 최근 들어 빚어진 구상에
지나지 않으며, 비이성적이고 낭만적인 과잉 애국심을 고쳐시키기 위해서 교
회 내의 소집단에 의해서 빚어진 주장인 것이다. … 복음이 전파된 방면에
있어서도 한국을 천주교 사상 예외적인 특수한 사례로 볼 수 없다.[37]

　　그는 조선교회가 조선인에 의해서 출현했다는 종전의 주장을 부정확
하고 '우발적'인 것으로 보고 있다. 그것은 비이성적이고 낭만적이며 애
국심을 고취하려는 일부 연구자들에 의해서 최근에 빚어진 현상으로 매
도했다. 그리고 이러한 연구는 잘못된 의식을 가진 자들에 의한 국수주
의적 조작이며 거짓의 역사라고 단정했다.[38] 그는 일본어로 된 자신의
책자에서는 이를 더욱 신랄하게 표현하여 "국수지상주의國粹至上主義를
퍼뜨리고자 하는 교회 내 소수의 그룹이 만들어 놓은 근대의 허구에 지
나지 않는다.

　　한국인들은 자기들의 교회에 대하여 합당치 않은 호칭이나 허구의 특
권서特權書나 거짓된 영관榮冠을 만들어 놓을 필요가 없다"라고까지 서술
했다.[39] 이로써 그는 구베아(Gouvea) 주교가 1790년에 작성한 자신의 서
한에서 기록한 '조선에 복음이 처음으로 또 기적적으로 전파된 사실'
과,[40] 이 이후 조선교회의 자발적 탄생을 논하고 있는 모든 연구 업적의
인정을 거부했고 한국교회사 연구가 성취해 놓은 그 동안의 업적에 전혀
관심을 갖지 않거나 이를 송두리째 부정하였다.

---

37) 메디나, 앞의 책, v쪽.
38) 李元淳, 1992, 앞의 책에서는 메디나의 저서 日本語版에 기록되어 있으나 한글판
　　에는 없는 이와 같은 표현들을 지적하며 문제를 제기하고 있다.
39) 李元淳, 1989, 「서평: Medina 著 멀고먼 까오리(高麗)」『東亞研究』, 서강대학교
　　동아연구소, 145쪽에서 再引用.
40) 崔奭祐, 1992, 「李承薰 관계 書翰 자료」『敎會史研究』 8, 한국교회사연구소,
　　186쪽.

메디나는 임진왜란 때 탄생했다는 조선교회의 구체적 실상을 그려보고자 시도했다. 여기에서 그는 임진왜란 과정에서 일본에 주재하던 예수회 선교사들이 조선에 입국해서 선교활동을 전개했다고 강조했다.[41] 그리고 임진왜란이 종료된 이후 1624년경 일본에 있던 조선인 신도들 중 다수가 귀국하여 조선에 교회가 성립되었고, 이 교회를 위해서 수명의 예수회 선교사들이 선교단宣敎團을 이루어 조선에 파견되었으며, 조선에는 아름다운 교회 건물이 세워져 있었다고 다음과 같이 강변했다.

> c-1 : 우리는 로드리게스 통사通史의 기록을 통해 후나이府內의 주교가 파견한 예수회 신부들이 합법적인 지역관할권을 행사하기 위해서 수차례에 걸쳐서 조선에 입국했다는 사실을 알 수 있었다. … 한편 통사通史는 1624년 (일본에서 입교한 2~3000명의) 조선인 가운데 상당수가 조국으로 돌아가서 신앙생활을 계속했다고 말했다. … 17세기 예수회의 활동상황을 감안해 볼 때 이 두 세 번의 선교라는 말은 의심의 여지가 없다. 예수회 고위 성직자들이 두 세 번에 걸쳐 신부들을 조선에 파견하였음은 분명하다. 이 예수회 선교사들은 조선의 신도들을 지도하고 동시에 이교도들 사이에 복음을 널리 전파하라는 두 가지 임무를 부여받았다. 그것은 분명 정식 선교단이었다.[42]
>
> c-2 : 1666년경에 작성되는 것으로 추정되는 한 기록에서 … 조선에 매우 아름다운 성당이 있었다는 사실과, 특히 그 당시에 유럽인 선교사들이 있었다는 사실은 깜짝 놀랄만한 소식이다. … 한국 국내 기록과 옛 이야기들을 참고하면 이 사실에 관한 새로운 자료들을 구할 수 있을 것이다.[43]

그는 17세기 당시 예수회의 활동을 감안할 때 예수회 선교단이 조선에 머물면서 기존의 신도들을 위해 사목했을 뿐만 아니라 외교인들의 선교에 종사했음은 분명한 사실이라고 단정했다. 그리고 그 흔적이 한국의

---

41) 메디나, 앞의 책, 29쪽.
42) 메디나, 앞의 책, 75~76쪽.
43) 메디나, 앞의 책, 91쪽.

어디엔 가는 어떠한 형태로든 남아 있을 것으로 전망했다. 그는 일본에
서 신앙을 갖고 귀국한 조선인 교회와 1784년 이후 자생적으로 나타난
신앙공동체 사이에 연결고리가 있는 것으로 믿고 있었다. 즉 17세기와
18세기의 조선에서 '은복隱伏 신자'가 존재한 것으로 인식했다. 그리고
그와 같은 판단의 근거로는 자신이 만난 일부 한국인 가운데 자신의 가
문이 10대 이전부터 천주교 신앙을 가지고 있었다는 말을 듣고 있다. 그
는 이와 같은 말에 근거해서 천주교가 이미 17세기 조선에서 존재했다
고 생각했다.[44] 그는 자신에게 이 증언을 해준 국내 인사가 당시 모某
대학 총장이며 예수회 회원으로 있던 서徐 모씨某氏라고 말하기도 했다.
그러면서 그는 한국의 연구자들에게 다음과 같이 당부하기를 잊지 않
았다.

> 한국의 구전이나 기록에 의한 천주교의 전통, 민간 전래, 공식문서, 건축
> 물, 도시와 지방에서 전해 내려오는 성화들과 옛날의 무덤들은 아직도 연구의
> 과제로 남아 있다. 이러한 연구는 일본에서 도쿠가와 박해시대에도 신앙을 전
> 파하고 자자손손 세례를 받는 등 무진 애를 썼던 일본의 숨은 신도들을 대상
> 으로 한 연구만큼이나 중요한 발견을 할 수 있을 것으로 생각된다. 이것은 한
> 국의 연구가, 역사가, 문인, 고고학자, 인류학자, 민속학자 들 및 그 밖의 많은
> 사람들처럼, 오늘날까지 밝혀지지 않은 사실들에 대해 깊은 탐구심을 지닌 모
> 든 이들이 풀어나가야 할 과제이다. 이들이 곧 자신들의 조국 한국의 찬란했
> 던 과거, 즉 부모들 조상들의 시대의 교회사를 밝혀줄 사람들인 것이다.[45]

이상은 메디나가 조선교회 임진왜란 기원설을 제시하면서 전개한 논
리이다. 그러나 우리는 이러한 그의 견해에서 상당히 많은 문제점을 발
견하게 된다. 우선 그는 사료비판의 엄정성을 전혀 의식하지 않았다. 그
가 인용한 예수회 선교사 계통의 기록들은 대부분이 전해들은 증언이거

---

44) 메디나, 1996, 「일본에 살았던 한국인: 일본의 한국인 천주교 신자들을 중심으로」
  『釜山敎會史報』 12, 부산교회사연구소, 38쪽.
45) 메디나, 앞의 책, 109쪽.

나 16~17세기 당시 떠돌던 소문을 기록한 것이다. 그가 구사하고 있는
자료 중에서 세스페데스의 막연한 기록을 제외하고는 조선 교회에 관한
쁠루아(Flois)의 기록을 비롯해서 모두가 그 신빙도에 있어서 문제 있는
사료들이었다. 그는 예수회 계통의 사료에 대한 무비판적 맹신으로 인해
서 조선교회의 기원이 임진왜란에 있다고 말했다. 그런데 사료비판을 거
치지 않은 문헌자료의 인용은 역사연구에 있어서 금기로 삼고 있는 것이
며, 그 연구업적을 역사과학이라고 평가할 수 없다. 그는 문학적 상상력
과 예수회에 대한 깊은 애정을 그의 작업에서 표현한 것이지 결코 한국
교회의 기원을 밝히는 데에 이르지는 못했다.

그의 저서에서 드러나는 '프란시스코회의 성급함' 또는 '프란치스코
회의 침착함'이라는 제목이 말해주듯이, 그리고 '프란치스코회가 교회사
에 무지했다'는 표현에 함축되어 있듯이,46) 그는 역사적 유물에 지나지
않아야 할 수도회 사이의 해묵은 경쟁심을 아직도 버리지 못했다. 그는
자신이 속한 수도회에 대한 필요 이상의 자부심을 가지고 있었다.

예를 들면 그는 "그리스도를 위하여 한국을 얻고자 하는 생각은 스페
인 태생의 예수회 선교사 토레스(Cosme de Torres)의 마음에서 우러난 것이
었다"고 강조하면서 한국교회사에 영향을 준 그 수도회의 업적을 강조
하려 했다.47) 즉 그는 특정한 목적의식 아래 비역사학적非歷史學的 태도를
견지하며 이와 같은 주장을 제기한 것으로 의심된다. 그럼에도 불구하고
메디나는 한국학계에서 한국교회의 자발적 출발에 관해 성취된 그 동안
의 연구업적을 '비이성적 주장', '낭만적 과잉 애국심', '국수주의적 의
도'로 비판했다. 이러한 그의 주장은 역사해석에 작용된 주관주의의 폐
단과 역사학자로서의 제한된 자질을 드러낸 것일 뿐이다.

또한 문헌자료가 부족한 한 시대의 역사상을 복원하기 위해서는 그

---

46) 메디나, 앞의 책, 79, 85쪽.
47) 李元淳, 1989, 앞의 서평, 145쪽.

시대에 관한 사료들을 충분히 검토해야 한다. 그러나 메디나는 조선측 사료에 대한 접근을 포기하고, 단편적인 예수회 선교사들의 기록에 자신의 상상력을 투영하여 한국교회의 기원을 새롭게 밝혔다고 쾌재했다. 메디나가 조선에 예수회 선교사들이 입국했고 아름다운 교회가 세워졌다는 1624년이나 1666년 조선사회에서는 기존의 사회조직이 재편 강화되었고 성리학적 이념의 중요성이 강조되던 시기였다.

이때 그리스도교 신앙이 공공연히 실천되었다면 당시의 지방 행정조직에서 파악하지 못했을 리는 결코 없을 것이다. 17세기 조선에 관한 그 풍부한 조선측 사료 가운데 어디에서도 이러한 사실이 기록되어 있지 않다면 그 사실이 존재하지 않았기 때문에 그러했을 것이다. 그러므로 17세기 조선에 그리스도교가 성행했다는 주장을 담고 있는 선교사들의 기록은 책임 없는 전문증언이나 단순한 희망사항을 담은 기록에 지나지 않은 것인 듯하다.

또한 유아들에 대한 세례에서 조선교회의 시초인 '유아교회'가 탄생했다는 메디나의 주장에는 '신학적'으로도 문제가 있을 것이다. 당시 진행되었던 유아세례는 죽을 위험에 있었던 아동들을 대상으로 한 것이었다. 아마도 조선에서 일본인 무사로부터 영세를 받았던 유아들도 그러한 존재였을 것이다. 사실 조선인 유아 200여 명이 세례를 받았다 하더라도 이들에 의해서 신앙공동체가 구성되었고, 그 공동체가 복음을 선포했거나 사회적 기능을 발휘하고 있었다는 아무러한 증거도 없다.

메디나의 주장을 인정한다면 당시 조선에서는 '죽은 유아들의 교회'가 있었을는지는 모르겠다. 그러나 그러한 교회는 지상에서 존재할 수 없다. 여기에서 우리는 일본인 무사가 조선에서 조선인 유아에게 세례를 주었다는 사실을 부정하려는 것이 아니라, 그와 같은 행위를 통해서는 교회가 탄생할 수 없다는 일반론을 확인하려는 것이다. 또한 일본에서 이루어진 13세 조선 소년의 입교가 조선의 '성인교회'가 탄생한 사실이라는 그의 주장도 일고의 가치가 없는 것이다. 그것은 일본교회사의 일부일 뿐 결코 조선교회사의 출발을 뜻하는 사건일 수는 없는 것이다. 왜냐하면 그 소년의 영세는 조선 사회에 아무러한 영향을 줄 수 없는 사건이었기 때문이다. 재일在日 조선계朝鮮系 기리시단의 역사는 일본 기리시단사史의 일부일 수밖에 없는 것이다.[48]

한편 메디나는 한국교회사에서 '은복隱伏 신자'의 가상적 존재를 설정하고, 이에 근거하여 자신의 소론所論을 보완하고자 했다. 그러나 한국교회사에서 17~8세기에 걸쳐 '은복隱伏 신자'가 존재했다는 사실은 어디에서도 확인할 수 없는 것이다. 그와 같은 존재가 역사상 실존하지 않았기 때문이다. 이 근거 박약한 주장을 전제로 하여 자신의 소론所論을 전개한다는 것은 일본 기리시단사의 일부로서 조선계 신자들의 활동을 밝혀준 자신의 기존 업적이 가지고 있는 소중한 가치마저도 손상시킬 우려가 있는 것이다.

메디나와 함께 박철朴哲의 경우에도 그의 저서에서[49] 세스페데스가 남긴 서한의 문학적 가치를 서술하면서 세스페데스의 생애와 그 선교활동이 갖는 역사적 의미도 함께 밝히고자 했다. 그리고 그는 조선에서 전개된 세스페데스의 활동이 조선교회의 연원과 관계됨을 암시하고 있다.[50] 그러나 그의 저서는 한국교회의 기원에 관한 본격적 연구서가 아니므로 여기에서는 이에 대한 평가를 유보하고자 한다.

요컨대, 1980년대에 이르러 메디나는 조선교회 임진왜란 기원설에 관한 본격적 주장을 발표했다. 그의 연구는 예수회 선교사들이 남긴 제한된 사료에 근거하여 진행되었다. 그 결과 그는 조선교회의 기원이 1592~1593년에 있음을 강변했고, 조선교회가 예수회 선교사들의 직접적이

---

48) 李元淳, 1992, 앞의 책, 44쪽.

49) 朴哲, 1987,『예수회 신부 세스뻬데스: 한국 방문 최초 서구인』, 서강대학교 출판부.

50) 朴哲, 1987, 앞의 책, xii쪽.

거나 간접적 노력의 결과로 세워졌음을 주장했다. 그리고 임진왜란이 종료된 이후에도 일본에서 세례를 받은 조선인 그리스도교 신자들이 다수 귀국해서 조선교회를 형성했고, 아름다운 교회 건물을 세우기까지 했으며, 이들을 위해서 일본에 체류하던 예수회원으로 구성된 선교단이 조선을 방문하기도 했다고 말했다.

또한 그는 17세기 조선 신자들의 후예 중 일부가 1784년 이후의 신자들과 연결을 갖게 되었다는 가설을 제시하기도 했다. 이러한 그의 주장은 예수회측 사료에 대한 사료비판을 포기한 결과로 제시될 수 있었을 것이다. 그는 조선측 사료에 대한 무지의 결과로 17세기 조선에 그리스도교가 '엄연히' 존재고 '은복隱伏 신자'도 있었다고 말하게 되었다. 그러나 그가 제시한 일련의 주장들은 역사적 사실과는 상당한 거리가 있는 것으로 판단된다. 그의 주장은 신新오리엔탈리즘에 의한 오해일 수 있는 것이다.

그는 오리엔탈리즘에서 구사했던 방법론을 원용하여 조선교회의 기원을 밝히려 했다. 그는 식민사관의 타율성론을 주장하던 사람들이 범했던 주관주의적 폐단을 답습하고 있다. 단지 과거의 식민사학에서는 일본의 시혜적施惠的 입장을 강조하고 식민지 지배의 정당성을 강변하려 한 반면, 그는 자신이 속한 수도회의 위업을 선양하려는 데에 급급했다. 여기에 그의 주관주의적 견해가 식민사학의 그것과 다른 점이 있다. 그러나 그의 주장은 식민사학 타율성 이론이 가지고 있었던 문제점과 동일한 의문을 우리에게 남겨 주고 있다.

6. 맺음말

지리상의 발견 이후 예수회 선교사들은 조선 포교에 대해서 지속적인 관심을 가지고 있었다. 그리고 임진왜란 시 예수회 선교사가 조선에 입국했고, 일본에서 조선인 피납자들이 그리스도교 세례를 받아 일본에서 신앙공동체를 이룬 사건을 여러 사료를 통해서 확인할 수 있다. 여기에서 조선교회 임진왜란 기원설의 '사료적 근거'가 마련되었다. 이 사료들에 입각하여 다양한 의도를 가지고 조선교회 임진왜란 기원설이 제기되었다. 즉 조선교회의 기원이 임진왜란에 있다는 견해가 오리엔탈리즘적 입장이나 식민사관의 타율성론적 견지에서 그리고 신新오리엔탈리즘적 입장에서 각기 제기되어 왔다.

조선교회 임진왜란 기원설은 16세기와 17세기 예수회 선교사들이 남긴 서한에 대한 연구가 진행되던 18세기 이후 유럽의 동양학자들에 의해서 출현되기 시작했다. 특히 오리엔탈리즘의 일정한 영향 아래 선교사가宣教史家들은 그리스도교의 동양 선교를 주목했다. 여기에서 그들은 동양 사회에 대한 호기심을 충족하고, 자신의 문화적 사명 및 복음적 사명에 대한 확인을 위해서 동양에 대한 연구를 진행시켰다. 이 과정에서 그들은 조선의 그리스도교 신앙과 관련되어 서술되고 있는 기존 사료에 대한 무비판적 태도를 드러냈고, 조선에 대한 호기적好奇的 취향을 만족시키거나 조선과는 무관한 자신들의 선교열宣教熱을 확인하는 데에 머무는 경우가 많았다고 생각된다.

한편, 20세기 초반기 조선은 일제의 식민지로 전락되었다. 이 식민지 아래에서 조선의 역사는 근대 역사과학적 방법으로 연구되기 시작했다. 그러나 이 과정에서 식민지 지배의 정당성을 강조하려는 식민사관이 성립되었고, 이 영향 아래 조선천주교회사가 연구되기 시작했다. 여기에서 조선교회사는 식민사관의 일종인 타율성론他律性論에 의해서 서술되기도 했다. 이 이론의 일부로 조선교회 임진왜란 기원설이 제시되었다. 그러나 조선교회의 기원에 관한 이 이론은 조선에 대한 일본의 시혜적 사실史實을 밝히려는 의도가 잠재된 것이기도 했다. 따라서 일부 일본인 연구자들이 제시했던 그 견해는 식민지 통치의 합리화라는 정치적 목적의 지배를 받는 주관주의적 해석에 불과했다.

최근에 이르러 조선교회 임진왜란 기원설은 신新오리엔탈리즘적 경향 아래에서 나타났다. 이 이론에 입각하여 조선 교회사를 논하고자 하는 대표적 인물이 메디나이다. 그는 예수회 선교사들이 남긴 방대한 문헌을 섭렵하여 임진왜란을 계기로 하여 조선에 천주교회가 탄생했고, 이 교회는 17세기 전반기 사회에서도 예수회의 지도하에 계속 유지되고 있었다고 보았다. 그러나 그의 주장은 조선측 사료와 17세기 조선사에 대한 몰이해의 결과로 제시된 그릇된 주장으로 생각된다.

'조선교회 임진왜란 기원설'은 이와 같은 문제점을 가지고 있었다. 그렇다면 조선 교회의 기원은 종전의 한국교회사 연구자 대다수가 인정해온 바와 같이 1784년으로 보아야 할 것이다. 1783년에 부연사赴燕使 일행으로 북경을 방문했던 이승훈李承薰은 1794년 봄 북경에서 세례를 받고 귀국한 후 그해 가을 수표교 부근 이벽李檗의 집에서 이벽에게 그리스도교 세례를 집전했다. 이로써 조선에는 세례를 받은 신자로 구성된 복음 선포적 신앙공동체가 비로소 구성되기에 이르렀고 여기에 한국교회의 기원이 있다. 이렇게 출현한 한국교회는 서양인 선교사의 도움이 없이 조선후기 사회의 요청에 의해서 자발적으로 설립된 것이었다.

조선교회가 서양의 선교사들과 직접적인 연관을 갖게 된 것은 1792년이었다. 1790년 이후 북경교구 교구장 구베아(Gouvea) 주교로부터 조선교회의 성립을 보고 받은 로마 교황청에서는 1792년 4월 조선을 구베아의 '개인적 보호와 지도'에 맡기게 되었다.[51] 그리고 1831년에는 조선대목구朝鮮代牧區(Vicariatus Apostolicus de Corea)를 설정하고 파리외방전교회(la Société des Missions~Étrangères de Paris)에 조선에 대한 선교를 위임하여,[52] 프

---

51) 崔奭祐, 1992, 「李承薰 관계 書翰 자료」『教會史硏究』 8, 韓國教會史硏究所, 166쪽.

랑스 선교사들은 1836년 이후 조선에 입국하여 활동하기 시작했다. 이로써 조선교회는 유럽의 선교사들과 직접적인 대면이 가능했다. 그렇다면 '조선교회 임진왜란 기원설'은 일종의 허구에 지나지 아니하다고 말할 수 있을 것이다.

---

52) 崔奭祐, 1991, 『韓國敎會史의 探究』 Ⅱ, 韓國敎會史硏究所, 220쪽.

제3장

한국 천주교회의 기원
-가설에 관한 역사성 문제-

1. 문제의 제기

한국 천주교회의 기원을 밝히는 문제는 우리의 교회가 언제 어디에서 어떻게 성립되었는지를 규명하는 것을 뜻한다. 한국 천주교회에서는 전통적으로 자신의 교회 창설연대를 1784년으로 인식해 왔다. 이 교회 창설의 계기적 사건은 1784년 9월 이승훈이 이벽에게 세례를 집전하는 복음선포적 행위를 전개했고 이를 통해 이 땅에 신앙공동체가 이루어질 수 있었다는 사실에 근거를 두고 있다. 그리고 이 교회 창설과 관련하여 당시 지식인들의 자발적 구도 행각을 자랑스럽게 생각했으며 여기에 큰 의미를 부여해 왔다. 이러한 과정에서 한국 천주교회의 기원에 관한 특이한 주장들이 새롭게 제기되어 교회의 기원에 관한 기존의 견해를 부정했다.

한국 천주교회 기원에 관해 새롭게 제시된 견해로는 임진왜란壬辰倭亂 때 일본 천주교회와의 접촉을 통해 한국 천주교회가 성립되었다는 견해가 있다. 그리고 또 다른 사람 가운데는 원元나라 때 '몽골'에 온 프란치스코 회원들이 한국에까지 복음을 전했을 것으로 추정하며, 여기에 한국 천주교회의 기원이 있을 것으로 주장하는 이도 있다.

그런데 임진왜란 때 한국 천주교회가 기원되었다는 견해는 그 근거하고 있는 사료 및 지역 교회의 성립에 대한 이해에 있어서 문제가 있으므로 용납될 수 없는 견해임이 분명히 밝혀진 바 있다.[1] 한편, 고려시대 원나라를 통해 천주교가 전파되었을 가능성은 어디까지나 가능성에 머문 견해일 뿐이지, 역사적 사실성에 내지는 실재성에 바탕을 둔 견해가 아니다. 그러므로 이 견해도 한국 천주교회의 기원과 관련하여 참고할 만한 가치가 없는 것이다.

한국 천주교회의 기원에 관한 특이한 견해 가운데 하나로는 '1779년 천진암天眞菴 기원설'이 있다. 이 견해에서 주장하는 바는 한국 천주교회가 1784년이 아닌 1779년에 천진암현재 : 경기도 광주군 퇴촌면 우산지 소재에서 창립되었다는 것이다. 그리고 이 견해에서는 그 주장의 근거로 1779년 천진암에서 '천주교 교리를 연구하는 강학회講學會'가 열렸고, 이 '강학회'를 계기로 하여 이벽·권철신·이승훈·정약종 등 '한국 천주교 창립선조韓國 天主教 創立先祖'들이 본격적인 신앙 활동을 전개하게 되었다는 주장을 제시하고 있다.[2] 그리고 이 주장에 근거하여 한국 교회의 '창립'연도를 1779년으로 설정한 '교회 창립 기념행사'가 별도로 진행되고 있다.

바로 이와 같은 주장과 해마다 계속되는 그 행사로 인해 한국 교회의 기원에 대한 신도들 및 일반인들의 인식에 적지 아니한 혼란이 야기되고 있다. 그러므로 여기에서는 한국 천주교회의 기원에 관한 '1779년 천진암 창립설'의 문제점을 확인하고, 이를 통하여 한국 천주교회의 기원 및 그 기원에 관한 인식의 의미를 거듭 확인해 보고자 한다.

---

1) 이원순, 1990, 「한국 천주교회의 기원 문제」 『司牧』 142, 한국천주교중앙협의회.
2) 변기영, 1991, 「한국 천주교회 창립~1779년인가 1784년인가」 『司牧』 144, 한국천주교중앙협의회.

그런데 한국 천주교회의 '1779년 천진암 창립설'은 그때 그곳에서 열렸다는 '강학회'에 근거를 두고 있다. 이 주장은 구체적으로 다음과 같이 제시되고 있다.

    <인용문 1>
    1779년, 한국 천주교 발상지 천진암에서의 강학회를 계기로 하여, '천주공경가'. '십계명가', '성교요지' 등을 지어 부르며, 아침, 저녁으로 기도를 바치고, 요일이 아직 없던 시절에, 음력으로 월月 주일主日을 정해서 지키던 학자들, 즉 이벽, 권철신, 이승훈, 정약종 등 한국 천주교회 창립 선조들을 천주교 신자들이라고 인정하는 데 반대하는 주장이 있어서 문제가 되는 것이다.[3]

    <인용문 2>
    1779년을 전후하여, 한국 천주교회 창립의 계기가 되는 강학회를 중심으로 신앙생활을 시작하고, 이 땅에서 처음으로 천주교 신앙인으로서의 기도를 바치고, 주일을 지키고 하였으니, 더 이상 1779년을 한국 천주교회의 창립연도로 정하는 대 주저할 필요가 없는 것이다.[4]

즉 이상의 인용문에서 볼 수 있는 바와 같이 한국 천주교회의 '1779년 천진암 창립설'은 1779년 천진암에서 개최되었다는 이른바 '강학회'를 주목하고 있다. 그리고 그 강학의 성격이 천주교 교리를 연구하는 모임이었고, 그 강학의 결과 천주교 신앙의 적극적 실천이 이루어졌다고 보고 있으며, 이과 같은 '판단'에 근거하여 1779년 한국 천주교회가 창

---

3) 변기영, 1991, 앞의 책.
4) 변기영, 1991, 앞의 책.
    주 3과 4의 자료에서는 강학회(講學會)라는 용어를 쓰고 있다. 그러나 이 단어는 1970년대를 전후한 시기에 출현한 작위적(作爲的) 용어(用語)에 지나지 않는다. 당시의 문헌(文獻)이나 문교풍속(文敎風俗)에서는 강학회가 아닌 '강학(講學)'이란 용어만이 쓰이고 있다. 그러나 후대인들이 이 용어를 번역하면서 '강학'에 '회(會)'자를 첨부시킴으로서 그 '강학'의 ecclesia[교회]적 성격을 부여하려 했던 것이 아닌지 의심된다. 그러므로 강학회란 용어는 당시의 관행이나 역사적 사실과는 거리가 먼 것이다.

립되었다고 주장하는 것이다.

그러나 이와 같은 '주장'이 학문적으로 인정받기 위해서는 제일 먼저 그 강학이 천주교 교리의 연구를 위한 모임이었다는 자신의 주장을 논리 적으로 밝혀야 한다. 그리고 이 주장이 논리적 타당성을 가진 것임이 확 정된다면, 이에 이어서 그 강학이 1779년에 개최되었는가를 확인해 보 아야 하며, 그 강학이 개최된 장소가 어디인가를 거듭 검토해야 한다. 이와 같은 순서를 거친 다음에야 한국 천주교회의 '1779년 천진암 창립 설'은 비로소 학문적 인정을 받을 수 있는 것이다. 그러나 현재까지 이 와 같은 작업이 진행된 바 없다. 따라서 '1779년 천진암 창립설'은 그 학문적 타당성이 결여된 주장이며, 사료적 근거도 박약한 것으로 판단 된다.

2. 한국 천주교회 요람기에 관한 사료

한국 천주교회의 기원과 관련하여 특이한 사실로 지적되고 있는 것은 외국인 선교사의 직접적인 선교가 없이 한국 천주교회가 시작되었다는 점이다. 이는 한국인 스스로의 구도행각求道行脚을 통해 한국 천주교회가 세워졌음을 뜻한다. 그리고 이 구도행각은 한국 천주교회가 본격적으로 세워지기 이전의 교회사 전사敎會史前史의 일부분을 이루고 있다. 그러므 로 이 시기를 일부 연구자는 '신앙의 요람기'로 부르고 있으며, 그 구도 의 행각이 진행된 곳을 '요람지'로 부르기로 한다. 여기에서 말하는 '요 람기' 혹은 '요람지'라는 말은 신앙의 싹이 준비되던 시기이며, 구도행 각이 이루어진 곳이라는 말이다.

그런데 1784년 한국 천주교회가 세워지기 이전에 진행되고 있었던 이 구도행각은 교회가 세워진 직후 초창기 교회의 성격을 이해하는 데에 있어서 중요한 자료가 되고 있다. 그리고 이 구도행각과 관련하여 한국 천주교회의 '1779년 천진암 창립설'이 제시되고 있으므로 여기에서는 그 요람기에 관한 원사료原史料들을 검토해 보고자 한다.

<사료 1>

정유(1777)년에, 유명한 학자 권철신은 정약전과 학식을 얻기를 원하는 그 밖의 학자들과 함께, 방해를 받지 않고 깊은 학문을 연구하기 위하여 외딴 절로 갔다. 이 소식을 들은 이벽은 크게 기뻐하며 자기도 그들 있는 곳으로 가기로 결심하였다. 때는 겨울이라 길마다 눈이 덮여 있었고, 절까지는 백 여리나 되었다. 그러나 그런 곤란이 그렇게도 열렬한 그의 마음을 꺾을 수는 없었다. 그는 즉시 출발하여, … 마침내 자정께 어떤 절에 도착하였다. 그러나 자기가 실을 잘못 들었다는 것과 자기가 찾아가는 절은 그 산 뒤쪽 산허리에 있다는 말을 들었을 때 그의 실망은 어떠하였었겠는가. … 이벽은 중들을 깨워 자기와 동행케 하였다. 그는 맹수의 습격을 막아내기 위하여 쇠꼬챙이가 달린 몽둥이를 짚고서 캄캄한 밤중에 길을 계속하여 희망하던 목적지에 도달하였다. … 연구회는 10여 일 걸렸다. 그동안 하늘, 세상, 인성人性 등 가장 중요한 문제의 해결을 탐구하였다. 예전 학자들의 모든 의견을 끌어내어 한 점 한 점 토의하였다. 그 다음에는 성현聖賢들의 윤리서倫理書들을 연구하였다. 끝으로 서양 선교사들이 한문으로 지은 철학, 수학, 종교에 관한 책들을 검토하고, 그 깊은 뜻을 해독하기 위하여 가능한 한 온 주의를 집중시켰다. 이 책들은 조선 사절使節들이 여러 차례에 걸쳐 북경에서 가져온 것들이었다. 실은 당시 조선의 많은 학자들이 그러한 책들에 대해서 알고 있었으니 그 까닭은 연례적年例的인 사신使臣 행사 때에 조선 선비들이 따라가서 서양의 과학과 종교에 대해 중국인과 대화를 나누었기 때문이다. … 그런데 그 과학 서적 중에는 종교의 초보적 개론槪論도 몇 가지 들어 있었다. 그것은 하느님의 존재存在와 섭리攝理, 영혼의 신령성神靈性과 불멸성不滅性 및 칠죄종七罪宗을 그와 반대되는 덕행德行으로 극복함으로써 행실은 닦는 방법 따위를 다룬 책들이었다. … 완전한 지식을 얻기에는 설명이 부족하였으나, 그들이 읽은 것만으로 그들의 마음이 움직이고 그들의 정신을 비추기에 넉넉하였다. 즉시로 그들은 새 종교에 대하여 아는 것은 전부 실천하기 시작하여, 매일 아침·저녁으로 엎드려 기도를 드렸다. 7일 중 하루는 하느님 공경에 온전히 바쳐야 한다는 것을 읽은 후로는 매월 7일, 14일, 21일, 28일에는 다른 일은 모두 쉬고 묵상에 진심하였으며, 또 그날에는 육식肉食을 피하였다. 이 모든 것은 아무에게도 말하지 않고, 극히 비밀리에 실천하였다. 그들이 얼마 동안이나 이런 실천을 계속 하였는지는 모르지만, 일련의 사실로 보아 그들 중 대부분이 그 일에 오랫동 안 충실치 못하였음을 짐작케 한다.[5]

<사료2>
돌아가신 우리 형님 약전若銓께서는 폐백을 드리고 공(권철신)을 스승으 로 섬겼는데, 지난 기해년(1779) 겨울에 천진암 주어사에서 강학을 했다. 눈 속에 이벽이 밤중에 찾아와 촛불 켜놓고 경經을 담론했는데, 그 후 7년이 지 나 비방이 일어났다. 이는 이른바 '성대한 자리는 두 번 있기 어렵다'라는 것 이다."[6]

<사료3>
(정약전)은 이운하, 이승훈, 김원성 등과 함께 굳게 사귀기로 하고 성호[星 湖 李瀷]의 학문을 이어받아 무이[武夷: 朱子學]를 거쳐 수사[洙泗: 孔子學]까지 거슬러 오르기 위하여 공손한 격식을 갖추며 강마講磨하고, 서로 어울려 덕에 나아가려 글을 배웠다. 그리고 이미 폐백을 드리고 녹암[鹿菴 權哲身]의 문하에 가르침을 청했다. 일찍이 겨울철에 주어사에 우거하며 강학을 했는데 모인 사 람은 김원성, 권상학, 이총억 등 몇 사람이었다. 녹암 선생은 스스로 규정을 만들어 주어서, 새벽에 일어나서는 차가운 샘물을 떠서 세수를 하고 나서 숙 야잠夙夜箴을 암송케 하고, 해가 뜨면 경제잠敬齊箴을 암송케 하고, 정오가 되 면 사물잠四物箴을 암송케 하고, 해가 지면 서명西銘을 암송하도록 하였다. 엄 숙하고 경건하여 그 규정을 어기지 아니했다. 이 때 이승훈도 자신을 갈고 닦 으면서 서교西敎에 나가 향사례鄕射禮를 행했는데, 심유沈浟를 빈賓으로 삼고 모인 사람이 백여 명이나 되었다. 모두가 말하기를 "삼대三代의 의례와 문풍 이 찬란하게 다시 밝아졌다."라고 했으며, 그 소문을 듣고 뜻을 같이하려는 사람들이 매우 많았다.[7]

---

5) 달레(안응열·최석우 역), 1980, 『한국천주교회사』 上, 한국교회사연구소, 300~ 303쪽.

6) 정약용, 『與猶堂全書』 第1集 卷15, 鹿菴權哲身墓誌銘 "先兄若銓執贄以事公 昔在 己亥冬 講學于天眞菴走魚寺 雪中李檗夜至 張燭談經 其後七年而謗生 此所謂盛筵 難再也"

7) 정약용, 『與猶堂全書』 第1集 卷15, 先仲氏墓誌銘 "與李潤夏 李承薰 金源星等 定 爲石交 以承受星翁之學 [李先生瀷]沿乎武夷 溯乎洙泗 揖讓講磨相與進德修業 既 又執贄請敎於鹿菴之門 [權哲身]嘗於冬月 寓居走魚寺講學 會者金源星 權相學 李

이상의 사료 가운데 <사료 1>은 달레의 『한국천주교회사』에 나오는 것이다. 그러나 이 부분의 기록은 조선측 문헌을 프랑스어로 번역하여 수록한 것으로서, 그 원사료는 정약용이 저술한 『조선복음전래사朝鮮福音傳來史』에 관한 비망기備忘記임이 밝혀졌다.8) 그러므로 『한국천주교회사』의 이 부분에 관한 자료는 비록 그 원사료는 망설된 것이라 하더라도, 사료의 원천이 조선측에 있는 것으로서, 그 사료 가치가 상당히 높은 것으로 볼 수 있다.

그리고 <사료 2>와 <사료 3>은 다산 정약용의 기록으로서 <사료 1>의 모호한 부분을 보완해 줄 수 있는 제1차 사료들이다. 이상의 세 가지 사료에 근거하여 한국 천주교회의 직접적인 전사前史를 밝힐 수 있다.9)

寵億等數人 鹿菴自授規程 令晨起掬氷泉盥漱 誦夙夜箴 日出誦敬齋箴 正午誦四勿箴 日入誦西銘 莊嚴恪恭 不失規度 當此時 李承薰亦淬礪自强 就西郊行鄕射禮 沈溦爲賓 會者百餘人 咸曰三代儀文 粲然復明 而聞風嚮義者蔚然以衆"

8) 최석우, 1982, 「달레가 인용한 정약용의 조선복음전래사」 『한국교회사의 深究』, 한국교회연구소, 98~109쪽. (이 비망기의 번역본은 1862년 파리로 발송되었다. 그러나 1863년 다블뤼 주교 댁의 화제로 인해 이 비망기를 비롯한 조선측의 원사료가 소실되었던 것으로 생각된다. 그리고 茶山 丁若鏞의 문중에도 이 비망기가 보관되어 있지 않았으므로 현행 『여유당전서』 안에는 조선복음전래사에 관한 그의 비망기가 들어 있지 아니하다. 그러므로 오늘날 우리는 이 비망기의 원문을 접할 수 없다. 그러나 『여유당전서』의 일부 기록을 통해 그 비망기 안에 포함되었던 내용들의 편린을 확인할 수 있다.)

9) 이 밖의 이승훈의 문집으로 주장되는 『蔓川遺稿』의 '천주공경가'에는 "己亥年臘月於走魚寺 李曠菴蘗作歌"라고 附記되어 있으며 '십계명가'에는 "己亥臘月 於走魚寺 講論後 丁選菴·權公相學·李公寵億 作歌寄之"라고 되어 있다. 그러나 이 자료에 대한 사료비판이 충분히 이루어지지 못했으므로 이 자료의 이용에는 신중을 기해야 한다.

3. 강학講學의 성격

한국 천주교회의 '1779년 천진암 창립설'은 당시의 강학講學을 통해 천주교회가 창립되었다고 보는 견해이다. 이 견해는 앞에서 제시된 <인용문 1>과 <인용문 2>에서 나타나는 바와 같이, 강학이 천주교회의 집회였음을 전제로 삼고 있다. 따라서 이 전제가 오류임이 밝혀진다면 한국 천주교회의 '1779년 천진암 창립설'은 그 주장의 논리적 근거를 상실하게 될 것이다.

그렇다면 우리는 먼저 그 강학의 목적부터 검토해 볼 수 있을 것이다. 그리고 그 목적의 올바른 이해를 위해서는 당시 학계의 학문 연구 경향을 배경으로 파악해야 한다. 즉 18세기 후반기 근기近畿 남인南人들은 영남嶺南 주리론主理論의 학맥을 이어받은 성호 이익의 영향을 강하게 받고 있었다. 18세기 후반기 당시 이익의 학문을 계승한 인물로는 권철신과 안정복安鼎福을 대표로 지목할 수 있다.

이들 중 권철신과 그 문하의 제자들은 기존의 성리학에 대한 비판 의식을 강하게 가지고 있었다. 그들은 중국 송대宋代의 개신유학改新儒學이었던 성리학이 18세기 당시의 조선 사회에서 드러내고 있던 각종 폐단을 바로 잡아 보고자 했다. 그리하여 이들은 개신 유학인 성리학을 떠나서 범유학汎儒學의 입장에 서서 새로운 개혁의 논리를 창출해 보고자 했다. 이리하여 그들은 선진유학先秦儒學, 즉 원시유학에 근거한 새로운 사상을 모색하게 되었다.10)

---

10) 선진유학에 접근하려던 이들의 태도는 개혁을 시도라는 사람들이 드러내는 일반적 특성과도 맥이 통한다. 기존 질서나 사상의 개혁을 꾀하는 데에는 그 사상의 본질에 접근하여 그것을 다시 밝히려는(essentialization) 경향을 취하거나, 기존의 제도나 사상 모두를 부인하는 경향을 취하게 된다. 원시유학에 접근하려 했던 18세기 후반기 조선 지식인이 동향은 바로 전자(前者)의 경우에 해당된다.

바로 이와 같은 분위기 아래 강학이 열렸다. 우리는 이 사실을 <사료 3>의 기록을 통해서 알 수 있다. 즉 근기 남인에 속했던 정약전과 이윤하·이승훈·김원성 등은 성호 이익의 학문에 영향을 받고 있었다. 그들은 주자학을 거쳐서 선진유학[洙泗學]의 연구에까지 이르렀다. 그들은 성호의 학통을 이어받은 권철신의 문하에 들어가서 그로부터 가르침을 받고자 했다.

이 목적으로 주어사에서 강학이 진행되었다. 강학은 권철신이 주도하고 있었다. 권철신은 그들에게 엄격한 규정을 정해주었고, 그들이 때맞추어 외워야 할 각종 잠箴과 명銘을 지정해 주었다. 그 잠과 명은 모두 송나라 때의 유학 정신을 담고 있는 성리학 내지는 주자학적인 것이었다. 그러나 그들은 주자 성리학을 거쳐 선진유학, 즉 수사학洙泗學에 이르고자 했던 사람들이었다.

그들의 이러한 의도는 <사료 1>을 통해서 명백히 드러나고 있다. 즉 여기에서 드러나는 바와 같이 그들은 유학에 관한 각종 서적들을 검토했다. 그 과정에서 선진유학에 근거하여 각종 철학적 원리들을 설명하고 있는 한문 서학서西學書를 참조했다. 그들이 참조했던 서학서는 달레(C.C Dallet)의 표현대로 '종교의 초보적 개론'이었다. 이 연구회는 10여 일 걸렸다.

이상에서와 같이 <사료 1>과 <사료 2>를 종합해서 생각해 볼 때 주어사에서 개최된 강학은 어디까지나 유학의 연구에 목적을 둔 것이며, 강학이 진행되는 동안 줄곧 송학宋學의 잠箴과 명銘이 외워지고 있었음을 확인 할 수 있다. 즉 그들은 유학적 의례에 따라 유학을 연구하는 것을 목적으로 했지 천주교의 연구를 직접적인 목적으로 삼지 않았음을 확실히 알 수 있다. 물론 이 연구의 과정에서 선진유학을 원용하여 교리를 해설하고 있던 서학서의 일부가 검토되었던 것이다. 그렇다 하더라도 이 강학을 '한국 천주교회의 창립'으로 보는 것은 결코 용납될 수 없는 견해이다. 강학의 목적은 어디까지나 유학적 학문 탐구였기 때문이다.

한편, 강학의 목적에 대한 검토에 이어서 그 강학의 효과에 대한 분석도 시도해 볼 수 있을 것이다. 한국 천주교회의 '1779년 천진암 창립설'에서는 "강학회를 계기로 하여 천주공경가, 십계명가, 성교요지 등을 지어 부르며, 아침·저녁으로 기도를 바치고 음력 주일을 정해 실천했다."고 한다. 즉 '1779년 천진암 창립설'에서는 강학을 계기로 하여 본격적이고 수준 높은 천주교 신앙 실천이 있게 되었으므로 '1779년 천진암을 국 천주교회의 창립 사건으로 보아야 한다고 했다.

그러나 우리는 강학에서 검토되었던 천주교 서적이 '종교의 초보적 개론'이었음을 주목해야 한다(사료 1 참조). 그리고 강학에 참여했던 대부분의 사람들은 그 초보적 개론마저도 올바로 이해하지 못했다. 그러므로 이벽·정약전 등 강학에 참여했던 그들은 1783년(혹은 1784년)에 하느님의 존재와 유일성, 천지창조, 영혼의 신령성과 불멸성, 후세의 상선벌악 등에 관한 천주교 교리 중 매우 기초적인 문제를 토론하면서도 놀라고 황홀해 했던 것이다. 만일 그들이 이른바 '1779년 강학'을 계기로 하여 신앙의 본격적 실천에 착수했다면 그 강학이 있은 지 4~5년이 지나서야 천주교의 기초적인 교리에 깜짝 놀라고 황홀해질 까닭은 없었을 것이다.[11] 그러므로 '1779년 강학'을 계기로 하여 신앙의 본격적 실천이 이루어진 것으로 볼 수 없다.

한편, 한국 천주교회의 '1779년 천진암 기원설'에서는 "강학회를 계기로 하여 천주공경가, 십계명가, 성교요지를 지어 불렀음을 주장함"으로써 강학이 '수준 높은' 신앙 실천의 계기가 되었다고 주장한다. 그러나 이 주장을 제시하기 위해 근거하고 있는 『만천유고蔓川遺稿』는 객관적인 사료 비판을 거치지 아니한 자료이므로, 그 주장의 근거로 이 자료를

---

11) 달레, 1980, 앞의 책, 303쪽.
  정약용, 『與猶堂全書』.

사용해서는 아니 된다.

『만천유고』에서 말하고 있는 바와 같이 "기해년(1779) 12월 주어사에서 강론 후" 이벽이 「천주공경가」를 짓고, 권상학·이총억 등이 「십계명가」를 지었다는 것은 『만천유고』의 사료적 가치를 의심케 하는 자료로도 해석될 수 있다. 왜냐하면 강학은 <사료 1>의 기록을 통해 확인되는 바와 같이 10여 일 동안 계속되었고, 이 제한된 기간 동안 많은 양의 저서들이 검토되었다. 그리고 강학이 지속되는 기간에 그들은 철저히 유교적 규범을 준수하도록 요구받았다. 10여 일이란 단기간에 걸쳐 진행된 이러한 분위기 아래에서, 『만천유고』를 근거하여 자신의 이론을 전개하고자 하는 연구자들이 한결 같이 주장하는 바와 같은 '수준 높은' 교리 지식이 정리되어 나올 수 있다는 것이 과연 가능한 일인지에 대해서도 우리는 검토해 보아야 한다.

한편, '1779년 천진암 창립설'에서는 강학을 계기로 하여 음력 주일이 준수되고 기도를 드렸다는 사실을 강조하며, "1779년 천진암 강학회를 계기로 하여 한국 천주교회가 창립되었다."고 한다(인용문 1 참조). 이 주장에서와 같이 기도와 선행의 실천, 그리고 음력 주일의 준수가 '교회 창립'에 직결되는 사건이라면 어찌하여 1770년 홍유한洪儒漢(1726~1785)의 행동에 대해서는 전혀 의미를 부여하지 아니하고 있는가? 홍유한은 1779년보다 9년이나 앞선 1770년에 음력 주일을 설정하여 준수했고 기도에 전념했던 인물이기 때문이다. 그러나 음력 주일 준수나 기도·선행의 실천이 곧 '교회 창립'을 뜻하는 것은 아니다. 그러므로 '1779년 천진암 강학회' 이후의 일들이나 홍유한의 일들은 모두 '교회 창립'과는 관계없는 단순한 선행의 실천으로 보아야 한다.

그리고 우리는 음력 주일 실천과 기도 등에 관해 <사료 1>에서 결론처럼 제시하고 있는 바의 말들, 즉 "그들이 얼마 동안이나 이런 실천을 계속하였는지는 모르지만, 일련의 사실로 보아 그들 중 대부분이 그 일에 오랫동안 충실치는 못하였음을 짐작케 한다”는 말을 주목할 수 있다. 즉 이른바 ‘강학회’ 이후에도 신앙생활이 줄곧 계속된 것이 아니라 곧 식어졌음을 말하고 있다. 그렇다면 더욱이 1779년 ‘강학회’를 계기로 교회가 창설되었다고 보는 주장에는 문제가 있다.

물론 강학이 열렸던 이후 여기에 참여했던 일부 인사들이 천주교 서적을 읽고 그 윤리 규범을 실천할 수도 있었을 것이다. 그러나 그 실천을 곧바로 한국 천주교회의 창설로 확대 해석할 수는 없다. 천주교 신도 이외에도 하느님에 대한 신앙을 가진 사람은 많다. 또 천주교 신도가 아니라 하더라도 십계명과 같은 윤리 규범을 인정하는 데에 서슴지 않는 사람들도 많다.

천주교 신도가 아니라 하더라도 하느님께 기도를 드릴 수 있는 것이며, 주일도 지킬 수 있는 것이다. 음력 주일을 설정하고 이를 준수하는 행위와 회교도들이 금요일을 거룩히 보내는 행위 사이에는 큰 차이가 있지는 아니하다. 그리스도교 신앙을 갖지 아니하는 선의의 사람들이 즐겨하는 모든 선의의 행동이나 진리 추구 행위를 곧바로 가톨릭적 신앙 고백으로 확대 해석할 수는 없는 것이다. 그러므로 비신도의 선행이나 진리 추구 행위를 곧바로 ‘교회 창립’으로 연결시키려는 것은 논리적 비약이거나 비학문적 동기에 의한 강변에 지나지 아니한 것으로 밖에 볼 수 없다.

요컨대, 한국 천주교회의 ‘1779년 천진암 기원설’은 그 전제에 문제가 있다. 즉 ‘1779년 천진암 기원설’은 천진암에서 개최되었다는 ‘강학회’가 한국 천주교회의 창립을 뜻한다고 주장한다. 그러나 그 강학은 천주교 교리 연구를 제1차적 목적으로 하는 강학도 아니었으며, 그 강학의 결과 천주교 신앙이 고백되고 실천되었다고 볼 수 없다. 그러므로 잘못된 전제를 기반으로 하여 제시된 한국 천주교회의 ‘1779년 천진암 기원설’은 학문적 차원에서 인정되기는 불가능한 것이다. 그리고 이 잘못된

전제를 기반으로 해서 전개하고 있는 모든 수사적修辭的 표현이나 설명들
은 다 올바르지 않은 것이다.

4. 강학講學의 개최연도와 참석자

　이벽李檗을 비롯한 일단의 근기 남인들이 참여한 강학이 한국 천주교
회의 시작이 될 수 없음을 우리는 위에서 검토해 보았다. 그런데 한국
천주교회의 '1779년 천진암 창립설'에서는 본고에서 이미 문제가 있는
것으로 밝힌 바 있는 그 강학이 1779년 천진암에서 개최되었다고 주장
한다. 그리고 이 주장의 연장으로 1779년은 한국 천주교회의 '창립연도'
이며, 천진암은 한국 천주교회의 '창립 성지'이고 이른바 강학회에 참석
했던 사람들을 '창립 성조創立聖祖'로 규정하고 있다.

　그런데 앞서 밝힌 바와 같이 한국 천주교회의 '1779년 천진암 창립
설'은 그 '창립'이라는 전제에 오류가 있는 것이므로 '창립연도'나 '창립
성조'나 '창립 성지'를 부연해서 밝히려는 작업 자체가 적절치 못한 일
이다. 그러므로 한국 천주교회의 창립·설립 혹은 기원을 밝히려는 데에
있어서 이러한 문제들을 논하는 것은 별로 의미가 없다. 그러나 한국 천
주교회의 요람기를 좀 더 분명히 살펴보고, 한국 천주교회의 '1779년 천
진암 창립설'의 허구성을 검증하기 위해서는 이른바 '창립연도'와 '창립
성조'에 대한 문제점을 우선 검토해 볼 필요가 있을 것이다.

1) 강학의 개최연도

　<사료 2>에서는 천주교 교리의 연구와 관계되는 강학이 1779년에
개최된 것으로 보고 있다. 그러나 <사료 1> 달레의『한국천주교회사』
의 기록에 보면 1777년에 강학이 있었던 것으로 되어 있다. 특히 <사료

1>에서는 강학이 개최된 연대를 간지干支로 표현하여 그 해가 정유년이
었음을 분명히 밝히고 있다. 이 두 자료에서는 모두 이벽이 눈 덮인 밤
중에 강학이 개최되는 사찰에 도착했음을 서술하고 있다.

그렇다면 <사료 1>과 <사료 2>에서는 동일한 사건을 각각 다른
연대로 기록하고 있는 것이다. 즉 <사료 1>은 원본이 소실되어 프랑스
어 번역문만 남아 있는 것이다. 그러나 그 연대가 '정유(1777)'년과 같이
간지로 기록되어 있으므로 옮겨 쓰는 과정에서 발생한 오기誤記일 가능
성은 거의 없다. 한편 <사료 2>의 '녹암 권철신 묘지명鹿菴權哲身墓誌銘'
에서는 강학이 기해년(1779)에 개최된 것으로 서술하고 있다. 그렇다면
이 1779년이란 연대도 소홀히 다룰 수는 없는 해이다.

그런데 이 두 사료는 모두 다산 정약용에게서 나온 것이다. 그렇다면
이벽이 눈 덮인 밤중에 강학이 개최되는 산사山寺를 찾았다는 이 두 연대
가운데 하나는 착오에 의해 잘못 기록된 것으로 추정할 수 있다. 그런데
이 두 연대 중 1779년이 다산 정약용의 현존하는 기록 중에 나온 것임을
근거하여 강학은 1777년이 아닌 1779년에 개최된 것으로 보기도 한다.

그러나 <사료 1>도 다산 정약용의 기록인 「조선복음전래사에 관한
비망기」에 연원을 두고 있는 것이므로, 1777년에 강학이 있었다는 사실
도 쉽게 무시할 수는 없는 자료이다. 그러므로 우리는 천주교를 연구했
던 강학이 열린 연대를 확정하는 데에 좀 더 신중을 기해야 한다. 즉 우
리는 강학이 1779년에 개최되었다고 주장할 수 있는 확실한 자료를 아
직까지는 가지지 못했다. 그러므로 한국 천주교회의 '1779년 기원설'을
주장하는 데에는 신중을 기해야 할 것이다.

한편, '교회 창립'과 관련된 해로 이 1779년이 주목 받아 왔다. 그리
고 이 창립의 전제로써 음력 주일 준수 및 구도 생활의 실천이 제시되고
있다. 그러나 이와 같은 행위는 이미 1770년 홍유한에 의해 진행된 바도
있다. 그렇다면 우리는 한국 천주교회사 여명기의 사건으로 1770년이나

1777년 혹은 1779년 등 여러 연대를 동시에 주목해야 할 것이다. 1779
년의 의미를 강조하기 위해서 유사한 사건이 전개된 1770년과 같은 다
른 연도를 아무런 근거 없이 배제시킬 수는 없는 것이다.

요컨대, 한국 천주교회의 요람기를 검토해 보면 홍유한의 신앙실천과
관련된 1770년과 같은 연도 및 천주교 교리에 관한 연구가 일부 진행되
었던 1770년이나 1777년, 혹은 1779년과 같은 연대가 주목될 수 있다.
그리고 그 이후 교회가 창설된 1784년까지 천주교 교리를 연구한 행적
들이 간헐적으로 드러난다. 그러나 이러한 연대들은 '한국 천주교회 창
립'을 뜻하는 연대들로 파악될 수는 없다. 한국 천주교회가 시작된 해는
전통적으로 인정해 왔던 바와 같이 1784년임에는 어떠한 변동도 없다.

2) 강학에의 참집자參集者

1777년(혹은 1779년)에 개최된 강학은 권철신이 주도한 강학이었다. 권
철신은 당시 성호 좌파星湖左派의 영수로서 근기 남인들 가운데 매우 주
요한 위치를 차지하고 있던 인물이었다. 그의 문하에 정약전이 있었다.
정약전은 이윤하·이승훈·김원성 등과 깊은 교우 관계를 가지고 있었다.
그런데 그 해에 권철신 문하에 모였던 사람은 김원성·권상학·이총억 등
이었다.

그리고 여기에 뒤늦게 이벽이 참여했다. 그렇다면 그 강학에 참석한
확실한 인물들로는 권철신을 비롯하여 정약전·김원성·권상학·이총덕 및
이벽 등 여섯 명을 들 수 있다. 정약전의 가까운 친구인 이윤하·이승훈
이 강학에 참여했다는 확실한 기록은 없고, 정약전의 형제인 정약종이나
정약용이 여기에 참여했다는 기록도 없다.

그런데 한국 천주교회의 '1779년 천진암 기원설'을 주장하는 사람들
은 이윤하·이승훈과 정약종·정약용을 포함한 이 기록에 등장하는 모든
사람들이 이른바 강학회에 모였던 것으로 보고 이들을 '창립 선조創立先

祖'로 받들고 있다. 그리고 이승훈이 강학에 참석했음을 강변하기 위해서 <사료 3>에서 나타나는 이승훈의 서교西郊 향사례鄕射禮에 관한 기록을 이른바 천진암 강학회에 연이어 천진암의 서쪽에서 있었던 일로 해석하고자 한다.

그런데 이승훈의 향사례는 권철신이 아닌 심유를 빈賓으로 모시고 진행된 행사로서, 이는 권철신의 주도 하에 한겨울에 10여 일간 계속되었던 강학과는 전혀 성격을 달리하는 것이다. 그리고 이승훈이 향사례를 행했다는 것은 유교적 의례를 실천하고 있었음을 말한다. 향사례가 천주교의 전례 행위가 될 수 없다. '1779년 천진암 기원설'에서 주장되는 바와 같이 그 강학을 계기로 하여 '창립 선조'로 지칭되는 사람들이 천주교 신도가 되었다면 유교의 의례인 향사례에 그와 같이 열중하지는 않았을 것이다. 또한 향사례가 열렸다는 서교西郊도 천진암의 서쪽 들판으로는 결코 볼 수 없다. '교郊'라는 개념 자체가 중국의『서경書經』에 나타난 이래 도성을 중심으로 하여 제시된 개념이었다.

그리고 당시 서교西郊의 '서西'는 도성인 한양을 중심으로 한 서쪽의 교외를 뜻하는 것이었다. 그리고 서교에서 열린 향사례에는 소수의 인원이 모여서 진행되었던 강학과는 달리 선비 백여 명이 모인 대규모의 모임이었다. 한편, 이승훈이 이른바 1779년의 '강학회'를 통해 천주교 교리를 상당히 이해했다면, 1783년 그의 부친을 따라 북경에 가서 선교사를 처음 대했을 때 천주교 교리가 아닌 수학과 같은 과학기술 지식만을 우선적으로 배우려 요청하지는 않았을 것이다. 그리고 그가 1784년 세례를 받았을 때 그의 교리 지식이 너무 약하다 하여 여러 선교사들이 그에게 세례를 주기 꺼려했다는 설도 존재할 수 없었을 것이다.[12] 요컨

---

12) 이승훈(李承薰)의 신앙에 관해서는 이 책에 수록된「신유교난과 이승훈」(원문은 1992,『敎會史硏究』8, 韓國敎會史硏究所에 게재)에서 밝히고 있으므로 여기에서 그 자세한 서술은 생략한다.

대, 이승훈은 권철신이 주도했고 정약전·이벽 등이 참여했던 강학에는
출석하지 않았던 것으로 봄이 더 타당하다.

그리고 위에 기록된 인물 가운데 김원성은 초창기 교회의 역사를 전
해 주는 어떠한 자료에도 그 이름이 나타나지 않는다. 이는 김원성이 강
학에는 참여했지만 그 이후에 전개된 천주교 신앙 운동에는 참여하지 않
았음을 말하는 것이다. 그런데 만일 그 강학이 천주교 교리를 연구하는
강학이었고, 강학 과정에서 천주교식 의례가 시행되었다면 김원성과 같
이 천주교와는 무관한 인물이 과연 존재할 수 있었겠는가?

천주교 신도가 되지 않았던 김원성의 존재는 그 강학이 천주교 집회
가 아니었음을 간접적으로 설명해 주고 있다. 그런데 혹자는 불확실한
사료에 근거하여 김원성이 천주교 신도일 가능성이 있는 것으로 주장할
지도 모른다. 그러나 역사의 서술은 가능성을 전제로 하여 서술될 수는
없고 확실한 사실을 기초로 하여 논해지는 것이다. 이 점이 픽션과 역사
의 차이점이다. 우리는 픽션을 쓰지 아니하고, 역사를 밝혀야 한다. 그렇
다면 김원성이 천주교 신도였다는 기록이 학계의 인정을 받을 수 있는
가치를 지닌 사료는 어디에서도 나오지 아니하므로 그를 천주교 신도로
볼 수 없는 것이다.

한편, 한국 천주교회의 '1779년 천진암 창립설'에서는 정약종도 '창
립 성조' 안에 포함시키려 하는 듯하다.[13) 그런데 정약종은 강학에 참여
했던 여러 인물들과는 다른 사상적 배경을 갖고 있었고, 실제로 강학에
도 전혀 참여한 바가 없었다. 그는 강학에 참집參集했던 사람들이 가지고
있던 선진 유학先秦儒學적 경향과는 달리 도가道家적 사상 배경을 가졌던
인물로 추정되며[14) 그는 한국 천주교회가 창설된 이후에 영세한 인물이
었다.

---

13) 변기영, 1991, 앞의 책 참고.
14) 달레, 1980, 앞의 책, 441쪽 참조.

또, '1779년 천진암 창립설'에서는 이 '창립 성조'들을 예비자=신자
이며 따라서 이들이 교회를 세웠다는 논리를 전개하고 있다. 그러나 이
러한 '예비자=신자=창립 성조'라는 주장은 역사학적 근거뿐만 아니라
교회사학적敎會史學的 근거도 없는 것으로 밝혀지고 있다.

요컨대, 이상에서 살펴본 바와 같이 강학에 참석했던 모든 사람들이
한국 천주교회의 '창립 성조創立聖祖'가 될 수 없다. 오늘날 한국 천주교
회의 '1779년 천진암 창립설'에서 '창립 성조'로 지칭되고 있는 사람 중
에 일부는 교회의 '창립'과는 전혀 무관한 사람들임을 알 수 있다. 그렇
다면 이른바 '창립 성조론'은 잘못된 전제 위에서 출발한 한국 천주교회
의 '1779년 천진암 창립설'이라는 잘못된 견해를 분식하기 위한 장식물
에 지나지 않은 것이다.

5. 강학의 개최 장소

앞서 제시된 <사료 1>~<사료 3>은 천주교 교리를 논하게 된 강학
이 개최되었다는 사실을 전해 주는 자료가 된다. 그런데 이 자료 중 <사
료 1>에서는 강학이 개최된 장소를 밝히지 않은 채, 그 강학의 과정에
서 천주교 서적들이 검토되었던 사실을 말하고 있다. 반면에 <사료 2>
와 <사료 3>에서는 강학할 때에 천주교 서적이 검토되었다는 기록은
전혀 없이 강학이 개최된 곳으로 '천진암 주어사' 혹은 '주어사'로 밝혀
주고 있다.

이상의 세 가지 자료를 합하여 종합적으로 검토해야만 천주교 교리를
연구한 강학이 개최되었던 장소를 확인할 수 있게 된다. 이 확인 작업을
처음으로 시도했던 사람은 남상철南相喆이었다. 그는 이 문헌 자료에 근
거하여 현장을 답사한 이후 그 강학이 열렸던 장소를 주어사走魚寺로 확

인했다.[15] 그러나 최근에 이르러 천진암 일대의 개발 사업과 병행하여 그 강학이 열렸던 장소는 주어사가 아닌 천진암이라는 주장이 제기되었고,[16] 이 주장의 문제점을 지적하는 글이 발표되었다.[17] 그러나 이 '천진암 강학회설'에 대한 비판 내지는 문제 제기에 대한 아무러한 학문적 반론도 없이 천진암 강학회설은 계속하여 되풀이되고 있을 뿐이다. 그러므로 여기에서는 그 글에 수록된 내용 중 일부를 다시 옮겨 실어서 '천진암 강학회'설이 가지고 있는 문제점을 거듭 제시해 보고자 한다.

1) 강학의 개최지와 주어사走魚寺

앞서 제시된 자료들 중 강학의 개최지를 가장 명확히 밝혀 주고 있는 것은 <사료 3>이다. 여기에서는 강학의 개최지로 주어사를 지적하고 있다. 그러므로 이 사료는 <사료 1>과 <사료 2>가 가지고 있는 강학의 개최지에 관한 모호성을 극복해 주는 것이다. 비록 <사료 3>에 이벽李檗의 이름이 등장하지 않는다 하더라도, <사료 3>은 이벽의 출현을 말하는 <사료 2>와 같은 시기의 강학을 말하는 것이기 때문이다.

이벽이 주어사를 찾아가 강학에 참여하였고 여기서 천주교 교리를 연구하게 되었다는 사실을 확인할 수 있다. 그러므로 구태여 한국 천주교회의 요람지를 지적하자면 천진암보다는 주어사가 더 중요시되어야 한다. 이 말은 강학이 천지암에서 있었다는 것을 부정하는 말은 아니다.

---

15) 남상철, 1962, 「한국천주교의 요람지인 주어사가 발견됨 1」『京鄕雜誌』1136, 한국천주교 중앙협의회.
    남상철, 1962, 「한국천주교의 요람지인 주어사가 발견됨 2」『京鄕雜誌』1137, 한국천주교 중앙협의회.
    남상철, 1962, 「한국천주교의 요람지인 주어사가 발견됨 3」『京鄕雜誌』1138, 한국천주교 중앙협의회.
16) 변기영, 1982, 『천진암』 20, 天眞菴聖地, 5~14쪽 참조.
17) 조광, 1984, 「韓國天主敎會史와 走魚寺」『司牧』91, 한국천주교중앙협의회, 12~24쪽.

천진암에서도 강학이 있었지만, 이벽이 한겨울 밤중에 찾아가 머물며 강학에 참석했던 곳은 천진암이 아닌 주어사라는 말이다.

그런데 우리는 여기에서 <사료 2>에 천진암과 주어사가 동시에 등장하고 있는 이유를 밝혀야 할 것이다. 이를 위해서는 18세기 후반기 양반 사족들이 취하고 있었던 행동 양식을 감안해 볼 필요가 있다. 그리하면 <사료 2>의 주인공인 권철신도 여러 곳의 사찰을 유락이나 학문 연구의 처소로 삼을 수 있는 개연성을 우리는 인정해야 한다. 그러므로 <사료 2>에 나오는 천진암이나 주어사는 권철신 및 그 문하의 기호 남인들이 강학의 처소로 자주 이용하던 사찰들이었음을 우리는 알 수 있다.

그런데 권철신은 주어사에서 가까운 감호에 거주하고 있었다. 그러므로 그는 자신의 향리에 가까이 있는 천진암에서까지도 강학했던 것이다. 이러한 당시의 상황을 알고 있던 정약용은 <사료 2>에서 그 강학의 처소에 대해서 천진암·주어사라는 막연한 표현을 하게 된 것으로 생각된다. 그러나 이 막연한 표현은 <사료 3>을 통하여 확연히 드러났고, 우리는 강학이 주어사에서 있었다는 점을 확인할 수 있게 되었다.

최근 <사료 3>의 구독口讀을 달리하여 다음과 같이 읽는 방법이 제시된 바 있다.[18]

> 녹암공이 일찍이 기해년 겨울에 천진암에서 강학할 새, 주어사로부터 설중에 이벽이 밤에 (천진암에) 도착하니, 촛불을 밝히고 경서를 함께 담론하니라. (昔在己亥冬 講學于天眞菴 走魚寺雪中李檗夜至 張燭談經)

그러나 이러한 해석법은 한문 문법에도 맞지 않을 뿐더러 한문의 문리에도 어긋나는 것이다. 우리는 천진암 앞에서 장소를 나타내는 전치사

---

18) 변기영, 1982, 앞의 책, 11쪽.

'우于'가 있음을 주목해야 하며, 주어사 다음에 나오는 '설중雪中'이라는 부사적 표현에도 주목해야 한다. 여기에서 전치사 '우于'는 천진암과 주어사에 모두 영향을 미친다. 즉 '강학 우천진암·주어사講學于天眞菴走魚寺'로 읽어왔던 종전의 독법이 옳은 것이다. 만일 위의 새로운 해석에서처럼 천진암을 출발처로 보기 위해서는 '자自'라는 전치사가 반드시 들어가야 한다. 그러나 '자自'라는 전치사가 없음에도 마치 이 글자가 있는 것처럼 구독을 띄어 읽는다면 그것은 작위적 구독이거나, 틀린 구독 중 하나일 수밖에 없다.[19] 또한 이것은 정약용의 문장에서 드러나는 일반적인 특징과도 배치되는 것이다. 만일 정약용이 자신의 뜻을 위와 같은 방법으로 나타내고자 했다면 천진암 앞에 있는 '우于'라는 글자로 말미암아 빚어질 수 있는 혼동을 피하기 위해서 반드시 주어사 앞에다 '자自'라는 글자를 첨가하였을 것이다. 그러나 그는 '자自'라는 단어를 쓰지 않았다.

또한 위의 문장에서 주어인 이벽 앞에 놓여 있는 '설중雪中'이라는 부사적 용례에 관해서도 주목할 필요가 있다. '설중'이라는 단어는 '우천진암·주어사于天眞菴走魚寺'와 '이벽李檗'을 확연히 구분해 주는 기능을 하고 있기 때문이다. 역사학에서는 사료를 해석할 때 글자를 넣거나 빼서도 안 되며, 순리적으로 해야 한다는 기본적인 상식이 존중되고 있다.

한편 백 번을 양보하여 <사료 2>에 관한 위의 같은 해석 방법이 옳다 하더라도, <사료 3>에서 언급된 주어사라는 기록은 부인될 수 없다. 물론 <사료 3>의 기록에서 언급된 내용들 가운데 천주교 교리 연구에 관한 기록이 없으니 이 <사료 3>과 천주교회사는 무관한 것이거나, 이른바 '천진암 강학회'와는 별도의 모임이라고 말할 수도 있을 것이다. 그러나 <사료 2>에도 천주교 교리를 연구했다는 구절은 나타나지 않고 있다. 천주교가 국법으로 금지되었던 상황이었으므로, 대중에게 공개

---

19) 이원순, 1983, 「天眞庵走魚寺講學會 論辯」『金哲埈博士華甲紀念史學論叢』, 지식산업사, 712쪽에서도 이와 같은 새로운 독법의 오류가 지적되고 있다.

될 수 있는 문헌에 이와 같은 내용을 밝혀 놓을 수는 없었을 것이다. 그러므로 당시 부분적으로나마 교리 연구와 모임이 개최된 장소를 파악하기 위해서는 위의 세 가지 사료들을 서로 유기적으로 연결시켜 이해해야 하고, 그렇다면 주어사에서의 강학을 설명해 주고 있는 <사료 3>은 다른 사료들이 가지고 있는 모호성을 극복해 줄 수 있는 것으로 거듭 확인해야 될 것이다.

한국 천주교회의 발상지 혹은 요람지를 밝히는 문제에서 오직 하나의 사료만을 가지고 논하는 위험을 피해야 할 것이다. 그리고 그 사료의 특수한 구독에 의하여 발상지임을 방증해 보려는 지나친 모험도 피해야 한다. 그 특수한 구독 자체가 어느 한학자의 결정적인 실수였거나 장난스런 독법이었다면, 그에 의존해서 발상지를 규정지을 수는 더더욱 없는 것이다.

한편 <사료 1>에 해당하는 달레의 기록을 음미해 보면 이벽이 처음 찾아간 사찰은 분명히 그가 이전에 방문한 경험이 있었던 곳임을 알 수 있다. 그러므로 그는 한밤중에도 안내자 없이 그곳을 찾아갈 수 있었을 것이다. 그런데 정약용이 천진암에 관해 쓴 시에는 "이벽이 독서하던 곳이 아직도 저기 그저 있구나!李檗讀書猶有處"라는 구절이 있다.[20] 이 시는 이벽이 어두운 밤길에도 자신 있게 찾아갈 수 있을 정도로 천진암을 잘 알고 있었음을 암시한다. 즉 그는 이 시에서 나타나는 바와 같이 여타 권철신 문하의 기호 남인들과 마찬가지로 이미 천진암을 방문했던 경험이 있었다.

그러므로 그는 자신이 잘 알고 있었던 이 곳 천진암을 목적지로 하여 길을 떠날 수 있었다. 그러나 천진암에서는 강학이 개최되고 있지 않았다. 그러므로 그는 다시 천진암이 아닌 다른 절, 즉 주어사로 안내자를 앞세워 찾아갔던 것이다. 천진암을 이벽이 알고 있었다는 기록과는 달

---

20) 丁若鏞, 『與猶堂全書』第1集 卷3, 詩, 端午日 陪二兄游天眞庵 初四日宿寺.

리, 그가 이전부터 주어사도 알고 있었다는 기록은 없다. 그는 주어사의 위치를 잘 모르고 있었으므로 안내자를 대동하고, <사료 3>에서 말하고 있는 바와 같이 강학이 열리고 있던 주어사에 도착하여 거기에서 강학에 참석했던 것이다.

2) 천진암에 대한 검토

이상과 같은 자료에 입각하여 종합적으로 생각해 볼 때, 구태여 한국 기독교 신앙의 요람지를 논해야 한다면, 그곳은 주어사였다는 결론에 도달할 수 있다. 그러나 이러한 결론을 다시 한 번 확인하기 위해서는 종전의 천진암을 주장하던 논거들을 분석해 볼 필요가 있다.

'한국 천주교 창립사 연구소'에서 간행한『천진암』에는 천진암을 한국 교회 발상지로 확정하기 위한 많은 노력들을 수록하고 있다.『천진암』제20호에는 그 동안의 연구 결과를 요약하여 천진암을 한국 교회의 발상지로 보아야 한다는 6개의 논거를 제시해 주고 있다.[21] 그 중 첫 번째의 주장은 "주어사에서만 강학회를 했다는 기록은 전혀 없다."는 것이었다. 그러나 이와 같은 주장은 <사료 3>을 통하여 충분히 부정될 수 있다. <사료 3>에 대한 해명이 요청된다. <사료 3>은 분명히 주어사에서 강학이 있었음을 말하고 있기 때문이다.

두 번째의 논거로『천진암』에서는 "이벽李檗이 주어사에 와 있다는 기록은 없다."고 지적하였다. 이는 이벽이 천진암을 수 차 찾았지만, 종전에는 주어사를 방문한 적이 없었음을 설명하는 말이다. 그런데 이와 같은 두 번째의 논거는 이벽이 안내를 받아 찾아간 곳이 천진암임을 설명하는 데에는 오히려 불리한 자료이다. 왜냐하면, 앞서 지적한 바와 같이 자신이 수 차 방문했던 곳이었다면 그가 구태여 안내를 받아 찾아갈 필

---

21) 변기영, 1982, 앞의 책, 5~6쪽.

요는 없었을 것이기 때문이다. 그는 수 차 방문한 바 있었던 천진암을 목적지로 하여 길을 떠났다가 천진암에서 강학이 개최되지 않았으므로, 생소한 지역인 주어사에 안내를 받아 찾아갔던 것이다. 그러므로 이 두 번째의 논거도 천진암이 한국 천주교의 발상지임을 전혀 설명해 주지 못하고 있다.

세 번째 논거는 "'빙천氷泉'이 천진암에만 있지 주어사 편곡便谷에는 없다."는 것이다. 그러나 '빙천氷泉'을 고유 명사로 파악할 수는 없다. 그것은 단순히 '차가운 샘물'이기 때문이다. 물론 이것을 고유 명사로 확정짓기 위하여 천진암 부근에 대한 답사도 있었음을 알고 있다. 그러나 샘물이 없는 절은 거의 없으며, 주어사에도 샘물은 있다. 그리고 '빙천氷泉'이란 단어는 고유 명사가 아닌 형용사와 보통 명사의 합성어인 것이다. 따라서 주어사의 '천泉'도 '빙천'일 수 있는 것이다. 그리고 빙천에 관한 언급은 주어사 강학을 설명하고 있는 <사료 3>에 연이어 나오는 구절에서 찾아볼 수 있다. 그러므로 이 '빙천'은 분명히 주어사의 '빙천'을 말하는 것인지 천진암과는 무관하다.

네 번째 논거는 "달레의 기술과도 일치한다."는 것이다. 그러나 이는 달레의 기록에 대한 견강부회적 해석으로 생각된다. <사료 1>에 해당하는 달레의 기록은 반드시 <사료 2> 및 <사료 3>과의 연관 아래에서 검토되어야 하며, 앞서 논증한 바와 같이 이벽이 강학에 참석했던 곳은 주어사로 연역되기 때문이다. 네 번째 논거를 전개하며 『천진암』 제20호에서는 "이벽이 먼저 찾아간 절은 녹암권철신이 머물던 주어사일 수밖에 없다."고 하였다.[22] 그리고 이 곳에 강학이 없으므로 천진암을 행해 다시 길을 떠난 것을 설명하고 있다. 이와 같은 해석은 조선 후기의 강학에 대한 기초적 이해가 부족한 결과로 제기된 것이다. 강학의 주관자인 권철신이 머물던 주어사를 피하여(이 점에 관해서는 『천진암』에

---

22) 변기영, 1982, 앞의 책, 5쪽.

서도 인정하고 있다), 천진암에서 강학이 진행되었다고는 보기 어렵다. 또 학덕이 높은 권철신이 주어사에 있음을 알고서도 이벽이 주어사를 떠나 다시 천진암으로 갔다는 주장은 일종의 강변에 불과하다. 이벽은 강학이 개최된 장소를 찾아 나섰던 것이며, 먼저 자신이 알고 있던 천진암을 찾았다가 다시 권철신이 강학을 주관하고 있던 주어사로 간 것이다.

다섯 번째 논거는 "천진암과 주어사 사이의 앵자현鶯子峴에는 지금도 호랑이 굴이 6개나 있으니, 더욱 정확하다."는 점이다. 그러나 이는 천진암에 강학이 있었다는 사실을 반증하는 데에는 아무런 도움도 줄 수 없는 자료이다. 왜냐하면, 천진암과 주어사 사이에 앵자봉이 있고 그 앵자봉에 호랑이 굴이 있어서 호환의 우려가 있다는 것은 천진암에서 주어사로 가는 사람이나, 주어사에서 천진암으로 가는 사람이나를 막론하고 똑같이 당할 수 있는 위험을 서술해 준 것이기 때문이다.

여섯 번째 논거는 "천진암 터는 현재 그곳에서 발견되는 금석문과, 2백 년 전의 국가 공식 지방 행정 문헌, 고지도 및 그 마을, 목격 증인들의 증언으로 명확하다."는 것이다. 그러나 이는 이벽이 참석하여 천주교를 연구했던 강학의 개최지가 주어사인가 천진암인가를 밝혀주는 논거가 아니다. 이는 단지 천진암의 위치와 관련된 말일 뿐인 것이다. 그런데 국가의 어떠한 문서에서든지 천진암에서 천주교 창설의 계기가 되는 강학이 있었다는 말을 찾을 수는 없다. 또한 천진암에서 발굴된 금석문이 있다는 말은 미처 듣지 못한 바이지만, 현재 천진암에 건립되어 있는 작위적 금석문 이외에 천진암에서 강학이 있었음을 증거하는 금석문은 있을 수 없을 것이다.

한편 『천진암』 제20호에서는 앞서 제시한 <사료 2>를 독특한 방법으로 읽어 이를 "이벽이 주어사를 거쳐 천진암으로 갔다."는 것으로 해석하여, "이제 한국 천주교 발상지 천진암에 관한 논쟁은 완전히 끝났다!"고 쾌재를 불렀다.[23] 그러나 이와 같은 해석은 '글방 한문 지식'으로

나 '교실 한문 실력'으로나 간에 다 같이 결코 가능한 것이 아니다. 이에 대해서는 이미 앞서 지적한 바가 있기 때문에 더 이상의 재론은 하지 않겠다.

요컨대, 이벽은 주어사에서 개최된 강학에서 천주교 교리에 대한 부분적인 깨우침을 얻었다. 그런데 이벽은 이미 천진암을 독서하는 장소로 이용한 적도 있었다. 또한 천진암은 기호 남인들의 독서방讀書房이나 강학의 처소로 활용되었을 가능성도 크다. 그러므로 주어사와 함께 천진암도 한국 교회사 여명기의 사적지로 파악해 줄 수는 있다. 그러나 이를 위해서는 천진암의 위치에 관해 좀 더 정확한 고증과 발굴이 필요하다. 천진암의 위치를 확정하기 위해서는 우선 문헌 자료에 대한 검토부터 시행되어야 하며, 현지의 발굴을 통하여 이것이 확증되어야 한다.

우리는 1천여 년 전의 사적지史跡地도 문헌과 발굴을 통하여 확인할 수 있음을 알고 있다. 그런데 천진암이 폐허가 된 것은 겨우 150여 년 전일뿐이다. 1천 년 이상 된 사찰의 지하 구조물들이 발굴됨으로써 그 사적지를 확인할 수 있다면 천진암의 발굴에는 어려움이 없을 것이다. 몇 개의 기와 조각이나 도자기 조각을 통하여 사적지가 확인 되는 것은 결코 아니다. 얼마든지 옮겨갈 수 있는 와당이나 자기들의 명문만을 가지고서 사찰의 위치를 확정지을 수는 없다. 사찰의 존재와 그 정확한 위치는 사적지의 발굴을 통해서 최종적으로 확인된다. 그러므로 사적지 발굴의 필요성을 거듭 강조하는 바이다.

또한 문헌 자료를 다룰 때에도 상당한 신중을 기해야 한다. 예를 들면 『광주부읍지』에 나타난 지도에는 현재의 천진암 위치와는 전혀 다르게 천진암이 앵자산 아래가 아닌 우산 아래에 기록되어 있음을 간과해서는 안 된다. 또한 이 우산을 '우산리'로만 해석하고 앵자산 아래가 아닌 우산 아래 천진암이 기록되어 있음을 간과하는 잘못을 범해서는 안 될 것

---

23) 변기영, 1982, 앞의 책, 14쪽.

이다. 이렇듯 모든 문헌 자료의 검토는 선입견 없이 객관적으로 매우 신
중히 진행되어야만 한다.

6. 맺음말

우리는 먼저 그 '1779년 천진암 창립설'이 전제하고 있는 강학의 성
격이 천주교 교리의 연구 모임이라기보다는 유학 연구를 위한 모임이었
음을 밝혀 보았다. 그러므로 '1779년 천진암 창립설'은 그 전제 자체가
오류이므로 이를 정설로 받아들일 수는 없다. 따라서 한국 천주교회의
기원은 종전의 주장에서 제시하고 있는 1784년임을 부정할 수 없는 것
이다. 바로 1784년에 북경에서 돌아온 이승훈이 자신이 고백했던 신앙
의 일환으로 이벽에게 세례를 주었고 이로써 신앙 공동체가 형성되었다.
그리고 그 신앙 공동체는 중단 없이 발전하여 오늘날의 한국 천주교회와
연결되고 있는 것이다.

한편, 이 글에서는 한국 천주교회의 '1779년 천진암 창립설'에 내재
되어 있는 문제점들을 계속해서 검토해 보았다. 그 결과 강학이 열린 연
도 내지는 교회 창설 이전 신앙이 실천된 연도는 1779년 이외에도 1770
년이나 1777년도 주목될 수 있음을 밝혔다. 그리고 이와 같은 사실이 있
음에도 불구하고 1770년 등의 연대는 특별한 근거가 없이 무시한 채
1779년만을 교회 창설 연대로 비정하는 주장의 무리함을 밝혀 보았다.

그리고 이에 이어서 이른바 '창립 성조'들의 문제점을 간단히 살펴보
면서 이들이 교회의 창립자가 될 수 없음을 제시해 보고자 했다. 그리고
강학이 개최된 장소도 천진암이 아니라 주어사로 보아야 함을 다시금 논
증했다.

한국 천주교회의 '1779년 천진암 창립설'은 근거하는 사료에 대한 충

분한 비판이 결여된 가설이며, 기존의 사료를 활용할 때에도 편의에 따라 사료의 자의적인 취사선택을 감행하고 있다. 이와 같은 일은 흔히 아마추어로서 역사 애호가들이 자신의 주장을 합리화하기 위해 즐겨 구사하는 구태의연한 비학문적 태도에 지나지 않는다.

그런데 지나간 과거의 사실을 밝히는 일은 역사학 연구의 일부이며, 그러므로 역사 연구자들은 한국 천주교회의 기원을 밝히는 일을 시도하고 있다. 그러나 이와 같은 작업은 직관이나 영감에 의해 진행되는 것이 아니라 비약이 없는 논리적 서술을 통해 밝혀질 수 있는 것이다. 역사의 연구는 '선언'을 통해 종결되는 것이 아니고 '논증'을 통해 밝혀지는 것임을 모든 상식인들은 인정하고 있는 바이다. 그러므로 우리는 이상에서 살펴본 바와 같이 한국 천주교회의 '1779년 천진암 창립설'은 그 학문적 가치를 인정해 주기 어려운 편의적 가설에 불과한 것임을 확인할 수 있겠다.

한편, 한국 천주교회사의 연구 주제는 교회의 기원이나 교회 사적지에 관한 문제에만 국한된 것은 아니다. 또한 교회사에 관한 우리의 관심을 교회의 기원이나 요람지·발상지에다만 집중시켜서도 결코 안 될 것이다. 왜냐하면, 역사학에서는 어떠한 사건의 출현이나 출발보다는 그 사건의 전개 과정과 거기에서 드러나는 인과관계를 중요시하고 있기 때문이다. 그리고 그 사건이 오늘날 우리에게 던져 주는 의미와 영향을 더욱 중요시해야 하기 때문이다. 만일 우리가 교회사와 교회 사적지를 논하면서 그 기원과 요람지만을 중요시한다면, 그것은 역사의 과정과 의미를 소홀히 취급하려는 "최초의 신화神話"라는 미몽迷夢 속에서 헤어나지 못하는 것이다. 그리고 그것은 역사를 일종의 골동품으로 만들려는 위험한 시도로 지탄 받게 될 것이다. 따라서 우리에게는 교회사의 전반에 관한 이해와 함께 교회 사적지에 관한 애착이 필요하며, 자신이 서 있는 그곳을 새로운 교회 사적지로 만들어 갈 각오가 필요한 것이다. 우리가

"최초의 신화"에만 매달려 있다면 우리는 더 이사의 교회 사적지를 갖지 못하게 될 것이며, 기원적 사건의 재현이나 기원에의 감격은 더 이상 이루어질 수 없을 것이다.

또한 만일 사적지에 대한 우리의 관심이 주어사나 천진암에만 집중된다면, 1784년 이전 문화의 접촉 단계에서 우리의 지식인들이 천주교와 만나게 되었던 모든 곳을 요람지로 지적해야 할 것이다. 즉 이익李瀷이 '천주실의발天主實義跋'을 지었던 광주군 첨성리도, 1770년 홍유한이 신앙을 실천했던 곳도, 그리고 그 밖의 여러 장소들도 다 같이 천주교 신앙의 발상지로 지목되어야 할 것이다. 그러나 한국 천주교회사의 진정한 기점은 1784년 음력 9월에 있는 것이므로, 그 이전 천주교 신앙에 대한 연구가 진행되었던 곳들은 상대적으로 낮추어 평가되어야 할 것이다.

그러나 여기에서 다시 한 번 강조하거니와, 이러한 교회사의 기원이나 교회 사적지에 관한 규명은 한국 교회사 전체의 지극히 작은 한 부분에 불과하다. 또한 강학을 계기로 한 신앙 운동의 태동이라는 사실도 2백 년 간에 걸친 전체 교회사의 서막 내지는 전사前史를 의미할 수는 있을지언정, 바로 그 자체가 교회사에서 가장 중요한 사건일 수는 없는 것이다. 모든 역사에서와 마찬가지로 우리의 교회사에서도, 서막에 이어 전개되는 본격적인 사실들이 더 중요하다. 그리고 미래 교회의 대단원을 전망하면서 진행되는 '현재의 교회사'가 더욱 중요한 것이다.

그렇다면 우리는 우리 교회가 처해 있는 오늘의 상황에 대하여 반성해 볼 필요가 있다. 즉 한국 교회의 일부에서는 교회사의 서막에 너무 많은 관심을 두고 있는 듯하다. 그리하여 서막을 클라이맥스(climax)로 이해한 듯한 느낌마저 주고 있는 바, 교회의 기원이나 발상지나 그 밖의 요람지에 관한 지나친 애착도 이와 관련되는 현상으로 생각된다. 물론 어떠한 역사적 진실은 밝혀야 하고, 밝혀질 수밖에 없는 것이지만, 그 역사적 진실도 전체의 역사 과정 속에서는 극히 작은 한 부분에 불과하다는 사실을 우리는 먼저 확인해야 한다.

이러한 확인이 전제되지 않는다면, 그리고 서막을 대단원으로 취급하는 듯한 태도가 청산되지 않는다면, 우리의 교회사는 우리의 생활로부터 유리되어 버리고 말 것이다. 그리고 그러한 태도는 오늘을 사는 신앙인의 결단과 행동에 참다운 지혜를 줄 수 없을 것이며, 역사를 통해 미래를 전망할 수 있는 힘마저도 줄 수없을 것이다. 교회사의 서막에만 비중을 두고 있는 한, 우리는 갓 쓰고 상투 틀던 2백여 년 전의 깊은 잠 속에만 빠져 있게 될 것이다.

한편, 교회 사적지를 개발할 때에는 먼저 충분한 학술적 검토가 선행되어야 한다. 학술적 검토가 불충분한 채 개발부터 착수한 후 사목적司牧的 이유로 이를 정당화시키려는 자세는 분명히 지양되어야 한다. 진실을 기반으로 한 사목만이 참다운 힘을 발휘할 수 있는 것이기 때문이다.

제4장

황사영백서黃嗣永帛書의 사회사상적 배경

1. 머리말

조선왕조의 전통적인 질서가 그 붕괴를 점차 심화시켜 나가고 있던 1801년에 새롭게 전래된 천주교에 대한 탄압사건이 일어났다. 이른바 신유박해辛酉迫害로 불리고 있는 이 사건의 진행과정에서 가장 중요한 문제로 등장하고 있는 것은 황사영백서사건黃嗣永帛書事件이다. 1801년 10월에 황사영이 체포되고 그의 백서가 발각되자, 1800년 말부터 시작되었던 신유박해는 새로운 국면으로 접어들어 천주교도에 대한 더욱 심각한 탄압을 일으켰다. 따라서 황사영백서에 대한 연구는 신유박해를 이해하는 데에 있어서 필요불가결한 요소로 되어 있다.

그러나 본고에서는 신유박해나 황사영백서에 대한 전반적인 검토에 앞서 우선 황사영백서가 작성된 당시의 일반적인 사회사상적 배경과 , 백서가 작성되기 이전 하나의 특수한 사회를 형성하고 있던 조선의 신도공동체가 체험했던 이와 비슷한 경험을 신도공동체의 사회사상적 배경으로 살펴보려는 데에 그 목적을 두고자 한다. 황사영 백서의 사회사상적 배경에는 당시 그 자신이 살고 있던 조선후기 사회로부터 받은 외적인 영향과 그가 소속되어 있는 신도공동체가 가지고 있던 내적인 경험이 혼합되어 작용하고 있었으리라 생각된다.

다시 말해서 황사영은 조선왕조의 신민이었으며 동시에 조선교회의 신도였는데 그가 속해 있던 이 두 사회집단의 사상적 풍토가 바로 『백서帛書』를 출현시켰다고 할 수 있을 것이다. 그런데 황사영이 살고 있던 당시에는 신분제적 질서에 입각한 사회의 전통적인 질서체계가 그 가치를 상실해 나가는 과정에 놓여 있었으며, 그로 인해서 필연적으로 겪게 되는 과도기적 혼란상태가 조선후기사회를 맹타하고 있었다. 이러한 사회의 혼란상을 나타내는 두드러진 예로는 유언비어의 유포와 이에 자극받은 민중들의 도피현상을 지적할 수 있을 것이다.

유언비어의 난무와 난세에서의 보명保命을 위한 지방으로의 이거현상移居現像은 사회의 안정과 정권의 안정을 동일선상에서 파악하고 있던 집권층에게 일대 위기로 여겨질 수밖에 없었던 것이다. 바로 이러한 사회적 분위기 아래에서 황사영은 조선왕조의 집권층에게 대담히 도전해 보는 백서를 작성하였다. 그리고 이것은 전통질서의 유지에 안간힘을 쓰던 특권층에게 당연한 반작용을 불러일으키게 되었으리라 여겨진다.

이와 같은 전제에 입각하여 본고에서는 먼저 당시 널리 유포되어 있던 유언비어가 천주교도들이 '서양 선박' 영입 계획과 어떠한 상관관계를 가지고 있나 살펴보고자 한다. 그리고 이어서 황사영의 백서를 포함하여 조선 신도들의 공동체적 사회에서 세 번에 걸쳐 시도하였던 서양의 선박을 불러들이려 했던 사건들 사이에 존재하는 공통점과 상이점을 밝혀보려고 한다. 왜냐하면 이렇게 함으로써만이 황사영의 백서가 작성된 배경을 좀 더 효과적으로 이해할 수 있으리라 생각되었기 때문이다.

현재 황사영백서에 관한 몇 편의 연구업적이 선학들에 의해서 나와 있으나[1], 이러한 기존의 업적들 가운데에서는 이것이 쓰이게 된 외적인 배경이나 내적인 경험에는 거의 주의를 기울이지 않았던 것으로 생각된다. 따라서 이 문제를 밝혀보려는 필자의 시도는 선학의 가르침을 받을 수 없었던 데 기인하는 많은 결함이 수반되어 있으리라 여겨진다. 그러므로 본고는 하나의 잠정적인 시론에 지나지 않을 것이다. 그러나 이와 같은 잠정적인 시론이라 할지라도 본고가 황사영백서나 신유박해의 성격을 파악하는 데에, 그리고 이를 통하여 정조에서 순조로 정권이 이행되어 나아가던 조선후기 사회상의 한 편모를 이해하는 데에 조금이라도 도움이 될 수 있기를 기대해 본다.

황사영백서사건의 주체는 어디까지나 조선인 신도들이었다고 생각된다. 그러므로 본고에서 황사영백서의 사회사상적 배경을 운위云爲하기에 앞서 당시 신도들의 존재형태를 먼저 언급하는 것이 순서일 것이다. 그러나 이 문제에 관해서는 이미 별고를 통하여 간략하게나마 언급한 바가 있으므로 여기에서는 생략하기로 하겠다.[2] 또한 황사영백서사건을 본고에서 제3차 대박청원서사건大舶請願書事件으로 취급하고 있는 것은 황사영백서가 갖는 단계적인 성격을 분명히 하기 위해 붙여본 편의상의 조처에 지나지 않음을 밝혀둔다.

2. 사회사상적 배경

1) 유언비어의 횡행

황사영백서의 작성배경이 되는 사회사상적인 현상 가운데 제일 먼저

---

1) Mutel, 1925. *Lettre de Alexandre Hoang a Mgr. de gouvéa, Eveque de Pekin*, 1801.
　山口正之, 1946,『黃嗣永帛書の 研究』, 大阪 ; 勁郁書房.
　山口正之, 1951,「譯註 黃嗣永帛書」『朝鮮學報』2, 天里 ; 121~154쪽.
2) 趙珖, 1977,「辛酉迫害의 分析的 考察」『敎會史硏究』1, 41~74쪽 참조.

지적할 수 있는 것은 유언비어의 유포현상일 것이다. 그런데 한 국가의 안정을 기하기 위해서는 민심을 수습하고 사회여론을 순일화純一化시킬 필요가 있다. 이러한 필요성은 전근대적인 통치체제 하에서도 동일하게 요구되는 바였을 것이다. 때문에 유언비어는 왕조의 안정을 저해하는 행위로 간주되어 엄격히 금지되어 왔고 조선왕조의 경우에 있어서도 국초부터 유언비어의 유포에 여러 가지 제제를 가하여 오고 있었다. 『경국대전經國大典』이 제정되던 당시부터 조선왕조의 형전으로서 확고한 지위를 인정받고 있던 『대명률大明律』에서는 유언비어를 금지하는 다음과 같은 조문이 있다.[3]

> 무릇 참서·요서·요언을 조작하며 전파유포하여 여러 사람을 현혹시킨 자는 모두 참형斬刑에 처한다. 만약 요서를 사사로이 집에 숨겨두고 관에 바치지 아니한 자는 장일백杖一百 도삼년徒三年의 형형刑에 처한다.

여기에서 볼 수 있듯이 조선왕조는 그 국가와 사회의 안정을 위하여 어떠한 종류의 유언비어이든지 간에 명백히 금지시키겠다는 각오를 드러내고 있었다.

조선왕조의 이러한 기본적인 태도는 천주교가 유포되고 있던 18세기의 마지막 10년간에도 계속 견지되고 있었다. 우리는 이에 관한 실례를 강이천姜彛天의 요언사건을 처리하는 과정을 통하여 분명히 알 수 있게 된다.

1797년 11월 천안에 거주하던 진사進士 강이천은 당시 그 지역에 널리 유포되어 있던 "해랑적海浪賊이 소요를 일으키리라"는 유언비어에 당황한 나머지 이를 중앙정부에 고변하였다가 그 자신이 도리어 유배를 당하였던 것이다.[4] '강이천의 유배'라는 정부의 결정은 이 고변의 공식적

---

3) 『大明律直解』, 卷18, 刑律, 造妖書妖言條; 法制處, 1994년刊, 383쪽. "凡造讖諱妖書妖言 及傳用惑衆者皆斬 … 若私有妖書 隱藏不送官者 杖一百徒三年"

인 논의로 인하여 빚어질 유언비어의 더 큰 확산을 미연에 방지하고자한 선제적 조처였다. 그러나 이 과중한 조처는 유언비어에 대한 조선정부의 신경과민적인 태도의 일면을 드러내주고 있는 것으로 생각된다.

해랑적이 소요를 일으키리라는 유언비어는 정통적인 왕조의 권위에 도전하는 무리들의 봉기를 상정하는 말이 된다. 그러므로 이러한 유언비어와도 관련되는 조선왕조의 멸망을 예시하는 듯한 "시운時運이 오래가지 않을 것이다[時運不久]"라는 또 다른 유언비어마저도 나돌고 있었다.

> 김이백金履白은 시운이 오래가지 않을 것이라고 말하였다. 김이백은 또 말하기를 김직순金直淳도 시운이 오래가지 않을 것이라는 이야기를 하였다고 했다.[5]

즉, 이상과 같은 강이천의 후일담은 1797년 당시 조선왕조의 전통적인 권위에 대항하는 유언비어가 상당히 유포되고 있었음을 나타낸다. 그리고 이 '시운불구時運不久'라는 유언비어와 관련하여 서학사상西學思想의 유포가 새로운 사회의 시운을 나타내는 것으로 생각하는 경향이 있었다.[6]

이러한 종류의 유언비어는 그 전전을 거듭하는 동안 더욱 구체적인 성격의 것으로 변모되어 가고 있었다. 그리하여 19세기가 시작되는 1800년 직전에는 '성스러운 해, 인천과 부평 사이에 밤에 천 척의 배가

---

4) 『正祖實錄』, 21년 11월 丙子 "姜彝天 方在天安 以海浪賊等騷屑之說 訛惑鄕人 … 配姜彝天于濟州牧"

5) 『辛酉邪學罪人姜彝天等推案』卷7, 姜彝天供草(辛酉 3월 26일). "姜彝天供曰 金履白以爲時運不久云云 而履白又曰 金直淳 亦有時運不久之說云云"

6) 『앞의 책』卷13, 姜彝天供草(辛酉 3월 26일). "時運等說 與金履白酬酢時 矣身曰 西學一疑關係時運矣 此本是排斥邪學之語 而履白曰 金達淳兄直淳 亦染此學謂之時運"
『邪學懲義』下 44, 移還送秩. "捕廳面質招 觀儆曰 聖歲仁富之間 夜泊千艘之讖 爾果知之乎 故吾答以不知云"

정박하리라聖歲仁富之間 夜泊千艘’라는 참언이 구체적인 새로운 의미를 띠우며 나돌게 된 것으로 생각된다.[7] 호서지방을 중심으로 하여 예부터 세간에 유전되던 이 참언의[8] 진원이 어디에 있으며 그 정확한 뜻이 무엇인지를 명확히 밝혀내기란 어려운 일이라고 생각된다. 그러나 이것은 아마도 조선왕조가 멸망할 때가 되면 “강화와 평택사이에 만척의 배가 강을 비껴가리라[華澤之間 萬艘橫江]”[9]고 『정감록鄭鑑錄』에 쓰인 참언과 같은 성질의 것으로 여겨진다.

그런데 당시의 사람들이 이 참언에 서학의 유포현상을 부회附會시키고 있었음은 주목해야 할 것이다. 전주에서 유항검柳恒儉의 사건에 연좌되었던 이우집李宇集은 이러한 상황을 다음과 같이 말하고 있다.[10]

지난해 경신년庚申年은 예수가 탄생한 해이므로 성년聖年이라 하고, 인부仁富란 인천仁川, 부평富平과 같은 바닷가 고을인데 해문海門이 서울과 가깝고 넓어서 1,000여 척의 배라도 정박할 수 있다고 하였다.

경신년庚申年은 서기 1800년에 해당된다. 세기의 전환이 이루어지는 이 해는 예수가 탄생한지 꼭 1800년이 된다고 생각하던 해로서 다른 해와는 다른 성년으로 인식하게 된 듯하다. 여기에서 경신년을 참언의 ‘성세聖歲’로 풀게 되었고,[11] ‘인부仁富’를 인천과 부평의 약칭으로 보아 이

---

7)『辛酉邪學罪人姜彝天等推案』卷19. 柳觀儉供草(辛酉 4월 20일). “今年卽卽耶蘇所生之歲 此際大舶若來到 則世人必以聖歲仁富之妖言 揑合於此 豈不辱乎 然而大舶 豈可容易來哉 不必虛慮云云是乎旀”.

8)『邪學懲義』下 卷45, 移還送秩, 柳觀儉條. “至於聖歲仁富云云 從古相傳於湖西之妖言”.

9)『朝鮮秘訣全書』卷2, 鄭李問答, “華澤之間 萬艘橫江”.

10)『邪學懲義』下 卷45, 移還送秩, 李宇集條. “昨年庚申卽耶蘇生年 古稱以聖年是白遣 仁富則仁川富平等海邑 海門近京中稍濶 故可以容舶千搜是如爲白遣”.

11) 庚申年을 변혁의 시기로 해석할 수 있는 여지는 조선후기의 비결서의 일종인『事實』에서도 찾아볼 수 있다.
『朝鮮秘訣全書』卷42, 事實. “漢陽李氏五百年之地 庚坐申向 金山變爲癸丑脉 妖

일대 지역에서 국가의 존립을 부정하는 사단이 발생할 것이라는 구체성
을 '성세인부聖歲仁富'의 참언이 가지고 있는 것으로 인식하게 되었다.

'성세인부聖歲仁富'라는 참언이 서학의 유포와 관련하여 구체적인 의미
를 부여받으며 횡행하고 있던 때에 정조의 승하라는 국가적인 중대사건
이 발생하였다. 정조는 서학에 대하여 원칙적으로 부정하는 입장을 가지
고 있었다.[12] 그러나 정조는 전통적인 사상체계인 주자학과 새롭게 전
래된 서학 사이에 있어서 '갈등의 합법성'을 어느 정도 인정해 주고 있
던 인물로 생각되어진다.

그러기에 그는 "정학正學이 밝혀지면 사학邪學은 그치게 되리라"[13],
"오도吾道를 크게 밝히고 정학正學을 떨치게 하면 이러한 사설邪說은 스스
로 없어져버릴 것이다."[14]라는 자신감에 넘친 원칙을 견지하며 서학 자
체에 대한 직접적인 탄압은 하지 않았던 것이다. 이러한 인물인 정조의
죽음으로 말미암아 서학도들은 박해의 암울한 그림자를 느끼게 되었으
며, 이에 대한 반작용으로 '성세인부지간 야박천소聖歲仁富之間 夜泊千艘'라
는 참언의 실현에 기대를 걸어보기도 하였던 것이다.[15] 그리고 이러한
기대는 황사영백서가 작성되게 된 어느 정도의 배경이 되었던 것으로 생
각한다.

또한 정조의 급작스러운 죽음은 병사가 아니라 독살이었다는 말들이
퍼져나가고 있었으며, 정조의 독살설을 긍정하는 신도들도 있었다.[16] 그
리고 정조의 독살설은 신도뿐만 아니라 정조의 죽음에 의문을 품은 많은
사람들에 의하여 더욱 번져나가고 있었다. 홍낙임洪樂任, 김희金熹, 이의용

姬作亂 至敗亡".
12) 趙珖, 1973,「樊巖 蔡濟恭의 西學觀 硏究」『史叢』17·18, 318쪽 참조.
13) 『正祖實錄』, 18년 8월 丙子, 正祖批答. "正學明 邪學息".
14) 『앞의 책』, 12년 7월 壬辰, 正祖批答. "使吾道大明 正學丕闡 如此邪說 自己自滅".
15) 『邪學懲義』下 卷45, 移遏送秩, 柳觀儉條. "耶蘇之生年 卽是庚申 故大舶之必來庚
申云者 果是矣身傳會之說云云" 참조.
16) 丁若鏞, 『與猶堂全書』1集 卷17, 紀古今島張氏女子事 참조.

李義用, 김재익金載翼 등 일부 전직 관료들 사이에 거의 확신되고 있던 이 독살설은[17] 순조 즉위의 합법성을 부정하는 중대한 '유언비어'였다.

즉 '성세인부지간 야박천소聖歲仁富之間 夜泊千艘'라는 유언비어가 왕조의 존립을 위협하는 것이었다면, "정조의 독살설"은 정권의 존립을 위태롭게 하는 유언비어로 파악할 수 있을 것이다. 이와 같은 유언비어와 관련하여 황사영은 왕조의 존립과 정권의 존재를 동시에 부정하려는 생각을 가지게 되었을지도 모를 일이다. 그리고 이와 같은 유언비어는 근본적으로 현실 사회에 대한 불만 내지는 부정적 평가를 전제로 하여 발생한 것이었으며, 당시의 정치와 사회에 대한 일종의 항의를 내포하고 있었던 것이다.

유언비어의 유포를 통해서 드러나는 현실사회에 대한 위기의식은 도시에 거주하던 주민들의 지방전출이라는 도피현상을 창출시켜 나가고 있었다. 그리하여 김이백과 같은 사람들은 돈을 남에게 빌려서라도 난세의 피난처로서 지압에 전장田庄을 마련하고자 하였으며,[18] 김신국金信國과 같은 인물도 기호畿湖에 난무하던 유언비어 때문에 목천木川지방 이사하였던 것이다.[19] 이와 같이 난세를 피하여 지방으로 거주지를 옮기고 있는 당시인의 경황스러운 모습을 통하여 우리는 당시 떠돌던 유언비어의 심각성을 파악할 수 있을 것이며, 이러한 유언비어에 황사영 자신이

---

17) 『承政院日記』, 1832册, 辛酉 1월 19일 丙申, 閔命赫等疏. "前參奉 金載翼 甘受凶逆之指嗾 乘婦人轎 往來於兩湖之間 做出無根凶言 以爲煽動眩惑 綱打國邊之計". 『備邊司謄錄』, 19册, 辛酉 1월 5일, 院啓. "李義用 則樂任之姻屬 常懷怨國之心 晝宵揣摩 專事眩亂義理之計 出沒京鄕 潛煽交誣聖躬之說 葦穀之下 畿湖之間 使人心波盪 士趍岐異 只知有賊邊而不知有國家者 莫非如義用輩所譸張也".

18) 『辛酉邪學罪人金鑢等推案』 卷26, 金履白供草(辛酉 4월 3일). "請貸四百金 買置避世田庄之事".

19) 『辛酉邪學罪人姜彛天等推案』 卷6, 姜彛天供草(辛酉 3月 26日). "丁巳年8月 … 矣身仍謂金哥(信國)曰 胡爲乎移居木川云며尒 則金哥爲矣身曰 近來畿湖間 騷屑甚多 故移徙云".

자극받았을 가능성을 충분히 상정해 볼 수 있을 것이다.

2) 이상향에의 동경

유언비어의 유포현상과 함께 당시 사회에서 주목되는 바는 이상향에 대한 강력한 동경이 일어나고 있다는 사실이다. 이 이상향에 대한 동경도 현실 사회에 대한 일종의 도피현상으로 해석할 수 있으리라 생각되는데, 이에 대한 관념은 임도욱任道郁(비신도)이나 김건순金建淳(신도)을 통하여 집중적으로 드러나고 있다. 그들은 현실적 질곡에서 벗어날 수 있는 안식처로 하나의 '해도海島'를 설정하고 있었다.

이 '해도'는 곧 모든 고뇌가 용해되어 없어진다는 무릉도원과 같은 이상적인 곳으로 상정되고 있었다.[20] 그들은 비록 '해도'의 정체에 대해서는 약간의 견해 차이를 드러내고 있었으나 이상향인 해도의 존재를 믿어 의심하지 아니하였다. 여기에서 당시 사람들이 가지고 있던 '해도'의 정체에 대한 개념을 살펴보면 다음과 같다.

> 남해南海 가운데 청검도青劍島 혹은 무하도無何島라고 하는 섬이 있는데 한을산韓乙山을 보내어 알아보게 하였더니 우리나라의 쇠붙이와 종이를 무역해 간다고 한다. 한을산은 그 섬 사람들과 깊은 친교를 맺고 있는데 현재 여산부사礪山府使로 있는 송익휴宋益休의 집에 지금 머무르고 있다 한다. 또 성수成修가 우연히 이 몸에게 말하기를 섬 안에는 이름이 정구鄭龜라고 하는 도주島主가 있는데 그는 우리나라에서 낳기는 하였지만 어려서 바다 가운데로 도망해 들어갔다 한다. 날 때부터 특이한 점이 있더니 자라서는 기략機略이 많아 영웅英雄을 끌어들여서 해도海島에 자리를 잡았다. 그의 지식이 적지 않은데 때를 기다리며 앉아 있다고 한다.[21]

---

20) 『辛酉邪學罪人李基讓等推案』卷112, 金履白供草(辛酉 3月 18日). "海島卽指武陵之謂也".

21) 『辛酉邪學罪人金鑢等推案』卷86, 李周璜供招(辛酉 4月 18日), "年前 (聞彝天輩事于高山弓院村任道郁時) 往問于道郁 則道郁曰 南海中有青劍島 一名無何島 送韓乙山探知 我國事貿鐵貿紙而去云 乙山與渠輩深交 而時住於時任礪山府使宋益休

　　김이백金履白이 빈종이 한 장을 꺼내 바다 가운데 있는 세 개의 섬을 그려 강이천姜彝天에게 보여 주며 말하기를, 바다 가운데 이 품자品字처럼 생긴 섬들이 있고 섬에는 도주島主가 있다. 그 섬은 우리나라에도 속하지 아니하고 왜국倭國에도 속하지 아니한다. 섬의 크기는 우리나라 한 도道만 한데, 그 안에는 강력한 군대軍隊가 있고, 인물人物이 창성昌盛하다고 하였다.[22)]

　전라도 고산高山 궁원촌弓院村에 살고 있던 임도욱任道郁은 이상향의 일종인 해도의 이름을 청검도 혹은 무하도라고 구체적으로 지적하고 있다. 이러한 김이백의 해도에 대한 지식은 김건순金建淳으로부터 들은 것이었다.[23)] 해도의 외형에 관한 서술에는 약간의 차이가 있지만 이들의 말을 종합해 보면, 먼저 해도에는 도주가 있으며, 우리나라나 일본의 지배를 받지 않는 독립적인 존재라는 점이 주목되어진다.

　즉 해도의 도주는 조선왕조의 통치권 밖에 놓여있는 외부세력의 일종인 것이다. 그리고 다음으로 해도의 도주는 많은 인재와 강력한 무력을 보유한 실력자임을 강조하고 있다는 점이다. 이러한 도주의 속성은 황사영이 그의 백서에서 조선에 수백 척의 배를 몰고 올 것으로 기대하였던 서양세력의 특징과도 상호 비슷한 점이 있는 것으로 생각할 수도 있을 것이다.

　그런데 이 자료에서 볼 수 있듯이 도주의 이름을 정 귀라고 한 것에서 이들의 해도론은 당시 민간에 뿌리박혀 있던 『정감록』에 대한 속신俗信

家云 成修遇謂矣身曰 島中有主 其姓鄭也名龜也 生於我國 幼時 已逃入海中 而生有異表 長多機略 延攬英雄 盤據海島 其知不小 待時而坐". 여기에 등장하는 無何島란 Thomas More의 Utopia와 동일한 語源을 가진 造語임에 주목되어진다. $Oυ$(無)와 $τOπO$(處)의 합성어인 Utopia나 無何島는 결국 같은 말이 될 것이다.

22) 『辛酉邪學罪人金鑢等推案』 卷65, 金鑢供招(辛酉 4月 18日). "金履白 取一長休紙 書出海中三島 以示彝天曰 海中有此品字島 島有島主 不屬於我國 不屬於倭 島大於我國之一道 其中兵馬强壯 人物昌盛".

23) 『辛酉邪學罪人金鑢等推案書』 卷46, 李周璜供草(辛酉 4月 17日). "矣身逢着金履白於天安豐西姜彝天之家 而履白畵海島於紙上曰 此中有人矣 彝天曰 此是金建淳之所傳乎 然則向所謂南郭出自這中來乎".

과 서로 통하는 것이라고 생각된다. 또한 우리는 이 해도론을 통하여 당시의 민중들은 난세를 극복할 인물로 강력한 무력의 소유자를 상정하고 있었음을 알 수 있게 된다. 강력한 무력을 가지고, 질곡에 헤매고 있는 민중을 구원하러 올 도주는 때를 기다리고 있다時待而坐. 그런데 이러한 도주에 대한 생각을 '시운불구'時運不久라는 유언비어와 관련시켜볼 때, 도주는 병들은 민중들에게 새로운 시운을 마련해 줄 현세적인 구세주로 부각될 수도 있으리라 생각된다.

구세주와 같은 이 도주를 기다리는 심정과 이상향인 해도에 대한 동경은 직접 해도를 찾아가려는 마음으로도 나타나고 있었다. 그러므로 김건순은 일찍이 「도중선인島中仙人」을 동경하고 있었고,[24] 직접 해도에 들어가서 자신의 실력을 기르려 하였다. 그가 입교入敎하기 직전인 1797년에 청국인淸國人 신부 주문모周文謨를 만나서 나눈 다음과 같은 대화의 내용을 보면 이러한 김건순의 심사를 잘 알 수 있을 것이다.

> 이몸은 김건순金建淳에게 천주교를 믿도록 권하였으나, 그는 말을 나누는 가운데 의몸을 협객俠客으로 여러 번 생각하는 듯 하였다. 그래서 의몸에게 권하기를 교우 수십 집을 모아 해도海島에 들어가면 마음대로 교회의 행사를 할 수 있을 것이라고 하였다. 또 말하기를 나도 사람들을 불러 모아 해도에 도착하여 군기軍器를 수선하고 큰 군함을 만들어 우리나라는 해치지 않고 다른 나라로 직접 들이닥쳐 선조들의 치욕을 씻고자 한다고 하였다. 의몸은 크게 놀라 그를 말리며 말하기를 내가 이 나라에 와서 교敎를 행하는 것은 사람의 영혼을 구하기 위함일 뿐이니 그대가 말하는 바를 들어줄 수 없다고 하였다.[25]

---

24) 『辛酉邪學罪人姜彛天等推案』卷7, 姜彛天供草(辛酉 3月 26日) 참조.

25) 『辛酉邪學罪人李基讓等推案』卷68, 周文謨供草(辛酉 3月 15日). "周文謨供曰矣身 則勸之奉敎 而彼則言論中 多有疑矣身爲俠客者 因勸矣身 聚敎友數十家 入海島 可任意行敎中之事 且曰我亦招人到海島 繕軍器 作大艦 非敢爲害於本國 惟欲直到他邦 以雪先恥耳矣 矣身大驚却之曰 我東來行敎 爲救人靈魂耳 如君所云云不敢與聞也".

이와 같이 김건순은 주문모를 만나 해도로 들어가려는 자신의 계획에 동참해 주도록 권고하였다. 해도는 나라에서 금지하는 천주교도 자유롭게 신앙할 수 있는 이상향으로 그가 생각했기 때문에 주문모에게 이와 같은 권고를 할 수 있었으리라 생각된다. 또한 삼학사三學士의 하나인 김상헌金尙憲 봉사손奉祠孫이었던 김건순은 그 자신도 해도에 들어가서 무력을 길러 병자호란 때 당한 선조들의 치욕을 갚아야 되겠다는 생각을 가지고 있었음을 알 수 있다. 당시의 사회풍조는 일반적으로 청국의 역사적 정통성을 거부하고 있었으며, 또한 선조의 치욕을 갚아야 한다는 것이 자손의 책무로 여겨지고 있었다. 이러한 상황에서 김건순은 자기 자신의 책임을 완수할 수 있는 이상적인 곳으로 해도를 상정해 보았던 것이다.

그리고 김건순은 그가 바라던 바 선조의 치욕을 갚기 위해서는 무엇보다도 강력한 무력이 요구된다고 생각하였다. 그러므로 그는 재산을 많이 내어 배를 만들어 해도에 들어가 먼저 도민을 교화시키고 나서 의지할 데 없는 무리들을 모아 해도로 유인한 다음 대우를 잘 해주고 졸오卒伍를 편성해서 무력의 근간으로 삼으려 하였던 것이다.[26]

이와 같은 김건순의 생각은 치기어린 발상에 불과한 것이지만, 우리는 김건순의 예를 통하여 당시 사회에 유포되어 있던 이상향에 대한 강력한 동경의 일단을 엿볼 수 있을 것이다. 그리고 이상향에 대한 동경은 현실 사회에 대한 불만의 다른 한 측면에 불과한 것이며, 이러한 풍조는 유언비어의 유포와 함께 당시 국내 사회의 불안정을 나타내 주고 있는 중요한 현상으로 생각된다. 이러한 사회의 불안정에 기초하여 황사영은 백서를 작성하였던 것이다. 또한 이와 같은 불안정한 사회현상은 궁극적

---

26) 『邪學懲義』下, 卷97, 酌配罪人秩 鄭元相條. "(金建淳) 多出錢財 造舡入橫島 生聚敎訓後 誘入無依之類 善爲接待 仍作卒伍 劫掠往來商舡物貨 而屠取登萊州 仍爲尊居 以享無窮之祚云云".

으로 볼 때 정권의 안정을 위협하는 것이었으므로, 정부 당로자當路者들은 이에 대한 강력한 제재조처를 생각해내지 않을 수 없었던 것이며, 서양의 대박大舶을 청원請願한 황사영 백서사건의 발발은 조선정부가 천주교와 유언비어에 대한 철저한 탄압조처를 강행시켜 나가는데 좋은 구실을 제공해 주었던 것으로 생각된다.

3. 신도공동체의 경험

18세기 말기 조선사회에 유포되어 있던 유언비어에서는 대개가 해상으로 들어올 강력한 무력을 설정하고 있었고, 해상 어디엔가는 이상국이 실재함을 믿고 있었다는 사실을 이상에서 간단히 살펴보았다. 그런데 황사영의 백서는 유언비어의 근절정책을 추진하고 있던 조선정부에 대하여 외세의 도전에 대한 더욱 강력한 위구심을 일으켰다.

왜냐하면 황사영이 체포되기 이전, 먼저 체포한 신도들을 신문하는 과정에서 그들이 가지고 있던 대박선大舶船 영입의 의지가 이미 노출되고 있었는데, 황사영의 백서가 발각됨으로써 조선정부는 그러한 의지에 대한 물적 증거를 잡아 이를 명백히 인지하게 되었기 때문이다. 따라서 본장에서는 조선후기에 노정되고 있던 일반적인 사회사상적 배경에 대한 고찰에 이어서 조선교회의 신도공동체라는 특수한 사회집단이 가지고 있던 사회사상적 배경으로 '대박大舶'청원의 경험을 살펴보아야 하겠다.

왜냐하면 백서가 작성되기 이전 황사영도 함께 참여하였던 이 경험은 황사영이 백서를 작성하게 된 것과 일정한 관계가 있을 것이며, 따라서 그의 백서를 이해하는 데에 있어서도 적지 않은 도움을 줄 수 있으리라 생각되기 때문이다. 그리고 우리는 천주교도들이 대박의 정체를 어떠한 것으로 생각하고 있었으며 대박을 불러들이려 기도했던 일련의 사건과 당시의 유언비어가 어떠한 상관관계에 놓여 있나 하는 점을 다시 한번 주목할 필요가 있을 것이다. 왜냐하면 황사영의 내적인 경험과 외적인 환경이 서로 결합하여 상승작용을 일으킨 결과 백서가 쓰여지게 되었던 것이었으리라 생각할 수 있기 때문이다.

당시의 '시운불구時運不久'라는 유언비어와 함께 '성세인부지간 야박천소聖歲仁富之間 夜泊千艘'라는 말의 유포는 조선왕조의 몰락과 새로운 사회의 도래를 바라던 일부 민중들의 염원이 깃든 현상으로 파악할 수도 있을 것이다. 그러므로 난세가 단행되는 결정적인 시기를 성세聖歲라 표현하게 되었고 민중들이 기대하는 새로운 시대의 도래는 병마강장兵馬强壯한 해도의 도주인 정구鄭龜와 같은 이상국의 해상세력에 의하여 이루어질 것으로 기대되고 있었다고 생각된다. 또한 사회의 전환을 단행시킬 1,000척의 군함이라는 막강한 무력은 바로 이러한 민중들의 관념이 보다 더 구체화된 것으로 이해할 수 있을 것이다.

전환기적 혼란으로 말미암아 절망적인 상태에 놓여 있던 민중들은 그들의 구원에 대한 기대를 1,000척의 군함에 걸어 보았을지도 모를 일이다. 그리고 1,000척의 군함이란 조선왕조 자체의 지휘통제를 받지 않는 '외부의 세력'을 뜻한다. 이로 미루어 보면 당시 유행되던 참언에서는 자신의 구원을 전적으로 외부의 세력에 기대했었다고 볼 수 있을 것이다. 이 '외부의 세력'이란 반드시 서양의 세력을 상정한 것이라고는 보기 어렵다. 당시 널리 퍼져 있던 『정감록』이나 기타 비기류秘記類에서 등장하는 정도령과 같은 현세적인 구세주도 결국 민중의 현실생활과는 격리되어 있는 '외부의 세력'임에 틀림없기 때문이다.

그러나 이 정도령과 같은 '외부의 세력'은 불만에 찬 민중들에게 마지막 기대를 주어오던 친숙한 존재였던 것이다. 이러한 성질의 참언이 점차 널리 퍼져 나가고 있던 상황에서 조선정부의 당국자들은 이로 인한 민심의 이반을 걱정하게 되었고 좀더 나아가서는 1,000척의 군함이 몰고 올 외세에 대한 강력한 위구심에 사로잡히게 되었다.

그런데 천주교도들이 서양의 선박을 불러들이려 했던 발상은 '성세인부지간 야박천소聖歲仁富之間 夜泊千艘'라는 유언비어에서 어느 정도 영향을 받았던 것으로 볼 수 있는 여지가 있고 뿐만 아니라 항간에 유전되던 유언비어를 천주교도들이 더욱 조장시켜 나간 증거도 있다.27) 그렇기 때문에 정부에서는 이 유언비어의 진원이 천주교도에 있는 것으로 판단하여 천주교도를 왕조의 정통성을 위협하는 적대집단으로 파악하게 되었을 것이다. 그런데 조선정부가 가지고 있던 외세의 침입에 대한 위구심과 천주교도들이 서양의 선박을 불러들이려 했던 사건과 긴밀히 관계되는 것으로 여겨진다. 따라서 황사영을 비롯한 천주교인들이 대박을 불러들이려 세차례에 걸쳐서 시도해 보았던 사건을 발생의 순서에 따라서 살펴보고자 한다.

1) 제1차 대박청원서大舶請願書 사건

천주교에 대한 정부의 금령이 강행되고 있던 상황에서 천주교신도들은 신교信敎의 자유를 획득하기 위한 방편으로 서양이라는 외부의 세력에 기대를 걸어 보았다. 이는 마치 『정감록』을 믿던 일반 민중들이 자신을 구원해 줄 외부의 세력으로 정도령을 설정하고 이를 기다렸던 것과도 흡사한 현상으로 생각할 수도 있을 것이다.

그리고 이것은 호서지방의 민중들이 병마강장兵馬强壯한 이상국인 해도의 도주 정 귀가 강력한 군대를 배에 싣고 조선으로 와주기를 바라던 심정과도 동궤同軌의 것으로 파악할 수 있을 것이다. 다시 말하자면 조선의 봉건적 정부에 대항할 세력집단으로 호서의 민중들이 정 귀와 같은 해상세력을 설정해 보았듯이, 서양의 존재를 인식하고 있던 일부 천주교

---

27) 註 7)에서 첫 번째로 인용한 자료를 보면 信徒였던 柳觀儉은 이 유언비어의 뜻을 李宇集에 깨우쳐 주고 있는데 이러한 행위는 유언비어를 조장시키는 것이었다.

도들은 신앙의 자유가 보장되고 있는 일종의 이상국인 서양이라는 해상 세력을 설정해 보았던 것으로 생각된다.

천주교도들이 서양의 선박을 맞아들이려 시도했던 세 번에 걸친 사건 가운데 첫 번째로 이가환李家煥, 홍낙민洪樂敏, 이승훈李承薰, 지황池璜 등이 1790년에 선교사의 영입을 계획하여 서양의 선박大舶을 보내주도록 청했던 사실을 들 수 있다.28) 이 때 그들은 윤유일尹有一을 북경으로 파송하여 선교사와 대박을 보내주도록 간청하였다. 그러나 북경의 주교는 "물길이 머나먼데 (서양의) 큰 배가 어찌 쉽게 갈 수 있겠는가"라고 대박의 파송은 거저하면서 신부만을 보내 주겠다고 약속하였던 것이다.29) 당시 이 일을 추진하던 사람들이 "오로지 신부를 맞아들이려는 계획을 가지고 있었다"는30) 사실을 감안해 보면, 대박大舶을 청했던 근본적인 목적은 선교사의 영입에 있었다고 생각되어지는 바이다. '대박'을 청했던 목적이 선교사의 영입에 있었다면 이들은 선교사와 '대박'을 거의 동일한 개념으로까지 파악하고 있었다고 볼 수 있을 것이다. 사실 다음의 자료에 나타나는 당시인의 증언을 살펴 보면 그들은 '대박'을 선교사와 동일시하고 있었음을 알 수 있다.

대박大舶이 서양에서 온다는 일은 듣건대 서양에서 천주교를 주관하는 사람은 반드시 그 학學을 널리 펴고자 하여 큰 배를 타고 세상을 두루 돌아다니는데, 마테오·릿치와 같은 무리가 이들이라고 한다. 그러므로 이몸은 과연 큰

---

28) 『邪學懲義』下, 卷25, 金達淳啓, 柳觀儉供草. "周文謨邀來之計 出自家煥·樂敏·承薰·池洪(Sic.)等之所主張 而伊時諸議 或以爲若非神父 不可行聖事 七蹟聖事不行 則敎事不立 故必邀主敎一人 然後可行此敎 邦禁雖如此 若圖大舶出來 則禁令 自不得不弛".

29) 『邪學懲義』下, 卷41, 移還逅秩, 柳觀儉供草. "庚戌春 (有一)還來之後 與承薰樂敏等 日夜謀議 專以請來神父爲計矣 至庚戌夏別使行時 承薰樂敏等 更爲治送有一 於中國 懇請大舶與神父 則主敎會神父等 參謁於聖像畵前 仍爲有一而 累萬里水路 大舶何以容易出去乎 神父則 旣有主命 第當出送云".

30) 註 27)과 같음. 「專以請來神父爲計」.

배가 오게 되면 천주당을 건축하고 교법教法을 세우고 교리를 설명하여 우리
들은 다시 박해당할 걱정이 없게 되리라 생각하였다.[31]

　서양인이 세상을 두루 돌아다닐 때 반드시 큰 배를 타고 천주교를 전파시
킨다고 한다.[32]

　마테오·릿치가 중국에 천주교를 처음 전하려 하자 모두 천주교가 좋은 종
교임을 알지 못하고 우리나라에서처럼 엄하게 금하였다. 그러나 그 후 서양인
이 큰 배를 만들어 보화를 싣고 중국에 와서 천주당을 높게 짓고 서학西學을
가르치며 천주교를 행하니 오늘날에 이르러서는 높이 받들게 되었다. 큰 배가
만일 우리나라에 오게 된다면 사태는 순조로워 질 것이다.[33]

　마테오 릿치가 중국에 와서 천주교를 포교하려 하자, 처음에는 중국
의 조정에서 이를 거부하다가, 서양의 큰 배를 타고 들어온 선교사들의
계속적인 노력으로 천주교의 포교를 용인해 주었음을 당시 조선의 신도
들은 잘 알고 있었다. 그러므로 그들은 큰 배를 타고 세상을 두루 돌아
다니며 천주교를 전한다는 선교사를 요청하기 위해 '대박'을 보내주도록
북경의 주교에게 청원서를 보냈던 것으로 생각된다.
　그들은 만일 '대박'이 우리나라에 와준다면 천주교의 포교가 중국에
서처럼 쉽게 용인 받아 신앙의 자유를 누리게 되는 이상적인 상황이 도
래할 수 있으리라는 낙관적인 견해를 가지고 있었으므로 '대박'의 파송

---

31) 『辛酉邪學罪人柳恒儉等推案』卷18, (辛酉 4月 20日) 柳觀儉供草. "大舶 自西洋
　來到事段 聞西洋主教之人 心欲廣揚其學 乘大舶而周流天下 如利瑪竇之類 是也
　故矣身 果以爲大舶若來 朝廷許接 則自當建置主堂 立法設敎 而吾輩更無竄亂之
　患"
32) 『邪學懲義』上, 卷28, 「金達淳狀啓」尹時憲供草. "聞 西洋人 周流天下之時 必乘
　大舶 傳布聖敎"
33) 『邪學懲義』上, 卷34, 「金達淳密啓」金有山供草. "更見存昌 而問其答書辭意 則
　利瑪竇 初傳天主敎於中原也 皆不知其好道而 嚴禁如我國矣 其後西洋國人 桀大
　舶載寶貨 而出來中原 高作天主堂 敎其學而行其敎 至今欽崇 大舶若出來於我國
　則事可諧矣"

에 큰 기대를 걸어 보았다. 그러나 이러한 그들의 소망은 북경주교의 거부로 말미암아 무산되어 버렸던 것이다. 그런데 조선인 신도들이 '대박'의 파송 즉 선교사의 노력을 통해 신교의 자유를 획득하고자 하였던 것은 외부의 힘에 자신들이 처한 어려운 현상을 타개해 주도록 기대한 것이라 아니 말할 수 없을 것이다. 이와 같이 조선의 신도들이 자신의 땀과 피를 아끼고자 했던 '대박'의 파견요청이라는 안이한 발상은 그들이 믿는 천주교가 조선후기사회에서 발휘한 혁명사상으로서의 실체를 아직까지는 제대로 파악하지 못한 현실판단의 미숙성에서 유래된 것이라고 생각된다.

왜냐하면 중세적 풍토의 조선후기사회에서 기대되는 평등사상인 서학사상의 역할은 전통적인 사회질서를 전체적으로 부정하는 일종의 혁명사상으로서의 기능이었던 것이었으며, 이것의 구현은 '대박'이라는 외부의 작용에 의해서가 아니라 자신들의 노력에 의해서만이 성취될 수 있을 것임을 망각한 처사였기 때문이다.

2) 제2차 대박청원서 사건

대박大舶을 청했던 첫 번째의 시도가 무위로 돌아간 다음 주문모 신부가 입국한 이후인 1796년에, 조선의 신도들은 다시 이를 북경의 주교에게 요청하였다.

'대박'을 맞아들이려 했던 이 두 번째의 시도가 어떤 인물에 의해서 발의된 것인지는 확실히 밝혀내기는 어려우리라 생각된다. 그런데 유관검과 같은 사람은 이때의 계획이 오로지 주문모 신부의 지휘에 의해서 추진된 것이라는 공사供辭를 남기고 있다.[34] 물론 이러한 유관검의 말대로 주문모가 이번의 계획을 발의한 장본인이었다고 볼 수 있는 여지는

---

34) 『邪學懲義』下, 卷43, 「移還送秩」柳觀儉供草. "大抵請出大舶之義 本非矣身等之 排布 乃是文謨之指導".

있을 것이다. 사실 주문모 자신은 조선의 포교사업에 상당한 성공을 거두고 있었으므로,[35] 본격적인 선교사업을 펼 경우 교세의 비약적인 발전이 가능하리라는 희망으로 이러한 제안을 하였을 가능성이 있다. 더욱 그는 "대국大國의 운수가 이미 다하였다"[36]고 생각했던 반청적 내지는 서양지향적 사고방식을 가지고 있던 인물이었으므로, 서양의 '대박'을 불러들여 자신의 성공적인 포교활동에 더욱 박차를 가하고자 하는 희망으로 이러한 제안을 서슴없이 제기할 수도 있었으리라 생각할 수 있는 여지가 있다.

그런데 제2차로 '대박'의 파송을 요구했던 이번의 청원서에 조선의 신도 대표로 서명한 인물들을 찾아보면 이승훈, 홍낙민, 유관검과[37] 권일신權日身[38] 그리고 최창현崔昌顯, 황사영이[39] 포함되어 있는 사실을 알 수 있다. 이들은 모두가 교회의 발전에 힘을 합치고 있던 인물들이었으며 더욱이 이승훈과 홍낙민은 주문모가 조선에 들어오기 이전 '대박'을 청했던 경력이 있는 사람들이었다.

이들은 주문모가 조선에 들어와 포교사업을 진행시켜 나가고 있는 동안에도 신교자유의 획득을 통해 교회가 발전할 수 있는 길을 찾는 데에 부심하고 있었다. 그런데 당시 그들은 제1차로 대박大舶의 파송을 요청했던 때와는 달리 더욱 악화된 처지에 놓여 있었다. 즉 1791년에는 전라도

---

35) 그가 조선에 온 후 朝鮮敎會는 급격한 信徒數의 증가를 보게 되어 10,000여명의 信徒를 거느리게 되었다. cf. Dallet. ibid., tome 1, p.81.
36) 『辛酉邪學罪人姜彝天等推案』卷18, 金信國供草(辛酉 3月 26日). "建淳仍 問 大國之事 則其人曰 大國運數 已盡云云".
37) 『邪學懲義』下, 卷45, 移還送秩, 柳觀儉供草. "矣身與承薰樂敏等 因文謨之揮 列名 載書於天主堂 而書中果有 請出大舶等語 而其意只在於廣行邪敎而矣".
38) 『앞의 책』下, 卷36, 移還送秩, 柳恒儉供草. "承薰與日身樂敏等 符同周文謨 以爲 請出大舶之計".
39) 『앞의 책』上, 卷27, 金達淳啓, 柳觀儉供草. "書札中 錄名人段 矣身雖不能盡知 京中則 似是崔昌顯 黃嗣永".

진산珍山에서 윤지충尹持忠과 권상연權尙然이 조상제사를 거부하다 사형을 당하였고, 주문모가 입국한 이후인 1795년에도 최인길崔仁吉, 지황, 윤유일이 역시 죽음을 당하였다. 새롭게 전래된 천주교에 대한 정부의 탄압이 점차 심각하게 되자 이에 대한 반작용의 결과로 일부 신도들은 1790년에 이미 좌절된 바 있는 '대박' 영입의 계획을 다시 추진하게 되었던 것이다.

그들은 "대박大舶이 오게 되면 반드시 사태가 해결될 것"이라는[40] 전망 아래 주문모에게 대박 영입의 계획을 추진시켜 주도록 요청했고, 주문모는 이를 구체화시켜 지도적인 신도들의 서명을 받아 북경으로 발송하였던 것이다. 즉 다시 말하자면 제2차 '대박' 영입의 계획은 주문모의 독단에 의해서라기보다는 신도들의 소망과 주문모의 소망이 서로 합치되어 이루어진 것이라고 생각함이 더욱 타당하다고 여겨진다.

권일신, 최창현, 황사영을 비롯한 조선의 신도들과 주문모가 북경의 주교에게 보낸 이번 청원서의 구체적인 내용을 검토해 보아야, 그들이 '대박'을 불러들이려 했던 참다운 목적을 찾아낼 수 있을 것이다. 그러나 제2차로 발송한 이 청원서의 원문이나 사본이 현존하지 않으므로, 우리는 당시 이 사건에 관여했던 사람들이 후일(1801) 재판정에서 고백한 내용을 기초로 하여 이 청원서의 구조를 대체적으로나마 짐작할 수밖에 없게 된다.

그런데 그들의 공초를 통하여 살펴보면 그들이 대박을 청원한 첫째 목적은 신교의 자유를 획득하고자 하는 데에 있었음을 알 수 있다. 즉 유관검은 대박영입의 목적이 "오직 서학을 널리 전파시키려는 데에 있었음"을 말하고 있다.[41] 그리고 그는 "지금 만일 대박大舶을 맞아들이기

---

40) 『邪學懲義』 上, 卷26, 金達淳啓. "文謨出來以後 則每事必主張 故諸人復以前議議于文謨曰 神父蹤跡 終難掩匿 實無廣布聖敎之望 大舶必爲請來事可濟矣".
41) 註 37)참조. 「其意只在於廣行邪敎而矣」

만 한다면 국금國禁은 반드시 풀리지 않을 수 없을 것이며, 천주교가 널
리 전파될 수 있을 것이다."[42]라고 말하면서 대박大舶의 출현만이 신교
의 자유가 보장되는 이상적인 사회를 도래시켜 줄 수 있으리라고 생각하
였던 것이다. 또한 그는 '대박'이 출현하여 신교의 자유를 보장시켜 주
려 할 때 다음과 같이 조선 정부를 회유하는 방책이 이 청원서에 기록되
어 있었음을 말하고 있다.

> 중국에 나와 있는 서양의 선교사 가운데 문학文學이 있는 사람이 큰 배에
> 같이 타고 오면 언어가 통할 수 있을 것이다. 또 큰 배를 보낼 때에는 서양의
> 군주가 반드시 우리나라에 국서를 보내어 말하기를 "비록 머나먼 곳에 떨어
> 져 있었으나 항상 귀국의 명성을 흠모하여 왔다. 그런데 귀국에는 성교聖敎가
> 없다고 하므로, 우리나라에서 문학에 조예가 깊은 사람을 보내노니 반드시 그
> 교를 크게 행하여 멀리서 바라는 바가 외롭지 않게 하라.[43]

즉, 이상의 내용을 청원서에 기재하여 외교적인 방법에 의해서 신교
의 자유를 획득해 주도록 청원하였고, 대박과 선교사를 동일시했음을 알
수 있다.

그러나 이 제2차 청원서와 관련하여 주목되어지는 바는, 제1차 청원
서를 보낼 때와는 달리 신도들이 대박을 단순히 선교사와 동일시하는 데
에만 머무르지 않고 있다는 사실이다. 당시의 신도들은 대박을 통한 서
양문물의 향유와 새로운 사회질서의 수립에 대한 기대까지도 가지고 있
었다는 다음과 같은 유력한 증거가 나타나고 있다.

---

42) 『앞의 책』上, 卷26, 金達淳啓, 柳觀儉供草. "書辭段 文謨替作 而大槪以爲朝鮮爲
學之人 多起於寒微 朝廷之上 絶無可持之人 今若邀致大舶 則國禁 必無不弛 吾道
可以廣揚".

43) 『앞의 책』上, 권26, 金達淳狀啓, 柳觀儉供草. "又云 中原西士中 有文學者 同載
大舶 則言語可通 又托大舶治送之時 西國之君 必貽書我國曰 雖在屢萬里之外 常
慕貴國之風聲 而貴國無聖敎 故吾國篤於文學者出送 必湏大行其敎 毋孤遠望也云
云".

　　큰 배가 마땅히 서양에서 올 것인데 그 인물과 풍채가 우리나라보다 훨씬 뛰어날 것이다. 그리고 보화를 많이 싣고 와서 조선의 재화를 쓰지 않고서 천주당을 세울 것이며, 그 가운데 불고악不鼓樂(風琴)과 거중기擧重器(起重機), 천리비거千里飛車를 두고, 신도들을 크게 모아놓고 교법을 펴며 서학西學을 가르치고, 과거제도를 두어 인재를 취 하고, 기술을 가려 의관醫官을 뽑을 것이다.[44]

　이상의 자료를 통하여 제2차 청원서를 보낼 때 조선인 신도들이 신교 자유의 획득 외에도 무엇을 기대하였나 하는 점을 알 수 있을 것이다. 물론 이러한 신도들의 기대는 그 성질상 청원서의 본문에 포함시킬 수는 없었을 것이지만 조선인 신도들이 이제는 비단 신교의 자유뿐만 아니라 신교의 자유를 통한 사회의 변동까지도 바라게 되었다고 볼 수 있을 것이다.

　즉, 그들은 신앙의 자유가 가져다줄 불고악不鼓樂(風琴), 거중기擧重器(起重機) 등 서양문명의 소산물과, 당시 서양에서도 이론상으로만 논의되고 있던 천리비거千里飛車(飛行機)와 같은 기물의 향유에 희망이 부풀어 있었다. 그리고 그들은 새로운 사상이 전파됨으로써(說法講學), 새롭게 과거가 시행되어 인재가 등용되기를 바랐으며(設科而取人才), 능력에 따라 의관醫官을 비롯한 다른 관리官吏들이 선발되기를 기원했다고(擇術而抄醫官) 볼 수 있을 것이다.

　그리고 당시 조선정부에서 시행하고 있던 과거科擧와는 무관한 다른 형태의 관리선발제도를 통해서 인재의 진출을 기대해 본다는 것은 조선정부의 고유한 통치권행사의 하나인 정부인사권을 부정하는 말로 해석되며, 생득적生得的인 신분을 위주로 해서 신도들이 품고 있었던 평등에 대한 염원의 발로라고 볼 수 있을 것이다.

---

44) 『辛酉邪學罪人柳恒儉等推案』卷13. (辛酉 4月 20日) 李宇集供草. "矣身怪問其故 則觀儉 以爲大舶當者西洋出來 其人物風度 絶勝於我國 而且多載寶貨 不用朝鮮之財 創建天主堂 置不鼓樂·擧重器·千里飛車於其中 大會敎友 說法講學 設科而取人材 擇術而抄醫官 此非廣揚聖敎 吾輩遂願之一大機會耶".

그런데 이 제2차의 청원서를 보낼 때 조선 신도들이 큰 배를 보내기를 바랐던 서양의 나라는 북경의 주교가 종교적으로 소속되어 있던 로마 교황청이었음에 틀림이 없으리라 생각된다. 왜냐하면 조선인 신도들은 새로운 관리 선발제도 아래에서 주시자主試者로 등장할 인물은 서양국의 교화황敎化皇(敎皇)으로 생각하고 있었기 때문이다.[45]

또한 그들이 교황이라는 종교적인 인물을 주시자로 설정해 보았던 것은, 그들이 새로운 사회가 출현하게 될 원동력을 천주교라는 종교적인 이념에서 구하려 했던 것으로 볼 수 있으리라 생각된다. 그리고 이 사회개혁의 원동력인 천주교의 사상은 구래의 어떠한 권위보다도 더욱 중요한 것이라는 생각을 그들은 가지고 있었다.

그러므로 "신부가 교를 베풀게 되면 군부君父의 명령은 어길 수 있어도 신부의 명령은 결코 어길 수 없으리라"[46] 말하면서 국왕의 권위보다도 새로운 이념인 천주교의 권위가 더욱 앞서야 될 것으로 생각했던 것이다. 그런데 이들이 말한 "신부의 명령"이란 자료의 문맥을 따져 보면 교회의 가르침을 말하는 것이었고, 여기에는 설과취재設科取才하고 택술초관擇術抄官하는 그러한 내용까지도 포함하고 있는 것으로 생각할 수 있을 것이다. 이러한 점을 가지고 추론해보자면 제2차 청원서를 보낼 때 조선인 신도들은 천주교를 단순히 종교적인 복음으로 해석했을 뿐만 아니라, 왕권의 절대성을 부정하고 자신들이 놓여 있던 사회를 개혁해 줄 사회적 복음으로까지 생각하고 있었다고 볼 수 있을 것이다.

그러므로 이 제2차 청원서는 표면상으로 볼 때 신교자유의 획득에 제일 큰 목적을 강조하고 있었겠지만, 당시의 신도들은 교황청의 '대박'으로 표상되는 선교사를 불러들임으로써, 바꾸어 말하자면 신앙의 자유로

---

45) 『邪學懲義』 下, 卷54, 移還送秩, 李宇集供草. "觀倹曰 … 設科人才云 故矣身問主試者誰 則觀倹曰 西洋國敎化皇是如是白遣".
46) 『앞의 책』 같은 쪽. "神父說敎 則君父之命 雖可違也 神父之命 決不可違也".

운 실천을 통하여, 그들의 이상향을 실현시킬 일대 사회개혁을 기대해 보았던 것으로 해석할 수 있을 것이다.

그리고 바로 이러한 점에서 1790년에 발송된 제1차 청원서와 1796년에 보낸 제2차 청원서를 작성할 때에는 이들 외에도 권일신, 최창현, 황사영, 유관검과 같은 관직과는 거리가 먼 한계인간(Marginal person)들에 의해서 교회가 이끌어져 나가고 있었기 때문에, 그들이 청원서를 통하여 기대하였던 효과 가운데 사회개혁적인 요소가 가미될 수 있었던 것으로 생각된다.

다시 말하자면 관직을 가지고 전통적인 제도 아래에서 혜택을 받고 있던 사람들보다는 관직참여의 기회가 사실상 박탈되고 지배의 대상으로만 파악되고 있던 사람들이 사회변동을 더욱 열렬히 희망하게 되는 까닭 때문에 제2차 청원서를 보내면서 이러한 사회변동에 대한 기대가 출현하게 되었으리라 여겨지는 바이다.

사회변동에 대한 기대는 사회변동을 추진시킬 강력한 힘에 대한 기대를 파생시키게 되었다. 그리하여 제2차 청원서를 보낸 다음 유항검, 유관검과 같은 신도의 경우에 있어서는 신앙의 자유와 이를 통한 사회의 변동을 가져다 줄 '대박'이 강력한 무장을 갖추고 있기를 기대하였다. 물론 제2차 청원서의 문안에는 조선정부를 회유하여 천주교를 받아들이게 하라는 평화적인 방법이 제시되어 있었지만,[47] 조선정부가 이를 용납하지 않을 가능성에 대한 위구심 때문에 유항검과 유관검은 이와같은 생각을 하고 있었던 것으로 여겨진다. 그리하여 "대박大舶은 총구멍을 많이 가지고 있어 총을 발사하면 두려워하지 않을 사람은 아무도 없으리라."[48]고 보았기 때문이었다.

---

47) 註 43) 참조
48) 『앞의 책』下, 卷36, 移還送秩, 李宇集供草.「矣身問大舶何物乎 觀念曰 彼舶有多穴 銃放之 則人無不懾」

그런데 전주의 토호였던 유항검과 유관검이 무력을 갖춘 대박을 상상해 보았던 것은 병마강장兵馬强壯한 해도의 도주나 총혈銃穴을 갖춘 대박大舶을 그려보았을 것이다. 근대국민국가에서와 같이 민중과 정부가 일치되어 있지 못했던 당시의 상황에서 지배자 중심의 국가로 대표되는 봉건적인 질서를 부정하는 양상이 여기에서 드러나고 있다.

그러나 봉건적인 질서의 부정이라는 긍정적인 측면이 그들의 사고에서 노출되고 있고, 근대적인 국가관이 형성되기 이전의 상태에 놓여 있었다 하더라도, 그들이 외부의 힘에 의해서라도 현실적인 질서를 우선 부정해야 하겠다고 했던 것을 결코 긍정적으로만 해석할 수는 없을 것이다. 왜냐하면 이와 같은 발상은 해도나 서양국과 같은 외부세력의 실체를 뚜렷하게 파악하지 못한 결과로 발생한 현실성이 없는 막연한 기대에 불과했기 때문이다.

3) 제3차 대박 청원서 사건

조선인 신도들이 신교의 자유를 기대하며 제2차로 대박大舶의 파송을 요청하는 청원서를 보낸데 대하여 북경의 주교는 다음과 같이 말하였다.

> 나는 마땅히 이 편지를 국군國君에게 보내겠으나 대박大舶을 파송하는 데는 비용이 많이 들 뿐만 아니라 우리나라가 너희 나라의 금령을 알고나서는 반드시 무익한 일을 하지는 않을 것이니 깊게 믿지는 말라.[49]

즉 북경의 주교는 조선 신도들의 청원서를 교황에게 전달해 주겠으나 교황청은 조선이 천주교를 금하고 있다는 사실을 무릅쓰면서까지 '대박'을 파견하지 않을 것이고, 또 '대박'의 파송에는 많은 비용이 듦을 지적

---

49) 『앞의 책』下, 卷27, 移還送秩, 柳觀儉供草. "主敎者 見其書 以爲吾當傳報國君 而大舶資送 所費甚巨 吾國若知爾國禁令 必不作無益之事 須勿深恃云 而矣身等 之倖望其來者 實有於此是居乎".

하여 신도들의 요청을 완곡하게 거절했다고 볼 수 있다. 이와같이 제2차
의 청원서의 즉각적인 효과가 유보되어 있던 상황에서 19세기에 접어들
면서 교회의 상황은 이전보다 더욱 악화되었던 것이다. 즉 조선천주교회
는 이때를 전후하여 중앙정부로부터 뿐만 아니라 지방의 일부 민중들로
부터도 노골적인 배척을 당하기까지 하였다.

> 박 라우렌스의 여섯 번 째 신문에서 관장은 이렇게 부르짖었다. "저 악한
> 도리를 믿는 사학죄인邪學罪人 때문에 온 나라에 가뭄과 기근이 심해서 백성
> 들이 죽게 되었다.50)

> (이 도기(Ni To~kei)에게) 외교인外敎人들은 "저놈 때문에 가뭄이 이렇게 심
> 하니 우리는 굶어 죽겠다. 발로 차서 끝장을 내자"고 부르짖으며 그 옆으로
> 달려들었다.51)

우리는 이상에서 제시된 박朴라우렌스의 자료를 통하여 가뭄이라는
자연재해로 말미암아 아사지경에 놓여 있던 민중들에게 정부의 관리는
가뭄의 원인이 천주교도에게 있는 것처럼 말함으로써 자신들의 실정으
로 말미암은 민중의 원성과 분노의 표적을 천주교로 유도시켜 나가려 하
였음을 알 수 있다. 그리고 이도기(Ni To~Kei)의 경우에서 볼 수 있는 것
처럼 천주교에 대한 조선정부의 악선전을 믿은 일부 민중들은 그들 불행
의 원인이 천주교의 유포에 있는 것으로 판단하고 자기방위의 능력을 상
실한 '사학죄인'邪學罪人에게 몰매를 가하고 있는 것이다. 그리고 이러한

---

50) Dallet, Histoire de l'Eglise de Corèe, tome 1, p97. "Au sixième interrogatoire le
   mandarin s'ecria: C'est à cause des scélérats qui suivent cettemauvaise doctrine, que
   la famine et la sécheresse sévissent dans le royaume, et que tout le peuple va
   périr".
51) ibid., tome 1, p.93. "Cependant les païens disaient: C'est à cause de lui que la
   sécheresse nous désole, et que nous mourons de faim; il faut l'achever à coups de
   pied. La foule se pressait autoure de lui".

사실을 가지고 생각해 볼 때 당시 조선교회는 일부 민중들로부터도 배격을 받는 불행한 처지에 놓여 있었다고 판단된다.

그러나 당시의 신도들이 겪게 된 직접적인 위협은 일부 민중들에게서 받았던 이러한 원성에서가 아니라, 조선정부의 조직적인 탄압정책에서 찾아져야 할 것이다. 정조의 죽음은 조선정부의 대서학對西學 정책에 일대 전환을 가져왔고, 새롭게 등장한 순조정권에서는 천주교에 대한 일대 탄압이 감행되었던 것이다. 이 탄압으로 말미암아 주문모 신부를 비롯하여 정약종丁若鍾, 이승훈, 최창현, 최필공崔必恭 등 교회의 지도적인 인물들은 모두 죽음을 당하게 되었다.

이와같이 당시의 천주교도들은 일부 민중들과 정부로부터 강력한 협격挾擊을 당하고 있던 고립무원한 상황에서 제 1차적으로는 문자 그대로 자신의 활로를 찾아 헤매이게 되었다. 그리하여 당시의 신도들은 '성세인부지간 야박천소聖歲仁富之間 夜泊千艘'라는 참언이나 '화택지간 만수횡강華澤之間 萬艘橫江'이라는 비결서의 말에52) 더욱 쉽게 경도되었고 신교의 자유가 보장되어 있는 일종의 이상국인 서양에서 보낸 '대박'이 자신들을 구원하러 바다로부터 들어오리라는 환상에 빠져들어가게 되었던 것으로 여겨진다. 우리는 이러한 신도들의 환상을 다음의 자료를 통하여 볼 수 있을 것이다.

> 일찌기 주문모의 말을 듣건대 대박大舶평이 서양에서 동국에 이르는 데는 5년이 걸린다 하였다. 황신거黃信巨를 (북경으로)보내 대박을 청한 해가 병진년丙辰年(1796)이었는데, 올해가 과연 5년째가 된다. 만일 대박이 지금 도착하게 되면 "밤에 천 척의 배가 머무르리라夜泊千艘"라는 참언이 오늘날 과연 적중한 말이 될 것이다.53)

---

52) 註 8), 10) 참조.
53) 『邪學懲義』下, 卷44, 移還逶秩, 柳觀儉供草. "曾聞文謨之言 則大舶之自西抵東 可費五年矣 送黃信巨 請出大舶之年 在於丙辰 今果爲五年矣 大舶若此時來到 則夜泊千艘之讖 今果有中之說".

성세聖歲에 인천과 부평 사이에서 밤에 천 척의 배가 머무르리라 했는데 아직 아무 소식이 없으니 괴이한 일이로다! 괴이한 일이로다![54]

이러한 신도들의 환상적인 생각은 제2차 대박청원서를 보냈을 때 북경의 주교가 이를 명확히 거부하지 않았던 데에서 유래하였을 것으로 생각된다. 그런데 이와 같이 당시 신도들의 생명을 위협하던 급박한 상황은 거의 모든 신도들에게 당시의 유언비어와 관련하여 '대박'의 출현을 고대케 하는 병적인 심리상태를 초래시켜 주었던 것이며 황사영은 이러한 신도들의 상황에 입각해서 "대박을 불러오려는 마음은 천주교 신도 모두가 가지고 있다"[55]라고까지 말할 수 있었을 것이다.

물론 당시의 유언비어나 신도들의 동향을 황사영의 백서와 곧바로 직결시키는 서술방식은 논리상의 비약이 따르는 것이므로 피해야 할 것이다. 그러나 황사영과 가까이 지내던 류항검, 류관검 등이 가지고 있던 당시의 유언비어와 관련된 '대박'에 대한 환상을 감안해 보면 황사영이 이에 영향을 받았을 가능서는 충분히 있을 것이며, 백서가 작성된 사회사상적 배경에는 이러한 요소가 작용하고 있었으리라는 가능성을 부정하지는 못할 것이라 생각된다.

신유박해 초기 죽음을 모면한 황사영은 이상인李喪人이라 자처하여 제천堤川 배론舟論의 산골에 은신처를 구하려 하였다. 황사영은 여기에서 북경의 주교에게 보내려는 백서를 작성하였고 이 백서 가운데에 '대박'을 청하는 구절을 포함시키고 있다. 그러므로 우리는 황사영의 백서를 제3차 대박청원서로 볼 수 있을 것이다. 이 제3차 대박청원서는 북경으로 보내지기 직전에 압수되어 미수에 그쳤던 것이지만 이로 인한 파문은 실

---

54)『辛酉邪學罪人柳恒儉等推案』卷13, (辛酉 4月 0日) 李宇集供草. "觀儉曰 聖歲仁富之間 夜泊千艘云矣 尙無消息. 怪哉怪哉".

55)『辛酉邪學罪人黃嗣永等推案』卷110, (辛酉 10月 11日) 黃嗣永供草. "大舶請出之心 矣身徒黨 皆有之".

로 지대하였다.

황사영은 이 백서에서 제1차나 제2차의 청원서에서와 마찬가지로 먼저 외교적인 방법을 통해 조선인 신도들이 신교의 자유를 획득할 수 있도록 노력해 달라는 청원을 하고 있었다.[56] 그러나 이 백서에서 가장 주목되어지는 것은 주지하는 바와 같이 서양의 무력을 동원시켜 주도록 노골적으로 요청하고 있다는 사실이다. 즉 황사영은 그의 백서에서 다음과 같이 말하고 있다.

> 만약 배 수백 척과 정병精兵 5,6만 명을 얻어 대포 등 날카로운 무기를 많이 싣고, 겸하여 글 잘하고 사리에 밝은 중국 선비 서너명을 데리고 바로 이 나라 해변에 이르러 국왕에게 글을 보내어 "우리는 서양의 전교하는 배이다. 자녀나 재물 때문에 온 것이 아니라 종교의 명령을 받고 이 지역의 생령生靈을 구원하려 온 것이다. 귀국에서 한 사람의 전교사를 용납하여 기꺼이 받아 들인다면, 우리는 그 이상 더 많은 것을 요구하지 않을 것이다. 만일 천주의 사자使者를 받아 들이지 아니하면, 마땅히 주님의 벌을 받들어 죽어도 발꿈치를 돌이키지 아니할 것이다. 왕은 한 사람을 받아들여 전국의 벌을 면하겠는가, 아니면 전국을 잃더라도 한 사람을 받아들이지 아니하겠는가 왕은 어느 하나를 택하기 바란다…."라고 하시오.[57]
>
> 배와 사람 수가 말한대로 될 수 있다면 더할 수 없이 좋겠지만, 만약 힘이 모자라면 배 수십 척에 5,6천 명만 되어도 쓸 수 있을 것이다.[58]

황사영의 백서가 작성된 당시는 이미 평화적으로는 신교의 자유를 획득할 가능성이 전혀 없었던 절망적인 상황이었다. 그의 가까운 동료들은

---

56) 黃嗣永, 1801, 『帛書』 第110行 참조.

57) 『앞의 책』 第110~111行. "倘得海舶百艘 精兵五六萬 多載大砲等利害之兵器 兼帶能解事之中士三四人 直抵海濱 致書國王曰 吾等卽西洋傳敎舶也 非爲子女玉帛而來 受命于敎宗 要救此一方生靈 貴國肯容一介傳敎之士 則吾無多求 必不放一丸一矢 必不動一塵一草 永結和好 鼓舞而去 倘不納天主之使 則當奉行主罰 死不旋踵 王欲納一人 而免全國之罰乎 抑欲喪全國 而不納一人乎 王請擇之".

58) 『앞의 책』 第112行. "舶數人數 能如所說則數大善 若力不及 則數十艘五六千人亦可用矣".

이미 죽음을 당하였고 그 자신도 언제 죽게 될지 모를 급박한 처지에서 다시금 대박大舶을 청하게 되었던 것이다. 앞서 제2차 청원서를 발송할 때에도 황사영 자신은 조선 신도 대표의 일인으로 거기에 서명을 했다. 그러나 상황의 변화에 의하여 제2차 청원서에서 제시해주었던 평화적인 방법으로써는 신교자유의 획득이 어려우리라 판단하게 되었다.[59] 그리하여 이 백서에서는 '대박'이라는 개념이 단순히 「선교사」나 「새로운 사회질서」를 표징(表徵)하는 데에만 그치지 않고 「강력한 무력」으로 변질되기에 이르렀던 것이다.

황사영 자신은 "현재 이 나라는 형세가 위급하며 결코 오래 지탱하기 어렵다"는[60] 점을 그의 백서에서 강조하고 있다. 이 말은 그 자신이 조선왕조의 멸망을 염원한다는 말로도 해석할 수 있을 것이다. 그런데 왕조의 멸망이 경각에 이른 것처럼 말하고 있던 당시 민중들의 참언을 통해서 드러나고 있는 바와 같은 전환기의식과도 흡사한 것이라 생각된다. 또한 황사영은 교황청에 대한 기대보다도 서양 여러 나라에 더 큰 기대를 품고 있었다. 그러기에 그는 백서에서 조선이 처한 어려운 상황을 "서양 여러 나라에 애걸해 달라"[61]는 부탁을 하였던 것이다. '대박'의 파견에 있어서 교황청에 기대를 걸어 본다는 것은 백서에 앞선 두 차례의 청원서를 보내본 결과 별무효과別無效果임을 알고서, 이 제3차 청원서에서는 '대박'을 보내 줄 대상국을 '태서제국太西諸國'으로 바꾸어 본 것이라 생각된다.

그리하여 '태서제국'으로부터 올 수백 척의 배와 5~6만 명의 군대에 신교자유의 획득과 자신의 생명보장을 기대해 보았던 것이다. 신교의 자

---

59) 『앞의 책』 第109行. "去年諭帖 獲承數年後差送大舶之命 今也則時勢已變 徒然而來 則難望有成".
60) 『앞의 책』 第108行. "現今國勢 危岌 決難久之".
61) 『앞의 책』 第96行. "伏望爲之乞哀於太西諸國 以爲東方扶持聖教 救濟生靈之資本".

유가 용인되고 자신의 생명이 보장될 이상적인 새로운 사회를 갖다 줄
'태서제국'이란 그에게는 일종의 이상국으로 부각되어 있었던 듯하다.
황사영은 이 이상국으로부터 보낼 올 적어도 수십 척의 배와 5~6천 명
의 침략군에 자신의 운명을 맡겨보려 하였다.

급박했던 당시의 상황을 감안해 보면 아마도 황사영은 조선왕조가 계
속되는 한 신교자유의 획득이나 자신의 생명유지가 불가능 하리라 생각
한 듯하다. 그러므로 그는 조선왕조의 존립에 결정적인 타격을 가하고
새로운 사회를 도래시켜 줄 강력한 해상세력으로 '태서제국'太西諸國을
설정해 보았던 것이다. 이는 마치 당시의 민중들이 무하도의 도주島主 정
구鄭龜에게 이러한 역할을 기대해 보았던 현상과도 맥이 통하는 것으로
볼 수 있다.

그러나 이와 같은 황사영의 발상은 과거 자신이 '대박'을 청원해보았
던 경험과 당시의 참언에 약간의 요소를 변조시켜 본 실현가능성이 전혀
결여된 하나의 공상에 불과한 것이었다고 생각된다. 프랑스인 선교사가
宣敎史家 달레(Dallet)도 이러한 황사영의 계획에 대하여 "황사영의 지나친
상상에서 나온 유치한 계획은 특히 저 시대에 있어서 한 몽상임이 명백
하다."62)고 말하며 그의 계획이 무모한 것이었음을 지적하였다.

그런데 황사영이 이러한 몽상에 사로잡혔던 까닭이 비록 그 자신이
처하고 있던 절망적인 상황이나 당시의 유언비어와 깊은 관계가 있는 것
이라 하더라도, 이러한 사실 때문에 그이 지나친 발상이 어떠한 형태로
든지 합리화되어서는 아니될 것이다. 즉 다시 말하자면 강력한 무력을
동반한 대박大舶의 청원은, 비록 일부 민중과 정부로부터 천주교가 협격
을 당하고 있던 상황에서, 천애의 고아로 전락된 천주교를 살릴 수 있는
존재는 바로 조선왕조의 봉건적인 체질을 거부하고 있던 민중 밖에 없으

---

62) Dallet, *ibid*, tome 1, p.208. "Que les projects enfantés par l'imagination exaltée
d'Alexandre Hoang fussent chimériques, surtout à cette époque, c'est evident".

리라는 투철한 현실판단이 결여된 결과로 발생한 것이기 때문이다.

　이러한 점에서 18세기인 황사영이 가지고 있었던 사고방식의 한계성
이 드러나고 있는 바이지만, 그이 행동은 민중적 지지가 결여되고 민중
에 뿌리를 박지 못한 조선의 천주교회란 더 이상 이 땅에서 설 곳을 찾
을 수 없으리라는 사실을 망각한 처사임에는 분명할 것이다. 목전의 이
익만을 추구하는 상업자본은 쉽게 매판화할 수 있듯이, 외부로부터 들어
온 신앙이 민중적 기반을 구축하지 못할 경우에는 훗날 제국주의적인 침
략세력과 쉽게 결탁될 수 있는 소지를 내포하게 되리라는 엄연한 사실을
그는 전혀 망각하고 있었던 것이다.[63]

4. 맺음말

　황사영백서사건은 1801년에 일어난 신유박해를 이해하는 데에 있어
서 매우 중요한 사건이다. 이 백서가 작성된 조선후기의 일반적인 사회
사상적 배경으로 지적 할 수 있는 것은 당시 널리 유포되어 있던 유언비
어가 가지고 있던 전환기적 의식을 들 수 있다. '성세인부지간 야박천소
聖歲仁富之間 夜舶千艘'라는 호서지방에 널리 퍼져 있던 참언이나 '화택지간
만수횡강華澤之間 萬艘橫江'이라는 『정감록』의 구절들은 모두 다 당시 민중
들이 가지고 있던 전환기적 의식을 나타내는 저명한 예가 될 것이다.

---

63) 그러나 黃嗣永의 帛書事件을 직접적으로 제국주의 침략과 결부시켜 생각하는 데
　에는 많은 문제점이 있다. 西勢東漸의 결과 천주교가 조선에 전래된 것은 사실이
　나, 우리는 重商主義的 絶對王朝 단계에서 수행되던 西勢東漸과 그후 帝國主義
　的 政策의 일환으로 강행되던 그것 사이에는 많은 차이가 나고 있음을 알고 있다.
　사실 黃嗣永이 帛書를 작성했던 당시 産業資本을 배경으로 하여 東洋諸國을 侵
　略할 수 있었던 국가는 지구상에 단 하나도 존재하지 않았었다. 그러므로 黃嗣永
　의 帛書事件을 帝國主義 侵略과 同一視하려는 通念은 拂拭되어야 마땅하리라 생
　각된다.

즉 당시의 민중들은 해상으로부터 들어올 외부의 세력에 의하여 조선
왕조가 멸망하고 새로운 사회가 도래할 것이라는 희원希願을 품고 있었
다. 또한 당시의 민중들이 가지고 있던 전환기적 위기의식의 일단으로는
'시운불구'時運不久라는 유언비어를 들 수 잇을 것이다. 이 말은 조선왕조
의 시운은 다 되었으므로 새로운 시대의 시운이 시작될 것이라는 뜻을
포함하고 있다. 그런데 당시의 민중들 가운데는 새롭게 전래된 천주교가
새로운 시운과 관련된다고 생각하던 사람도 있었다.

이러한 유언비어의 유포는 민중들의 지방도피 현상을 야기惹起시킬
정도로, 당시의 민중들에게 심각한 영향을 주었던 것이다. 황사영은 당
시의 사회에서 노출되고 있던 이와 같이 불안한 전환기적 위기의식에 간
접적으로라도 영향을 받았으리라 생각된다. 그리고 이러한 외적인 영향
아래에서 백서를 작성했던 것으로 추측되는 바이다.

또한 황사영이 백서를 작성하게 된 또 다른 배경으로는 조선후기 천
주교의 신도공동체라는 일종의 사회집단이 가지고 있던 내적인 경험이
크게 작용하였음을 지적할 수 있을 것이다. 조선 후기의 천주교도들은
황사영백서에 앞서 두 차례에 걸쳐 대박大舶을 불러들임으로써 신교의
자유를 획득하려 계획했었다. 그런데 제1차 대박 청원서를 북경으로 발
송할 때에는 오로지 신교의 자유를 획득하기 위한 데에만 신도들의 목적
이 있었던 듯하다.

그러나 제2차 대박청원서를 발송하면서 신도들이 의도했던 바는 단지
비단 신교자유의 획득에만 머무르지 않고 이를 통한 사회개혁의 추진으
로까지 발전되었다. 황사영은 이 제2차 대박청원서에 조선신도대표의
한 사람으로 서명하였다. 이러한 그 자신의 경험이 제3차 대박청원서인
백서를 작성하는데 있어서 결정적으로 작용하였으리라 생각된다.

그런데 그는 천주교가 조선정부로부터 혹독히 탄압을 받고 있던 당
시, 평화적인 방법으로는 신교의 자유를 획득하기 어려운 절망적인 상황

에서 백서를 작성하였다. 따라서 황사영은 '태서제국太西諸國'의 무력간섭을 요청하려 했던 황사영의 발상은 사태판단의 미숙성에서 기인한 것으로서, 어떠한 의미에서든지 정당화 될 수 없음은 명백한 사실이다.

제2부

조선 천주교사와 국제환경

제1장

조선후기 서세동점西勢東漸과 조선천주교회

-김대건金大建 순교殉敎의 역사적 배경-

1. 머리말[1]

김대건이 살았던 19세기 중엽 조선왕조는 대내외적 측면에서 적지 않은 도전에 직면하고 있었다. 조선왕조가 직면한 대내적 도전으로는 민중의 각성과 사회·경제의 지적되고 있다. 민중의 각성 현상 가운데 하나로는 반反성리학적 경향의 사상으로서 서학 내지 천주교 신앙 등 각종 '사학邪學'의 성행을 들 수 있다.[2] 이와 함께 사회 경제의 발전은 『경국대전』에 기반한 조선왕조적 질서의 변동을 요청하고 있었다.

한편, 19세기 중엽 조선왕조가 직면했던 대외적 도전으로는 서세동점

---

1) 이 논문은 김대건 신부 순교 150주년 기념 심포지엄에서 구두로 발표된 「성 김대건 신부 순교의 교회사적 배경」 가운데 西勢東漸과 19세기 중엽 조선 교회와의 관계만을 집중적으로 검토한 글이다.

2) 趙珖, 1993, 「朝鮮後期 思想界의 轉換期的 特性」 『韓國史 轉換期의 문제들』(韓國史研究會 편), 知識産業社, 153~178쪽 참조.

현상의 하나로 나타나는 이양선의 출몰을 들 수 있다. 이 때 나타난 이양선들은 조선왕조에 대해서 문호개방이나 통상과 같은 요구를 서면으로 전달하기 시작했다. 그런데 당시 중국은 서세동침에 시달리고 있었고, 이 소식은 조선에 즉시 전달되어 조선의 조야에 두려움을 일으켰다.

이러한 상황에서 조선천주교회가 파리외방전교회와 관계를 갖게 되었다. 그리고 프랑스인 선교사가 조선에 파견되어 활동함에 따라서 곧 조선정부의 입장에서는 천주교사에 관한 문제가 대내적 요소와 대외적 측면이 착종錯綜된 문제로 부각되었고, 안팎으로부터의 도전상을 극명하게 나타내 주는 사건이었다. 따라서 당시의 지배층들에게 있어서 천주교 사건은 이 두 측면의 위기 상황을 동시에 드러내 주는 것이었고, 그 문제의 처리는 그 대내외적 위기를 한꺼번에 극복할 수 있는 관건이 되는 사건으로 간주되었다. 조선 정부는 천주교 문제가 가지고 있는 그 복합적 성격에 대해서 이미 19세기 전반기 신유교난辛酉敎難(1801)을 전후한 시기부터 인식해 왔다. 그러나 이와 같은 인식은 프랑스인 선교사가 순교한 1839년의 기해교난을 전후한 시기에 월등히 강화되었다.

조선 천주교회의 첫 사제였던 김대건金大建(1821~1846)이 활동했던 시기와 장소도 바로 이러한 19세기 중엽 극동아시아 내지는 조선 사회였다. 그는 19세기 전반기 조선 내지는 아시아의 역사적 조건 아래에서 태어나 활동했다. 따라서 그가 살았던 당대의 조선 천주교회는 조선 왕조의 역사적 조건을 기반으로 하여 세계 교회사의 영향을 받으며 19세기 중엽 역사의 격랑을 헤쳐 나가고 있었다. 이 시대적 조건과 배경을 파악하는 것은 김대건 당시의 교회사 및 김대건 자신의 생각과 활동을 이해하는 데에 전제되는 작업이다.

그런데 당시 조선교회의 진로에 적지 않은 영향을 주고 있었던 것은 프랑스로 상징되는 서양세력과 조선교회의 관계였다. 따라서 본고에서는 김대건의 활동을 이해하기 위한 전제로서 김대건 당시 서세동점의 상

황 및 유럽 식민주의와 조선 천주교회의 관계만을 집중적으로 검토하고
자 한다. 특히 김대건은 조선왕조가 서양을 관찰할 수 있는 계기를 마련
해 주었던 사람이다.

이와 같은 문제에 대한 관심이 기존의 연구에서 없었던 것은 아니다.
일부 연구자들은 1801년을 전후한 시기 '서양선박 요청사건'과 관련하
여 식민주의 열강과 조선교회의 관계를 살펴보고자 시도한 바도 있었
다.3) 그리고 1846년을 전후한 시기 프랑스 군함의 내침에 대해서 부분
적으로 언급한 글들도 찾을 수 있다. 4) 그러나 김대건이 활동하던 시기
프랑스 식민주의와 조선교회 내지는 김대건과의 관계에 관해서는 본격적인 연구
가 진행되지 아니했다.

그러므로 본고에서는 김대건 신부가 활동하던 19세기 중엽 당시 동아
시아 지역에서 전개된 서세 동점의 상황과 함께 프랑스 함대의 동향 및
조선교회 내지는 김대건과의 관계에 대해서 검토하고자 한다. 이 검토
작업이 19세기 전반기의 조선 교회 및 김대건의 생각과 활동을 역사적
맥락에서 조명하고 이해하는 데에 도움이 될 수 있을 것이다. 그리고 이
와 같은 연구를 통해서 김대건 관계 사건이 특수사의 일부가 아니라 한
국사의 본류와 접속되어 있는 사건으로 자리매김될 수 있기를 기대해
본다.

---

3) 趙珖, 1978,「黃嗣永帛書의 社會思想的 背景」『史叢』, 21·22 合輯, 高麗大學校
   史學會, 365쪽.
   朱明俊, 1981,「天主教 信徒들의 西洋船舶 請願」『教會史研究』, 제3집, 韓國教會
   史研究所, 48쪽 참조.
4) 李元淳, 1981,「19世紀中葉의 西歐勢力과 朝鮮」『한국사』(國史編纂委員會 編)
   16, 탐구당, 13쪽 이하 참조.

2. 서세동점西勢東漸과 동아시아

18세기 후반이래 서세동점이 진행되는 과정에서 영국 및 프랑스를 비롯한 구미열강의 함선들이 극동아시아 해역에 자주 출몰하고 있었다. 중국의 경우에는 영국 및 프랑스 등과 같은 국가와 직접 충돌함으로서 서구의 충격을 체험하게 되었다. 또한 일본도 페리(Perry)의 내항 이전 19세기 전반기 사회에서 서양 선박의 출몰을 빈번하게 경험해야 했다. 물론, 중국 및 일본과는 지리적 측면에서 차이를 드러내고 있던 조선의 경우에도 점증해 가는 서양 선박의 출몰 현상에 무관할 수만은 없었다. 이 과정에서 중국과 일본 그리고 조선은 서양 세력의 실체를 확인해 갔다.

1) 극동에서의 서세동점

중국이 산업혁명을 이룩한 구미 자본주의 국가와 직접 대면하게 된 것은 19세기 전반기를 전후한 때였다.[5] 당시 중국이 대면한 서구 열강으로는 영국이 있었다. 영국의 동인도회사가 자신의 선박을 청淸에 처음으로 파견한 것은 1635년이었다. 한편, 청淸은 대만臺灣 평정 이후 1684년 해금령海禁令을 풀고 중국 남부의 주산舟山, 영파寧波, 이문履門, 광동廣東, 오문墺門 등의 항구에 외국선의 내왕을 허가했다.

이 과정에서 18세기 이래 동인도회사의 영국 선박은 거의 매년 중국의 항구에 來泊하여 통상에 종사했고, 이 지역에서 전개되어 오던 포르투

---

5) 中國과 西歐列强의 관계에 관해서는 다음과 같은 논저들을 참조했다.
　佐伯好郎, 1948, 『淸朝基督敎の硏究』, 東京 ; 名著普及會, 70~86쪽.
　張力·劉鑒唐, 1987, 『中國敎案史』, 成都 ; 四川省 社會科學院出版社, 229~382 쪽.
　弗正淸 編, 中國社會科學院 歷史硏究所 編譯室 譯, 1993, 『鈑橋中國晩淸史』 上卷, 北京 ; 社會科學院出版社, 175~289쪽.
　茅海建, 1995, 『天朝的崩壞 : 鴉片戰爭 再硏究』, 北京 ; 三聯書店, 89~124쪽.

갈이나 네덜란드의 활동을 능가하게 되었다. 그러나 영국과 청의 무역은 18세기 말엽에 이르기까지는 청의 수출이 월등히 앞서고 있었다.[6]

한편, 1757년 건륭제는 무역제한령을 내려 개항장을 광동廣東으로 제한하고 공행公行을 통한 관허무역만을 허용했다. 그런데 당시 영국은 대청 무역貿易의 역조를 만회하고 산업혁명의 진전에 따른 자국 공산품의 판매 시장을 확보하기 위한 정책을 강행하게 되었다. 또한 영국의 식민지였던 인도 정부도 재정난의 타개를 위해 대청 아편 무역을 기도하게 되었다. 물론 중국에서는 1729년 이래 아편의 수입을 금지해 왔으나, 인도 정부는 1773년 경부터 청국에 대한 아편 수출을 강화시켜 나갔다. 그리고 영국의 산업혁명이 진척됨에 따라 영국정부는 대청 무역수지 역조현상을 반전시키기 위해서 1820년대 이후로 아편 수출을 격증시켜 갔다.[7]

그 결과 청과 영국과의 교역 수지는 역전되었고, 청인들은 아편중독으로 인한 피해와 자국이 보유한 은의 급격한 유출로 인해서 심각한 경제적 문제에 봉착하게 되었다. 이에 청국에서는 아편판금령을 내렸으나 효과가 없었다. 물론 아편금지령이 강행되고 상당한 효과를 보았던 경우도 있었다. 예를 들어 임칙서林則徐는 1837년 호광총독湖廣總督으로 임명된 이후 아편에 대한 철저한 단속으로 성가를 올렸다. 이러한 아편 단속에 대한 저항으로 1838년 영국의 주인도駐印度 해군사령관 메이트런드 (Frederick Maitland)가 이끄는 영국함대는 광동廣東 호문구虎門口 앞바다에서 무력시위를 감행하며 청측과 충돌한 바도 있었다.

한편, 임칙서는 1839년 초 도광제로부터 외무교섭을 담당하는 흠차대신으로 임명받아 광동에서 아편문제를 처리하게 되었다. 1839년 3월 광주에 도착한 임칙서는 아편 금제에 대한 강경책을 단행했다. 그 결과 아

---

6) 表敎烈, 1989, 「제1·2차 중영전쟁」 『講座 東洋史』(서울대학교 동양사연구실 편), 지식산업사, 27~30쪽 참조.

7) 弗正淸 編, 中國社會科學院 歷史硏究所 編譯室 譯, 1993, 『劍橋中國晚淸史』上卷, 北京 ; 社會科學院出版社, 186~193쪽 참조.

편전쟁으로도 불리는 제1차 중영전쟁中英戰爭(1840~1842)이 일어났다.8) 전쟁은 청측의 참패로 끝났고, 청은 중영남경조약中英南京條約을 통해서 불평등을 강요당했다.9) 그리고 프랑스도 1844년 황포조약黃埔條約을 통해서 청국에 대한 진출의 발판을 마련했다. 이 조약을 통해서 중국의 광동 등 5개 통상항구에 프랑스 선교사들이 거주하고 교당을 건립하며, 선교할 수 있는 권리를 획득했다.10) 이는 프랑스가 영국과 제휴함으로써 취득하게 된 이득이었다.

남경조약이나 황포조약은 영국과 프랑스의 중국 침투에 있어서 중요한 도구가 되었다. 한편, 로마교황청에서는 제1차 중영전쟁 이전부터 중국에 대한 포르투갈의 선교보호권을 실질적으로 무력화시켰다. 1838년에는 북경 주교에 프랑스인을 임명했고, 프랑스는 이 이후 중국 선교에서 두각을 드러내고 있었다.11) 이 과정에서 일부 선교사들은 '프랑스 침략자의 향도'로 비난받을 만한 일을 하기도 했다. 예를 들면 1843년 프랑스 선교사 안약앙安若望(Baldus)은 프랑스 정부에다 중국에 함선과 군대를 파견하여 종교 신앙의 자유를 얻게 해 달라고 요청한 바가 있었던 것이다.12)

청의 도광 황제는 황포조약에 따라 1846년 외국 선교사의 전교를 허용했다. 프랑스 선교사들도 사천성 뿐만 아니라 운남성 호북성 등지에까지 선교의 범위를 넓혀 나갔다. 즉, 프랑스 선교사들은 청에 불평등 조약이 강요되고 있던 1844년부터 1860년에 이르는 기간에 '전교운동'을 활발히 전개하면서 중국 내지內地 선교를 강화하고 있었던 것이다.13) 이에

---

8) 茅海建, 1995,『天朝的崩壞 : 鴉片戰爭 再研究』, 北京 ; 三聯書店, 90~102쪽 참조.
9) 앞의 책, 483쪽 이하.
10) 張力·劉鑒唐, 1987,『中國教案史』, 275쪽.
11) 佐伯好郎, 1948,『淸朝基督敎の硏究』, 東京 ; 名著普及會, 71~79쪽.
　　張力·劉鑒唐, 1987,『中國敎案史』, 236~241쪽 참조.
12) Burdon, *Histoire de la Mission de Pekin*, p.269.
　　張力·劉鑒唐, 1987,『中國敎案史』, 236쪽.

따라서 중국인들과의 갈등이 발생했다. 예를 들면, 1848년 프랑스 선교
사들은 복주福州 황죽지黃竹岐에서 교회당 건립 문제로 민인들과 충돌한
바 있었다. 그리고 1851년에는 정해교안定海敎案이 발생했고, 1856년에
일어난 서림교안西林敎案의 과정에서 프랑스 선교사 오귀스트 샵들렌
(Auguste Chapdelaine)이 지현知縣에 의해서 처형된 사건이 발생했다.[14] 황포
조약이 체결된 이후에도 천주교 선교로 인한 문제가 계속해서 제기되고
있었다.[15]

이러한 시기에 영국은 1850년대에 이르러 남경조약을 다시 개정하여
중국에 대한 침략을 가속화하고자 했다. 그리하여 그들은 이른바 애로우
(arrow)호 사건을 빌미로 삼아서 제2차 중영전쟁을 도발했다. 이때 프랑
스는 서림교안을 명목상의 이유로 삼아 영국과 공동 출병키로 했다. 이
로써 1856년 제2차 중영전쟁이 일어났고, 이 전쟁은 1858년에 조인된
천진조약天津條約으로 종결되었다.[16] 이 조약으로 청은 우장牛莊, 등주登州
등 북부지역의 항구 외에 양자강 유역을 비롯한 기타 지역의 항구 10개
를 개항해야 했다.

그러나 천진조약의 비준서 교환문제와 관련되어 다시 전쟁이 터졌고,

---

13) 佐伯好郞은 19세기 전반기 프랑스 선교사와 프랑스 식민주의의 관계에 대해서 주
목한 바 있었다. 여기에서 그는 1905년에 프랑스가 政敎分離를 단행하기 이전까
지 프랑스 선교사는 프랑스 국법상 프랑스 정부의 종교상의 官吏였고, 중국에서
선교에 종사하던 선교사들도 프랑스의 관리로써 프랑스 국익을 도모하는 동시에
자신이 소속된 천주교회의 이익도 도모하고 있었다고 보았다. 그러한 연고로
1844년 청국과 프랑스가 체결한 黃埔條約 22조와 23조에서 그리스도교 포교에
대한 규정을 담고 있었고, 1858년에 체결된 天津條約 제13조 및 1860년에 맺어
진 天津追加講和條約 제6조에서도 선교에 관한 규정이 수록되었음을 서술했다
(佐伯好郞, 1948. 앞의 책, 73~75 쪽).
14) 張力·劉鑒唐, 『中國敎案史』, 335~341 쪽.
15) 프랑스 선교권의 확대와 관련된 문제의 의미에 관해서는 本稿 註 137 및 王紹坊
著·韓人熙 譯, 1996, 『中國外交史』, 知永社, 68~70쪽 등을 참고할 수 있을 것이
다.
16) 表敎烈, 1989, 앞의 논문, 59쪽.

영불 연합군은 1860년 북경점령[庚申之變]을 단행하고 청의 조정을 압박
했다. 이처럼 제1차 중영전쟁에서 제2차 중영전쟁(에로우호 사건)에 이르기
까지 중국에 대한 구미열강의 침략은 가속되고 있었다.

중국에서 이러한 일이 진행되던 19세기 전반기 일본의 연근해에서도
구미 열강의 함선들이 자주 출몰하고 있었다.[17] 18세기 말엽인 1792년
부터 1853년 페리의 내항에 이르기까지 일본에는 48회에 걸쳐서 이양선
들이 정박하거나 표착했다.[18] 19세기 전후 일본은 1792년에서 1812년
사이에 11회에 걸쳐 진행되었던 러시아 선박의 내박과 통상요청 등과
같은 상황에 크게 우려하고 있었다. 그러나 19세기 전반기 일본 연근해
에 가장 빈번히 출몰하고 있었던 국가는 영국이었다.

영국은 1796년 이후 1852년에 이르기까지 모두 18회에 걸쳐서 일본
에 접근을 시도하고 있었다. 미국의 경우에도 1803년 이후 1852년까지
8회에 걸쳐서 일본에 내박來泊하여 무역을 요청하기도 했고, 미국의 페리
제독은 1853년에 일본의 개항을 단행했다. 한편, 프랑스는 1844년 유구
를 측량한 이후 1846년에는 3척의 함선이 나가사키長崎에 내항한 바가
있었다. 이밖에도 네덜란드, 프러시아, 덴마크의 선박 등이 일본에 상륙
했다.

이와 같은 과정에서 일본 막부에서는 이국 선박의 내항에 대해서 위
기의식을 지니고, 이에 대한 대비책을 논의해 갔다.[19] 그리고 제1차 중

---

17) 大久保利謙 編, 1988,『近代史史料』, 東京 ; 吉川弘文館, 3~7쪽.
　　田中彰·宮地正人 編, 1991,『歷史認識』(日本近代思想大系 13), 東京 ; 岩波書店,
　　3~6쪽.
　　藤田覺, 1995,「19世紀前半の日本」『岩波講座 日本通史』(朝尾直弘 外 編), 第15
　　卷, 東京 ; 岩波書店, 17~18쪽.
　　小野正雄, 1995,「大名のアヘン戰爭 認識」, 앞의 책, 299~311쪽.
18) 이 숫자는 大久保利謙, 앞의 책, 3~6쪽의 '18世紀末よりペリ~來航に至る對外
　　關係略年表'의 내용을 정리하여 제시한 것이다.
19) 藤田覺, 1995, 앞의 논문, 17~18쪽 참조.

영전쟁이 끝난 직후인 1844(天保 15), 1849(嘉永 2)년 등에는 아편의 해독에 대한 논의가 진행되고 있었다.[20] 그런데 이 시기 일본에서는 여전히 기독교에 대한 금교령과 서양 제국에 대한 쇄국정책이 수행되고 있었다. 이 상황에서 열강들은 일본에 대해 문호개방을 압박하고 있었으며, 로마 교황청에서는 기독교의 포교를 시도했다. 그러므로 교황 그레고리오 16세는 유구 포교지를 조선교구장에게 위촉했고, 조선에 진출한 파리외방전교회의 엥베르(Imbert) 주교는 일본과 유구의 선교에도 관심을 가졌던 것이다.[21]

당시 신도들 가운데 일부는 선교사들이 일본에 잠입하여 그리스도교를 선교하고 있는 것으로 생각하기도 했다.[22] 그리고 그리스도교의 포교를 위한 시도가 전개되고 있던 시기에 프랑스 해군 세실(Cécille)은 조선과 일본 사이에 있는 일본 도서 중 한 곳을 점령하여 프랑스의 상업적 근거지를 만들고자 계획한 바가 있었다.[23] 이러한 계획과 관련하여 우리는 세실의 함대가 1846년 나가사키長崎에 입항했던 사건의 저의를 파악할 수 있는 것이다. 즉, 1840년대 당시 일본에서는 서세동점의 실체를 체험하고 있었던 것이다.

2) 조선 연해의 이양선異樣船

19세기 전반기 이국 선박들은 중국과 일본뿐만 아니라 조선의 연근해에 출몰하고 있었고, 일부 선박은 조선의 도서나 연해지방에 상륙하여 통상을 요구하기도 했다. 이 과정에서 조선왕조는 17세기 이래 서양의

---

20) 田中彰 等編, 1991, 앞의 책, 3~6쪽, '鴉片始末' '鴉片煙流毒' 等 참조.
21) 달레, 崔奭祐·安應烈 譯註, 1980, 『韓國天主敎會史』 中, 韓國敎會史硏究所, 382쪽.
22) 韓國敎會史硏究所 編, 1997, 『성 김대건 신부의 체포와 순교』, 韓國敎會史硏究所, 115쪽.
23) 달레, 1980, 앞의 책 下, 31쪽.

존재를 점차 명확하게 인식해 갔고 표착한 서양 선원들이나 간접적으로
전래된 서양의 문물을 통해서 그 실체를 체험하게 되었다. 그 후 19세기
에 접어들면서 영국 프랑스 러시아 미국 등 구미 제국의 군함이나 무장
상선 또는 포경선 등이 조선 연해에 출몰했다. 조선의 관리들은 이를 이
양선이라 부르며 그들과의 접촉을 경계했다. 그들이 타고 왔던 이양선들
은 당당한 무장을 갖춘 거대한 함선이었고 조선에 대해서 무력시위를 감
행하기도 했다. 여기에서 조선에서는 서양의 침입에 대한 경계심과 이에
대처해 나가려는 해방론海防論이 강화되어 갔다.24)

해방론은 원래 17세기 이래 조선 황해에서 활동하던 청국 어선인 황
당선荒唐船의 횡행에 대처하기 위한 방략으로 제기되었던 해안 방어 이론
이었다.25) 그러나 19세기 중엽에 이르러서 해방론은 서양 세력의 도전
에 대한 조선인의 위구심과 관련을 맺으며 전개되고 있었다. 조선 연해
에 이양선의 출현에 관한 기사는 17세기 초엽부터 나타나기 시작하
여,26) 18세기 말엽부터 자주 확인된다. 즉, 1787년 5월 프랑스의 라 뻬
루즈(La Pérouse)는 동해를 항해하다가 울릉도를 '발견'했다.27) 1795년(正祖
19) 황해도 오차진吾叉鎭에는 '국적을 알 수 없는' 이양선 한 척이 상륙하
여 그곳의 진졸鎭卒들과 충돌한 기록이 있다.28) 그리고 1799년에는 영국
해군 대령 부로우튼(William Robert Broughton)이 이끄는 탐험선 프로비던스

---

24) 趙珖, 1997, 「朝鮮後期 西洋과의 關係」『한국사』제32권, 國史編纂委員會 참조.
25) 「英祖實錄」, 38卷 10年 5月 6日 辛巳條 ; 69卷 25年 3月 20日 戊辰條 ;「正祖實
   錄」11卷 5年 4月 5日 戊申條.
26) 李睟光, 『芝峯類說』卷2, 諸國部.
   H.N. Allen 著, 櫻井義之 譯, 「外人去來朝鮮年表」『朝鮮學報』, 第5輯, 188쪽.
   潘允洪, 1982, 「朝鮮後期의 對歐羅巴認識」『國史研究』제3집, 朝鮮大國史研究所,
   83쪽.
27) Milet~Mureau, Voyage de la Pérouse autour du monde, 4 vols., Paris, 1798.
   崔奭祐, 1986, 「韓佛條約 締結 以前의 韓佛關係」『韓佛修交100年史』, 韓國史研
   究協議會, 23쪽.
28) 「正祖實錄」, 43卷 19年 8月 1日 己卯條.

호(The Providence)가 함경도 원산 근해에 나타나 해안을 측량하고 회항하다가 동래 용당포에 표착했다.[29]

　19세기에 들어와서 조선 연안에는 이양선이 더욱 자주 나타나게 되었다. 19세기에 출현한 이양선으로는 1801년 제주도에 표착했던 국적 미상의 선박을 먼저 들 수 있을 것이다.[30] 그리고 이 때에 이르러 러시아인을 비롯한 서양인들의 동해안 출현이 가속화되고 있었다. 러시아인들이 동해에 출현하여 활동한 사실은 1803년의 기록을 주목할 수 있다.[31] 러시아와 함께 영국 군함들도 한반도를 향해 계속 접근해 오고 있었다. 당시 조선 연해를 항해했던 영국 군함으로는 맥스웰(Maxwell) 대령이 이끄는 알세스트호(the Alcest)와 리라호(the Lyra)가 있었고, 이 배는 1816년 충청도 마량진馬梁鎭에 도착했다.[32]

　그리고 1832년에는 영국 선박 로오드 애머스트호(The Lord Amherst)가 황해도 장연군 몽금포 앞바다를 거쳐서 충청도 홍주목 고대도古代島에 나타나 그 근해에 거의 한 달을 체류하면서 수교와 통상을 요구하다가 성과 없이 돌아갔다.[33] 이에 대해서 조선의 조정에서는 '타인의 신하는 외교를 하지 않는다는 주장人臣無外交論'을 제시하며 이를 거절했다.[34] '인신무외교론人臣無外交論'은 중국 황제의 번속藩屬인 조선 국왕이 서양과 독자적으로 외교를 할 수 없다는 논리였다. 이는 서양 선박이 면전에서 요구하고 있던 통상교섭을 거부하기 위한 명분으로 제시된 것이었다. 그러

29) 洪以燮, 1994, 「朝鮮後期 海洋史」『洪以燮全集』Ⅰ, 646쪽.
　　韓國史硏究協議會, 1984, 『韓英修交100年史』, 韓國史硏究協議會, 2쪽.
　　金源模, 1979, 『近代韓美交涉史』, 弘盛社, 65쪽.
30) 洪以燮, 1994, 「朝鮮後期海洋史」『洪以燮全集』Ⅰ, 연세대학교 출판부, 459쪽.
31) 朴泰根, 1984, 「러시아의 동방경략과 수교 이전의 한로관계」『韓露關係100年史』, 韓國史硏究協議會, 33쪽.
32) 「純祖實錄」, 19卷 16年 7月 19日 丙寅條.
33) 韓國史硏究協議會, 1984, 『韓英修交100年史』, 韓國史硏究協議會, 2쪽.
34) 『備邊司謄錄』, 純祖 32年 7月 8, 11. 18日條.

나 이는 조선이 서양과의 독자적인 외교교섭권을 스스로 부인하는 것이
었다. 이 배는 영국 동인도회사 중국무역 관장인 린제이(H. M. Lindsey)가
지휘하고 있었으며, 독일인 개신교 목사 칼 구츨라프(Karl Friedrich August
Gutzlaff)가 승선하여 일부 조선인과 만나기도 했다.35)

1840년 12월에도 영국 선박 두 척이 제주 대정군 모슬포 가파도에
나타나 40여명이 상륙하여 가축들을 약탈해 갔다.36) 그리고 1845년 6월
에는 해군 대령 벨처(Edward Belcher)가 이끄는 사마랑호(The Samarang)를 비
롯한 4척의 영국 군함이 남해안 일대를 탐사하던 중 거문도에 상륙한
바도 있었다.37) 영국 군함 사마랑호의 일행 200여명이 조선 연해에 상
륙하여 아무런 제지도 받음이 없이 돌아다녔다.

이 사건은 중국에서 영국과 청국 사이에 교전이 있었음이 알려진 다
음의 일이었기 때문에 당시 조정의 놀라움도 컸다. 조선에서는 1832년
(純祖 32)의 전례에 따라서 이를 청 예부禮部에 통고하고 청의 예부로 하여
금 광동의 번박소番泊所에서 조선이 금단 지역임을 알리기로 했다.38) 그
리고 조선 정부는 변정邊情에 관계되는 일은 상호 통보해 주던 관례에
따라서 사실을 일본 막부에 통고해 주었다. 또한 1846년에는 후술하는
바와 같이 프랑스의 군함이 조선 연해를 침범하기도 했다.

1840년대 후기에 들어와서 이양선이 더욱 자주 출몰하고 있음을 확
인하게 된다. 즉, 1846년(憲宗 12) 7월 함경도 경성鏡城에서, 1848년 6월과
7월에 함경도 단천端川과 전라도 라주목 흑산진黑山鎭에서 이양선 출몰이
보고되었다.39) 이양선의 출몰이 가장 잦았던 때는 1848년 여름과 가을

---

35) Charles Gutzlaff, *Journal of Three Voyage along the Coast of China in 1831,1832&1833,
   with Notice, Corea and Loo~Choo Island*, London : Thomas Ward, 1834.
36) 『承政院日記』, 憲宗 6年 12月 30日條.
37) 韓國史研究協議會, 1984, 『韓英修交100年史』, 韓國史研究協議會, 2쪽.
38) 『日省錄』, 憲宗 11年 9月 5日條.
   閔斗基, 1986, 「19世紀 後半 朝鮮王朝의 對外危機意識」 『東方學志』 52, 延世大
   學校 國學研究院, 272쪽.

경이었다. 이 해(1848) 4월에는 대마도주가 전사專使를 보내어 3월 4일에
서 3월 15일 사이에 10여척의 이양선이 연속적으로 출현하여 남에서 북
으로 항진했음을 연락해 왔다.

이 연락에는 이양선의 도본이 첨부되어 있었다. 이로써 이양선에 대
한 경각심은 다시 높아졌다.[40) 이때를 전후하여 "이양선이 경상·전라·황
해·함경·강원 다섯 도의 대양 가운데 출몰하는데, 널리 퍼져서 추적할
수 없었다. 간혹 뭍에 내려서 물을 긷기도 하고 고래를 잡아 양식으로
삼기도 하는데, 거의 그 수를 셀 수 없이 많았다"라는[41) 기록을 남길 정
도로 이양선의 숫자가 급증하고 있었다. 그리고 1849년(憲宗 15)에는 함
경도 일대에 이양선 출몰이 더욱 빈번해졌고, 3월에는 부산에서 수많은
이양 범선들이 목격되었다. 그해 4월에는 '구름과도 같고 산과도 같은'如
雲如山한 대범선 한 척이 함경도 단천 및 경상도 울릉도 앞 바다를 통과
한 바 있었다. 그리고 4월 20일에는 함경도 이원현利原縣 유성리楡城里에
서는 배를 내려 천막을 치려고 벌목하던 이양인異樣人 어부 18인을 체포
하는 일까지 발생했다.[42) 1850년(哲宗 元年)에는 울진 앞바다에서 문정問情
하기 위해 접근하던 후망선候望船에 이양선이 발포하여 격군格軍 1인을
살해하고 4인을 부상시킨 사태가 발생했다. 이는 문정을 강화하라는 지
시에 따른 것이었으나, 이 사건 이래로 항해 중인 이양선에 대해서는 문
정하지 않아도 좋은 것으로 되었다.[43) 1851년(哲宗 2) 4월에는 라주목 비
금도飛禽島에 이양인 29인이 표류하여 배를 빌려주어 송환한 바가 있었

39) 『日省錄』, 憲宗 14年 7月 4日·22日·25日·27日條.
　　閔斗基, 1986, 前揭論文, 275쪽.
40) 閔斗基, 1986, 前揭論文, 274쪽.
41) 「憲宗實錄」, 15卷, 14年 12月 29日 己巳條.
42) 『日省錄』, 憲宗 15年 4月 12日·14日·19日·20日條.
　　閔斗基, 1986, 前揭論文, 275 쪽.
43) 『日省錄』, 哲宗 元年 3月 7日·20日條.
　　閔斗基, 1986, 前揭論文, 275쪽.

다. 또한 1851년 제주도 모슬포에 프랑스 포경선이 나타나 양식을 요
청한 바 있었다.[44] 그리고 1852년 7월 고군산도에 프랑스 군함이 정박
했다.

1853년 초에는 미국 포경선이 미국 선원 42명과 일본인 2인을 싣고
동래부 용당포 앞바다에 정박한 바 있다.[45] 1853년 4월 이래 러시아의
해군 중장 뿌짜찐(E. V. Poutyatin) 휘하의 군함 빨라다호(Pallada) 및 보스토
크호(Bostok)가 영흥만과 그 내양內洋인 송전만松田灣을 비롯해서 영일만·
통천·안변·덕원·고원·함흥 및 두만강 하구인 조산造山 등지를 조사했다.
그리고 1854년 4월에는 영흥부 용성진龍城鎭에 상륙하여 주민을 살해하
여 분란을 일으키기도 했다.[46] 1855년(哲宗 6) 6월 강원도 통천군 임도면
臨道面 남애진南涯鎭에 이양인 4인이 표착했다. 그들은 미국 포경선 투 브
라더즈호(the Two Brothers)에서 탈출한 선원이었다.[47] 1855년 7월에는 홍
주 장고도長古島에 프랑스인이 상륙하여 가축과 야채를 약취하고 은전
122원을 강제로 지급한 적이 있었다. 1856년 충청도 홍주목 고대도에
프랑스 군인들이 상륙하여 가축을 약탈하고 부녀자를 겁탈하려다 주민
과 충돌하자 총검을 휘둘러 수명이 부상을 당하기도 했다.[48] 강제로 식
료를 구하려던 사건은 1856년(철종 7) 평안도 안변에서도 일어났고, 1859
년(哲宗 10) 경상도 동래 신초량新草梁 앞바다의 이양선, 1860년 4월 전라
도 영암군 추자도와 경상도 蔚山의 이양선에 대한 기록도 나타나 있다.[49]

---

44) 崔奭祐, 1986, 앞의 논문, 23쪽.
45) 『日省錄』, 哲宗 4年 1月 6日·18日條.
　　金源模, 1979, 앞의 책, 84~88쪽.
46) 『日省錄』, 哲宗 5年 4月 26日條.
　　宋炳基, 1992, 앞의 논문, 362쪽.
47) 『日省錄』, 哲宗 6年 6月 1日條.
　　金源模, 1979, 앞의 책, 97~98쪽.
48) 『日省錄』, 哲宗 7年 7月 19日條.
　　宋炳基, 1992, 앞의 논문, 365쪽.
49) 閔斗基, 1986, 앞의 논문, 276쪽.

즉, 1840년대 후반기 이후 영국, 프랑스, 러시아, 미국의 선박들이 조선 연해에 접근하고 있었다. 이 과정에서 이양인들이 상륙하기도 했고, 조선은 인명 피해를 당하기까지 했다. 그리고 양이洋夷가 조선에 침입해 올 가능성을 어느 정도까지는 예측할 수 있었을 것으로 생각된다.

요컨대, 19세기 전반기 극동 아시아에는 러시아, 영국, 프랑스, 미국 등의 구미 열강들의 선박이 자주 출몰하고 있었다. 이 과정에서 영국은 1840년에 발발한 제1차 중영전쟁의 결과로 남경조약을 체결한 이후 중국에 대한 침략을 노골화해 갔고, 프랑스의 경우에도 1844년 청국과 황포조약을 체결하여 중국에 대한 진출을 강화해 갔다. 한편 프랑스 교회에서도 황포조약을 전후해서 중국에 대한 선교사업을 활발히 전개해 갔다.

이 시기 일본은 이국선박의 출몰로 인한 위기의식을 느끼고 있었고, 이에 대한 대책 수립이 모색되었다. 한편, 조선의 경우에도 이양선 문제와 관련하여 해방론이 대두되기 시작했으며, 서양 제국에 대한 경계가 점차 강화되었다. 이 시기 조선은 중국의 경우에서와 같은 서양세력의 무력침공을 직접 경험하지는 않았지만, 서양세력의 침입 가능성에 대해서 어느 정도까지는 예측하고 있었다. 그러나 당시 조선은, 일본이 이국선박의 빈번한 출몰과 그로 인한 충돌로 인해서 '서구의 충격(Western Impact)'을 강하게 감지하고 이에 대응했던 것과는 달리, 서양 함선의 출현에 대해서 구체적 대안의 마련에까지는 이르지 못했다. 그렇다 하더라도 19세기 전반기에 이르러서 조선을 비롯한 극동아시아 제국에서는 서세동점의 과정에서 빚어진 이양선 문제로 인해서 서양세력의 실체를 구체적으로 파악하게 되었고, 서양인과의 직접적인 접촉과 충돌을 경험하게 되었다.

3. 대외적 위기의식의 실체

김대건이 살았던 19세기 중엽 조선에서는 당시까지 접하지 못했던 새로운 국제적 환경이 조성되고 있었다. 이 새로운 환경은 서세동침에 관한 소식을 통해서, 그리고 이양선의 출몰로 인해 야기되었다. 조선의 조정에서는 특히 제1차 및 제2차 중영전쟁을 전후한 시기 부연사赴燕使의 보고를 통해서 중국의 정세를 파악하고 있었으며, 구미 열강의 침략으로 인한 중국의 정세 변화에 대해서 위기감을 갖기도 했다. 뿐만 아니라 조선은 1840년대 이후 프랑스 함선으로부터 직접적인 위협을 받았고, 이로써 '양이洋夷'에 대한 위기의식은 점차 강화되어 가고 있었다.

물론 당시 조선인들이 가지고 있던 위기 의식은 일본학계에서 논의되는 이른바 '서구의 충격'과는 일정한 차이가 있는 것이었다. 그러나 중국에서 전개되는 서세동침에 관한 소식이나, 서양 선박의 조선 연해 출현에 관한 보고들은 조선 정부 당국자들을 긴장시키기에 충분했다. 이러한 상황들은 김대건의 순교를 전후한 시기 그의 활동을 이해하는 데에 필수적으로 참고되어야 할 부분들이었다. 그러므로 본장에서는 두 차례에 걸친 중영전쟁에 대한 조선측의 반응을 먼저 서술하고 이에 이어서 조선이 이양선 내지는 프랑스 함대와 직접 조우하게 된 사실에 관해서 약술하고자 한다.

1) 중·영전쟁에 대한 인식

조선이 서세동침을 비롯한 구미국가에 관한 소식을 들을 수 있는 공식적인 통로는 연행사 편이었다.50) 서세동침에 관해서 19세기 전반기

---

50) 韓㳓劤, 1968,「開港當時의 危機意識과 開化思想」『韓國史硏究』2, 韓國史硏究會, 105~139쪽.

조선에 전달된 첫 소식은 1810년 3월 동지겸사은행 서장관 이영순李永純의 보고였다. 이영순은 자신의 보고서에서 '영길리인英咭利人들이 땅을 점령하고 이익을 도모하기占地謀利 위해서 자주 오문澳門을 침공하고 있음'을 전한 바 있었지만,[51] 이 당시는 영국의 중국 침투 상황에 대해서 큰 관심이 주어지지는 아니했다. 그러나 조선이 중국에 대한 양이의 침범에 관심을 가지게 된 것은 제1차 중영전쟁 직전부터였다.

조선 조정에서는 전쟁 발발 직전인 1840년 3월에 중국과 영국이 충돌할 가능성이 높다는 사실을 동지겸사은행 서장관 이정이李正履와 수역首譯 김상순金相淳의 보고를 통해서 이미 알고 있었다. 이때 이정이는 서양의 영길리인英吉利人으로 인해서 '기이하고 사악하며 교묘 사치한 물건'奇邪巧侈之物이 중국에 만연하는 상황과 이의 유입금지에 관한 중국측의 시도를 보고했고, 김상순은 서양인이 사교邪敎를 전파하면서 아편을 가지고 들어와 '몸과 수명을 상하고 해한다'戕害身命한다고 지적했다.[52]

조선왕조는 진하사은겸동지행 서장관 이회구李繪九의 보고를 통해서 전쟁 발발 9개월 후인 1841년 3월에 그 자세한 경과에 접하게 되었다. 이때 보고된 내용으로는 영국인들이 통상을 허락하지 아니한다는 구실로 1841년 6·7월 경에 정해현定海縣을 함락시켜 지금까지 점령하고 있으

原田環, 1984, 「19世紀の朝鮮における對外的危機意識」『朝鮮史研究會論文集』, 21, 東京 ; 朝鮮史研究會, 73~105쪽.

河政植, 1985, 「朝鮮官人의 太平天國觀」『崇實史學』, 第3輯, 55~96쪽.

閔斗基, 1986, 「19世紀 後半 朝鮮王朝의 對外危機意識」『東方學志』52, 延世大學校 國學研究院, 259~279쪽.

三好千春, 1990, 「兩次アヘン戰爭と事大關係の動搖~~特に第二次アヘン戰爭時期を中心に~~」『朝鮮史研究會論文集』27, 東京 : 朝鮮史研究會, 47~68쪽.

宋炳基, 1992, 「憲宗·哲宗代(19세기 중엽) 韓國人의 對美認識」『中齋張忠植博士華甲紀念論叢』, 同刊行委員會, 355~368쪽.

51)『同文彙考』4, 「己巳 冬至兼謝恩行書狀官 李永純 聞見事件」(1978, 國史編纂委員會), 4, 3791쪽.

52)『日省錄』, 憲宗 6年 3月 22日條.

며 12월에는 호문虎門에 침입하여 노략과 겁탈을 일삼기 때문에 황제가
분노하여 군대를 광동廣東으로 출동시켰다는 내용이었다.[53] 즉, 제1차 중
영전쟁의 발발과 그 초기 전투상황에 관한 내용을 조선 조정은 전달받았
다. 그리고 조정에서는 헌종 8년(1842) 12월에는 전쟁이 끝나고 통상장정
이 체결되었다는 사실을 파악할 수 있었다.[54] 1845년에 이르러서 조선
은 그 남경조약의 대체적인 윤곽을 파악하게 되었다.

즉 전년도에 파견되었던 주청겸사은동지행의 서장관 윤찬尹攢은 '문견
기사'聞見記事를 통해서 이를 보고했다. 이 보고는 영이英夷가 청과 강화할
때 90만 금金을 받고서야 철병했으며, 4·50건의 약조를 정하여 위협하였
는데 한결같이 그 요구하는 바를 들어주어 감히 거스르지 못했고, 강화
한 후에 청국에서는 매년 돈과 비단을 바치고 있으나 저들은 조금이라도
불만이 있으면 공갈한다는 내용이었다.[55] 이는 청이 영국에 대해서 아
편 배상금으로 600만 달러를 지불한 사실과, 남경조약 및 이를 보완하기
위해서 체결한 중영오구통상장정中英五口通商章程 호문조약虎門條約 등의 내
용을 함께 모두어 보고한 것으로 생각된다. 이 이후 조선 조정에서도 중
국에서의 양이의 동태에 대한 경계가 지속되고 있음을 알 수 있다. 즉,
양이들이 사교를 전파하여 인심을 함닉시키고, 아편을 유입하여 그 해독
이 클 뿐만 아니라, 막대한 양의 은이 유출되고 있다는 사실이 수차에
걸쳐서 지적되고 있었다.[56]

---

53) 『同文彙考』4,「辛丑 進賀謝恩兼冬至行 書狀官李繪九 聞見事件」, 3803~3804쪽.
54) 『日省錄』, 憲宗 8年 12月 4日條.
55) 『同文彙考』4,「乙巳 奏請兼謝恩冬至行 書狀官 尹攢 聞見事件」, 3805~3806쪽.
56) 『朝鮮王朝實錄』「憲宗實錄」, 憲宗 6年 3月 乙卯.
　　『承政院日記』, 哲宗 2年 3月 18日 申時.
　　『同文彙考』4,「丁酉 奏請兼謝恩行 書狀官 李源益 聞見事件」「戊戌 冬至兼謝恩
　　行 書狀官 李時在 聞見事件」, 3803쪽.
　　『同文彙考』4,「戊午 冬至兼謝恩行 首譯 方禹敍 聞見事件」, 3816쪽.
　　宋炳基, 1992, 앞의 논문, 358쪽.

한편, 조선에서 아편의 해독에 대해서는 1830년대 이래로 꾸준히 보고되고 있었다.[57] 즉, 순조 32년(1832)에 입연한 김경선金景善의 연행기燕行記에서는 광동, 복건 등지에서 아편의 피해가 크므로 그 흡연을 엄금하라는 상주上奏가 있었음을 보고하고 있다.[58] 그리고 헌종 3년年(1837) 주청겸사은행의 서장관 이원익李源益의 문견기사聞見記事에는 은 값의 앙등이 아편 때문임을 지적한 바 있었다.[59] 그리고 동지겸사은행 서장관 이시재李時在의 문견기사에서는 청의 조정에서 아편금지대책 때문에 부심하고 있음을 보고했다.[60]

또한 헌종 14년(1848) 동지겸사은행冬至兼謝恩行의 수역 이상적李尙迪의 보고를 통해서 아편의 해독과 이로 인한 은화의 유출이 더욱 심각해졌음을 보고했다.[61] 아편의 폐해는 철종 2년(1851)에도 진하겸사은세폐행의 정사 권대긍權大肯의 보고를 통해서도 확인되었으며, 권대긍은 아편의 유입을 방지하기 위해서 의주부에 대한 감시를 강화해야 할 것을 주장했다.[62] 그리고 철종 7년(1856) 동지겸사은행의 서장관 강주환姜丹煥의 문견별단聞見別單에서도 중국에서 아편의 해독이 심각함을 보고하고 있다.[63]

이와 같은 보고를 통해서 조선의 조정에서는 아편의 폐해를 충분히 인식하고 있었던 것으로 생각된다. 그러므로 헌종 14년(1848)에 부연사행을 수행했던 화원 박희영朴禧英 아편흡식도구阿片吸食道具를 가지고 오다가 의주에서 체포되자 아편의 유입에 대한 대책이 심각히 논의되었다. 박희영은 체포 당시 아편 현물을 휴대하지는 않았으나, 중국에서 흡식을 시도한 적이 있었다고 자백했다. 이에 조정에서는 박희영을 엄단하고자 했

57) 閔斗基, 1986, 앞의 논문, 261쪽.
58) 金景善, 1982, 「燕行直指」『국역 연행록전집』 11, 민족문화추진회, 63~64쪽.
59) 『同文彙考』 4, 「丁酉 奏請兼謝恩行 書狀官 李源益 聞見事件」, 3803쪽.
60) 『同文彙考』 4, 「戊戌 冬至兼謝恩行 書狀官 李時在 聞見事件」, 3803쪽.
61) 『同文彙考』 4, 「戊申 冬至兼謝恩行 首譯 李尙迪 聞見事件」, 3813쪽.
62) 『承政院日記』, 哲宗 2年 3月 18日條.
63) 『同文彙考』 4, 「丙辰 冬至兼謝恩行 書狀官 姜丹煥 聞見別單」, 3815쪽.

으나, 당시 조선에서 통용되던 『대명률大明律』의 어느 조항에서도 아편 흡식을 금지하는 조항이 없었으므로 박희영은 죽음을 면하고 減死감사위노減死爲奴하여 원도찬배遠島流配하기로 결론을 보았다.[64]

한편, 1856년 10월에 발생한 '애로우호 사건'으로 야기된 제2차에 대해서 조선 정부는 그 윤곽을 파악하고 있었다.[65] 즉, 1858년(철종 9)에 이르러서는 '영이'英夷의 광주입성문제廣州入城問題와 관련하여 '영이'英夷의 무력시위가 있었음이 보고되었다. 또한 1859년(철종 10)에는 광동성 일대가 4개월 동안 영이에게 점령당했고, 영선 70여척이 천진에 이르러 내지개시를 요구하고 있는 사실을 전했다. 그러나 당시의 보고자들은 이 사건에 대해 별다른 염려가 없이 그의 수습에 낙관적인 견해를 가지고 있었다.[66]

그러나 이 전쟁 과정에서 1860년(哲宗 11) 영불 연합군에 의한 북경 함락에 관해서는 사건 발생 3개월 만인 1860년 12월 9일에 역관 김경수金景遂의 수본手本에 의해서 조선에 급히 전달되었다.[67] 이로써 조선은 북경이 함락되고 원명원圓明園이 불탄 사실 및 황제가 열하熱河로 피신한 일과, 청은 '대영'大英 '대법'大法, '아라사'俄羅斯, '아미리'亞美理' 등 양이와 새로운 조약을 맺어 천주교 전교 학습을 보호하여 금하지 않고, 각 항구에서 자유로이 통상하며 배상금 800만냥을 물게 되었다는 내용을 대략

---

64) 『備邊司謄錄』, 憲宗 14年 5月 1日·5月8日, 23권 911~912쪽.
　　『承政院日記』, 道光 28年 5月 9日·5月 12日條.
65) 『同文彙考』 4, 「戊午 冬至兼謝恩行 首譯 方禹敍 聞見事件」, 3816쪽.
　　『日省錄』, 哲宗 11年 12月 9日.
　　『承政院日記』, 哲宗 11年 12月 9日條.
66) 河政植, 1985, 앞의 논문, 74쪽.
　　閔斗基, 1986, 앞의 논문, 267쪽.
67) 『日省錄』, 哲宗 11年 12月 9日.
　　『備邊司謄錄』, 哲宗 11年 12月 9日.
　　『承政院日記』, 哲宗 11年 12月 9日條.

파악하게 되었다.[68] 이 소식을 접한 국왕은 중신들에게 다음과 같이 말했다.

> 재자관賣咨官의 수본手本을 읽어보니 중국의 일이 매우 걱정된다. 대저 천하를 장악한 거대한 나라지만 양이를 당해 내지 못했으니 양이들의 무력이 표한慓悍함을 알 수 있다. … 연경燕京은 우리에게 입술과 이와 같은 관계인데, 연경이 위태로우면 우리나라라고 어찌 편안하겠는가 ? 또한 그들이 강화라고 한 것에는 교역에 관한 것뿐만 아니라 윤상을 없이하고 망가뜨리는 술術;西敎을 사해四海에 오염시키고자 하는 것이니, 우리나라도 그 해를 면할 수 없게 되었다. 이리되면 어찌할 것인가. 대비책을 강구하지 않을 수 없는데 그대들의 뜻은 어떠한가?[69]

이상의 인용문에서 알 수 있는 바와 같이 북경함락 소식에 조정은 매우 놀랐다. 그리고 양이들이 무력적 방법에 의해서 천주교 선교를 강요하는 사실에 더욱 큰 두려움을 가지고 있었다. 그리고 그 해(1860) 파견되었던 동지사 일행이 1861년에 귀국한 이후 그 사건의 좀더 구체적 내용이 보고되었다.[70] 이에 대해서 국왕은 "대국도 저렇게 곤욕을 당하고 있는데 우리나라가 무사할 수 있겠는가"라고 걱정하면서 이에 대한 대비책의 제시를 하명했다. 그러나 이 위기의식에 대한 영의정 조두순趙斗淳의 대처방안에서 관료 일반이 가지고 있었던 생각의 일단이 반영되어 있다.

즉 조두순은 이러한 사태에 대한 조선의 대처방안으로서 재력과 병력을 증강시켜야 한다는 일반론을 전개하는 데에 불과했고, 그 구체적인 방법의 제시에는 관심이 없었다. 그리고 그는 당시 '중국이 곤욕을 당하는 것은 천지의 운수'라고 말하면서, 이와 같은 상황에서 당장 해야 할

---

68) 閔斗基, 1986, 앞의 논문, 268쪽.
69) 『承政院日記』, 哲宗 11年 12月 10日條.
70) 『同文彙考』 4, 「辛酉 冬至兼謝恩行 首譯 李塨 聞見事件」, 3818쪽.

일로는 군주가 도덕적 품성의 함양에 노력해야 한다는 점으로 그 대책안을 귀결시켰다. 그리고 그들이 마련한 최대의 대책은 지방관의 임명에 신중을 기해야 한다는 것으로 낙착되었다.[71]

제2차 중영전쟁의 결과로 조인된 북경조약문은 1861년(哲宗 12) 3월 27일 전년도 10월에 동지겸사은사로 중국에 갔던 신석우申錫愚 일행이 귀국하면서 가지고 왔다. 이에 국왕은 이번의 사건이 '사교선포邪敎宣布'와 '아편 판매' 때문임을 말하면서 양이들이 추세에 따라서 우리나라를 침범하는[因勢東犯] 상황에 대해서 매우 큰 위기감을 가지고 있었다. 그러나 그 구체적 대안은 전혀 마련하지 못했으며, 한편, 조선의 조정에서는 중국의 주변에 있던 국가 중 유일하게 황제의 열하행熱河行을 위문하기 위한 문안사問安使를 파송했다. 이 위문사의 1861년(철종 12) 6월 19일자 보고를 통해서도 양이의 위험성이 거듭 확인되었다.[72]

이와 같은 경로를 통해서 '경신지변庚申之變'으로 불리는 이 사건이 조선에 전해진 이후 조선의 조야에서는 긴장하게 되었고, 민심이 동요하여 낙향하는 사람들이 발생하기도 했다.[73] 북경함락 소식을 접한 조선의 조야가 황망해 하던 상황은 다음과 같은 기록을 통해서도 확인된다.

> 조약의 사본들이 입수되었다. 서울에서 시작하여 전국으로 번진 엄청난 공포와 심각한 경악을 말하는 것은 불가능한 일이다. 모든 일이 중단되었고, 부자나 넉넉한 집안 사람들은 산골로 도망하였다. … 대신들은 그들의 부서를 감히 떠나지 못하고 아내와 자녀와 보물들을 서둘러 떠나보냈다. 높은 관직에 있는 관리들이 신자들에게 공손하게 보호를 부탁하고 위험의 날에 대비하여 종교서적이나 고상苦像이나 성패聖牌를 장만하려는 교섭을 벌였다. 어떤 관리들은 공공연하게 천주교의 이 표지를 허리에 차고 다니기까지 했다. 포졸

---

71) 『承政院日記』, 哲宗 12年 1月 29日條.
   閔斗基, 1986, 앞의 논문, 269쪽.
72) 『承政院日記』, 哲宗 12年 6月 19日條.
73) 『承政院日記』, 哲宗 12年 1月 29日條.

들은 모인 자리에서 제 각기 천주교인들에 대한 수색에 협력했던 사소한 일 들과 그들에게 가한 고문을 변명하였다. 온 백성이 이성을 잃을 만큼 당황한 것 같았다.[74]

이처럼 19세기 전반기 조선에서는 중국에서 전개된 서세동침의 상황 과 관련하여 상당한 위기감이 조성되고 있었다. 그리고 중국의 경우에 비추어 볼 때 아편 판매와 사학邪學의 유포 그리고 양이의 무력도발 내지 는 이양선의 출몰이 동일한 맥락에서 진행되는 것이라는 인식을 강화시 켜 주고 있었다.

그러나 이와 비슷한 시기에 서양인에 대한 보고 가운데는 그 인식을 달리할 수 있는 부분도 간헐적으로 나타났다.[75] 즉, 1862년(哲宗 13) 조정 에서는 중국에서 발생한 태평천국의 난에서 영불 연합군이 청의 조정과 연합하여 난군을 진압했다는 보고에 접했다. 이 보고에서는 양이라는 표 현 대신에 '양인'이라는 표현이 등장하고 있다. 그리고 양인들은 특별한 저의를 가짐이 없이 오로지 교역만을 구한다는 설명이 부수되어 있었 다.[76]

양인들이 청조를 도와 태평군의 진압에 나선 뜻밖의 사태에 직면하 여, 이는 양인들이 중국과 화호和好하여 환난을 같이하고자 한 것이며 다 른 뜻은 없는 것으로 파악하기도 했던 것이다.[77] 그리고 천진天津, 북경北 京에 주둔하는 양인들이 병자를 고쳐 주고도 치료비를 받지 아니한다는 보고 등도 접할 수 있었다.[78] 그러나 양이에 대한 이와 같은 낙관적 견

---

74) 달레, 1980, 『韓國天主教會史』 下, 318쪽.
75) 河政植, 1985, 「朝鮮官人의 太平天國觀」 『崇實史學』 제3집, 崇實大學校 史學會, 80쪽.
76) 『承政院日記』, 哲宗 13年 3月 29日條.
77) 『日省錄』, 哲宗 13年 7月初2日條.
78) 『同文彙考』, 「壬午 冬至兼謝恩行 首譯李 聞見事件」 哲宗 13年 5月 2日. 補續 使 臣別單.

해는 소수에 불과했고, 당시 사회 일반에서는 양이의 침략을 예상하며
상당한 혼란과 위기감이 조성되고 있었다.

2) 프랑스 군함의 조선 접근

그런데 19세기 전반기 조선 연해에 출몰했던 이양선을 파견한 국가
가운데 조선교회와 간접적 관련을 맺고 있었던 나라는 프랑스였다. 프랑
스는 영국에 뒤이어 경쟁적으로 조선 연해에 출몰하기 시작했다. 즉, 프
랑스 정부는 1842년 아편전쟁이 끝난 직후 해군 중령 세실(Cécille)이 지휘
하는 에리곤호(l'Erigone) 및 해군 중령 빠즈(Page)가 지휘하는 파보리트호(la
Favorite)를 황해에 파견하였다. 이때 세실은 프랑스의 상업과 영향력을 확
대하기 위해서 '조선에 대한 원정'을 계획한 바 있다. 그런데 당시 세실
은 조선으로 가서 조선 국왕에게 '다른 나라는 제외하고 오직 프랑스와
교역을 하는 조건으로 조선을 중국과 일본으로부터 독립하도록 제의할
생각이며, 오늘날의 대한해협을 장악하기 위해서 일본의 한 섬을 점령할
비밀 계획'을 리브와에게 밝힌 바 있다.[79] 즉, 세실은 이 때 조선을 프랑
스의 보호국화하기 위한 조처의 첫 번째 단계로서 조선과 청의 관계를
차단하고자 계획했다. 그리고 세실은 자신이 직접 조선에 가지 못할 경
우에는 프랑스의 국왕 루이 필립의 파견을 받아 동남 아시아와 중국에
관한 사항을 정치적 견지에서 검토할 목적으로 중국에 온 외교사절인 장
시니(D. Jancigny)를 파보리트호(la Favorite) 편으로 조선에로 인도할 계획이
었다.[80] 그러나 이 계획은 남경조약 이후 동아시아 정세가 급변해 가고
있던 상황에서 잠시 보류되었다.[81]

---

79) 韓國教會史研究所 編, 1996,『성 김대건 신부의 활동과 업적』, 韓國教會史研究
　　所, 161쪽. "1842년 2월 12일 리브와가 파리 본부의 지도자들에게 보낸 편지"
80) 『성 김대건 신부의 활동과 업적』, 165쪽. "1842. 2. 11. 리브와가 파리 본부의 지
　　도자들에게 보낸 편지" ; 179쪽. "이브와가 대목구장들에게 보낸 편지"
81) Louise Wei Tsing~Sing, *La Politique Missionaire de la France en Chine* 1842~1856,

조선과의 수교를 시도하는 이 계획은 세실이 주駐중국·인도 프랑스 함대 사령관 및 해군 소장으로 승진한 이후 1846년 5월 다시 시행되었다. 그는 이 항해의 목적을 해군성 장관에게 보고하면서, 조선에 대해서 1839년 프랑스 선교사를 살해한 데 대한 해명을 요구하고 동시에 프랑스가 1844년에 중국과 맺은 바 있던 황포조약 수준의 조약을 체결하여 천주교도들의 처우를 개선해 보겠다고 말했다. 여기에서 우리는 세실의 '조선에 대한 원정' 계획과 기독교 선교문제가 함께 혼재되어 있음을 확인하게 된다. 그리고 외교관에 의해서 논의되던 선교문제는 단순한 종교 문제에 그칠 뿐만 아니라 국제외교 상의 문제로 중요시되고 있음을 알 수 있는 것이다.

세실은 1846년 5월 20일 클레오파트르호(le Cléopâtre)를 이끌고 마카오를 출항했다. 그는 도중에 빅토리외즈호(le Victorieuse)와 사빈느호(le Sabine)를 합류시켜 8월 6일 충청도 홍주 외연도外烟島에 나타났다. 세실은 원래 조선 대신과의 면담을 계획했다. 그는 1839년 프랑스 선교사 3인을 학살한 데 대한 해명을 요구하고자 했다. 그리고 해명이 없을 경우에는 재앙을 면할 수 없을 것이라고 위협했고, 이에 대한 답서를 받기 위해서 다시 오겠다는 말을 남기고 돌아갔다.[82]

그런데 당시 조선에서는 프랑스의 이러한 요구를 통해서 프랑스라는 서양국의 무력적 위협이 '사학' 즉 천주교의 전파와 직결되어 있다는 점을 확인하게 되었다. 이미 이 때는 천주교 박해의 이유가 문화적 이질성이라는 측면 뿐만 아니라 왕명을 어기는 불충대역의 행위로 지적되기도 했던 때였다. 그리고 조선왕조의 지도층은 이미 1801년도에 있었던 황사영 백서 사건에 언급된 서양 선박의 침입을 요청했던 사실에 대해서도

Paris, 1960.

崔奭祐, 1986, 앞의 논문, 5 쪽.

82) 『日省錄』, 憲宗 26年 2月 19日條.

기억하고 있었다.

그리고 그들은 조선의 내정에 대해서 프랑스가 이와 같이 자세히 알고 있다는 사실에 경악했다. 이에 세실의 서신을 '흉서凶書'로 이해했고, 글루와르 호의 좌초를 '양선사洋船事'로 지칭하면서 이와 같은 사건의 원인제공자인 국내의 내응자를 파악하고 이에 대한 철저한 색출과 탄압을 주장하기도 했다.[83] 한편, 프랑스 측의 요구에 대해서는 '인신무외교론' 人臣無外交論으로 거부하기로 했으며, 내년에 그들이 다시 온다면 '그들을 의리로 효유하고, 이치로 꾸짖으면諭之以義 責之以理' 될 것으로 생각했다. 조선의 조정에서 프랑스 함선에 전달하고자 했던 말은 1839년에 처형된 사람들은 조선이 금단의 나라인데 몰래 입국하여 사교邪敎를 퍼뜨렸으므로 사형에 처해진 것이고, 조선은 그들이 프랑스인임을 알고서 죽인 것도 아니며, 프랑스 인을 죽이지 말라고 하나 오지 않으면 안 죽이겠다는 내용으로 요약될 수 있다.[84]

세실의 항해 다음 해에 프랑스 해군은 세실이 보낸 서신의 회답을 받겠다는 명목으로 '중국·인도 해군기지' 분함대장分艦隊長 라삐에르(Lapie-rre) 대령의 지휘를 받는 글루와르호(la Gloire)를 조선에 파견했다. 그들은 1847년 7월 28일 마카오를 출항하여 8월 10일 만경萬頃 지방 신치도薪峙島에 도착했다. 이 배에는 조선인 신학생 최양업崔良業(1821~1861)이 통역으로 동승하고 있었다. 그러나 그들은 이곳에서 암초에 좌초되어 8월 12일 인근 고군산도에 상륙했다. 난파된 군인들은 상해에 있던 영국 선박의 구조를 받아 귀환할 수 있었다. 그러나 이들은 난파선에서 건져낸 물건들을 고군산도에 잔류시켜 놓았다.[85] 그들은 이 잔류물을 간심看審한다는 명목으로 1852년에 다시 나타나기도 했다[86]

---

83) 『承政院日記』, 憲宗 13年 8月 9日.
　　「哲宗實錄」, 3年 3月 庚辰條. 成近默 上疏 참조.
84) 『承政院日記』, 憲宗 26年 7月 15日條.
85) 「한불관계자료 1846~1856」『敎會史硏究』 제1집, 164~176쪽.

한편, 1856년 프랑스의 인도차이나 기지사령관 게랭(Guérin) 소장은 본
국으로부터 조선을 식민지화하기 위한 기회와 조건 등에 관한 정보의 제
출을 요구받고 이를 위해서 조선 연해를 항해했다. 그는 비르지니호(la
Virginie)를 이끌고 1856년 7월 16일 조선 연해에 이르러 약 2개월에 걸쳐
서 조선 연해 일대를 두루 탐사하고 이를 동년 9월 30일자로 해군성 장
관에게 보고한 바 있었다. 그는 이 보고문에서 "현재 조선은 허약하고,
종주국인 청도 조선을 보호할 수 없는 상태이므로 유럽의 열강들이 마음
만 먹는다면 쉽게 점령될 것이다. 러시아는 이런 헛점의 기회를 이용하
여 조선을 점령하려 하고 있다. 그래서 러시아 선박들이 근래에 조선 해
안을 탐사하며 그 준비를 하고 있다. 러시아의 점령을 막는 길은 프랑스
가 선수를 치는 데 있다."라고 기술했다.[87] 이와 같은 사고방법의 연장
선상에서 프랑스는 1866년 병인양요를 도발하게 되었다.

요컨대, 19세기 전반기 조선 사회에서는 영국 등 구미 열강이 통상을
빌미로하여 중국에 접근해서 아편과 같은 유해한 물질을 전파하고 있는
것으로 파악했다. 또한 중국에서 서구인들의 활동과 아편무역은 긴밀하
게 연결되어 있는 것으로 파악했고, 서구의 무력과 아편 그리고 기독교
의 전파가 하나의 맥락을 이루고 있다는 인식을 굳혀 가고 있었다. 이와
같은 견해는 중국에서 전개된 제1차 중영전쟁(1840~1842) 및 제2차 중영
전쟁(1856~1860)에 관한 소식이 조선에 전달됨으로써 형성되어 갔다. 그
리고 중영전쟁을 전후하여 중국 사회가 체험했던 충격의 여파는 조선의
지배층에게도 미쳤다.

조선에 전달된 이 충격파는 제1차 중영전쟁보다는 제2차 중영전쟁의
경우가 더욱 컸다. 이러한 상황에서 조선에서는 위기감이 강화되어 갔지
만 양이의 침범에 대한 구체적 대안이 마련되지는 못했다. 한편, 조선은

---

86) 『日省錄』, 哲宗 壬子 7月 23日·24日條.
87) 「한불관계자료 1846~1856」 『敎會史硏究』 제1집, 189~196쪽.

1846년 이래 프랑스 군함의 위협을 직접 받게 되었다. 1840년대 전반기부터 프랑스 해군성이 아시아에 파견한 함대의 현지 사령관은 조선에 대한 '원정'을 계획하고 있었다. 그들은 조선을 자신들의 독점적으로 관할하고자 했으며, 조선을 식민지화할 가능성에 대해서 검토했던 것이다. 이 과정에서 그들은 조선에 대한 원정을 계획했고, 여기에서 조선은 프랑스의 무력적 위협과 천주교의 전파가 긴밀하게 연결되었다고 판단하기에 이르렀다. 중국을 통해서 그리고 조선 스스로의 경험을 통해서 확인된 이 판단의 결과로 조선 조정에서는 서세동침의 내응세력으로 간주되던 천주교에 대해서 더욱 부정적 입장을 취하게 되었다. 이러한 사회적 분위기가 팽배해 있을 당시 김대건 관계 사건이 발생했다.

4. 김대건의 서양 이해

김대건金大建(1821~1846)은 19세기 전반기에 있어서 조선이 처한 국제적 환경과 조선 천주교회에 대해 올바로 이해하기 위해서는 반드시 검토해야 할 인물이다. 그가 살고 있었던 당시의 조선교회는 프랑스 파리 외방전교회의 관할하에 있었고, 1839년 기해교난을 겪었으며, 선교사의 영입을 위한 비밀스런 노력들이 전개되고 있었다. 그리고 중국으로 대표되는 동아시아 사회는 제1차 중영전쟁의 결과 1842년에는 불평등조약인 남경조약을 강요당했다. 이러한 역사적 조건과 관련하여 우리는 김대건의 행동을 검토해 볼 수 있을 것이다.

그러므로 본장에서는 김대건이 가지고 있던 당시 동아시아 정세나 선교에 대한 이해의 단편들 및 선교사와의 관계를 먼저 간략히 언급하겠다. 그리고 이에 이어서 프랑스의 대외팽창욕을 상징하는 전함과 김대건의 관계에 대해서 약술하고자 한다. 이와 같은 내용의 검토를 통해서 당시의 역사적 상황과 김대건의 행동이 가지고 있는 인과관계와 19세기 전반기 조선 교회사의 전개에 대해서 좀더 잘 이해할 수 있을 것이다.

1) 김대건과 선교사

주지하는 바와 같이 김대건은 모방(Maubant) 신부에 의해서 신학생으로 발탁되었고, 1836년 12월 신학공부를 하기 위해서 조선을 떠났다.[88] 그는 1837년 6월 파리 외방전교회 극동대표부가 있던 마카오에 도착하여 깔르리(Callery) 신부, 르그레즈와(Legrégeois) 신부, 리브와(Libois) 신부 등의 지도를 받았다. 그는 잠시 데플레쉬(Desfleches) 신부로부터 지도 받기도 했다. 1840년 1월 메스트르(Maistre) 신부가 마카오에 도착한 이후에 김대건은 그로부터 철학과 신학을 교육받았다.[89] 이 교육과 서양인 선교사와의 직접적 접촉 그리고 서세동침의 주요 무대가 되었던 마카오에서의 생활을 통해서 김대건은 천주교 내지는 서양에 대한 이해를 깊이할 수 있었을 것으로 생각된다. 당시로서 김대건은 조선인 가운데에서 서양에 대해 가장 많은 정보를 가지고 있던 사람으로 볼 수 있다.

김대건은 우선 그가 받은 교육과정을 통해서 서양에 대한 지식을 획득할 수 있었다. 그는 동양의 사상과는 상당한 차이를 드러내고 있는 스콜라 철학과 이에 기반한 가톨릭 신학을 이수했다. 이 과정을 통해서 그리스도교 사상을 중요한 근원 가운데 하나로 삼고 있는 서양사상을 더욱 깊게 이해하게 되었다. 또한 그는 신학과 철학 이외에 지리 등 일반 학문에도 일정한 지식을 획득하게 되었다. 그가 획득한 일반 교양적 학문 가운데 현재 확인할 수 있는 것은 '세계지리' 내지는 '지리학'을 들 수 있다. 물론 지리학에 대한 그의 관심은 선교사를 영입하려는 데에 활용

---

88) 달레, 1980, 『韓國天主敎會史』 中, 382쪽.
89) 한국교회사연구소 편, 1996, 「김대건 신부 연보」 『성 김대건 신부의 활동과 업적』, 20쪽 참조.

하기 위한 실용적 목적을 가진 것이었다. 그렇지만 김대건은 평소에도 지리에 대해서 상당한 관심을 가지고 있었다. 그렇기 때문에 그는 1844년 만주를 여행하면서 이곳의 지리에 대해서 자세히 관찰한 기록을 남길 수 있었을 것이다.[90] 그리고 1845년 리브와 신부에게 '세계지도 특히 황해와 중국 및 조선의 해변을 자세히 그린 지도'를 요청했을 것이다.[91] 그리고 1846년 2월에는 조선교회의 밀사들을 통해서 자신이 그린 '조선전도'朝鮮全圖를 최양업에게 전달할 수 있었다.[92]

또한 그가 감옥에 갇혔을 때 관리의 명에 따라서 영국의 세계지도를 번역하여 조정에 올릴 수 있었던 것도[93] 세계지리에 대한 평소의 관심이 뒷받침되어서 가능했을 것이다. 우리는 그가 제작한 지도를 통해서 그가 철학이나 신학 이외에 일반 교양 분야에 대해서도 개방적인 자세를 가지고 있었으며, 일정한 지식이 있었음을 확인하게 된다.[94]

한편, 김대건은 프랑스어에 대해서도 일정한 수준에 이를 수 있었다. 그가 1842년 세실의 조선어 통역으로 에리곤호에 머물고 있었던 당시에도 그는 프랑스어 회화가 가능했다. 김대건은 리브와 신부와 르그레즈와 신부에게서 프랑스어를 배운 바 있었다.[95] 이들 이외에도 그에게 프랑

---

90) 韓國敎會史硏究所 編, 1996, 『성 김대건 안드레아 신부의 서한』, 韓國敎會史硏究所, 139쪽. "1844년 12월 15일 페레올에게 보낸 편지"
91) 『성 김대건 안드레아 신부의 서한』, 169쪽. "1845년 3월 27일 리브와에게 보낸 편지"
92) 『성 김대건 안드레아 신부의 서한』, 396쪽.
93) 『성 김대건 안드레아 신부의 서한』, 379쪽. "1846년 8월 26일 페레올에게 보낸 편지".
94) 그는 리브와 신부에게 시력보호용 '녹색 안경'을 보내 주기를 청한 바 있다. 이는 그가 서양의 문물을 수용하는 데에 상당히 개방적 자세를 가지고 있었음을 간접적으로 드러낸다(『성 김대건 안드레아 신부의 서한』, 169쪽. "1845년 3월 25일 리브와에게 보낸 편지 참조"). 서양문물의 수용에 대한 이와 같은 그의 개방적 자세는 서구적 의미의 일반 교양적 학문을 습득하는 데에도 소홀히 하지 않았을 가능성을 암시해 준다.
95) 『성 김대건 신부의 활동과 업적』, 177쪽. "1842년 4월 19일 메스트르가 리브와에

스어를 집중적으로 가르친 사람은 메스트르 신부였던 것으로 생각된다. 그러나 메스트르 신부는 조선인 신학생인 김대건에게 프랑스어를 교육하는 것에 회의적이었고, 이 견해를 1842년 파리에 있는 외방전교회 장상들에게 전달했다.[96]

이러한 메스트르 신부의 의견에 따라서 파리외방전교회 장상들은 김대건의 프랑스어 공부를 금지시켰고,[97] 그는 프랑스어 공부를 완전히 포기해야 했다. 그러나 김대건은 프랑스어 회화 공부는 포기한다 하더라도 프랑스어 독서를 계속하고 싶어했다. 그리고 김대건은 최양업이 리브와 대표 신부의 허락을 얻어서 프랑스어 책을 계속해서 보고 있음을 부러워했다.[98] 여기에서 확인되는 바와 같이 메스트르 신부가 김대건에게 프랑스어 학습을 포기하도록 조처한 데에는 프랑스어 학습이 천주교 선교에 직접적인 도움을 줄 수는 없는 것으로 판단했기 때문이었을 것으로 생각된다.

사실, 김대건이 마카오에서 수학한 목적은 조선에 천주교를 선교하기 위해서였다. 여기에서 우리는 그가 선교의 방법에 관해서 어떠한 의견을 가지고 있었는지를 우선 주목하면서 그의 견해와 선교사들의 의견 및 당시의 역사적 조건들을 함께 검토해 보아야 할 것이다. 당시 선교사들 가운데 적지 않은 사람들이 조선 내지는 동양인에 대한 차별감 내지는 멸

게 보낸 편지"
96)『성 김대건 신부의 활동과 업적』, 211쪽. "1843년 3월 1일 메스트르가 리브와에게 보낸 편지"
　　"만일 신부님이 저처럼 10 평방 피트의 좁은 방 구석에서 밤낮으로 그 젊은이와 마주 대하고 1년을, 그리고 특히 프랑스 군함에서 5개월을 함께 지내야 했다면 그에게 프랑스어를 가르키는 불편을 신부님도 완전히 이해하셨을 것으로 확신합니다. 청컨대, 프랑스어 수업을 파리 지도자들로 하여금 반대하게 했다 하더라도 저를 탓하지 마십시오."
97)『성 김대건 안드레아 신부의 서한』, 57쪽. "1842년 9월 리브와에게 보낸 편지"
98)『성 김대건 안드레아 신부의 서한』, 79쪽. "1842년 12월 9일 르그레즈와에게 보낸 편지"

시의식을 가지고 있었다. 그들의 이러한 멸시의식은 김대건에 대한 평가를 통해서도 간접적으로 추출된다. 그 예로는 페레올 주교의 인식을 살펴 볼 수 있다.

즉, 조선교구장 페레올 주교는 외방전교회의 지도자였던 바랑(Barran) 신부에게 1846년 11월 3일자로 보낸 편지에서 김대건 신부를 평가한 바 있다. 여기에서 페레올은 "김대건은 우리 기대를 뛰어 넘었고, 몇 년간의 훈련으로도 지극히 유능한 신부가 되었을 것이다. 그가 조선인 출신이라는 것을 거의 알아차리지 못할 정도였다"라고 평한 바 있다.[99] 이 평가는 김대건의 유능함을 강조함과 동시에 조선인에 대한 인종적 편견을 부지불식간에 노출시키고 있었던 것이다.

김대건을 가르쳤고 그에게 영향을 끼쳐준 선교사들의 견해에 이와 같은 선입관이 작용하고 있었다 하더라도, 김대건은 자신이 교육을 받았던 프랑스 선교사들의 영향으로 그리스도교 선교 자체나 그 방법론에 대한 견해를 가지게 되었을 것으로 생각된다. 그런데 김대건에 있어서 선교의 자유나 선교사 입국문제에 대해서는 조선에 대한 무력적 침략보다는 외교 교섭의 중요성을 강조하고 있었다. 즉, 그는 "만일 프랑스 영사가 중국황제에게 신부들을 죽이는 데 대한 잘못을 설득시키고, 또 황제가 조선왕에게 프랑스 인들을 그렇게 쉽게 깔보고 죽이지 말며, 신자들에게 자유를 주도록 명하게끔 황제에게 편지를 보낸다면 대단히 좋을 것이다. 만일 중국황제가 조선 왕에게 명한다면 조선왕은 따를 것이다."고 말한 바 있다. 이처럼 그는 외교적 교섭과 설득에 의한 신앙자유의 획득을 가장 중요하게 생각했다.[100]

무력을 수반하는 선교방법에 김대건이 원칙적으로 반대하고 있었음

---

99) 韓國敎會史硏究所 編, 1997, 『성 김대건 신부의 체포와 순교』, 韓國敎會史硏究所, 165쪽. "1842년 2월 11일 리브와가 파리 본부의 지도자들에게 보낸 편지"
100) 『성 김대건 안드레아 신부의 서한』, 357쪽. "1846년 음력 6월 8일 리브와 등에게 보낸 편지"

을 나타내 주는 사례는 그가 투옥되었을 때 관리들과 나눈 다음과 같은
대화에서도 드러난다.

> 나의 교우 가운데 간혹 말하기를 지금 이 천주교는 중국이나 다른 나라들
> 을 가릴 것 없이 모두 금하지 아니한데 오직 우리나라만 한결같이 금하니 몇
> 척의 배에 책을 실어 보내어 천주교를 베풀고자 한다고 했다. 그러므로 나는
> 이를 막으며 말하기를 '비록 배가 나온다 해도 천주교가 시행되지 않을 뿐만
> 아니라 틀림없이 큰 해를 입을 것이다'라고 말하면서 깨우쳐 만류했다.101)

> 영국인들이 항상 말하기를 중국과 같은 큰 나라도 우리에게 대항하지 못
> 했다. 조선은 소국인데 끝내 금교禁教할 수 있겠는가? 배 3~4척으로 조선에
> 출정하겠다 했다. 나는 조선 출정이 불리함을 누누히 말하여 이해시켰다"고
> 했다.102)

여기에서 김대건 자신은 서양 함선이 전교를 목적으로 조선에 오는
것을 반대했음을 밝히고자 했다. 그의 이 말은 포도청에서 신문을 받는
과정에서 나온 말로써 자기변호적 성격을 띤 것으로 볼 수도 있다. 사실
당시의 관리들은 김대건의 이 말을 신임하지 아니하고 그가 사지死地에
서 자신의 공을 내세우므로써 면사免死해 보려는 계책 정도로 생각했
다.103) 그러나 이 말은 무력을 수반한 선교 방법에 대한 김대건 자신의
부정적 입장을 어느 정도 반영하고 있는 것으로 생각할 수도 있을 것이다.

그러나 그는 해로海路를 통한 선교사의 영입 문제에 큰 관심을 가지고
있었다. 그리하여 그는 자신이 직접 황해黃海를 건너가 선교사를 영입해

---

101) 『日省錄』, 丙午 閏5月 初3日. "渠教友中 或曰 今此景教 毋論中國與諸國 擧皆不
禁 而獨朝鮮 一直嚴禁 數三船隻 載書出送 期於施教云 故渠防塞曰 雖出去 非但
教不行 必有大害 曉諭挽止"

102) 『日省錄』, 憲宗 丙午年 閏 5月 7日 辛卯條. "英吉利國人恒言 以中國之大 不能
抗我 朝鮮小國 終始禁教者可乎 將以三四船隻 出往朝鮮云 故渠以出去不利之說
屢屢言解云"

103) 『日省錄』, 丙午 閏5月 初3日. "載教三船之說 專出於要功之奸計"

오기도 했다. 그가 체포되어 죽음을 당한 것도 선교사들이 입국할 수 있는 해로를 개척하던 과정에서였다. 그는 감옥에서 자신의 죽음을 눈 앞에 두고 스승과 동료에게 보낸 편지를 끝낸 다음, 편지의 본문과는 전혀 연결되지 아니하는 추신追伸으로 "산동의 어선들은 음력 3월에 왔다가 음력 5월에 돌아간다"는 기록을 덧붙임으로 해로에 관한 지식을 전하고자 시도했고, 체포로 말미암아 못다한 자신의 책임을 채워보려 했다.[104] 그는 선교사의 입국을 위해서는 백령도 근처가 가장 적절한 곳임을 거듭 강조했다.[105] 그리고 중국에 체류하고 있었던 프랑스 선교사들은 김대건이 마지막 편지에서 밝혀준 이 해로의 활용을 시도하기도 했다.[106]

또한 김대건은 천주교 선교에 대해서 많은 관심을 가지고 있었으므로 선교와 관련되는 일에 대해서 당연한 관심을 가졌다. 우선 그는 조선의 선교 조건에 대해서 관찰하면서 당시 조선의 일반적인 정세와 사회 분위기를 주목한 바도 있었다. 그 구체적 예로, 김대건이 사제 서품을 받은 후 조선에 입국했던 1845년 4월, 당시 조정의 대신들이 기해박해 이후 프랑스의 침공을 두려워 하고 있다는 사실을 다음과 같이 전했다.[107]

> 대신들은 신부들을 죽이고 나서 프랑스 사람들이 군함을 타고 들어와 그들에게 복수를 할까 무서워 하고 있습니다. 모든 백성들은 나라에서 무죄한 피를 너무나 많이 흘리게 하였으므로 필연코 전쟁이 일어나 온 나라가 큰 재앙을 입을 것이라고 단정하여 떠들어대고 있으며, 지금은 전쟁을 기다리기까지 하고 있습니다. … 정부에서는 신부들이 조선에 온 것은 교황과 프랑스

---

104) 『성 김대건 안드레아 신부의 서한』, 359쪽. "1846년 음력 6월 8일 리브와 등에게 보낸 편지"
105) 『성 김대건 안드레아 신부의 서한』, 363쪽. "1846년 8월 26일 페레올에게 보낸 편지"
106) 『성 김대건 신부의 활동과 업적』, 305쪽. "1849년 5월 15일 메스트르가 리브와에게 보낸 편지"
107) 『성 김대건 안드레아 신부의 서한』, 187·189쪽. "1845년 4월 7일 리브와에게 보낸 편지"

국왕의 파견에 의해서 온 것으로 믿고 있습니다. 그래서 신부들을 죽인 후에 매우 무서워 하지 아니할 수 없습니다. 포졸이 하는 말을 들으면, 우리 정부가 신부들을 죽임으로써 프랑스 국왕을 모욕하는 불경죄를 범한 것인데, 한편 그들은 일찍이 영국인들로부터 서양의 왕들은 자기 백성이 피살된 경우에는 전쟁을 일으킨다고 하는 말을 들었기 때문입니다. 이와 비슷한 생각으로 번민하고 있던 우리나라 대신들은 함선들이 해변으로 지나간다는 보고를 듣고, 사실은 영국 함선들이었는데, 프랑스 사람들이 신부들의 살해를 보복하러 온 줄로 여기고 떨고 있었으며, 또한 백성들도 서양함선들이 온다는 소문을 퍼뜨리고 있었습니다.

그러나 김대건은 서양의 침입에 대한 조정의 분위기가 바뀌어 가고 있음을 서술하면서, "조선의 대신들이 처음에는 프랑스의 침공을 두려워 했지만, 몇 해가 지나도록 프랑스인들이 보상을 요구하지 않음을 보고는 다시 선교사들을 죽이려 하고 있다"고 말했다.108) 그리고 그는 "그들은 그리스도교 신자들의 안내와 연락으로 서양인들이 온다고 믿기 때문에 서양 배들이 조선에 자주 드나드는 것은 신자들에 대한 외교인들의 증오심을 일으키게 한다."고 말했다.109) 사실, 김대건이 감옥에 갇혀 있던 당시 세실이 지휘하는 군함 3척이 외연도에 정박했을 때에도 일부 조선인들은 겁을 먹기도 했지만, 대부분의 조선인들은 별다른 해가 없을 것으로 낙관했다.110) 그리고 정부에서는 조선에 서양 함선을 불러들이는 내응세력으로 천주교를 지목하고 이에 대한 탄압을 더욱 강화하고자 했다. 이러한 사실을 볼 때 '서양 선박'에 관한 김대건의 판단은 어느 정도 정확한 것으로 볼 수 있다.

---

108) 『성 김대건 안드레아 신부의 서한』, 347쪽. "1845년 7월 23일 페레올에게 보낸 편지"
109) 『성 김대건 안드레아 신부의 서한』, 351쪽. "1845년 11월 20일 리브와에게 보낸 편지"
110) 『성 김대건 안드레아 신부의 서한』, 379쪽. "1846년 8월 26일 페레올에게 보낸 편지"

그리고 김대건은 조선과 청국의 무역에 대해서도 일정한 관심을 가지고 있었다. 이는 선교자금의 확보라는 실천적 과제 때문이었을 것으로 생각된다. 그는 1844년 말에 경원개시慶源開市를 관찰하면서 양국간에 거래되는 물종으로서 조선의 수출품으로는 개, 고양이, 말, 노새, 나귀와 같은 동물 및 담뱃대, 구리 그리고 녹용과 같은 물건을 들었다. 조선의 수입품으로는 돼지, 소, 조랑말, 쌀, 밀, 식기, 종이, 돗자리, 모피를 기록에 남겼다.111) 또한 그는 조선에서 팔 만한 물건으로 '갖가지 색깔, 특히 흰 색의 서양 포목과 여러 가지 색깔의 명주, 온갖 색의 천, 특히 붉은 색과 녹색의 천, 중국 포목과 이와 비슷한 것들'을 지목했다.112)

그는 선교에 소요되는 재정이 부족해지면 은자銀子나 서양포西洋布와 같은 물건을 중국에서 가져와 이를 보충해보려 했다.113) 그러므로 김대건은 선교사들에게 조선에서 팔 만한 물건들로 서양 포목, 천, 비단 등임을 제시하면서, 조선에서 통용되는 칭량은稱量銀의 일반적 모양을 그려서 보내기도 했다.114) 물론 칭량은은 그 모양에 상관없이 무게를 기준으로 하여 환전 평가되는 것이었다. 그러나 그가 조선에서 주로 통용되는 칭량은의 모양을 주목한 것은 은괴의 출처를 철저히 은폐하기 위한 방법이었고, 당시 조선교회에서는 신도들의 도움으로 중국 은괴를 녹여서 조선식 은괴로 만들었다.

한편, 1845년 김대건 일행이 페레올 주교와 함께 상해를 떠나서 조선에 입국하고자 할 때, 선교자금을 마련하기 위한 방편으로 서양 마포를

---

111) 『성 김대건 안드레아 신부의 서한』, 135쪽. "1844년 12월 15일 르그레즈와에게 보낸 편지"
112) 『성 김대건 안드레아 신부의 서한』, 213쪽. "1845년 7월 23일 리브와에게 보낸 편지"
113) 『日省錄』, 憲宗 丙午 閏5月 8日 壬辰條. "所管之事 一則出來本國 景教不能廣布 二則 所用物財乏絶 銀子洋布等物出送 以爲資用之計云"
114) 『성 김대건 안드레아 신부의 서한』, 345쪽. "1845년 7월 23일 페레올에게 보낸 편지"

구입했고, 그들은 이를 조선에서 두 배의 값으로 팔은 바 있었다.[115] 당시 이와 같은 물품 판매가 가능했던 것은 조선이 대청 교역을 활발히 전개하고 있었고, 조선에도 청을 통해서 양화洋貨가 이미 전래되어 왔기 때문이었다.

2) 김대건과 프랑스 전함

김대건은 당시 프랑스의 동아시아 진출 내지는 해외 팽창에 대해서 일정한 지식을 가지고 있었다. 그는 말하기를 "우리는 프랑스 국왕 루이 필립(Louis Phillippe)이 중국에 파견한 사절 장시니(Dubois de Jancigny)를 마카오에 태워다 준 군함을 타고 갑니다"라고 말한 바 있다.[116] 이 말을 통해서 우리는 그가 프랑스의 내정에 대해서도 어느 정도 이해하고 있었고, 프랑스의 극동진출 상황에 관한 지식도 가지고 있었음을 알 수 있다.

한편, 김대건이 중국에 머물러 있던 시기는 상술한 바와 같이 제1차 중영전쟁이 전개되던 때였다. 이 전쟁의 별칭이 아편전쟁임에서 드러나는 바와 같이 영국은 중국에 대해서 아편판매의 자유를 강박하고 있었고 이로 인해서 전쟁이 발발했던 것이다. 당시 영국인들 가운데에서도 아편판매의 부도덕성을 비판하는 의견이 있었다. 그러나 대다수의 영국인들은 중국에서 아편이 판매되는 것은 영국인 자신들의 밀수출 때문이라기보다는 부패한 중국인 관료들이 아편 밀수를 일삼기 때문인 것으로 강변하기도 했다.[117]

당시 김대건을 지도하고 있던 리브와 신부는 아편 문제로 말미암아 영국과 청국 사이에 전쟁이 일어났음을 분명히 인식하고 있었다.[118] 그

---

115) 『성 김대건 신부의 활동과 업적』, 291쪽. "1845년 11월 2일 페레올이 리브와에게 보낸 편지"
116) 『성 김대건 안드레아 신부의 서한』, 45쪽. "1842년 2월 28일 르그레즈와에게 보낸 편지"
117) 表敎烈, 1989, 앞의 논문, 33~34쪽.

러나 리브와 신부에게서 아편전쟁의 부도덕성에 대한 비판의식이 명시적으로는 드러나지 않았다. 그리고 김대건이 아편전쟁의 전개상황에 대해서 적지 않은 관심을 가지고 있었음을 보아, 그도 이 전쟁의 원인이 아편 무역에 있었음을 알고 있었을 것이다. 그는 편지를 통해 아편전쟁의 전개상황을 르그레즈와(Legrégeois) 신부에게 전달해 주었다. 그러나 그는 이 편지를 통해서 영국군의 우세한 전투력이나 청군의 참패 등에 관해서만 서술하고 있었고, 전쟁의 원인이 되었던 아편판매의 부도덕성에 대한 비판의식은 나타내지 않았다.[119]

한편, 김대건은 다른 모든 조선인들과 마찬가지로 당시 근대적 '민족民族'에 대한 지식을 가지고 있지 않았다. 그는 조선인들이 외국인을 원수처럼 대하는 것을 일종의 야만 상태로 보았다. 이는 그가 조선인이나 외국인을 다같은 인류의 일원으로 파악했기 때문이었다. 그는 "인간이란 이 지상에서는 영원한 거처가 없으며, 며칠 동안의 여행자에 지나지 않다....인류 대가족의 공통된 아버지인 성부聖父께서 당신 외아들 예수를 통해 모든 사람에게 전하신 그의 사랑 안에 모든 자녀들을 품으실 날이 언제 올 것인가"라고 말한 바 있다.[120] 이 말을 통해서 우리는 김대건이 '인류 대가족(grande famille humaine)'에 대한 의식을 확실히 가지고 있었음을 확인하게 된다.

그가 가지고 있던 '인류 대가족'에 대한 의식은 당시 조선인의 평균적인 사고 수준에 비춰어 볼 때 확실히 특이한 것이었고, 인간의 보편성을 이해하는 데에는 순기능을 발휘할 수 있었던 개념이었다. 그러나 그는

---

118) 『성 김대건 신부의 활동과 업적』, 101쪽. "1839년 5월 3일 리브와가 르그레즈와에게 보낸 편지"
119) 『성 김대건 안드레아 신부의 서한』, 51~57쪽. "1842년 9월 르그레즈와에게 보낸 편지".
120) 『성 김대건 안드레아 신부의 서한』, 139쪽. "1845년 12월 15일 페레올에게 보낸 편지"

조선이라는 구체적 민족에 대해서는 이해하지 못했다. 그러기에 그는 만주의 동쪽에 있는 바다를 당시 일부 서양 지도에 기록된 대로 '일본해 (mer du Japon)'라고 불러주었다. 그리고 '인류 대가족' 사상思想의 역기능과 관련하여 그는 서양 세력의 중국 침략에 대한 비판의식을 올바로 갖지 못했고, 조선에 대한 '원정'을 시도하려던 프랑스 군함에도 편승할 수 있었을 것으로 생각된다. 여기에서 김대건이 세실의 통역으로 활동하게 된 과정을 검토하면 다음과 같다.

프랑스는 중국과 영국 사이에 전개된 아편전쟁에서 승전한 영국의 전리품을 나누어 가질 수는 없었다. 전쟁 당사자는 어디까지나 영국과 청이었기 때문이었다. 그러나 프랑스는 중국의 연전연패 상황을 전해 듣고 중국에서 자국의 이권을 확대하는 방안을 찾고자 했다. 여기에서 프랑스는 인도차이나에 주둔하고 있던 세실을 아편전쟁이 전개되고 있는 양자강 유역으로 파견했다. 그리고 세실은 상술한 바와 같이 '조선 원정'을 계획하고 있었다. 이러한 세실에게는 조선어 통역관이 절실히 요청되었다. 이 과정에서 김대건이 세실의 통역으로 발탁되었다. 그가 통역을 맡게 된 것은 1842년 2월 11일 이전이었다. 이즈음 세실은 마카오에 있던 파리외방전교회 극동대표부 리브와 신부에게 조선어 통역관 1명을 추천해 주기를 요청했다.

이 제의에 대해서 리브와 신부는 '불쌍한 조선을 빨리 도울 수 있도록 이같이 좋은 기회를 주신 하느님의 섭리에 감사하며',[121] '조선 포교지에 대한 확실한 정보를 수집하고, 또 포교지를 돌볼 사람을 입국시키기 위해서'[122] 메스트르 신부를 우선 지목했다. 메스트르 신부는 자신의 동반자로 김대건을 선정했다. 리브와는 세실에게 조선인 김대건의 라틴어

---

121) 『성 김대건 신부의 활동과 업적』, 181쪽. "1842년 7월 리브와가 대목구장들에게 보낸 편지"
122) 『성 김대건 신부의 활동과 업적』, 157쪽. "1842년 2월 11일 리브와가 르그레즈와에게 보낸 편지"

대답을 다시 프랑스어로 옮기기 위해서 메스트르 신부가 필요함을 설명
하여 김대건과 메스트르가 함께 승선할 수 있었다. 이와 같이 조선어 통
역이 선정된 데에 대해 세실은 대단히 만족해했고, 이 결정을 내린 리브
와 신부는 더욱 좋아했다.[123)]

　그런데, 김대건은 모국어인 조선어나 전례어典禮語인 라틴어뿐만 아니
라 중국어나 프랑스어도 어느 정도 알고 있었다. 그러므로 그는 당시 프
랑스 함대의 함장이었던 세실에게 있어서는 상당히 유용한 존재였을 것
이다. 김대건과 메스트르는 프랑스 함선에 승선하여 조선으로의 항해를
기다렸다. 그러나 중국에서 아편전쟁이 종료되어 가던 상황에서 세실은
아편전쟁을 종결하는 조약의 현장을 참관하고자 했다. 주지하다시피 아
편전쟁은 중국 역사에서 식민주의 열강의 중국침략에 있어서 기점이 되
는 사건이었고, 1842년 8월 29일에 체결된 남경조약을 통해서 마무리되
었다. 프랑스는 아편전쟁과 무관했다. 그러나 김대건은 세실 중령의 에
리곤 호에 동승해 있었고, 세실은 아편전쟁이 마무리되는 현장인 남경을
직접 방문하고자 했기 때문에 김대건은 남경으로 향하게 되었다. 그렇지
만 에리곤 호는 원양항해선이기 때문에 내륙수로의 항해에는 부적합했
으므로 그들은 양자강을 소상하여 상해에서 남경까지 가기 위해서 중국
선박을 우선 마련해야 했다.[124)] 세실은 이 일을 김대건에게 맡겼고, 김
대건은 세실의 부관이었던 뒤프레(Dupré)와 함께 이를 성공적으로 수행했
다. 그리고 나서 김대건은 세실의 통역관으로 세실과 함께 남경에 갔
다.[125)] 이때 메스트르 신부는 세실의 남경행에 동행하지 않았다.

---

123) 『성 김대건 신부의 활동과 업적』, 161·165쪽. "1842년 2월 12일 리브와가 파리
　　　본부의 지도자들에게 보낸 편지"
124) 『성 김대건 안드레아 신부의 서한』, 63쪽. "1842년 12월 9일 르그레즈와에게 보
　　　낸 편지"
125) 『성 김대건 안드레아 신부의 서한』, 63쪽. "1842년 12월 9일 르그레즈와에게 보
　　　낸 편지"

이 과정에서 김대건은 통역활동을 통해 "중국인들에게 프랑스 인의 대담성을 높이 평가하도록 했고, 중국인들에게 프랑스 인을 존경하도록 권했다"고 한다.126) 김대건이 중국인과 프랑스인 사이를 연결해주었던 통역활동은 "그 지방인들에게 프랑스인들의 위력과 대담함을 과시하는 데 적지 않게 기여하는 계기가 되었다" 고 프랑스인들로부터 평가받았다.127) 그러나 세실을 비롯한 당시의 프랑스인들이 중국을 식민지화하려던 구미세력이었던 것은 틀림없다. 그리고 김대건은 그들의 통역이었다.

그의 활동이 프랑스인들의 위력과 담대함을 과시하는 데에 기여했다면, 그것은 프랑스인들에게 높이 평가받을 수 있는 일일 것이다. 그러나 서구의 침략에 직면해 있던 당시의 중국인들에게도 그의 행동이 긍정적으로 평가받았는지에 대해서는 신중한 판단을 내려야 할 것이다.128)

세실과 김대건 일행은 1842년 8월 29일 '남경조약'이 체결된 당일에 남경에 도착했다. 그리고 김대건의 편지를 보면 당시 세실과 김대건 일행은 '조인식에 참석하고 4명의 중국인 고관들을 모두 만났다'고 기술되어 있다.129) 이 자료에 근거하여 흔히 김대건이 1842년 8월 29일 자로 체결된 남경조약에 참가했다고 한다. 그런데 국가간의 조약에 참가하기 위해서는 국가대표로서의 자격이 전제되어야 한다. 그러나 조약 당일 남경에 도착한 세실은 프랑스의 공식 대표가 아니었고, 승승장구하는 영국

---

126) 『성 김대건 신부의 체포와 순교』, 168쪽. "페레올이 바랑에게 보낸 편지"
127) 『성 김대건 신부의 체포와 순교』, 180쪽. "페레올이 작성한 김대건의 순교 행적"
128) 김대건이 프랑스어를 할 수 있었다는 것은 가치중립적 사실이다. 그러나 그의 프랑스어가 어떠한 용도로 활용되었는가에 따라서 그의 프랑스어 구사에 대한 가치가 결정된다. 그의 프랑스어가 자본주의 침략전쟁에 시달리고 있던 중국에서 그 침략 세력의 편의를 위해서 동원되었다면, 그 프랑스어 驅使力은 결코 긍정적인 평가를 받을 수 없을 것이다. 그런데 당시 프랑스는 제1차 中英戰爭에 참전하지 않았으며 南京條約 체결 당사국이 아니었다. 그렇다 하더라도 프랑스가 중국에서는 침략세력의 하나였다는 사실도 감안되어야 한다.
129) 『성 김대건 안드레아 신부의 서한』, 57쪽. "1842년 9월 리브와 신부에게 보낸 편지"

의 승전상황을 살펴보고자 하던 단순한 관찰자에 불과했다. 김대건은 그 관찰자의 통역이었을 뿐이다. 세실이 남경조약을 참관했다는 것은 어디까지나 비공식적 행동이었다. 김대건은 남경조약이 체결되던 당시 프랑스 군인과 청국 관리 사이에 이루어졌던 비공식적 조우에 개입된 것이었을 뿐이다. 그러므로 이 구절이 확대 해석되고, 김대건이 남경조약의 조인식에 참석한 것으로 오해할 여지가 있는 서술은 삼가해야 할 것이다.

남경에 갔던 세실은 1842년 8월 27일 조선인 학생, 즉 김대건과 함께 에리곤호로 귀환했다. 그리고 이 때에도 세실은 메스트르 신부에게 이번의 항해에서 조선 연안을 지나가게 될 것임을 약속했다. 그러므로 메스트르 신부와 함께 김대건은 세실 함장이 약속한 대로 프랑스 군함인 에리곤 호를 타고 조선에 갈 수 있을 것으로 계속하여 기대하고 있었다.130) 그러나 세실 함장은 함선 내에 환자가 많고 항차航次가 짧다는 이유로 조선으로의 항해에 주저했다.131) 그리고 그는 '조선 원정'의 계획을 메스트르의 사전 양해를 받지도 않고 일방적으로 변경하여 조선으로의 항해를 포기했다.

그러다가 세실은 1842년 9월 11일 에리곤호를 이끌고 마닐라로 출항하고자 했다. 세실은 메스트르와 김대건이 승선한지 6개월이 지나도록 조선으로의 항해를 실천하지 않다가 항로를 변경했던 것이다. 그러자 메스트르 신부는 이에 항의하고 김대건과 함께 하선했다.132) 그들의 하선은 세실의 군함을 이용한 조선 입국 계획을 포기한 것을 의미했다.133)

---

130) 『성 김대건 안드레아 신부의 서한』, 51쪽. "1842년 9월 르그레즈와에게 보낸 편지"
131) 『성 김대건 안드레아 신부의 서한』, 69쪽. "1842년 12월 9일 르그레즈와에게 보낸 편지"
132) 『성 김대건 신부의 활동과 업적』, 211쪽. "1843년 3월 1일 메스트르가 리브와에게 보낸 편지"
133) 『성 김대건 신부의 활동과 업적』, 187쪽. "1842년 10월 2일 메스트르가 알브랑에게 보낸 편지"

메스트르가 이와 같은 판단을 내리게 된 것은 자신이나 김대건이 세실에게 오직 통역으로만 이용되고 있다는 사실을 확인했기 때문이다. 이는 다음 기록을 통해서 살펴볼 때 명확히 드러난다.[134]

> 7월 27일 에리곤호가 양자강 하구에 정박해 있었는데. … 저는 거기 프리킷 함상에서 애타게 기다리며 2개월 반동안 체류했습니다. 저는 함장의 거듭된 약속에 따라서 에리곤호가 저를 조선 해안으로 데려다 주기를 기대했기 때문입니다. 함장은 중국인들과의 연락에서 저와 저의 학생을 사용했고, 작은 정크로 남경으로 갈 때는 저의 학생과 같이 갔습니다. 이틀 후 그가 돌아온 후에야 저는 그가 저를 통역으로밖에 필요로 하지 않고 있으며, 필요하지 않게 되면 저를 즉시 돌려보낼 것임을 명백히 깨닫게 되었습니다.

메스트르의 하선이라는 사실을 통하여 우리는 그리스도교 선교와 프랑스 전함의 상관관계를 검토할 수 있을 것이다. 그런데 그리스도교 선교의 자유에 관한 당시 선교사들의 견해는 명확했다. 당시의 선교사들은 신앙을 양심의 자유라는 차원에서 이해하고 있었으며 이 양심의 자유에 속하는 신앙의 선교를 위해서는 무력의 사용까지도 가능하다고 판단했다. 우리는 이와 같은 견해를 페레올(Ferréol) 주교의 다음과 같은 언급을 통해서 살펴볼 수 있을 것이다.

> 프랑스인들이 종교와 인류를 위해서 무엇인가 유익한 일을 하고자 한다면 그들이 양심의 자유를 요구해야 하고, 또 그것을 손에 칼을 쥐고 요구하면 얻을 것입니다.[135]

즉 프랑스 선교사들은 그리스도교 선교라는 목적을 달성하기 위해서

---

134) 『성 김대건 신부의 활동과 업적』, 189쪽. "1842년 10월 2일 메스트르가 알브랑에게 보낸 편지"
135) 『성 김대건 신부의 활동과 업적』, 301쪽. "1847년 11월 25일 페레올이 리브와에게 보낸 편지"

는 무력이라도 사용할 수 있는 것으로 생각했다. 당시 선교사들이 가지고 있었던 이와 같은 견해는 1842년 당시 마카오 소재 파리외방전교회 극동대표부 대표였던 리브와 신부에게서도 나타난다. 그는 조선에 대한 '원정'을 계획하고 있던 세실 함장의 에리곤호號 편에 김대건과 메스트르 신부를 동승시켜서 조선으로의 입국 통로를 개척해 보려는 생각을 가졌다.

그러나 페레올 주교나 리브와 신부와는 달리 메스트르 신부는 군함을 통한 조선 입국 방법을 전적으로 찬성하지만은 아니했고, 이에 대해서 약간은 회의적인 태도를 취하고 있었다. 그는 이러한 입국방법을 '인간적 방법'으로 규정했다. 그는 세실 함대의 항해 일정이 변동되어 조선 입국이 불가능해지자 미련 없이 하선하면서 "선교사들이 너무나 인간적인 방법으로 그들의 포교지에 들어가지 않은 것을 다행하게 여긴다.

왜냐하면 전사들보다 더 강한 선교사들은 정크만 있으면 그들이 원하는 해변으로 인도되고, 또 지상 것이 아닌 그들의 헌신을 지원하는 데에 충분할 것으로 알고 있기 때문이다"라고 말했다136) 메스트르는 "나이가 들었고 현명하며 지식이 있고 영신지도에 경험이 있으며 어려움에 앞서서 절대 물러서지 않는 성격의 소유자"137)라는 평가를 받았던 인물이다. 그는 이와 같은 평가에 알맞게 군함을 통한 선교사 입국 방법에 회의했고, 천상의 것들에 대한 헌신을 위해서는 프랑스의 군함이 아닌 조선의 보잘 것 없는 선박을 통해서 입국하는 것만으로도 충분하다고 생각했다.

그런데 여기에서 우리가 살펴볼 수 있는 바는 19세기 중엽 프랑스 선교사들은 선교 내지 신앙이라는 도덕적 가치를 자연법적 기본권의 하나로 인식되기 시작한 '양심의 자유'에 속하는 것으로 생각했고, 이 '양심

---

136) 『성 김대건 신부의 활동과 업적』, 187쪽. "1842년 10월 2일 메스트르가 알브랑에게 보낸 편지"
137) 『성 김대건 신부의 활동과 업적』, 181쪽. "리브와가 대목구장들에게 보낸 편지"

의 자유'를 확보하기 위해서는 무력의 사용도 가능하다고 판단했다는 사실이다. 한편, 동일한 시기 영국이나 프랑스의 식민주의자들은 경제적 이득의 확보를 위해서는 무력의 행사도 정당한 것으로 강변하고 있었다. 선교사와 식민주의자들은 '양심의 자유'와 '경제적 이득'을 쟁취하기 위한 무력의 사용을 각기 정당한 것으로 이해했다. 여기에서 우리는 그리스도교 선교사와 식민주의자들은 결코 동일시될 수 없는 상이한 목적을 가지고 있었음을 확인하게 된다. 이처럼 그들이 지향하는 바는 상호 차이가 났지만, 그들이 취하고자 했던 방법론에서는 '무력武力'을 용인한다는 공통분모가 발견된다. 당시 일부 선교사들은 식민주의 침략의 상징인 자국의 전함에 편승하여 선교의 편의를 도모하기도 했다. 식민주의자들의 무력에 편승하고자 하는 선교사나 선교정책이 출현하게 되었다. 그리고 선교라는 도덕적 명분을 활용하여 자신의 탐욕을 호도하고 정당화하려는 식민주의자들도 존재하고 있었다.

그들은 자신의 목적을 위해서 서로 상대를 이용하는 형국이었다. 이때문에 선교사와 식민주의자들은 그 지향점의 차이에도 불구하고 방법론적 유사성으로 인해서 양자가 모두 침략적 속성을 가지고 있다는 경계심을 유발시키기에 충분했다. 여기에서 그리스도교 선교를 식민주의 침략의 주구로 규정하는 비판적 견해가 제시되었다. 물론 선교에 비판적인 이 견해에서는 결과론적 사고에 기초하고 있다는 문제점이 지적될 수 있을 것이다. 그러나 동시에 무력을 구사해서라도 신앙의 자유를 확보해야 한다는 19세기 중엽 선교사들의 방법론적 결함도 그 비판적 견해의 원인으로 작용하고 있음을 함께 기억해야 할 것이다.[138]

---

138) 프랑스는 黃埔條約을 통해서 중국에서 宣敎權을 확장시켜 나갔다. 그러나 중국인의 입장에서는 이 선교권 내지 그리스도교 신앙의 자유라는 권리가 武力에 의해서 强迫된 것으로 생각되었다. 그리고 무력에 의해 '확보된' 선교권은 식민주의 침략의 '尖兵' 역할을 하는 것으로 이해되었다. 이에 대한 중국인들의 대응으로 反基督敎 運動이 활발히 전개되기도 했다. 이와 같은 批判的 見解나 非友好

그러나 메스트르 신부는 프랑스 전함의 무력에 편승하여 조선 선교를 이루어 보려는 것을 회의적으로 생각했다. 이러한 그의 태도와 관련하여 우리는 그가 김대건의 프랑스어 교육에 제동을 걸었던 사실을 다시 기억할 수 있을 것이다. 그는 그리스도교의 선교에 제1차적 목적을 두고 있었으므로, 프랑스의 극동 침략이라는 '현실적 요구'에 이용될 수도 있는 프랑스어 교육이 불필요한 것으로 생각했다. 이와 같은 이유 때문에 그는 파리에 있던 외방전교회 장상들에게 요청하여 김대건의 프랑스어 공부를 막았던 것으로 추정된다.

메스트르 신부와 김대건은 에리곤호號에서 하선한 후 조선에 입국할 수 있는 새로운 길을 찾았다. 그리하여 김대건은 1842년 9월 상해 근처에 정박하고 있던 영국 군함을 방문하여 일박—泊을 하며 환대받은 바 있다.[139] 그리고 김대건 일행은 중국인 신자의 선편으로 15일간의 항해 끝에 요동반도 남단에 있던 태장하太莊河에 입항했다. 그 해 말, 김대건은 의주 변문을 통해서 조선 입국을 시도했다. 그러나 육로를 통한 입국 시도와는 별도로, 선교사들은 해로를 통해서도 조선에 입국할 수 있는 방안을 모색하고 있었다.

그러므로 메스트르 신부는 1843년에도 프랑스의 전함을 활용하여 조선에 입국할 계획을 계속해서 가지고 있었고, 이를 '우리 포교지를 위해서 더없이 중요한 기회'로 파악했다.[140] 이는 메스트르 신부가 군함을 이용한 조선 입국 방법에 대해서는 비록 회의적이었고 조선의 선박이나 중국의 정크를 사용하여 입국하는 것이 더 떳떳한 일로 생각했다 하더라도, 당시의 상황에서 선교사들이 조선으로 입국하는 데에는 피치 못하게

的 움직임의 배경에는 물론 당시 선교의 방법론적 결함이 자리하고 있었다.

139) 『성 김대건 안드레아 신부의 서한』, 71쪽. "1842년 12월 9일 르그레즈와에게 보낸 편지"

140) 『성 김대건 신부의 활동과 업적』, 219쪽. "1843년 3월 7일 메스트르가 르그르즈와에게 보낸 편지"

프랑스 군함의 도움을 받아야 하는 것으로 생각했음을 뜻한다. 19세기 중엽 아시아의 선교사는 군함의 존재를 거부하거나 망각하기가 불가능했을 것이다.

이 점은 김대건의 경우에도 유사하다. 김대건은 1845년 4월 30일 조선을 떠나서 황해를 거쳐서 갖은 신고를 겪은 후 1845년 5월 28일 황해를 항해하여 중국 양자강 어구인 오송구吳淞口에 도착했다. 이 때 그는 그곳에 정박해 있던 영국 해군 사관들의 도움과 함선의 호송을 받아 상해에 도착할 수 있었다. 그리고 상해에 도착한 직후에도 아서 죤 앰슨(Arthur John Empson)과 같은 영국인의 도움을 받아서 상해주재 영국령사관을 찾아가 보호를 요청할 수 있었다.[141]

영국인과 김대건은 프랑스어로 대화가 가능했기 때문이다.[142] 상해에 도착한 후 김대건 일행은 예수회 소속 고틀랑(Claude Gottrland, S.J., 南格祿, 1803~1856) 신부의 재정적 도움과 보호를 받을 수 있었다.[143] 중국에 김대건 일행이 도착했을 때에 김대건이 세실의 통역을 했던 인물임을 알고서 중국의 관리들은 이들에게 대체로 협조적이거나 방관적이었다. 그러

---

141) 『성 김대건 안드레아 신부의 서한』, 207·209쪽. "1845년 7월 23일 리브와에게 보낸 편지".

Servière, *Histoire de la Mission du Kiang~nan,* Imprimerie de l'Orphelinat de T'ou~sè~wè, Changhaï, Chine, 1914.

史式徽 著, 天主敎上海敎區史料譯寫組 譯, 1983, 『江南傳敎史』 第1卷, 上海 : 譯文出版社, 89쪽.

142) 『성 김대건 신부의 활동과 업적』, 267쪽. " 1845년 8월 28일 다불뤼가 바랑에게 보낸 편지"

143) Gotteland, 1845年 7月 8日字 片紙, *Lettres des Nouvelles Missions de la Chine* (autographiées, Paris, 1842~1868), 法國 巴黎, 石印本, 第1卷 238 頁

Servière, *Histoire de la Mission du Kiang~nan*, Imprimerie de l'Orphelinat de T'ou~sè~wè, Changhaï, Chine, 1914

史式徽 著, 天主敎上海敎區史料譯寫組 譯, 1983, 『江南傳敎史』, 第1卷, 上海 ; 譯文出版社, 89쪽, 重引.

달레, 『韓國天主敎會史』 下, 72·74~75쪽.

나 일반 중국인들 사이에는 김대건 일행이 "조선을 빼앗기 위해서 프랑스 두목들을 데리러 왔다"는 근거 없는 소문이 나돌 정도로 서양인과 친근히 지내는 조선인들에 대한 경계심을 늦추지 않고 있었다.[144] 그럼에도 불구하고 김대건은 타고 온 배를 수선하고, 라파엘 號로 명명된 그 배편으로 페레올 주교, 다블뤼 신부 등 선교사와 함께 1845년 10월 충청도 강경 부근의 황산포黃山浦 나바위에 상륙했다. 김대건은 귀국한 이후에도 선교사를 영입할 새로운 해로를 개척하기 위해서 백령도 인근 바다에 갔다. 그는 이 항차航次에서 순위도 등산진登山鎭의 관리들에게 체포되어 해주로 이송되었다가 1846년 서울 새남터에서 군문효수를 당했다. 김대건은 자신의 목숨을 걸고 선교사이 해로를 통해서 입국할 수 있는 루트를 처음으로 개척하고자 했던 것이다.

요컨대, 김대건은 마카오에서의 교육을 통해서 서양에 대한 이해를 높일 수 있었다. 그는 스콜라 철학이나 '중세적' 가톨릭 신학을 주로 교육받았지만, 지리학, 프랑스어 등을 비롯한 일반 교양적 학문에도 접할 수 있었다. 동시에 그는 조선인 성직자로써 조선의 선교에 대해서 깊은 관심을 당연히 갖고 있었다. 그는 군함의 위협을 통해서 선교의 자유를 확보하는 데에는 회의적 입장을 취한 것으로 판단된다. 이와 같은 그의 생각은 메스트르 신부와 유사한 것으로 볼 수 있을 것이다.

한편, 김대건은 중국에 대한 서세동침이 진행되던 상황을 목도하고 있었다. 그 과정에서 그는 인도차이나에 주재하고 있던 프랑스 함대의 세실 중령의 조선어 통역으로 잠시 복무한 바 있었다. 그는 조선어 통역의 역할에 그치지 아니하고 중국인과 프랑스 인들을 연결하는 역할을 한 바 있다. 그러나 세실은 김대건이나 선교사 메스트르의 소망과는 달리 조선 연안의 항해를 보류했다. 이에 그들은 프랑스 전함을 하선하여 다

---

144) 『성 김대건 신부의 활동과 업적』, 265쪽. "1845년 8월 28일 페레올이 리브와에게 보낸 편지"

른 방법을 통해서 조선에 입국하게 되었다. 이렇게 김대건을 비롯한 선교사들이 해로를 통한 조선입국을 모색하고 있었던 사실이나, 프랑스 군함에 편승하여 입국을 기도했던 것은 당시 극동 아시아에서 전개되고 있던 서세동침의 사실과 밀접히 연결되는 현상이다.

5. 맺음말

김대건(1821~1846)은 19세기 전반기를 살았던 인물로서 당시의 상황에서는 매우 특이한 경력을 가지고 있었다. 그는 약년弱年에 신학생으로 발탁되어 중국 마카오에서 수학했고, 조선인으로서는 처음으로 가톨릭 사제에 서품되었다. 그가 살았던 당시는 극동 아시아 지역에서 이른바 서세동점이 줄기차게 진행되던 때였고, 이 과정에서 제1차 중영전쟁(1840~1842)이 발발했다. 그리고 제2차 중영전쟁(1856~860)에 이르기까지 서세동침은 강화되어 갔다.

한편 당시 조선 연해에서는 이양선이 자주 출몰했고, 조선의 관민官民과 충돌하기도 했다. 이양선들 가운데에는 조선에 대해서 통상을 요구하기도 했다. 이에 대해서 당시 조정에서는 이른바 '인신무외교론人臣無外交論'을 제시하면서 이를 거부하고 쇄국자수鎖國自守의 길을 걸어 왔다. 그러나 이양선의 내도來到를 통해서 당시인들에게는 일종의 위기감이 조성되기도 했다.

19세기 중엽 조선의 조정에서는 중영전쟁에 관한 소식을 접하고서, 이에 대한 대비책을 마련해야 한다는 의견이 제시되기도 했다. 그러나 이에 대한 구체적 대안의 마련에는 이르지 못했다. 당시 조정 대신들이 대안으로 제시하던 것은 군주의 도덕적 품성을 함양해야 한다는 원칙론이었다. 이는 당시 조정에서 서세동침에 대한 대응책을 마련할 만한 재정적 여력이 없었기 때문에 나온 견해로 생각된다. 이양선에 대한 직접적 대책이 사실상 포기되었던 19세기 중엽의 조선 사회에 대해서 프랑스의 해군력은 계속적인 도전을 감행하고 있었다. 프랑스는 조선연해를 단순 통과하거나 간헐적으로 식료를 요구해왔던 여타 이양선과는 차이를 드러내는 것이었다. 1840년대 프랑스는 조선을 자국의 세력권에 편입시키거나 식민지화하려는 계획을 가지고 있었다. 프랑스의 함선은 조선에 대해서 직접 통상 교섭을 요구했고 이에 대해서 조선 정부는 일정한 대응책을 마련해야 했다.

당시의 지배층들은 서양의 침입과 아편의 해독 그리고 서교西敎의 문제점이 동일선상에 있는 것으로 파악하게 되었다. 그리하여 서세동침 현상에 대한 무력적 대응책을 마련하기보다는 손쉬운 방법으로 아편 흡입을 강력히 금지하거나 천주교 신앙에 대한 단속을 강화하는 방법을 선호했다. 서세동침에 대한 대응책으로 군주가 성리학적 통치원리에 충실해야 한다는 관념적 논의가 진행되던 과정에서 '사학邪學'인 천주교에 대한 탄압은 예정되고 있었다. 그리고 김대건의 체포와 순교라는 사건이 발생했다.

김대건은 제1차 중영전쟁이 전개되던 현장에 있었으며, 프랑스 선교사 내지는 프랑스 함선의 지휘관과 특별한 관계를 맺고 있었다. 그는 조선의 선교에 필요한 각종 사항에 관해서 관심을 가지고 있었다. 그리하여 그는 조선의 일반 정세와 그리스도교 선교의 상관관계에 주목했고, 선교사들을 조선에 입국시키기 위한 해로의 개척에 관심을 가졌다. 그는 프랑스 군함의 위협 하에 선교가 진행되는 것에 반대했고, 신앙의 자유를 얻기 위해서는 청국 황제의 권고라는 우회적 방법이 적절할 것으로 생각했다. 그는 조선에서의 선교 자금에 대해서도 어느 정도 관심을 가지고 있었다. 이러한 그의 활동은 19세기 중엽 서세동점이라는 상황이 충실히 감안될 때 좀더 잘 이해될 수 있을 것이다.

제2장

19세기 중·후반 프랑스 선교사의 한국인식

-le Pére Calais, M.E.P.를 중심으로-

1. 머리말

이미 알려진 바와 같이, 조선 천주교회에는 1831년에 조선대목구朝鮮
代牧區가 설정되었고 이 새로운 선교구역이 파리외방전교회에 위탁되었
다. 이로서 조선은 프랑스와 만남의 계기를 맞게 되었고, 1835년 모방
(Maubant) 신부의 입국을 계기로 하여 양국 간에는 직접적인 접촉이 시작
되었다. 그리하여 1830년대 후반기에는 엠베르(Imbert), 모방(Maubant), 샤
르탕(Chastan) 등 세 명의 선교사들이 조선에 들어와 활동했다. 그리고 이
들의 뒤를 이어서 페레올(Ferréol), 메스트르(Maître)를 비롯한 선교사들이
계속해서 입국하여 활동했다.

특히 1860년대에는 베르뇌(Berneux), 다블뤼(Daveluy), 리델(Ridel), 페롱(Féron),
칼레(Calais) 등을 비롯하여 12명의 선교사들이 조선에 입국하여 활동했
다. 이들의 경우에는 해마다 정기적으로 자신의 선교활동을 파리외방전

교회 본부에 보고했다. 그리고 이 정규적 보고 이외에도 적지 않은 편지를 남겼다. 이들이 조선에서 프랑스 본국으로 보낸 이 자료들을 기초로 하여 달레(Dallet)의 『조선교회사』가 저술되었고,[1] 선교사 개개인에 대한 전기류 기록들이 만들어졌다.

본고에서는 개항 이전에 이르기까지 프랑스 선교사들이 가지고 있던 조선에 대한 인식의 특성을 살펴보고자 한다. 이 시기 선교사들의 한국 인식을 다루는 데에는 달레의 저술이 주요한 자료가 될 수 있다. 그러나 본고에서는 1861년에 조선에 입국한 이후 1866년의 박해과정에서 조선을 탈출했던 칼레(Adolphe Nicolas Calais, 1833~1884) 신부를 중심으로 하여 당시의 선교사들이 가지고 있던 한국인식의 한 면모를 살펴보고자 한다. 칼레는 1833년 8월 3일 로렌느 지방에서 태어났다. 그는 성직을 지망하여 신학대학에 입학한 첫해에 선교사의 중요성을 역설하는 강론을 듣고 선교에 뜻을 두게 되었다. 그는 1858년 25세에 삭발례를 받고, 그해 7월 파리외방 선교회에 입회하여 10월 14일에 부제품을 받았다.

그는 1860년 6월 파리 시에 있는 성 슐피스(St. Sulpice) 성당에서 사제품을 받은 후 그해 7월 5일 조선선교사로 임명되었다. 그는 7월 25일 프랑스 마르세이유를 출발하여 희망봉을 돌아 스리랑카와 싱가포르를 거쳐 9개월간의 여행 끝에 중국에 도착했다. 그후 그는 프랑스를 떠난지 9개월만인 1861년 3월 19일 랑드르(Pierre Joanno, Jean~Marie Landre), 리델(Felix Ridel) 신부 등과 함께 중국의 산동반도를 떠나서 조선의 백령도를 거쳐 입국하게 되었다. 그 후 그는 1866년 10월 26일 박해를 피해서 조선을 탈출하여 중국의 산동반도 체푸에 도착할 때까지 약 5년7개월간(23세부터 33세까지) 조선에 체류하면서 조선의 사람들과 문화를 관찰했다. 그 후 3년동안 조선의 재입국을 위해 노력하다가 1869년 파리외방전교회를 떠나 조선의 선교를 위해 평생 기도생활을 할 목적으로 트라피스트 수도

---

1) Dallet, 1874, *Histoire de l'Eglise de Corée*, Paris, Victor Palmé Éditeur.

회에 입회하였다.

그가 남긴 자료로는 파리외방전교회 소장 고문서(AME) Vol. 579, f.615
~1813 사이에 소장되어 있는 그의 편지 및 「조선순교자 전기」를 들을
들 수 있다. 그리고 그가 남긴 편지를 자료로 하여 집필된 그에 관한 전
기도 있다. 칼레에 관해서는 부분인 연구가 진행된 바도 있다.2) 글은 박
해시대 프랑스 선교사들이 가지고 있던 한국인식의 특성을 밝혀서 그들
의 조선선교가 가지고 있는 특성을 이해해 보고자 하는 데에 목적을 두
고 있다. 이 글이 박해시대 조선교회의 특성을 이해하는 데에 도움이 될
수 있기를 바란다.

2. 조선인식의 배경

1) 입국목적

외국인이 특정 지역에 입국한 이후 가지게 되는 인상은 그들의 입국
목적과 무관할 수 없다. 19세기 중후반 조선에 입국한 프랑스인들은 선
교사들뿐이었다. 따라서 우리는 그들의 입국목적이 무엇인지에 대해서
우선적으로 검토해 보아야 한다. 19세기 조선에 들어온 선교사들이 가지
고 있었던 첫 번째 목적은 천주교 신앙을 전하는 일이었다. 칼레의 경우
에도 파리외방전교회 신학교에서 사람의 영혼을 구원하기 위한 선교사
업의 중요성을 강하게 교육받아 왔다.

그리고 그도 이를 위해 조선에 입국하고자 하고 있음을 분명히 서술
하고 있다. 칼레는 "이교도들(païens)을 가톨릭신앙으로 개종시키기 위해"
입국했음을 드러냈다.3) 이러한 점은 당시 조선에 입국했던 프랑스 선교

---

2) 金貞淑, 1994, 「칼레 신부 宣敎活動으로 본 1860年代 朝鮮 가톨릭文化」『황종동
   교수 정년기념논총』, 동 간행위원회.

사들이 거의 공통적으로 가지고 있었던 목적이었다. 예를 들면, 그의 동료였던 볼리외(Beaulieu)도 조선에 입국한 목적으로 "조선인의 영혼 구제와 하느님을 위해 죽는 일"[4]이라고 말한 바 있었다. 드 브르트니에르(de Breteniere) 신부도 "나는 조선에 여러분의 영혼을 구하려 왔다. 하느님을 위하여 기꺼이 죽겠다."라고 신문관들에게 말하였다.[5] 이들의 입국목적에 대한 이와 같은 말들은 체포된 후 신문을 받는 과정이라는 특수 상황에서 나온 것이다. 그렇다 하더라도 이들이 남긴 여러 글들을 통해서 볼 때 그들의 입국목적이 바로 선교에 있었다는 사실을 부인하기는 어려울 것이다.

칼레는 조선에 도착한 후 보낸 첫 번째 편지를 파리외방전교회 신학교 교장 신부에게 보냈다. 여기에서 그는 조선 땅을 처음으로 밟는 순간에 가졌던 감정을 "마음은 기쁨으로 충만하였고, 짚신을 신은 발걸음은 가볍기 그지 없었다"라고 말하면,[6] 조선 입국의 감회를 전해주고 있다. 그는 조선 선교에 대해서도 "자신의 능력은 제한이 되지만 하느님의 도움으로 이를 기필코 달성할 수 있으리라"는 낙관적 희망을 피력했다.[7] 그는 "야훼께서 조선인 모두를 베드로의 그물망에 넣으신다면 저는 행복할 것입니다."[8]

---

3) A.M.E. Vol.579, f.623 ; la lettre du Père Calais, Corée, Miriai, Oct, 1861.

4) A.M.E. Vol.579, f.1068 ; Notice du pére Beaulieu, appelé Sye. "Il était venu pour sauver els âmes,et qu'il mourrait pour Dieu avec plaisir."

5) A.M.E. Vol.579, f.1129 ; Notice de Mr. Ranfer de Bretenières, Simon~Marie~Antoine~Just, appelé Paik. "Je suis venu en Corée pour sauver vos âme, je mourrai pour Dieu avec plaisir."

6) A.M.E. Vol.579, f.615 ; la lettre du Père Calais, Song Kol, 30, Oct, 1861. "la joie dans le coeur et la légèreté aux pieds avec de petites sandales de paille".

7) A.M.E. Vol.579, f.616 ; la lettre du Père Calais, Song Kol, 30, Oct, 1861.

8) A.M.E. Vol.579, f.623 ; la lettre du Père Calais, Corée, Miriai, Oct, 1861. "j'aurais du bonheur si Dieu mettant tous les Coréens dans les filets de Pierre"

그러나 칼레는 이러한 자신의 소망을 단기간에 이룰 수는 없었다. 그
래서 그는 조선에 도착한 이후 파리외방전교회 신학교 교장에게 보낸 편
지에서 "영혼들을 구원에로 인도하려는 열망에 가득 찬 교장신부님의
목자적牧者的 가슴에, 우리의 사랑하는 조선이 완전히 천주교로 개종한
장관壯觀을 보여드리기 위해 제가 신부님을 조선에 초대하기까지에는 아
직 이르지 못했습니다."[9]라고 서술하면서, 그는 자신의 조선 입국의 목
적이 오직 선교에 있음을 간접적으로 제시하면서도 그 선교사업의 성과
에 대해서는 자랑할 만 것이 못 됨을 말해 주고 있다.

칼레를 비롯한 선교사들은 이와 같이 '조선인의 영혼'을 구하기 위해
서 조선에 입국했음을 고백하고 있다. 그러므로 그들은 자신의 선교지인
조선을 의식적으로라도 사랑하고자 했다고 생각된다. 칼레 신부의 경우
에도 조선을 표현하면서 곧잘 '사랑하는 조선(chère Corée)'이라는 관용적
어투를 사용하고 있다.[10] 그리고 그는 저는 "프랑스 왕들의 가장 아름다
운 궁전에 있는 것보다도 제 조선의 오두막에 있는 것을 더 행복해 합니
다."[11]라고 말하면서 조선에 대한 애정을 드러내기도 했다. 또한 그는
"만약 제가 우리의 사랑하는 조선에 대해서 아무 유익한 정보도 제공하
지 못했다면 용서하십시오. 저는 단지 제가 조선을 아주 깊이 사랑하고
있다는 사실만을 알 뿐입니다. 저는 조선을 위해 기도합니다."라고 말했
다. 또한 "나의 서른 아홉이란 나이에도 불구하고 저는 당신께 단언할
수 있습니다만, 경애하는 신부님, 조선을 위해 나를 소모하고 불태우는

---

9) A.M.E. Vol.579, f.615 ; la lettre du Père Calais, Song Kol, 30, Oct, 1861. "Je
  ne viens pas encore vous inviter à venir en Corée pour donner à votre coeur
  pastoral plein d'un vif désir du salut des âmes, le spectacle de notre chère Corée
  toute convertie."
10) cf. AME Vol.579 f.685.
11) A.M.E. Vol.579, f.687 ; la lettre du Père Calais, Corée, Miriai, 25 Oct, 1863. "Je
  suis plus heureudans ma hutte coréenne que dans le plus beau palais des rois de
  France".

것 그리고 내 모든 피를 거기에 쏟아 넣는 것은 나 자신에게는 말로 다 할 수 없는 기쁨입니다."라고 말하면서 자신의 선교사명을 확인한 바 있었다.

2) 조선어 학습

칼레의 경우를 보면, 조선에 대해 사랑하고자 노력하고 있었고, 조선을 알고자 했다. 그가 자신의 선교지인 조선을 알고, 조선인의 영혼을 구제하기 위한 첩경은 조선어를 배우는 일이었다. 그는 조선어가 '까다로운 편'이며,[12] "익히는 데에 중국어보다 더 늦다"[13]고 말했다. 그런데 칼레는 서울에 도착한 후 베르뇌 주교댁에 머물면서 3주간을 지낸 후 경기도 용인군 수지면 송골[14]에 가서 조선어를 본격적으로 배웠고, 여기에서 성모승천대축일을 맞아서 10여 차에 걸쳐 고해성사를 집전했다.

이로 미루어 보면 그는 어학에 상당한 재질이 있었으며, 조선에 입국한 이후 6개월이 채 못 되어 조선인 신자들의 고해성사를 들을 수 있을 정도로 조선어를 하기 시작했음을 알 수 있다. 이는 그가 대단히 빨리 조선어를 습득한 것으로 볼 수 있다. 그러나 그는 자신의 조선어 실력이 페롱이나 리델 보다 못했다고 말하면서 이를 아쉬워 한 바도 있었다. 그렇다 하더라도 이처럼 그가 조선어를 배우고자 했다는 사실은 자신의 눈으로 직접 조선을 관찰하는 데에만 그치지 않고 조선인과의 대화를 통해서 조선에 대한 자신의 이해를 높일 수 있었음을 말한다.

요컨대, 프랑스 선교사들은 신앙을 전하기 위해서 조선에 와서 조선

---

12) A.M.E. Vol.579, f.618 ; la lettre du Père Calais, Song Kol, 30, Oct, 1861. "cette langue est un difficile".

13) A.M.E. Vol.579, f.1126 ; Notice de Mr. Ranfer de Bretenières, Simon~Marie~ Antoine~Just, appelé Paik. "La langue Coréenne est très diffficile et s'apprend moins vite que la Chinois"

14) 京畿道 龍仁郡 水枝面 蓀谷.

을 직접 관찰할 수 있었다. 그리고 그들은 조선어의 학습을 통해서 조선인과의 대화를 통해서 조선에 대한 더 많은 지식을 습득할 수 있었다. 이를 통해서 그들은 조선에 대한 독자적 인식을 가져갔다.

3. 조선 인식의 특성

1) 종교적 상황에 대한 인식

조선에 입국한 선교사들은 선교에 있어서 가장 중요한 문제가 될 수 있는 선교지의 종교상황에 대해서 관심을 가졌다. 선교사들은 조선의 전통 종교로 불교와 유교가 있음을 알고 있었다. 그러나 그들은 불교가 당시 조선에서는 일반인의 존경을 잃어가며 쇠락의 길을 걷고 있는 것으로 보았다. 유교의 경우에 실천윤리로서 오륜五倫을 중시하고 상제上帝에 대한 다소 막연한 관념을 가지고 있지만, 종교적 성격이 매우 약하다고 보았다. 선교사들은 불교와 유교가 무신론의 다른 형태에 불과한 것으로 규정했다.

선교사들은 조선인이 상제라고 부르는 존재에 대해서 주목하기도 했다. 그러나 그 상제라는 개념이 그리스도교적 유일신 사상과는 차이가 있고, 조선인들 대부분이 이를 깊게 성찰해 보지 않았으며, 그 개념이 상당히 모호한 존재라고 규정했다. 또한 선교사들은 수령들이 기우제를 지내며 드리는 제문의 내용에는 인격천人格天과 물리천物理天, 自然天의 개념이 혼재되어 있다고 보았다. 한편, 그들은 조선인의 종교성을 조상숭배에서 찾았다. 그리하여 "조선인 대다수가 알고 충실히 믿고 있는 유일한 종교는 조상숭배이다"라고 말하면서, 조상의 묘지를 중요시하는 관행과 조상의 신주를 모시고 제사를 드리는 관행에 주목했다. 조선인은 신주를 "사람의 혼이 와서 사는 곳"으로 규정하고 있다고 판단하여, 이를 일종의 우상으로 간주했다. 그러나 그들은 조선인 대부분이 "실제적인 무신앙無信仰과 내세에 대한 무관심"을 특징으로 가지고 있다고 판단했다.

이와 같은 판단에서 칼레 신부를 비롯한 선교사들은 조선인 일반을 특별한 구별 없이 외교인(paiens)으로 규정하고 있었다. 칼레는 유학자를 간혹 외교인성직자(prêtres païens)라고 지칭하기도 했다. 당시 선교사들은 조선인의 신앙에 대해서 우상숭배(idolâtre)라는 말도 쓰고 있었다. 선교사들은 이 외교인이며 우상숭배자들에 대해서 그리스도교적 하느님의 우월함을 전하자 했다. 그러기 때문에 그들은 조선의 승려나 무당, 점장이와 같은 특정 경신행위에 종사하던 사람들의 개종에 특별한 관심을 가지고 서술해 주었다. 이러한 선교사들의 태도는 기존의 문화나 종교에 대한 존경이나 공존의 자세와는 거리가 먼 것이었다. 그들은 그리스도교의 신앙을 확신하면서 선교지의 정신문화가 가지고 있는 가치를 인정하는 데에 인색했다. 이는 19세기 중반이후 유럽의 지성계나 그리스도교 선교가 가지고 있던 한 특성이기도 했다.

2) 사회제도에 대한 인식

선교사들은 조선의 사회제도에 대해서 관찰한 기록을 남겼다. 그들은 조선왕조 말기의 붕괴되어가던 전근대적 사회제도들에 관해서 서술해 주고 있다. 그리고 중앙과 지방의 행정과 사법제도에 관해서 자세한 파악을 시도했다. 이는 선교활동을 전개하는 데에 필요한 선교지의 법적 행정적 상황을 정확히 파악하고자 하던 노력의 일부였다. 그러나 선교사들은 이러한 제도가 설정되던 당시의 상황과는 상당한 차이를 드러내고 있다고 말했다. 예를 들면, 선교사들은 당시의 조선의 군사제도가 사실상 붕괴되어 있으며 군적軍籍에 기록된 군인의 숫자는 허수虛數에 불과하다는 사실을 지적했다.

또한, 사회신분에 대해서는 양반과 중인 그리고 양인의 신분적 구별을 제시하고 있으며, 노비나 백정을 비롯한 천인의 존재를 말했다. 그러나 선교사들은 그들이 살았던 19세기 중반 이후의 사회에서는 '노비'가 점차 줄어드는 추세에 놓여 있다고 보았다. 그들은 조선의 중부지방에서는 지체 높은 양반가에서나 노비를 볼 수 있다고 했다. 그리고 이 노비들은 가난한 시골사람들의 신세보다 나으며, 양반 등의 착취에서 벗어나기 위한 방법으로 토호土豪의 집에 비부婢夫가 되는 사례도 주목하고 있었다.

칼레의 경우에도 노비제도에 대해서 다음과 같은 특이한 관찰기록을 남겼다.[15] 즉, "노비제도는 말로만 존재하지만 사실에 있어서는 그것은 단지 여자들에게 적용된다. 비녀婢女와 결혼한 남자는 노奴가 되지 않고 그리고 그들과의 결합에서 나온 남자아이도 노奴가 아니다. … 이 남자는 자기 부인이 있는 집에 하인처럼 남아 있을 수 있는데, 일반적으로 그는 낮에는 자신의 일을 하러가고 밤에는 부인을 찾는다. 따라서 노비가 처한 환경은 여성의 것이다." 그는 여기에서 비부婢夫라는 특이한 사회적 존재를 주목하여 설명했지만, 노비제도 자체가 상당히 변질되어 있다는 사실을 보고하고 있었다.

프랑스 선교사들이 조선에 입국한 19세기 중엽 이후 프랑스는 정치적 경제적 측면에서 근대 국가로 전환되어 가고 있었다. 물론 이와 같은 근대로의 전환에 대해서 프랑스의 교회가 반드시 찬성한 것만은 아니었다. 그렇다 하더라도 조선에 입국한 프랑스의 선교사들은 자신들이 살았고 체험했던 바를 기준으로 하여 조선의 상황을 관찰하고자 했다. 여기에서 그들은 당시 조선사회가 가지고 있던 전근대前近代의 여러 특성에 대해

---

15) Calais는 Dallet가 『조선교회사』를 저술할 때 조선과 조선인에 대하여 여러 참고사항을 전해주고 있다. 1873년 7월에 그가 Dallet에게 보낸 편지에서 조선의 제도 등에 관해서 서술해 주고 있다.

비판을 가하고 있었다. 그들은 대체적으로 조선의 정치, 사회, 경제 제도 전반에 걸쳐서 드러나는 낙후성을 지적해나갔다.

3) 조선인의 성격에 대한 인식

선교사들은 조선인 신도들의 깊은 신앙심에 대해서 높이 평가하고 있었다. 그리고 조선인 신도들이 자신의 신앙을 지키기 위해서 드러내 보여 주었던 용기와 인내에 대해서도 자세히 설명해 주었다. 또한 조선인 신자들이 신앙을 통해서 변모되어 가는 모습을 제시하면서 조선인의 탁월한 능력을 말하기도 했다. 그리고 김대건이나 최양업 등 조선인 성직자의 활동과 자질을 높이 평가하면서 조선교회의 앞날에 대해서 긍정적 평가를 내리기도 했다.

또한 선교사들은 조선인이 일반적으로 '인간적 형제애의 법칙(des lois de la fraternité humaine)'에 따라서 상부상조하는 미덕을 드러내고 있음을 말했다. 또한 조선인은 손님접대(hospitalité)에 있어서도 좋은 인상을 가지고 있었다. 또한 조선인은 사교적 모임을 즐기고, 토론을 좋아한다고 보았다. 이와 동시에 칼레는 "조선인은 타고난 관찰자이고, 호기심이 많다"[16]고 규정했다. 이와 같은 관찰기록은 당시 조선인의 특성에 대해서 객관적으로 서술한 것이라고 볼 수 있다. 그러나 그들은 조선인 신도가 아닌 일반 조선인을 관찰한 기록을 검토해보면, 조선인의 성격에 대해서 일부 장점을 지적함과 동시에 상당한 부정적 인식을 가지고 있었다.

즉, 선교사들은 대체적으로 조선인의 성격에 관해서 조선인은 남녀를 불문하고 매우 정열적이라고 규정했다. 따라서 조선인들은 육체적 욕망에 빠져서 참다운 사랑을 찾아볼 수 없다고 까지 말했다.[17] 칼레의 경우

---

16) A.M.E. Vol.579, f.1126 ; Notice de Mr. Ranfer de Bretenières, Simon~Marie~Antoine~Just, appelé Paik. "Coréen naturellement observateur et curieux"

17) Dallet, ibid,. Introduction, p. CLIV.Les Coréen des deux sexes sont naturellement

에도 선교사가 조선에 입국한 이후 조선인의 정조관념을 개선하기 위해 노력해야 한다고 보았다. 또한 그들은 조선인의 성격이 일반적으로 완고하고, 까다롭고, 성을 잘 내고, 복수를 잘한다고 규정했다.

한편, 선교사들은 조선인이 이 매우 가난하며, 돈을 버는 데에 악착같다고 보고 있다. 칼레 신부는 조선인들의 성격이 매우 '물질적'이라고 규정했다. 이는 조선인들이 유일신唯一神 하느님에 대한 정확한 지식이 없고, 영혼이나 내세에 관심이 박약한 것으로 규정했던 인식의 연장이었다. 그리고 조선인의 고질적 가난과 이로 말미암은 윤리적 문제 등에 관해서도 그들은 관심을 가지고 있었고, 조선인의 남녀관계 등에서 드러나는 윤리적 결함의 일부는 그들의 가난한 생활 때문에 일어난 상황으로 인식했다.

또한 선교사들은 조선인 관료들의 부패가 심하다고 보았다. 즉, 칼레는 1860년대 당시 신도들이 관원들에게 체포되었더라도 배교하지 않으려면 돈을 내고 풀려날 수 있었던 사실을 들고 있었다.[18] 그리고 칼레 신부는 포졸들의 탐욕이 매우 강하여 자신이 도피 중에 허리에 찬 동전 꿰미가 풀어져서 땅에 떨어지니 포졸들이 이를 줍는 사이에 자신은 도피할 수 있었던 사례와 포졸들이 다블뤼 주교가 가지고 있던 돈을 감추고 내놓지 상부에 내놓지 않았던 사례들을 들었다. 관료들의 부패에 관해서는 19세기 조선에 나와 있던 선교사들 거의 모두가 동의하고 있었던 부분이었다.

그러나 이와 같은 그들의 서술은 선교사들이 가지고 있던 특정 집단에 대한 단편적 체험을 일반화시켜 말했던 것으로 볼 수 있다. 그리고 이와 같은 단점을 가지고 있는 '이교도'들을 개종시켜야 하는 자신들이

---

très~passionés; mais l'amour véritable ne se trouve guère en ce pays, car la passion chez eux est purement physique, le coeur n'y est pour rien.

18) A.M.E. Vol.579, f.623 ; la lettre du Père Calais, Corée, Miriai, Oct, 1861.

가지고 있다고 확신했던 '문명화적 사명mission civilisatrice'을 확인하기 위한 방편에서 더욱 강조된 측면도 무시할 수 없을 것이다. 그들은 그리스도교 신앙을 통해서 '외교인'들의 문명화가 가능하다고 보았기 때문이다. 그러나 이들의 관찰이 가지고 있는 피상성은 당시 조선인이 가지고 있었거나 처해 있었던 일반적 상황과는 일정한 차이를 드러내고 있었다.

4. 맺음말

파리외방전교회의 선교사들은 1835년 이후부터 조선에 들어와 가톨릭 선교에 종사하고 있었다. 이들은 가톨릭신앙을 통해서 조선인의 영혼을 구원하기 위해서 죽음을 무릅쓰고 선교에 종사했다. 개항 이전에 조선에서 활동하던 선교사들 가운데 상당수는 조선에서 순교했다. 이들은 선교를 위해 조선어를 배웠다. 그리고 자신의 선교지역인 조선을 사랑하고자 했다. 이러한 선교사 가운데 주목할 만한 사람은 칼레(A.N. Calais, 1833~1884)가 있다.

칼레를 비롯한 선교사들은 조선의 종교상황에 대해서 우선적으로 주목했다. 그들은 조선의 전통적 종교로 불교와 유교를 주목한 바 있다. 그러나 그들은 불교와 유교는 무신론의 또 다른 두 형태로 규정했다. 또한 조선인에게 있어서 상제上帝의 개념은 그리스도교적 신과는 차이가 나는 개념이며, 조선인은 사람이 영혼과 육신으로 구성되어 있음을 이해하지 못한다고 말하기도 했다. 칼레 신부는 조선인을 외교인 또는 우상숭배자라고 규정했다. 이처럼 조선인이 가지고 있는 종교적 개념이 가톨릭의 경우와는 차이가 남을 주목하면서, 조선인에게 가톨릭신앙을 전하는 방법들을 찾아내고자 했다.

선교사들은 조선인의 성격에 대해서도 자신이 관찰했다. 그들이 본 조선인의 성격은 다음과 같다. 즉, 조선인들은 서로 돕는 데에 익숙하고, 손님대접에 정성을 다한다고 말했다. 반면에 그들은 조선인들이 가지고 있다고 판단했던 부정적 측면을 기록에 남기기도 했다. 즉 조선인의 성격이 일반적으로 완고하고, 까다롭다고 규정했다. 칼레 신부는 조선인들의 성격이 매우 물질적이며, 관료들의 부패가 심하다고 보았다. 그러나 조선인들이 나약하거나 비겁하다고 보지는 않았고, 그 구체적 사례로서 혹형에도 불구하고 자신의 신앙을 지켜내는 조선인 신자들을 들었다.

칼레를 비롯한 프랑스 선교사들이 이와 같이 조선인의 특성을 파악하고자 했던 것은 자신의 선교대상에 대해 정확히 이해함으로써 선교의 효과를 높이기 위해서였다. 그러나 그들은 선교지로서의 조선과 선교대상으로서의 조선인을 사랑하고자 했다. 그러면서도 유럽문화에 바탕을 둔 그리스도교 선교사의 입장에서 조선인이 처해 있던 상황과 그 사고방법들을 분석했다. 그 결과로 그들은 조선인의 '단점'을 다수 지적하게 되었다. 이와 같이 그들은 조선과 조선인에 대해서 사랑해야 한다는 의무감과 함께 반半문명이라는 상황판단을 병존시키는 일종의 이중적 인식구조를 가지고 있었다. 그들이 가지고 있던 조선에 대한 인식은 개항이후의 사회에 있어서도 상당기간 동안 거의 비슷한 형태로 유지되고 있었다.

제3장

병인양요丙寅洋擾에 대한
조선 측의 반응

1. 머리말

병인양요는 프랑스 함대가 1866년 강화 유수부와 갑곶나루 일대를 장악하고 조선과의 통교를 시도하다가 조선측의 반격으로 격퇴된 사건이다. 이 전쟁은 프랑스의 입장에서는 로즈 제독의 제1차 '조선원정' 함대가 치푸芝罘를 출항한 1866년 9월 18일부터, 강화부를 점령한 제2차 '원정'을 마치고 한강봉쇄령을 해제한 후 함대를 남양만에 집결지켰다가 조선해역을 떠나 일본의 나가사키長崎, 중국의 치푸芝罘, 상해, 한구漢口 등지로 각기 회항하기 시작한 11월 21일까지,[1] 71일간에 걸쳐 진행된 사건이었다.

한편, 조선의 입장에서는 강화도가 프랑스군에 실함된 1866년 10월 14일부터 프랑스군이 강화부에서 철퇴한 11월 9일까지 25일간에 걸친 사건을 '병인양요丙寅洋擾'로 부른다. 그러나 프랑스의 입장에서 조선원정

---

[1] 韓國教會史研究所 譯, 1979, 「韓佛關係資料(1866~1867)」『教會史研究』2, 215·253쪽.

을 결정하게 되는 과정을 이 기간에 포함시킬 때 전쟁의 기간은 좀더
확대될 수 있으며, 조선의 경우에는 전쟁에 대한 대책을 논의하여 실천
하는 과정을 포함시킬 때 이보다 더 기간이 연장될 수 있다.

병인양요는 병자호란 이후 200여 년이 경과한 다음에 조선이 체험했
던 외부의 침략이었다. 또한 이 사건은 조선이 역사상 경험하지 못했던
양이 즉 서유럽 국가와의 충돌사건이었다. 그리고 이 사건의 빌미는 이
단사설로 규정되었던 천주교에 대한 조선왕조의 규제정책 때문이었다.
따라서 이 사건은 장기간에 걸친 화평和平 속에서 성리학적 척사위정론
이 지배하고 있었던 조선왕조 사회에 일대 충격을 가져다주었다.

병인양요의 발생 원인은 이미 선행의 연구를 통해서 밝혀진 바와 같
이,2) 조선정부의 천주교에 대한 탄압과, 사대교린적 질서를 지키고자 하
던 조선왕조의 전통적 국제관을 들 수 있다. 그리고 프랑스 제국의 팽창
정책과 주청 프랑스 공사관이나 프랑스 함대 사령부가 드러낸 사태판단
의 미숙성도 병인양요의 원인이었다.

이와 같은 전쟁 발생의 원인과 관련하여 조선과 프랑스에서는 이 전
쟁에 대한 대응과 평가가 이루어졌다. 조선측은 전쟁 과정과 전쟁이 끝
난 다음 전통적 체제를 정비하고 전비를 강화해 나가고자 했다.3) 프랑스

---

2) 崔奭祐, 1966, 「丙寅洋擾小考」 『歷史學報』 30, 역사학회.
  白鐘基, 1978, 「丙寅洋擾에 대한 史的 考察」 『大東文化硏究』, 成均館大學校 大
  東文化硏究.
  이원순, 1998, 「흥선대원군 정권과 병인양요」 『누리와 말씀』 3, 인천가톨릭대학
  교.
  우철구, 1998, 「19세기 프랑스의 대외정책과 병인양요」 『누리와 말씀』 3, 인천가
  톨릭대학교.
  최석우, 1998, 「병인양요와 조선천주교회」 『누리와 말씀』 3, 인천가톨릭대학교.
3) 朴廣成, 1991, 「洋擾後 江華島 防備策에 대하여」 『韓國中世 社會와 文化』, 仁荷
  歷史學會.
  崔炳鈺, 1987, 「丙寅洋擾 前後의 國防政策」(上下) 『護國』. 160~161쪽.
  延甲洙, 1998, 『大院君執權期 西洋勢力에 대한 대응과 軍備增强』 서울대학교 대

측에서도 '원정'의 성패에 대한 논쟁이 진행되었다. 그리고 '실패한' 이 전쟁을 프랑스 중앙 정부와는 무관하게 전개된 현지 대리공사나 중국주재 해군 함장 등 파견관의 자의적 판단에 의한 사건으로 축소시키고자 했다.

병인양요에 관한 연구사를 검토해보면 전쟁의 발생 배경과 전투의 진행 그리고 전쟁의 결과 등에 관해서는 비교적 많은 연구가 축적되어 왔다. 그러나 기존의 논문에서 상대적으로 연구가 미진한 부분은 병인양요 당시 조선측의 반응에 대한 문제라고 생각된다. 그러므로 본고에서는 먼저 병인양요 발생 당시 조선측 관료들이나 재야 지식인들이 이 전쟁에 대해 드러내었던 반응을 검토하고자 한다.

이와 함께 본고에서는 병인양요가 발생했던 당시와 그 직후에 전개된 조선 조야의 반응을 검토하겠다. 그리고 병인양요에 대한 반성의 결과로 추진된 국가 제도의 정비 내지는 해방론海防論 등에 관해서도 부수적으로 검토해 보고자 한다. 이러한 조야의 여론이나 그에 따른 대책을 통해서 우리는 병인양요가 당시와 그 이후 한국사회에 미친 부정적 영향을 확인할 수 있을 것이다.

2. 병인양요의 발생과 조선 측 여론

병인양요는 프랑스가 자국 선교사 처형의 부당성을 주장하며, 이에 대한 사과와 배상 및 통교를 무력적으로 요구한 사건이었다. 그들이 내세운 개전의 명분은 자국 선교사의 학살이었다. 자국민을 처형한 데 대한 프랑스의 항의에는 근대 외교가 가지고 있는 자국민 보호의 원칙에 입각한 것이었다. 프랑스는 1844년 황포黃埔에서 체결된 중법조약中法條約

학원 국사학과 박사학위 논문.

이래 중국에서 프랑스가 확보하고 있던 내지內地 선교권 및 프랑스인에 대한 치외법권적 대우를 확보하고 있었다.4) 병인양요는 프랑스가 식민주의 침략의 의도를 가지고 중국에서 관철시킨 포교권(patronat)과 '자국민 보호'의 원칙을 선교사 살해를 계기로 하여 조선에서도 관철시키고자 하던 의도에서 진행되었다. 즉, 그들의 조선에 대한 무력시위 내지는 무력 침공은 포교권을 매개로 한 대외팽창적 식민주의의 특성과 관계되는 일이었다.

그러나 병인양요가 발생하자 조선 정부는 침략의 부당성과 반격의 정당성을 동시에 설명하여 개전 명분에서의 우위를 확보하고자 했다. 즉, 조선 조정에서는 처형당한 선교사들이 일반 표착민과는 달리 조선의 국법을 위반한 범죄자이며, 이들에 대한 처벌은 당연하다는 논리를 전개했다. 반면에 프랑스 측은 조선의 법 체계를 거부하고 자국민에 대한 치외법권적 보호를 계속적으로 주장했다.

한편, 조선에서는 병인박해를 통해서 프랑스인 선교사 9명을 처형한 직후인 1866년 8월 1일부터 서양 특히 프랑스의 침입을 예상하고 이에 대한 대책을 논의하기 시작했다. 그리하여 조정에서는 내탕전 5만냥을 하사해서 연해 각읍의 '융정수학戎政修學'에 사용케 한 바 있었다.5) 그리고 대원군 집권 직후부터 진행되던 군사제도의 개편도 서양세력의 침입에 대한 사전 대응이라는 의미를 가지고 있었다.6)

1866년 8월 프랑스 함선이 한강을 거슬러 올라와 정탐한 행동은 이러한 예상을 사실로 전환시켜 주고 있었다. 이 때에도 조정에서는 내탕금 3만냥을 각 수영에 내려보내 선척을 개수하도록 했다.7) 프랑스 함선의

---

4) 穆啓夢 編, 1971,『中國天主敎史』, 臺北 ; 光啓出版社, 116쪽.

5)『承政院日記』高宗 3年 8月 1日·2日條.

6) 延甲洙, 1998,『大院君執權期 西洋勢力에 대한 대응과 軍備增强』, 서울대학교 대학원 국사학과 박사학위 논문.

7)『備邊司謄錄』高宗 3年 9月 1日條.

출현 이후 '각읍 요해지에 산성을 수축하고 해방을 엄격히 해야 한다'는 소청이 제기되었다.8) 신헌申櫶의 경우에도 군제를 정비하고 민보民堡를 설치해서 외적을 막아야 한다는 상소를 제출했다.9) 이처럼 조선 조정과 재야에서는 침략에 대비하기 위한 구체적 필요성을 미약하게나마 인식하고 있었다.

그리고 서양세력의 침입을 예견하면서 척사와 해방海防을 주장하는 상소도 제기되었다. 즉, 이 때 기정진奇正鎮은 상소하여 "서양의 침입에 대한 대책의 수립을 요청했다. 그는 서양의 침입이 "끝없는 탐욕을 가진 그들이 우리나라를 자신들의 속국으로 만들며, 우리의 어린 것들을 살해하고, 우리 백성들을 마소와 같이 만들려할 뿐"이라고 주장했다. 그리고 서양이 침입하는 사태가 발생했을 때 다음과 같이 대답해야 한다고 말했다.

> 그러므로 이에 대해서는 큰 의리를 놓고 대답하되, "우리나라에서 외국 사람들에 대한 접대가 본래 박하지 않다. 먹을 것이 없다고 하면 먹을 것을 주고, 병을 앓는다고 하면 약을 주며, 배가 부서졌다 하면 재목을 준다. 불쌍히 여겨 구원해 주려는 마음은 어찌 멀리 있는 나라인가 가까이 있는 나라인가에 따라 구별이 있을 수 있겠는가. 그러나 만약 지방 관리에게 보고도 하지 않고 변장하여 몰래 들어와서 성시城市나 여항閭巷을 돌아다닌다면 이것은 바로 내막을 탐지하는 염탐꾼이며, 외적을 끌어들이는 길잡이이니 나타나는 족족 체포하여 고문하거나 처단하는 것은 세상 모든 나라들의 떳떳한 법인데 거기에 무슨 의심을 가질 수 있는가. 더구나 이 사람들로 말하자면, 이미 이와 같은 사형의 죄를 범했고, 또 불량배들을 불러들여 임금과 아버지를 배반하는 교리로써 꾀었고, 남녀 관계를 어지럽히고, 인원수에 따라 공물을 받아들이며, 추악한 행동을 겸비하였으니, 이들은 비단 우리나라에서 죄인일 뿐만 아니라 바로 너희 나라에 수치를 끼친 자들이다."라고 해야 합니다.10)

8) 『承政院日記』高宗 3年 9月 3日條.
9) 申櫶, 『琴堂詩文稿』, 論兵事疏, 丙寅 8月.
10) 『日省錄』高宗 3年 8月 16日條.

이상에서와 같이 기정진은 전쟁 발발시 응전의 명분을 분명히 하도록
했다. 그리고 그는 전근대적 전투에 있어서 전술적 의미까지도 가지고
있었던 지리와 지형에 대한 탐색의 중요성과 군사훈련의 필요성을 강조
했다. 기정진이 제시했던 이러한 말은 병인양요가 발생했을 했을 때 강
화유수가 이양선에 파견한 강화 경력經歷 김재헌金在獻에 의해서 프랑스
함대에 전해졌다.11) 그리고 순무영에서 프랑스 함선에 보낸 격문에서도
드러나고 있다.12) 그러나 조선측 관리와 교섭하는 과정에서 프랑스 함
선에서는 프랑스인 9명을 처형한 사실에 대해서 복수를 다짐하면서 조
선인 9,000명을 죽이려 한다는 의사를 공공연히 발설했다.13)

당시의 조선 조야가 프랑스의 강화도 침범에 대해서 가지고 있던 입
장을 집약하고 있는 문건으로서는 당시 양헌수梁憲洙가 작성했던 '서양선
박의 함장을 성토하는격문討洋舶都主橄'을 주목할 수 있다.14) 여기에서는
프랑스 선교사의 '불법활동'과 프랑스 함대가 강화도에 침략한 행위의
부당성을 지적하고 있었다. 또한 병인양요가 발생한 직후인 1866년 10
월 4일 이항로李恒老도 척사상소를 올렸다.15) 이항로가 살았던 당시는 서
양포西洋布로 대표되던 서양의 물화가 일반 민간에까지 널리 사용되고 있
었던 시기였다.16) 그러나 이항로는 평생동안 서양의 직물을 착용하지

---

11) 『承政院日記』, 3年 9月 8日條.
12) 『承政院日記』 高宗 3年 9月 11日條.
13) 『高宗實錄』 3年 9月 10日條.
14) 梁憲洙, 『荷居集』 元 「討洋舶都主橄」,
15) 『高宗實錄』 3年 10月 4日條.
16) 신재효 지음 , 강한영 교주, 1994, 「변강쇠가」 『판소리 여섯바탕집』, 도서출판 앞
   선책, 263쪽.
   신재효는 지리산 산중에서 변강쇠가 죽자 喪夫한 옹녀가 입은 상복을 다음과 같
   이 西洋布로 적고 있다. "한참 통곡 연후에 使者밥 지어 놓고 … 喪夫에 이력 있
   어 素服은 많것다. 生西洋布 깃저고리, 鐘城內衣 생베 치마, 외씨 같은 고은 발씨,
   삼승 버선 엄신 신고, 구름같이 푸른 머리, 흐트러지게 집어 얹고, 도화색 두 뺨가
   에, 눈물 흔적 더 예쁘다". 이 자료에서 알 수 있듯이 신재효는 서양포가 지리산

않았고, 서양이 기물을 자신의 집에서는 쓰지 않았다고 자신 있게 말한 바 있던 인물이었다. 이 상소에서 그는 자신이 처한 시기를 양적洋賊이 창궐하여 위급하고 존망이 달려 있는 시기로 파악하며, 다음과 같이 주장했다.

> 오늘날에 있어서 양적洋賊의 화는 홍수 맹수라도 그보다 심할 수 없으며 … 안으로는 유사를 시켜 사학의 무리를 잡아죽이고, 밖으로는 장사로 하여금 바다를 침입한 도적을 맞아 출정케 해야 한다. 사람과 짐승이 되는 관문關門과 죽고 사는 계기가 잠깐 사이에 달려 있으니 정말 조금이라도 늦출 수 없다.[17]

이항로가 주장한 이론은 당시 조선 조야에 널리 퍼져 있던 여론을 대변했다. 서양의 침입에 대한 경계의 분위기는 당시 조정 당국에도 넘치고 있었다. 또한 정부는 이와 같은 사건이 국내에 잠복해 있는 천주교도들이 불러들인 화단으로 파악했다. 즉, 강화도가 실함된 이후 조정은 경외대소민인京外大小民人들에게 교서를 발표했다. 이 교서에서는 이번 사건이 '우리나라에 있는 간세한 무리들이거나 실지원국失志怨國한 무리, 죄를 두려워하여 망명한 사람들이' 외세를 불러들인 것으로 규정했다.[18] '실지원국' 등의 표현은 당시 사회에서 천주교 신도들에게 주로 적용되던 말이었다. 조정에서는 이러한 비류匪類와 양적洋賊에 대한 대항의 의지를 밝히고 있다.

병인양요가 전개되던 과정에서 조선 조정은 프랑스 내지 양이의 침입에 대한 대비책을 계속 논의해 갔다.[19] 그리고 조선의 조야에서는 척사

산중에까지 전해지고 있음을 노래했다. 이는 서양포의 유통범위가 상당히 넓었던 당시의 상황을 일정하게 드러내 주는 사례로 생각된다.

17) 李恒老, 「疏箚工曹參判疏 三疏」 『華西先生文集』 卷3 : 6.
18) 『日省錄』 高宗 3年 9月 9日條.
19) 『巡撫營謄錄』 卷1, 高宗 丙寅年 9月 11日條.

위정론을 강화시켜 갔다. 당시 조야의 여론은 양이에 대한 적극적 응전을 주장하면서 양적과 화의를 배격하고 있다. 당시 일부 정론에서는 화의의 가능성을 모색하기도 했다. 그러나 이 가능성은 실제에 거의 관념적으로만 존재했을 뿐 공론이 되지를 못했고, 당시의 공론은 척사에 있었다. 이러한 분위기를 다음의 자료에서 살펴볼 수 있다.

> 오늘날 국론이 둘로 나뉘어져 있는데, 양적을 치자고 하는 것은 우리 편 사람의 말이요, 양적과 화의하자고 하는 것은 적측 사람의 말이다. 우리 편대로 하면 나라 안의 예의를 보존할 수 있거니와 적측대로 하면 인류가 금수의 지경에 빠지고 만다.[20]

병인양요 직후부터 비등한 여론이 화의의 가능성을 이와 같이 차단하고 있었다. 이는 양이의 무력침략에 대한 결연한 대항의 자세였다. 그리고 계속하여 '국가를 보존하기 위해서는 내치를 다지는 한편, 척사의 입장에서 양적에 대한 공격을 강화해야 한다고 주장했다. 그리고 "서양물건이 필요 없다면 교역도 필요하지 않을 것이니, 의복이나 기용器用 등 일체의 서양물건을 거두어 소각하라"는 요구가 제기되기도 했다.[21]

이러한 여론의 뒷받침을 받아 대원군은 정부 관료들의 프랑스에 대한 저항의지를 고취했고 양이보국攘夷保國의 결심을 촉구했다. 대원군의 저항의지는 다음의 자료를 통해서 확인된다.

> 첫째, 그 괴로움을 참지 못하여 화친을 허락한다면 이는 나라를 팔아먹는 것이다. 둘째, 그 독스러움을 참지 못하고 교역을 허가한다면 이는 나라를 망하게 하는 것이다. 셋째, 적이 서울에 다다랐을 때 도성을 버리고 도망간다면 이는 나라를 위태롭게 하는 것이다. 넷째, 만일 육정육갑六丁六甲으로 귀신을

---

20) 『日省錄』 高宗 3年 9月 12日條.
　　李恒老, 『華西先生文集』 卷3 : 8. 辭同副承旨兼陳所懷疏
21) 『日省錄』 高宗 3年 9月 19日條. 工曹參判李恒老疏.

부리며, 괴술怪術이 있어서 기문奇文을 베풀어 적을 쫓는다 하더라고 훗날의
폐는 사학邪學보다 심할 것이다.[22]

대원군은 중국이 최근 당하고 있는 곤경은 서양과 화친을 맺었기 때
문임을 말하면서 척화만이 조선이 살길이라고 주장했다. 그는 여기에서
결전의 의지를 확고히 밝히고 있었고, 도성의 수호와, 전쟁에 임하는 자
세를 다지며 정도正道에 따른 대적의 원칙을 제시했다.

한편, 사학 즉 천주교로 인해서 양요가 발생했다는 사실이 현실로 증
명되었다. 병인양요의 발발은 천주교 탄압의 명분을 강화시켜 주게 되었
다. 즉, 국가 내지 왕조의 보위를 위해서는 위험사상인 천주교를 규제해
야 한다는 이론은 새로운 호소력을 가졌다. 천주교신도에 대한 대대적이
고 지속적 탄압은 일종의 정당성을 확보하게 되었다. 의정부에서는 서양
선박이 조선에 침략을 자행한 것은 조선의 '간세지도奸細之徒'가 있었기
때문이니 이들에 대한 본격적 탄압을 건의했다.[23] 그리고 프랑스 군함
이 강화부를 철퇴한 직후부터 천주교도들에 대한 탄압이 재강화되었
다.[24]

요컨대, 조선에 대한 프랑스의 침범이 현실화되고 강화도에서 전투가
전개되고 있었던 상황에서 중앙정부에서는 이에 대한 적극적 저항의 의
지를 가지고 있었다. 이와 같은 조정의 결의를 지원하기 위한 여론이 조
야에서 형성되고 있었다. 그 여론은 전쟁 명분의 우위를 확보하는 일과
효율적 전투의 수행에 관한 사항으로 집중되어 있었다. 그리고 병인양요
는 당시 조정에서는 서양선박을 불러들인 조선인 천주교도들에 대한 규
제와 탄압을 더욱 강행할 수 있는 근거를 주었다. 조정은 병인양요를 통
해서 천주교도를 처벌하는 이유와 명분을 뚜렷이 확보할 수 있었다. 이

---

22) 『龍湖聞錄』 卷18, 丙寅 9月 14日 自雲峴送政府堂上坐起處輪示錄紙.
23) 『日省錄』 高宗 3年 10月 15日條, 議政府啓言.
24) 柳洪烈, 1962, 『高宗治下 西學受難의 研究』, 乙酉文化社, 208~233쪽.

러한 측면에서 볼 때 서양세력의 조선침략 내지는 병인양요는 천주교 탄압의 정당성을 국내외에 실증시켜 준 사건이 되었다.

3. 병인양요의 종료와 반서양적 의식의 확산

병인양요의 종료 이후, 조야의 사족들을 비롯해서 일반 민인民人들에 이르기까지 반反서양적 반反서학적 분위기는 고조되어 갔다. 이 비판의 태도는 병인양요가 종료된 직후 프랑스가 손해배상을 요구하리라는 청 예부의 전망을 담은 공문이 조선 조정에 도착한 이후 고조되어 갔다. 또한 병인양요 이후에도 서양 이양선의 출몰은 지속되고 있었다. 1868년에는 남연군南延君의 무덤을 도굴한 덕산사건德山事件이 발생했다.[25] 또한 1871년에는 제너럴 샤만호 사건이 빌미가 되어 미국이 조선을 침략한 신미양요가 발생했다. 이처럼 서양의 조선에 대한 도발이 지속적으로 전개되고 있었던 과정에서 조야와 민간의 반서양적 반서학적 입장이 확산되어 갔다. 본장에서는 이와 같이 병인양요 종료 이후 척사위정론 내지는 반서양적 여론이 강화되는 과정을 간략히 검토해 보고자 한다.

먼저, 병인양요 이후 척사위정의 정당성을 확인시켜준 것으로는 청 예부의 자문諮問을 주목할 수 있다. 병인양요는 종전선언이나 강화가 없이 프랑스군이 강화도를 철수함으로써 종료되었다. 프랑스군의 철수가 조정에 최종적으로 보고된 때는 1866년 10월 5일(陽曆 11월 11일)이었다. 그리고 조선 조정에서는 동아시아 세계질서 안에서의 지원을 확보하기 위해서 병인양요에 대해서 청의 예부에 통고하게 되었다.

조선이 병인양요의 발생에 대해서 청국 예부에 통고하자 청국의 예부에서는 프랑스가 영국 및 미국과 합력하여 조선에 대해서 통상과 천주교

---

25) 『高宗實錄』 5年 4月 21日條.

선교를 요구하고, 손해배상에 관한 문제를 제기할 것이라는 전망을 전해
주었다.[26] 이와 같은 청국의 자문은 청국 자신이 프랑스를 비롯한 열강
과의 충돌과정을 통해서 확보한 지식이었다. 그러나 조선은 이 자문에
근거하여 프랑스가 가지고 있던 침략적 특성을 거듭 확인하고 이에 대한
사상적 대책을 강구하게 되었다.

즉, 조선정부는 청국의 조언에 대해서 프랑스가 강화도에서 자행한
방화와 약탈 등의 구체적 사례를 제시하면서 '전쟁배상'의 부당성을 다
음과 같이 스스로 확인했다.

> 통상을 하자고 하면서 과연 이와 같이 할 수 있겠는가. 천주교를 전교하는
> 자들이 과연 이와 같이 할 수 있겠는가 … 그런데 프랑스 사람들이 우리나라
> 에서 보관해 두었던 무기를 빼앗아간 것 만해도 수량이 적지 않았다. 우리나
> 라에서 프랑스에 배상을 요구하는 것은 옳을지 모르지만, 프랑스에서 우리나
> 라에 배상을 요구한다는 것은 어디 이런 법이 있을 수 있겠는가. 대체로 프랑
> 스 사람들이 통상이요 천주교 전도요 배상이요 하는 여러 문제에 대해서 우
> 리나라 백성과 나라의 형세로서는 설사 몇 해 동안 서양 오랑캐들에게서 곤
> 란을 당할지언정 절대로 시행할 수 없다.[27]

당시의 조정에서는 프랑스가 약탈을 일삼는 무도한 집단임을 규탄했
다. 그리고 조선은 프랑스의 배상 요구에 결코 응하지 않을 것임을 말했
고, 오히려 조선이 프랑스로부터 배상을 받아내야 한다는 논리를 전개했
다. 조선은 프랑스의 침입에 대해 강경한 자세를 견지하면서, 협상 가능
성을 철저히 봉쇄했다. 이 결연한 자세에서 지배층 조야의 척사위정적
여론이 강화되어 갔다.

척사위정의 논리는 병인양요가 진행되던 기간에도 지배 사족들에 의
해서 계속 생산되고 있었다. 예를 들면, 기정진奇正鎭은 프랑스 침략군에

---

26) 『高宗實錄』3年 11月 15日條.
27) 『高宗實錄』3年 11月 5日條.

대항하는 군사를 모집하는 격문을 작성한 바 있었다. 이 격문에서 그는 의관문물을 보존하고 이적금수의 지경으로 추락하지 않기 위해서 의병 투쟁에 나서라고 주장했다.[28) 또한 그는 서양세력의 침략으로 조선이 서양의 부용附庸이 되고, 경제적 수탈을 피할 수 없으며, 문화적 예속과 사회풍속의 교란이 예상된다고 보았다. 그리고 이에 대한 대책의 수립을 강하게 주장하고 있었다.[29)

이와 같은 서양의 침략에 대한 사상적 대응책인 척사위정론은 병인양 요가 종료된 이후에도 계속되었다. 병인양요 직후 반反프랑스적 여론의 강화를 배경으로 하여 당시의 사족들은 척사斥邪의 방략으로 천주교에 대한 탄압의 강화를 주장함과 동시에 위정衛正의 방안으로 존주대의尊周 大義를 강조하면서 만동묘萬東廟의 복설을 주장했다. 만동묘는 성리학적 의리명분론과 척사위정론 그리고 소중화의식과 사족 중심의 성리학적 이상사회론을 상징하는 물질적 장치였다. 그러나 대원군은 1865년 사족 에 대한 규제책의 일환으로 만동묘를 철폐했다.

만동묘의 복설은 프랑스군의 철퇴가 보고된 직후였던 10월 7일 행호 군行護軍 이항로李恒老에 의해서 주장되었다. 그는 상소를 통해서 서양을 이적으로 규정하고, 전통질서의 강화를 주장하면서 만동묘의 복향復享과 서울과 지방의 유림 중망자重望者의 등용을 건의했다.[30) 그리고 10월 21 일에는 부호군副護軍 박규서朴奎瑞가 상소하여 만동묘의 복설을 거듭 주장 했다.[31) 그러나 이러한 주장은 대원군에 의해서 거부되었다. 대원군의 거부는 척사위정의 방략에 대한 그의 생각을 드러내준다. 대원군은 척사 위정은 만동묘의 복설에 의해서가 아니라 내정의 정비와 군비의 강화를 통해서 진행될 수 있다고 생각했다.

---

28) 奇正鎭, 『蘆沙先生文集』, 召募檄文, 卷25 :14ab.
29) 奇正鎭, 『蘆沙先生文集』丙寅疏, 卷3 : 1a~2b.
30) 『日省錄』 高宗 3年 10月 初7日條, 行護軍 李恒老疏.
31) 『日省錄』 高宗 3年 10月 21日條, 副護軍 朴奎瑞疏.

그러나 당시의 사족들이 중요시하던 척사위정의 방법론은 성리학적 의리명분 강화론을 통해서 확인된다. 그리고 그 구체적 방법으로는 천주교에 대한 직접적인 탄압을 중시하고 있었다. 병인양요 이후 서양이나 프랑스에 대한 지배 사족층의 관념은 김평묵金平默의 척사론 등을 통해서 확인된다.

이항로의 사상적 전통을 이어받은 김평묵은 이론적 입장에서 서학 즉 천주교를 비판하면서 천주교의 『칠극七克』 등이 가지고 있는 '문제점'을 지적하고자 했다.[32] 그리고 '생도설生道說' 등을 통해서 척사위정의 입장을 거듭 밝혀주었다.[33] 또한 김평묵은 1876년 개항이 현실로 다가오자 그해 정월에 '척양대의斥洋大義'를 분명히 했다.[34]

김평묵은 이미 '어양론禦洋論'과 '벽사변증기의闢邪辨證記疑'을 제시한 바 있었다.[35] 그는 여기에서 서양의 도전을 병자호란이나 정묘호란보다 더 심각한 이적의 도전으로 규정했다. 그리고 그는 '반경식사론反經息邪論'을 전개하여 서학에 대한 철저한 배격을 주창했다.[36] 이항로의 경우에도 청국의 쇠망이 천주교의 유포에 있다고 보았던 것처럼,[37] 그도 천주교 신앙의 유포를 국가적 차원의 위기로 파악했기 때문이다. 이는 행호군行護軍 김병준金炳駿이 병인양요가 끝난 직후 천주교를 철저히 제거할 것을 상소했던 내용과도 기맥이 통하고 있었다.[38] 여기에서 볼 수 있듯이 병인양요는 조선에서 천주교에 대한 탄압을 더욱 가중시킨 계기가 되었다.

한편, 병인양요는 조야의 사족들에게 뿐만 아니라 일반 민간에서도

---

32) 金平默, 『重菴先生文集』 上梅山洪先生 卷5 :23b.

33) 金平默, 『重菴先生文集』 生道說 卷34 :1a.

34) 金平默, 『重菴先生文集』, 卷38 : 6a. 禦洋大義.

35) 金平默, 『重菴先生文集』 卷5 : 1a 闢邪辨證記疑 卷38 :1a. 禦洋論.

36) 金平默, 『重菴先生文集』 反經息邪, 卷35 : 26a.

37) 李恒老, 『華西先生文集』 附錄 5 : 1 語錄 '柳重教錄'

38) 『高宗實錄』 3年 10月 15日條.

서양에 대한 저항심리를 강화시켜 주고 있었다. 당시 민간에서 취하고 있었던 입장은 신재효申在孝(1812~1884) 판소리 노랫말을 통해서나 민중종교의 일종이었던 동학경전을 통해서 살펴볼 수 있다. 즉, 신재효는 그의 단가短歌에서 병인양요에 대해서 다음과 같은 비판적 입장을 보여주고 있었다.

> 괫심ᄒ다 서양되놈, 무부무군 천쥬학天主學은, 네 나라나 할 것이지, 단군기즈 동방국의, 효제율리孝悌倫理 붉엇ᄂᆞᆫ디, 어이 감히 여어보자, 흥병ᄀᆞ히興兵加害 나왓다가, 방슈성防守城 불에 타고, 정족산성 총에 죽고, 남은 목숨 도싱圖生하자, 어서어서 도망ᄒ자, 에용 에용.[39]

그는 '서양 되놈'의 강화도 침략을 규탄하며, 서양인들이 조선에 대해 군사를 일으켜 가해하고자 했으나 오히려 참패하고 도주한 사실을 전해 주고 있다. 그리고 병인양요 그 자체가 '무부 무군 천주학'에 원인이 있는 것으로 보면서 이에 대한 거부의 의사를 드러내었다. 신재효는 이와 같이 병인양요를 일으킨 서양국에 대한 대항의식을 가지고 그 침략행위가 실패로 돌아간 사실을 다행스럽게 생각했다.

그리고 이와 같은 민간의 여론은 당시 동학의 입장을 통해서 검증된다. 『동경대전東經大典』이나 『용담유사』와 같은 동학 경전에서는 서학에 대한 부정적 인식을 표현하고 있었다. 이 인식의 일단을 우리는 『용담유사』 「권학가」를 통해서 확인할 수 있다.

> ᄒ원갑下元甲 경신년庚申年이 전히 오는 세상 말이, 요망妖妄ᄒᆞᆫ 서양적西洋賊이 듕국中國을 침범히셔 텬듀당天主堂 노피 세워, 거 쇼위 ᄒᆞ는 도道를 텬ᄒ天下이 편만ᄒ니 가쇼졀창可笑絶唱 안일넌가[40]

---

39) 申在孝, 姜漢永 校注, 1971, 「短雜歌 서양되놈」 『申在孝 파노리 사설集(全)』(한국 고전문학대계 12), 民衆書館, 672쪽.

40) 『용담유사』(癸未仲秋 北接新刊, 木版本) 권학가(임술), 11a.

당시 동학은 천주학과 마찬가지로 정부 당국으로부터 '사학邪學'으로 규정되고 있었다. 그러나 동학은 자신의 1862년에 형성된 「권학가」에서는 서양인을 '요망한 서양적'으로 묘사하며 서양세력의 침입을 이미 경계하고 있었다. 이러한 경계가 1866년 병인양요로 인해서 사실로 확인되었다. 그리고 동학은 1860년대 후반기 이후 동학이 정부의 탄압에도 불구하고 지속적으로 확산되어 나갔다. 이 과정에서 서학 내지는 서양세력에 대한 경계 심리는 민간에서 더욱 광범위하게 전파되었다.

신재효의 「단가」나 동학의 「권학가」에서 확인되는 반反서양적 정서는 성리학적 척사위정론자들이 내세우던 주장과는 약간의 차이를 드러내고 있었다. 즉, 이들은 서양이 중국이나 조선에 대해서 '군대를 일으켜 해를 가하는(興兵加害)'하는 행위에 대해서 직접적으로 반발하고 있었다. 그들에게 있어서 '흥병가해興兵加害'하는 서양인은 '요망한 서양적'일 수밖에 없었다. 이들은 공자와 맹자를 정점으로 한 유학적 입장의 충효론이나 성리학적 명분론에 입각하여 반서양적 움직임을 드러내지는 아니했다. 오히려 그들은 '서양 되놈'들을 동방국 단군·기자의 후손이 가지고 있는 효제륜리에 반하는 '가소절창可笑絶唱'한 존재로 인식하고 있었다.

동학과 같은 민중신앙이 확산될 수 있었던 19세기 후반기 조선사회의 사상적 배경에는 지배사족들의 척사위정론과는 다른 민중적 논리가 자리잡고 있었다. 이는 병인양요 이래 현실화한 서양 침략에 대한 저항의식을 기반으로 삼고 있었다. 그리고 이는 개항이후 조선사회에서 광범하게 확인되는 반서양적 사상의 원형으로 평가할 수 있을 것이다.

요컨대, 병인양요가 종료된 직후에도 서양 세력의 조선에 대한 도발이 지속되고 있었다. 이 과정에서 서양에 대한 비판적 여론은 지속되었다. 우선 조선의 지배층은 척사위정론으로 대표되는 성리학적 여론을 조장하고 묵인 장려함으로써 전통적 질서를 유지해 나갔다. 한편, 일반 민간에서도 반서양적 의식이 확산되어 갔다. 민인들의 이 의식은 그 자신들이 양요를 체험함으로써 의심 없는 사실로 확인되었다. 그러나 당시 조야와 민간에 널리 퍼져있던 서양에 대한 비판적 여론은 당시 조선이 서양을 객관적으로 파악할 수 있는 기회를 박탈시켰다. 이처럼 병인양요는 서양에 대한 부정적 인식의 정당성을 확인해주는 확실한 출발점이 되었다. 병인양요를 계기로 하여 척사위정론은 더욱 기승을 떨쳤고, 반反서양의식은 편만해 갔다. 그리고 천주교 선교를 보호한다는 명분으로 일으켰던 병인양요는 천주교에 대한 탄압을 더욱 강화시키는 결과를 가져왔다. 이러한 사실을 통해서, 우리는 조선사의 순탄한 발전을 저해한 병인양요의 부정적 측면을 확인할 수 있다.

4. 병인양요 이후의 군사적 · 사상적 대응책

프랑스군이 강화도를 침략하자 조선 정부는 이에 대해서 즉각적 반격을 수행했다. 한편, 조선왕조는 전투의 일시적 종료가 곧 양이와의 전쟁이 종료된 것으로 생각할 수 없었다. 더욱이 조선은 1866년 제너럴 샤만호 사건, 1868년 오페르트의 남연군묘 도굴시도, 1871년 신미양요 등을 겪게 되었다.

이와 같은 상황에서 조선정부는 병인양요 직후부터 양이의 침범에 대한 방어대책을 논의했다. 동시에 조야와 민간에서는 척사위정적 여론이 강화되어 갔다. 척사위정론은 서양의 침략에 대한 '사상적 방어'의 논리였다. 그리고 이의 발전형태로 해방론海防論이 제시되었다. 그러나 전쟁이 끝난 이후 정부에서는 전후 수습책을 강구했고, 군사적 측면에서 예상되는 도발에 대한 즉각적 대응책을 마련하고자 했다. 그 군사적 대응책 가운데 가장 중요한 요소는 해안방어력을 제고하는 일이었다. 따라서 본장에서는 서양의 침략에 대한 군사적 대응책과 함께 사상적 대응책인 해방론을 검토해 보고자 한다.

병인양요 이후 조선 정부의 방어력 증강을 위한 시도는 양요의 성격에 대한 파악과 직결되는 것이었다. 조선의 경우에서는 본격적 전쟁에 대해서도 '왜란' 혹은 '호란' 등의 예에서 볼 수 있는 바와 같이 '난'이란 개념을 적용해 왔다. '난'은 국가를 위협하는 내우외환에서 외환에 해당되는 사건이었다. 당시 조선에서는 프랑스군의 침략을 '양란洋亂'으로 규정하기도 했다.41) 이와 함께 이 사건은 '변變'으로 인식되었다.42) 이 '변'이란 단어는 '양변洋變' 혹은 '양란變亂'의 축소형으로 생각된다.

그러나 당시 이 사건을 지칭하는 용어로는 '양요'라는 단어가 주로 사용되었다. 아마도 이는 전투지역과 전투기간이 강화도 일대로 제한되어 있었기 때문에 전국적 규모의 전쟁을 나타내는 '난亂'과 구별하여 부르려던 당시인들의 의도가 반영된 결과라고 생각된다. 그러나 이 양요에 임하는 행위는 '출전'이었고, 상호간에 '전투'가 진행되었고, 양요의 결과는 '승전'이었다.43) 이는 당시인들이 이를 본격적인 전쟁으로 파악하고 있었음을 말한다.

병인양요를 체험한 정부에서는 전투력을 향상시키기 위한 정책과 함께, 강화도 인근 지역의 방어력을 강화시키기 위해 노력했다.44) 그리고 군기를 정비하여 무비를 강화하고,45) 강화와 통진 일대의 방어시설을 보완하기 위한 노력이 지속적으로 전개되었다.46) 한편, 전투가 종료된

---

41) '洋亂'이라는 규정은 저자 미상의 『丙寅洋亂錄』이란 문건의 제목을 통해서도 확인된다.

42) 奇正鎭, 『蘆沙先生文集』 召募檄文 25 : 14a. 「神人所共憤也 宇宙有此變乎」

43) '出戰' '戰鬪' '勝戰'이란 단어를 사용한 용례는 梁憲洙에게서 확인된다. 그의 『荷居集』에 수록된 「出戰日記」 및 그의 문건 안에 있는 「鼎足勝戰碑文」에서 이 단어들을 찾을 수 있다.

44) 『日省錄』 高宗 3年 10月 6日條.

45) 『日省錄』 高宗 4年 1月 24日條.

직후 참전자에 대한 논공행상이 진행되었고, 전사자에 대한 휼전恤典이
시행되었다.47)

그리고 전쟁 피해에 대한 조사가 구체적으로 진행되었다. 전쟁 피해
조사에 관한 기록으로는 강도조운미江都漕運米의 피해사실을 확인할 수
있다.48) 그리고 수많은 군기가 피탈당했음을 언급한 기록도 확인된다.
그러나 전쟁 과정에서 피탈당한 외규장각 소장의 전적들을 어느 정도 자
세히 파악하고 있었는지는 아직 미상으로 남아 있다.49) 한편 조선 정부
는 청국으로부터 프랑스가 손해배상을 요청해 올 것이라는 전망을 전해
듣자 오히려 조선정부에서 프랑스에 손해배상을 요청해야 한다는 입장
을 이때부터 가지고 있었다.50) 그러나 조선정부가 전쟁 직후에 가지고
있었던 프랑스에 대한 손해배상을 요구해야 한다는 입장은 더 이상 구체
적으로 진행되지 못했다.51)

---

46) 『日省錄』 高宗 4年 1月 25日條.

47) 『禦洋隨錄』 丙寅 10月 初10日條.

48) 『日省錄』 高宗 3年 10月 6日條.

49) 프랑스군은 외규장각 도서를 전리품으로 간주해서 이의 '획득'을 정식으로 보고
했고, 그 후 이 책자를 공공도서관에 편입시켜 관리했다. 이 책들의 대부분은
1901년에 완간된 Maurice Courant의 *Bibliographie Coréenne*에 수록되어 있었다. 물
론 전리품은 '개인적 약탈품'과는 구분된다. 그러나 '전리품'은 정당한 전쟁 과정
에서 인정될 수 있는 개념일 것이며, 그렇지 않을 경우에는 '전리품'과 '국가 권
력에 의한 약탈'의 구별에 어려움이 따를 것이다. 현재 한국과 프랑스 사이에서
발생하고 있는 외규장각 도서 반환 문제의 논의 과정에서는 이 점이 고려되어야
한다. 그리고 이와 동시에 1886년의 한불조약 과정에서 병인양요가 어떻게 종결
되었는지도 검토되어야 할 것이다. 물론 한불조약은 제국주의에 의해서 강박된
조약의 하나였다. 그렇다 하더라도 이 조약의 국제법적 효력을 감안할 때, 외규장
각 도서의 반환 추진과정에서는 반드시 검토되어야 할 문제이다. 이 문제에 관해
서는 별도의 원고를 통해서 정리하고자 한다.

50) 『高宗實錄』 3年 11月 5日條.

51) 1886년 韓佛條約의 체결 과정에서 프랑스의 全權大使 Cogordan은 조선의 外務督
辦 金允植에게 병인양요의 원인이 되었던 천주교 탄압과 선교사 살해에 대한 손
해배상에 관한 문제를 제기한 바 있었다(崔奭祐, 1982. 「韓佛條約과 信敎自由」
『韓國敎會史의 探究』, 한국교회사연구소, 198쪽). 그러나 이러한 주장은 조선측

특히 병인양요는 해안방어정책을 재검토하는 직접적 계기를 마련해 주었다. 병인양요가 종료된 직후부터 조선의 조정에서는 강화도의 재건을 위한 노력과 함께, 강화의 방어를 강화하기 위해 구체적 조처를 실시했다.[52] 즉 조선정부는 프랑스 군이 퇴거한지 3일 후인 10월 8일 강화에 심도영조도감沁都營造都監을 설치하여 관청과 군기, 전함 등의 복구에 착수했다.[53] 그리고 종이품 아문이었던 강화유수부를 정이품아문인 진무영鎭撫營으로 승격시켰다. 또한 진무사가 삼도수군통제사三道水軍統御使를 겸관하게 됨에 따라서, 강화 진무영의 절제를 받는 인근의 교동喬桐과 영종永宗이 방어영으로 승격되었다.[54] 이와 같이 정부에서는 병인양요 이후 강화의 수비를 강화하기 위해서 우선적으로 군사편제의 강화와 승격을 시도했다.

또한 정부는 병인양요 이후 포수와 포군의 양성책을 강구했다. 병인양요 당시 프랑스군이 갑곶甲串 제물진濟物鎭에 상륙하여 용이하게 강화성을 함락시킬 수 있었던 것은 그들의 우세한 화력 때문이었다. 그리고 프랑스군을 격퇴시킬 수 있었던 것도 외읍外邑에서 선발된 선방포수善放砲手들의 선전분투 때문이었다.[55] 이러한 경험에 비추어 정부에서는 우의정 유후조柳厚祚의 제청에 따라 각영 장신들에게 포수 교련의 강화를 지시했다.[56] 그리고 포군의 양성을 위해서 병인양요가 진행 중이던 9월 7일 경기감사 유치선兪致善의 추정에 의해서 도시都試에 화포과火砲科를 병설시켜, 매년 경기의 춘추도시春秋都試에 해읍무사海邑武士들이 시험을 치

에 의해서 거부되었고, 조약문에도 반영되지 아니했다. 손해배상 문제에 대한 조선정부의 입장은 병인양요 직후부터 이미 확고히 정해져 있었다.
52) 朴廣成, 1991,「洋擾後 江華島 防備策에 대하여」『韓國中世 社會와 文化』, 仁荷 歷史學會, 457~469쪽.
53) 『日省錄』高宗 3年 10月 8日條.
54) 『備邊司謄錄』高宗 3年 丙寅 11月 16日條.
55) 朴廣成, 앞의 논문, 460쪽.
56) 『日省錄』, 高宗 3年 10月 30日條.

르게 하였다.57)

　원래 화포과는 경기 연안의 방어를 위해서 설치되었으나, 각도의 도신과 사도四都 유수留守에게도 화포과의 병설을 지시하고, 이 지시는 경기의 산군山郡에까지 확대되었다.58) 이와 같이 포군을 양성하려는 노력은 어양책禦洋策의 일환이었으며, 이 조처는 1871년 신미양요 이후 더욱 강화되었다. 그러나 해방론 내지 어양책이 본격적으로 시행된 계기는 병인양요에서 찾아야 한다.

　병인양요 이후 서양의 본격적인 침략에 대한 대응하는 조정과 재야및 민간의 여론으로써 해방론海防論이 전개되었다. 이 해방론은 서양의침입에 대한 사상적 대응책이었던 척사위정론의 연장선상에서 전개되었다. 해방론은 서구 해양세력의 침략에 맞서 자국의 연안 방어를 강화해야 한다는 주장이었다. 이 해방론은 19세기 중엽 중국에서 출현한 이후곧 조선에 전해졌다. 조선 왕조의 경우에도 19세기 중엽 이후 조선사회가 처해 있던 대내외적 상황에 대한 반응의 일환으로 중국의 해방론을이해하고 있었다.59)

　한편, 당시 조선사회에서는 천주교 신앙의 유포로 인한 사상적 사회적 위기의식이 여전히 강화되어 가고 있었다. 또한 조선은 제1차 중영전쟁(1839~1842) 이후 중국에 대한 서구 열강의 침략상을 알고 있었고, 1860년 영불연합군에 의한 북경 함락은 서구 세력의 침략에 대한 위기의식을 구체화시켜주었다. 이때를 전후하여 조선에는 중국의 대표적 해방론자인 위원魏源의 저서가 전래되었다. 즉, 1839년에는 동지사편으로『황조경세문편皇朝經世文編』이 전래되어 이를 읽은 박규수朴珪壽 등은 해방의 필요성을 터득하게 되었다.60) 그리고 1842년에 간행된 위원魏源의『해

---

57)『承政院日記』高宗 3年 9月 7日條.

58)『日省錄』高宗 3年 9月 16日字 ; 9年 10月 3日條.

59) 閔斗基, 1986,「19世紀 後半期 朝鮮王朝의 對外的 危機意識~第1次 第2次 中英戰爭과 異樣船 出沒에의 對應」『東方學志』52, 연세대학교 국학연구원.

국도지海國圖志』는 1850년 이전에 이미 조선 사회에 전해졌다.[61]

위원의 『해국도지』는 해외지식 즉 세계의 역사와 지리를 소개하는 일이고, 또 다른 한편은 양이의 침공을 막는 방법이었다. 즉 이 책은 세계지리서인 동시에 국방문제를 다룬 경세서였다.[62] 여기에 수록된 해외지식은 지피지기적 관점에서 제시된 것이었다. 그러나 『해국도지』 등은 세계지리지식의 확대를 통하여 개국의 정당성을 주장하는 근거를 제시해 준 반면, 이에 앞서 서양세력의 침략에 대한 대비책을 강화하는 데에 우선 활용되고 있었다.

병인양요 이후에 제시된 해방론 가운데 대표적 견해는 윤종의尹宗儀의 『벽위신편闢衛新編』을 들 수 있다.[63] 그의 해방론은 19세기 중엽의 해방사상海防思想을 결집한 것으로서 1880년대에 가서야 완결된 것으로 보고 있다.[64] 그의 해방론은 척사론적 이론의 연장이었다. 그러나 그가 해방사상을 본격적으로 전개하기 시작했던 것은 병인양요의 충격을 받은 이후였다. 즉 그는 병인양요 이전부터 천주교 신앙을 경계하는 척사론의 입장에서 해방론을 생각했다. 그러나 이때 그가 생각했던 서양의 위협은 다분히 관념적이었던 반면, 병인양요를 계기로 하여 그 위협이 사실적으로 드러나자 그의 해방론은 강화되어 갔다.

여기에서 그는 서양 제국의 침범에 대비하는 해방의 필요성을 주장했다. 그리고 이 해방의 실천적 대안을 확보하기 위해서 침략 예상국인 서양 제국에 관한 정보를 수집 정리하고자 했다. 그리하여 그는 『해국도지』와 『영환지략瀛環志略』의 독서를 통해서 세계지리에 대한 지식을 얻

---

60) 李完宰, 1999, 『朴珪壽研究』, 집문당, 27쪽.
61) 李光麟, 1969, 「海國圖志의 韓國傳來와 그 影響」 『韓國開化史研究』, 5쪽.
62) 李光麟, 앞의 논문, 4쪽.
63) 趙珖, 1981, 「19세기의 海防論과 闢衛新編」 『교회와 역사』 제75호.
64) 車基眞, 1990, 「尹宗儀의 斥邪論과 海防論 認識에 대한 연구」 『尹炳奭教授華甲紀念 韓國近代史論叢』, 지식산업사, 31쪽.

었다.65) 그는 조선의 해안 방어를 위해서 중국의 직예와 산동, 강남, 절
강 복건 일대의 해안에도 관심을 가지고 있었다. 그리고 '조선팔도연해
군현도朝鮮八道沿海郡縣圖' 등을 제작하여 해방에 관한 구체적 논의를 전개
시켜 나갔다. 그는 조선해안 방어의 기본이 되는 지도를 작성했다. 동시
에 그는 역사 기록을 통해서 해방과 관련된 사실들을 가려 뽑아 제시했
고, 해방에 필요한 지리적 특성을 정리해 주었다. 즉, 그는 성종 13년
(1482)부터 헌종 13년(1847)까지 19건의 해방海防 관련 사건들을 정리했다.
그가 이 과정에서 특히 주목했던 부분은 천주교와 관련되어 일어난 해방
관계 사건이었다.

이 해방론은 윤종의 이외에도 그의 절친한 친우였던 박규수朴珪壽에게
서도 확인된다. 박규수는 해방에 관한 문제를 진지하게 생각했고, 윤종
의의 해방론을 긍정적으로 평가 소개하기도 했다.66) 박규수가 해방론에
처음으로 접한 때는 1839년이었다. 그는 동지사로 중국에 다녀온 이정
이李正履가 전해준 위원魏源의 『황조경세문편皇朝經世文編』을 통해서 해외
정세에 관한 지식과 서양세력이 진출에 대비한 해방의 중요성을 깨달았
다. 그리고 그는 1850년을 전후해서 『해국도지』 등의 독서를 통해서 해
방론의 필요성을 절감했다. 그리고 1866년 병인양요를 거치면서 그의
해방론은 본격적으로 전개되어 갔다.

이처럼 병인양요 이후 해방론은 당시 국가정책에 관심을 가지고 있었
던 대부분의 사람들에게서 확인되는 이론이었다. 서양의 침략을 경험한
사람들은 구미세력의 해군력이 가지고 있던 '선박이 견고하고 함포가 예
리한'船堅砲利 실상을 인식했다.67) 그리하여 박규수는 양요 이후 무기제

---

65) 尹宗儀, 『闢衛新編』, 自序 後註.
66) 朴珪壽, 『瓛齋先生文集』, 與尹士淵書 9:1.
　　朴珪壽, 1987,「闢衛新編評語」『朝鮮學報』 87, 天理 ; 朝鮮學會.
67) 王家儉, 1964,「魏源對西方的認識及其海防思想」『文史叢刊』, 臺北 ; 國立臺灣大
　　學, 12쪽.

조의 중요성을 인식하여 재주가 있는 기능인을 추천한 바 있었다.[68] 신헌申櫶의 경우에도 『해국도지』에 의거하여 수뢰포水雷砲를 제작해서 그 공으로 승진한 바 있었다.[69] 그리고 박규수는 "앞서 강남에서 병기를 사용할 때 중국이 서양포를 많이 사용했기 때문에 양인洋人은 포를 제조하여 이득을 얻었으나, 근일에는 중국이 서양포를 모방 제조하여 쓰고 있기 때문에 리利를 잃고 있다. 또 지금은 대륜선大輪船도 모조하여 그것을 세내어 사용하지 않기 때문에 양인은 또 이를 잃고 있다" 라고 하여 서양기술 수용의 필요성을 암시한 바도 있었다.[70] 그러나 조선의 경우에 있어서는 병인양요 이후의 충격이 일종의 양무운동洋務運動으로 전개되지는 못했다.

조선은 오히려 이 사건을 계기로 하여 전통적 통제력의 강화를 통해서 해방을 성취하고자 했다. 당시의 지배층에서는 해방을 위해서 서구의 신기술을 적극 수용하고자 하던 자세도 부족했고, 국방의 근본적 대책을 검토하는 데에까지 이르지도 못했다. 즉, 개항 이전의 해방론은 해군용 신무기의 제조론이나 근대적 국방책이 아니었다. 여기에 해방론의 한계가 있지만, 우리는 해방론을 통해서 전통 질서와 국가를 보존하려던 당시 지배층의 결의를 확인하게 된다.

요컨대, 병인양요를 조선정부는 본격적인 전쟁으로 파악하고 있었다. 그리고 병인양요의 종료를 일시적 전투의 중지로 파악하고 전쟁에 대한 대책을 강구했다. 즉, 조선 정부에서는 강화도 방비책을 중심으로 한 어양책禦洋策을 수행하여 국방의 강화를 위한 노력을 제한적 범위에서나마 구체적으로 진행시켜 나갔다. 그리고 윤종의 박규수 등을 비롯한 당시인들은 해방론을 강화시켰다. 그러나 해방론이 지속되는 한 조선에 있어서

---

68) 朴珪壽, 『瓛齋集』 與新箕畿伯某公 9 : 26b.
69) 『高宗實錄』, 高宗 4年 9月 11日條.
70) 『日省錄』 高宗 9年 12月 26日條.

서양 세력은 잠재적 위협세력 내지는 침략세력으로 분류되어 갔다.

이 상황에서 당시의 국제정세에 대한 인식이나 역사발전의 일반적인 추세에 대한 조선 지배층의 관심은 상대적으로 제약을 받게 되었다. 즉, 병인양요는 해방론의 전개를 통해서 볼 수 있는 바와 같이 서양에 대한 위기의식을 강화시켰다. 서양의 침략에 대한 체험과 그로 인해 상승된 위기의식은 조선의 조야에서 서양의 문물을 주체적이며 적극적으로 수용할 수 있는 사회적 여건을 말살시켰다. 따라서 병인양요는 조선사회의 문화적 포용력을 약화시킨 사건이었고, 여기에서 병인양요의 또다른 영향을 확인할 수 있게 된다.

5. 맺음말

19세기 후반기 서유럽 열강이 동양에 대한 침입은 점차 강화되어 갔다. 조선의 지배층들은 이러한 사실에 관하여 중국의 사례를 통해서 이미 알고 있었으므로, 서양에 대한 경계를 강화시켜 갔다. 이 과정에서 병인박해를 계기로 하여 병인양요가 발생했다. 병인양요 당시 조선의 조야에서는 프랑스 침략의 부당성에 대해 확고한 인식을 가지고 있었다. 사실 조선인 지배층이 주장하고 있었던 조선에 잠입하여 활동하던 프랑스 선교사에 대한 처단은 한 국가의 주권 행사라는 측면에서는 설득력이 있었다. 그리고 조선측에서제시한 방어적 전쟁의 당위성에 대한 논리도 타당한 것이었다. 그러므로 당시의 조선인들은 프랑스 침략에 따른 피해를 강하게 의식하고 있었다. 병인양요는 조선인의 대對프랑스 내지 대對서양관 형성에 있어서 상당히 부정적 영향을 주었다.

병인양요를 계기로 하여 서양에 대한 인식은 극도로 악화되었고, 전통적인 척사위정론이 더욱 강화되었다. 서양에 대한 부정적 인식은 성리

학적 지식인이 제시하고 있었던 척사위정론을 통해서만 검증되는 것은
아니었다. 당시의 민간에서도 서양에 대한 부정적 견해가 널리 퍼져 있
었다. 그리고 서양에 대한 이 부정적 견해는 개항기 한국사회의 민중들
에게까지 이어져 내려 왔다.

병인양요는 천주교에 대한 조선 정부의 탄압을 더욱 가중시켜준 계기
가 되었다. 당시 프랑스가 제시한 개전 이유 가운데에는 천주교 신앙의
자유를 허용하라는 내용이 포함되어 있었다. 그러나 이 전쟁을 계기로
하여 천주교 신앙은 오히려 더욱 탄압받고 무수한 생령들이 추가로 죽음
을 강요당하게 되었다. 조선 정부는 병인양요를 통해서 천주교 탄압의
정당성을 도리어 확인받은 셈이 되었다. 그러므로 병인양요는 천주교사
의 전개에 있어서도 부정적 영향을 끼쳐주었다. 그리고 조선 천주교가
조선사회에 뿌리를 내리는 데에 상당한 지장을 초래한 사건이 되었다.
병인양요는 조선사회에 문화적 포용력을 약화시켰다.

병인양요 이후 조선 조야와 민간에서는 서양의 침략에 대한 경계심리
가 더욱 강화되었다. 그리하여 군사적 대응책이 구체적으로 마련되었고,
이를 위해 많은 군사비가 투입되었다. 또한 해방론이 구체적으로 전개되
어 갔다. 이 과정에서 조선사회는 서양에 대한 객관적 이해와 자주적 근
대화의 기회를 잃게 되었다. 병인양요는 자발적 문호개방의 가능성을 조
선 스스로가 차단하도록 유도했다. 이로 볼 때 병인양요는 조선역사의
순탄한 발전에 일정한 지장을 준 사건이 되었다.

한편, 개항 이후 조선은 제국주의 침략에 직면하게 되었다. 이 과정에
서 침략에 대한 저항의지가 강화되었다. 그리고 병인양요와 같이 외세의
침략에 저항했던 과거의 경험은 더욱 소중하게 평가되었다. 병인양요의
역사적 체험은 제국주의 침략에 대한 저항의지를 북돋아 주었다. 그리고
병인양요와 관련하여 조선이 입은 피해에 대한 인식은 점차 강화되어 갔
다. 이와 비례하여 조선에 대해 무력 침략을 감행한 프랑스 내지 서구

세력에 대한 부정적 견해가 강조되었다. 우리는 이와 같이 역사적으로 축적되어 온 특정 인식을 확인함으로써 오늘날 한국사회의 잠재의식 안에 존재하는 대서양관 내지는 프랑스에 대한 인식의 한 단면을 파악하는 데에 도움을 받을 수 있을 것이다.

제3부
1801년의 교난과 순교

제1장

조선후기 천주교도의 일상생활

1. 머리말

조선후기의 사회에 대한 구체적 이해를 위해서는 일상생활사에 대한 연구가 요청되고 있다. 이 일상생활은 시대와 지역 그리고 사회적 특성에 따라서 일정한 편차를 드러내게 마련이다. 따라서 특정시기의 생활사를 규명하기 위해서는 각 지역과 사회적 특성에 따른 연구가 수행되어야 한다. 본고에서는 조선후기 가운데 18세기 말엽에서 19세기 전반기에 걸쳐서 서울에서 살았던 서학도 내지는 천주교 신도의 생활사에 관해서 조명해 보고자 한다. 조선에 천주교가 전래된 때는 18세기 말엽의 사회였다. 천주교의 전래는 근기 남인들이 전개했던 신문화수용운동의 결과였다.

천주교의 전래는 성호星湖 이익李瀷(1681~1763)의 학문활동과 일정한 관계가 있다. 그의 문하에 있던 일단의 학인들은 조선 성리학에 비판의식을 가지고 원초유학에 입각한 경세론을 연구했고 서양의 학술과 사상을 수용하는 데에 개방적 자세를 가지고 있었다. 이들을 오늘의 학계에서는 '성호 좌파'로 규정하고 있다. 이들은 부연사赴燕使를 통해서 전래된 서학에 주목했다. 그리고 서양의 과학기술과 사상이라는 이중구조를 가지고 있던 서학에 접하던 과정에서, 성호 좌파의 일부 학인들은 천주교 신앙에 접근하게 되었다.

그러나 이들이 수용했던 천주교 신앙은 조선왕조의 전통적인 성리학 및 사회관습에 위배되는 것으로 규정되었다. 이 과정에서 양반 지식인들 가운데 상당수는 18세기 말엽 이후 천주교를 이탈하여 원래 자신이 속했던 성리학적 문화질서로 회귀해 갔다. 그리하여 19세기 전반기 사회에서는 몰락한 양반이나 중인 이하의 신분층에 속하는 인물들이 천주교의 주축을 이루며 종교 생활을 영위해 나가게 되었다.

조선후기 서울 지역 천주교도들의 생활사에 대한 연구는 우선 그들의 사회 생활에서 적용되고 있었던 일부 관행이 당시 일반 사회와 어떠한 차이를 드러내고 있었는지에 대한 검토로 시작될 수 있다. 여기에서는 시간관과 결혼관에 있어서 천주교 신앙공동체와 일반 사회의 관행에서 드러나는 차이점을 살펴보고자 한다. 이어서 본고에서는 그들이 실천하던 종교생활과 관련하여 천주교 서적 및 성화와 성물聖物의 보급과 신앙집회에 대해서 약술하고자 한다. 여기에서는 그들이 천주교에 접근했던 경로로서 천주교 서적의 보급에 관한 문제를 주목하고자 하며, 그 신앙의 특성을 이해하기 위한 방편으로 성화 및 성물 등에 관한 관념과 종교적 전례 실천 등에 관한 문제 등을 살펴보고자 한다. 그리고 이어서 당시 서울 신앙공동체에서 드러났던 구체적 삶의 양상을 확인하여 그 삶과 신앙이 당시 사회에서 던져주는 의미를 밝혀보고자 한다.

18·19세기 천주교도들의 생활사에 관해서는 아직까지 본격적 논문이 발표되지 아니했다. 그러나 그들의 사회적 특성과 그 구체적 삶을 밝히려는 노력은 부분적으로나마 진행된 바 있었다.[1] 본고에서는 이러한 선

---

1) 石井壽夫, 1941, 「李太王朝の天主教とその迫害 ― 特に捕盜廳謄錄を素材にいて―」『史學雜誌』52卷 5號.

행의 연구에 자극 받아 그 생활사에 대한 주제를 구체적으로 접근해 나가려 한다. 이를 위해서 본고는 당시의 연대기 사료와 『사학징의邪學懲義』를 비롯한 척사 관계 서적들, 그리고 당시 신도들이 작성한 각종의 문헌들에서 산견되는 내용들을 정리해 보고자 한다.

　본고는 18·19세기 서울지역 천주교도들의 생활사에 대한 부분적 검토에 지나지 않는다. 따라서 본고를 통해서 당시 서울지역 생활사에 대한 전체적 윤곽을 파악할 수는 없다. 또한 본고는 농촌이나 옹기점 등 점촌店村 지역의 천주교도 생활상을 밝히는 데에도 부분적으로만 참고될 수 있을 뿐이다. 그러나 본고는 이와 같은 제약성을 가지고 있다 하더라도, 우선 조선후기 사회변동의 상황을 파악하는 데에 도움을 줄 수 있을 것이다. 그리고 서구문화 내지는 서구적 가치의 수용과정을 밝혀내는 데에도 활용될 수 있을 것이다. 또한 본고는 천주교 신앙이 조선 사회에 정착되어 나가는 과정을 이해하는 데에도 일정한 도움이 되리라 생각된다.

2. 사회적 관행의 변화

1) 새로운 시간관時間觀에 대한 이해

　조선후기 사회에서는 음력을 기준으로 하여 일상 생활이 진행되고 있었다. 물론 음력을 기준으로 할 때에는 7일을 하나로 엮어서 파악하는 주간週間의 개념이나 윤일閏日 개념 등이 자리잡을 여지가 없었다. 그러나 당시 신도들은 교회의 전례력을 존중해야 했고, 태양력에 따라서 진행되는 전례의 주기를 계산하여 실천했다. 여기에서 그들은 당시의 일반적

崔奭祐, 1979, 「邪學懲義를 통해 본 初期天主敎會」『敎會史硏究』 2, 3~47쪽.
趙珖, 1988, 『朝鮮後期天主敎史硏究』, 고려대학교 민족문화연구소, 32~52쪽.

관행에 따른 음력에 의한 일상생활과 함께 일반인과는 구별되는 서기를 기준으로 한 시간개념도 가지게 되었고, 이에 따른 생활을 영위해 나갔다.

당시 교회의 지도부에서는 『첨례표瞻禮表』를 발행하여 신도들에게 보급함으로써 교회 전례를 준행토록 했다. 1801년 윤현尹鉉의 집에서 압수한 서적의 목록에 『첨례단』 1책이 있다. 이 『첨례단』은 곧 후일의 첨례표와 동일한 것으로 추정된다.[2] 그렇다면 『첨례표』가 서울의 신도들에게 소개되기 시작한 것은 이미 18세기 말부터였다.

그들은 첨례표의 보급을 통해서 서기西紀 연도에 대한 이해를 가지게 되었다. 19세기 중엽의 첨례표에는 서기를 '텬쥬강생후天主降生後'라는 용어로 표현하고 있었다. 그러나 당시에는 주간의 개념이 자리잡지는 못했다. 이 같은 사실을 알려주는 사례로는 홍유한洪儒漢의 경우를 들 수 있다. 성호星湖 이익李瀷의 제자였던 그는 1770년 서학서西學書에서 7일마다 축일이 온다는 기록을 읽고, 매달 7일, 14일, 21일, 28일에는 경건하게 일을 쉬고 기도에 전념했다고 한다.[3] 즉, 그는 아직 주간의 개념이나 '일요일' 혹은 '주일主日'이라는 용어도 알고 있지 못했기 때문에, 음력에서 7의 배수가 되는 날을 종교적 축일로 스스로 정해서 기념했던 것이다.

그러나 1784년 서울에 교회가 세워진 이후, 신자들은 '주일(dies Dominica)'이라는 개념을 확실히 가질 수 있었다. '주일'은 주간의 개념을 구성하는 7요일 가운데 기초가 되는 개념이었다. 주일은 원래 천주십계를 통해서 언급되고 알려지기 시작했던 것으로 추정된다. 당시 조선교회에서는 이미 『텬쥬십계』라는 한글 번역문을 가지고 있었다.[4] 이 '천주십계'는 별도의 소책자로 제작되어 유통되기도 했다. 그러나 그보다는 각종의

---

2) 19세기 중엽의 『첨례표』 가운데 현존하는 것으로는 서울 양화진 순교자 기념관에 소장되어 있는 '1866년도 첨례표'를 들 수 있다.
3) 달레著, 安應烈·崔奭祐 譯註, 1987, 『韓國天主敎會史』 上, 한국교회사연구소, 296쪽.
4) 『邪學懲義』, 381쪽.

기도문이나 그 밖의 교회서적에 신도들의 생활규범으로 수록되어 있었다. 이 천주십계의 제3조항에서는 "쥬일을 직히고"라는 규정이 있었고, 이를 통해서 당시 신도들은 주일에 대한 개념에 접근해 갈 수 있었다. 그리고 김범우金範禹와 서울 아현阿峴의 황사영黃嗣永 가에서는 신도들이 7일마다 정기적으로 모여서 신앙집회를 가지고 있었다.5) 이 신앙집회는 매 일요일마다 열린 주일 집회로 볼 수 있다. 물론 당시에는 '주일' 내지는 '주일지회主日之會'라는 말이 사용되고 있었다.6) 이로 미루어 볼 때, 당시 서울의 신도들은 주간의 개념에 새롭게 접근해 가고 있었음을 알 수 있다.

초기 신도들의 주일 개념은 '노동을 파罷하고 거룩히 지내라'는 '파공罷工'에 대한 천주십계의 규정을 통해서 신도들의 일상생활 안에 침투해 들어갔다. 그러나 당시 신도들에게 있어서 요일의 개념은 명확하게 제시되어 있지 않았다. 그러나 주일과 함께 금요일에 대한 개념은 비교적 일찍부터 신도들에게서 발견되고 있다. 즉, 당시 일부의 신도들은 교회의 전례력 내지는 관행에 따라서 주일과 함께 금요일에 대한 인식을 가지고 있었다. 이 인식의 구체적 사례로는 1799년 청주에서 순교한 원元야고보의 경우를 들 수 있다. 그는 지난날의 탐식죄貪食罪를 갚기 위해서 매주 '금요일'마다 금식을 했다. 또한 그는 주일과 축일에는 음식을 많이 장만하여 모든 사람을 청하여 먹게 하고 "오늘은 주일이니 거룩한 기쁨으로 이 날을 지내야 하고, 또 천주께서 우리에게 주신 재산을 나누어줌으로써 그분의 은혜에 감사해야 합니다"라고 주위의 신도들을 권면했던 인물이다.7)

그후 19세기 중엽에 간행된 첨례표에는 매월 첫째 금요일을 '첫 첨례

---

5) 『邪學懲義』「金顯禹供草」, 82쪽.
　　『邪學懲義』「南松老供草」, 276쪽.
6) 『邪學懲義』「李富春結案」, 169쪽.
7) 달레, 앞의 책 上, 417쪽.

육'으로 표현하여 특별한 신심을 실천하기도 했다. 여기에서 '첫 첨례육'이라는 표현은 중국에서 수용된 주간 개념 가운데 금요일이 '성기륙'星期六 즉 '여섯 번째 요일'로 번역되었던 것과 일정한 관련이 있을 것이다. 즉 그들은 주간 및 요일 개념을 중국을 통해서 수용했다. 그러나 그들이 중국식 요일명 [성기일星期一부터 성기칠星期七까지] 으로라도 이를 모두 이해하고 있지는 않았던 듯하다.

한편, 당시 신도들의 일상 생활에는 음력을 기준으로 한 24절기와 함께 천주교의 전례력 의한 새로운 기념일과 축일이 그들의 일상생활 안에 추가되었다. 그들은 부활절을 비롯하여 주요 축일을 기념했다. 부활절을 기념했던 사례로는 주문모 신부가 1795년 서울에 도착한 최인길의 집을 근거로 활동하다가 그해 부활절에 신도들과 함께 미사를 집전한 기록이 있다.8) 또한 1800년 이중배李中培와 원경도元景道가 부활절을 맞아 "개를 잡고 술을 많이 장만하여, 먹고 마시고 노래부르며 지낸" 일도 주목할 수 있을 것이다.9) 즉, 당시 신도들은 교회의 전례력에 의해 새로운 축제를 지내고 있었다. 여기에서 종교적 의례와 시간 개념 형성의 상관성을 확인하게 된다.

이와 같이 조선후기 일반적으로 통용되던 시헌력時憲曆을 기준으로 한 전통적 시간관과 구별되는 새로운 시간 개념이 도입되기 시작했다. 당시 천주교도들이 가지게 되었던 이러한 시간 개념은 19세기 말엽에 가서야 일반화되기 시작했던10) 서양적 시간관에 선행하는 형태였다.

요컨대, 18·19세기 신도들은 서기西紀를 이해하고 있었고, 주일과 금요일 등 요일 개념의 일부도 파악하고 있었다. 그들은 교회의 전례력에 따라서 축일를 지내고 있었다. 물론 그들의 일상 생활은 여전히 음력에

---

8) 구베아, 「구베아 서한」 『教會史研究』 8, 198쪽.
9) 달레, 앞의 책 中, 458쪽.
10) 이창익, 2002, 「근대적 시간과 일상생활의 표준화」 『역사비평』 59, 409쪽 참조.

의해서 진행되어 나가고 있었다. 그렇다 하더라도 그 생활에 새롭게 서기와 주간 내지는 요일의 개념이 첨가되었던 것이다. 새로운 시간 개념이 그들의 일상생활에 적용됨으로써 그들의 일상생활은 조선후기의 일반적인 생활과는 구별되어 갔다. 그들은 전례력을 통해서 이해된 자신들의 고유한 시간개념을 지키기 위해서 일반인들과는 점차 다른 생활방식을 취해 나가게 되었을 것으로 생각된다. 그러므로 당시의 신도들은 새롭게 이해하기 시작했던 시간개념으로 인해서 일반인들과는 구별되는 생활의 틀을 독자적으로 갖게 되었다. 시간생활의 이 새로운 틀은 그들이 후일 일반 주거지와는 구별되는 교우촌을 형성케 하는 여러 요인 가운데 하나로 작용했던 것으로 추정된다.

2) 결혼에 관한 새로운 규정

조선후기에 사회에 있어서 결혼은 다양한 의미를 가지고 있었다. 양반 지배층에 있어서 결혼은 가문의 계승과 가세의 확장이라는 의미가 짙었으므로 일정한 통혼권이 관습으로 전해지고 있었다. 결혼은 성리학적 예론과 인간관에 의해 규정되고 있었다. 그러므로 당시의 결혼 관행으로는 축첩 내지 중혼重婚이 일반적으로 용인되고 있었다.

그러나 18·19세기 서울의 천주교 신앙공동체에서는 기존의 결혼관습에 대한 도전을 시도하고 있었고, 교회의 가르침에 따라서 결혼에 있어서 새로운 기준을 실천해 나가고자 했다. 그리고 축첩행위를 배격하고, 혈연이 아닌 신앙을 매개로 한 새로운 통혼권을 형성해 나갔다. 당시 서울의 신앙공동체에서는 결혼에 관한 새로운 관념을 천명하고 이를 실천하고 있었다. 우선 당시 교회 지도층에서는 결혼이 '세속에서 대사大事이고, 교우들에게는 성사聖事가 됨'을 밝히고 있다. 그러면서 이에 대한 새로운 규정을 다음과 같이 제시해 주었다.

내력과 지체를 속이며 정혼定婚하였다가 큰 연고 없이 퇴혼하며, 억혼抑婚하고자 하여 교사狡詐한 거짓말로 꾸미고 회뢰賄賂하여 꾸짖고 훼방하며 억지 쓰는 짓을 무수히 하며, 아무쪼록 이利를 취하는 거만巨萬한 죄로써 딸자식을 보냄 같은 것은 불가불 고칠 것이라 ⋯ 성교회법聖敎會法은 자식을 강박하거나 모르게 정혼을 못하느니, 부모가 그 뜻을 통한즉 착한 자식이 자연 따를 것이다. 혹 별고가 있거든 부모께 고하여 한가지로 의론하여 할 것이니라.[11]

이 기록은 1857년 조선의 성직자 회의에서 논의된 신앙생활의 지침을 정리한 「장주교윤시제우서張主敎輪示諸友書」에서 신도들의 결혼에 관해서 언급한 부분이다. 물론 이 기록이 반포되기 이전부터 조선 천주교에서는 전통적으로 결혼에 있어서 당사자의 의사를 존중하고 억혼을 금해왔다. 그리고 경제적 이익을 취하기 위해서 딸을 시집보내는 일에 대해서도 금지하고 있었다. 또한 정혼했다가 쉽게 퇴혼하는 행동에 관해서도 주의를 환기시켜 주었다. 이러한 일들은 대개가 당시 조선후기 사회의 일반적 결혼관행과는 상당한 차이를 드러내고 있는 것이었다.

한편, 조선후기 사회에서 결혼은 개인간의 결합을 뜻하기보다는 가문간의 결속을 다지는 의미가 농후했고, 일정한 통혼권이 형성되고 있었다. 그러나 18·19세기 천주교도들이 가지고 있었던 결혼의 개념은 당시 사회의 그것과는 분명한 차이가 있었다. 그렇지만 신도 상호간에 일종의 통혼권이 형성되고 있는 현상은 당시 사회의 일반적 현상과 동일한 측면이 있었다.

당시 교회에서는 신도들이 자신의 자식을 비신도들에게 보내어 기르게 하는 것을 금지하고 있었다. 그리고 자식들의 결혼에 있어서도 신도들 사이의 혼인을 장려했다. 교회 지도자의 허가를 받지 아니하고 자신의 자식을 비신도들과 혼인시키는 일을 금지했다.[12] 이처럼 신도들 사

---

11) 張敬一, 「장주교윤시제우서」『순교자와 증거자들』, 한국교회사연구소, 172쪽.
12)『성찰긔략』, 17a. "명오열닌 즈식을 외인의게 보내여 기르게 ᄒ기를, 관면업시 즈식의 혼인을 외인과 뎡하거나 일우기를"

이에서의 혼인만이 장려되던 상황에서 신도들의 혼인 대상은 제한되었고, 박해시대의 신도들에게서는 중첩된 인척관계를 쉽게 확인하게 된다.

이 시기 신도들의 생활에서 드러나는 중첩된 인척관계의 사례로는 이존창李存昌(1752~1801) 후손들의 결혼 사례에서 우선 확인된다. 김대건金大建(1822~1846)이나 최양업崔良業(1821~1861) 등 19세기에 활동했던 조선인 성직자들은 그 모계母系를 통해서 이존창과 연결되어 있었다.[13] 또한 최양업 신부 형제들의 결혼 관계에서도 중첩된 인척관계를 확인하게 된다. 최양업은 자신의 두 아우를 송구현宋九鉉의 장녀와 차녀에게 각각 결혼시켰다.[14] 이와 같은 결혼 사례는 박해 시대 신자들에게 있어서 드문 일은 아니었다. 그러나 이는 당시 일반 사회에 있어서는 보편화된 관행으로 보기는 어렵다.

당시 일반적인 결혼 관행은 신분내혼이 이루어지고 있었고 통혼권도 동일한 신분 내로 제한되어 있었다. 그러나 신도들은 신앙을 공유하는 신도들과의 통혼만을 정당시했으므로 신앙을 매개로 한 통혼권이 형성되었다. 이 새로운 통혼권의 형성은 신분내혼의 관행을 깨뜨리는 것이었다. 그리고 혼인 상대자의 제한으로 인해 불가피하게 진행되었던 중첩된 인척관계로 인해서 신도들의 결속은 강화될 수 있었다. 그러나 당시의 신도들에게서 드러나는 중첩된 인척관계는 일반 사회의 관행과는 차이를 드러내는 것이었다.

한편, 당시 서울의 신앙공동체에서는 과부의 개가에 대해서도 적극적으로 인정하는 자세를 취하고 있었다. 당시 교회에서는 결혼 당사자 일방이 사망할 경우에는 결혼의 계약이 해소됨을 밝혀왔고, 이를 조선 사회의 일상생활에도 적용하고자 했다. 과부의 개가에 대한 당시 교회의

張敬一, 「장주교윤시제우서」 『순교자와 증거자들』, 한국교회사연구, 172쪽.
13) 李元淳, 1997, 「김대건 家門의 信仰 來歷과 殉教 傳統」 『教會史研究』 12, 80쪽.
14) 崔相鍾, 「최바시리오 이력서」 『순교자와 증거자들』, 한국교회사연구소, 222쪽.

입장은 다음의 글을 통해서 명백히 드러난다.

> 과부된 사람이 개가하지 아니한 것은 원래 이 나라 풍속이 아니라 새로
> 시작한 것이다. 또한 성교회 규구規矩가 아니니, 여러 번 영육靈肉에 크게 해로
> 운 것이라. 과부된 사람이 그 풍속을 좇지 말고, 다만 영육의 이익을 돌아보
> 아 원의대로 개가하기를 권하노라. 친정이나 시집이나 조금도 말리지 못할 것
> 이니, 누구와도 의논하지 말고, 혹 말로나 별법別法으로 말리려 하면, 양심에
> 도 걸리고 벌도 면하지 못할 줄로 알리라.[15]

여기에서 분명히 언급되어 있는 바와 같이 당시의 신앙공동체에서는
과부 재가의 금지가 원래 조선의 관행이 아니라 새롭게 시작된 풍습이라
는 점을 명백히 하고 있다. 또한 과부의 개가를 금지하는 것은 교회법에
도 어긋남을 밝혀주었다. 그리하여 과부는 조선의 잘못된 관행을 좇을
의무가 없고 자신의 원의대로 개가할 수 있음을 분명히 했다. 과부의 개
가를 반대하는 행위는 '양심'에도 어긋나는 일일 뿐만 아니라 교회법으
로도 처벌되는 일임을 밝혀주었다.

과부의 개가를 허용하는 일과 함께 당시 서울 신도들의 사회생활과
관련하여 주목되는 것은 축첩의 관행에 대한 입장이었다. 교회는 전통적
으로 일부일처제를 옹호하며 축첩행위를 단죄해 왔다. 교회의 이 관행은
초기의 윤리서들을 통해서 확인된다. 그런데 축첩은 조선후기 사회에서
보편적 현상은 아니었다 하더라도 사회적으로 인정되던 관행이었다. 당
시인들에 있어서 축첩행위는 하등의 문제가 없었던 것이다. 그러나 천주
교의 경우에는 이를 초기부터 문제시했다.

당시 서울의 신앙공동체에서도 관철시키고자 했던 축첩에 관한 금지
규정은 1864년 서울에서 간행된 『성찰긔략省察記略』을 통해서도 확인할
수 있다. 즉 천주십계에 대한 해설서적 성격을 가진 이 책의 제6계 부분

---

15) 張敬一, 「장주교윤시제우서」 『순교자와 증거자들』, 한국교회사연구소, 173쪽.

에서는 신도들의 축첩행위를 엄격히 금지하고 있었다.[16] 이 금지규정은
실제의 생활에서도 적용되고 있었다. 그러므로 초기의 신도들은 당시 관
행에 따른 축첩행위를 포기하지 아니하고서는 신도의 일원으로 활동하
기가 불가능했다.

이러한 사례로는 원元야고보의 경우를 들 수 있다. 그는 축첩을 했으
나 주문모周文謨 신부의 지적에 따라서 첩을 돌려보내야 했다.[17] 여기에
서 볼 수 있는 바와 같이 당시 교회에서 축첩행위를 금지한 것은 기독교
적 인간관 내지는 여성관에 입각한 것이었다. 이는 서구사회에서 보편화
되었던 관념이었지만 당시 조선사회에서는 새로운 주장으로 이해되었
다. 신도들은 이 새로운 주장을 실천함으로써 당시 사회의 일반적 관행
을 부정하고 있었다.

요컨대, 18·19세기 서울의 신앙공동체에서는 일반 사회의 관행과는
달리 남녀간의 결혼에 있어서 새로운 규범을 제시해 주고 있었다. 즉 당
시의 신앙공동체에서는 억혼抑婚을 금지하고 결혼 당사자의 의사가 절대
적으로 존중되어야 함을 말했다. 그리고 신도 상호간의 결혼을 장려함에
따라서 중첩된 인척관계가 드러나기도 했다. 당시에도 교회는 과부의 개
가를 당연한 것으로 용인했으며, 과부의 개가를 반대하는 행위에 대해서
는 신앙공동체 안에서 처벌하도록 규정했다.

이와 같은 당시 신앙공동체의 결혼관행은 당시 사회의 일반적 관행과
는 상당한 차이를 드러내 주는 것이었다. 따라서 이러한 결혼 관행은 당
시 사회에 있어서 신도들의 이질성을 강화시키는 요소로 작용하기도 했
을 것이다. 그리고 과부의 개가를 당연시한 것은 성리학적 여성관이나
정절관貞節觀에 대한 본격적 거부였다. 따라서 당시의 지배층에서는 당시

---

16) 『성찰긔략』 27a, 29a. "첩엇기룰 원ᄒ기룰, 지아비나 안해 죽기 전에 다른 사룸과
혼인ᄒ기룰"
17) 달레, 앞의 책 上, 418쪽.

의 천주교 신앙공동체를 성리학적 윤리관을 파괴하는 위험한 집단으로
단정하게 되었다. 그리고 축첩행위에 대한 당시 교회의 금지관행은 조선
후기 사회의 일반적 관념과 상당한 격차가 있는 것이었다. 결혼과 관련
하여 당시의 신앙공동체가 드러내고 있었던 이러한 일련의 관행은 신도
들이 당시 사회에서 스스로 고립되는 길을 걷고 있었음을 말한다. 그러
나 결혼에 대한 그들의 관념은 조선후기 사회에서 인간관과 사회질서에
대한 새로운 관념이 출현되고 있었음을 말하는 것이다.

3. 종교생활의 특성

1) 천주교 서적의 보급

천주교 서적이 조선에 전래된 시기는 이미 17세기 초엽부터였다. 부
연사 일행을 통해서 북경에서 수입된 천주교 서적은 성호星湖 좌파 계열
의 학인들에 의해서 연구되었다. 이들의 연구가 기반이 되어 서울의 천
주교 신앙공동체가 발족될 수 있었다. 이와 같이 서적은 신앙공동체가
발족하고 그 범위를 확대해 나가는 데에 있어서 가장 중요한 도구가 되
었다. 그러므로 서울의 신앙공동체를 이해하는 데에도 서적의 내용과 그
보급 등에 관련된 문제들을 검토해 보아야 할 것이다.

그러나 여기에서는 당시 서울의 신앙공동체 내지는 조선 사회에 수용
되었던 천주교 서적의 내용에 관해서는 구체적 검토를 보류하겠다.[18]
그리고 여기에서는 당시 통용되던 서적의 내용보다 그 서적들의 수용과
보급에 대한 문제만을 우선적으로 검토해 보고자 한다.

---

18) 裵賢淑, 1984,「朝鮮에 傳來된 天主敎 書籍」『韓國敎會史論文集』1, 한국교회사
연구소, 1~31쪽 ; 趙珖, 1988, 앞의 책, 95쪽. 앞의 글들에서는 당시 조선에 전래
된 천주교 서적명 내지는 그 종류를 정리 검토하고 있다.

한문 서학서의 수용에 있어서 가장 주목되는 바는『천주실의天主實義』를 비롯한 보유론적補儒論的 교리서였다.[19] 이러한 한문 서학서는 당시 양반의 청년 지식인들에게 널리 전파되어 가고 있었다. 이러한 한문 서학서가 조선에서 문제시 된 것은 이른바 '을사추조적발사건乙巳秋曹摘發事件'이 일어난 1785년부터였다. 이때 장령掌令 유하원柳河源(1747~?)은 서학서가 전파되고 있는 현상에 대한 규제책을 요청한 바 있었다.[20] 그리고 1786년 초부터는 좌도左道 금지를 목적으로 하여 한문 서학서의 수입을 금지하는 논의가 대사헌 김이소金履素에 의해서 구체적으로 제기되었다.[21] 그 결과 비변사에서는 별도의 사목事目을 정했다. 그리하여 '좌도 불경左道不經과 관련된 이탄요탄異端妖誕한 책들을 엄히 금지한다'고 규정했다.[22] 그후 천주교 신앙을 금지하는 문제가 조정에서 계속 논의되어 오다가 1787년에는 좌도 이단과 관련된 서적의 수입을 금지하는 사목을 더욱 강화시켰다.[23]

서학서의 성행에 관해서 본격적으로 문제가 제기된 때는 1787년이었다. 이때에 이르러서는 한문 서학서 뿐만 아니라 한글본 서학서의 유통에 관한 문제가 본격적으로 제시되었다. 1787년 4월 이사렴李師濂은 "시골의 우맹愚氓들까지 한문이나 언문으로 번역된 책들을 돌려본다"고 말했다.[24] 1788년에는 정언正言 이경명李景溟도 천주교서적이 도하에서부터 멀리 떨어진 시골에 이르기까지 널리 전파되어 있음을 지적하면서 "지극히 우매한 전맹田氓이나 아무 것도 모르는 촌맹村氓이라 할지라도 그 책을 언문으로 베껴 신명神明처럼 받들며 죽어도 회오悔悟하지 아니한다"

19)『宋榮培·趙 珖 外譯, 1999,『천주실의』, 서울대학교 출판부.
20)『承政院日記』卷84, 正祖 9年 4月 9日 戊子, 968쪽.
21)『承政院日記』卷85, 正祖 10年 1月 22日 丁卯, 574쪽.
22)『日省錄』10책, 正祖 10年 1月 22日 丁卯, 825쪽.
23)『承政院日記』87卷, 正祖 11年 10月 10日 甲辰, 141쪽.
24)『日省錄』12책, 정조11년 4월 27日 甲子, 588쪽.

고 지적했다.[25] 그리고 이때와 같은 해에 전가주서前假注書 홍낙안洪樂安도 상소하여 충청도 일대에서는 한글로 번역된 천주교 서적이 성행되고 있음을 지적했다.

이상의 자료를 통해서 우리는 서울의 신앙공동체가 설립된 지 3년 후인 1787년경에 한문 서학서가 한글로 이미 번역되어 있었음을 확인하게 된다. 그리고 한글 천주교서적의 등장은 새롭게 전파된 천주교 신앙이 지식층 중심의 종교로만 머물지 않고 일반 민인民人들의 신앙으로 확대되어 가고 있었음을 말해 주는 사건이었다. 당시 서울의 신앙공동체에 속했던 이조이李召史는 한문 서학서는 "거의 한어와 같아 분명히 알아들을 수 없었다"한다.[26] 이 때문에 천주교 서적의 한글 번역이 요청되었고, 『성경직해聖經直解』를 비롯한 여러 종류의 서학서들이 한글로 번역되었다. 천주교 서적의 번역작업에는 최창현崔昌顯·이승훈李承薰·정인혁鄭仁赫 등이 참여하고 있었다. 그리고 권일신權日身이나 황사영黃嗣永도 번역활동에 참여했을 것으로 추정된다.[27]

한편, 1791년에 이르러 서학서의 유포에 관한 문제는 더욱 심각한 사안이 되었다. 이해 9월 황낙안洪樂安이 채제공蔡濟恭(1720~1799)에게 보낸 편지 중 다음과 같은 구절은 당시 서울을 비롯한 지방에서 천주교가 성행하고 있었던 상황을 전해준다.

　　지금 서울에서부터 말하자면 친구 간이나 벼슬하는 선비들 사이에 물들은 자가 많고, 다른 동네의 잘못 빠저든 소년들에게로 차차 뻗어가고 있다고 합니다. 더욱이 총명하고 재주 있는 선비가 십중팔구이며, 나머지 얼마 안 되는 자들은 주견 없이 취한 듯 미친 듯 따른다고 합니다. 옛날에는 나라의 금령을 두려워하고 꺼려 남모르는 곳에 모여들었다고 하는데 지금은 백주에 횡횡하면서 버젓이 전파하고, 옛날에는 깨알같은 잔글씨로 베껴서 열 겹이나 싸 가

25) 『正祖實錄』 12年 8月 2日 辛卯.
26) 『사학징의』 78, 「李召史供草」 '殆同漢語 無以分明解聽'
27) 趙珖, 1988, 앞의 책, 87～88쪽.

지고 행장 속에 간수하던 것을, 지금은 책으로 간행하여서 서울과 시골에 반
포하고 있습니다. 그 중에 천하고 무식한 자와 쉽게 유혹되는 부녀자와 아이
들은 한 번 이 말을 듣기만 하면, 목숨을 바치고 뛰어들어가 이 세상의 사생
을 버리고 만겁의 천당과 지옥을 달게 여기며, 한 번 들어간 뒤에는 미혹됨을
풀 길이 없다고 합니다.[28]

한문이나 한글 서학서의 보급을 위한 방법은 우선 등서謄書 내지는 필
경筆耕을 통한 보급을 들 수 있다. 당시 신도들은 일반인에게 고가雇價를
지불하고 천주교 서적을 등서하기도 했다.[29] 그리고 18세기 말엽 서울
의 신앙공동체를 비롯한 당시 교회에서는 천주교 서적의 필사를 직업적
으로 했던 인물들이 적지 않게 확인된다. 예를 들면, 훈장이었던 김세박
金世博은 신도들의 집을 떠돌아다니며 천주교 서적을 필사하여 판매하기
도 했다.[30] 최필공崔必恭에게 의술을 익힌 바 있던 손경윤孫景允도 이를
손으로 베껴 공급해주거나 돈을 받고 팔았다[31] 청주에 거주하던 김사집
은 교회 서적의 필사를 전업으로 삼았다.[32]

그러나 필사본 서적은 그 수량에 있어서 제한될 수밖에 없었고, 대량
보급을 위해서는 인쇄 간행되어야 했다. 조선후기 당시 대량 보급용 출
판물은 목판인쇄에 의존하고 있었다. 여기에서 천주교 서적도 목판으로
인쇄되어 보급되기에 이르렀다. 앞서 제시된 홍낙안의 편지에 언급되고
있는 바와 같이 천주교 서적은 인본印本으로 간행되어 이미 충청도 천안
과 예산 지방에까지 보급되고 있었다. 그리고 1791년에는 호남지방에도
인본印本 천주교 서적이 전파되어 있었다.[33] 이로 미루어 볼 때 인본 천

28) 李晩采, 『闢衛編』, 2:12a. 洪注書上蔡左相書.
29) 1801년 作配된 宋健은 천주교도는 아니었으나 그 처가 '邪書'를 擇價 謄書하다가
　　체포된 사람이었다. 『邪學懲義』「作配罪人秩」, 253~254쪽.
30) 달레, 앞의 책 中, 177쪽.
31) 『邪學懲義』「孫景允供草」, 134쪽.
32) 달레, 앞의 책 上, 608쪽.
33) 趙珖, 1988, 앞의 책, 89쪽.

주교 서적은 매우 빠른 속도로 보급되어 나갔음을 알 수 있다.

당시 천주교 서적의 인쇄와 보급에는 서울의 벽동碧洞에 살던 정광수 鄭光受가 가장 중요한 역할을 하고 있었다. 천주교 서적이 인본印本으로 간행되고 있었다는 사실은 윤현尹鉉 집의 굴뚝[房堗]에서 압수된 물품 가 운데 제본이 안된 '사서등책邪書謄册' 300여 장 및 '언서등본諺書謄本' 300 여 편片 그리고 '사서등책' 220여 장과 '제경문등서책장諸經文謄書册張' 30 여 장이 압수되었다. 이와 같이 윤현의 집에서는 제본이 안 된 책장들이 다량으로 발견되었을 뿐만 아니라, '주보성인단主保聖人單 인출소지印出小 紙' 12매와 '목인판木印板' 1장이 압수되었다34).

이는 당시 천주교 서적이 인출되고 있었다는 확실한 증거가 될 것이 다. 윤현은 정광수鄭光受의 장인으로서 정광수가 부탁한 책 등을 은닉하 고 있다가 이를 압수당했던 것이다. 윤현의 부인 임조이任召史는 자신의 집에 감추어둔 책들은 모두가 한글로 번역한[諺飜] 책이었다고 한다.35) 당시 서울의 신앙공동체에 속했던 사람들 가운데는 정광수의 집에서 서 학서를 구입한 이들도 있었다.36)

천주교 서적의 간행에는 권일신이나 이승훈도 관계되고 있었던 것으 로 추정된다. 그리고 책자 간행에 직접 참여했던 인물로는 김의호金義浩 와 송재기宋再紀를 들 수 있다. 김의호가 1801년 초에 책판册版의 추심推尋 을 위해서 송재기를 방문했던 것은 천주교 서적의 간행과 관련되는 일로 추정되기 때문이다. 그리고 직업이 능화판菱花版 조각인彫刻人이었던 송재 기는 1801년 정약종丁若鍾의 책롱册籠을 자신의 집으로 운반하여 옮겨놓 으려다가 체포되었던 인물이다.37)

34) 『邪學懲義』「妖畵妖書燒火記」, 382～385쪽.
35) 『邪學懲義』「任召史供草」, 210쪽. 이 증언을 통해서 윤현의 집에서 압수한 書目 가운데 한글로 기록된 것은 한글로 번역된 서적명이었음을 의심 없이 확인할 수 있다.
36) 『邪學懲義』「金喜仁供草」, 196～197쪽.

이와 같이 간행된 천주교 서적은 그 보급범위를 넓혀 가면서 '봉전행
매捧錢行賣' 즉, 유가有價로 판매되고 있었다. "1797년과 1798년경에 서울
의 민간에서는 '사서'가 크게 유행하여 임서자賃書者가 큰 이득을 얻게
되었다"는 기록을 참조할 때 당시 천주교 서적은 세책점을 통해서도 보
급되고 있었다. 한편, 천주교 서적의 매매에 관한 기록으로는 손경윤孫景
允이 윤태흠尹泰欽에게 사서 10권을 6냥에 판매한 바가 있었고, 강복혜姜
福惠는 '사서邪書' 한 책을 1냥 7전에 구입하고 있다.[38] 당시 쌀 1석(15두)
가 대략 5냥에 거래되고 있었던 상황을 감안할 때, 당시 천주교 서적의
값은 대개가 쌀 1.8두부터 5.6두에 이르는 것으로 환산된다. 이는 결코
저렴한 가격은 아니었다 하더라도 필사본 서적을 구입하고 고가高價를
지불하는 경우보다는 저렴해진 것으로 판단된다.[39] 이와 같이 비교적
저렴한 값으로 천주교 서적은 보급되어 나갔다.

요컨대, 조선후기 서울의 신앙공동체의 형성에는 천주교 서적의 보급
이 중요한 역할을 했다. 원래 한문 서학서로 전래되었던 천주교 서적은
1786년 이후 정부 당국자들에 의해서 규제를 당하기 시작했고, 1791년
진산사건 이후에 본격화되었다. 그러나 천주교 서적은 1787년경에 이르
러 한글 천주교 서적들이 보급되어 가고 있었다. 한글 천주교 서적의 보
급은 천주교 신앙의 전파방향이 한글을 지적知的 무기로 삼았던 민인民人
들에게로 나아가고 있음을 말하는 사건이었다. 천주교 서적은 필사되어
전파되었을 뿐만 아니라 목판으로 인쇄되어 비교적 염가로 민간에 전해
지고 있었다. 바로 이러한 사실에서 한글 번역본 천주교 서적의 출현과
전파가 가지고 있는 역사적 의미를 확인하게 된다. 즉, 당시의 천주교는
그 설립 직후부터 양반 특권층의 사유범위에서 벗어나 민간의 신앙으로

---

37) 趙珖, 1988, 앞의 책, 89쪽.
38) 『邪學懲義』, 215·345쪽.
39) 당시 훈련도감의 군인들이 한 달에 미 6斗를 급료로 받고 있었음을 감안할 때,
　　당시 천주교 書籍價의 가치를 짐작할 수 있을 것이다.

자리잡고 있었음을 파악하게 된다. 이는 천주교 신앙이 집권층의 성리학적 문화질서에 대한 반작용으로 유포되고 있었던 사실을 말해준다.

2) 성화聖畫와 성물聖物의 존중

19세기를 전후하여 서울의 천주교 신도들이 드러내주고 있었던 종교생활의 일부로는 성화와 성물에 대한 선호현상을 주목할 수 있다. 천주교의 전통적 입장에 따르자면 성화와 성물은 '영적 은총의 통로'이며, '신도들의 신심생활을 돕는 도구'를 뜻한다.[40] 또한 그것은 신심생활의 표현이기도 했다. 따라서 18·19세기 서울의 신앙공동체의 구체적 상황을 이해하기 위해서는 당시 신도 사회에서 통용되던 성화와 성물의 존재를 주목할 수 있다. 사실 초기 서울의 신앙공동체에서는 성화와 성물에 관련된 기록들을 다수 찾아볼 수 있다. 이 가운데 성화상에 관한 기록들을 우선 정리해 보면 <표 1>과 같다.

〈표 1〉 1801년 押收 聖畫像[41]

押收處	押收 聖畫像	
韓新愛 家	圖像簇子(3), 圖像板(1)	
趙鳳祥 家	妖畫匣(1)	
鄭光受 家	妖畫草(1)	
尹鉉 家 房堗中	妖像簇子(3, 紙本1女像), 妖畫匣(4), 木字木鑞妖像(1), 小小鍮圓妖像(2)	
軍器寺前喜仁家	妖畫簇子(3,1女像), 鑞妖像(1)	
正浩母李召史家	西洋羊畫(1張)	

당시 서울의 신도들이 완상하고 있던 성화로는 후술되는 바와 같이 '예수상像'을 들 수 있다. 또한 홍정호洪正浩의 모친인 이조이李召史에게서

---

40) 한국교회사연구소, 1985, 『한국가톨릭대사전』 「성화」 항목.
41) 『邪學懲義』 「妖畫邪書消火記」, 379~386쪽.

압수한 물품 가운데 '서양양화西洋羊畵'가 있었다.[42] 이 성화는 '착한 목자牧者'를 그린 성화였을 가능성이 있다. 그리고 1801년에 압수된 물품 가운데 윤현尹鉉의 집과 김희인金喜仁의 집에서 '여상女像'이 각기 한 점씩 압수된 기록을 보면, 당시 서울에서는 성모 마리아의 성화도 분명히 있었을 것이다.

한편, 군기시軍器寺 앞에 있던 김희인의 집에서는 '납요상鑞妖像' 즉 '주물로 된 성상'이 압수되었다. 윤현의 집 굴뚝에서 '목활자木活字'와 더불어 '목랍요상木鑞妖像' 즉 '나무로 만든 성상'이 발각된 바 있었고, 이와 함께 '소소유원요상小小鍮圓妖像'도 압수되었다. 여기에 기록된 '납요상'鑞妖像이나 '목랍요상'木鑞妖像은 성화로 파악되기보다는 성상에 더 가까운 것으로 볼 수 있을 것이다. 또한 이와 함께 '작고 둥근 유기 요상[小小鍮圓妖像]'은 성패聖牌(medal)의 일종으로 판단된다. 이와 같은 추정이 가능하다면 당시 서울의 신앙공동체에서는 성화 이외에 여러 종류의 성상이나 성패 종류도 있었던 것으로 생각된다.

18세기 말엽 이래 서울의 천주교도들이 가지고 있던 성화상은 개인적인 신심을 위해서나 종교집회의 장소를 장식하는 데에 사용되어 왔다. 당시 서울 신도들의 신문기록에 의하면, 그들은 종교 집회에 앞서 그 장소에 예수의 화상이나 고난상 족자를 걸었다 한다.[43] 신도들이 종교집회 때에 성화를 걸었던 사례는 서울에 교회가 창설된 직후부터 나타나고 있었다.

당시 서울의 신도들이 사용하던 성화는 중국을 통해서 전래된 것도 있었다. 이조이李召史에게서 압수한 '서양양화' 한 점은 아마도 청국을 통해서 전래된 성화의 일종이었을 것이다. 그러나 성화의 대부분은 조선인

---

42) 『邪學懲義』「妖畵妖書燒火記」, 386쪽.
43) 『邪學懲義』「金顯禹供草」, 82쪽.
　　「福占供草」, 370~372쪽.
　　「趙惠義供草」344쪽.

신도들에 의해서 제작되었던 것으로 생각된다. 성화를 제작하여 공급했던 인물로는 이희영李喜英(1756~1801)을 들 수 있다. 그는 예수상耶蘇像을 그려서 그 중 한 개를 홍필주洪弼周(1773~1801)에게 주었고, 황사영黃嗣永(1775~1801)에게도 세 개를 준 바 있다.44) 이 성화상을 제작하는 재정의 마련에 있어서는 황사영이 중요한 역할을 하고 있었다.45) 그리고 성화의 제작에는 '화벽畵癖이 있던' 윤종백尹鍾百도 함께 참여했다.46) 성화를 제작하던 장소 가운데 한 곳으로는 정광수鄭光受 가를 들 수 있다. 그의 집에서는 '요화초妖畵草' 즉 미완성된 성화가 압수되었기 때문이다.47)

성화들은 족자로 제작되거나 지본紙本으로 유통되었다. 이 성화는 별도의 성화갑聖畵匣에 넣어서 그 보전에 만전을 기하고자 했다. 조봉상趙鳳祥 가와 윤현尹鉉 가에서 '요화갑妖畵匣'이 압수되고 있음을 보면, 당시 신도들이 성화를 소중히 여기고 있었음을 엿볼 수 있다. 한편, 한신애韓新愛 가에서는 '도상판'圖像板이 압수되었다.48) 이를 보면 당시 성화는 화가가 직접 그린 경우도 있었지만, 염가廉價로 대량 보급이 가능한 목판화로 인쇄되어 보급되고 있었음을 알 수 있다.

당시의 서울 신앙공동체에서는 이상에서 제시된 성화상 이외에도 여러 성물들을 사용하고 있었다. 1801년 5월 22일에 작성된 '요화사서소화기妖畵邪書燒火記'에 나타난 성물 및 기타 용품들을 정리하면 다음 <표 2>와 같다.

---

44) 『純祖實錄』, 元年 3月乙巳條. '李喜英結案'
45) 『邪學懲義』「南松老供草」, 276쪽.
46) 『邪學懲義』「尹鍾百供草」, 302쪽.
47) 『邪學懲義』「妖畵妖書燒火記」, 381쪽.
48) 『邪學懲義』「妖畵妖書燒火記」, 380쪽.

〈표 2〉 1801년 押收 聖物表[49]

押收處	押收 聖物	기타 물품
韓新愛 家	念珠(4, 各具十字牌), 十字牌(1)	繩囊(1), 白木各囊(2), 小囊(6), 小圓木盒(1)
吳錫忠 家	念珠(3, 十字牌各具)	
金召史 自納	念珠(1)	
鄭涉 家	念珠(1)	小囊(1)
鄭光受 家	念珠(1)	木塊(4)
尹鉉 家 房堗中	念珠(8, 各具十字牌), 木十字牌(1)	妖鏡(1), 木盒(3), 眞紅廣的繡囊(1), 小小繡囊(2), 小小囊(14), 大木囊(1), 綿紬紅仰帳(1), 木紅綿紬仰帳(1), 綿紬三幅裸, 大小裸, 如胡人諺書(2片)
軍器寺前喜仁家	念珠(6, 各具十字牌), 木十字牌(1)	色小囊(5), 紫的帳(1)

이 표를 통해서 알 수 있는 바와 같이 당시 서울의 신도들이 소지하고 있던 성물 가운데 십자패 3개와 '염주' 24개가 우선 확인될 수 있다. 십자패는 신도들이 사용하던 십자가상을 뜻하는 것으로 추정된다. 이 십자패는 대개가 나무로 제작되었다. 그리고 '염주'를 묘사한 기록에 '각기 십자패를 갖추고 있다各具十字牌'라는 기록을 감안할 때 이는 틀림없이 묵주를 지칭하는 것이다.

당시 묵주가 압수되고 있다는 사실을 통해서 우리는 18세기 말엽의 서울의 신앙공동체에서도 '묵주신공'을 봉행하고 있었음을 확인하게 된다. 당시 신도들은 주일마다 규정된 경문 이외에 묵주신공 15단을 바쳐야 했다.[50] 그리고 홍낙민洪樂敏(740~1801)은 매일같이 묵주신공을 했으며, 예산의 김광옥金廣玉은 형장에 나가면서도 묵주신공을 계속했다.[51] 김대건(1821~1846)을 비롯한 여러 인물들에게 있어서도 묵주신공과 관련

---

49) 『邪學懲義』「妖畵邪書消火記」, 379~386쪽.

50) 崔奭祐, 1979, 앞의 논문, 28쪽.

51) 달레, 앞의 책 上, 451·519쪽.

된 기록이 남아 있다.[52] 이는 16세기 후반기 유럽의 교회에서 성모신심
聖母信心의 일환으로 정착된 '로사리오의 기도'가 18세기 후반기 이후 조
선 사회에도 도입 실천되고 있었음을 말한다.

1801년 당시 서울에서는 십자패나 묵주와 같은 성물과 함께 미사를
집전할 때 사용하는 물건들도 압수되었던 것으로 생각된다. 즉, 윤현尹鉉
의 집 구들 밑에서 발견된 물건들 가운데는 '앙장仰帳'이나 '삼폭보三幅褓'
및 '대소보大小褓'가 있었다. 여기에서 말하는 '앙장'의 원래 뜻은 천장이
나 상여 위에 치는 휘장을 뜻한다. 그러나 여기에서는 감실 휘장을 그와
같이 표현한 것으로 판단되며, 각종의 '보'는 미사 때 성작을 덮는 성작
포일 가능성이 있다.[53] 그리고 윤현尹鉉의 집의 압수품 가운데 '호인언서
胡人諺書' 두 매가 있는데, 각기 당지唐紙와 백지白紙에 씌어진 것이었다.
이는 주문모 신부가 라틴어로 기록한 서한이었을 것으로 추정된다. 그리
고 윤현의 집에서 압수된 물품 가운데 주문모 신부의 물건들이 포함되어
있었다는 사실은 윤현이 주문모 신부의 미사 용품까지도 보관하고 있었
을 가능성을 제시해 준다.

한편, 이상의 성물들과 함께 당시의 압수 품목 가운데에는 각종의 수
낭繡囊이나 소낭小囊 및 목괴木塊 등이 있다. 이는 각종의 성물을 담는 주
머니들이었을 것이다. 그러나 여기에서 특이한 점은 정광수 가에서는 목
괴가 압수되었고, 한신애韓新愛 가에서 압수된 소낭小囊 6개 가운데에는
두발이나 목편木片 등이 들어 있었다는 점이다. 그런데 한신애의 딸 조혜
의趙惠義는 자신의 집에서 압수된 소낭小囊 속의 물건에 대해서 '연전에
순교한 사람의 두발과 목을 벨 때의 목침'이라고 했다.[54] 그리고 정섭鄭

---

52) 달레, 앞의 책 下, 65·94·223·252쪽 참조.
53) 『邪學懲義』「妖書妖畵消火記」, 382쪽. '綿紬三幅褓'와 '大小褓' '邪書諺眞謄本'
   들이 싸여 있었다고 기록되어 있다. 그렇다면 이를 단순한 褓로도 볼 수 있을 것
   이나, 미사 용품의 일부인 聖爵布였을 가능성도 여전히 남아 있다.
54) 『邪學懲義』「趙惠義供草」, 344쪽.

涉의 집에서도 두발과 목편이 압수되었다. 목괴나 목편은 윤지충尹持忠 (1759~1791)과 권상연權尙然(1750~1791)의 참수 시에 사용되던 목침의 일부였던 것으로 추정된다.55)

정섭鄭涉은 이 두발과 목편을 윤유일尹有一로부터 받은 것이라 했다. 즉, 1794년 12월 양근楊根의 윤유일은 나무값을 받기 위해 정섭의 집에 와 있었다. 이때 윤유일은 정섭의 아들이 자라배[腹痎]로 위독함을 보고서 자신이 가지고 있던 두발과 목편을 주면서 끓는 물에 담갔다 먹이라 하였으나 효험을 보지는 못했다고 했다.56)

이러한 기록에 입각하여 생각해보면 당시 신도들 가운데에서는 순교자에 대한 특별한 신심을 가지고 있었음을 알 수 있다. 그리고 순교자의 두발과 같은 신체의 일부나 그 피가 적셔졌던 목침 조각은 치병治病의 효험이 있는 것으로 생각하기까지 했다. 순교자의 유해에 대한 존경은 이미 1791년 직후부터 확인된다. 즉 윤지충과 권상연이 순교한 후 신자들은 순교자의 피를 여러 수건에 적셔서 그중 일부를 북경의 구베아 주교에 보낸 바 있었다. 구베아 주교는 순교자의 피에 젖었던 이 목침을 씻은 물을 마시거나, 순교자의 피가 적셔진 수건을 만지고 죽어가던 사람이 즉시 회복되었다는 당시의 속설을 기록하고 있다.57) 당시 신도들은 순교자에 대한 존경의 연장선상에서 질병의 기적적 치유까지도 기대하고 있었다고 생각된다.

당시 서울의 신앙공동체에서는 이와 같이 성화상과 성물의 사용을 확인할 수 있다. 이와 같은 현상 때문에 당시 조정에서는 천주교가 "기호지방 여러 읍의 사대부와 평민 등 많은 백성들을 그 우리로 들어오게 유인하여 요상妖像으로 속이고 더러운 물건으로 미혹케 한다"58)고 비난

---

55) 崔奭祐, 1979, 앞의 논문, 29쪽 참조.
56) 『邪學懲義』「鄭涉供草」, 256~257쪽.
57) 구베아, 1992, 「구베아주교의 세째 서한」 『교회사연구』 8, 195~196쪽.
58) 『承政院日記』 卷97 純祖 元年 3월 3日字, 415下段.

했다.

요컨대, 18·19세기 서울의 신도들은 각종 성화상과 그밖의 성물들을 즐겨 지니고 있었다. 그들은 개인적 신심이나 종교집회 장소의 장식을 위해서 성화와 성상을 갖게 되었다. 이 성화상 가운데 일부는 청국에서 수입된 것이었다. 그러나 예수상을 비롯한 성화들이 국내 화가들에 의해서 제작되었고, 일부 성화는 목판으로 인쇄되어 보급되었다. 이는 성화가 저렴한 가격에 보급될 수 있었고 그 보급 범위도 넓었다는 추정을 가능케 해주는 일이다. 그리고 성화가 국내 작가들에 의해서 제작되기 시작했다는 것은 천주교 신앙을 배경으로 한 예술 활동의 출현을 뜻한다. 예술은 고도의 지적 소산물이다. 그러므로 우리는 이 예술활동을 통해서 당시 조선사회에서 진행되던 천주교 신앙에 대한 지적 성찰의 일단을 확인하게 되며, 천주교 신앙이 본격적으로 수용되기 시작했음을 알게된다. 한편, 당시 서울의 신도들은 십자패와 묵주와 같은 성물을 패용하고 있었고, 순교자의 유해에 대해서도 특별한 신심을 가지고 치병治病의 효험을 기대하기도 했다. 이러한 여러 사실에서 우리는 당시의 신도들이 서유럽의 중세를 통해서 발전된 천주교 신앙행위의 여러 요소들을 수용하는 데에 주저하지 않았음을 확인하게 된다. 각종 성물들의 존재는 이를 패용했던 신도들이 성리학을 본위로 한 전통적 조선문화와 단절을 시도하고 있었음을 암시해준다. 즉, 그들이 가지고 있었던 성화상과 성물을 통해서 우리는 초창기 신도들이 가지고 있던 신앙의 특성과 그 기능을 엿볼 수 있을 것이다.

3) 신앙집회의 특성

18세기 말엽 이후 서울에서 형성된 천주교 신앙공동체는 교리의 학습과 종교적 전례의 집전을 위한 집회를 열었다. 천주교의 종교집회는 신앙을 강화하고 신도들을 교육하며 그 실천을 다짐하는 기능을 가지고 있었다. 종교 집회 가운데 가장 대표적인 것은 미사를 들 수 있다. 그러나 박해시대 서울에서는 상당 기간 동안 선교사들의 부재로 인해서 미사의 집전이 불가능했다. 그리고 설령 선교사가 체류해 있다 하더라도 공개적인 미사의 거행은 불가능했다. 그러므로 박해시대의 종교집회를 검토할 때에는 미사와 함께 신도들이 인도하는 일반 종교집회와 의식을 주목하게 된다.

18세기 이래 신도들의 종교집회는 흔히 첨례瞻禮라는 말로 불리었다. 한문 서학서에서 보편적으로 사용되고 있는 '첨례'라는 단어는 '예배'를 뜻했다. 그리고 '미살첨례'라는 단어를 통해서 볼 수 있는 바와 같이 이 '첨례'는 '미사'를 포함한 개념이기도 했다. 그러므로 한문서학서에서는 미사에 참석할 의무가 있었던 일요일을 첨례일이라 했다.[59] 조선인 신도들은 한문 서학서의 수용과정에서 '첨례'라는 개념도 받아들였다. 그들은 예배에 준하는 여러 형태의 종교집회를 열고 있었다.

서울에 천주교 신앙공동체의 출현은 종교집회 즉 교리학습이나 전례를 매개로 한 전례공동체의 출현을 말한다. 그 가운데 교회가 창설된 직후 서울에서 진행된 종교집회로는 김범우金範禹(?~1786) 가의 집회를 들 수 있다.[60] 그리고 아현에 있던 황사영의 집에서도 신도들이 이렛날마다 정기적으로 모여서 첨례를 지냈다.[61] 특히 약국을 경영하던 중인 출신 신도들의 집이 주요한 첨례장소가 되었다. 예를 들면 최필제崔必悌는 자신의 집에서 오현달吳玄達 등과 첨례를 지내다가 체포되었다.

그리고 손경윤孫景允은 안국동安國洞 네거리에 약국을 차리고 신자들을

---

59) 오늘에 이르러 瞻禮란 단어는 '祝日(festus, feast)'이라는 의미로도 사용되고 있다. 그리고 祝日이란 단어가 動詞的으로 사용되던 用例를 통해서 확인할 수 있듯이, 중국교회에서는 瞻禮라는 단어는 動詞로도 사용되었다.

60) 李晩采, 『闢衛編』 2:1a.

61) 『邪學懲義』「金顯禹供草」, 82쪽.
「南松老供草」, 276쪽.
이하 첨례장소에 관해서는 崔奭祐, 1979, 앞의 논문, 19~20쪽을 참고하라.

불러모았다.[62] 그리고 손경욱孫敬郁, 손인원孫仁元, 최필제崔必悌, 정인혁鄭仁赫 등도 번화한 거리에 약국을 차리고 신도들과 연락했다고 하는데, 이도 또한 첨례와 유관할 것이다. 그밖에 주문모 신부가 방문했던 입정동笠井洞의 최창현崔昌顯, 청석동靑石洞의 정약종丁若鍾, 송현松峴의 홍익만洪翼萬, 전동典洞의 최인철崔仁喆, 충훈부후동忠勳府後洞의 홍정호洪正浩 현계온玄啓溫 등의 집도 첨례 장소로 사용되었을 것으로 추정된다.[63]

그리고 주문모 신부가 입국한 이후에 정광수鄭光受는 100여 냥의 돈으로 벽동에 집 한 채를 구입한 뒤 빈터에 정사精舍를 지어서 첨례의 장소로 활용했다. 정광수는 자신의 집에 신도들을 모아서 유숙시키기도 했고, 주문모 신부를 맞아 함께 첨례를 지내기도 했다.[64]

당시 신도들은 첨례를 보기에 앞서 첨례 장소를 청소한 후 휘장이나 장막을 치고, 예수의 화상이나 수난상이 그려진 족자를 걸어놓고 방안에는 방석을 깔았다. 그리고 탁상卓上을 마련하고 촛불을 켜놓았다. 신도들은 관冠을 쓰고 경문책을 손에 들고 꿇어앉아 예수상에 배례한 다음 도문禱文 등의 경문을 수차 봉독하고 나서 첨례를 마쳤다. 집안의 여교우들은 창 밖에서 참례해야 했다.[65] 이와 같이 종교집회에 참례할 때 의관을 정제하도록 요구하거나,[66] 남녀 신도들이 따로 떨어져 집회에 참석하도

---

62) 『邪學懲義』「孫景郁供草」, 135쪽.
63) 지방의 첨례장소로는 周文謨 신부가 방문했던 全州의 柳恒儉, 廣州 分院의 丁若鍾, 양근 寒江浦의 權相問의 집과 驪州의 李中培, 忠州의 李箕延, 高山 尹持憲 및 南大門內 倉前 孫萬戶의 집도 첨례 장소로 사용되었을 것으로 추정하고 있다. 崔奭祐, 1979, 앞의 논문, 20쪽.
64) 『사학징의』「鄭光受供草」, 117~8쪽.
　　「孫景郁供草」, 132쪽.
65) 『邪學懲義』「金顯禹供草」, 82쪽.
　　「福占供草」 370~372쪽.
　　「趙惠義供草」 344족.
　　崔奭祐, 1979, 앞의 논문, 21쪽.
66) 「장주교윤시제우서」『순교자와 증거자들』, 한국교회사연구소, 168쪽.

록 했던 것은[67] 당시 사회에서 통용되던 관행을 존중하기 위해서였다.

　18세기 말 서울에서 개최된 초기의 신앙집회는 양반과 중인 등 여러 신분층의 신도들이 함께 참여하고 있었다.[68] 한편, 남대문앞 창고앞倉庫前 손만호孫萬戶의 집에서는 여신도 7~8명이 모여서 천주교서를 강습했다는 기록을 보면,[69] 여성들 만을 위한 신앙집회도 개최되고 있었던 것으로 생각된다. 이러한 종교집회의 구체적 진행 상황에 관해서는 다음과 같은 이기경李基慶(1756~1819)의 관찰기록이 있다.

　　을사년(1785) 봄에 이승훈은 정약전, 정약용 등과 함께 장예원掌禮院 앞에 있는 중인 김범우의 집에서 설법하였는데, 이벽이라는 자가 있었다. 이벽은 푸른 두건으로 머리를 덮어 어깨에 드리우고, 아랫목에 앉았고, 이승훈과 정약전 정약종 정약용 삼형제 및 권일신 부자 모두가 제자라 일컬으며, 책을 옆에 끼고 모시고 앉았다. 이벽이 설법하여 깨우쳐 주는 것이 우리 유가에서 스승과 제자간의 예법보다 더 엄격했다. 날자를 약속하여 모이는데 몇 달이 지나니 양반과 중인 가운데 모이는 자가 수십명이 되었다.[70]

　집회는 이벽이 주도하고 있었다. 이때 이벽은 푸른 두건으로 머리를 덮어 어깨에 드리우고 있었다. 이는 전통적 문교풍습에서는 찾아 볼 수 없는 특이한 의상이었다. 아마도 이벽은 자신이 전파하는 천주교 교리의 새로움을 드러내기 위한 하나의 방법으로 특이한 의상을 연출한 듯하다. 그리고 그와 같은 연출은 이승훈이 북경에서 목도하고 돌아온 서양선교사들의 전례의상을 모방한 것으로 볼 수도 있다.

---

67) 달레, 앞의 책 上, 391쪽.

68) 李晩采, 『闢衛編』 2:1a.

69) 『邪學懲義』 「福占供草」, 370쪽.

70) 李晩采, 『闢衛編』 2:1a. "乙巳春 李承薰與丁若銓若鏞等 說法於掌禮院前中人金範禹家 有李蘗者 靑巾覆頭垂肩 主壁而坐 承薰及若銓若鍾若鏞三兄弟及權日身父子 皆稱弟子 挾册侍坐 蘗說敎誨 比之吾儒 師弟之禮尤嚴 約日聚會 殆過 數朔士夫中人 會者 數十人".

당시 천주교를 설법하던 집회에는 일정한 절차가 있었다. 정미반회사
丁未泮會事로 알려진 사건이 1787년에 발생했다. 이 반회泮會에 참석했던
강이원姜履元은 홍낙안洪樂安(1752~?)에게 '천주교 학습의 절차[習邪節次]'를
언급한 바 있었다.71) '학습절차' 가운데에는 영세領洗나 송죄頌罪도 있었
다. 이는 천주교의 칠성사 가운데 세례와 고해성사를 지칭하는 말로서,
이른바 가성직제도 하에서 진행되던 종교의례를 묘사한 것으로 생각된
다. 그러나 홍낙안은 이를 황건적의 부적물[符水]이나 장로張魯의 오두미
五斗米와 같은 것으로 규정했다. 또한 그는 과문科文에서도 '세욕洗浴'이나
'송죄頌罪'와 같은 '괴이한' 행동은 중국 한대漢代에 있어서 민중종교운동
의 과정에서 등장했던 부수符水나 오두미五斗米와 같은 기능을 하는 것으
로서 정도正道를 해치고 종묘사직에 깊은 근심거리가 될 것이라고 규정
했다.72)

요컨대, 18세기 이후 서울의 천주교 신앙공동체에서는 각종의 종교집
회가 열리고 있었다. 이 종교집회는 교리의 학습이나 미사 등과 같은 공
동예배의 형식을 띄우고 있었다. 정기적으로 진행되던 종교집회 가운데
중요한 것은 첨례라는 말로 쓰여졌던 미사 내지는 예배 의식을 들 수
있다. 이 종교집회가 열리고 있었던 장소는 일반적으로 신도들의 출입이
비교적 자유로운 중인출신 신도들의 약국이나 신도 지도자들의 집 등과
같은 곳이었다. 그러나 주문모 신부가 입국한 1795년 이후 서울의 벽동
碧洞 정광수鄭光受 가에는 종교집회를 위한 '정사'精舍가 별도로 마련될 정
도로 신앙집회는 뿌리를 내려갔다.

그들의 종교집회에는 일정한 절차가 있었다. 그리고 이 집회에 참석

---

71) 李晚采, 앞의 책, 2:5b, "姜進士履元 時在坐 出而於人洋書册名及習事節次 無不傳
   說".
72) 李晚采, 앞의 책, 2:7b. 洪進士再書. "所謂領洗頌罪之事 已與黃巾之符水 張魯之
   斗米 如印一板" ; 2:8b. 進士洪樂安對親策文. "臣聞其洗浴頌罪 種種作怪之狀 不
   過是符水蓮敎之類 不足責之 以異端之害吾道 則其爲宗社之深憂張慮"

하는 사람들은 의관을 정제해야 했고, 남녀유별이라는 당시의 관행을 존중하도록 요구되었다. 초창기 신도들의 신앙집회 가운데 '송죄頌罪'와 같은 관행을 통해서 우리는 당시인들의 교리이해에서 미숙성을 확인하기도 한다. 그러나 그보다는 당시 신도들의 결속은 이러한 각종의 종교집회를 통해서 강화되고 있었음을 주목할 수 있다. 18·19세기 서울에서 진행된 천주교 종교집회는 서울 신앙공동체를 유지하고 강화시켜주는 기능을 담당하고 있었다.

4. 일상생활의 전개

18·19세기 서울지역 신앙공동체의 일상적인 삶은 그들의 경제적 처지에 대한 검토를 통해서 그 윤곽을 파악할 수 있게 된다. 서울의 신도들이 가지고 있었던 직역 내지는 직업은 다양한 형태를 취하고 있었다. 그러나 그들 중 상당수는 결코 안정된 경제생활을 향유하지는 못했던 부류로 이해된다. 당시 서울의 신도들은 서울을 벗어나 지방으로 하향하는 경우가 많았다. 그리고 이 하향의 과정에서 극심한 경제난을 겪기도 했다. 이러한 당시 신도들의 상황 가운데 신도들의 하향에 관한 문제만을 간략히 검토해 보면 다음과 같다.

천주교에 대한 정부의 탄압과정에서 지방의 신도들이 서울로 이입해 들어오는 경우도 있지만, 경우에 따라서는 서울의 신도들이 지방으로 이전하는 사례도 다수 발견된다. 이러한 신도들의 생활은 다음의 사례들을 통해서 살펴볼 수 있다.

<사례 1>
최영눌崔榮訥은 이조판서 최확崔確의 9대손이며 진보현감을 지낸 최상진崔

相鎭의 손자이었다. 15세 때에 신도인 전주 이씨 가문의 여식과 결혼했다. 그의 부친 최한일崔漢馹은 1787년경 서울에서 입교했다. 최한일이 죽은 후 1791년의 박해가 일어나 최한일의 부인 이씨는 아들 최영눌에게 문적을 짊어지게 하고 충청도 홍주 다리골로 옮겨갔다. 이곳에서 최영눌은 진황지를 개간하여 얼마 아니 가서 수백 석을 추수하는 요호부민饒戶富民으로 성장했다. 최영눌은 자신의 부친과 교류하던 이국빈李國彬을 만나 서울에 머무는 주문모 신부의 소식을 듣고 모자가 함께 서울에 가서 주문모를 만났다. 그들은 1801년 박해 기간 동안 홍주에서 지내고 있었다. 그후 최영눌은 서울에서 피난할 때 짊어 지고 온 문적을 뜯어 노를 꼬아 지紙망태를 만들어 버리며 그 문적들로 인해 서 자식들에게 교만한 마음을 줄 수 있음을 경계했다. 1801년의 박해가 끝난 후 그는 이국빈의 도움으로 서울에 재정착했다. 그는 서울에서도 가산을 이루 어 부유하게 지냈으나 금부나장禁府羅將의 추적을 받아 급히 피신하게 되었다. 이때 수합한 유기鍮器만도 두섬들이 멱서리로 하나였다. 최영눌의 세 아들은 각기 목천木川 서덜골, 용인龍仁 한덕골, 과천果川 수리산 뒤듬이로 피신했다. 그 아들들은 산농山農으로 생계를 유지했으며, 담배농사로 생계를 유지했다. 과천 수리산 뒤듬이로 피신했던 최영눌의 3자 최경환崔京煥은 1839년 서울에 서 순교했다. 최경환崔京煥(1805~1839)의 아들은 최양업崔良業(1821~1861) 신부이 다.73)

　　<사례 2>
　송아가다의 부친 송구현宋九鉉은 가선대부嘉善大夫 호조참의戶曹參議를 역임 했던 송택현宋宅賢의 증손이었다. 서울에 살던 그는 천주교에 입교한 후 집안 의 박해를 피해서 17세 때에 가출했다. 가출 후 그는 학장學長을 하며 지내다 가, 포졸들의 불심검문에서 몸에 지니고 있던 『첨례표』가 발견되어 체포당했 으나 연행도중 탈출할 수 있었다. 그후 그는 충청도 온양으로 이사해서 지내 다가 1839년 온양포교에게 체포되어 충주 감영으로 이송되었다. 여기에서 그 는 자신과 동문수학하던 충청감사를 만나서 비밀리에 석방될 수 있었다. 그는 1866년 다시 체포되어 포도청에서 교수형을 당했다.74)

　　<사례 3>
　송宋아가다는 1838년 남문밖 칠패에서 태어났다. 그는 16세에 최양업 신

73) 崔相鍾, 「최바시리오 이력서」 『순교자와 증거자들』, 한국교회사연구소, 205~216쪽.
74) 「송아가다 이력서」 『순교자와 증거자들』, 한국교회사연구소, 187~188쪽.

부의 막냇동생인 최신정崔信鼎에게 출가했다. 그는 경기 광주 소리울에서 몇
해를 지내다가 과천 수리산 뒤듬이로 이사했다. 그후 박해가 잠시 이완되자
광주 함박동으로 이사해서 살았다. 그러나 1866년의 박해과정에서 포졸들의
습격을 받아 모든 가산을 버리고 피난하던 중 삼순구식三旬九食하며 지내게
되었다. 그들 부부는 생계가 막연하여 4명의 자녀를 이끌고 문전걸식하다가
춘천군 물은다미에 정착하게 되었다. 그후 최신정崔信鼎이 행방불명이 되자
송 아가다는 고공雇工 등의 생활로 생계를 유지하고 있었다. 이 과정에서 그
는 주변의 남정들로부터 적지 않은 어려움을 겪었으나 이를 극복해 나갔다.
그후 강원도 풍수원 천주당 아래에서 살다가 1930년에 사망했다.[75]

이상의 세 가지 사례를 통해서 18세기 말엽에서 19세기 전반기 서울
에서 살다가 낙향한 신도들의 생활상을 살펴 볼 수 있을 것이다. <사례
1>에 제시된 최영눌崔榮訥은 서학 즉 천주교 신앙으로 인해서 몰락한 양
반의 후손이었다. 그는 박해를 피해서 홍주로 하향했다. 그는 당시 사회
에서 활발히 전개되고 있던 진황지 개간을 통해서 요호부민饒戶富民으로
성장해 갔고 재상경再上京하여 지냈다. 그러나 그 가족은 천주교 신앙으
로 인해서 이산되어야 했다. 그들은 화전을 일구어 양식을 마련하고, 환
금성이 높은 상품작물이었던 담배농사를 통해서 생계를 유지하고 있었
다. 최영눌의 아들과 며느리는 1839년의 박해과정에서 서울에서 순교하
게 되었다.

한편, 송구현宋九鉉의 경우에도 천주교 신앙 때문에 몰락을 자초했던
양반이었다. 그는 가문의 박해를 피하기 위해서 가출했다. 가출 후 그는
학동들을 가르치면서 생활하다가 박해를 피해서 충청도 온양으로 피신
해 지냈다. 1839년의 박해 때에 그는 이곳에서 체포당했지만 석방될 수
있었다. 그러나 그는 1866년의 박해 과정에서 체포되어 서울 포도청에
서 교수형을 당했다.

송구현의 딸이었던 송아가다는 1838년 서울 남문밖 칠패에서 출생하

---

75) 「송아가다 이력서」, 『순교자와 증거자들』, 한국교회사연구소, 191~204쪽.

여 1854년 신도인 최신정崔信鼎에게 출가했다. 그후 그는 천주교 박해를
피해서 경기 광주 소리울, 과천 뒤듬이, 광주 함박동 등으로 연속해서
옮겨 다녀야 했다. 1866년의 박해 후에는 다시 강원도로 피신하여 춘천
물은다미를 거쳐 풍수원에 정착하게 되었다. 이와 같은 사례를 통해서
볼 수 있는 바와 같이 서울에서 살다가 하향한 신도들은 간고한 삶을
영위해야 했다. 당시의 신도들이 겪었던 간고하고 불안정한 삶의 사례는
다음의 세 자료를 통해서도 보완된다.

<사례 4>
'장대원' 마티아는 이 집 저 집을 다니며 고공으로 지내다가, 곤궁을 견디
지 못하여 유랑 광대패에 끼게 되었다. 입교한 후 그는 신도들이 경영하던 옹
기촌에서 일하면서 한 동안 열심히 살았다. 그러다가 그는 냉담하여 첩까지
얻게 되었으나, 신도의 본분을 완전히 망각하지는 아니했다. 본처가 사망한
후 그는 첩과 정식으로 혼인하고 다시 매일같이 열심으로 기도하고, 전비를
끊임 없이 보속補贖했다. 그는 1813년에 체포되어 공주에서 참수되었다.[76]

<사례 5>
김강이金綱伊 시몬은 성격이 고상하고 용맹하며 재산이 많았다. 1801년의
박해과정에서 그는 이 재산을 잃은 후 보부상이 되어서 외교인들과 한 패가
되었다. 그후 그는 신심생활에 전념할 수 있는 시간을 얻기 위해서 보부상을
그만두고 경상도 머루산으로 피해 들어가 농사를 지었다. 그는 그후에도 여러
차례 이사를 다니다가 강원도 울진蔚珍에 정착했다. 경상도에서 박해가 일어
나자 전에 그 집의 하인으로 있던 신자가 밀고하여 1815년에 체포되어 안동
安東에 수감되었다. 그후 그는 원주로 이감되어 1815년 원주 옥에서 옥사했
다.[77]

<사례 6>
배裵청모는 1799년에 순교한 배 프란치스꼬의 아들이다. 부친과 함께 청
주 감옥에 잡혀 있다가 부친이 먼저 처형되었다. 관원들이 그에게 부친의 시

---

76) 달레, 앞의 책 中, 44쪽.
77) 달레, 앞의 책 中, 71~72쪽.

체를 매장하라고 하자 그는 부친을 묻은 후 도망쳤다. 그는 1년 동안 뱃사공
노릇을 하며 피신하다가, 4~5년 동안 공주公州 땅에서 은신했다. 박해가 끝난
후 그는 면천沔川 강문이에 정착하여 목수일로 연명하면서 교회 서적을 필사
하여 전파시켰다. 1825년에 다시 체포되어 해미 진영에 압송되었다. 그러나
그는 석방되어 귀가할 수 있었고 1829년에 선종했다.[78]

  이상의 자료에서 볼 수 있는 바와 같이 박해 시대 천주교 신앙으로
인한 사회적 신분의 변동상이 비단 양반출신 신도들에게만 국한된 현상
은 아니었다. 위의 <사례 4>에 제시된 장대원은 고공이었던 점에 비추
어 볼 때 양인 농민 출신으로 추정된다. 그러나 그가 유랑 광대패의 일
원이 되었던 것은 천인으로 신분이 강하되고 있음을 말한다. 그는 그후
점인店人으로 살다가 천주교 신앙으로 인해서 참수되었다.

  한편, <사례 5>에 제시되어 있는 김강이金綱伊는 중인 출신의 부유한
신도였다. 그러나 그는 천주교 신앙으로 인해서 재산을 잃고 보부상을
하기도 했으며, 경상도 진보眞寶 머루산에서 화전을 일구는 농민으로 살
다가 체포되어 죽었다. 중인출신이었던 그도 천주교로 인해서 '패가망신
敗家亡身'하게 되었고, 그 사회경제적 지위도 급속히 하락되었던 것이다.

  <사례 6>에서 제시된 배청모의 경우에도 신고에 찬 삶을 살기는 마
찬가지였다. 그는 함께 구금되었다가 순교한 자신의 부친을 매장한 후
도피에 성공했다. 그는 뱃사공을 거쳐 피신생활을 계속하다가 목수일로
연명했다. 그러다가 박해를 만나 또다시 체포되었지만 2~3년간 감옥살
이를 한 후 석방되어 귀가할 수 있었다.

  요컨대, 18·19세기 서울의 천주교도들의 삶을 비롯한 이상의 사례들
은 당시 민중으로서의 천주교 신도들이 드러내고 있었던 사회전기社會傳
記다. 그들은 반상의 구별을 떠나서 모두가 신분 강등을 체험하게 되었
다. 그리고 그 신앙으로 인해서 적지 않은 고통을 강요당했다. 그러나

---

78) 달레, 앞의 책 中, 108쪽.

그들 가운데 상당수는 자신의 신앙을 견지하고 있었고, 이 때문에 사회
경제적 불이익을 강요당하고, 자신의 목숨을 포기하기까지 했다. 그들은
관장들의 회유를 물리치고 왕명王命을 어긴 죄인으로 죽음을 감수했다.
이러한 그들의 신앙 실천은 신분이나 지위와 같은 봉건적 가치보다 더욱
소중한 새로운 가치가 있음을 주장하는 일이었다. 당시 천주교의 서적에
서 주장되고 있던 내용은 내세에 대한 가치와 인간의 평등성과 존엄성에
대한 내용이었다.[79] 성리학적 가치관에 의해서 여지없이 비판되던 천주
교의 내세론도 당시의 신도들에게는 성리학적 가치에 대한 대안적 사상
으로서의 기능을 하고 있었다.

또한 인간 평등성과 존엄성에 대한 이해는 그들의 신앙 실천에 더욱
큰 힘을 부여해 주었다. 죽음으로까지 표현된 그들의 신앙 실천은 이와
같은 사상적 배경 위에서 가능한 것이었다. 그러므로 우리는 그들의 신
앙실천 내지는 그 삶 자체를 통해서 개체적 인격에 대한 인식의 강화현
상과 성리학적 가치관에 대한 거부 상황을 동시에 파악할 수 있을 것이
다. 여기에서 그들의 삶이 조선후기 사회에서 제시해 주고 있는 발전적
측면을 확인하게 된다.

5. 맺음말

18세기 후반기 서울에서 형성된 천주교 신앙은 성리학적 사회질서와
사상에 대한 일대 도전으로서의 성격을 가지고 있었다. 즉, 서울의 천주
교 신앙공동체가 표방하던 신앙은 성리학적 가치관과 정면으로 충돌되
던 것이었다. 그리고 자신의 신앙에 입각하여 일상생활에 이어서도 특이

---

79) 趙珖, 1997, 「朝鮮後期 西學書의 인간관계에 대한 이해」『具仲書華甲紀念論文
集』, 太學社, 71~101쪽.

한 모습을 드러내고 있었다. 즉 그들은 음력이 통용되던 사회에서 서기에 대한 개념이나 주간에 대한 개념을 새롭게 가지고 있었다. 또한 그들은 자녀의 결혼에 있어서 부모의 간택권揀擇權에 제동을 걸고 결혼 당사자의 의사를 존중해야 함을 역설했다. 축첩이나 중혼을 금지했으며, 과부의 개가를 전면적으로 허용하고자 했다. 이러한 그들의 주장은 당시 사회의 일반적인 관념과 정면으로 충돌되는 것이었다. 또한 그들의 종교 생활에 있어서 한글로 번역 간행된 천주교 서적은 중요한 역할을 담당하고 있었다. 당시 정부에서는 천주교 서적의 확산을 막고자 노력했으나, 목판본으로 간행된 한글 천주교 서적은 비교적 염가로 보급되어 갔다. 그리고 한글 천주교 서적의 광범한 보급을 통해서 양반 지배층이 아닌 민인民人들이 천주교에 입문할 수 있는 기회가 보장되었다.

한편 당시 서울의 신앙공동체에서 사용하던 성화와 성물은 당시 천주교 신앙의 특성을 이해하는 데에 도움을 주고 있다. 성화와 성물에 대한 분석을 통해서 우리는 당시의 신도들이 중세 이후에 성행하던 천주교의 일반 관습에 친숙했고, 그에 비례하여 천주교에 대한 이해가 심화되고 있었음을 알 수 있다. 또한 그들은 전례공동체를 이루고 있었으며, 천주교의 교리를 학습하고 그 의식을 수행하는 데에 일정한 절차가 있었다. 이러한 과정에서 우리는 그들이 초창기에 드러내었던 천주교 이해의 미숙성을 엿볼 수 있으며, 이와 동시에 새로운 종교에 대한 열정을 확인하게 된다. 그들은 교회의 전례력에 따라 새로운 축일을 기념하고 있었다.

18·19세기 서울의 신앙공동체는 일상적인 사회생활과 관념에 있어서 이질성을 드러내고 있었던 집단이었다. 그러므로 그들은 당시의 집권층으로부터 탄압을 자초하게 되었다. 이러한 과정에서 서울의 신앙공동체에 속했던 인물들 가운데 일부는 하향을 단행하며 간고하게 생애를 유지하고 있었다. 이들의 삶에서 우리는 조선후기 민인民人들에게서 드러나는 자아에 대한 각성의 현장을 이르게 된다. 이러한 측면에서 18·19세기

조선후기 서울에서의 생활사 가운데 일부로서 천주교 신도들의 생활이
가지고 있는 역사적 의미를 확인할 수 있을 것이다.

제2장

신유교난辛酉敎難과 이승훈李承薰

1. 머리말

1801년(辛酉, 순조1) 일어난 신유교난辛酉敎難은 초기 한국천주교회사에 있어서 매우 중요한 사건이었다. 이 교난의 과정에서 1801년 당시의 교회 지도자나 신도뿐만 아니라 교회 창설에 관여했던 거의 모든 사람들이 체포되어 심문을 받았고, 천주교에 대한 관여의 경중에 따라 처벌되었다. 이승훈李承薰(1756~1801)은 신유교난 당시 천주교와는 무관한 입장이었다. 그러나 그는 조선에 천주교를 전래한 원흉元兇으로 지목되어 체포, 처형되었다.

이 글에서는 이 신유교난의 과정에서 이승훈의 사상과 행동상의 특성을 집중적으로 검토해 보고자 한다.[1] 즉, 이 글은 이승훈의 생애 전체와 그 사상을 다루는 데에 목적을 두고 있는 것이 아니다. 그리고 1801년의 신유교난 자체를 규명하고자 하는 데에도 목적을 두고 있지 않다. 그러

---

1) 이 글과 함께 李承薰에 관한 종합적 연구가 진행되었다(1992, 『敎會史硏究』 8, 한국교회사연구소 참조). 이 종합적 연구는 이승훈의 생애와 초기의 천주교에 대한 인식에서부터 이승훈 후손들의 신앙행위에 대해서까지 다각적으로 다루고 있다. 그러므로 이 글에서는 이승훈의 생애에 있어서 문제가 되고 있는 신유교난 당시의 생애와 사상만을 다루어보고자 한다.

나 이 글에서는 신유교난 당시의 이승훈을 좀 더 잘 이해하기 위해 먼저 이승훈의 가족적 배경 및 교우관계 그리고 신유교난의 배경 등을 간략히 밝혀보고자 한다. 또한 이에 이어서 신유교난 당시 이승훈이 체포, 처형될 수밖에 없었던 배경적 사건으로 을사추조적발乙巳秋曹摘發 이후 신유교난에 이르는 그의 행적을 간단히 추적해 보고자 한다. 그리고 신유교난 당시 이승훈에게 부과되었던 혐의들에 대하여 구체적으로 알아보고자 한다. 또, 신유교난 당시 이승훈이 가지고 있던 천주교 교리와 교회에 대한 인식상의 특성을 정리하여 그의 죽음이 어떠한 성격을 가지고 있는지를 살펴보려 한다,

그런데 이승훈은 자신이 체포되어 심문을 받는 과정에서 지난 날 자신의 교회활동에 관한 증언을 적지 않게 남겨주었다. 그러므로 이 글에서는 이러한 그 자신의 증언들도 함께 정리하여 이승훈과 신유교난의 이해에 도움을 주고자 한다.

이 글에서 활용한 자료로는 『승정원일기承政院日記』, 『일성록日省錄』, 『비변사등록備邊司謄錄』 등의 연대기 자료들을 먼저 들 수 있다. 그리고 1801년의 신유교난 과정에서 작성된 「신유사옥죄인이가환등추안辛酉邪獄罪人李家煥等推案」 등을 비롯한 각종 『추안급국안推案及鞫案』도 주요 자료로 활용되었다. 그런데 이 자료에는 이승훈이 계속 심문을 받고 있던 1801년 2월 16일 이후 2월 26일까지의 심문 기록이 빠져있다. 이 부분에 관한 기록은 별도의 책자인 『신유추안辛酉鞫案』에 포함되어 있으므로 이를 활용했고, 이승훈의 결안結案은 이기경李基慶 편 『벽위편闢衛編』 등에 수록되어 있으므로 이를 참고했다. 이밖에도 이승훈 관계의 자료들이 적지 않게 남아 있는바, 이를 적절히 활용해 보고자 했다.

이 글은 바로 이와 같은 자료들을 분석하여 거기에서 이승훈에 관한 특성들을 추출하려 한다. 이 분석 작업을 효율적으로 진행하기 위해서는 이승훈에 관한 선학先學들의 연구업적을 참고함이 마땅한 일이었다. 그

러나 유감스럽게도 이승훈에 관한 연구가 본격적으로 전개된 바는 없었다. 다만 학계 일각에서는 그의 죽음이 순교殉敎였는지의 여부에 깊은 관심을 가져왔고, 호교적護敎的 입장과 관련하여 그의 죽음을 미화한 단편적 글들을 남겨 놓기도 했다. 이러한 입장들은 역설적으로 이승훈에 관한 과학적이고 객관적인 연구의 필요성을 말해주는 것으로 판단되었다.

한편, 한 개인에 대한 연구는 그 인물의 삶과 생각을 통해 특정한 시대와 문화를 이해하는 데에 궁극적 목적을 두고 있다. 그러므로 이 글에서도 이승훈 개인에 대한 연구를 통해, 조선후기 사회사 내지 사상사에서 천주교사의 자리매김이 시도되어야 했다. 그러나 이 글에서는 그 연구 주제에서 주어지는 제약성으로 말미암아 이와 같은 효과에는 이를 수 없었다. 이 문제에 관해서는 별도의 글을 통하여 밝혀볼 예정이다.

2. 신유교난辛酉敎難의 배경

1784년(甲辰, 정조8) 조선에 천주교가 창설된 이후 천주교 신앙은 당시의 사회와 사상에 대한 일대 도전으로서의 성격을 가지고 있었다. 그러므로 조선의 집권층에서는 교회 창설 직후부터 천주교에 대한 탄압정책을 강행해 왔다. 집권층에서는 그 과정에서 천주교를 발본색원拔本塞源하고자 하는 시도를 했고, 그러한 시도가 대규모로 실천된 사건이 신유교난辛酉敎難이었다.

신유교난 당시 조선의 지배층인 양반사족兩班士族들은 혈연血緣과 학연學緣 내지는 당색黨色 등에 의해 긴밀히 결합되어 있었고 이러한 사회조직을 뒷받침하는 가부장제적 가족주의家父長制的 家族主義가 성리학性理學에 의해 제공되고 있었다. 한편, 일반 민인民人들은 스스로 자신의 신분身分을 상승시켜가며 기존의 사회질서에 의문을 제기하고 있었다. 이에 대하

여 기득권을 유지하고자하던 양반사족들은 민인들의 성장을 견제하며
일정한 제약을 가하고자 했다. 이때 천주교는 사족과 민인이 연결된 새
로운 종교운동으로 출현했다. 이 종교운동은 기존의 성리학적 질서에 반
하는 것이었다. 여기에서 천주교에 대한 탄압이 착수되었고 신유교난이
발생하게 되었다.[2]

이와 같은 당시 사회의 특성을 감안해 볼 때, 신유교난 과정에서 이승
훈이 드러내었던 행동과 생각의 특성을 알아보기 위해서 우선 그의 가족
적 배경이나 교우관계 등을 간략하게 짚고 넘어가야 할 것 같다. 이승훈
은 평창平昌을 본관으로 하여 이동욱李東郁의 장남으로 1756년(丙子, 영조
32)에 태어났다. 그는 남인南人 시파時派에 속하는 가문 태생으로서 동색同
色의 가문들과 중첩적 혼인관계를 맺음으로서 그의 주변에는 많은 인척
姻戚들이 있었다.

그는 공조판서工曹判書를 역임한 이가환李家煥의 외종질이었다. 또한 정
약전丁若銓·약종若鍾·약용若鏞 등과는 처남·매부지간이었다. 그는 조선 교
회의 창설에 주동적 역할을 한 이벽李檗과도 먼 인척이 되었으며, 윤지충
尹持忠, 권일신權日身, 황사영黃嗣永, 이윤하李潤夏, 유항검柳恒儉 등과도 전혀
관계없는 처지는 아니었다. 그는 영의정領議政을 역임한 채제공蔡濟恭 가
문과도 관계가 있었다. 대사간大司諫 권이강權以綱은 1791년(辛亥, 정조15)에
천주교를 배척하는 상소를 올렸던 인물인데 그의 인척이다.

또한 그는 1801년에 그 자신을 공격한 소疏를 올렸던 권엄權憕과도 인
척관계를 맺고 있었다. 권엄은 이벽의 장인인 까닭이다.[3] 그는 1788년
척사소斥邪疏를 올렸던 이경명李景溟과도 인척간이었으니, 정약종丁若鍾의
6촌인 정약련丁若鍊이 이경명의 사위였던 까닭이다.[4] 그는 1801년 의금

---

2) 조광, 1988, 『朝鮮後期 天主敎史 硏究』, 高麗大學校 民族文化硏究所, 120~178쪽
   참조.
3) 이 책의 [부록] 「초기 천주교 신도 가계표」 참조.
4) 『南譜』 2 「羅州丁氏」, 한국천주교회 200주년기념사업위원회 교회역사자료 편찬

부義禁府에 체포되어 심문을 받은 신여권申與權과 이종간姨從間이었고,5) 이학규李學逵와 그는 9촌 숙질간叔姪間이었다.6)

이렇듯 이승훈은 당시 사족 가문의 동색내同色內 결혼의 관행으로 인해 천주교 신앙을 실천하고 있던 인물들 가운데에서나 이를 배척한 인물들 가운데서 적지 않은 인척들을 동시에 가지고 있었다. 이승훈의 이와 같은 인척관계는 그가 천주교 신앙을 실천할 때나 천주교를 떠나 기교행위棄敎行爲를 할 때에도 일정한 영향을 주었을 것으로 생각된다.

이들 인척들을 중심으로 하여 이승훈의 교우관계敎友關係도 이루어졌다. 물론 이승훈과 교우한 인물로는 인척들 이외에도 이승훈이 세례를 준 여러 인물들이나, 가성직제假聖職制 아래에서 이승훈으로부터 신부神父로 임명된 권일신, 이존창李存昌, 최창현崔昌賢, 유항검 등도 들 수 있다.7)

이들 이외에도 이승훈은 서얼출신인 홍익만洪翼萬과 동색同黨 내지는 혈당血黨으로 불리고 있었고8) 곽진우郭鎭宇를 청지기로 두고 있었다.9) 그리고 이승훈의 주변에는 최헌중崔獻重과 같은 인물도 있었다. 최헌중은 영의정 채제공의 조아爪牙로 불리기도 했으며,10) 신유교난이 진행되어가던 초기과정에서 우승지右承旨로 재직하면서, 이른바 책농사건冊籠事件이 발생하자 이 일의 처리방법을 이익운李益運, 정약용丁若鏞 등과 상의했던 인물이다.11) 또한, 이승훈은 가문의 혼인을 통해서 맺어진 심유沈浟와 같은 지기知己를 가지고 있었다. 이승훈은 심유를 정학인正學人으로 인식했

부, 919쪽 참조.

5) 1977, 『邪學懲義』, 불함문화사, 262쪽.

6) 『사학징의』, 265쪽.

7) 달레 著, 安應烈·崔奭祐 譯註, 1980, 『韓國天主敎會史』 上, 韓國敎會史硏究所, 323쪽.

8) 『邪學懲義』, 123~125·151쪽.

9) 달레, 1980, 앞의 책 上, 219쪽.

10) 『純祖實錄』 卷2, 純祖 元年 2月 甲子 "在京爲之爲爪牙者 洪時溥 崔獻重也"

11) 丁若鏞, 『與猶堂全書』, 1集 卷16, 自撰墓誌銘 참조.

고, 신유교난의 과정에서도 자신을 위해 증언해줄 인물로 지목했다.[12] 그리고 심유는 이승훈이 사형을 당한 이후 그의 집에 문상問喪을 갔던 유일한 인물이었다.[13]

이승훈이 맺고 있던 이와 같은 교우관계 중에서 신유교난이 발생하기 직전 이승훈과 가장 긴밀한 교우관계를 맺고 있었던 인물로는 심유를 들 수 있을 것이며, 이승훈이 종전에 맺고 있던 천주교 교우들과의 관계는 이때에 이르러 소원해져 갔다.

그러다가, 신유교난의 심문과정에서 이승훈이 맺고 있던 기존의 교우관계나 인척관계가 파탄에 직면하고 있음을 볼 수 있다. 예를 들면, 이승훈은 심문과정에서 심문관으로부터 정약용이 이승훈 자신을 원수로 여긴다는 말을 전해 들었다. 이에 대해 이승훈은 "정약용의 공초가 그러하다면 나도 할 말이 있다. 일찍이 갑진년간(1784)에 정약용과 이벽의 집에서 만났다. 정약용은 이때 사학邪學에 깊이 빠져 내게 영세를 청했고 나는 그에게 영세를 주었다. 지금 약용이 나를 원수로 본다면 나도 그를 원수로 보겠고 이밖에 아뢸 다른 말은 없다"고 대답했다.[14]

이와 같이 이승훈은 박해를 당하고 있던 과정에서 기존의 인간관계가 파괴되고 상실되어 나감을 체험해야했다. 그러나 지기들은 평소에 이승훈이 천주교를 전파하고자 했을 때 그에게 귀를 기울여주기도 했다. 또한 그들은 그가 천주교 사건으로 인해 곤욕을 치르자 그를 지원하기 위한 상소上疏를 하기도 했던 사람들이었다.[15] 아마도 그들 가운데 상당수는 이승훈이 천주교를 떠나도록 하는 데에 있어서도 크게 작용한 바 있

---

12) 註99 참조.
13) 달레, 1980, 『앞의 책』上, 449쪽.
14) 『推案及鞫案』, 辛酉邪獄罪人李家煥等推案 "問曰 丁若鏞招內 以矣身爲仇讎之 而渠家之沈溺 皆是矣身之慫恿患云 矣身何以發明乎 供曰 若鏞之供如此 則矣身亦有可言者矣 曾於甲辰年間 與若鏞 會於李蘗家 而若鏞蠱惑於此術 請受領洗於矣身 故矣身爲之矣 今若鏞以矣身爲仇讎 則矣身亦以渠爲仇讎矣 此外無他可達之辭"
15) 註48, 49 참조.

었을 것으로 생각된다.

신유교난의 배경 검토 작업 가운데 하나로, 이승훈의 개인적 특성을 그의 친인척 및 교우관계를 통해 검토해 보았다. 이상과 같은 이승훈의 친인척관계나 교우관계는 이승훈이 신유교난을 비롯한 각종 천주교 관계 사건을 대처해 나가는 데 보여주었던 행동상의 특징과 일정한 상관관계를 갖고 있는 것으로 생각된다. 그렇다면 우리는 이에 이어서 신유교난이 일어나던 당시의 객관적 상황에 대해서도 간략히 검토해 보아야 할 것이다.

신유교난 직전의 객관적 정세 가운데 가장 주목되는 것은 정조正祖의 죽음과 순조純祖의 등극登極이었다. 이와 같은 정세의 변화는 남인 준론峻論을 중심으로 한 탕평정국蕩平政局이 새로운 상황으로 전환될 수밖에 없음을 뜻한다.[16] 그리하여 순조 등극 이후의 새로운 정국 아래에서 대사헌大司憲 신봉조申鳳朝와 대사간大司諫 오정원吳鼎源 등은 채제공에 대한 추탈관작을 주장하고 나섰다.[17] 채제공은 남인의 영수領袖로서 정조 탕평정국의 전개에 있어서 가장 중심이 되는 인물이었다.

이 채제공에 대해 추탈관작을 주장한 것은 남인의 정계 진출을 막고 노론老論 중심으로 정권을 강화하려는 의도가 다분히 내포되어 있었다.[18] 그러나 그들은 채제공이 '사학邪學'을 주장했다고 지목했고,[19] '배공호당지류背公護黨之類' 즉 공론公論을 저버리고 당론黨論을 두호한 인물로 공격했다.[20] 그리고 당시에 정한鄭澣, 정언인鄭彦仁, 강세륜姜世綸과 같은 인물들은 채당蔡黨 즉 채제공의 지지 세력을 사당邪黨처럼 질시하고 있었

---

16) 한국역사연구회 편, 1990, 『조선정치사』상, 71~79쪽.
17) 『承政院日記』1833冊, 純祖 元年 辛酉 2월 9일, 大司諫 吳鼎源等啓 ; 2월 13일, 大司憲 申鳳朝啓
18) 李能和, 1928, 『朝鮮基督教及外交史』, 106쪽.
19) 『承政院日記』1833冊, 純祖 元年 辛酉 2월 18일 "濟恭 主張邪學 高唱凶論"
20) 『承政院日記』1833冊, 純祖 元年 辛酉 2월 18일 (大司憲 申鳳朝上疏) "濟恭 護黨之類"

다.21) 채제공에 대한 이러한 판단과 관련해서 추탈관작이 계속해서 요청되고 있었다.

이와 같은 상황에서 채제공의 아들인 채홍원蔡弘遠은 자신의 부친을 변호하고자 했고, 동조세력의 규합을 위해 노력했다. 이 과정에서 채홍원이 혈소血疏를 올리려 한다는 소문이 나돌았고, 이에 대항하여 영남유생嶺南儒生 490인이 연소聯疏하여 채제공과 채홍원을 공격했다.22) 이때 영남유생들은 채홍원을 영조英祖 때 무신란戊申亂을 일으켰던 정희량鄭希亮, 이인좌李麟佐 등과 대비하여 '사당邪黨'인 채홍원에 대한 처벌을 주장하고 나섰다.

채홍원의 처벌과 채제공의 추탈관작에 관한 주장은 천주교에 대한 탄압이 점차 강화되어가는 과정에서 이와 맞물려가며 제기된 것이었다. 그리고 채제공의 관작은 신유교난이 종료된 1801년 12월 교난의 마무리 과정에서 이루어졌다.23) 채제공의 관작추탈은 정치 일선에서의 남인南人 축출과 천주교 사건의 종료를 나타내는 것이었다. 한편, 신유교난 당시 정부 당국자의 국제정세 인식은 천주교도들에게 매우 불리한 방향에서 전개되어 갔다, 신유교난을 전후하여 그들은 천주교와 관련된 국제정세에 대하여 다음과 같이 인식하고 있었다.

> 천주교는 명明 만력萬曆 연간에 비로소 중국에 들어왔다. 그 후 서남지방西南地方의 제이諸夷들 사이에서 행해졌고, 일본에서는 종문당宗文黨에 이르러 화란禍亂을 일으켜서 생민生民에게 독독毒을 끼쳐줌이 미적米賊이나 풍각風角의 반란보다 더했다.24)

---

21) 洪時濟, 『訥菴記略』, "鄭澣鄭彦仁姜世綸…蓋其嫉蔡黨如邪黨"
22) 『純祖實錄』卷2 純祖, 元年 2월 甲子. "慶尙道儒生 姜樂等四百九十人上疏" 참조.
23) 『純祖實錄』, 純祖 元年 辛酉 12월 庚申 "追奪故領府事蔡濟恭職"
24) 『承政院日記』1748冊, 正祖 19년 乙酉 7월 7일. (朴長卨上疏) "西洋妖術… 萬曆年間 始入中國 其後偏行於西南諸夷 以及於日本宗文之黨 而稱亂構禍 流毒生民 實浮於米賊風角之變"

영중추부사領中樞府事 이병모李秉模가 아뢰기를 … 대저 이 학문이 중국에 흘러든 것은 대개 만력萬曆 연간이었다. 그러나 듣건대 안남국安南國에서는 크게 소탕하여 만萬여 명에 이르렀다 한다.[25]

즉, 신유교난 당시 정부 당국자들은 일본에 전파된 천주교가 반란세력으로 성장했고 반란을 일으켜 생민生民에게 해를 끼쳐 주었음에 주목했다. 또 천주교의 폐해는 중국의 민중반란인 오두미적五斗米賊보다도 심하다고 보았다. 그리고 그들은 안남安南 즉 베트남에서의 천주교 탄압에 관한 소식을 알고 있었다. 그들은 안남에서 천주교도들을 1만여 명이나 죽인 대규모의 사건이 일어난 것으로 듣고 있었다. 이는 안남에서의 천주교 탄압이 과장되어 전달된 것이었다. 그러나 이러한 그들의 국제정세 인식은 천주교가 일본이나 안남 등지에서도 탄압받고 있다는 사실을 확인시켜 주었고, 조선에서의 천주교 탄압의 가능성과 당위성을 확인할 수 있는 또 다른 계기로 작용했으리라 추정된다.

그들은 일본이나 안남의 선례에 따라 조선에서도 천주교를 자신 있게 탄압할 수 있었다. 또한 그들은 천주교가 생민에게 해독을 끼친다는 사실을 일본이나 안남의 사례에서도 확인할 수 있었을 것이다. 그러므로 신유교난 당시 지배층의 국제정세 인식은 조선의 교회와 신도들에게 불리하게 작용하고 있었다.

요컨대, 신유교난 이전 이승훈은 동색同色간의 중첩된 혼인 관행으로 인해 천주교 신도뿐만 아니라 척사자斥邪者들 가운데에서도 적지 아니한 친인척과 지기知己들을 가지고 있었다. 이들은 이승훈의 신교信敎와 기교棄敎에 다함께 일정한 작용을 했다. 그러나 신유교난 당시에 이르러서 이승훈은 천주교를 떠나 척사자斥邪者들과 가까이 지냈던 것으로 추정된다. 또한 신유교난 직전은 정조에서 순조로 정권이 이행되어 가던 때였다.

---

25) 『承政院日記』 1833冊, 純祖 元年 辛酉 2월 25일 (領中樞府事 李秉模曰) "大抵 此學之流入中國 蓋自萬曆年間 而傳聞安南國 則大加掃蕩 至於萬餘人之多云"

이 과정에서 노론계老論系의 인물들이 중심이 되어 채제공에 대한 삭탈관
작이 추진되었고, 이는 천주교에 대한 탄압과 궤를 같이하고 있었다. 그
리고 당시 집권층에서 가지고 있던 국제정세에 대한 인식도 조선에서의
천주교 탄압을 더욱 촉진할 수 있는 것이었다. 이와 같은 배경에서 1801
년의 신유교난이 일어나게 되었다.

3. 초기교난 과정에서의 이승훈

한국 천주교회사의 초창기에는 교난教難이 계속하여 발생하고 있었다.
이 교난이 전개되는 과정에서 정부 당국자들은, 일반 민인뿐만 아니라
양반 사족들도 '사학邪學'에 깊이 관여하고 있는 사실을 주목했다. 그리
하여 교난이 일어날 때마다 양반 사족들의 신앙을 우선 문제시했고 그들
에 대한 처벌을 논의했다. 이러한 정부의 입장으로 말미암아 교난 때마
다 이승훈은 정부의 주목과 문초를 받게 되었다. 정부 당국이 양반 사족
들의 천주교 신앙에 대해 강한 위구심을 갖게 된 것은 이미 1791년 신해
진산사건辛亥珍山事件 때부터였다. 그러나 1801년 신유교난을 계기로 하여
이러한 위구심은 더욱 강화되어 나갔다. 그러므로 본장에서는 양반 사족
들의 천주교 신앙에 대한 정부의 입장을 먼저 살펴보고, 을사추조적발사
건乙巳秋曹摘發事件 이후 천주교 교난 때에 이승훈이 어떻게 관련되고 있는
가를 그의 구서전법購書傳法에 대한 논의를 중심으로 해서 간단히 검토해
보고자 한다.

먼저 양반 사족들의 신앙행위에 대한 정부의 반응을 살펴보면 다음과
같다. 즉, 신유교난이 본격적으로 전개되기 이전부터 영의정 심환지沈煥
之나 우승지 최헌중崔獻重 등의 집권층에서는 일반 민인뿐만 아니라 사족
출신 신도들에 대한 강경한 처벌을 주장하고 나섰다.

영의정 심환지沈煥之가 아뢰기를 … 대저 사학邪學이 근래에 점차로 치성해 가는데, 우매한 백성들이 이를 할 뿐만 아니라 사대부士大夫들도 이에 물드는 경우가 없지 아니하다. 이는 심상히 대처하지 않을 수 없는 일이다.26)

영의정 심환지가 아뢰기를 … 체포된 사람들 가운데 사족士族들이 많다 하는데, 대개 사족들이 이를 많이 하기 때문에 우매한 백성들이 더욱 쉽게 미혹된다.27)

우승지 최헌중이 아뢰기를, 사족士族이라 불리는 자들이 즐겨 교주敎主가 되어 백성들을 그르쳐 이에 이른 것은 그 죄가 만 번 죽어도 마땅하다.28)

즉, 신유교난이 본격적으로 전개되기 이전인 1801년 1월 10일 정권을 장악하고 있던 영의정 심환지는 천주교의 성행을 경계하며, 여기에 사족들이 관여되어 있음을 주목했다. 그리고 그는 사족들이 천주교에 관여하고 있기 때문에 일반 백성들도 쉽게 미혹되므로 이를 심상히 대처할 수 없는 것임을 분명히 했다. 또한 남인 시파時派의 인물로써 1801년 당시 우승지로 있던 최헌중은, 사족임에도 불구하고 교주가 되어 창생을 오도한 사람들에 대한 강경한 처벌을 주장하고 나섰다. 최헌중이 이와 같은 상소를 한 때는 천주교 신도들에 대한 본격적인 체포가 단행되기 직전이었다.

이와 같은 논의의 과정에서 대왕대비 김씨는 1801년 1월 10일 천주교에 대한 금령을 내리고 천주교를 계속하여 신앙하고자 하는 사람들은 역률逆律로 처단할 것을 명했다.29) 그리고 천주교 신도 가운데 더욱 심한

---

26) 『日省錄』, 純祖 元年 辛酉 정월 10일 정해 "領議政沈煥之 大抵邪學 近漸熾盛 非但愚賤爲之 士大夫亦不染汚之習矣 此不可不尋常處之"

27) 『承政院日記』1833册, 純祖 元年 辛酉 2월 5일 "領議政沈煥之曰… 被捉人中多士族云 蓋士族多爲之者 故愚氓 尤易惑焉"

28) 『承政院日記』1833册, 純祖 元年 辛酉 2월 5일 ; 『備邊司謄錄』192册, 純祖 元年 辛酉 2월 5일. "右承旨崔獻重曰 名曰士者 甘作教主 誤蒼生至此者 此其罪又合萬戮"

29) 『備邊司謄錄』192册, 純祖 元年 辛酉 정월 10일 "大王大妃殿 殿曰… 如是嚴禁之後 猶不悛之類 當以逆律從事"

자에게는 주륙지전誅戮之典을 시행할 것을 명했다.[30] 천주교도에 대한 역
률적용론逆律適用論과 주륙론誅戮論은 정조대 대對천주교 정책과는 다른 매
우 강경한 것이었다.[31] 그러나 대왕대비 김씨의 이 조처는 "세도世道를
돕고 인심을 바르게 하려는 성의聖意"로 평가되었으며, "중외中外의 관료
들과 백성들이 모두 흠앙하는 조처"라고 상찬賞讚되기도 했다.[32] 그러나
바로 이러한 과정에서 이승훈은 천주교의 중심인물로 부각되어 인식되
었고 그에 대한 탄압이 가해지기도 했다.

이승훈이 천주교 관계 사건의 중심인물로 부각될 수 있었던 것은 그
가 조선 천주교회의 창설 이래로 그의 이름이 조정에서 자주 거명되어
왔고, 그가 한문서학서를 구입하여 천주교를 전파시켰다는 사실이 이미
널리 알려져 있었기 때문이다. 사실 그는 1785년의 '을사추조적발사건乙
巳秋曹摘發事件' 때에도 이미 그 이름이 드러났다. 즉 그는 이때 「벽이문闢
異文」을 지어 당시의 형조판서였던 김화진金華鎭에게 보냈고, 이러한 사실
들이 「을사사안乙巳査案」에 기재되기에 이르렀다.[33] 이때 기재된 내용은
이승훈의 척사적斥邪的 입장을 나타내는 것이었다. 그러나 이는 동시에
그의 사상적 전과前科를 논의할 수 있는 단초를 제공해주는 자료가 될
수도 있었다.

한편, 1791년에 신해교난이 일어나자 평택현감으로 외직外職에 나가
있던 이승훈은 다시 서울로 소환되어 심문을 받게 되었다.[34] 그는 윤지

30) 『承政院日記』 1833冊, 純祖 元年 辛酉 2월 10일. "大王大妃殿 敎曰 其中尤甚者
施以誅戮之典"
31) 조광, 1988, 앞의 책, 187쪽.
32) 『承政院日記』 1833冊, 純祖 元年 辛酉 2월 5일. "刑曹判書 李義弼曰… 至下以逆
律 勘斷之敎 中外臣庶 莫不欽仰 … 李書九曰 臣俄伏承慈聖下敎 以沈溺邪學 迷
不知改之類 當用重律爲敎 扶世道正人心之聖意 誠不勝欽仰感歎"
33) 『正祖實錄』 卷33, 正祖 15년 11월 己卯 "闢異文 作於乙巳春間… 作此文 送示於
其時秋判金華鎭… 其事昭載於乙巳査案"
34) 『正祖實錄』 卷33, 正祖 15년 11월 甲戌 "拿問平澤縣監李承薰"

충尹持忠과 권상연權尙然이 신주神主를 불태우고 제사를 거부한 진산사건珍山事件과 직접적인 관계가 없었다. 그러나 그는 서학서를 중국으로부터 가져와 조선에 전파했고, 서학 즉 천주교를 보급했다고 공격을 받았다.[35] 그리하여 그는 이 사건에 대한 간접적인 책임을 추궁 받고, 윤지충과 권상연에게 사형이 선고된 1791년 11월 8일에 삭직을 당하였다.[36]

신해교난이 종료된 이후 중앙 정계에서 천주교 사건이 다시 문제로 제기된 때는 1795년(乙卯, 정조 19)이었다. 이 해 4월에 소주인蘇州人 주문모周文謨 신부를 체포하고자 했으나 그는 피신할 수 있었다.[37] 그러나 최인길崔仁吉, 지황池璜, 윤유일尹有一 등 3인이 체포되어 포도청에서 심문을 받는 과정에서 고문치사拷問致死당했다. 이 사건이 묘당廟堂에서 본격적으로 거론되기 시작한 것은 같은 해 7월 4일이었다. 이때 대사헌 권유權裕는 최인길 등 삼한三漢을 타살한 것은 함구엄적緘口掩跡하려던 계책에서 나왔음을 지적하며 이 사건의 관련자들에 대한 엄책嚴責을 주장했다.[38] 그리고 관학유생館學儒生 김도증金道曾 등 571인도 상소하여 이 사건에 대한 철저한 조사를 요구했다.[39]

또한 7월 7일에는 부사직副司直 박장설朴長卨도 소를 올려 종전의 천주교 관계 사건들을 나열하면서 이가환李家煥과 이승훈을 공격했다.[40] 또한 같은 날 지평持平 신귀조申龜朝가 상소하여 이 사건을 논하면서 이가환 등을 공격했고,[41] 7월 24일에는 관학유생 박영원朴盈源 등 637인이 '사학邪

35) 李基慶, 1978, 『闢衛編』, 曙光社, 80쪽.
36) 『正祖實錄』, 15년 辛亥 11월 己卯. "命李承薰削職".
37) 丁若鏞, 『與猶堂全書』 1集 卷26 "乙卯夏四月 蘇州人周文謨 變服潛出 告于李晳鏞亦聞之 晳告于蔡相公 公密告于上 命捕將趙奎鎭 掩捕之"
38) 『承政院日記』 1748冊, 正祖 19년 乙卯 7월 4일(大司憲權裕上疏)
39) 『日省錄』, 正祖 19년 乙卯 7월 4일 癸丑(館學儒生金道曾等五百七十一人上疏)
40) 『日省錄』, 正祖 19년 乙卯 7월 7일 丙辰 (副司直 朴長卨上疏). "一轉而爲乙巳秋曹之獄 再轉爲辛亥兩賊之變 三轉而又有今番捕廳諸賊… (李承薰) 購來幾卷之妖書 誘會富人 騙得許多財貨 自作敎主 廣張其術"
41) 『承政院日記』 1748冊, 正祖 19년 乙卯 7월 7일 (持平 申龜朝上疏).

學'을 배척하며 이승훈 등을 공격하는 상소를 올렸다.42) 이와 같이 주문
모 신부 실포사건失捕事件은 삼사三司의 간관諫官들과 관학유생들의 강력
한 반발에 봉착하고 있었다.

그런데 이승훈은 주문모 신부의 입국 사실을 미리 알고 있었고, 이
문제의 처리를 정약용과 협의하기도 했다. 그는 한때 주문모 신부의 잠
입을 관에 발고發告하려 하기도 했다 한다.43) 그러나 이 사건에 대한 처
리는 이석李晳, 채제공 등이 중심이 되어 신중히 진행되었다. 채제공은
자신을 이 사건의 배후인물로 지목한 권유權裕의 소疏에 대해 자신은 무
관함을 밝혔다.44) 그리고 정조의 명에 따라 조정에서는 과격한 내용의
소를 올린 박장설을 처벌했다.45) 또한 연소한 성균관의 유생들에 대해
서는 그 주동자인 이공무李功懋에게 '장구십수속 탈관고신사등杖九十收贖
奪官告身四等'의 처벌을 내리며 관학유생들에 대한 단속을 노론 세력가인
심환지, 서용보徐龍輔 등에게 일임하였다.46) 또한 성균관의 소두유생疏頭
儒生 박영원을 정거停擧시켰다.47)

사건이 이와 같이 전개되는 과정에서 공조판서 이가환은 상소하여 이
승훈이 서학서를 구입하여 가져온 일은 이미 신해년(1791)에 사실을 진술
하여 몽유蒙宥를 받은 바 있음을 환기시켜 주면서, 이승훈이 교주敎主가
되어 부인富人을 유혹하여 재물을 모으고 있다는 박장설의 상소를 반박
했다.48) 그리고 이중경李重庚, 이총억李寵億, 유이환兪理煥, 이기성李基誠 등

---

42) 『日省錄』, 正祖 19년 乙卯 7월 24일 癸酉 (館學儒生朴盈源等六百三十七人上疏).
43) 『辛酉鞫案』, 48a, 註95 참조.
44) 『日省錄』, 正祖 19년 乙卯 7월 8일 丁巳 "右議政蔡濟恭 以權裕疏事 上箚自引 賜
批"
45) 『承政院日記』1748册, 正祖 19년 乙卯 7월 9일.
46) 『承政院日記』1748册, 正祖 19년 乙卯 7월 24일.
47) 『日省錄』, 正祖 19년 乙卯 7월 25일 甲戌.
48) 『日省錄』, 正祖 19년 乙卯 7월 9일 戊午 (工曹判書李家煥 因朴長卨疏自卞). "渠
之辛亥供辭 明陳事實 則在渠尙已淸脫於臣 況可施累誘會富人"

친親이가환적 인물들인 남인계 78인도 상소하여 사학을 배척하며 동시에 성균관 유생들의 연소聯疏 행위를 배격했다.

이 이중경, 이총억 등의 연소는 성균관 유생들의 연소에 대한 대항의 의미를 갖는 것이었으며, 이승훈이 무죄임을 주장하는 것이었다. 그리고 이중경 등의 상소는 정조로부터 긍정적 평가를 받고 있었다.49)

그러나 정조는 이번의 사건을 처리하는데 있어서도 신해진산사건의 처리에 있어서와 마찬가지로,50) 사건의 확대를 꾀하는 사람들뿐만 아니라 사건에 관계된 것으로 지목된 사람들에 대해서도 처벌에 준하는 조처를 시행했다. 그리하여 이가환을 충주목사忠州牧使로 보외補外했고 정약용을 금정찰방金井察訪에 임명하여 자신自新의 기회를 삼도록 했다.51) 또한 이승훈은 을사년(1785)에 이미 혁심革心했음이 분명하다 하더라도 상소문에 그 이름이 등재되어 있는 이상 그를 처벌하지 않을 수 없다 하여 충청도 예산현에 유배를 보내도록 명했다.52) 이로써 주문모 실포사건失捕事件은 일단락되었지만, 이 사건으로 말미암아 이승훈은 예산에서 일정기간 유배생활을 하게 되었다. 그의 해배일자解配日字가 언제인지를 정확히 알 수는 없다. 그러나 그는 홍백순洪百淳과 박종우朴宗羽가 예산의 지방관으로 있던 기간에 예산에서 유배를 살게 되었다.53)

---

49) 『承政院日記』, 1748冊, 正祖 19년 乙卯 7월 24일. 生員李重庚等七十八人上疏. "臣等 方與齊中諸生 合聲聯籲之際 見其疏本 則滿紙張皇 專事構勒 他及平人 混歸邪黨 名雖扶正斥邪 而意實乘機誣人 臣等重爲世道慨然也… 答日 省疏具悉 爾等夫正斥邪之奏 言則足廳 文亦可讀"

50) 박광용, 1985,「英·正祖代 南人 세력의 政治的 위치와 西學政策」『한국교회사논문집』2, 32쪽.

51) 『日省錄』, 正祖 19년 乙卯 7월 25일 甲戌.

52) 『日省錄』, 正祖 19년 乙卯 7월 26일 乙亥. "敎日… 年前購來之李承薰 無論有情無情 其可不損一毫 敢使息偃 渠家有關於刑政者大矣 承薰之父 焚書之證 其後承薰 著文訟罪一款 亦發於公家文蹟 而革心自革心 犯手自犯手 命旣登於公車 則不卽處分 亦罪人其人之義 前縣監李承薰 投之禮山縣";『承政院日記』1748冊, 正祖 19년 乙卯 7월 26일. "前縣監李承薰 忠淸道禮山縣 定配"

이상에서 살펴본 바와 같이 조정에서 천주교 관계의 사건이 제기될
때마다 이승훈은 그 사건의 관여자로 지목되어 불이익을 받아왔다. 그리
고 사건들이 발생할 때마다 그는 한문서학서를 구입해온 장본인으로 지
목되었던 것이다. 따라서 당시의 천주교 관계 사건에 있어서 원흉처럼
인식되고 있었고, 그의 서학서 구입은 천주교 관계 사건의 원인 내지는
원죄原罪처럼 여겨지고 있었다. 바로 이러한 상황에서 1801년의 천주교
관계 사건에 있어서도 이승훈은 그 중심적 인물로 주목받기에 이르렀다.

4. 이승훈의 혐의사항

천주교에 대한 탄압이 전개되어 나가는 과정에서 당시의 집권층에서
는 천주교를 발본색원하고자 하여 천주교를 조선에 소개·전파시켜 나가
는 행위를 추궁하고자 했다. 그리고 그 추궁의 당연한 결과로서 천주교
서적의 구입과 관련된 문제를 밝힘으로서 '사학유포邪學流布'의 원인 제
공자를 처벌하고자 했다. 또한 당시의 정부 당국자들은 천주교의 강력한
전파상황에 경악하며 천주교 신앙의 전파자를 제거함으로서 정학正學 즉
조선성리학朝鮮性理學 중심의 사회질서를 보존하려 했다. 여기에서 그들
은 '사학'의 교주와 신도들을 색출하되 교주, 즉 신도 지도자들에 대해
서는 더욱 엄격한 처벌을 시도하게 되었다.

그리고 정부 당국자들은 천주교도가 일종의 통외분자通外分子임을 파
악하고 청의 연경燕京에 있는 서양인이나 그 밖의 청인淸人과 잠통潛通하
는 사람들을 잡아들이고자 했다. 한편 순조 즉위 초 노론계 인사들은 정
조 이래 중앙정계에 활발히 재등장했던 남인계 인사들을[54] 제거하고 정

---

53) 『推案及鞫案』, 「辛酉邪獄罪人李家煥等推案」, 20쪽 참조.
54) 박광용, 1985, 앞의 논문, 9~14쪽.

권을 장악하고자 했다. 이 과정에서 그들은 남인들 가운데 상당수가 천
주교와 관련됨을 주목하고 있었다.[55] 그리고 그들은 당시 남인의 대표
적 인물이었던 이가환을 제거하고자 했다.[56] 이러한 일련의 구도가 짜
여지는 과정에서 이승훈은 모든 사건에 있어서 가장 중심적 인물로 부각
될 수 있었다. 즉, 이승훈은 서학서를 전래하여 천주교를 전파시켰고[購
書傳法], 스스로 교주가 되었으며[自爲敎主], 서양인과 비밀리 교통을 했고
[密通洋人], 이가환과 은밀히 모의하고 있었다[潛謀家煥]는 혐의를 받았다.
그리고 그는 바로 이러한 사건에 있어서 가장 큰 책임을 져야할 인물로
인식되었던 것이다.

　신유교난의 과정에서 이승훈에게 부하된 가장 큰 사업은 '사서邪書'를
구득했다는 것이다. 사실 이승훈은 연경燕京에 갔을 당시 서학서를 구득
할 계획을 이미 가지고 있었고 이를 위해 이기경李基慶 등 주변의 지인들
에게 자금을 염출하려 하기도 했다.[57] 그리고 그는 북경에서 한문서학
서를 구입하여 가지고 왔고 귀국 후 이를 연구하였고 이벽 등과 나누어
읽었다. 친우들에게 권하여 일시一時의 명사名士들이 천주학을 하게 되었
다.[58] 또한 그는 한문서학서를 언문으로 번역했다. 그가 한글로 서학서
를 번역한 것은 경외京外의 부녀들을 가르치기 위함이었다.[59]

　이러한 그의 전력이 알려진 이상 그의 구서購書 행위에 대한 규탄은
필연적으로 제기될 수밖에 없었다. 그리하여 이승훈은 '사서구래邪書購來'

---

55) 『陳萱』 卷2, "蓋天主學出 出自西洋國 南論之人 專治疊善 甚至於棄親神屍主之變"
56) 최상천, 1985, 「李家煥과 西學」 『한국교회사논문집』 2, 52쪽.
57) 『正祖實錄』 卷33, 正祖 15년 11월 甲申. "癸卯冬承薰之入燕 臣亦一者就別 則承
　　薰日 吾欲購來西洋書 而財力不足 或有相助之道乎 臣日 吾何有財力也 歸且思之
　　日 入燕購書 則好書尙多 何必西洋書也"
58) 黃嗣永, 「帛書」, "承薰到家 與李檗等偕心書 始通眞理 因而勸化親友 一時名士從
　　者甚多"
59) 『推案及鞫案』, 邪學罪人黃嗣永等推案. "問日 … 諺飜音釋 敎誘京外婦女者 誰也
　　(黃嗣永)供日 李承薰·諺飜之事 曾所目擊 而其外矣則 無所聞知也"

와 관련하여 다음과 같은 비난을 받고 있었다.

> (李秉模啓曰) 이승훈이 당초에 사서邪書를 사와서 온 세상에 전파했다. 인
> 심을 어지럽힘과 세도世道의 그르침은 그 근본을 따져보면 이승훈이 작용하지
> 않은 바가 없다.60)
> (李益運疏曰) 이승훈은 천금을 내어 책을 사와서 경외京外에 널리 전파시
> 켰다. 천주학에 관한 한마디 말이나 글자 하나라도 그 근본은 이승훈에게 있
> 다. 그가 한번 연행燕行함으로서 허다한 백성들을 그르쳤으니… 그의 죄는 천
> 만번 죽더라도 어찌 속죄할 수 있겠는가?61)

이상의 사료에서 살펴볼 수 있는 바와 같이 영부사領府事 이병모와 경
기감사京畿監司 이익운李益運 등은 서학 즉 천주교 사건의 궁극적 책임자
로 이승훈을 지적하여 공격하며 그에 대한 엄벌을 주장하고 있다. 이들
가운데 이익운은 정조 시대 채제공과 밀착되어 있었던 인물이었고, 이승
훈 등과도 무관한 인물이 아니었지만, 이때에 이르러 그는 이승훈에 대
한 엄벌을 강하게 주장하게 되었다.

한편, 지중추부사知中樞府事 권엄을 비롯하여 최헌중, 홍시제洪時濟, 유
하양柳河凉 등 남인 시파時派에 속했던 인물들도 상소하여 이승훈의 구서
사건購書事件을 공격했다. 이승훈과는 지구지간知舊之間임을 밝히고 있는
이들은 "오늘날의 난본亂本은 하나도 이승훈이요 둘도 이승훈이니, 그가
어찌 수악지율首惡之律을 마다고 할 수 있겠는가"라고 말하며 그에 대한
극형을 주장했다.62) 이 63인의 연소聯疏에서 소두疏頭가 된 권엄은 초기

---

60) 『承政院日記』 1833册, 純祖 元年 2月 25日. "李秉模啓曰 李承薰則當初購來邪書
傳布一世 人心之陷溺 世道之訛誤 究其本則莫非渠所作用"

61) 『承政院日記』 1833册, 純祖 元年 2月 25日. "李益運李疏承曰 薰則千金購書 廣布
京外 隻字片言 其本則承薰 以渠之一番燕行 註誤許多蒼生 炎炎涓涓 將至於燎原
而滔天 此其罪雖千劓萬斫 將何以贖之耶"

62) 『承政院日記』 1833册, 純祖 元年 2月 18日. "況承薰 身自入燕 購得夷鬼之邪書
歸而寶藏 不啻拱璧 此非耽嗜而何 亦非崇信而何 以至於閭巷之間 傳習滋繁 濡染
益甚 前後詿惑 凡幾人哉 以書之故 自陷而陷人 若論今日之亂本 一則承薰 二則承

교회사의 주요 인물인 이벽의 장인이었다.[63] 그리고 이들 외에도 장령掌令 홍광일洪光一, 수찬修撰 장석윤張錫潤 등도 상소하여 이승훈이 서학서를 구래購來한 사실을 규탄하고 있었다.[64]

이상과 같이 사고무원四顧無援한 상황에서 이승훈은 자신이 서학서를 구래해 온 사실에 대한 자기방어를 시도하고자 했다. 그리하여 그는 서학서 구래에 관한 사건은 이미 종결된 일이므로 자신은 무죄하고 무죄한 사람을 형살刑殺할 수는 없다고 항변하기도 했다.[65] 또한 그는 책을 태워버린 후에는 서학서를 다시는 보지 않았음을 강조하며 당초 그 부친이 가지고 온 책은 구입한 것이 아니며 북경의 천주당을 유람할 때 서양인이 예물로 기증한 것이다라고 변명을 시도하기도 했다.[66]

그는 이 변명을 통해 자신이 직접 서학서를 구래해온 사실을 부인해 보고자 했으며, 이로써 서학서에 관한 책임을 이미 사망한 자신의 부친에게로 전가하고자 했다. 물론 그는 그의 부친이 서학서를 구입하지 아니하고 북경의 천주당을 방문했을 때 선교사가 예폐禮幣로 준 것을 받아왔을 뿐이라고 말하여 부친의 혐의를 경감시키고자 했다. 이러한 그의 변명 때문에 집의執義 민명혁閔命爀 등은 이승훈이 그의 부친이 구래한 사서邪書를 전파시켰다는 비난을 한 바도 있다.[67] 그러나 이와 같은 이승훈의 시도는 자신의 부친을 연좌시키려 했다는 비난을 면하기 어려운 행위였다.

薰 首惡之律 渠安敢辭乎"
63) 『南譜』1, 광주이씨 (참고. [부록] 초기 천주교 신도 가계표)
64) 『承政院日記』1833册, 純祖 元年 2월 25일. (修撰張錫胤疏條) ; 李基慶, 『闢衛編』, 掌令洪光一上疏.
65) 『推案及鞫案』, 辛酉邪獄罪人李家煥等推案. "豈可以當初看書之故 刑殺無罪人乎"
66) 『推案及鞫案』, 辛酉邪獄罪人李家煥等推案. "册則矣身家所出 二年前煥火後 更不接見 當初矣父 持來厥書 非購之也 玩天主堂時 西洋人幣贈之者也"
67) 『承政院日記』1833册, 純祖 元年 2월 25일. "執義閔命爀啓曰 承薰則傳其父所購之妖書 甘心護法 作爲家計"

그러나 이승훈은 체포된 직후부터 서학서 유포에 대한 자신의 책임을
잘 알고 있었다. 그러므로 그는 "만일 그의 집에서 가져온 책이 전파되
어 나가서 오늘날의 천주학에 미혹되는 폐단이 나왔다면, 이 몸은 죽어
도 한 될 바가 없다"고 말했다.[68] 그렇다 하더라도 그는 사서구래邪書購來
의 책임이 경감되기를 기원하며 '사서'의 구입은 금령禁令이 반포되기 이
전이었음을 제시하고, 자신이 이를 직접 구래한 것도 아니라는 변명을
시도했다. 그러나 이러한 그의 변명은 더 이상 용납될 수 있는 성질의
것이 아니었다.

한편, 이승훈은 신유교난시 심문과정에서 '사서'를 구래했을 뿐만 아
니라 이를 전파시켰고 교주가 되었다는 사실을 추궁 받고 있었다. 이승
훈은 일찍이 1795년(乙卯, 정조19) 주문모 실포사건失捕事件 때에도 '자작교
주自作教主 창위이학倡爲異學'했다는 비난을 받은바 있다.[69] 그 후 1801년
에 이르러서 그는 '자시사괴自是邪魁'라는 비난을 받게 되었고,[70] 그가 신
부로 활동했다는 사실이 문제시되었다.[71] 이러한 공격에 직면하여 이승
훈은 자신이 1791년(辛亥) 이후에는 천주교를 떠났음을 밝히면서도 지난
날의 '"자위신부일절自爲神父一節'은 참으로 죽을 죄가 된다"고 자인하지
않을 수 없었다.[72] 그리고 당시의 정부 당국자들도 이승훈이 비록 「벽이

---

68) 『推案及鞫案』, 辛酉邪獄罪人李家煥等推案. "(李承薰) 供曰 萬一矣身家 持來之書
   轉出而爲卽今邪流沈惑之端 則矣身死無所恨"

69) 『日省錄』, 正祖 19년 7월 24일 癸酉 "自作教主 倡爲異學"

70) 『承政院日記』, 1833冊, 純祖 元年 2월 25일. "修撰張錫胤疏曰 家煥·承薰之輩 自
   是邪魁 而專事游辭"

71) 『推案及鞫案』, 辛酉邪獄罪人李家煥等推案. "若鏞之神父李承薰 代父權日身 而神
   父者領洗之謂也 代父者教授之稱也 矣身亦以李承薰爲神父 丁若銓爲代父矣"
   『承政院日記』, 1833冊, 純祖 元年 2월 25일. "李承薰則當初購來邪書 傳布一世
   人心之陷溺 世道之訛誤 究其本則莫非渠所作 渠雖以今旣歸正發明 而以現捉於
   文書者言之 假稱神父等說 昭不可掩矣"

72) 『推案及鞫案』, 辛酉邪獄罪人李家煥等推案. "惟是甲辰年 李蘗家 領洗崔昌顯 自爲
   神父一節 實爲死罪矣"

문關異文」이나 「유혹문牖惑文」을 지어 스스로 천주교를 버렸음을 드러내
었다 하더라도 그를 용서할 수는 없는 인물로 간주하고 있었다.

또, 이승훈은 1801년의 교난 과정에서 북경의 서양인과 밀통했고, 선
교사의 영입을 준비했고 서양의 선박을 불러들이려는 계책에 참여했다
는 사실이 밝혀졌다. 즉, 이승훈이 1783년 그 부친을 따라 북경에 갔을
때 천주당을 방문하고 서양인과 결교結交했다는 사실이 이때에 이르러
본격적으로 문제시되고 있었다.73) 또한 1801년 4월 20일 유관검柳觀儉을
신문하는 과정에서 1794년에 입국한 주문모 신부의 영입계획에 이승훈
이 참석했음이 뒤늦게 밝혀졌다.74) 물론 이승훈은 주문모 신부의 영입
계획을 구체적으로 추진하지는 아니했지만, 그는 이미 1790년에 북경
주교에게 보낸 서한을 통해 선교사의 파견을 요청한 바 있었다.75) 그러
므로 주문모 신부의 입국 당시 이승훈은 이미 반교叛教하던 상태였지만
그가 주문모 신부의 입국에 간접적으로 간여되고 있었던 것은 사실이
었다.

그러나 이 사실이 유관검의 공초供招를 통해 확인된 것은 이승훈이 사
형을 당한 다음의 일이었다. 그러나 당시의 정부 당국자들은 이승훈이
서양의 선박을 불러들이려는 계책에 관여되어 있는지의 여부에 계속하
여 관심을 갖고 있었다. 그 결과 신유교난의 과정에서 체포되어 신문당
하고 있던 유관검과 윤지헌尹持憲은 '대박청래大舶請來'에 이승훈이 관여
되었다는 사실을 말한 바 있다.76) 그러나 이승훈이 갑인(甲寅, 1794), 을묘
(乙卯, 1795)년간에 이가환 및 홍낙민洪樂敏, 권일신權日身과 협의하여 대박

73)『純祖實錄』, 卷47, 元年 2월 壬申. "李承薰 隨其父東郁書狀官之行 往遊北京之天
主堂 結交於西洋人"
74)『推案及鞫案』, 辛酉邪獄罪人李家煥等推案. "大抵周文謨邀來之計 出自家煥樂敏
承薰池洪等之所主張"
75) 최석우, 1991,『韓國交會史의 深究』2, 한국교회사연구소, 67쪽.
76)『推案及鞫案』참고.

청래大舶請來를 기도했다는 이들의 주장은 사실과는 동떨어진 것이었다.

이때에 이승훈이 천주교를 떠나 있던 사실은 여러 자료를 통해 확인 되고 있으며, 권일신은 이미 1792년에 사거死去했기 때문이다. 그러나 이 는 권일신의 생전 즉 이승훈이 기교棄敎를 하기 전이었던 1790년의 상황 을 유관검이나 윤지헌이 윤유일尹有一로부터 뒤늦게 전해들은 데에서 발 생한 착오일 수도 있다. 여하튼 간에 이승훈은 심문을 받는 과정에서 서 양인과 결교結敎했던 사실을 추궁 받고 있었고, 그가 사형된 후에도 '대 박청래大舶請來' 내지는 선교사 영입에 관여하고 있었음이 주목되었다.

1801년의 신유교난 당시는 정치와 종교가 미분화된 상태였다. 따라서 정치가 사상이나 종교의 영역을 지배함이 당연시되었고, 당시의 집권층 에서는 지배의 정통성을 강화하기 위해 이단사설에 대한 규제를 강화해 나갔다. 그리고 이단사설과 관련된 인사들은 정권으로부터 철저히 배제 되어 갔다. 이러한 상황에서 순조가 즉위한 이후 대왕대비 김씨는 노론 중심의 통치구조의 개편작업에 착수했다. 이들에게 있어서 가장 큰 정적 으로는 이가환을 들 수 있다. 그는 남인 준론 중심으로 탕평정국蕩平政局 이 전개되고 있던 정조후기에 남인 영수領袖 채제공의 후계자로 지목되 었던 인물이다.[77] 그러나 그는 1791년 이후 서학관여자로 지탄받고 있 었다.[78] 또한 일찍부터 청년 기예자氣銳者로 주목받은 바 있었던 정약용 도 천주교 관계 사건으로 일찍부터 연루되어 있었다. 이들은 모두 이가 환과 인척관계를 갖고 있었다.[79]

이러한 연유로 인하여 이가환, 이승훈, 정약용 등은 사학邪學의 뿌리가 되는 삼흉三凶으로 불리우며, 이들에 대한 처벌이 신유교난 초기부터 논 의되었다.[80] 특히 이승훈의 '구서전법購書博法'은 이가환이나 정약용을

---

[77] 정약용, 『與猶堂全書』1集 卷15.
[78] 최상천, 1985, 앞의 책, 48~52쪽.
[79] 이가환은 이승훈의 외삼촌이었으며 정약용은 이승훈의 처남이었다. (참고. [부록] 초기 천주교 신도 가계표)

집권층 내부로부터 제거시킬 수 있는 좋은 구실을 제공해 줄 수 있었다. 그러므로 이승훈은 심문과정에서 이가환과의 구체적 관계를 줄기차게 추궁 받았고 정약용과의 관계에 대해서도 심문을 당하게 되었다. 즉, 이들 삼흉三凶의 체포에 대한 대왕대비의 전교傳敎가 내려진 2월 9일 다음 날 이들이 잡혀 들어오자,81) 이가환은 이승훈이 서학서를 사온 사실을 알고서도 이를 말리지 않아 일가친척들을 모두 물들게 했다 하여 비난받게 되었다.82) 그러나 이가환에 대해 이승훈의 '구서전법購書傳法'과 관련하여 주어진 혐의는 다분히 정치적 목적을 가진 것이었다. 그렇지만 이 과정에서 이승훈은 이가환에게 서학서를 전해주어 읽게 했다는 죄를 추궁 받았고,83) 이승훈의 죄는 그만큼 더해졌던 것이다.

요컨대, 교회 창설 직후부터 천주교 관계 사건에 계속하여 등장해오던 이승훈은 1801년 신유교난이 발생하자 이 사건의 중심적 인물로 다시 대두되기에 이르렀다. 그는 자신이 이미 기교棄敎하였음을 밝히려 했다. 그러나 그는 조선교회가 창설된 직후 드러내었던 자신의 행적에 대한 책임을 추궁 받았다. 즉, 그는 '구서전법購書傳法'한 사실을 집중적으로 추궁 받았으며, '자위교주自爲敎主'가 되었음을 비난받았다. 그리고 그는 '밀통양인密通洋人'하고 '잠모가환潛謀家煥'했다는 죄목으로 사형을 선고받았다. 이승훈의 결안結案에 나타난 이와 같은 죄목들은 신유교난 이전 그의 행적들을 요약하여 제시된 것으로 생각된다.84) 이승훈의 심문

---

80) 『承政院日記』 1833冊, 純祖 元年 2월 9일. "執義閔命爀啓曰 蓋此三凶 俱爲邪學之根柢 暗地之醞釀已久".

81) 『承政院日記』 1833冊, 純祖 元年 2월 10일 ;『推案及鞫案』, 辛酉邪獄罪人李家煥等推案.

82) 『純祖實錄』 卷2, 純祖 元年 2월 甲子 "看書之說 渠亦首實 誠能嚴卜痛斥於始看妖書之初 絶而遠之 則流毒之害 豈若是滋蔓乎" ;『承政院日記』 1833冊, 純祖 元年 2월 23일.

83) 『推案及鞫案』, 辛酉邪獄罪人李家煥等推案.

84) 李基慶, 『闢衛編』, 李承薰結案 참고.

과정을 검토해 볼 때 그에 대한 사형선고는 이미 기정사실로 전제되어
있었음을 알 수 있다. 그 결과 자신에게 씌워진 이와 같은 혐의들을 인
정하지 않을 수 없었다. 물론 그는 자신의 변호를 시도하기도 했지만,
조선에 천주교를 전파시킨 '원흉元兇'으로 사형을 당해야 했다.

5. 이승훈의 교리教理인식

이상에서 우리는 신유교난이 전개되던 당시 이승훈에게 부과된 혐의
사항이 무엇이었는지를 간략히 살펴보았다. 이에 이어서 본 장에서는 이
승훈이 천주교 교리를 어떻게 인식하고 있었으며, 그의 생애 말기에 있
어서 천주교와 어떠한 관계를 맺고 있었는지를 살펴보고자 한다. 그가
천주교 교리를 부정했다면 그는 천주교의 가르침을 떠나 자신이 원래 속
해 있던 유교적 질서로 회귀해 돌아갔다고 말할 수 있을 것이다. 그리고
그가 천주교회와 맺고 있던 부정적 관계를 통하여 그의 기교棄教가 기정
사실로 당시의 신도들에게도 인식되었음을 우리는 확인할 수 있을 것이
다. 그러므로 본 장에서 다루고자 하는 바는 그의 죽음이 갖는 의미 내
지는 성격을 이해하는 데에 도움을 줄 수 있을 것이다.

이승훈이 신유교난 당시 천주교 교리에 대해서 가지고 있던 인식상의
특성은 1801년 2월 10일 자의 심문 기록을 통해서 여실히 드러난다. 이
승훈은 이날의 심문과정에서 자신이 1795년 예산에 유배되었을 때 「유
혹문牖惑文」을 지어서 천주교 교리 가운데 문제되는 부분을 삼단三段으로
나누어 공격했음을 밝히고 있다. 또한 그는 예산의 지방관으로 있던 홍
백순洪百淳과 박종우朴宗羽에게 이 「유혹문」을 주어 한글과 한문으로 번
등翻謄케하여 각 면리面里마다 일일이 효유해서 예산 일경一境이 천주교에
다시 물들게 됨을 막았다고 말했다.[85] 그가 백성들의 미혹함을 깨우치

기 위해 지었다는 이「유혹문」은 '누천백언屢千百言'에 달하는 상당한 분량의 글이었다. 그러므로 이「유혹문」의 내용 안에는 천주교 교리에 대한 그의 부정적 인식이 표현되어 있었을 것이다. 그러나 이「유혹문」이 아직까지 발견되지 않고 있는 상황에서 그 정확한 내용을 파악하기에는 어려움이 따른다. 그렇다 하더라도 우리는 이승훈 자신의 증언을 통해서 삼단으로 구성된 이「유혹문」의 내용을 재구성할 수 있을 것이다.

이승훈은 1801년의 심문 과정에서 자신이 지은「유혹문」의 내용을 간단히 설명하고 있다. 즉 그는 천주교의 '지요지탄至妖至誕'한 교리로서 천주가 사람이 되어 강생降生했다는 가르침을 지적하고 있다. 그리고 그는 문자를 아는 사람들은 (서학의) 역상학曆象學에 미혹되고 우매한 무리들은 천당·지옥설에 현혹됨을 공박하였다고 밝힌 바 있다.86) 우리는 그의 이 증언을 통해 그가 천주교 교리 가운데 강생구속降生救贖에 대한 교리를 부정했고, 천당지옥설天堂地獄設에 대한 배격을 통해 천주교의 상선벌악설賞善罰惡說을 부인했음을 알 수 있다. 그런데「유혹문」에서는 천주교의 문제점을 3단으로 나누어 벽파했다고 한다. 그렇다면 강생구속설과 천당지옥설의 비판이「유혹문」에 제시된 3단의 조목 가운데 두 가지의 내용이었으리라 추정된다.

여기에서 우리는 그 나머지 한 가지 조목이 무엇인가를 검토해 보아야 한다. 물론 이승훈은「유혹문」에 대한 설명을 하면서 "문자를 조금 깨우친 사람들은 (서학의) 역상학이 공교하기 때문에 이에 현혹된다"고 말한 바 있다. 그러나 이 말은 서학 즉 천주교 교리에 대한 본격적 비판

85) 『推案及鞫案』, 辛酉邪獄罪人李家煥等推案. "乙卯年 禮山謫居時 邪學中至僭之語 分三段劈破 作牖惑文 其時邑倅洪百淳朴宗羽 矣身給牖惑文 眞諺翻謄 使出檢督 於各面里~曉諭 禮山一境 無復侵染是白乎"

86) 『推案及鞫案』, 辛酉邪獄罪人李家煥等推案. "其書中 天爲人以降之語 至妖至誕 豈 爲沈惑之理乎 秒解文字者 則以歷象之法工巧 故惑之 愚迷之流 以天堂地獄之設 惑之 大抵以此劈破之意 作文屢千言矣"

의 의미를 담고 있지는 아니하고 서학西學이 성행하게 된 원인에 대한 설명에 지나지 아니하다. 그렇다면 「유혹문」에 포함되어 있었던 교리비판의 내용은 다른 자료를 통하여 확인 보충되어야 한다.

그런데 이승훈이 천주교 교리를 비판한 자료로는 1791년 신해교난辛亥教難 당시의 공사供辭를 찾을 수 있다. 이때 이승훈은 자신이 을사년(1785)년에 「벽이문闢異文」을 지어 당시의 형조판서刑曺判書 김화진金華鎭에게 보냈음을 말하고, 그 「벽이문」에서 천주교의 천당지옥설과 '위천주 횡행설'爲天主 橫行說을 배격했음을 밝히고 있다.87) 여기에서 말하고 있는 '위천주 횡행설爲天主 橫行說'의 내용이 무엇인지는 그에 관한 자세한 자료가 없기 때문에 정확히 밝힐 수 없다. 그러나 이는 천주교의 교리 가운데 세상 종말에 즈음하여 나타난다는 거짓 그리스도에 관한 내용이거나,88) 아니면 마귀에 대한 교리를 비판한 것으로 추정해 볼 수 있다.

이상의 이승훈 공사供辭에서 나타나고 있듯이 1791년 당시까지도 이승훈은 천주교 교리가 가지고 있는 허구성虛構性으로 천당지옥설과 '위천주 횡행설爲天主 橫行說'을 들고 있었으며, 천주교의 교리를 가지고 그 모순점을 격파[以其論 破其說]하려는 시도를 하고 있었다. 그렇다면 1795년에 그가 지은 「유혹문」 안에도 이와 같은 입장과 비판의 내용이 견지되었을 가능성이 크다고 생각된다. 사실 그는 1795년의 「유혹문」에서도 천당지옥설을 공격했고, 이외에 강생구속설의 문제점을 지적했던 것이다. 그렇다면 3단으로 되어 있는 「유혹문」의 천주교 비판 가운데에는 이상의 두 조목과 함께 '위천주 횡행설爲天主 橫行說'이 포함될 수 있었으리라 생각된다.

---

87)『正祖實錄』卷33, 正祖 15년 11월 己卯. "李承薰供 有曰 西來之學 必以堂獄爲主 誣罔天下億萬生靈 云云 有曰 西學有僞 天主橫行之說 妖虛誕妄 莫此若也 旣曰天 而有僞 何哉 吾必以其說 破其說 曾在乙巳 自秋曹推治西學時 作此文 送示於其時 秋判金華鎭"

88) 마르코복음 13, 5~6 ; 마태복음 24, 11 ; 묵시록 17, 14.

　한편 우리는 1801년 신유교난 당시 이승훈이 자신의 척사에 관한 이러한 전력을 새삼스럽게 밝히고 있음을 주목할 수 있다. 이승훈의 이와 같은 태도는 자신이 천주교의 교리에 대해서도 동의하지 않고 있음을 나타낸다. 그런데 당시의 천주교에서는 천주의 존재와 삼위일체론三位一體論, 그리고 삼위일체에 기반을 둔 강생구속降生救贖과, 천당지옥天堂地獄을 전제로 한 상선벌악론賞善罰惡論을 가장 중요한 핵심적 교리로 인정하고 있었다. 이 4대 교리 가운데에서 이승훈은 천주의 존재 인정을 전제로 하여 자신의 척사론斥邪論을 전개하고 있다. 그러나 그는 천주교의 강생구속설을 부정했고, 이를 통해 삼위일체설에 대한 부정의 입장을 간접적으로 나타내고 있다.

　또한 그는 천당지옥설을 비판함으로써 천주교의 상선벌악론을 부정하고 있었다. 이와 같이 그는 천주교의 교리 중 대부분을 부인하고 있음을 심문의 과정에서 공식적으로 밝히고 있다. 이러한 그의 입장은 1789년 북경의 선교사들에게 보낸 서한에서 드러낸 그리스도의 강생구속에 관한 자신의 신앙고백과는 판이한 것이었다.[89] 이렇듯 그는 1801년 신유교난 당시에 이르러서 천주교 교리에 대한 영세 초기의 긍정적 입장에서 거의 이탈되어 있었고 천주교 교리의 주요 부분을 부정하게 되었다.

　한편 이승훈은 1801년의 심문과정에서도 자신의 척사행위를 강조하고 정학正學 즉 성리학에 몰두하고 있었음을 강조했다. 즉 그는 심문과정에서 자신은 1785년의 '을사추조적발乙巳秋曹摘發'이후 천주교를 버리고 개심改心했음을 주장했다.[90] 그러나 이러한 그의 주장은 곧 사실이 아닌 것으로 드러났다. 그와 함께 체포되었던 최창현崔昌顯과 정약용의 심문과정에서 그가 1785년 이후 신부로 활동했던 사실이 드러나게 되었다.[91]

---

89) 최석우, 1991, 앞의 책, 70쪽.
90) 『推案及鞫案』, 辛酉邪獄罪人李家煥等推案. "乙巳以後 以斥邪學爲心 作牖惑文以自明 則豈可以當初看書之故 刑殺無罪之人乎".
91) 『推案及鞫案』, 辛酉邪獄罪人李家煥等推案.

그리고 그와 최창현과의 대질심문을 통해 그 자신도 이와 같은 사실을 인정하지 않을 수 없었다.[92]

그러나 그는 1791년 신해교난 이후에는 틀림없이 천주교를 떠났으며,[93] 1795년 예산에 유배되었던 때 「유혹문」을 지어 천주교를 배격했음을 강조해서 말했다.[94] 그리고 그는 1801년 2월 18일자의 심문 과정에서 말하기를 자신은 1795년에 일어났던 사건 즉 중국인 신부 주문모의 실포사건失捕事件에 앞서 이를 관에 고하고자 했으나 정약용의 만류로 고관告官하지 않았음을 밝혔다. 이로써 그는 신해교난 이후에 척사의 의지를 분명히 가지고 있었음을 은근히 변명하고자 했다.[95]

또한 이승훈은 1791년 이후 자신이 정학正學 즉 주자학朱子學에 전념했음을 밝히고자했다. 그리하여 그는 신해 이후 국은國恩에 보답하고 부친의 말을 어기지 않기 위해 오유吾儒의 학문만을 탐구했으며 성경현전聖經賢傳이 아니면 책상 위에 올려놓지 않았음을 말했다. 그리고 자신이 「주자백록동연의朱子白鹿洞衍義」를 지었음을 친척이나 붕우가 다 알고 있음을 말했다.[96] 그가 「주자백록동연의」를 지었다는 사실의 설명은 그 자신이 주자성리학으로 다시 귀의했음을 제시하고자 고백한 것이다. 주자는 일찍이 백록동서원을 다시 세우고 이곳에서 자신의 교설敎說을 가르쳤다. 이승훈이 지은 「주자백록동연의」도 바로 이러한 주자의 행적을 밝히고

---

92) 『推案及鞫案』, 辛酉邪獄罪人李家煥等推案. "矣身 果於乙巳以後 一番爲此術 而數年米能斷念矣"

93) 『推案及鞫案』, 辛酉邪獄罪人李家煥等推案; 『辛酉鞫案』.

94) 『推案及鞫案』, 辛酉邪獄罪人李家煥等推案. "乙巳後 雖米斷意斥絶 辛亥後 果永斷矣"

95) 『辛酉鞫案』, "辛亥以後 矣身雖爲革心 而庚戌乙卯之事 矣身初欲告官의 其時丁若鏞哀乞於矣身 以爲朝家已盡洞燭 辛勿告官云云 故矣身果不告官 自知其罪 死無惜矣"

96) 『推案及鞫案』, 辛酉邪獄罪人李家煥等推案. "矣身則辛亥以後 欲報國恩 不違父言 今方究心 吾儒之學 非聖經賢傳 不置於案 又作朱子白鹿洞衍矣 親滅朋友之所共知是白乎"

주자를 칭송하는 내용으로 되어 있었을 것이다. 그러므로 그는 이 글을 자신의 사상을 증명하기 위해 내세웠으리라 생각된다.

이에 이어서 그는 자신이 정학인正學人과 더불어 천주교를 배척했음을 말했다.97) 이상에서 살펴본 바와 같이 이승훈은 1801년 당시 자신이 천주교와 무관한 존재임을 밝히기 위해서 필사의 노력을 기울이고 있었다. 그리고 그는 자신이 천주교와는 더 이상 유관한 존재가 아니므로 자신에 대한 처벌은 무죄인을 형살刑殺하려는 것이라고 항변하기까지 했던 것이다.98)

이상에서 살펴본 바와 같이 이승훈은 천주교 교리에 대하여 부정적 인식을 가지고 있었다. 그리고 그가 이러한 인식을 지속하는 한 더 이상 교회 안에서 활동할 수 있는 이론적 근거를 확보할 수 없게 된 것이다. 그러므로 그는 자신이 한때 경도되었던 천주교의 가르침을 버리고 전통적인 유학儒學의 질서로 재편입 되었다. 그의 이러한 기교행위棄教行爲에 대해서는 다음에서 살펴볼 수 있는 바와 같이 여러 사람들의 증언을 들을 수 있다.

이승훈은 자신이 천주교를 떠났다는 사실을 심문관에게 설득시키고자 노력했다. 그리하여 그는 가장 뚜렷한 척사인 가운데 하나인 이기경李基慶도 자신의 척사 사실을 알고 있었다고 말했다. 즉, 그는 이기경의 외사촌인 정학인正學人 심유沈浟와 교류했고 그의 집안과 혼인을 맺기까지 했음을 밝히면서 심유와 이기경을 자신의 증인으로 삼고자했다.99) 또한 그는 서학관계인 가운데에서도 정약종丁若鍾이나 정약용도 이승훈 자신의 척사행위를 알고 있었다 하여 이들을 증인으로 제시하고자 했다.100)

---

97) 『推案及鞫案』, 辛酉邪獄罪人李家煥等推案. "矣身晝宵與正學人同闢矣"
98) 註598 참고. "則豈可以當初看書之故 刑殺無罪之人乎"
99) 『推案及鞫案』, 辛酉邪獄罪人李家煥等推案, 辛酉 2월 10일, (李承薰供辭) 참조.
100) 『推案及鞫案』, 辛酉邪獄罪人李家煥等推案, 辛酉 2월 14일, (李承薰供辭) 참조.

한편 이승훈이 천주교를 떠났다는 사실은 1801년의 교난 과정에서 체포된 천주교도들의 증언을 통해 계속해서 밝혀지고 있었다. 즉, 당시 교회의 대표적 지도자였던 정약종과 주문모 신부 등은 다음과 같이 이승훈의 기교棄敎에 관해 증언하고 있다.

> (丁若鍾供曰) 이승훈은 의몸에 비하여 선각先覺이 된다. 그러므로 1751년辛亥 이전에는 비록 선각으로 그를 대우했다 하더라도 그를 신부로 알지는 아니했다. 그러나 신해辛亥 이후에는 이승훈이 서학에 전심하지 아니했으므로 이 몸은 그를 심복心服하지 아니했다.[101)]
> (周文謨供曰) 이승훈을 미처 상견相見하지 못했음은 이미 포도청의 공초供招에 들어 있다. 1790년庚戌에 윤성인尹姓人(有一)이 입연入燕했을 때에는 권성인權姓人(日身)의 편지뿐만 아니라 이승훈의 편지도 있었다. 그러나 의몸이 조선에 올 당시(1754년) 지황池璜은 이승훈의 서한을 휴대하지 않았는데 대개 그 때 이승훈은 이미 반교叛敎를 하고 있었다.[102)]

이상의 증언을 통해서 살펴볼 수 있는 바와 같이 이승훈은 1791년의 신해교난 이후 천주교 활동을 포기하고 있었다. 그러므로 1794년 조선에 입국한 주문모 신부는 이승훈을 만나지 아니했고, 이승훈이 반교했다고 생각하고 있었다. 한편 그의 이와 같은 행위에 대해서 황사영黃嗣永은 다음과 같이 말하고 있다.

> 이승훈李承薰은 1791년(辛亥)에 체포되어 배교하고, 여러번 성교聖敎를 헐뜯는 글을 썼으나, 다 자기의 본심에서 한 것은 아니었다. 1955년(乙卯)에 신부가 이 나라에 왔다는 말을 듣고 그는 마음을 움직여 회두回頭하고 은혜 받을 준

---

101) 『推案及鞫案』, 辛酉邪獄罪人李家煥等推案. "丁若鍾供曰 李承薰比諸矣身爲先覺 故辛亥以前 則雖以先覺待之 而不以神父知之 辛亥以後 則承薰不爲傳心此學 故 矣身不爲心服"

102) 『推案及鞫案』, 辛酉邪獄罪人李家煥等推案. "周文謨供曰 李承薰之未能相見 已 在捕廳之招矣 似聞庚戌年尹姓人入燕 亦有李承薰之書 不但權姓書也 至矣身來 時 池璜竝不待李承薰之書字 蓋其時彼已叛敎矣"

비를 하고 있었는데 얼마 안 되어 박해가 일어나자 승훈은 다시 몸을 움츠렸
다. … 이 사람은 서학서를 전파한 죄가 있어서 비록 다시 배교하더라도 사형
을 면하기 어려웠던 것이나, 그것이 선사善死인지 아닌지를 알지 못하므로 서
서히 사실을 조사해 보아야 할 것이다.[103]

　황사영은 이승훈이 교회를 떠났음을 인정하면서도 그러한 이승훈의
행위가 그의 본심에서 나온 것은 아님을 변호하려 했고 서학서를 전파시
킨 죄로 어차피 죽을 수밖에 없었던 그가 과연 선사善死 즉 순교했는지의
여부는 좀 더 조사해 보아야 알겠다고 말했다. 이와 같이 황사영도 이승
훈이 어떠한 이유에서든지 간에 배교했던 사실을 인정하고 있었고, 그의
순교 여부에 관해서는 그가 신중한 입장을 취함으로써 기교棄敎한 상태
에서 세상을 떠났을 가능성도 아울러 제시했다. 한편, 달레의『한국천주
교회사』에서도 "그가 천주교인이라고 참수 당하였으나 배교자로 죽었
다"고 다음과 같이 말함으로써, 1791년 이후 그의 행적이 천주교와는 무
관했음을 드러내 주었다.

　　이승훈의 죽음은 이가환의 죽음보다도 훨씬 더 비참했다. 죄를 뉘우치기
에 이보다 더 훌륭하고 더 쉬운 기회가 어떤 죄인에게 주어진 일은 아마도
없었을 것이다. 천주교인이건 아니건 그는 죽을 수밖에 없었다. 배교로도 그
의 목숨을 구할 수 없었는데, 하느님께로 돌아온다는 간단한 행위로도 그 피
할 수 없는 형벌을 승리로 바꿀 수 있었던 것이다. 그러나 그의 거듭되고 고
집스러운 비겁이 하느님의 인내심을 지치게 한 모양이었던지 그는 자기의 배
교를 철회하지 않고 통회한다는 조그마한 표시도 하지 않고 숨을 거두었다.
맨 먼저 영세한 그가, 자기 동포에게 성세와 복음을 가져왔던 그가 순교자들
과 함께 죽음을 향하여 나아갔으되 순교자는 아니었다. 그는 천주교인이라고
참수 당하였으나 배교자로 죽었다. 하느님 당신의 심판은 얼마나 정의롭고 무
섭습니까?[104]

---

103)『推案及鞫案』, 辛酉邪獄罪人李家煥等推案. "辛亥被拿背敎 屢著毁敎之文 皆非
　　本心也 乙卯 司鐸東臨動心回頭 豫備沾恩 不多日 窘難起 承薰仍復畏縮…而此
　　人有傳書之罪 雖復背敎 難免死刑 故不知其善死與否 徐當查實耳"

요컨대, 이승훈은 1801년 당시 천주교 교리 중 강생구속론이나 천당 지옥설과 같은 내용을 부정하고 있었다. 그리고 그는 자신이 천주교를 떠나서 척사斥邪하고 있었음을 누누이 설명했고, 자신의 척사 사실을 정학인이나 사학인 모두가 알고 있음을 밝히려 했다. 그리고 1801년 당시 체포되었던 정약종이나 주문모 신부도 이승훈이 반교叛敎하고 있음을 밝혀주었다. 그리고 조선측 자료를 기반으로 하여 저술된 달레의『한국천주교회사』에서도 그의 기교棄敎를 사실로 인정하며 이를 아쉬워했다. 이러한 사례들을 종합적으로 검토해 볼 때 1801년 신유교난 당시 이승훈은 분명히 기교棄敎 내지는 반교叛敎하고 있었음을 확인할 수 있게 된다. 그는 이러한 상태에서 1801년 2월 26일 서울 서소문에서 참수되어 세상을 떠났다. 그리고 "이승훈의 시체는 사흘 후에 그 집으로 운반되었으나 아무도 감히 상례적인 조문을 하러 가지 못했다. 그의 친척과 친구 중에 하나인 심유라는 사람만이 상복을 입고 그 집에 갔으나, 그의 처신이 백성의 불평을 자아냈다"한다.[105] 이렇게 그는 이 세상을 하직하였지만 그에게는 조선에 천주교회를 세우는데 가장 중요한 역할을 맡았다는 영예와 함께, 18세기 지식인중 하나로서 자신의 자랑스러운 전통문화와 새시대의 도래를 예시해 주는 새로운 문화와의 사이에서 무수한 갈등과 고뇌를 겪었던 인물이라는 평가를 내려줄 수 있을 것이다.

6. 맺음말

1801년(辛酉, 순조1)에 발생한 신유교난은 초기 천주교회사의 전개과정에 있어서 교회의 순탄한 발전에 큰 장애가 된 사건이다. 이 교난을 통

---

104) 달레, 1980, 앞의 책 上, 448~449쪽.
105) 달레, 1980, 앞의 책 上, 449쪽.

해 당시 교회의 지도적 인물뿐만 아니라 일반 신도들 다수도 순교하게
되었다. 그리고 일단 교회를 떠난 사람이라 하더라도 초기교회에서 활동
했던 과거의 지도적 인물들도 체포되어 심문을 당했고 처벌되었다. 이러
한 신유교난의 과정에서 이승훈은 천주교관계 사건의 원인제공자로 주
목받아 체포되었고 죽음을 당했다. 그는 남인 시파時派에 속하는 인물로
서 동색간同色間에 혼인관계를 통해 남인 시파계 인물들 다수와 인척관계
내지는 교우관계를 맺고 있었다. 이러한 인척·교우 관계를 배경으로 하
여 그는 천주교를 전파해 나갈 수 있었다. 그러나 그의 인척이나 친우들
대다수는 당시 사회에서 지배층에 속했던 인물들로서 기존의 문화와 사
회체제에 안주하며 기득권을 누리던 사람들이었다. 이들 가운데 이승훈
의 천주교 신앙 행위는 오히려 이질적인 것이었다. 이승훈이 1791년(辛
亥, 정조15) 이후 신앙을 포기하게 된 데에는 이와 같은 주변의 인간관계
가 작용되었을 것이다.

한편, 1801년의 신유교난 당시 이승훈은 자신의 신앙 역정에 대하여
집중적인 추궁을 당하게 되었다. 그는 자신이 천주교 신앙과는 무관함을
주장했다. 그러나 그에게는 '구서전법購書傳法'하고 '자위교주自爲敎主'했
으며, '밀통양인密通洋人'하고 '잠모가환潛謀家煥'했다는 혐의가 부과되고
있었다. 이러한 혐의 가운데 어느 하나도 당시의 상황에서는 죽음을 면
하기 어려운 범죄행위가 아닌 것이 없었다. 그는 천주교를 조선에 전파
한 원흉으로 죽을 수밖에 없는 처지에 놓여 있었다.

그러나 이승훈은 천주교의 주요 교리를 부정했다. 즉, 그는 강생降生의
교리와 상선벌악賞善罰惡 등을 부인했던 것이다. 그리고 그는 「벽이문闢異
文」을 짓거나 「유혹문牖惑文」을 지어 이러한 자신의 입장을 밝혔고, 백성
들이 천주교에 물듦을 막아 보고자 하기도 했다. 이승훈의 이와 같은 기
교棄敎 내지는 반교叛敎의 행위는 1801년 신유교난의 심문과정에서도 뚜
렷이 지속되었다. 그리고 이승훈과 동시대의 사람들 가운데 상당수도 이

승훈이 기교棄教하였음을 인정하고 있었다.

그러므로 이승훈의 죽음을 순교로 규정하기는 불가능한 일임을 분명히 알 수 있다. 그러나 그는 조선후기 사회를 살면서 새로운 가르침을 갈망하던 구도자임에 틀림없다. 그 구도행각의 과정에서 조선에는 천주교가 세워졌고 발전해 나갈 수 있었다. 한편, 당시의 교회에서는 조상제사 거부문제를 통해서 살펴볼 수 있는 바와 같이 동양의 기존문화에 대한 이해와 가치인정에 매우 인색했다. 이 과정에서 18세기의 지식인 이승훈은 고뇌하게 되었다. 그는 보유론補儒論의 입장에서 천주교에 입교하였지만 그 보유론이 정부당국과 교회로부터 모두 부정되던 상황에 직면했던 것이다. 그리하여 그는 유럽우월주의를 전제로 동양사회에 전파되던 당시의 천주교 신앙과 전통적 문화 사이에서 양자택일을 강요받았다. 이때 그가 드러내 주었던 행동은 천주교회를 떠나고 전통문화에로 회귀해 들어가는 것이었다. 그는 기교자棄教者였지 이른바 배교자背教者로 분류될 수 있는 인물은 아니었다. 그러므로 그의 죽음은 전통문화와 유럽우월주의 간에 빚어진 갈등의 산물이었다. 이승훈의 죽음이 갖는 이와 같은 성격은 초기 교회 당시 가톨릭 지성들이 갖고 있던 교리 이해의 한 단편을 나타내주는 것이다.

제3장

주문모周文謨의 조선 입국과 그 활동

1. 머리말

1) 문제의 제기

17세기 이후 조선왕조의 사회에서는 중국으로부터 전래된 한문서학서를 통해서 천주교의 존재를 확인하게 되었다. 조선의 지식인들은 이에 대한 비판과 수용을 시도했고, 조선천주교회는 1784년 자생적으로 설립되었다. 초창기 조선교회는 독자적 교리 해석과 전례 집전이라는 시행착오를 거친 후, 자신의 착오를 인지하고 중국 북경北京의 주교에게 선교사의 파송을 요청하게 되었다. 이 요청에 의해서 북경주교는 청인淸人 신부 주문모周文謨를 조선에 파견하게 되었다. 그는 1794년 12월 조선에 입국했다.

주문모 신부는 조선에 비밀리에 입국한 이후 1801년 그가 죽음을 당할 때까지 6년 4개월간 조선에서 활동했다. 그는 조선인을 대상으로 하여 본격적으로 선교활동을 전개한 첫 선교사였다. 그는 초창기 조선 교회의 기반을 다져주었던 인물로서, 당시의 교회사를 이해하는 데에 있어

서 중심적 인물이다. 또한 그는 청구문화淸歐文化의 일종이었던 서학사상
을 조선에 전달해준 인물이므로 한중 문화교류 관계를 밝히는 데에 있어
서도 연구의 대상이 되어 왔다.

초창기 천주교사의 이해를 위해서는 그에 대한 연구가 전제되었으므
로 그에 대한 연구는 비교적 일찍부터 진행되었다. 그러나 이러한 선행
의 연구들은 사료의 제약을 받고 있으며, 그 해석 상에 있어서 보완될
여지가 있다고 생각된다. 이에 본고에서는 최근까지 성취된 교회사 내지
는 한국사 전반에 대한 연구성과를 참작하고 주문모에 대한 사료를 폭넓
게 활용하여 그 생애와 사상에 관한 전반적인 재구성 작업을 시도하고자
한다.

이 작업을 위해서 본고에서는 우선 주문모에 대한 사료들을 간략히
점검해보고, 기존의 연구업적에 대한 연구사적 정리를 시도하고자 한다.
그리고 여기에 이어서 주문모 신부가 조선에 입국한 배경을 교회사적 맥
락에서 검토해보고자 한다. 이는 주문모의 조선입국과 그 활동을 체계적
으로 이해하는 데에 있어서 검토해야 할 부분이기 때문이다. 한편 이 논
문에서는 주문모의 입국과정과 조선에서의 활동상황 및 그 사상에 관해
서 집중적으로 서술해 보고자 한다. 그가 전개한 활동들로는 직접적인
선교활동 외에도 초창기 교회의 조직화 작업이나 문서선교를 위한 노력
등을 주목할 수 있다. 그리고 이와 같은 활동을 통해서 드러나는 그의
사상이나, 영성靈性 내지는 신앙의 특성들을 추출해보고자 한다. 또한 우
리는 이러한 서술과 함께 그의 활동과 생각들이 조선 교회사의 초기에
어떠한 의미를 가지고 있는지도 생각해 볼 수 있을 것이다.

본고에서는 조선에서 선교에 종사했던 청인 신부 주문모의 생애와 사
상을 밝히는 데에 직접적인 목적을 두고 있다. 그리고 그의 활동에 관한
연구는 조선 후기 사회에서 전개된 민중종교운동의 양상을 이해하는 데
에 도움을 줄 수 있을 것이다. 이 논문에서 서술되는 주문모의 활동과

사상에 대한 특징들은 초창기 조선 교회사가 드러내고 있던 일반적 특성
을 이해하는 데에도 도움되는 바가 있을 것으로 생각된다. 그리고 주문
모의 영성과 생애에 대한 좀 더 자세한 정보의 파악을 통하여 우리는
주문모 자신에 대해서 뿐만 아니라 그와 연관되는 초창기 교회사의 인물
들에 대한 이해를 강화시킬 수도 있을 것이다.

이 논문은 주문모에 대한 종합적 연구의 일부이다. 그러므로 본고에
서는 주문모가 선교활동을 전개하던 당시의 사회적 배경 및 그와 관계
있는 순교자들에 대한 직접적인 서술은 가능한 한 생략하기로 한다. 그
러므로 이 논문은 이러한 부분에 관한 서술이 충분치 못하다는 한계를
가질 수밖에 없다. 이 부분에 관해서는 동학同學들의 연구 결과를 활용해
주시기 부탁드린다.1) 한편 이 논문에서는 주문모의 입국과 도피 그리고
체포에 따른 봉건정부 당국의 반응에 관해서는 일단 제외시키기로 했다.
이 주제는 별도의 논문을 통해서 정리가 요구되리라 생각되므로, 이에
관한 풍부한 사료들은 다음 기회에 활용해보고자 한다. 이 논문에는 이
와 같은 미비점들이 있겠으나, 이 소론을 통해서 주문모의 생애와 영성
이 새롭게 조명되고, 18세기 말엽 조선의 사회와 교회에 대한 올바른 인
식에 조금이라도 도움이 될 수 있기를 기대해 본다.

2) 자료 및 연구사의 검토

청인 신부 주문모가 조선에서 전개한 선교활동에 관하여 서술하고 있
는 자료들은 비교적 풍부한 편이다. 이 자료들 가운데 당시의 교회에서
작성한 자료들을 먼저 살펴보면 다음과 같다. 우선 주문모가 조선에 파

---

1) 朴光用, 1995,「周文謨 神父 선교활동의 배경」『敎會史硏究』, 10, 한국교회사연
   구소.
   金眞召, 1995,「周文謨 神父 선교활동 전후의 순교자들」『敎會史硏究』, 10, 한국
   교회사연구소.

견된 배경이나 과정에 관한 자료로는 1790년 10월 6일자와 1797년 8월
15일자로 작성된 『구베아 주교의 서한』을 들 수 있다.[2] 이 자료는 로마
교황청 인류복음화 성성 고문서고에 소장되어 있다. 이 서한을 작성한
구베아(A. Gouvea, 湯士選, 1751~1808)는 1782년 북경주교로 임명되었고,
1785년 북경에 부임했다. 그는 조선에 선교사의 파견을 주도했다. 그러
므로 이 자료는 주문모의 파견을 결정하게 된 과정과 그의 선교활동을
서술해주고 있다. 이 자료와 함께 주문모의 행적을 이해하는 데에는 『황
사영백서』를 주목해야 할 것이다.[3] 널리 알려진 바와 같이 황사영黃嗣永
(1775~1801)은 주문모 신부를 도와서 초창기 교회의 발전에 투신했던 인
물이다. 그는 여기에서는 주문모의 조선입국과 그 활동 그리고 교난의
시작과 주문모의 도피 및 의금부에의 자수, 신문상황과 순교에 관해서
자세히 서술해주고 있다. 그는 주문모에 관한 사실들을 목격증인 내지는
제1차 전문증인傳聞證人의 입장에서 기록하고 있다. 한편 강완숙姜完淑도
주문모가 사형을 당한 직후 그에 대한 기록을 남겼다고 하나 이는 현재
전해지지 않고 있다.[4]

이상의 자료들은 제1차 사료로서의 가치를 가지는 것이다. 그러나 주

---

2) 『구베아 主教의 書翰』은 1992년에 간행된 「李承薰關係 書翰資料」, 『教會史研究』
   8, 171~244쪽에 수록되어 있다. 여기에는 원문과 함께 崔奭祐의 한글 번역문이
   함께 수록되어 있다. 以下에서는 「구베아 서한」으로 약칭한다.
3) 『黃嗣永帛書』의 원본은 1894년 Mutel 主教에 의해서 발굴 공표된 바 있다. 이
   자료의 轉寫本은 「邪學罪人嗣永等推案」 및 李晩采, 1931, 『闢衛編』에 수록되어
   있다. 이 자료의 漢文 校閱本은 1966년 한국교회사연구소에서 간행되었다. 이 자
   료의 한글 번역본은 현재 3 종이 있다.
   尹在瑛 譯, 1975, 『黃嗣永帛書』, 正音社.
   李晩采 著, 金時俊 譯註, 1984, 『天主教 傳教迫害史』(闢衛編), 國際古典教育協會,
   280~312쪽.
   한국교회사연구소 편, 1989, 『만남과 믿음의 길목에서』, 한국교회사연구소,
   49~98쪽(金益鎭이 『가톨릭靑年』에 번역 연재했던 글의 재수록).
4) Dallet, Histore de l'Eglise de Corée, 1874, Paris ; Victor Palmé, tome 1, p.158.
   安應烈·崔奭祐 譯註, 1980, 『韓國天主教會史』 上, 한국교회사연구소, 500쪽.

문모에 관한 연구를 위해서는 이 자료들 못지않게 제2차 사료들도 함께 참고해야 한다. 이러한 부류의 자료로는 우선 1874년에 간행된 달레 (Dallet)의 『조선천주교회사』를 들 수 있다.5) 이 책자에서는 1801년의 신유교난 항목과 그밖의 여러 부분에서 주문모에 관해 서술하고 있다. 달레의 이 기록은 초기 교회사에 관한 당대의 기록을 참고하여 작성한 것으로서 그 사료적 가치가 높은 편이다. 한편, 교회 측에서 작성한 자료 가운데에는 1811년 조선신도들이 북경北京을 통해서 교황에게 보낸 『동국교우상교황서東國敎友上敎皇書』도 주목할 수 있다. 이 서한은 1801년의 교난을 겪은 이후 조선인 신도들이 다시 결속하여 교회 재건운동을 일으키는 과정에서 작성된 자료이다.6) 이 자료는 주문모를 비롯한 1801년의 순교자들에 대한 정보를 제시해 주고 있다. 그리고 이 자료를 통해서 우리는 1801년의 교난 이전에 전개된 주문모의 활동을 이해하는 데에 도움을 받을 수 있을 것이다.

이상에서 살펴본 교회측 자료 외에도 우리는 주문모에 관한 또 다른 풍부한 자료를 확인할 수 있다. 즉 주문모가 비밀리에 조선에 입국한 사실이나 그의 체포는 당시 조정에서도 중대한 사건이었다. 그러므로 조선 정부 당국에서는 이 사건을 처결하는 과정에서 적지 않은 문서를 남겼다. 오늘의 우리는 이를 주문모에 관한 제1급의 자료로 활용할 수 있다. 이 자료 가운데 가장 중요한 것으로는 1801년도의 박해과정에서 작성된 각종 『추안급국안推案及鞫案』을 들 수 있다. 이 『추안급국안』 가운데 「사학

---

5) Dallet, Histore de l'Eglise de Corée, 1874, Paris ; Victor Palmé.
安應烈·崔奭祐 譯註, 1979, 『韓國天主敎會史』, 한국교회사연구소.

6) 趙珖, 1990, 「東國敎友上敎皇書」 『교회와 역사』 179, 19~25쪽.
尹敏九, 1990, 「신미년(1811) 조선 천주교신자들이 북경주교에 보낸 편지에 대한 연구」 『水原 가톨릭大學 論文集』 2, 39~74쪽. 「東國敎友上敎皇書」라는 자료명은 원본의 소장처에서 편의 상 부여한 명칭이다. 이 자료의 원본은 현재 臺灣 臺北 輔仁大學 神學院 도서관에 소장되어 있으며, 이상과 같은 해제와 번역문이 있다.

죄인이기양등추안邪學罪人李基讓等推案」이나 「사학죄인사영등추안邪學罪人 嗣永等推案」 등에서는 주문모 자신의 신문기록을 비롯해서 그에 관한 상당량의 증언들이 수록되어 있다. 그리고 이외에도 「사학죄인강이천등추안邪學罪人姜彝天等推案」이나 「사학죄인김려등추안邪學罪人金鑢等推案」, 「신유추안辛酉推案」 및 「신유국안辛酉鞫案」에서도 주문모의 활동에 관한 내용들이 다수 포함되어 있다.7) 이상의 자료들은 주문모를 비롯한 '사학죄인'들에 대한 직접적인 신문기록이므로 그 사료적 가치가 대단히 높다. 한편, 1801년의 교난에 관해 정리한 『사학징의』의 도처에서도 주문모에 관한 내용들이 기록되어 있다.8) 그리고 당시의 『승정원일기』, 『일성록』 및 『조선왕조실록』과 같은 정부의 일기 및 등록류 내지는 연대기 자료를 통해서도 주문모에 관한 기록들을 다수 접할 수 있다. 이밖에도 『순조기사純祖記事』와 같은 야사류野史類나 그밖의 문집 자료를 통해서도 주문모 신부에 관한 자료를 찾을 수 있다.

주문모에 관해서는 이상과 같은 적지 아니한 자료가 남아 있지만, 그 생애의 대부분을 차지하고 있는 중국에서의 활동을 전해주는 사료는 거의 찾아 볼 수 없다. 그런데 주문모의 생애에서 가장 중요한 사실은 그가 조선의 선교사로 활동하다가 순교했다는 점임에 틀림이 없다. 바로 이 부분에 관해서는 교회측 자료나 관변측 자료에서 풍부히 서술해주고 있다. 그에 관한 사료가 많이 남아 있다는 것은 그가 당시 조선 교회에서 차지하고 있었던 위치를 반영한 당연한 결과라고 생각된다.

청인 신부 주문모는 18세기 말엽 조선의 교회사에 있어서 가장 중심

---

7) 韓國學文獻硏究所 編, 1978, 『推案及鞫案』25(純祖 1)에 李家煥, 李基讓, 姜彝天, 金鑢, 黃嗣永 등 1801년의 敎難과 관련된 인물들의 訊問記錄이 수록되어 있다. 그리고 현재 서울 切頭山殉敎紀念館에 소장되어 있는 『辛酉鞫案』의 경우에는 辛酉敎難 당시 承政院에서 筆寫한 기록이다. 여기에는 『推案及鞫案』에 누락되어 있는 자료들이 수록되어 있으므로 다른 자료들과 함께 참조해야 한다.

8) 趙珖, 1977, 「邪學懲義의 史料的 價値」『邪學懲義』, 不咸文化社, 3~12쪽.

적 인물이었다. 그러므로 그에 대한 연구는 식민지 시대의 일본인 연구
자에 의해서 이미 시작되고 있었다. 즉, 1941년에 일본인 연구자 아카기
(赤木仁兵衛)는 「주문모 신부의 조선 입국神父周文謨の入鮮」이라는 글을 발표
하였다.9) 그는 「순조실록」, 「사학죄인이기양등추안」 및 「구베아 주교의
서한」과 달레의 「조선천주교회사」 등을 단편적으로 활용하여 주문모 신
부가 조선에 입국한 과정만을 간략히 서술해주고 있다. 그러므로 그의
글을 통해서 우리는 주문모 신부가 조선에서 전개한 선교활동의 실상까
지를 이해하는 데에는 어려움이 따른다.

물론 이 논문의 발표를 전후하여 간행된 통사류通史類의 한국천주교회
사에서는 주문모의 선교활동에 관해서 비교적 자세히 서술해 주고 있다.
그렇지만 주로 달레의 『조선천주교회사』에 의존하여 서술된 이러한 통
사류의 언급을 본격적 연구 성과로 파악하기는 불가능할 것이다. 한편,
1964년에 이르러서는 주문모와 초창기 한국 교회의 역사를 소개하는 개
략적인 중국어 논문이 대북臺北에서 간행되었다.10) 이 논문은 달레의 기
록을 중심으로 하여 주문모의 활동상을 정리해주고 있다. 이 논문에서
우리는 중국어권의 독자들에게 청인 신부神父 주문모의 존재를 소개해주
고 있다는 의의를 찾을 수는 있을 것이다.

주문모에 대한 비교적 최근의 연구로는 1987년에 발표된 스즈키(鈴木
信昭)의 「조선에 있어서 주문모신부의 천주교 포교에 대하여朝鮮におけ

9) 赤木仁兵衛, 1941, 「神父周文謨の入鮮」『加藤博士還曆記念 東洋史集說』.
　　趙珖 譯, 1994, 「周文謨 神父의 朝鮮 入國」『항아리』20, 한국가톨릭문화선양회.
10) 金相根, 1964, 『韓國天主敎的特點與周文謨神父』, 臺北. 이 글에 선행된 古文體로
　　작성된 주문모 관계 기록으로는 沈則寬, 1900, 『高麗致命史略』, 上海 ; 慈母堂
　　刊本이 있다. 이 책은 달레의 『조선천주교회사』를 編譯한 것이다. 모두 23장으로
　　되어 있는 이 책에서 제4장부터 제9장까지는 주문모 신부에 관한 서술로 되어 있
　　다. 이밖에도 現代 中國語로 발표된 논문으로는 趙珖, 「淸人周文謨的入朝鮮國和
　　他的活動」이 있다. 이 논문은 1995년 10월 北京大學 韓國學硏究中心에서 개최된
　　國際學術大會에서 발표된 것이다.

る周文謨神父の天主教布敎について」를 주목할 수 있다.[11] 이 논문에서는 주문모의 선교사업에 관한 이해의 전제로서 '북경교회의 동향'과 조선교회의 선교사 영입계획을 먼저 서술하고 있다. 그리고 이에 이어서 주문모 신부의 생애 내지는 인물을 개관하고, 그의 선교사업과 명도회明道會에 관해서 약술하고 있다. 그는 아카키(赤木仁兵衛)가 사용한 자료 외에 『사학징의』를 추가로 활용하였고, 국내 연구자들의 연구성과를 수렴하여 주문모의 선교활동을 조감하고 있다. 이러한 그의 연구결과는 주문모에 대한 이해를 한 걸음 진전시켜주었다.

주문모에 관한 이해를 위해서는 이상과 같은 논문 이외에도 당시의 교회사에 관한 여러 연구들을 참조할 수 있다. 이 시대에 관한 본격적 연구로는 최석우崔奭祐의 연구결과들을 주목된다.[12] 그리고 1801년의 교난에 관해서 집중적으로 고찰했던 조광趙珖의 연구와,[13] 이 시기에 관한 진인권陳仁權과 주명준朱明俊의 박사 학위 논문도 주문모의 이해를 위해서 일정한 도움을 줄 수 있다.[14] 이러한 논저 이외에도 최근 1801년을 전후한 시기의 교회사에 대한 여러 연구들이 족출簇出하고 있는 바 이러한 연구들도 주문모의 활동과 그 죽음을 이해하는 데에는 참고해야 할 선행의 업적들이다.

---

11) 鈴木信昭, 「朝鮮における 周文謨神父の 天主教布敎について」『東洋大學 東洋史 研究報告』 4.
　　趙珖 譯, 1995, 「조선에 있어서 주문모 신부의 천주교 포교에 관하여」『항아리』 22, 한국가톨릭문화선양회.

12) Andreas Choi, L'Erection du premier Vicariat Apostolique et les Origines du Catholicisme en Corée, Suisse, 1961.
　　崔奭祐, 1982, 「빠리外方傳敎會의 韓國進出」『韓國敎會史의 探究』, 韓國敎會史研究所.

13) 趙珖, 1988, 『朝鮮後期天主敎史研究』, 高麗大學校 民族文化研究所.

14) 陳仁權, 1989, 『辛酉邪獄硏究』, 成均館大學校 大學院 博士學位 論文.
　　朱明俊, 1989, 『天主敎의 全羅道 傳來와 그 受容에 관한 硏究』, 全北大學校 大學院 博士學位 論文.

현재의 시점에서, 주문모에 관한 연구는 그에 관해 획득 가능한 자료
들을 두루 구사하고 기존의 연구성과들을 충실히 참작할 때 일단락될 수
있을 것이다. 그리고 주문모의 활동에 관한 올바른 이해를 위해서는 그
가 살았던 시대에 대한 이해와 더불어 그로부터 선교를 받은 신도들에
관한 이해도 함께 병행되어 나가야 한다. 그 신도들의 주의·주장을 통해
서 우리는 주문모의 신앙이나 영성에 대해서 간접적으로나마 검토할 수
있을 것이기 때문이다.

2. 조선 입국의 배경과 과정

1) 조선 입국의 배경

주문모의 조선 입국과 그 선교활동을 올바로 이해하기 위해서는 먼저
그가 조선에 파견된 배경부터 확인해야 한다. 주문모가 조선에 파견된
첫번째의 배경으로는 선행 연구에서 지적된 바와 같이 조선 신도들의 선
교사 파견 요청을 들 수 있다.[15] 조선 교회는 창설 초기 그 전례공동체
적 성격을 부여하기 위해서 이른바 '가假성직제도' 내지는 '가假성무집행
제도'를 실시한 바 있었다.[16] 그러나 조선교회는 그 부당성을 뒤늦게 깨
닫고 북경에 선교사의 파송을 요청하게 되었다. 이 당시의 상황을 유관
검柳觀儉은 1801년 신유교난의 심문 과정에서 다음과 같이 말하고 있다.

> 대저 주문모를 영입하는 계책은 이가환, 홍낙민, 이승훈, 지황池瑝 등이 주
> 장한 바었다. 그런데 그 때 여러 사람들이 의논하기를 '신부가 아니면 칠성사

---

15) 赤木仁兵衛, 1941, 「神父周文謨の入鮮」『加藤博士還曆記念 東洋史集說』, 49~
52쪽.

16) Dallet, *ibid.*, tome 1, pp.30~32(달레, 앞의 책 上, 323~325쪽 참조).

七聖事를 행할 수 없고, 성사를 행할 수 없으면 교회의 일이 이루어질 수 없다. 그러므로 반드시 주교 한 분을 맞아 들인 다음에야 이 가르침을 시행할 수 있다. … (서양에서) 큰 선박을 오게 하는 계획은 (그 소요 시간이) 4~5년이나 걸릴 것이니 너무 우원迂遠하다. 그러므로 중국에서 신부 한 명을 영입함이 방편이 될 듯하다'고 말하면서 윤유일을 파견했는데 윤유일이 과연 주문모를 영입했다.[17]

즉 교회 창설 직후 조선인 신도들은 교회가 지도자 없이는 유지될 수 없다는 것을 너무나 잘 알고 있었다.[18] 그리하여 그들은 자의적으로 성직자단을 형성했다. 이승훈은 10여명의 신도를 신부로 선발하였고, 미사와 성사를 집전하게 했다. 그러나 그들은 자신들의 행동에 문제가 있음을 깨닫게 되었고, 또한 제사문제에 대한 명확한 설명을 구하며, 선교사의 파견을 요청하기 위해서 윤유일을 파견하기에 이르렀다.[19] 위에 제시된 유관검의 공초는 이와 같은 사정을 전해주고 있다.

즉, 당시의 신도들은 성사의 집전과 교회의 유지를 위해서 선교사의 영입을 계획하고 있었다. 그리하여 그들은 1789년 윤유일을 밀파密派, 북경교회와 연결을 시도했다. 권일신의 제자였던 윤유일은 이성원李性源을 정사正使로 한 진하겸사은동지사進賀兼謝恩冬至使가 파견될 때 북경에 동행할 수 있었다.[20] 그는 이 사행을 수행隨行하는 사지마私持馬의 명색을 은자銀子 20냥에 구입하여 북경에 들어갔다.[21] 그는 이승훈의 편지를 휴대하

---

17) 辛酉推案『推案及鞫案』卷25, 539쪽.
18) Dallet, ibid., tome 1, p.30(달레, 앞의 책 上, 323쪽).
19) 趙珖, 1988, 앞의 책, 54~59쪽.
20) 『同文彙攷』節使 1.(1978, 국사편찬위원회, 제3책, 2805쪽). 李性源은 3월 20일 承准하고, 8월 3일 進表했다.
21) 『邪學懲義』, 移還逸秩, 不咸文化社, 232쪽. 여기에서 劉觀儉은 선교사를 영입하기 위한 尹有一의 파송 경비로 李家煥이 500냥을 출연했다고 實吐하고 있다. 그러나 이가환이 赴燕 경비를 출연했다는 이와 같은 그의 공초에 대해서는 별도의 사료비판이 요청된다. 그의 이 증언과 1780년대 李家煥이 드러내고 있었던 여러 행동들과는 크게 어긋나기 때문이다.

고 북당을 방문하여 로오(Raux) 신부를 만나서 편지를 전달했다. 그리고 그는 구베아 주교의 사목서한을 가지고 1790년 4월에 귀국했다.[22] 이러한 과정에서 북경의 주교 구베아는 조선 교회의 '기적적' 탄생에 대해서 경탄하며 선교사의 파견을 약속했다. 그리고 윤유일은 1790년 9월에 강희제의 팔십수를 축하하는 성절진하겸사은사행聖節進賀兼謝恩使行에 편승하여 재차 북경에 파견되었다.[23] 이때의 사행 중 일원인 오모吳某가 북경에서 요한 세자라는 세례명으로 영세했다.[24] 윤유일은 오요한과 함께 선교사 영입을 위한 준비작업을 진행시켰다. 그는 선교사가 미사를 집전할 때 사용할 제구祭具를 가지고 귀국할 수 있었다.[25] 이로써 조선인 신도들은 선교사를 영입할 수 있는 준비를 상당히 진전시켜 갔다. 그러나 이때의 선교사 영입 시도는 일단 좌절되었다. 그후 조선 교회는 1791년에 발생한 진산사건으로 인한 박해가 종료된 이후인 1793년 북경에 파견된 동지겸사은사가 파송되는 기회를 이용하여, 지황池璜과 박朴(Po) 요한을 다시 파견해서 구베아 주교에게 선교사의 파송을 거듭 요청했다.[26]

---

22) 「구베아 서한」, 『교회사연구』 8, 178쪽.

23) 『同文彙攷』節使 1 (국사편찬위원회 본, 제3책, 2809쪽) 및 「正祖實錄」 卷31, 正祖 14年 10月 戊午條. 이때 正使는 金箕性이었다. 그는 10月 戊午에 辭陛하고 11月16日 進表했다.

24) '오'요한의 성씨는 「구베아 서한」, 앞의 글집 , 227쪽에는 'V' 즉 'u'의 흡을 번역한 것이다. 이는 조선의 성씨 가운데 吳氏의 中國흡이다. 그가 조선의 관리였다는 기록을 참조할 때 당시 관직 취임자가 많았던 同福 吳氏 계통의 인물로 추정할 수도 있다. 이 사람을 종전에는 보통 '禹'로 번역해 왔는데, 禹의 中國흡은 'yu'이다. 그러므로 이 사람은 '禹哥'가 아닌 '吳某'로 봄이 더 타당할 것이다.

25) 「구베아 서한」, 앞의 글집, 181~196쪽.

26) 「구베아 서한」, 앞의 글집, 192쪽. 여기에 등장하는 Po는 한문으로 된 조선인 姓氏를 당시 중국어의 발음으로 옮겨 놓은 것이다. 이에 해당하는 조선의 성씨로는 朴氏를 들 수 있겠다. 朴은 오늘날 중국 官話로는 'pu'로 발음하고, 北京의 慣用흡으로는 'piao'라고 하고 있다. 이에 비추어 볼 때 朴이 18세기 말엽 廣東語에서는 'po'로 발음되었을 가능성이 크다고 생각된다. 「구베아 서한」의 漢字흡은 大槪가 廣東흡으로 표기된 것이라 생각된다.

이때 지황은 상고商賈를 가장하여 사행에 동행할 수 있었다.27) 이와 같이 조선 교회에서 선교사의 영입을 위해서 드러내었던 적극적 자세가 주문모 신부의 조선 입국에 있어서 중요한 배경으로 작용하고 있다.

한편, 구베아 주교가 조선에 선교사를 파견하기로 결정한 두번째의 배경으로는 구베아 주교의 사목적 판단을 주목할 수 있다. 구베아 주교는 1789년 조선인 신도들의 편지를 받고 이에 감격한 바 있었다.28) 그리고 이를 교황청에 보고했고, 교황 비오 6세는 구베아 주교에게 서한을 보내어 1792년 4월 조선 교회를 구베아 주교의 '개인적인' 보호와 지도에 맡기게 되었다.29) 그런데 구베아 주교는 조선인 신도들이 "신앙은 견고하지만, 책이 부족하고 또 경험 있는 사람들이 없기 때문에 그리스도교 교리에 관한 지식이 피상적임을 알았다."30) 또한 그는 조선인 신도들이 이미 중국에서는 결정이 난 전례문제에 관한 무지를 드러내고 있을 뿐만 아니라, 교회 전통에 대한 무지의 소산으로 이른바 가성직제도 등을 시행하고 있는 데에 놀랐다. 이에 그는 조선 교회를 그대로 방치해둘 경우에는 수년 이내에 이단으로 돌아갈 것으로 생각했다.31) 즉, 유관검은 구베아 주교가 말하기를 "조선에 신부가 없으면 5년이 되면 도리어 이단으로 돌아갈 것이다"고 판단했음을 증언했다.32) 구베아의 이와 같은 생각은 상당한 근거를 가지고 있는 것이었다. 그리고 그는 조선은 "중국보다 가난하고 성실하며 그래서 오만과 자만과 재물에 물들어 있지 않기 때문에 그만큼 복음의 전파가 더 용이하고 더 성과가 있을 것"으로 파악했다.33) 이처럼 그는 조선의 선교의 전망에 대해서도 매우 낙

---

27) 『推案及鞫案』 25 「邪學罪人李基讓等推案」, 204쪽.
28) 「구베아 서한」, 앞의 글집, 171쪽.
29) 崔奭祐, 1992, 「李承薰 관계 書翰 자료」『敎會史研究』 8, 166쪽.
30) 「구베아 서한」, 앞의 글집, 183쪽.
31) 「구베아 서한」, 앞의 글집, 183·190쪽 등 참조.
32) 『邪學懲義』, "邀去神父然後 可以廣行聖敎 而不然 則未五年 反歸異端矣"
33) 「구베아 서한」, 앞의 글집, 185쪽.

관적 판단을 내리고 있었다.

한편 조선에 중국인이 선교사로 파견된 데에는 또다른 배경이 작용하고 있었다. 청인 신부 주문모가 조선에 파견된 세 번째 배경으로는 당시 중국 및 조선 교회의 사정이 감안된 결과였다. 우선 당시 중국교회의 사정을 살펴보면, 1792년 경 북경北京에는 구베아 주교와 로드리게스 신부를 비롯한 5인의 유럽인 선교사가 있었고, 이들 가운데 3명은 1792년에 북경에 들어온 선교사로서 중국의 선교에 있어서도 그 경험이 부족했던 인물이다.34) 그러므로 구베아 주교는 유럽인 선교사를 조선에 파견하는 데에는 상당한 어려움이 있었을 것으로 추정된다.

당시 구베아 주교는 1785년도와 1791년에 조선에서 천주교에 대한 탄압이 있었던 사실을 잘 알고 있었다. 그러므로 그는 이와 같은 상황에서 외적外的인 용모가 판이하게 다른 유럽인 선교사가 조선에 입국하여 선교를 하는 데에는 상당한 어려움이 따를 것임을 충분히 예상할 수 있었다. 그리하여 구베아 주교는 얼굴과 외모가 조선인들과 거의 차이가 나지 아니하는 중국인 성직자를 조선에 파견하고자 했다. 그들이 조선인 복장을 착용하게 되면 쉽게 알아보지 못할 것으로 판단했기 때문이다.35) 여기에서 그는 당시 중국에 설립되어 있던 신학교를 마치고 서품된 중국인 신부들 가운데에서 조선 파견 선교사를 택하고자 했다.

이러한 과정에서 구베아 주교는 1790년 10월 경 중국인 오吳 요한 레메디오스(Joan dos Remedios) 신부를 조선에 파견할 것을 결정했다.36) 그는

---

34) 矢澤利彦, 1941,「舊北堂 沒收の 事情に 就いて」『加藤博士還曆記念東洋史集說』, 912~913쪽.
   鈴木信昭, 上揭論文, 39쪽.

35)「구베아 서한」, 앞의 글집, 185쪽. 외모가 조선인과 비슷해야 한다는 이 조건은 Remedios 신부 외에 周文謨가 조선에 파견될 때에도 마찬가지로 고려되었다.「구베아 서한」, 197쪽 참조.

36) 그의 中國式 姓氏는 吳氏였다. 그러나 그는 조선에 나오기 위해서 李氏로 變姓했다고 한다. 달레, 앞의 책 上, 375쪽 참조.

마카오 교구의 재속 신부로서 북경에서 구베아 주교로부터 교육을 받고 1786년 경에 서품되어 성무에 종사하고 있었다. 구베아 주교는 그를 "젊지만 열심하고 신중하고 유순하며, 또 윤리신학에 대한 충분한 지식을 갖추고 있었고 서양 교육을 받았다"고[37] 평가했다. 그는 조선 선교사로 임명되어 1791년 2월 북경을 떠나서 20일 동안을 걸어서 조선과 중국의 국경지대에서 도착했다.[38] 그는 여기에서 조선인 신도들과의 접선을 시도했다. 아마도 그는 1790년 겨울에 북경에 파견된 조선의 동지사 일행이 귀환하는 길에 조선인 신도와 접촉하여 조선에 입국하고자 한 듯하다. 그러나 그는 조선인 신도와의 접선에 실패했다. 그가 조선 신도와의 접선에 실패한 이유는 미상이다.[39] 그러나 그는 조선에의 입국을 대기하고 있던 중 1793년에 사망하였으므로 구베아 주교는 새로운 후보로 주문모 신부를 선정하게 되었다.

이상에서 살펴본 바와 같이 당시 북경에는 서양인 선교사의 수가 많지 않았고, 박해가 진행중인 조선에 조선인과는 외모가 다른 유럽인 선교사를 파견하는 것은 일종의 모험으로 생각되었다. 그러므로 구베아 주

---

37) 「구베아 서한」, 앞의 글집, 184쪽. 그는 마카오 교구 소속이었고, 1786년경에 서품을 받았다. 이를 감안할 때, 아마도 그는 마카오의 신학교에서 교육을 받다가 1785년 北京에 赴任한 구베아 주교를 수행하여 북경에 이르렀고, 주교로부터 신학 수업을 계속 받은 후 서품되었던 것으로 생각된다.

38) 「구베아 서한」, 앞의 글집, 191쪽.

39) 吳신부가 조선 국경에 도착했을 때는 늦어도 1791년 2월 하순이나 3월 초였을 것으로 추정된다. 이 때는 전년도에 파견되었던 동지사 일행이 조선에 귀임하는 시기로서 양국 간의 교통이 빈번해지는 때이다. 바로 이러한 시기를 이용하여 조선인 신도들은 오신부를 영입할 계획이었다. 그러나 이때 조선인 신도들은 국경에 나타나지 않았다. 구베아 주교는 그 이유를 1791년의 珍山事件으로 인한 박해의 여파로 조선인 신도들의 出迎이 불가능했기 때문이었다고 설명하고 있다. 또한 구베아 주교는 이와 같은 해명을 1793년 池璜 등을 만나서 들었던 것으로 기록하고 있다(「구베아 서한」, 앞의 글집, 192쪽). 그러나 진산사건이 발생한 것은 1791년 11월이므로 조선인 신도들의 해명에는 문제가 있으며, 吳신부와 조선인 신도와의 접선이 실패한 이유는 다른 데에서 찾아져야 할 것이다.

교는 중국에서 서품된 중국인 사제들을 조선에 선교사로 파견하기로 결
정했다. 그의 이러한 결정에 따라 중국인 요한 도스 레메디오스 신부가
조선에의 입국을 시도했지만 좌절되었고, 그의 뒤를 이은 선교사로 주문
모가 선정되기에 이르렀다. 중국인인 주문모도 그 외모에 있어서는 조선
인과 거의 구별할 수 없었다. 이 점도 그가 조선에 파견되는 데에는 유
리한 조건으로 작용했다.

　요컨대, 구베아 주교가 조선에 선교사의 파송을 결정하게 된 배경으
로는 먼저 조선인 신도들의 선교사 파송 요청을 주목할 수 있다. 그리고
이에 이어서 자생적으로 성립된 조선 교회에 대한 구베아 주교의 선교열
과 교황으로부터 받은 '개인적인' 위촉과 조선의 교회에 대한 사목적 배
려가 작용되었다. 또한 당시 유럽인 선교사가 소수에 불과했던 북경교구
의 사정과 조선에서의 박해에 등을 감안하여 청인 사제 가운데에서 조선
의 선교사가 선택되기에 이르렀다.

2) 조선 입국의 과정

　주문모는 조선인 신도들의 요청에 부응하고자 하던 구베아 주교의 파
견을 받아 조선에 입국하게 되었다. 그가 선교사로 선정되어 조선에 입
국하기까지는 일정한 준비가 요청되었을 것이다. 이 사전 준비로는 선교
사로서의 자질을 갖추기 위한 교육을 먼저 주목할 수 있다. 그리고 선교
사로의 파견을 결정하게 된 과정이나 조선인 신도들과의 접촉하여 비밀
리에 조선에 입국하게 되는 과정도 검토해야 한다. 이 부분에 대한 이해
를 통해서 우리는 주문모 개인에 대한 인식뿐만 아니라 그가 살았던 당
시의 조청朝淸 문화교류 관계나 18세기 말엽 조선의 사회와 교회사를 이
해하는 데에 도움을 받을 수 있을 것으로 생각된다.

　주문모周文謨(1752~1801)는 원래 중국 소주蘇州 곤산현崑山縣에서[40] 1752
년에 태어났다.[41] 그가 태어났던 소주는 17세기 초엽부터 그리스도교

신앙이 전해진 곳이었다. 그가 태어날 당시 소주 일대의 강남대목구江南
代牧區는 예수회 출신인 선교사가 관장하고 있었으며, 신도 수는 모두 3
만 여명에 이르고 있었다. 당시 강남대목구는 전례문제의 여파로 어려움
을 겪고 있었다 하더라도 상당히 발전된 모습을 드러내고 있었다.42) 이
러한 지역적 조건을 배경으로 그의 집안은 천주교에 입교할 수 있었을
것으로 생각된다.

주문모는 이 과정에서 당시 강남 지방 교회의 관행대로 포르투갈 식
성명을 갖게 되었을 것이다. 그의 포르투갈식 성명은 야꼬보 벨로조
(Jacobo Velloso)였다.43) 그는 조선에 입국한 이후 자신의 본래 성명으로도

---

40) 『推案及鞫案』 25 「邪學罪人李基讓等推案」, 아시아문화사, 203쪽.

41) 『推案及鞫案』 25 「邪學罪人李基讓等推案」, 202쪽 및 『邪學懲義』, 108·287·296·
303·351·359·367쪽 등 참조. 주문모의 나이에 관해서 달레는 그가 조선파견이
결정되었을 때 24세의 나이였다고 말했다. 그러나 「구베아 서한」의 라틴어 원문
과 포르투갈어 譯文에는 모두 42세로 나온다. 당시 그의 나이가 24세였다는 달레
의 기록은 번역 과정에서의 오류이다. 1801년의 당시 周文謨는 자신의 나이가 50
세라고 말했고, 그 밖에 많은 신도들도 주문모의 나이를 50세 전후로 추정하고
있다. 이로 미루어 보면 그의 출생연도는 1752년임을 알 수 있다. 한편 그의 나이
를 추정할 수 있게 해주는 것으로는 그의 外貌를 들 수 있다. 그는 얼굴이 길었
고, 수염이 많으며 흰(白 혹은 小白) 편이었다(邪學罪人李基讓等推案 『推案及鞫
案』 25, 228·229·236쪽 등 참조). 그의 외관에 관해서는 『邪學懲義』에도 여러 곳
에 언급되어 있다. 이 책의 기록에 의하면, 그의 얼굴은 둥글면서도 조금 긴 편이
었고 하관이 빠졌다 한다(『邪學懲義』, 351쪽). 그리고 눈동자는 붉은 듯했고, 보
통의 신장이었다(同書, 103쪽). 수염은 조금 길었는데 斑白이었으며,(同書, 351·
349쪽) 광대뼈가 高大했고 얼굴은 흰 편이었다(同書, 351쪽)고 되어 있다. 주문모
의 외관을 이와 같이 세밀하게 관찰한 사람들도 주문모의 나이를 한결 같이 50세
전후로 보고 있다. 이로 미루어 볼 때 그가 체포 당시 50세의 나이였음을 확인할
수 있다.

42) Serviere, 1914, Imprimerie de l'Orphelinat de t'ou~se~we, *Histoire de la Mission du
Kiang~nan*, Changhai, 1914.
史式徽 著, 天主敎上海敎區史料譯寫組 譯, 1983, 『江南傳敎史』 1, 上海 ; 譯文出
版社. 10쪽.

43) 「구베아 서한」, 앞의 글집, 197·234쪽. 周文謨의 官話발음은 Chou Wen~mo이다.
한편, '1811년 조선신도들의 편지'(東國敎友上敎皇書)의 포르투갈 역본에는 그의

불렸지만, 경우에 따라서는 이씨李氏로 변성變姓하여 행세하기도 했다.44)

그는 7세 때에 모친을 여의였고 8세 때에 부친을 잃었다. 그는 고아가 되어, 고모에게서 양육 받았다. 그의 고모는 낮에는 침수鍼繡로 생계를 책임졌고, 밤에는 주문모에게 문자를 가르쳤다. 그는 20세에 결혼을 했지만 3년만에 상처한 후에는 다시 결혼을 아니했다.45) 그는 청년기에 독서를 하면서 거자업擧子業에 종사했으나 번번이 급제하지 못하자 거자업을 폐기했다 한다.46) 그가 과거를 준비했다는 사실은 그의 사회적 신분을 암시해 줄 수 있다. 물론 당시 청대 사회에서 평민들도 거인擧人이나 공생貢生이 될 수 있었다. 그러나 과거 합격자는 일반적으로 유력가문 출신들이 많았다.47) 이러한 사실 및 그의 고모가 침수鍼繡로 생계를 유지했

이름이 'Jacobo Cardozo' 혹은 중국 姓을 따서 '周'라고 하였는데, 조선에 들어와서는 '李'라고 부리웠다' 라는 주석이 붙어 있다(尹敏求, 앞의 논문, 50쪽 참조). 그리고 Manuel Teixeira, a Missão da Coreia (Macau e a sua Diocece XVI), 1982, Macau; Tipografia Marsul, p.50에서는 그를 Jacob Veloso로 기록하고 있다. 그는 여기에서 周文謨의 廣東語 발음이 Chau Man~mou임을 표기하고 있다.

44) 『推案及鞫案』25 邪學罪人黃嗣永等推案, 845쪽. "所謂李先生 卽周文謨變姓云"; 『推案及鞫案』25 邪學罪人金鑢等推案, 422~423쪽. "到東方 恐不多易致人識認 故改曰李姓耳". 한편 「東國教友上教皇書」에는 '李神父致命顯末'이라는 항목에서 周文謨의 활동과 체포 및 순교에 관한 내용을 서술하고 있다. 이 자료에서는 그 제목에서만 1801년 당시 순교했던 신부의 姓을 기록해주었다. 이는 주문모가 조선에서 활동을 할 때 자신의 姓을 李氏로 바꾸었음을 실제로 드러내 준다. 1811년 교회 재건 운동에 참여했던 '權기인'이나 申大甫와 같은 열심 인물들도 주문모의 성명을 정확히 알 수 없을 정도로 주문모와 그 측근인들은 그 신변의 보안에 철저를 기하고 있었다.

45) 『純祖實錄』朝鮮王朝實錄, 純祖 元年 3月 辛卯條. 周文謨의 姑母는 생계를 책임지고 있으면서, 직접 주문모를 가르쳤다. 이 점을 볼 때 그는 아마도 당시 중국의 일반 관습과는 달리 결혼하지 아니한 여성이었음을 알 수 있다. 그리고 그가 상당한 학식을 가지고 있었으므로 그는 주문모에게 글을 가르칠 수 있었을 것이다.

46) 『推案及鞫案』25 「邪學罪人李基讓等推案」, 203쪽.

47) Ho Ping~ti, 1962, *The Ladder of Success in Imperial China ~~Aspects of Social Mobility, 1368~1911,* Colombia Univ Press.
曹永祿外 譯, 1987, 『中國科擧制度의 社會史的 硏究』, 동국대학교 출판부, 262

다는 사실 등을 감안할 때, 주문모는 경제적으로 부유하지 못했고, 그의
사회적 신분도 그다지 높지는 않았다고 생각된다. 그러나 그가 과거를
준비했다는 것은 문자를 구사할 수 있는 사회계층으로서 중국 전래의 고
전에 일정한 지식을 가지고 있었음을 뜻한다. 이와 같은 학문적 배경은
그가 조선에 입국한 이후 양반 지식인을 상대하는 데에 상당히 긍정적으
로 작용했을 것이다.

그는 어렸을 때부터[自兒時] 천주교를 믿었고, 장년에 북경으로 옮겨
갔다고 한다.48) 이로 미루어 볼 때 그의 고모를 비롯한 그의 가문은 천
주교를 신앙하고 있었음에 틀림이 없다. 그리고 그가 3~40 대의 연령층
인 장년壯年에 이르러 북경에 간 것은 그곳에 새롭게 개설된 신학교에의
입학과 관련이 있다. 그는 '북경교구 신학교를 처음으로 나온 사람이었
다.49) 그는 1791년부터 1794년 사이의 어느 때에 북경교구의 구베아 주
교로부터 신품성사神品聖事를 받았다.50) 그는 오吳 요한 도스 레메디오스
신부의 사망에 따라 그의 후임으로 조선에 파견될 선교사로 선택되었
다.51) 북경 주교 구베아는 자신과 거의 동년배였던 주문모를 "신심과 교

~268쪽 참조.

48) 『純祖實錄』, 純祖 元年 3月 辛卯條.
　　『推案及鞫案』25 邪學罪人李基讓等推案, 203쪽.

49) 「구베아 서한」, 앞의 글집, 197쪽. 그가 神品을 받기 위해서는 트리엔트 공의회의
　　규정에 따라 적어도 6년간의 신학교육을 받아야 했을 것이다. 그렇다면 그는 늦
　　어도 36세가 되던 1788년 이전에는 북경에 도착했을 것으로 생각된다. 그리고 이
　　로 미루어 볼 때, 1785년 북경의 교구장으로 부임한 구베아 주교는 자신이 교구
　　장으로 부임한 지 얼마 후부터 교구에 신학교를 운영한 것으로 볼 수 있다.

50) 그가 神品을 받은 시기의 下限은 그를 조선 선교사로 파견하기로 결정한 1794년
　　으로 볼 수 있다. 그러나 그 上限은 구베아 주교의 북경 부임 및 신학교 설립의
　　시기와 관련될 것이다. 구베아는 1785년에 부임했다. 그가 부임한 직후 신학교를
　　설립했다고 가정하고, 신학교 교육기간이 6년이었을 것임을 감안한다면 주문모가
　　서품을 받을 수 있는 上限은 대략 1791년이 될 것이다. 즉 주문모는 1791년부터
　　1794년 사이에 북경에서 구베아 주교로부터 서품을 받았다.

51) 『推案及鞫案』25 邪學罪人李基讓等推案, 204쪽. 조선의 관원들은 주문모를 파견

회 학문에 충분한 자격을 가졌고, 또한 중국의 문자와 학문에 대한 깊은 지식도 겸하고 있었다"라고[52] 말하면서 깊은 신뢰를 보여 주었다. 구베아는 그를 조선 선교사로 파견했다.

주문모는 사도직 수행에 요청되는 제반 권한을 받아 가지고, 1794년 2월 북경을 떠났다. 이때 그의 나이는 42세였다. 그는 20여일의 도보여행 끝에 책문栅門에 도달했다.[53] 그러나 압록강의 얼음이 풀려서 조선에의 잠입이 어려움을 알게 되어 책문을 나서지 않고 다시 겨울을 기다리게 되었다.[54] 그는 조선 입국의 기회를 기다리는 동안 만주의 교회를 순회했다. 북경교구장 구베아 주교는 1787년이래 만주 요동지방의 교회에 대해서도 신부를 파견하여 순회시키고 있었기 때문이다.[55]

그는 의주義州 변문邊門에서 대기하고 있던 지황池璜을 비롯한 조선인 신도들의 안내로 조선 복장으로 갈아입고 동지사행이 환국하던 1794년 12월 3일(陰曆, 양력으로는 1795년 1월 3일) 의주에의 잠입에 성공했다.[56] 그는 신도들과 함께 의주에서 서울로 이동했다. 이때 주문모는 역부驛夫로 가장하였다.[57] 이동 과정에서 그는 도중에 일반 여사旅舍에서 머물었다. 그는 12일 간을 걸은 후 12월 14일(陰曆, 양력으로는 1795년 1월 14일) 경 서울에 들어왔다.[58]

한 사람이 梁棟材인가를 질문했다. 梁棟材는 李承薰에게 세례를 주었던 인물로서 이미 조선의 관인들이 알고 있었던 선교사의 이름이었다. 이때 주문모는 이를 시인함으로서 구베아가 자신을 조선에 파견했다는 사실을 은폐시켰다.

52) 「구베아 서한」, 앞의 글집, 197쪽.
53) Dallet, *ibid.*, tome 1, p.71(달레, 앞의 책 上, 378쪽).
54) 『推案及鞫案』25 「邪學罪人李基讓等推案」, 205쪽.
55) 赤木仁兵衛, 上揭論文, 58 쪽 및 Dallet, *ibid.*, p.71(달레, 앞의 책, 378쪽).
56) 「邪學罪人李基讓等推案」 『推案及鞫案』 25, 205쪽.
57) 李晩采, 『闢衛編』.
58) 「구베아 서한」, 앞의 글집, 197쪽. 구베아는 주문모가 12월 23일(양력) 거의 한밤중에 조선에 입국했다고 기록했다. 그리고 그가 12일의 일정을 거쳐서 서울에 도착했다고 했다. 이를 추적하면 그는 1795년 1월 2일 경에 서울에 도착한 셈이 된다. 그러나 이는 앞서 周文謨가 자신은 12월3일(음력) 조선에 입국했다는 내용

이와 같은 주문모의 영입迎入에 직접 참여했던 신도로는 우선 지황池璜, 최인길崔仁吉, 강완숙姜完淑을 들 수 있다. 강완숙은 주문모의 영입에 소요되는 경비를 마련했다.[59] 이들 외에 지황과 동행했던 박요한의 경우에도 주문모의 영입에 직접 관계되었다. 그리고 이미 1789년과 1790년 북경에 밀파되었던 윤유일도 주문모의 조선 입국에 깊이 관여하고 있었다. 한편, 1799년 내포에서 순교했던 배프란치스코의 동생인 배마티아도 북경을 왕래하면서 주문모 신부를 입국시키는 데에 참여했을 것이다.[60]

주문모의 조선 파견에 대하여 북경의 교회에서도 상당히 주목하고 있었다. 그러기에 1799년 북경에 파견된 옥천희玉千禧가 북경의 구베아 주교를 방문했을 때 소가蘇哥라는 유생儒生이 주문모 신부의 안부를 그에게 묻기도 했다. 그리고 그는 북경의 조선관朝鮮關 근처에 있던 위가魏哥라는 사람의 시계포를 방문했을 때에도 주문모 신부의 안부에 관한 질문을 들었다.[61]

주문모가 조선인 신도들과 접촉하고 조선에 잠입할 수 있었던 것은

과는 차이가 난다. 구베아가 주문모의 입국 일자로 기록한 양력 12월23일은 음력으로는 11월 13일이 된다. 그러나 주문모의 증언에 의해서 그가 입국한 날을 양력으로 환산해 보면 1995년 1월3일이 된다. 그리고 그는 대략 1월 14일 경에 서울에 도착했다. 의주에서 서울까지의 일정은 燕行記 등에서도 대략 12일 정도로 보고 있으므로 이 일정에 관한 구베아의 기록은 신빙성이 있다. 그러나 주문모의 입국 일자에 관한 구베아의 기록에는 문제가 있다. 그 사료가치로 볼 때 주문모의 직접 증언에 더욱 신뢰성이 있기 때문이다. 그러므로 주문모의 조선 입국일자를 1794년 12월 23일로 보고, 그가 1795년 초에 서울에 들어온 것으로 설명한 「구베아 서한」이나 이에 근거하여 서술된 달레,『조선천주교회사』의 기록은 수정되어야 한다.

59)『邪學懲義』, 363~364쪽 ;『黃嗣永帛書』, 66 行.
60) Dallet, *ibid.*, tome 1, p.237(달레, 앞의 책, 上 614쪽). 裵마티아도 1801년에 絞首되어 순교했다.
61)『邪學懲義』, 224쪽.
　　『推案及鞫案』25 邪學罪人黃嗣永等推案, 801~803쪽.

당시 조선과 청국 사이에 외교 및 통상관계가 활발히 전개되고 있었기 때문에 가능한 일이었다. 또한 조선에서 그가 비교적 장기간에 걸쳐 활동할 수 있었던 것은 조선 후기 사회의 변동 결과로 가능한 일이었다. 조선 후기 사회에서는 성리학 중심의 문화 풍토에 대한 반성과 함께 평등 지향적 사회 분위기가 강화되어 가고 있었다. 이러한 역사적 조건을 기반으로 하여 그의 입국과 활동이 가능했다.[62]

조선에 입국할 당시 주문모는 자신의 입국 목적에 대해서 뚜렷이 알고 있었다. 즉 그는 "동국東國에 정학正學을 전하고자 들어왔다"[63]고 말했다. 즉, 그는 자신이 신앙하는 천주교가 사학이 아닌 정학임을 확신하면서 이를 전하기 위해서 조선에 입국했음을 표현한 것이다. 이는 그의 조선 입국 목적에 대해서 그 자신이 처음부터 선명히 알고 있었음을 뜻한다. 그리고 그의 목적이 천주교의 선교에 있음을 감안할 때, 그는 조선 후기 봉건사회의 해체기에 있어서 일종의 새로운 문화 전파의 역할을 담당하기 위해서 조선에 입국했음을 뜻한다. 여기에서 그의 조선 입국이 갖는 역사적 의미를 평가하는 일은 그가 전하고자 했던 문화의 가치에 따라서 이루어 질 것이다. 그는 평등 지향적인 조선 후기 사회의 흐름을 강화시키는 데 기여할 수 있는 서학 내지는 천주교를 조선에 전하고자 하여 비밀리에 입국했다. 그리고 조선에서 전개한 그의 선교활동도 이와 같은 역사의 흐름과 일치되는 것이었다. 그러므로 그의 조선 입국은 조선 후기 사회의 발전에 일정한 기여를 해줄 수 있는 사건이었다.

요컨대, 주문모(1752~1801)는 포르투갈 인들이 선교하고 있던 강남교구 소주부 곤산현에서 출생했다. 그는 한때 과거를 준비하기도 했지만 도중에 이를 포기했고, 포르투갈인 구베아가 북경 주교로 부임한 이후

---

62) 朴光用, 1995, 上揭論文 참조.
63) 『推案及鞫案』 25 邪學罪人李基讓等推案, 203쪽. "邪學是正學..矣身來東國爲傳此教"

북경에 가서 신학을 공부하고 사제에 서품되었다. 그리고 요한 도스 레메디오스 신부의 뒤를 이어서 조선의 선교사로 임명되었다. 그가 조선의 선교사로 임명된 직접적 계기는 1793년에 지황 등이 북경주교에게 선교사의 파견을 요청한 사실이었다. 그는 1794년 말에 조선인 신도들의 도움을 받아 조선에 입국했다. 그는 조선인의 천주교 신앙열을 충족시켜주기 위해서 조선에 입국했다. 그의 조선 입국은 18세기 말 조선 후기 사회의 변동과 문화의 특질을 이해하는 데에 도움을 줄 수 있으며, 조청문화교류 관계를 이해하는 데에 있어서도 참고할 만한 일이라 생각된다.

3. 조선에서의 활동

1) 신유교난 이전의 행적

주문모의 생애에 있어서 가장 중요한 부분은 그가 조선에 입국하여 천주교 선교사업을 전개하다가 죽게 되는 6년 4개월 여에 걸친 과정이다. 이 기간동안 그는 조선의 천주교회에 있어서 가장 핵심적 인물로 활동했다. 그러므로 신도들은 그를 '교종인教宗人'이라고까지 부르기도 했다.64) 여기에서 우리는 그가 조선에 입국한 1784년 12월 이후 1801년 1월 신유교난이 본격적으로 발생하게 되는 시기까지 그와 관련된 행적을 사실적으로 밝혀 보고자 한다. 그의 행적에 대한 정확한 이해는 우리가 주문모를 올바로 판단할 수 있는 관건이 된다. 즉, 우리는 주문모의 행적을 통해서 그의 신앙 및 사고방법을 이해할 수 있고, 그 당시의 신앙공동체가 드러내고 있었던 사회적 특성까지도 검출해 낼 수 있을 것이다.

---

64) 『邪學懲義』, 372쪽.

주문모는 1794년 12월 14일(陰曆, 양력으로는 1795년 1월 14일) 경에 지황 등의 안내로 서울 정동貞洞에 있던 최인길의 집에 도착하게 되었다. 그를 맞은 신도들은 그를 대대적으로 환영했다. 이때의 상황은 "신도들은 그를 마치 하늘에서 내려온 천신처럼 환영하고 공경했다."[65] 라는 기록을 통해서 확인할 수 있다. 그는 최인길의 집을 근거로 하여 선교활동에 착수했다. 그는 1795년 부활절 전 성목요일聖木曜日에 조선인 신도들에 세례를 주었고, 필담을 통해서 고해성사를 집전하고 성체를 영해주었다.[66] 그리고 가성직제도 아래에서 영세를 받은 사람들에게도 보례補禮를 집전했다.[67]

이 기간동안 주문모는 자신의 집주인인 최인길崔仁吉(1764~1795) 그리고 자신의 조선 입국에 관계되는 지황池璜(1766~1795), 윤유일尹有一(1760 ~1795) 및 강완숙姜完淑(1760~1801)과 그의 아들 홍문갑洪文甲(1773~1801) 이외에도 많은 사람을 만났다. 즉, 그는 최창현崔昌顯(1754~1801), 최인철崔仁喆(?~1801), 최필공崔必恭(1745~1801), 정인혁鄭仁赫(?~1801), (고故) 김루가金路加, 김방지거金方濟各 등을 만났다고 말한 바 있다.[68] 그리고 황사영도 이때에 주문모를 만났다.[69]

그러나 그가 만난 사람은 이들 뿐이 아니었다. "그가 조선에 왔다는 소식을 들은 많은 사람들이 신부를 만나 성사를 받고자 했다. 오래지 아니하여 많은 사람들이 최인길의 집에 몰려들게 되었다."[70] 최인길의 집

---

65) 「구베아 서한」, 앞의 글집, 197쪽.
66) 「구베아 서한」, 앞의 글, 197~198쪽.
67) 『推案及鞫案』 25 「邪學罪人李基讓等推案」, 207쪽.
68) 『推案及鞫案』 25 「邪學罪人李基讓等推案」, 206쪽. 이 때 訊問官은 그가 이승훈을 만났는가를 질문했다. 그는 이승훈은 당시 叛敎했으므로 만나지 아니했다고 말했다(앞의 책). 한편, 黃嗣永은 李承薰이 周文謨 신부의 입국사실을 알고 신부를 만나보고자 했으나, 1795년의 박해가 일어나자 만나기를 포기했다고 기록했다 (黃嗣永帛書, 46 行).
69) 『推案及鞫案』 25 「邪學罪人黃嗣永等推案」, 811쪽.
70) Dallet, *ibid.*, tome 1, p.71(달레, 앞의 책 上, 379쪽). 崔仁吉의 집은 원래 貞洞이었

에 있는 방에는 서양식 장식을 한 천주당이 설치되어 있었다.71) 이곳에
신도들이 모여서 주문모와 함께 신앙집회를 가졌을 것이다.

이러한 과정에서 신입신자新入信者인 진사 한영익韓永益이 주문모를 만
나본 후, 그의 입국 사실과 용모파기 및 거주처를 이벽李檗의 동생인 이
석李晳에게 밀고했다. 1795년 4월 이석은 이 사실을 채제공蔡濟恭에게 알
렸고, 채제공은 국왕 정조에게 밀고했다. 정조는 포도대장 조규진趙奎鎭
에게 주문모에 대한 체포명령을 내렸다.72) 이와 같은 사실이 신도들에
게 탐지되어 주문모는 최인길의 집을 떠나 급히 피신하였고, 역관 출신
이었던 최인길이 주문모를 가장하여 체포되었지만 이내 그가 주문모가
아니라는 사실이 탄로되었다. 최인길과 함께 윤유일 및 지황이 함께 체
포되었다. 이들은 신문을 받던 과정에서 타살을 당했다.73) 그러나 대사
헌 권유權裕를 비롯해서 척사계斥邪系 인물들은 이 세 사람이 타살된 사건
에 대해서 추궁했다.74) 그들은 청인 신부가 조선에 잠입한 사실을 숨기
기 위해서 위의 세 사람을 급하게 타살한 것으로 파악했다.75) 그리고 포
청에서 3인을 동시에 타살한 사실을 볼 때, 이는 신문 과정에서 일어난
불상사가 아니라 고의적 타살임이 분명하다고 생각했다.76) 당시 척사계
의 이와 같은 상황 판단은 정확한 것으로 볼 수 있다. 채제공을 비롯한
남인계 인물들은 청인 주문모의 입국 사건이 현실 정치적 문제로 비화되
는 것을 미봉해 보고자 했던 것으로 생각된다.

그런데 주문모는 조선인 신도들의 자기 희생적 노력 결과로 체포를

다가 桂洞 혹은 桂山洞으로 이사했다.

71) 李晩采, 1931,『闢衛編』3 : 15a. "中人崔仁吉池璜金有一等 搆天主堂於桂山洞深
    處 間架一依胡制".
72) 丁若鏞,『與猶堂全書』「自撰墓誌銘」, 1~16, 6b~7a.
73)『承政院日記』第1747册, 正祖 19年 5月 12日字.
74)『承政院日記』第1748册, 正祖 19年 7月 4日字.
75) 李晩采, 1931,『闢衛編』卷3「捕廳三漢徑斃事」: 15a~16b.
76) 李晩采, 1931,『闢衛編』卷3 : 15b.

모면할 수 있었다. 물론 남인 정권하에서 남인과 관계될 수 있는 주문모의 사건을 다루는 데에는 미묘한 문제가 있었을 것이다. 그러므로 당시 조정에서는 주문모 실포失捕 사건이나 포도청에서 주문모와 관계되는 세 사람을 경폐徑斃시킨 사건에 대해서 일종의 기휘사항으로 취급되고 있었다.[77] 그러나 성균관 유생 박영원朴盈源 등은 상소하여 주문모에 대한 추적의 계속을 요청했다.[78] 관청에서도 주문모에 대한 추적을 그치지 않고 계속했다.

정조는 자신의 친위군 내지는 시위조직인 장용위와 연부별군蓮府別軍을 동원하여 주문모의 행적을 기찰했다. 그리고 조화진趙和鎭과 같은 인물을 별도로 선택하여 충청도 지방으로 보내서 주문모의 행적을 염탐시켰다. 특히 정조의 시위기관인 연부蓮府의 대장 이해우李海愚는 이 사건이 일어난 이후 4~5년 동안 주문모를 체포하기 위해서 노력하고 있었다. 이때 이해우가 작성해놓은 염문기廉問記는 1801년 주문모를 신문할 때에도 활용되었다. 주문모를 체포하고자 하는 과정에서 1798년과 1799년 충청도에서 박해가 발생하기도 했다.[79] 그리고 주문모는 배교한 신도 김여삼金汝三이나 도하都下 무뢰배無賴輩의 추적을 계속하여 받고 있었다.[80]

주문모에 대한 체포의 노력에 비례하여 주문모는 자신의 행동에 신중할 수밖에 없었다. 그러므로 그는 항상 자신의 거취에 주의를 기울이며 극도로 조심하게 되었다. 이러한 그의 신중한 자세는 다음의 자료를 통해서도 드러난다.

---

77) 李晩采, 『闡衛編』 卷3 : 17a. "半夜潛捕 忙忙棍斃 又從以極秘其設 有若大忌諱者然"
78) 李晩采, 『闡衛編』 卷4 : 1a.
79) 李晩采, 1931, 『闡衛編』 4 : 18a.
　　黃嗣永, 『黃嗣永帛書』, 5行.
80) 黃嗣永, 『黃嗣永帛書』, 24 行.

신부는 그를 맞아들이는 집안의 식구에게도 아무에게나 자기 모습을 보이
지는 않았고, 아무도 그가 와 있다고 드러내놓고 말하지 않기 때문에 교우 하
인들까지도 그것을 그저 짐작만 하는 때가 여러 번 있었다.[81]

신부가 이 나라에 오자 마자 곧 고발하는 자가 있어서 이미 선왕이 알게
되었으므로, 7년동안 조심하고 두려워서 몸을 움츠리지 아니할 때가 없었고,
감히 성사를 널리 행하지 못하여 은혜를 입은 사람이 본디 많지 못했다고, 그
태반이 여교우들이다. 지방의 교우와 서울의 常人 중에서 열심한 사람이 적지
않았으나 은혜를 받은 이는 극히 드물다.[82]

그가 조선에 나와 있다는 사실은 일부의 신도들에게만 알려졌다. 주
문모의 "조심성과 재능, 열성과 덕행 등은 일반 사람들의 수준을 넘는
것이었다. … 그는 이 조심성과 임기응변으로 모든 위험한 고비에서 빠
져나올 수가 있었다."[83] 그러나 당시 교회의 신도들이 주문모를 쉽게 만
날 수는 없었다. 예를 들면 1839년에 순교한 신대보申大甫는 그의 친구인
이여진과 함께 1801년 이전에 신부를 만나기 위해서 많은 노력을 했지
만 '별로 열심한 신자가 아니라서' 주문모를 만나 볼 수 없었다.[84] 이
사건 이후 주문모는 자신이 발각되는 것을 피하기 위해서 사람들과의 접
촉 범위를 매우 좁혔다.[85]

이와 같은 그의 신중한 행동은 박해라는 현실적 위협 아래에서 자신
을 보호하기 위한 당연한 노력의 일단이었다. 주문모는 최인길崔仁吉의
집에서 대략 6개월을 보내다가 자신에 대한 체포의 기도를 알게 되자
곧 최인길의 집을 탈출하여 남대문 안에 있던 권파서략權巴西略(楊根人) 가
와 홍문갑洪文甲 즉 강완숙 가[86] 그리고 사축서동司畜署洞 김모金某의 집으

---

81) Dallet, ibid., tome 1, p.77(달레, 앞의 책 上, 387쪽).

82) 黃嗣永, 『黃嗣永帛書』, 84 行.

83) Dallet, ibid., tome 1, p.80(달레, 앞의 책 上, 391쪽).

84) Dallet, ibid., tome 1, p.78(달레, 앞의 책 上, 388쪽).

85) 『推案及鞫案』卷25 「邪學罪人金鑢等推案」, 443쪽.

86) 이 때 그는 강완숙의 장작광 안에서 숨어 지냈다[Dallet, ibid., tome 1, p.74(달레, 앞의 책 上, 382쪽)].

로 도피하여 하루나 이틀씩을 지내다가 충청도 연산현連山縣으로 피신했
다.87) 마침 그해 4월부터 이존창과 유관검이 상경하여 최인길 가에서 주
문모를 만나보았는데, 사건이 발생하자 주문모는 그들의 안내를 받아 충
청도로 피난을 가게 되었다. 그는 연산현으로 피신해 갈 때 우선 양근楊
根의 권모權某의 집을 거쳐서 3일 만에 연산連山에 이르러 약 2개월 간
이보현李步玄의 집에서 머물렀다.88) 이때 그의 연산 행行은 단순한 피난
만을 위한 것이 아니었다. 그는 이 기회에 충청도와 전라도의 신앙공동
체를 순시하고 선교를 전개할 수 있었다. 즉, 주문모는 이 도피의 과정에
서 덕산德山의 양반이었던 인印은민에게 세례를 주었다.89) 그는 1795년
경 고산高山에서 이존창李存昌의 집에 머물었고,90) 김강이金綱伊의 형제와
접촉한 바 있었다.91) 그리고 전주의 유항검柳恒儉의 집에 유숙하고 있을
때 그는 윤지헌尹持憲을 만나기도 했다.92)

　주문모는 피신하는 기회를 이용하여 충청도와 전라도 북부 지방의 공
동체를 순시할 때 송운서宋云瑞가 동행하면서 주문모의 편지를 다른 지역
의 신도들에게 전달해주고 있었다.93) 그리고 이때 덕산德山 고을 태생 김
토마스는 주문모의 마부로 일했을 것이다.94) 이와 같이 그가 충청도와
전라도 북부지방을 잠행할 때의 상황은 다음의 자료를 통해서 드러난다.

---

87) 『推案及鞫案』卷25 「邪學罪人李基讓等推案」, 207 쪽. 당시의 連山縣은 현재 충
　　청남도 論山郡 連山面이다. 그는 이곳에서 약 2개월간을 머문 것으로 되어 있다(
　　Dallet, ibid., tome 1, p.106(달레, 앞의 책 上, 425쪽)).
88) 李步玄은 주문모가 신문 받던 당시 이미 海美에서 죽었다(앞의 책, 207쪽).
89) Dallet, ibid., p.106(달레, 앞의 책, 425쪽).
90) 『邪學懲義』, 233~234쪽.
91) Dallet, ibid., tome 1, p.286(달레, 앞의 책 中, 71쪽).
92) 『推案及鞫案』25 「辛酉推案」, 527쪽.
93) 『邪學懲義』, 234쪽.
94) Dallet, ibid., tome 1, p.239(달레, 앞의 책 上, 616쪽). 金토마스는 辛酉敎難 중에
　　德山에서 斬首되었다.

그는 자기를 인도하여 들여온 여주 고을 윤유일의 집안도 방문했었고, 전라도 전주의 초남草南에 사는 유항검의 집에서도 얼마동안 머물었다. 그가 고산, 람포, 공주, 온양 등의 교회와 내포에 갔었다는 것도 알려져 있다.95)

홍산에 사는 이존창은 신부를 숨기고자 하여 그 집을 고산 땅으로 이사했다. 1795년 4월에 의몸[柳觀儉]과 이존창은 계동의 최인길 가로 신부를 찾아 보고 그를 시골 집으로 맞아 들였다.96)

주문모는 서울을 떠난지 1년 후인 1796년 5월 다시 서울로 돌아온 후 주로 홍문갑洪文甲의 집에서 강완숙의 보호를 받으며 지냈다 한다.97) 강완숙은 주위의 사람들에게 주문모를 향족鄕族이라고 칭했으며 주문모를 기숙시켰다.98) 황사영도 주문모가 1796년 이후에는 주로 강완숙의 집에서 지냈으며, 주문모 신부의 행방은 강완숙만이 알고 있었다고 한 바 있다.99) 그러나 주문모 자신의 증언을 감안할 때 그는 1796년 이후에도 결코 안온한 생활을 할 수는 없었다. 그는 박해가 일어날 때에는 신분의 안전을 위해서 서울의 다른 곳이나 지방으로 피신해야 했다. 이러한 그의 행각을 살펴보면 다음과 같다.

즉, 주문모는 1796년 5월에 다시 서울로 돌아와서 남대문 안 창동倉洞

---

95) Dallet, *ibid.*, tome 1, p.79(달레, 앞의 책 上, 390쪽).

96) 『邪學懲義』, 233~234 쪽.

97) Dallet, *ibid.*, tome 1, p.76(달레, 앞의 책 上, 386쪽). 한편, Dallet, *ibid.*, tome 1, p.161(달레, 앞의 책 上, 504쪽)에 보면 주문모의 시중을 든 사람으로 金수산나와 文榮仁이 나타나고 있다. 또한 金百心 즉 金啓完의 경우에도 주문모의 服事를 한 것으로 되어 있다(『邪學懲義』, 131 쪽). 姜完淑 및 그의 婢子 丁任, 允禮의 母親 등이 飮食을 供饋했고(『邪學懲義』, 360·374쪽), 玄啓完이나 池璜의 妻 등도 주문모의 침구나 의복을 마련했던 것으로 언급되어 있다(『邪學懲義』, 130·364 쪽 참조). 한편, 印은민과 같은 사람은 영세 받은 직후 자신의 長子를 주문모에게 위탁하고 있다[Dallet, *ibid.*, tome 1, p.106(달레, 앞의 책, 上, 422쪽)]. 그도 주문모를 돕는 일을 하였을 것이다.

98) 『邪學懲義』, 350쪽.

99) 黃嗣永, 『黃嗣永帛書』, 77 行 ; 주문모는 강완숙에게 비록 敬語를 쓰지는 아니 했으나 매우 존대했다 한다(『邪學懲義』, 372).

에 있는 홍문갑의 집 즉 강완숙의 집, 정동貞洞에서 계동桂洞으로 이사를
간 故 최인길의 집, 그리고 창동에 있던 다른 노부老婦인 故 김오소라金吳
蘇辣(Ursula?)의 집 및 (고故) 최인길의 집이 다시 전동典洞으로 옮긴 후 그
집에 가서 며칠씩 머물며 약 2년을 지냈다. 이때 그는 최창현의 집에서
머물기도 했고,100) 지방에서 서울로 올라온 최봉한崔奉漢의 가족들을 면
담하기도 했다.101) 또한 그는 이때를 전후하여 강완숙의 집을 근거로 해
서 김이우金履禹, 홍익만洪翌萬 등 도성 내에 자리잡고 있던 신도들의 집을
방문하기도 했다.102)

이와 같이 계속되는 피신 생활의 과정에서도 그는 신도들과의 접촉을
계속하고 있었다. 그는 정광수鄭光秀, 이희영李喜英, 이중배李中培, 김치석金
致錫 등과 같은 신도를 1797년 경에 만난 바 있다.103) 정광수의 누이인
정순매鄭順每에게도 세례를 주었다.104) 그는 1797년 8월 경에 김건순金建
淳 만나서 천주교를 전해주었다.105) 그러다가 그는 1798년에 교회에 대
한 박해가 일어나자 지방으로 다시 도피했다가 약 반년 후 박해가 그쳐
서 다시 서울로 올라와 지내게 되었다.

1799년 홍문갑의 집이 사동寺洞(절골)으로 이사하여 몇 칸을 새로 지었
지만 주변의 소음 때문에 오래 머물기에는 불편했다. 그리하여 전동典洞
의 김노부金老婦의 집이나 최인철崔仁喆(依納爵)의 집 및 아현 황사영의 집
에도 들려 며칠씩 머물기도 했다. 그는 황사영의 집에서 이국승李國昇을
만난 바 있었다.106) 그런데 1799년 겨울에 다시 박해를 만나게 되자 지

---

100) 『邪學懲義』, 69쪽.
101) Dallet, *ibid*., tome 1, p.275(달레, 앞의 책 中, 55쪽).
102) 『邪學懲義』, 153, 246쪽. 洪翌萬의 漢字 표기는 『推案及鞫案』의 기록에 따라서
     洪翌萬으로 표기했다. 그러나 『邪學懲義』와 일부 관찬 사료에는 그의 이름이
     洪瀷萬으로도 표기되어 있다.
103) 『推案及鞫案』 卷25 「邪學罪人李基讓等推案」, 248쪽.
104) Dallet, *ibid*., tome 1, p.82(달레, 앞의 책 上, 509쪽).
105) 『推案及鞫案』 卷25 「邪學罪人李基讓等推案」, 241쪽.

방으로 피신해 있다가 수 개월 후 서울로 귀환했다.107) 홍문갑은 1800
년 3월에 그 집을 팔고 훈동勳洞으로 옮겼다. 주문모가 1800년 4월에 그
집에 도착하여 며칠을 보내니 여주에서 박해 발생의 소식이 들렸다. 그
래서 4월에는 아현 황사영의 집이나 남대문 안의 현계온玄啓溫의 집으로
피신해 지냈다. 5월 달에는 정약종丁若鍾의 집이나 벽동壁洞 정광수?의 집
에 머물기도 했으며, 최창현崔昌顯의 인도를 받아 앞서 거주한 적이 있었
던 광통교廣通橋 김모金某의 집에 유숙했다. 그후 양근에서 박해가 다시
심화되자 인가에 머물기가 어려웠다. 그리하여 주문모는 어느 양반의 행
랑에 머물던 빈한한 충청도 사람과 함께 지냈다. 그해 10월과 11월에는
훈동勳洞 홍문갑의 집과 남대문 정약종의 집 등에서 잠간씩 유숙했다. 그
는 이때 황사영의 집으로 간다고 하면서 홍문갑의 집을 떠난 후 홍문갑
과는 다시 연락을 취하지 아니했다. 108) 그리고 12월에는 김방지거金方濟
各가 거주하는 행랑行廊이나 전동典洞의 여신도 김과부金寡婦의 행랑 건너
방에서 피신했다.109) 그는 12월 23일 남대문에서 황사영을 상견했으나
이 이후로는 두 사람이 다시 만날 수 없었다.110)

이상에서 1795년에서 1800년 사이에 드러나고 있는 주문모의 행적을
정리해보았다. 그의 행적을 통해서 우리는 천주교에 대한 정부 당국의
탄압과정과 상황을 알 수 있을 것이다. 그리고 주문모의 활동을 통해서
18세기 말엽 조선교회사의 전개 과정을 명확히 알 수 있다. 이와 더불어
우리는 주문모를 기숙시켰던 사람들의 면모 및 그가 회장 등 교회의 지
도자로 임명했던 인사들의 사회적 특성을 분석함으로서 당시 교회의 사
회적 성격을 파악하는 데에 도움을 받을 수 있을 것이다. 그리고 주문모

---

106) 『邪學懲義』.
107) 『推案及鞫案』 卷25 「邪學罪人李基讓等推案」.
108) 『邪學懲義』, 95쪽.
109) 『推案及鞫案』 卷25 「邪學罪人李基讓等推案」.
110) 『推案及鞫案』 卷25 「學罪人李基讓等推案」.

에 대한 정부의 추적이 진행되는 동안 주문모를 만날 수 있었던 신도들
의 특성을 분석함으로써 당시 교회에 대한 이해를 증진시킬 수 있다.

주문모는 1795년 관헌의 추적을 받기 시작한 이후 자신의 행동에 있
어서 더욱 신중을 기하게 되었다. 그는 박해가 있을 때마다 서울을 떠나
서 지방으로 피신했다. 1795년 이후 1801년에 이르기까지 그는 모두 4
회에 걸쳐서 지방으로 피신했다. 즉 그는 1895년 5월 충청도·전라도로
의 피신하여 1년 간을 머물었다. 그리고 1798년에도 그를 체포하기 위
한 목적으로 충청도 지방에서 박해가 일어나자 서울을 떠나서 다시 지방
으로 도피하여 6개월간을 숨어 지냈다. 그리고 1799년 겨울에도 박해로
말미암아 지방으로 수개월 피신하여 지내다가 1800년 4월 경에 서울로
귀환했다. 그의 마지막 지방행은 그에 대한 수색이 본격적으로 전개되던
1801년 1월 경이었다.111) 이와 같이 그는 박해로 말미암아 대략 2년에
가까운 기간을 서울을 떠나 지방에서 보냈다. 그는 이 피신의 기간을 적
절히 활용하여 지방의 신앙공동체에 대한 순회를 시도하기도 했다. 그
저명한 예는 1795년 5월 이후 내포지방과 전주에서 전개한 선교활동을
들 수 있을 것이다.112) 그가 지방에서 만난 신도들 가운데 대표적 인물
은 이존창과 유항검을 들 수 있다. 그러나 그와 만났던 사실을 확인할
수 있는 대부분의 사람들은 그 신분을 언급한 자료를 찾을 수 없으며,
이러한 측면에서 볼 때 그들은 양인이나 비특권적 인물들임을 추정할 수
있다.

주문모의 선교활동에 있어서 가장 중심이 되는 곳은 서울이었다. 그
는 1796년 이후 서울 홍문갑의 집 즉 강완숙의 집에서 주로 머물었다.
강완숙은 1795년 이후 1800년 3월 사이에 세 번이나 이사를 했다. 즉
강완숙은 1795년 당시 남대문 안 창동倉洞에 살고 있었다. 그러나 1799

---

111) 註 88·107·127 등 참조.
112) 註 89~96 참조.

년에는 사동寺洞으로 이사했고, 1800년 3월에는 다시 훈동勳洞으로 집을
옮기고 있었다. 이와 같이 잦은 이사는 주문모를 보호하려는 목적에서
진행된 것으로 생각된다.113)

그러나 주문모는 서울에서 머물 때에도 강완숙의 집에서만 머물지는
아니했다. 그는 최인길의 집을 또다른 피신처로 상정하고 있었다. 최인
길이 1795년에 타살되어 죽은 이후 1796년에는 정동貞洞에 있던 그의 집
을 계동桂洞으로 그리고 다시 전동典洞으로 옮겼다. 그해 5월 주문모가 서
울로 돌아온 이후 (고故) 최인길의 집에서 두 차례에 걸쳐 지내고 있는
기록이 있다.114) 이를 감안하여 생각해보면 주문모는 고故 최인길의 집
과도 일정한 유대가 계속하여 유지되고 있었고, 그의 집은 주문모의 피
신처로 계속 활용되었다고 생각된다.

주문모는 강완숙이나 최인길의 집 외에도 도성 내에 있는 여러 신도
들의 집에서 잠깐씩 유숙했다. 주문모가 유숙했거나 방문한 사람들 가운
데 그 이름을 밝힐 수 있는 신도들로는 권상문權相問(巴西略), 최창현崔昌顯,
김이우金履禹, 홍익만洪翌萬, 황사영, 정약종 등을 들 수 있다.115) 그리고
그는 벽동壁洞 정광수의 집에서도 머문 듯하다.116) 주문모의 행동 반경이
극도로 축소되어 있던 과정에서 주문모가 유숙했다는 사실은 그들에 대
한 주문모의 신뢰가 그만큼 높았음을 뜻하고, 그들이 당시의 교회에서
중요한 역할을 담당하고 있었던 사람임을 말해준다. 그런데 여기에 제시
되어 있는 사람들 가운데 강완숙을 비롯하여 최인길, 최창현, 김이우 등
은 전통적인 양반 지배층으로 분류될 수 없는 인물들이다. 그리고 정약
종, 황사영, 권상문, 홍익만, 정광수와 같은 인물은 그 신분이 비록 양반
층이라 하더라도 관직과는 거리가 먼 인물들이었다. 정광수는 사업에 종

---

113) 註 101·106 참조.
114) 註 100 참조.
115) 註 87·89~92·102·106 등 참조
116) 註 107 참조.

사했던 몰락 양반이었고, 황사영黃嗣永도 가난한 선비로서 학장學長을 지냈다. 권상문權相問은 그의 생부生父 권일신이 천주교와 관련되어죽은 이후 근신하고 있었으며, 정약종은 관직에의 진출을 일찍이 포기했던 인물이었고, 홍익만도 몰락양반에 지나지 아니했다.117) 그렇다면 이 당시의 교회가 전형적인 양반 지배층에 의해서 영도되었다기 보다는 중인을 주축으로 하여 몰락한 양반 일부가 합류合流되어 있었음을 암시해준다.

한편, 주문모에 대한 체포령이 지속되는 과정에서 그를 만난다는 것도 매우 어려운 일 가운데 하나였다. 그러나 현존하는 기록을 분석해 볼 때 주문모는 적지 않은 사람을 만났다. 주문모를 만난 사람들은 앞에서 거론된 사람들 외에도 최인철, 최필공崔必恭, 정인혁鄭仁赫, 정산필鄭山弼, 김승정, 한영익韓永益, 최봉한崔奉漢, 이희영李喜英, 이중배李中培, 김치석金致錫, 김건순金建淳, 원야고보, 황심黃沁, 김유산金有山, 이국승李國昇과 같은 신도들을 만났다.118) 그리고 그는 윤점혜尹點惠, 정순매鄭順每, 송씨宋氏, 신씨申氏, 홍연이洪連伊, 남구월南九月과 같은 여성신도들과도 만난 바 있었다.119) 그는 이승훈을 비롯해서 교회창설기에 입교했다가 1791년 진산사건 이후 기교棄敎한 양반출신 인물들과는 접촉을 한 바가 없었다.120)

요컨대, 주문모는 조선에 머문 6년 4개월 동안에 있어서 관헌의 추적을 받지 않고 선교에 종사할 수 있었던 시기는 입국 초창기 6개월 정도였다.그는 1795년 이른바 '포청삼한경폐사捕廳三漢徑斃事' 이후 자신의 행방에 대한 철저한 보안 속에서 선교해야 했다. 그러나 그는 1796년부터 1798년까지는 비교적 활발하게 선교활동을 진행시킬 수 있었다.이 기간 동안 그는 북경교구와의 긴밀한 연결을 가지고 있었으며, 서울에서 비교적 활발하게 신도들과 접촉하고 있음을 볼 수 있다. 그는 서울 강완숙의

---

117) 趙 珖, 1989. 앞의 책, 80~82 쪽.
118) 註 68·91·101·106 등 참조.
119) 註 104·124·125 등 참조.
120) 註 68 참조.

집을 중심으로 활동했지만, 그가 강완숙의 집에 머문 시간은 대략 3년 정도로 추정된다. 그는 박해로 말미암아 약 2개년에 걸쳐서 지방으로 피신해야 했다. 그리고 서울에서 지낼 때에도 신도들의 집을 옮겨다녀야 했다. 주문모가 머물었거나 접촉했던 사람들은 대부분이 중인 이하의 신분층에 속하는 사람들이었다. 이는 1791년 진산사건珍山事件을 겪은 이후 당시 교회의 지도층이 이미 중인 이하의 비특권적 신분층으로 이동되었음을 나타내 주는 것으로 해석된다.121) 그러므로 우리는 주문모의 행적을 통해서 당시 교회가 드러내고 있었던 사회적 성격의 일단의 확인할 수 있는 것이다.

2) 신유교난에서의 순교

주문모가 조선에 입국한 이후에 전개한 활동으로 조선 안에서는 천주교의 교세가 급속히 증가해갔다. 그가 조선에 입국하기 직전 4천여 명으로 추계되고 있던 신도들의 수가 그의 활동에 힘입어 1만여 명으로 성장해가고 있었다.122) 천주교의 급속한 성장은 당시 집권층에게 일종의 위기로 이해되었을 것이다. 또한 정조가 죽은 이후 정국에 있어서도 일대 변동이 일어났다. 이러한 과정에서 천주교에 대한 본격적 탄압이 다시금 시작되었고 주문모를 체포하기 위한 노력이 강화되고 있었다.

더욱이 1801년 2월 14일 정약종의 책농사건册籠事件이 조정에서 본격적으로 거론되었는데, 임대인任大仁이 운반하던 과정에서 발각된 정약종 책농 안에서 주문모가 쓴 편지 다수가 발견되었다.123) 이 사건으로 인해서 주문모는 일반 신도의 집에 머물기 마저 어렵게 되었다. 주문모는 다

---

121) 趙珖, 1989, 앞의 책, 82쪽 참조.
122) Dallet, *ibid.*, tome 1, p.81(달레, 앞의 책 上, 393쪽).
123) 黃嗣永, 『黃嗣永帛書』, 26行.
　　　李晩采, 『闢衛編』 卷5 : 2b.

른 사람들이 살고 있던 행랑이나 북악산에 들어가 지내기도 했다. 그러
다가 그는 홍연이洪連伊로부터 서학도에 대한 기찰이 강화되고 있다는 소
식을 듣고,124) 안전한 피신처를 물색하게 되었다. 반비班婢 남구월南九月
이 주문모를 전동磚洞에 있던 양제궁良渧宮으로 인도했다. 이 양제궁은
'죄인'으로 폐출廢黜된 은언군恩彦君의 거처였으므로 폐궁廢宮이라고 불렀
다. 주문모는 2월 20일 폐궁에 들어가서 2월 23일 이곳을 나왔다. 폐궁
에는 은언군의 처 신씨申氏와 그 자부 송씨宋氏가 있었다. 이들은 주문모
에게서 세례를 받은 사람들이었다. 주문모는 폐궁의 사랑채 빈 방에 3박
4일간 머물었다. 그는 그 방에서 기도와 묵상으로 시간을 보냈지만, 그
를 받아들일 수밖에 없었던 폐궁에서는 사건이 폐궁으로 비화 확대될 것
을 크게 염려하는 분위기였다. 이러한 상황에서 그는 폐궁에 머물 수가
없었으므로 그는 자신의 다시 시골로 피신하고자 했다. 그리하여 그는
폐궁을 나왔고 저녁 무렵 서소문에서 이모李某라고 하는 이미 알고 있던
사람을 만나서 그가 있는 행랑으로 갔다. 그 다음날 주문모는 고마인雇馬
人을 불러서 새문[新門]을 거쳐 황해도로 떠났다.125) 그가 황해도로 일단
방향을 정한 까닭은 황해도에는 당시까지 신도가 없었으므로 천주교에
대한 수색도 없을 것으로 판단했기 때문이다.126) 그는 황해도 황주黃州까
지 도피해 갈 수 있었다.127)

　이러한 과정에서 정부에서는 주문모의 체포에 총력을 기울였다. 정부
는 지방에까지 주문모의 용모파기容貌疤記를 적어 돌리며 그의 체포에 현
상금을 걸었다.128) 그는 다시 길을 되짚어 서울로 돌아왔고, 3월 12일

---

124) 『邪學懲義』, 367쪽.
125) 『推案及鞫案』 卷25 「邪學罪人李基讓等推案」, 212쪽.
126) 『推案及鞫案』 卷25 「邪學罪人李基讓等推案」, 209~212쪽.
127) Dallet, *ibid*., tome 1, p.141(달레, 앞의 책 上, 476쪽)에는 주문모가 義州까지 도
　　피한 것으로 묘사되어 있다. 그러나 그는 애초부터 조선을 떠날 마음이 없었던
　　듯하다. 그러므로 그는 1801년 2월 23일 良渧宮을 떠날 때 시골로의 피신을 생
　　각했고, 천주교에 대한 사찰이 없는 황해도를 향해서 떠났다.

관청에 자현했다. 그가 자현한 이유는 자신을 체포하려는 과정에서 무고한 신도들에게 고통을 주는 것을 방관할 수 없었기 때문이다.129) 그는 자현한 직후 포도청에서 신문을 받았고,130) 의금부로 이송되어 3월 15일부터 본격적으로 신문을 당했다.

주문모는 신문과정에서 자신이 중국인임을 밝혔다.131) 그러나 신문관들이 그에 대해서 가지고 있었던 공식적 견해는 그가 "동국인의 의복을 입고 동국인의 말을 쓰면서 … 대국인을 자칭하는 것"으로 규정되고 있다.132) 당시 조선에서는 "성명을 바꾸거나 표착인으로 사칭하거나, 촌민을 광혹시키거나, 국가를 기망한 경우에는 부대시참不待時斬한다"고 규정되어 있었다.133) 그러므로 관헌들의 이와 같은 견해는 주문모를 사형에 처하겠다는 말이나 마찬가지였다. 그리고 주문모도 자신이 비록 외국인이라 하더라도 조선에 입국한 이후 7년여간에 걸쳐서 조선에서 나오는 것을 먹거나 입었으니 '동국의 한 편맹編甿'이나 마찬가지라고 말했다.134) 이 말은 그가 조선인으로 조선의 법에 의해 죽음을 당할 각오가 되어 있음을 뜻한다. 주문모는 "예수교를 전하는 것과 월경하여 들어오는 것은 죽을 죄임"을 알고 있었다. 그러므로 주문모는 자신을 신문하는 과정에서 신문관들이 '도당'을 직고直告하라는 요구에 대해서 이를 거부

128) 黃嗣永, 『黃嗣永帛書』, 78~79行.
129) 黃嗣永, 『黃嗣永帛書』, 79行.
130) 그가 포도청에 訊問을 받은 訊問記는 남아 있지 아니하다. 그러나 『推案及鞫案』 25 邪學罪人李基讓等推案, 205쪽 등의 기록을 살펴보면 포도청에서 신문을 받았음이 확실하다. 그런데 黃嗣永의 기록에는 그가 의금부에 직접 자수한 것으로 되어 있다(「黃嗣永帛書」, 79 行). 그러나 그가 포도청의 신문을 받았음을 감안할 때, 그는 의정부에 직접 자현하지 아니하고 포도청에 자현했을 가능성도 있다.
131) 『推案及鞫案』 卷25 「邪學罪人李基讓等推案」, 202쪽.
132) 『推案及鞫案』 卷25 「邪學罪人金鑢等推案」, 413~414쪽.
133) 「刑典」 『續大典』, 275쪽.
　　「刑典」 『典錄通考』, 41쪽.
134) 『推案及鞫案』 卷25 「邪學罪人金鑢等推案」, 416쪽.

하고 "국법을 속히 바르게 해달라"고 말했던 것이다.[135)

주문모는 체포된 이후 포도청에서 신문을 당했다. 그 후 의금부로 이송되어 1801년 3월 15일과 4월 1일, 4월17일 등 3회에 걸쳐서 추국을 당했다. 그리고 3월 17일에는 김건순과 대질신문신문과정을 당했다. 주문모는 4월 17일의 추국에서는 신장訊杖 30대度를 맞았다.[136) 주문모는 신문관들에게 자신의 입국은 정학正學 즉 예수교耶蘇敎를 전하고 사람의 영혼을 구하려는 데에 목적이 있음을 밝혔다.[137)

주문모를 신문하는 과정에서 천주교 신앙의 포기를 요구하지는 아니했다. 이는 그가 천주교의 핵심 인물이었고, 표착인을 자처하는 한 필연적으로 사형을 당할 수밖에 없는 것으로 예단한 결과였다. 그러나 관원들은 주문모를 통하여 자신들이 생각하고 있던 천주교의 부정적 요소를 확인하고자 시도했다. 그리하여 그들은 우선 주문모에게 천주교가 통색通色을 일삼는 사교집단邪敎集團임을 확인하고자 했다. 그리하여 그들은 주문모와 강완숙의 관계를 추궁했다. 이에 주문모 자신이 강완숙의 집에 있을 때에는 홍문갑이 같이 머물렀음을 말하며 상호 아무러한 문제가 없었음을 주장했다. 그리고 "예수耶蘇를 제헌祭獻할 때에도 남녀가 상별하다"하며, 예수교耶蘇敎에서 가장 중히 여기는 일이 정결貞潔임을 강조했다.[138)

또한 신문관들은 천주교와 폐번가인廢藩家人의 연결 가능성을 추궁하고 있다.[139) 정부 당국에서 이 사건을 알게 된 것은 폐궁 나인 서경의徐

---

135) 『推案及鞠案』 卷25 「邪學罪人金鑢等推案」, 444쪽.
136) 『推案及鞠案』 卷25 「邪學罪人金鑢等推案」, 444쪽.
137) 『推案及鞠案』 卷25 「邪學罪人李基讓等推案」, 203쪽.
　　　Dallet, *ibid.*, tome 1, p.143(달레, 앞의 책 上, 478쪽).
138) 『推案及鞠案』 卷25 「邪學罪人李基讓等推案」, 213~214쪽.
139) 『推案及鞠案』 25 「邪學罪人金鑢等推案」, 418쪽. "矣身卽多有血黨 且接廢藩之宮 則廢藩綢交勤之狀 炸然可知 其他怨國之徒 亦必與之 聲氣相通 脈絡相關 間目中指喉云云者 正爲此也"

景儀의 밀고에 의해서였다.[140] 이에 신문관들은 이 사실에 특별한 주의를 기울였다.[141] 신문관들은 이 제보를 천주교가 몰락 왕족과 연결하여 국가 변란을 꾀하는 세력임을 논증할 수 있는 직접적인 자료로 생각했기 때문이다.[142] 이미 살펴본 바와 같이 주문모는 정조의 서제庶弟로 유배 중이던 은언군恩彦君의 처 신씨 및 그의 자부 송씨에게 영세를 주었다. 그들이 살고 있던 양제궁과 지도적 신도 홍익만의 집이 연해 있었기 때문에 그는 홍익만의 집을 통해서 이들과 접촉할 수 있었다. 그리고 주문모도 피신 과정에서 그들이 살고 있던 양제궁에 잠시 머문 바도 있었다. 그리하여 그들은 주문모와 이들이 연결되어 불측한 일을 꾀했을 가능성을 추궁했지만, 이러한 가정을 충족시킬 수는 없었다.[143]

한편 신문관들은 주문모가 요언을 일삼는 사람들과 연결되었음을 확인하고자 했다. 그러므로 그들은 주문모와 김건순 및 강이천姜彝天, 김려金鑢 등과의 연결을 밝혀보고자 했고, 김건순과 대질신문을 하기도 했다.[144] 강이천, 김려, 김이백金履白 등은 조선왕조의 시운時運과 관련된 요언을 퍼뜨렸고,[145] 이 때문에 이미 1797년에 귀양을 갔던 사람들이다. 이들이 김건순과 연결되어 있음을 확인한 의금부에서는 이들을 소환하여 김건순과 대질을 했다. 그리고 김건순은 1797년 주문모에게서 천주교를 전수 받았음이 판명되었다. 그러므로 당시 신문관들은 주문모와 요언자妖言者들을 연결시켜 신문하려 했다. 당시의 지배층들은 천주교의 가르침을 일종의 반反사회적 요언으로 간주하고 있었기 때문이었다.

　　　『推案及鞫案』卷25「邪學罪人李基讓等推案」, 214쪽.
140) 『邪學懲義』, 356쪽.
141) 『邪學懲義』, 103쪽.
142) 趙珖, 1989, 앞의 책, 171쪽.
143) 『推案及鞫案』卷25「邪學罪人李基讓等推案」, 228쪽.
144) 『推案及鞫案』卷25「邪學罪人金鑢等推案」, 358쪽.
　　　『推案及鞫案』卷25「邪學罪人李基讓等推案」, 241쪽.
145) 『推案及鞫案』卷25「邪學罪人姜彝天等推案」, 357쪽.

한편, 당시의 관헌들은 주문모가 중국인이라는 사실을 인정하고 있었다. 그들은 앞서 살펴본 바와 같이 공식적으로는 그가 표착인을 가장하는 조선인으로 규정되고 있었지만, 조정에서의 논의 과정에서는 일반적으로 그를 중국인으로 인정하고 있었다. 그러므로 이경모李秉模와 같은 사람은 주문모가 범월犯越한지 이미 오래되었으므로 그를 관례에 따라 청국에 송환한다 하더라도 문제의 여지가 있음을 말했다. 그리고 이와 같은 과정에서 주문모를 조선인으로 간주하여 사형을 언도하게 되었다.146) 조정 내부에서 주문모에 대한 군법의 시행이 결정된 것은 그가 자수한지 보름 후인 3월 27일이었다.147) 그는 이 이후 2회에 걸친 신문을 받고 사형이 확정되었다.

주문모는 1801년 4월 19일(양력 5월 31일) 어영청御營廳에 출부出付하여 군율에 따라 형을 집행하고 효수했다.148) 그가 사형을 당한 곳은 새남터였고, 이때의 상황을 달레는 다음과 같이 전해주고 있다.

> 그는 시내에서 10리 되는 곳에 있는 노들 혹은 새남터라 불리는 군의 사형집행 장소로 기꺼이 갔다. … 그가 처형장에 도착하자 … 재판기록 발췌와 결안結案을 보여주어, 그 여러 가지 문서를 읽을 수 있게 하였다. 비록 그 글이 매우 길었으나 신부는 그것을 아주 침착하게 끝까지 다 읽고 소리 높여 모여 있는 군중을 향해 말하였다. '나는 천주교를 위하여 죽습니다. 10년 후에 당신네 나라는 커다란 불행을 당할 것인데, 그 때에 나를 생각하게 될 것이오'149)

그의 결안 내용에서 우리는 주문모의 행위를 범죄로 규정한 당시 집권층의 입장을 확인할 수 있다. 그들은 주문모의 행적이 황건백련黃巾白蓮

---

146) 『日省錄』, 辛酉 3月 16日.
147) 『日省錄』, 辛酉 3月 27日.
148) 『推案及鞫案』25 邪學罪人金鑢等推案, 481쪽.
149) Dallet, *ibid.*, tome 1, p.146(달레, 앞의 책 上, 483쪽). Dallet는 주문모가 사형을 당한 곳의 지명을 No~teul 혹은 Mi~nam~to라 표기하고 있다.

과 같은 민중반란 세력의 행위나 다를 바 없는 것으로 해석했고, 사회의
풍기를 무너뜨리는 패륜행위로 간주하고자 했다. 그리고 주문모의 선교
활동을 이단사설을 가지고 민심을 어지럽히고, 조선 사회를 이적금수의
지경으로 전락시키려는 행위로 규정했다. 이러한 정부 당국의 견해는 다
음의 자료를 통해서도 확인된다.

> 주문모는 신부·교주를 자칭하면서 종적을 감추고 그림자를 숨기면서 수많
> 은 남녀를 속이어 꾀어냈다. 법석法席을 열고 세례를 주니, 속임에 불과한 학
> 설이 7~8년 사이에 차차 번져서 물들고 그르침이 물처럼 더욱 깊어졌다. 그
> 학설이 화가 되고 걱정이 됨은 이적금수의 지경에 모두 빠지는 데에 그치지
> 않았다.150)

주문모의 사형 이후 정부에서는 청국에 '토사주문討邪奏文'을 발송했
다. 정부 당국자들은 여기에서 말하기를 주문모의 의복이나 언어 및 외
양이 조선인과 동일했고 외국인으로 알아보게 할 만한 아무 것도 드러나
지 않았음을 강조했다. 그리고 이에 대해서 청국 정부도 주문모가 자국
인일리가 없음을 강조했다.151) 이러한 절차를 거쳐서 주문모에 대한 조
선 정부의 처벌이 정당한 것이었음이 청국에 의해서도 확인되기에 이르
렀다.

요컨대, 주문모는 신유교난의 과정에서 집중적인 추적의 대상이 되었
다. 그는 자신을 체포하려는 과정에서 조선인 신도들에게 피해가 크게
미치는 상황에서 자수를 결심했다. 그는 자신이 자수할 경우 신도들에
대한 추궁이 감소될 것을 알았기 때문에 이와 같은 판단을 내리게 되었
다. 그리하여 그는 의금부에 자수했고, 신문을 받는 과정에서 자신의 조
선 입국이 신앙적 동기에서 이루어진 일임을 말했다. 그러나 신문관들은

---

150) 『推案及鞫案』 卷25 「邪學罪人金鑢等推案」, 480쪽.
151) 李基慶, 『闢衛編』, 630~633쪽.

주문모를 통해서 자신들이 천주교에 대해서 가지고 있는 부정적 견해를 확인해보고자 했다. 그들은 천주교를 통화통색通貨通色의 가르침으로 그리고 요언妖言이나 와언訛言을 일삼는 반사회적 존재로 규정했고, 폐번가인廢藩家人과 연결된 원국지도怨國之徒로 규정하고자 했다. 그러나 그들은 주문모에 대한 신문을 통해서 이와 같은 자신들의 주장을 뒤받침 받을 수는 없었다. 주문모는 자신의 활동이 신앙적 차원에서 전개된 것임을 계속해서 밝혀주고 있었기 때문이었다. 그리고 바로 이와 같은 측면에서 주문모를 순교자로 규정할 수 있을 것이다.

4. 선교활동의 특성과 사상적 경향

1) 선교활동의 특성

이상에서 살펴본 바와 같이 주문모는 거의 언제나 체포의 위험에 노출되어 있었다. 이 때문에 그는 자신의 행동에 신중을 기해야 했다. 그러나 이러한 과정에서도 선교사 주문모는 자신의 조선 입국 목적인 천주교를 전파하고자 하는 데에 노력을 기울이고 있었다. 즉, 그는 박해가 소강되면 입교 예정자들을 직접 만나서 천주교를 전하기도 했다. 그리고 피신의 과정에서도 한글로 책을 저술하거나 번역하여, 자신의 활동에 미치고 있는 제약을 벗어나 보고자 했다. 또한 그는 교회의 조직을 강화하기 위해서 회장제會長制를 설정했으며, 명도회明道會를 창설하기도 했다. 보편 교회와의 연대를 위해서 그는 북경 교구와 연락을 유지했다. 그리고 서양 선교사를 영입할 수 있는 방안을 놓고 고민하기도 했다. 이러한 주문모의 활동을 통해서 우리는 그가 드러내준 선교사로서의 면모를 확인할 수 있게 된다.

주문모가 조선에서 선교하기 위한 조건으로는 조선어에 대한 이해의

여부가 중요하다. 그가 조선어를 구사하지 못했다면 그의 선교영역은 극
도로 축소될 수 밖에 없었기 때문이다. 물론 그는 입국 초기에는 분명
조선어를 제대로 할 수 없었다. 그러기에 그는 입국한 직후인 1795년 부
활절에는 필담으로 고해성사를 주었다. 그리고 폐궁의 나인으로 있던 강
경복姜敬福은 주문모가 폐궁에 세례를 주러 왔던 1797년 경 주문모가 '반
벙어리(半啞)'와 같아 이해하기 어려우므로 강완숙이 번갈아 가며 경문을
가르쳐주었다고 말했다.152) 홍연이洪連伊의 경우에도 주문모가 어눌했다
고 말한 바 있다.153) 그리고 그는 신문과정에서 한문으로 필담을 진행시
키기도 했다. 이러한 측면에서 보면 그의 조선어 실력에 일단 의심을 가
져볼 수 있다.

　그러나 주문모는 조선에 입국한 직후부터 조선어 공부에 착수했다.
그는 "가능한 한 빨리 성무를 집행할 수 있기 위해서 조선어를 배우는
데에 진력하고 있었다.154) 그리고 "그가 조선의 풍습과 조선어를 넉넉히
알게 되자 이내 신자들에게 성사를 주었다"는 기록을 보면,155) 그는 조
선어를 비교적 빠른 시일 안에 습득할 수 있었던 것으로 생각된다. 그리
하여 주문모는 밤에는 성직을 행하고 낮에는 책을 번역하거나 새로 쓰는
작업을 지행할 수 있었다.156) 그가 조선어로 된 책을 저술한 사실에 대
해서는 다음과 같은 기록이 있다.

　　한문으로 쓰고 조선말로 번역된 책이 하나 나와 있는데, 그것을 늘 주문모
　　신부가 쓴 것이라 하였고 사실 그가 쓴 것 같다. 그 책은 '사순절과 부활 시기
　　를 위한 안내서'라는 책인데, 거기에는 고해성사와 성체성사를 받을 때 해야

---

152) 『推案及鞫案』 卷25 「邪學罪人李基讓等推案」, 229쪽.
153) 『邪學懲義』.
154) 「구베아 書翰」, 197쪽.
　　　Dallet, ibid., tome 1, p.71(달레, 앞의 책 上, 379쪽).
155) Dallet, ibid., tome 1, p.77(달레, 앞의 책 上, 387쪽).
156) Dallet, ibid., tome 1, p.79(달레, 앞의 책, 上, 390쪽).

하는 마음의 준비가 분명하고 또 매우 간결하게 설명되어 있다. 이 책은 오늘날까지도 조선 교우들에게 많은 도움을 주고 있다.[157]

그는 피신 생활의 과정에서도 『사순절과 부활절을 위한 안내서』라는 고해지침서를 저술했다. 아마도 이 책은 조선의 문자로 씌어졌다. 즉, 그는 저술이 가능할 정도의 조선어 실력을 갖추고 있었다. 그리고 그는 정약종이 한글로 저술한 『쥬교요지主敎要旨』를 보고 "목초나 땔나무보다 더 중요하다고 평가하며 인준할 정도로 조선어에 대한 이해가 높았다.[158] 그는 1797년 경 김건순을 만났을 때 전혀 필담을 하지 않고 서로 대화를 했다.[159] 주문모가 1800년 5월 박해를 피해서 광통교 김모 가에 머물 때 김모는 주문모가 중국인임을 전혀 눈치채지 못했다.[160] 그는 정부 당국에 체포된 직후 자신이 중국인임을 밝히면서도 처음으로 신문을 당할 때 조선어를 주로 사용했다.[161] 이러한 사실을 종합해보면 그가 조선어를 구사하고 있었음에 의심의 여지가 없다.[162] 그렇다면, 그가 신문의 과정에서 필담을 요구한 것은 답변에 있어서 신중을 기하기 위한 방책이었던 것으로 생각할 수 있을 것이다.

이와 같이 그는 조선어를 구사할 수 있었기 때문에 조선에서의 선교를 더욱 활발하게 진행시킬 수 있었고, 상당히 자세하게 조선인 신도들의 신앙생활을 파악할 수 있었다. 예를 들면 그는 최필제崔必悌의 신앙생활을 높이 평가한 바 있었다.[163] 주문모는 1797년 유중철柳重哲과 이순

---

157) Dallet, ibid., tome 1, p.148(달레, 앞의 책, 上, 485쪽).
158) 黃嗣永, 『黃嗣永帛書』, 26行.
159) 『推案及鞫案』卷25「邪學罪人金鑢等推案」, 378쪽. "周哥以我國言酬酌 故別無筆談之事".
160) 『推案及鞫案』卷25「邪學罪人李基讓等推案」, 209쪽.
161) 『推案及鞫案』卷25「邪學罪人李基讓等推案」, 203쪽.
162) 鈴木信昭는 그의 논문에서 주문모 신부가 조선어를 구사하지 못했고, 필담으로 의사를 주고 받은 것으로 말하고 있다. 그러나 이러한 그의 견해는 재검토의 여지가 있다.

이李順伊의 결혼을 주선하고 그들의 동정서원童貞誓願을 승인했다.164) 윤점혜尹點惠는 자신에게 발현한 일을 주문모에게 상의하고 있는데 이를 보면 주문모가 신도들의 영성 생활에 지도자로 활약하고 있었던 구체적 사례를 확인할 수 있다.165) 또한 그는 선교의 가능성이 보이는 인물에게는 적극적으로 접근하고 있었다. 우리는 이와 같은 사례를 김건순과 그와의 관계를 통하여 확인할 수 있다. 주문모는 김건순의 이름이 널리 알려져 있고, 김건순이 어질다는 말을 듣고는 1797년 그에게 글을 보내 선교하기 시작했다.166) 김건순은 그를 창동倉洞에 있던 홍문갑의 집으로 찾아가 만나보고 천주교에 입교했다.167)

그러나 주문모가 조선어를 구사할 수 있었다 하더라도 그는 조선인 신도들의 도움을 받으며 선교를 전개했다. 그가 설정한 회장제와 같은 것은 선교과정에서 그글 보좌하고 조언하는 제도의 마련으로 볼 수도 있다. 이러한 제도적 차원에서의 도움 이외에도 그는 선교 과정에서 신도들의 조언을 듣고 있었다. 예를 들면 그는 홍익만의 조언을 받아들여 강이천에 대한 접근 시도를 포기하기도 했었다.168) 그는 앞서 살펴본 바와 같이 서울과 지방을 두루 다니면서 선교를 하고 있었다.

그는 교회를 효율적으로 관리하고 선교를 촉진하기 위한 제도로서 회장제를 시행하기 시작했다. 박해시대 교회사에 등장하는 회장은 신도지도자로 규정되고 있다. 그런데 주문모가 조선에 입국하기 이전 조선에서 신도지도자를 어떻게 호칭했는지는 미상이다. 구베아의 서한에서는 이승훈이 초기에 'catechista'를 임명했다는 기록이 나온다.169) 이 'catechis-

---

163) 黃嗣永, 『黃嗣永帛書』.
164) Dallet, ibid., tome 1, p.180(달레, 앞의 책 上, 535쪽).
165) Dallet, ibid., tome 1, p.165(달레, 앞의 책 上, 511쪽).
166) 『推案及鞫案』 卷25 「邪學罪人李基讓等推案」, 216쪽.
　　　黃嗣永, 『黃嗣永帛書』 53行.
167) 『推案及鞫案』 卷25 「邪學罪人李基讓等推案」, 248쪽.
168) 『推案及鞫案』 卷25 「邪學罪人李基讓等推案」, 218쪽.

ta'라는 용어는 보통 會長으로 번역되는 것이지만, 이승훈 당시 교회의 신도 지도자를 회장으로 호칭했다는 명확한 자료가 없다. 오히려 그 당시에는 가성직제도 아래에서 '신부'라는 용어가 신도 지도자로 사용되었을 것이다. 이 외에도 가성직제도 당시 천주교에 반대하는 입장의 글 가운데에서 '교주敎主'라는 표현이 자주 등장하고 있다.170) 이 교주라는 용어는 당시 신도들의 지도자를 뜻하는 말로 해석된다.

이렇듯 주문모의 이국 이전에는 신도 지도자에 대한 일정한 칭호가 없었다. 그러나 그의 입국 이후 신도지도자인 회장이 임명되기에 이르렀다. 그는 최창현을 총회장으로 삼았다.171) 그리고 정약종을 명회장明會長 즉 명도회장明道會長으로 임명했고,172) 또한 그는 덕산德山 출신인 鄭베드로(山弼?)을 내포지방의 회장으로 임명했다.173) 그리고 김승정도 주문모가 회장으로 임명한 듯하다.174) 이렇듯 그는 회장제를 정착시켜 박해시대 조선의 교회조직을 유지하고 발전시키는 기틀을 마련해 주었다. 또한 그는 여성인 강완숙과 윤점혜를 회장으로 임명했다.175) 강완숙은 1795년에 영세를 했는데 주문모는 그를 한번 보자 심히 기뻐하여 회장으로 임명하여 여성들을 보살피는 임무를 맡겼다 한다.176) 이와 같은 자료를 참조할 때, 회장제도는 1795년에 시작되었음을 알 수 있다.

---

169) 「구베아 서한」, 앞의 글집, 200쪽.
170) 『正祖實錄』 卷33, 正祖 辛亥 11月 甲戌條. "權日身 … 則其爲首居敎主". 李晩采, 「前假注書洪樂安上疏」 『闢衛編』 2. "姜世靖言及洋學事 歷言 其湖中諸郡 敎主作俑之患 愚氓崇信之弊".
171) 黃嗣永, 『黃嗣永帛書』.
172) 黃嗣永, 『黃嗣永帛書』.
173) Dallet, ibid., tome 1, p.102(달레, 앞의 책 上, 420쪽).
174) Dallet, ibid., tome 1, p.161(달레, 앞의 책 上, 505쪽).
175) 『東國敎友上敎皇書』, 12b.
176) 黃嗣永, 『黃嗣永帛書』, 67行. 한편, Dallet, ibid., tome 1, p.76(달레, 앞의 책 上, 384쪽)에서는 "도착하자 마자 그렇게도 헌신적인 보조자를 만난 것이 매우 기뻐서 주문모 신부는 그에게 성세를 주고 여자들을 가르치는 일을 모두 맡는 여회장의 직책을 맡겼다"라고 기록되어 있다.

한편 주문모는 회장제를 시행한 이후 새로운 조직으로서 명도회明道會를 발족시켰다. 명도회는 정약종을 회장으로 한 신도조직으로서 박해시대 조선교회의 발전에 지대한 공헌을 한 단체이다.177) 주문모는 북경의 교회단체들을 모범으로 하여 일종의 비밀결사인 이 단체를 조직했다. 이 명도회가 창설된 시기는 1800년 4월 이전이었다.178) 명도회의 목적은 "회원들 간에 서로 돕고 격려하며 종교의 깊은 지식을 배워 얻고, 그리고 이것을 교우들이나 신앙이 없는 사람들에게 전파하는" 데에 목적을 두고 있었다.179) 주문모는 이 명도회의 회장으로 정약종을 임명했다.180) 이 명도회에서는 소규모의 분회分會를 단위로 하여 모든 활동이 진행되었다. 즉 명동회의 활동 단위가 되는 최말단 조직은 3~4인이나 5~6인 정도의 소규모 인원으로 형성되었다.181) 명도회는 천주교 서적을 강습했으며, 천주교에 입회를 바라는 사람에게는 1년이라는 일정한 시험기간을 정하여 그 성취도를 참작해서 입회를 결정했다.182)

그리고 명도회는 "먼저 주문모에게 명단을 보고했다"는 사료에 비추어 볼 때,183) 주문모는 명도회의 모든 조직을 장악하고 있었다고 생각된다. 명도회의 활동 결과는 최종적으로 주문모에게 보고되었다. 주문모는 "회합을 가져야 하는 장소를 정하고, 집회를 주관할 지도자를 임명하고, 남자와 여자들이 따로 떨어져 회의에 참석하도록 정하는 등 모든 것을 무게 있고 절도 있게 조절하였다."184) 여기에서 우리는 여성들의 명도회

---

177) 趙珖, 1989, 『朝鮮後期 天主敎史硏究』, 138~141쪽.
178) 黃嗣永, 『黃嗣永帛書』, "庚辛四月 明會報名之後 諸友勤於神工 會外之人 亦從風而動 皆以化人爲務". 이 자료에서는 명도회의 설립연도를 암시해 준다. 그러나 1800년 4월이 명도회의 설립일자라고 단정하기에는 아직 문제가 있지만, 이 때나 혹은 그 얼마 전에 明道會가 설립된 것으로 생각된다.
179) Dallet, ibid., tome 1, p.80(달레, 앞의 책 上, 391쪽).
180) 黃嗣永, 『黃嗣永帛書』.
181) 『推案及鞫案』 卷25 「邪學罪人黃嗣永等推案」.
182) 『推案及鞫案』 卷25 「邪學罪人黃嗣永等推案」.
183) 『推案及鞫案』 卷25 「邪學罪人黃嗣永等推案」, "先以名字 報于神父"

조직을 확인하게 된다. 명도회는 일종의 여성결사女性結社로도 발전되고 있었다. 여성들을 중심으로 한 명도회의 발족은 여성결사를 강화시키고 자 하던 주문모의 의도와 관련될 것이다. 그리고 은언군의 처 송씨와 자 부 신씨가 입교한 이후 이들을 명도회에 가입시킨 것도 신앙인의 공동체 적 결속을 다지기 위해서 였다.185)

그러면서도 주문모는 중국 교회와의 연락을 소홀히 하지 않았다. 주 문모는 조선에 비밀리에 입국한 이후 조선교회가 북경교구와 지속적인 연락을 취하기 위해서 노력했다. 그는 1795년 포도청의 수배를 받고 지 방으로 피신했던 상황에서 1795년 8월 중국 교회와의 연락을 시도하였 다. 즉, 그는 조선 교회의 사정을 보고할 인물을 중국에 파견하는 문제에 관하여 논의하는 편지를 송운서宋云瑞 편을 통해서 유관검 등에게 보낸 바 있다. 그리고 유항검은 밀사의 파견 비용으로 400냥兩을 마련했다. 입 연入燕할 밀사로는 윤지헌尹持憲의 추천으로 충청도 연산連山 출신인 황심 黃沁이 결정되었다.186) 그들은 1796년 동지사 편에 황심黃沁을 파견하여 조선교회의 사정을 알렸다. 주문모는 라틴어로 작성한 1796년 9월 14일 자로 된 편지를 통해서 조선에서의 박해 상황과 조선인의 성품 및 풍습, 법률, 정치, 종교 등에 관해서 보고했다.187) 이때 황심은 주문모가 작성 한 이 편지와 함께 유항검 등 조선인 신도들이 비단에 한문으로 작성하 여 송부한 편지도 휴대했다.188) 주문모의 연락을 받은 유관검, 유항검, 유중태柳重泰, 윤지헌 등은 자신들의 공동 명의로 북경 주교에게 보내는 편지의 초안을 작성했었다.189) 황심은 이 편지를 1797년 1월 28일 북경

---

184) Dallet, *ibid*., tome 1, p.80(달레, 앞의 책 上, 391쪽).

185) Dallet, *ibid*., tome 1, p.79(달레, 앞의 책 上, 389쪽).

186) 朱明俊, 1981, 「天主教 信徒들의 西洋船舶 請援」『敎會史硏究』 3, 59쪽.

187) 「구베아 서한」, 앞의 글집, 202쪽.

188) 「구베아 서한」, 앞의 글집, 202쪽.

189) 『邪學懲義』, 234쪽.

의 주교에게 전했다.190)

황심은 김유산金有山과 함께191) 1798년 동지사행에도 상고商賈로 동반
하여 북경을 방문했다.192) 이때에도 그들은 주문모 신부를 비롯한 조선
신도들의 서찰을 전했음이 틀림이 없다. 또한 주문모는 1800년에도 김
시몬과193) 옥천희玉千禧를 북경에 파견하여 조선 교회의 사정을 보고한
바 있었다.194) 이러한 연락과정에서 주문모는 조선인 신도들과 함께 이
른바 서양의 선교사를 조선에 파견해 줄 것을 요청하게 되었다. 그가 서
양의 선교사 파견을 요청했던 사실은 다음의 자료를 통해서 드러난다.

조선에서 그리스도교를 전하고 발전시키기 위해 선교사와 교우들이 제의
한 방법 중에서 무엇보다도 다음 것이 가장 좋아 보이는데, 즉 포르투갈의 여
왕에게 수학과 의술의 지식을 갖춘 선교사들이 수행하는 한 사절을 조선 왕
에게 파견하여 조선의 수도에 이르러 여왕의 이름으로 임금에게 경의를 표하
고, 그와 우호조약을 맺도록 간청하는 것입니다. 왜냐하면 조선인들은 조선
임금이 천성이 어질고, 수학과 의학을 매우 좋아하고, 또 그리스도교를 적대
하지 않으며 또 서양의 큰 사절을 고맙게 맞이하고, 그 사절의 종교를 존경하
여 그의 나라에서 그것을 허락하고, 그 선교사들을 친절히 대하고, 그리스도
교의 큰 이익과 안전을 위해 그들을 그의 곁에 있도록 허용할 것이라고 말하
고 있기 때문입니다.195)

---

190) 「구베아 서한」, 앞의 글집, 170쪽.
191) 『邪學懲義』, 29~32쪽.
　　　朱明俊, 1981. 앞의 논문, 64~65쪽.
192) 『推案及鞫案』卷25 「邪學罪人黃嗣永等推案」, 799쪽.
193) 『東國交友上敎皇書』에서는 金시몬의 이름이 나오지 않는다. 그러나 『邪學懲義』
　　　의 金達淳 密啓를 보면 이때 金有山이 赴燕한 사실을 확인할 수 있다. 김유산의
　　　세례명은 토마스이다. 여기에 나오는 金시몬은 金有山 토마스를 잘못 기록한 것
　　　으로 생각된다.
194) 『東國敎友上敎皇書』, 6b. 玉千禧는 1800年 10月 冬至使行에 수행하여 入燕했
　　　다. 그는 1801년 4월에 의주에 도착했지만 국내에서의 박해가 심하자, 다른 使
　　　行便을 좇아 북경에 들어가서 주교에게 이를 보고하고 그해 9월에 귀국하다가
　　　체포되었다.
195) 「구베아 서한」, 앞의 글집, 202~203쪽.

주문모가 서양 선박을 요청한 이유는 이 서양 선박을 통해 선교사의
입국이 가능할 것으로 생각했기 때문이다. 그리고 이 서양 선박의 파견
을 요청하려는 시도는 주문모가 입국하기 이전인 1794년부터 진행되고
있었다. 즉, 이때 조선교회의 지도자들이 윤유일을 중국에 파견할 때에
도 서양의 선박을 타고올 선교사의 영입을 희망하고 있었다.196) 그리고
1796년 북경에 황심을 파견할 때 유관검 일행은 이미 서양선박이 와서
'일장판결'一場判決을 본 연후에라야 신부가 안전하고 천주교가 크게 행
해질 수 있을 것으로 생각하기도 했다.197) 그러나 '일장판결'과 같은 주
장은 주문모의 의도와는 상당한 차이가 있는 것이었다. 이를 당시의 신
문관들도 잘 알고 있었기 때문에, 그들은 이 문제에 관해서 주문모를 신
문할 필요를 느끼지 아니했다. 그의 신문과정에서 '일장판결'에 대한 내
용이 포함되어 있지 않은 이유는 이와 같은 데에서 찾아 볼 수 있을 것
이다.

요컨대, 주문모는 박해의 상황에서도 신앙을 선포하는 데에 상당한
노력을 기울이고 있었다. 그는 조선어를 배워서 조선인 신도들을 위해
저술작업을 스스로 진행시켰으며, 조선인 신도의 교리서 저술을 격려해
주었다. 그는 서울과 지방의 신앙공동체를 직접 방문하여 지도했으며,
신도들의 신앙생활을 보살폈다. 그는 회장제도를 본격적으로 적용했으
며, 명도회를 창설하여 신도들의 조직화에도 관심을 가지고 있었다. 그
는 북경의 교회와 조선 교회의 연결에도 많은 관심을 가지고 있었다. 이
러한 그의 노력에 의해서 당시 조선 교회는 크게 발전하게 되었다.198)

---

196) 『邪學懲義』, 229쪽.
197) 『邪學懲義』, 234쪽. "邀致神父之後 方禁至嚴 偏小之方 萬無安接之路 聖敎亦從
    而難行矣 請出西洋大舶 一場判決然後 神父可安 聖學可行矣"
    『推案及鞫案』 卷25 「辛酉推案」, 529·534쪽.
198) Dallet, ibid., tome 1, p.81(달레, 앞의 책 上, 393쪽). 주문모가 입국했던 1794년
    말 조선의 신도는 대략 4천명 정도였으나, 그가 순교한 1801년에는 1만명을 헤
    아리게 되었다. 그가 선교한 6년 동안 신도의 숫자가 대략 150 % 정도로 증가

2) 사상적 경향

주문모의 선교활동과 그 개인에 대한 이해를 높이기 위해서는 그의
사상에서 드러나는 특성을 주목해야 할 것이다. 그러나 주문모의 사상
내지는 영성을 파악하는 일은 자료상의 제약으로 인해 상당한 어려움이
따른다. 그렇다 하더라도 우리는 그가 선교활동의 과정에서 드러내었던
여러 일들이나, 신문을 당할 때 남긴 단편적인 언사들을 통해서 그리고
그의 가르침을 받은 신도들이 표출한 사상을 통해서 그가 가지고 있었던
생각들을 복원해 낼 수도 있을 것이다.

그의 영성 내지는 사상적 특성을 알아보기 위해서는 그의 학문적 배
경을 먼저 검토할 수 있다. 우선 그는 거자업擧子業에 오랫동안 종사한
바가 있었다. 이 과정을 통해서 그는 중국의 고전이나 문화에 대해서도
충분한 이해를 가질 수 있었을 것이다. 그리고 그는 조선교회에 관한 라
틴어로 된 보고서를 작성하여 구베아 주교에게 보낸 바 있다. 이는 그가
당시 그는 트리엔트 공의회에서 규정된 신학교육의 틀을 따라서 라틴어
로 신학 교육을 받았기 때문에 가능한 일이었을 것이다. 그렇다면 그의
사상 형성과정에 있어서는 중국의 문화와 트리엔트 공의회적 신학사조
가 중요하게 영향을 미쳐주었을 것이다. 이 점은 그가 천주교의 윤리 덕
목 가운데 정결을 강조하는 입장에서 그리고 영혼의 구령을 신앙의 목적
으로 보는 견해 등을 참고할 때 확인되고 있다.[199] 그리고 정약종의 『쥬
교요지』에서 서술되고 있는 내용을 그가 긍정적으로 평가하고 있음을
보면 그는 중국문화와 그리스도교의 조화에 대해서도 일정한 관심을 가
지고 있었다고 생각된다.

한편 한 개인의 사상이 형성되는 과정에서는 독서의 양과 질이 큰 영
향을 미쳐주고 있다. 그런데 현존하는 자료에서는 주문모가 읽었던 책자

하는 등 급속도의 성장을 하고 있었다.
199) 註 215·217 참조.

들을 확인할 수는 없다. 다만 그가 조선인 신도에게 배포한 책자들을 확인할 수 있는데, 그는 자신이 권한 책자들은 틀림없이 읽었을 것이다. 즉, 그는 조선에 나온 후 김건순金建淳에게 『수진袖珍』 3권, 『진도자증』 2卷, 『영혼려작靈婚蟊勺』 1권을 준 바 있다. 이 책들은 예수회 계통의 선교사들이 저술한 책으로서 『수진』은 『수진일과袖珍日課』의 준말로서 디아즈(Diaz, 陽馬諾, 1574~1659)이 지은 기도서였다. 『진도자증眞道自證』은 샤바낙(Chavagnac, 沙守信, ?~1717)이 지은 교리서로서 천주교의 주요 교리와 함께 불교에 대한 비판 및 천주교에 대한 의문점들을 해석해주고 있는 책이다. 이 책은 1786년 구베아 주교에 의해 북경에서 재간되었다. 그리고 『영혼려작靈魂蟊勺』은 삼비아시(Sambiasi, 畢方濟, 1582~1649)가 지은 책으로서 사람의 영혼은 생혼生魂이나 각혼覺魂과 다름을 설명하는 2권卷으로 된 책자였다.[200] 이러한 내용의 책자를 그가 신도들에게 배포한 사실에 입각하여 생각해볼 때 그는 예수회 계통의 선교사들이 17세기 이래로 중국에서 한문으로 간행한 여러 서적들을 보았을 가능성을 추출해 낼 수 있다.

한편 주문모의 사상을 이해하기 위해서는 그의 성품이 가지고 있는 특성을 파악할 필요도 있을 것이다. 그가 피신 과정에서 드러내었던 태도를 볼 때 그는 매우 신중한 성품의 소유자였음을 알 수 있다. 그리고 그가 1801년 신도들이 없어서 천주교에 대한 기찰이 없는 황해도로 피신하려 했던 점을 볼 때 그는 의표를 찌르는 판단도 할 수 있었던 인물이었다. 무엇보다도 그는 성실하고 신앙의 실천에 철저했던 인물이었다고 전해진다. 이러한 그의 태도로 인해서 주문모는 "지칠 줄을 몰라 먹고 자는 데에 필요한 시간도 겨우 낼 지경으로 자신의 일에 충실했다.

---

200) Pfister, 1932, "Notices Biographiques et Bibliographiques sur les Jésuits de l'ancienne Mission de Chine, Chang~hai", *Imprimerie de la Mission Catholique*, pp.106·567·142 .

… 그는 금식을 하고 극기를 하고 자기 본분에 온전히 자기를 바쳤다"[201]라는 평가를 받게 되었을 것이다.

그는 신도들로부터 각별한 존경을 계속해서 받고 있었다. 그를 보호하기 위해서 1795년 5월에는 최인길을 비롯하여 3인의 신도들이 자신의 목숨을 내놓기까지 했다. 이는 그에 대한 존경이 전재되어야 비로소 가능한 행동이었다. 그리고 그는 강완숙과 그의 아들 홍문갑으로부터도 각별한 존경을 받고 있었다. 김건순의 경우도 "주문모를 스승의 예로 존경했다"고 말하고 있다.[202] 황사영도 "주문모는 과연 덕행이 훌륭하여 문하인이 되고자 해서 잠시도 떨어지지 않고자 할" 정도로 주문모를 존경하고 있었다.[203]

이와 같은 존경을 그가 받고 있었으므로 박해가 일어날 때에도 신도들은 그를 보호하기 위해서 많은 노력을 했다. 예를 들면 주문모를 체포하기 위해서 정부 당국이 충청도에서 일으켰던 1798년의 박해에서도 주문모를 알고 있던 원야고보와 같은 사람은 주문모의 행적을 발설하지 않고 순교의 길을 택했다. 이들 뿐만 아니라 1801년 당시 신도들은 주문모의 행적을 추궁하는 관리들에 대해서 "여러 번 고문해도 실토하지 아니하고. … 모두 주문모를 위해서 한 번 죽고자 하는" 상황까지도 전개되고 있었다.[204] 정약종도 신문과정에서 주문모를 보호하기 위해 노력했다.[205] 강완숙의 경우에도 신부의 소재를 밝히라는 요구에 불응하여 여섯 번이나 주리형을 당하며 주변의 형리들로부터 '귀신이지 사람은 아니다'는 평을 들을 정도로 혹독한 고문을 당했지만 주문모의 거처에 관해서 토설하지 않았다.[206]

---

201) Dallet, *ibid.*, tome 1, p.79(달레, 앞의 책 上, 390쪽).
202) 『推案及鞫案』卷25「辛酉推案」, 523쪽.
203) 『推案及鞫案』卷25「邪學罪人黃嗣永等推案」, 811쪽.
204) 李晩采,「奏文北京」『闢衛編』5 : 21a.
205) 黃嗣永,『黃嗣永帛書』, 77行.

신도들은 그가 죽은 후에도 그에 대한 존경의 마음을 계속하고 있었다. 황사영은 주문모가 순교했다는 소식을 듣고 슬퍼하는 신도들에게 "주문모 신부가 이제 이미 순교하였으니, 천당에서 우리를 보호하는 힘이 세상에 있을 때보다 훨씬 더할 것이다. 우리의 의지함이나 당신들의 소망도 전일에 비해서 배로 커져야 하고 털끝 만큼도 실망해서는 안된다."고[207] 격려했다. 그가 죽은 다음에 일어났다는 자연 현상의 변화에 관한 언급도 신도들의 입장에서는 그에 관한 존경의 표현 방법 가운데 하나였을 것이다.[208] 그리고 주문모가 죽은 다음에도 조선인 신도들은 그의 "열성, 슬기, 극기克己의 생활, 업적 및 죽음에 대하여 깊은 경의를 가지고 말한다. … 주문모 신부는 하느님 앞에 수많은 공로를 세울 기회를 가졌고, 자기의 충성으로 순교의 은총을 받을 기회를 얻었다"라고[209] 계속하여 평가되고 있었다.

주문모가 이와 같이 존경을 받고 있었던 것은 그의 남다른 인품에서만 유래한 것은 아니다. 조선인 신도들은 그를 신앙의 지도자로 받들고 그를 따랐다. 이는 주문모의 신앙과 사상이 그들 조선인 신도들보다 앞섰기 때문이었을 것이다. 이러한 주문모의 사상을 나타내는 단편적 자료들을 검토해보면 다음과 같다.

우선, 주문모는 자신이 신앙하는 종교를 즐겨 예수교耶穌敎라는 말로 표현하고 있다. 그는 신문관들에게 자신의 종교가 예수교耶穌敎임을 밝혀 말했으며,[210] 김건순과 예수교耶穌敎의 교리를 논했다.[211] 이는 그가 예

---

206) 黃嗣永, 『黃嗣永帛書』, 69行.
207) 黃嗣永, 『黃嗣永帛書』, 85行.
208) 『推案及鞫案』 卷25 「邪學罪人黃嗣永等推案」, 732쪽.
   달레, 앞의 책, 484쪽.
   黃嗣永, 『黃嗣永帛書』, 81行. 주문모의 처형 직후에 일어난 氣象 現狀의 異變에 대해서는 天主敎에 대한 비판적 입장을 취하고 있던 洪時濟의 기록을 통해서도 나타나고 있다. 洪時濟, 『訥菴記略』, 15a.
209) Dallet, *ibid.*, tome 1, p.148(달레, 앞의 책 上, 485쪽).

수 그리스도를 중심으로 하여 천주교를 이해했고, 예수 그리스도에 대한 돈독한 신앙을 가지고 있었음을 간접적으로 드러낸다. 그리고 주문모는 예수교耶穌敎가 사학邪學이 아니라 정학正學임을 주장하고 있다.212) 그는 천주교를 정학으로 생각했기 때문에 천주교의 전개에 대해서 남다른 역사의식을 가지고 있었다. 그는 윤지충의 묘를 지나면서 언젠가는 그 위에 성당이 세워질 것이라고 전망한 바 있었다.213) 그리고 이순이李順伊에게 특별히 그 집안의 박해를 자세히 기록하기를 요청했던 것이다.214) 한편, 그는 자신의 종교에서는 "예수를 공경하고, 자기 영혼을 구하는 것"을 본분으로 삼고 있다고 생각했다.215) 그리고, 그는 세속사世俗事보다는 야소지학耶穌之學에 힘을 써야 한다고 말했다.216) 여기에서 우리는 그의 신앙에서 내세지향적 특성이 작용하고 있음을 확인하게 된다. 주문모는 예수교에서 강조하는 가장 중요한 덕목이 정결임을 말하고 있다.217) 그는 이와 더불어 천주교 윤리의 중심이 되는 십계를 철저히 지킬 것을 강조했다.218) 그러나 그는 천주교를 "여러 사람들이 현세에서는 吉함을 얻고, 후세에서는 복을 부르는 가르침"으로 보았다.219) 그는 천주교가 담당해야 할 현세에서의 역할에 대해서 무관심하지는 않았던 것이다. 주

---

210) 『推案及鞫案』卷25「邪學罪人李基讓等推案」, 213쪽.
211) 『推案及鞫案』卷25「邪學罪人李基讓等推案」, 217·249쪽.
212) 『推案及鞫案』卷25「邪學罪人金鑢等推案」, 443쪽. "耶穌之學 非邪學矣"
     『推案及鞫案』卷25「邪學罪人李基讓等推案」, 202쪽. "邪學非邪而乃是正學 故爲之"
213) 『推案及鞫案』卷25「辛酉推案」, 530쪽.
214) Dallet, ibid., tome 1, p.184(달레, 앞의 책 上, 539쪽). 이로 미루어 볼 때 李順伊의 서한도 周文謨의 이러한 사전 부탁과 관련되어 작성되었을 것이다.
215) 『推案及鞫案』卷25「邪學罪人李基讓等推案」, 214쪽. "恭敬耶穌 救自己靈魂 生人之本分也".
216) 『推案及鞫案』卷25「邪學罪人李基讓等推案」, 249쪽.
217) 『推案及鞫案』卷25「邪學罪人李基讓等推案」, 213~214쪽.
218) 『推案及鞫案』卷25「辛酉推案」, 527쪽.
219) 『推案及鞫案』卷25「邪學罪人李基讓等推案」, 220쪽.

문모는 천주교와 국가와의 관계에 대하여 대하여 다음과 같이 언급한 바
있다.

> 천주교의 도리는 사람들에게 충군애군을 가르친다. 나는 천주교를 믿은
> 여러 사람들과 간절히 기도하는 데, 천주교는 국가의 평안무사와 오곡의 풍성
> 과 세상의 안녕을 기원하고 있다.[220]
> 다른 사람이나 나라를 해롭게 하는 일은 곧 예수교의 십계명에서 엄하게
> 금하는 바이다. 그러므로 나뿐만 아니라 다른 봉교인奉敎人도 만만코 그러함
> 이 없다.[221]

즉, 그는 천주교와 국가의 관계가 적대관계일 수는 없다고 말했다. 그
러나 주문모가 국법 내지는 왕명을 어기고서도 천주교를 신앙하고자 했
던 것은 왕명보다는 신앙을 우선시했던 입장을 확고하게 드러낸다. 이는
당시의 상식적인 생각과는 분명한 차이를 드러내는 것이었다. 당시 일반
인들은 왕명을 절대화해 나가고 있었다. 예를 들면 신유교난의 과정에
연루되어 신문을 받은 김이백金履白마저도 "왕명은 천명天命이고 군주를
속이는 것은 하늘을 속이는 것이다"라고 까지 말한 바 있는데[222], 이와
같은 당시 일반 사족들의 생각과 주문모의 사고방법은 판이하게 차이를
드러내고 있다. 물론 주문모도 천주교가 근본적으로 국가에 도움이 되는
신앙임을 강조했다. 그러나 그의 가르침을 받은 당시의 신도들은 충효를
말함에 그치지 않고 이와 더불어 자애慈愛의 중요성을 강조해주었다.[223]
이러한 경향은 주문모의 훈도와 결코 무관한 것은 아닐 것이다.

주문모는 김건순이 '대국의 사정'을 물을 때 '대국의 운수도 이미 다
했다'고 말함으로서 당시 국제 정세에서 청이 처해 있던 위치를 규정지

---

220) 『推案及鞫案』 卷25 「邪學罪人金鑢等推案」, 416쪽.
221) 『推案及鞫案』 卷25 「邪學罪人金鑢等推案」, 444쪽.
222) 『推案及鞫案』 卷25 「邪學罪人李基讓等推案」, 259쪽.
223) 趙珖, 1989, 앞의 책, 122쪽.

었다. 그리고 김건순이 조선의 운수를 물을 때 정색을 하고 답하기를 이나라에 사는 대부인데 어찌 이와 같은 말을 하는가"라고 하면서 대답하면서 이 질문을 막은 바 있다.[224] 그는 조선의 정세에 대해서는 언급을 회피했지만, 중국의 정세에 대해서 비판적인 생각을 가지고 있었음이 틀림이 없다. 그는 중국의 운세가 이미 기운 것으로 판단했고, 천주교를 신앙하던 유럽 제국의 강성을 인정하고 있었다. 이러한 대외 인식이 기반이 되어 그는 북경 주교를 통해서 서양의 선교사와 선박을 조선에 파견하도록 주선해보고자 하기도 했다. 1801년 이전 신도들이 수 차례에 걸쳐 시도했던 서양선박요청의 계획은 그의 이와 같은 상황판단과 일정한 연관을 가지고 있다고 생각된다.

한편 우리는 주문모의 사상을 간접적으로 알기 위해서 당시 신도들의 사상적 경향을 살펴볼 수도 있을 것이다. 왜냐하면 당시 주문모와 직접 접촉하고 있었던 신도들의 경우에는 주문모의 사상적 영향을 더 많이 받았을 것으로 추정할 수 있기 때문이다. 그렇다면 당시 주문모과 접촉하고 있었던 한 신도가 신대부[申大甫]와 이여진에게 천주교 교리를 설명하면서 천주교에 열심하면 언젠가는 신부를 만날 수 있다고 설명한 기록을 주목할 수 있다. 즉 그 신도는 "천주교는 아주 평등한 것이어서 거기에 대해서는 어른도 아이도 양반도 상놈도 없다"고 설명한 바 있다. 그가 설명한 평등성에 대한 가르침은 주문모의 생각에 영향을 받은 결과일 수도 있을 것이다. 사실 주문모가 접촉하는 사람들의 상당수가 비특권적 인물들이었다. 주문모는 민인의 문자인 한글로 책을 지어 일반 서민이나 아녀자에게 천주교 신앙을 전수하고자 했다. 그리고 정약종이 지은 한글 교리서인 『쥬교요지』를 높게 평가한 바가 있었다. 이러한 사실에서도 우리는 주문모의 사상에서 드러나는 평등 지향적 특성을 추출해 낼 수 있을 것이다.

---

224) 『推案及鞫案』卷25 「邪學罪人姜彝天等推案」, 318쪽.

한편 그는 여성의 존엄성에 대해서도 인식하고 있었다. 그는 "교회의 일은 남자가 아니면 할 수 없는 일도 있지만 여성도 인간이므로 교회의 일을 맡아본다. 교회의 일이란 영세 등의 예절이다"[225]라고 말한 바 있다. 이는 그가 여성의 인격적 존재를 인정하고 있었으므로 여성도 교회의 성사집전에 동등하게 참여하게 됨을 말한 것이다. 그리고 강완숙과 윤점혜를 여회장으로 임명했던 것도 여성의 역할에 대한 그의 새로운 인식을 반영한다.

요컨대, 주문모는 신중하고 성실한 성품을 가지고 있었고, 이 성품을 기초로 하여 조선교회를 지도하고 있었다. 그는 조선인 신도들로부터 각별한 존경을 받고 있었다. 그리고 그는 자신의 신앙을 예수교耶穌敎라는 말로 즐겨 표현했으며, 신앙의 목적이 예수[耶穌]를 공경하고 자신의 영혼을 구하는 데에 있다고 생각했다. 그는 계명의 준수를 중요시했고, 정결의 의미를 강조했다. 그는 교회와 국가가 결코 대립되는 성질을 가지지는 않았다고 생각했다. 그러나 국가의 명령보다는 신앙이 우위에 섬을 인정하고 있었다. 그는 평등지향적 사고를 가지고 있었던 것으로 생각되며, 청국의 정세에 대해서 비관적 판단을 내리고 있었다. 이와 같은 그의 사상들은 조선인 신도들에게도 일정한 영향을 미쳐주고 있었다.

5. 맺음말

조선인 신도들은 교회 창설 직후부터 북경의 주교에게 선교사의 파견을 요청했다. 이러한 요청의 결과로 북경교구의 구베아 주교는 주문모周文謨(1752~1801) 신부를 조선에 파견했다. 그는 조선교회에 파견된 첫 선교사로서 1795년 초에 윤유일尹有一 등의 도움으로 조선에 입국했다. 그

---

225) 『推案及鞫案』 卷25 「邪學罪人李基讓等推案」, 122쪽.

는 이 이후 자신이 순교하게 된 1801년에 이르기까지 6년 4개월에 걸쳐서 조선 교회의 발전을 위해서 다대한 공헌을 남겼다. 그는 이 선교의 과정에서 최창현, 홍익만, 강완숙 등의 도움을 받았고, 4회에 걸쳐서 박해를 피해 지방으로 도피해야 했다. 그러나 그는 이러한 박해의 와중에서도 천주교 선교에 진력했다.

그는 6년 4개월 동안 조선에서 신도들을 직접 가르쳤으며, 한글로 된 교회서적을 짓거나, 한문 교리서를 한글로 번역하기도 했다. 그는 신도들의 조직을 강화하기 위해서 노력했다. 그 결과로 그는 회장제도를 확립했다. 그는 최창현, 정약종 등 초창기 교회를 이끌었던 신도들을 회장 등으로 임명하여 그들의 활동을 장려해주었다. 한국교회사에서 회장제가 정식으로 자리잡은 것은 그의 공로로 생각된다. 이와 함께 그는 명도회를 설립하여 운영함으로서 조선 교회가 박해시대를 헤쳐갈 수 있는 기반을 마련해주었다. 그는 강완숙, 윤점혜 등이 이끄는 여성들의 결사의 탄생을 가능케 했고, 북경교회와의 연락을 위해서도 노력했다.

그는 1801년의 박해가 발생하자 서울을 탈출하여 시골로 피신할 것을 생각하고 이를 실천에 옮기기도 했다. 그러나 그는 자신의 피신으로 인해 조선인 신도들에게 탄압이 계속될 것을 전망하고서 이를 종식시키기 위해서 다시 서울로 돌아와 의금부에 자수했다. 그는 신문과정에서 자신의 신앙을 자랑스럽게 드러내주었다. 그는 효수경중梟首警衆되었지만 자신의 신앙에 충실하고자 했던 그의 자세는 후일 신도들로부터도 계속적인 존경을 받게 되었다.

그의 죽음은 초창기 조선 교회에 있어서 매우 큰 손실을 의미했다. 그가 사형을 당한 이후에는 겨우 1천여 명의 신도들이 숨어서 교를 전하거나 신앙을 실천하고 있었을 따름이었다.[226] 그러나 조선교회의 발전

---

226) 한국교회사연구소 편, 1989, 「1824년 교황 성하에게 보낸 서한」『만남과 믿음의 길목에서』, 한국교회사연구소, 116쪽.

을 위한 그의 노력은 신유교난이 종식된 이후 10여년 이후에 다시 재기되고 있었다. 이러한 사실을 볼 때 그가 6년 4월의 기간에 걸쳐서 조선에서 시도하고 있었던 활동은 그 명맥이 중단됨이 없이 지속되고 있음을 확인하게 된다. 우리는 이와 같은 주문모에 대한 연구를 통해서 주문모 개인 및 18세기 말엽의 조선 교회와 사회에 대한 이해를 좀더 심화시킬 수 있었다고 생각된다.

주문모周文謨 연보年譜(1752~1801)

연도	사건
1752년.	中國 江蘇省 蘇州府崑山縣에서 出生
1757년.	(7세) 母親 死別
1758.년.	(8세) 父親 死別, 姑母에 의해서 生養
1771년.	(20세) 결혼
1773년.	喪妻
1784년.	李承薰 北京 北堂에서 영세
1785년.	구베아 주교 北京 赴任
1780년대 후반기	북경에 도착하여 북경교구 신학교에서 神學을 수업했다.
1787년경.	吳 레메디오스 신부 敍品
1789년.	尹有一이 북경에 도착하여 조선교회의 서한 전달
1790년 4월.	尹有一 歸國
1790년.9월.	尹有一, 吳요한 세자 北京으로 向發
1790년 10월 경.	吳 레메디오스 신부 조선 파견 결정
1791년 2월.	吳 레메디오스 신부 북경 출발 柵門에 도착
(양력) 1790년 10월 6일.	구베아 주교의 첫번째·두번째 서한 작성
1791년~1794년	이 기간 중 어느 때 북경에서 司祭로 敍品받았다.
1792년 4월.	교황 비오6세가 조선 교회에 대한 구베아의 개인적 보호와 지도를 요청했다.
1793년.	吳 레메디오스 신부 사망
1793년.	池璜, 朴요한 北京으로 向發
1794년 초.	朝鮮에 宣敎師로의 派遣이 決定되었다.
1794년 2월.	北京을 떠나 柵門으로 출발했다.
1794년 2월~11월	滿洲 遼東地方의 교회를 순회하면서 結氷의 시기를 기다렸다.
1794년 12월 3일. (양력 1795년 1월 3일)	池璜 등의 안내로 朝鮮에 入國하여 義州에 到着했다.
1794년 12월 14일 경. (양력 1795년 1월 14일)	서울에 도착하여 貞洞 崔仁吉 家에 머물었다.
1795년. (부활절 전 성목요일)	洗禮聖事와 告解聖事를 執典하고 補禮를 시행했다.
1795년. (체포령이 내리기 전까지)	池璜·尹有一·姜完淑·洪文甲·崔昌顯·崔仁喆·崔必恭·鄭仁赫·金路加, 金方濟各, 黃嗣永 등을 만났다. 1791년 이전부터 천주교와 관련이 있던 姜完淑이 이 해에 領洗했다. 姜完淑에게 領洗를 준 사람은 周文謨였다.
1795년.	姜完淑이 영세 직후 女會長에 임명되었다. 이로서 조선교회에 會長制가 확실히 적용되기에 이르렀음이 확인된다. 임명된 시기는 미상이나 周文謨는 이때 이후 崔昌顯을 總會長에, 丁若鍾을 明會長

	에 임명했다. 그리고 尹點惠를 女會長에 임명했으며, 1795년 5월 이후 내포지방으로 피신했을 때 鄭山弼, 김승정 등을 그 지역의 회장으로 임명했다.
1795년 4월.	進士 韓永益이 李晳에게 周文謨 入國事實을 密告했다.
1795년 5월.	周文謨에 대한 逮捕令이 내렸으나, 周文謨는 이를 사전에 파악하고서 崔仁吉 家를 탈출했다.
1795년 5월 12일.	崔仁吉·尹有一·池璜이 逮捕된 후 捕盜廳에서 打殺당했다.
1795년 5월부터 1796월 5월까지	避身 生活. 체포령이 내린 직후 楊根人 權巴西略 家, 洪文甲 家, 司畜署洞 金某 家에서 1~2일 머문 후, 楊根으로 가서 權某 家에서 3일을 留宿하고 連山 李步玄 家에서 2개월을 지냈다. 高山 李存昌 家, 全州 柳恒儉 家에서도 留宿했다. 이 기간동안 金綱伊 형제와 접촉했고, 印은민 父子에게 세례를 주었다. 尹持憲은 이때 柳恒儉 家에서 주문모를 만났다. 그가 이곳에서 지내는 동안 宋云瑞가 서찰을 연락하는 책임을 맡은 듯하며, 金토마스가 馬夫로 있었다. 그가 방문한 지역은 楊根, 連山, 高山, 全州 이외에도 驪州, 藍浦, 公州, 溫陽 등지의 교회도 방문했고 회장을 임명하기도 했다. 鄭山弼, 김승정을 내포지방의 회장으로 임명했다.
1795년 8월.	中國 敎會와의 연락을 위해서 柳恒儉, 柳觀儉, 柳重泰, 尹持憲 등과 협의하여 黃沁을 北京에 파견하기로 했다.
1796년 5월.	서울로 귀환. 약 2년 간 南大門 안 倉洞에 있던 洪文甲 家, 桂洞과 典洞의 故 崔仁吉 家, 金吳蘇辣 家, 崔昌顯 家에서 留宿. 崔奉漢을 면담했다. 이때를 전후하여 洪翌萬, 金履禹의 집을 방문한듯 하다.
(양력) 1796년 9월 14일	구베아 주교에게 보내는 라틴어 편지를 작성했다.
1796년. 겨울	冬至使 편에 合流하여 黃沁이 北京으로 떠났다. 이때 柳觀儉 등 조선인 신도은 西洋 大舶의 파송을 요구하기 시작했다.
(양력) 1797년 1월 28일.	黃沁이 周文謨의 편지를 北京 구베아 主敎에게 전달했다.
1797년.	鄭光秀·李喜英·李中培·金致錫 등을 만났다. 이 때를 전후하여 鄭順每에게 세례를 주었다. 또한 비슷한 시기에 姜完淑의 안내로 良沛宮에서 宋氏와 申氏에게 세례를 주었다. 良沛宮은 洪翌萬의 집을 통해 들어 갈 수 있었다. 柳重哲과 李順伊의 결혼을 주선하고 童貞誓願을 승인했다.
(양력) 1797년 8월 15일	구베아 주교의 세번째 서한 작성
1797년 8월.	金建淳을 만나서 傳敎. 洪翌萬의 助言을 들어 姜彛天에 대한 傳敎 試圖는 抛棄했다.
1798년.	박해로 말미암아 지방으로 도피하여 약 6개월을 지냈다.
1798년.	忠淸道 洪州人 元야고보가 德山 捕校에게 체포되어 淸州로 移送되서 殉敎했다. 그는 周文謨에게서 세례를 받았고 이번의 박해가

	주문모의 체포에 목적을 둔 것이었지만 周文謨의 向方을 吐說하지 않았다.
1798년 겨울.	黃沁 및 金有山이 冬至使 一行에 합류하여 北京으로 갔다. 이 때에도 黃沁은 周文謨의 편지 내지는 報告書를 携帶했을 것이다.
1799년.	寺洞으로 옮긴 洪文甲 家에서 지내면서, 典洞 金某(老婦) 家, 崔仁喆(依納爵) 家, 黃嗣永 家 등에서 며칠씩 留宿했고. 黃嗣永 家에서 李國昇을 만났다.
1799년 겨울.	박해로 말미암아 지방으로 도피하여 피신한 후 수 개월이 지나서 다시 서울로 귀환했다.
1800년 3월.	洪文甲 家가 勳洞으로 이사했다.
1800년 4월.	주문모가 서울로 귀환했으나, 驪州에서의 박해 소식으로 말미암아 黃嗣永 家, 玄啓溫 家로 피신하여 지냈다.
1800년 4월 이전.	明道會를 創設하고 그 會長에 丁若鍾를 任命했다.
1800년 5월.	丁若鍾 家, 壁洞 鄭某 家, 廣通橋 金某 家에 머물었다. 楊根에서 박해가 심화되자 行廊을 찾아다니며 도피하기 시작했고, 그의 避身處 마련을 위해서 崔昌顯등이 노력하고 있었다.
1800년 10월.	(11월까지) 洪文甲 家, 丁若鍾 家에서 잠깐씩 留宿했다.
1800년 12월.	金方濟各 行廊, 金某(寡婦) 行廊에서 留宿했다.
1800년 12월 23일.	南大門에서 黃嗣永을 相見했다.
1801년 1월 11일.	大王大妃가 邪學을 禁止하는 傳敎를 내렸다.
1801년 2월 14일.	周文謨의 片紙 多數가 담긴 丁若鍾의 冊籠이 발각되어 조정에서 이 問題를 논의했다. 이 이후 周文謨를 逮捕하기 위한 試圖가 强化되었다.
1801년 2월 20일.	洪連伊로부터 譏察 소식을 듣고, 南九月의 안내로 磚洞의 良沛宮으로 피신했다.
1801년 2월 23일.	良沛宮을 나왔다. 西小門에서 知人 李某를 만나서 그의 行廊에서 하루 밤을 지냈다.
1801년 2월 24일.	黃海道 黃州에서 피신하기 위해서 서울을 떠났다.
1801년 3월 12일.	義禁府에 自首했다.
1801년 3월 15일.	推鞫이 있었다.
1801년 3월 17일.	金建淳과 對質 訊問을 당했다. 恩彦君의 妻 宋氏와 子婦 申氏가 賜死되었다.
1801년 4월 1일.	推鞫이 있었다.
1801년 4월 3일.	罪人周文謨에 대한 議啓가 있었다.
1801년 4월 17일.	推鞫이 있었다. 刑問 一次 訊杖三十度를 당했다.
1801년 4월 19일. (양력 5월 31일)	새남터에서 梟示警衆되었다.
1801년 5월 29일.	恩彦君의 賜死가 允許되었다.
1801년 10월 20일.	討邪奏文을 작성하여 발송했다.

| 1801년 12월 22일. | 討逆頒教文이 반포되었다. |
| 1801년 12월 30일. | 黃沁이 洪州에서 斬首되었다. |

제4장

정약종丁若鍾과 초기 천주교회

1. 머리말

18세기 말엽의 조선사회에서는 사상적 변동이 진행되고 있었다. 이 변동의 과정에서 천주교 신앙이 자리잡게 되었다. 당시 천주교 신앙의 정착을 위한 사상운동에는 청년 지식층들이 중심이 되었다. 이러한 인물 가운데 대표적 존재로는 정약종丁若鍾(Augustino, 1760~1801)을 들 수 있다. 그는 실학자로 널리 알려진 다산茶山 정약용丁若鏞의 형이었다. 그는 당시의 시대적 분위기와 자신의 형이었던 정약전丁若銓 등의 영향을 받아 천주교 신앙에 접할 수 있었다. 그는 영세 입교 후 교회의 중추적 인물로 활동했다.

조선의 초기 천주교사에서 신앙의 전파는 사회운동적 측면과 더불어 사상운동적 차원에서 진행되어 갔다. 물론 이 두 측면은 불가분의 관계를 가지고 있다. 정약종은 초기 천주교사가 가지고 있는 이 두 측면의 연결고리였다. 즉, 그는 천주교 사상을 정리하여 조선후기 사회에 제시했다. 이러한 그의 노력은 『쥬교요지主教要旨』의 저술을 통해서 확인된다. 그리고 그는 당시 선교와 자선을 목적으로 조직되었던 대표적 신도단체

인 명도회의 회장이 되어 조선후기 사회에 천주교 신앙을 확산시켜 나가
고 있었다.

　정약종에 대한 연구는 천주교 신앙에 대한 박해를 규명하는 과정에서
먼저 언급되기 시작했다.[1] 그리고 조선후기 천주교 신앙에 대한 철학적
이해를 시도하는 과정에서 그의 사상에 대한 연구가 단편적으로 진행되
어 나갔다.[2] 이러한 연구들은 정약종 사상에 대한 본격적 접근은 아니었
다고 하더라도 정약종이 살았던 당대의 사상적 특성을 파악하는 데에는
적지 않은 도움을 주었다. 또한 이러한 포괄적 연구를 바탕으로 하여 정
약종의 대표적 저서인『쥬교요지主教要旨』에 대한 직접적 분석을 시도하
는 연구도 이루어졌다.[3] 그리하여 기존의 연구를 통해서 정약종의 가문

1) Dallet, 1874, *Histoire de l'Eglise de Corée*, Paris ; Victor Palmé vol. I.
　달레 著, 安應烈·崔奭祐 譯註, 1979,『韓國天主教會史』上, 한국교회사연구소,
　440쪽 이하.
　朱明俊, 1984,「丁若鏞 兄弟들의 天主教 信仰活動」『全州史學』創刊號, 全州大
　學校 史學會.
　趙珖, 1989,『朝鮮後期 天主教史 硏究』, 고려대학교 민족문화연구소, 45·58쪽.
2) 李元淳, 1975,「朝鮮後期 實學者의 西學意識」『歷史教育』17, 역사교육연구회.
　장성수, 1982,「조선후기 유학과 서학의 비교연구」, 성균관대학교 대학원 석사학
　위 논문.
　崔奭祐, 1991,「朝鮮後期의 西學思想」『國史館論叢』22, 국사편찬위원회.
　송석순, 1993,『조선 양명학 및 실학과 천주교와의 사상적 관련성에 관한 연구』,
　성균관대학교 대학원, 박사학위논문.
　元載淵, 1994,「正祖代 天主教會와 教理書著述」『韓國史論』31, 서울대학교 국
　사학과.
　　徐鍾泰, 1996,『星湖學派의 陽明學과 西學』, 서강대학교대학원 박사학위 논문.
3) 金徹, 1979,「丁若鍾의 '쥬교요지'(主教要旨)에 대한 연구」, 가톨릭대학 대학원 석
　사학위 논문.
　Hector Diaz, 1986, *A Korean Theology ; Chu~Gyo Yo~Ji,* Switzerland ; Fribourg,
　Imprimerie Saint~Paul.
　安秉先, 1992,「殉教者 丁若鍾의 思想과 靈性:'쥬교요지'를 중심으로」, 수원가톨
　릭대학교 석사학위논문.
　하상호, 1992,「丁若鍾의 護教論的 新論과 그리스도論」, 대구가톨릭대학교 석사

내지 출생관계와 생애가 밝혀졌고, 그의 신학사상이 가지고 있는 특성도 상당 부분 연구되었다. 이러한 기존의 연구는 역사신학적 입장이나 일반 교회사적 입장에서 서술되었거나 혹은 철학적 접근을 특징으로 삼고 있었다.

그러나 본고에서는 이와 같은 기존의 연구성과를 바탕으로 하되, 정약종 자신과 관련된 역사적 사실관계를 집중적으로 천착하고 그 사상의 형성과정과 사회적 의미를 밝혀보고자 한다. 또한 본고에서는 기존연구와는 달리 정약종과 그의 사상을 조선후기 사회라는 맥락 위에서 조명해 보는 사상사적 연구방법에 좀더 충실해 보고자 한다.

정약종의 사상에 대한 연구 자료로는 우선 그가 저술한『쥬교요지』를 들 수 있다. 그리고 그의 신앙과 종교활동에 관해 언급하고 있는『사학죄인 이가환등추안』『사학징의』및 황사영의『백서』등의 기록을 1차 사료로 활용할 수 있다. 또한 달레(Dallet)의『조선교회사』에 수록된 정약종 관계의 기록도 그의 삶과 생각을 이해하는 데에 있어서 중요한 단초를 제공해 주고 있다.4) 그리고『승정원일기』등 관찬 연대기 사료들도 정약종과 관련된 적지 않은 내용을 담고 있다.

이상과 같은 연구를 통하여 우리는 정약종의 사상과 그가 살았던 시대의 특성을 올바로 이해하는 데에 도움을 받을 수 있을 것이다. 그러나

학위 논문.

원혁톨, 1998,『한국신학 : 정약종의 주교요지를 중심으로』, 원홍문화사.

車基眞, 2000,「丁若鍾의 교회활동과 신앙」『敎會史硏究』15, 6~49쪽.

4) 丁若鍾의 아우였던 丁若鏞은 자신의 가문과 초기 천주교회사에 관한 기록을 적지 않게 남겼다. 그런데 정용의『與猶堂全書』가 丁若銓에 관해서는 상대적으로 풍부한 증언을 하고 있다. 즉,『與猶堂全書』에서 丁若鏞은 丁若銓과 유학에 관해서 논한 사실 및 그 밖의 다른 인간관계 등을 기록하고 있다. 그러나 丁若鍾에 관한 언급은 거의 수록하지 않고 있음이 주목된다. 이와 같은 현상은 우선 丁若鍾이 大逆不道罪로 처형된 죄인이었기 때문으로 볼 수 있겠다. 또한 동시에 이 현상은 丁若鏞의 사상이 丁若鍾과 상당한 차이를 드러낸 결과였으리라는 추정도 가능케 한다.

이 논문은 정약종의 사상에 대한 종합적 연구의 일부이다. 따라서 이 논문은 정약종의 생애와 사상에 관한 전체 면모를 파악하는 데에 있어서 정약종이 살았던 시대와 그의 사상이 가지고 있던 특성의 일부만을 제시하고자 한다. 바로 이 점은 이 논문이 가지고 있는 특점이자 제한성으로 생각된다.

2. 사상의 형성 배경

특정 인물의 사상이 가지고 있는 특성을 올바로 이해하기 위해서는 그 사상이 형성된 배경에 관한 검토가 필수적으로 요청된다. 따라서 정약종의 사상이 형성되는 과정을 살피기 위해서는 그의 가문적 배경과 함께 그가 살았던 시대적 특성에 대한 이해가 요청된다. 그리고 그가 체험하고 실천했던 기존의 사상에 대한 검토도 수반되어야 한다. 이러한 측면에 대한 종합적 검토를 통해서 우리는 한 인물의 사상이 지니고 있는 특성과 한계 및 사회적 의미를 올바로 이해할 수 있을 것이다.

정약종은 정재원丁載遠(1730~?)과 윤덕렬尹德烈의 딸 사이에서 태어났다. 그의 형제로는 배다른 맏형인 정약현丁若鉉이 있었다. 정약현의 부인은 이벽李檗(1754~1786)의 누이였고, 정약현의 딸은 황사영黃嗣永(1775 ~1801)의 부인이었다. 정약종의 동복 형제로는 형인 정약전丁若銓(1758~ 1816)과 동생인 정약용丁若鏞(1762~1836)이 있었다. 정약종의 어머니는 윤지충尹持忠(1759~1791)의 고모였다. 그리고 이승훈李承薰(1756~1801)은 정약종의 여동생과 결혼했다. 이러한 그의 가문을 보면 그는 초기 천주교 창설과 관련된 인물들과 통혼권을 통해서 상호 연결되고 있음을 알 수 있다.[5]

---

5) 정약종의 출생 및 그의 가계에 관해서는 다음과 같은 선행 연구가 있다. 趙珖, 1992,「辛酉교난과 李承薰」『教會史研究』8, 한국교회사연구소, 66쪽. "初期天主

한편, 정약종은 두 번 결혼했다. 그의 첫 부인은 이수정李秀廷의 딸이
었고, 이들 사이에 정철상丁哲祥(? ~1801)이 태어났다. 정철상은 홍교만洪敎
萬(1737~1801)의 딸과 결혼했으므로 정약종과 홍교만은 사돈 간이었다.
정약종의 재취부인은 유씨柳氏(세실리아, 1761~1839) 부인이었다. 정약종은
이 유씨 부인과의 사이에서 정하상丁夏祥(바오로, 1795~1839)과 정정혜丁情惠
(엘리사벳, 1791~1839) 남매를 두었다.

정약종의 사상이 가지고 있는 사회적 특성은 그가 살았던 당대 사회
와 사상이 가지고 있던 일반적 특성과의 비교를 통해서 확인된다. 18세
기 후반기에 이르러 조선사회가 가지고 있던 사상적 특성은 당시 지배이
념으로 역할하고 있던 성리학 분야에서 먼저 확인된다. 성리학 분야에서
의 변화 양상 가운데 하나로는 18세기 초반 서인~노론 학맥을 중심으
로 하여 전개된 호락논쟁湖洛論爭을 들 수 있다. 이 논쟁은 청나라와 같은
다른 비중화국가·소론이나 남인과 같은 다른 정치세력을 일정하게 인정
해야 한다는 18세기 전기의 탕평정국을 배경으로 하여 전개되었다.

이 논쟁의 전개과정에서 정권을 담당하고 있던 낙하洛下의 노론들은
이적夷狄과 소인小人들이라도 교화가 가능하다는 입장에서 성범인심동론
聖凡人心同論과 사람과 동물의 본성이 같다는 인물성동론人物性同論을 제기
했다.6) 이 이론은 비정통적~비성리학적 존재에 대한 부분적 수용을 전
재하고 있었고, 후일 '북학사상'으로 이어졌다.7) 즉, 낙론 계통의 이론은
사회의 변화를 수용하고 용인하는 사상적 특성을 가지고 있었다.

반면에 호서지역의 사림들은 낙론을 일종의 수정주의로 비판하면서
성인과 범인, 인성과 물성은 본질적으로 차이가 난다는 근본주의적 입장

敎信徒 家系表"

　車基眞, 2000, 「丁若鍾의 교회활동과 신앙」『敎會史硏究』15, 11쪽.

6) 김용헌, 1996, 「낙학파 ; 율곡학의 비판적 계승」『조선유학의 학파들』, 예문서원,
　363~368쪽.

7) 유봉학, 1995, 『燕巖一派 北學思想 硏究』, 一志社, 88쪽 참조.

을 취하고 있었고 강한 척사위정의 논리를 제기하게 되었다.8) 이처럼 호
락논쟁은 사회적 변화에 대한 대응과 처방의 이론이라는 특성을 가지고
있었고, 그 자체는 조선후기 주류 성리학계 내에서의 변화상을 나타내는
것이기도 하다.

조선성리학의 변화는 노론 학계뿐만 아니라 남인 학맥을 통해서도 감
지되고 있다. 특히 미수眉叟 허목許穆(1595~1682)은 주희朱熹의 사서四書 내
지 칠서七書 체제에서 탈피하여 '육경지학六經之學'과 '수사정맥洙泗正脈'으
로 환원하려는 남인의 학풍을 세웠다.9) 이 학풍을 이어받아 원초유학에
입각한 육경고학六經古學을 존중하는 탈성리학적 사상이 등장했다. 주희
에 대한 비판적 입장은 허목과 같은 청남淸南 계열의 인물인 백호白湖 윤
휴尹鑴(1617~1680)에게서도 확인되고 있었다.10)

이와 같은 성리학계의 변화와 동시에 실학사상이 등장했다. 조선후기
의 사회변동을 반영한 실학사상은 원초유학을 기반으로 하여 주자유일
주의朱子唯一主義를 거부하며 범유학적~탈성리학적 입장에서 전개된 개
혁사상이었다.11) 실학사상의 발생배경에는 근기지방을 중심으로 하여
활동했던 성호 이익李瀷(1681~1763)과 그 학파들에 의한 남인지학南人之學
의 존재가 주목된다.12) 이들은 낙론 계열의 노론학인老論學人들과 함께
조선후기 사상계에서 실학운동을 주도하고 있었다.

성리학계의 변화 및 실학사상의 등장과 함께 조선후기 사회에서는 유

---

8) 이애희, 1996, 「주기설의 이론적 심화 : 호학파」 『조선유학의 학파들』, 예문서원,
   398쪽.
9) 鄭玉子, 1979, 「眉叟 許穆硏究」 『韓國史論』 5, 서울대학교 국사학과, 211쪽.
10) 韓㳂劤, 1996, 「白浩 尹鑴 硏究」 1, 『歷史學報』 15, 歷史學會, 15~24쪽 참조.
11) 趙珖, 1998, 「실학의 발전」 『한국사』 35, 국사편찬위원회, 211쪽.
12) 韓㳂劤, 1980, 『星湖李瀷硏究』, 서울대학교 출판부, 28쪽 이하.
   강세구, 1999, 『성호학통연구』, 혜안, 18쪽 이하.
   車基眞, 2002, 『조선후기의 西學과 斥邪論 연구』, 한국교회사연구소, 67쪽 등
   참조.

학과는 그 성격을 근본적으로 달리하는 사상운동도 진행되고 있었다. 이
사상운동은 전통종교로서의 불교에 대한 재인식 및 감결신행鑑訣信行의
성행을 통해서 확인된다.13) 또한 한원진韓元震(1682~1752), 서명응徐命膺
(1716~1787), 홍석주洪奭周(1774~1842) 등을 비롯하여 조선후기 사상계의 일
각에서는『노자도덕경老子道德經』을 중심으로 한 도가철학에도 관심을 가
지고 있었다.14) 동시에 민간차원에서는 불로장생을 논하던 도교사상에
대한 재인식작업이 진행되고 있었다.15) 이처럼 정통 사상으로 인정되어
왔던 성리학이 강력히 도전을 받고 있던 사회적 맥락에서 일종의 신종교
운동들도 일어났다.

　조선후기 사회변혁에 조응하는 사상운동은 경기 지역의 노론 및 남인
학계를 중심으로 하여 특히 활발히 전개되고 있었다. 이들이 진행하고
있던 기존 성리학에 대한 재해석 내지는 비판의식은 이질적 신사조에
대한 탄력적 대응을 가능케 해주었고, 사상계의 한 흐름을 형성하게 되
었다.

　이 사상적 변동의 와중에서 정약종은 태어났고 자신의 사상을 완성시
켜 갔다. 그의 사상적 경향에 관해서는 초기 천주교사의 기록을 통해서
단편적인 사실들이 확인된다. 즉, 그는 일찍부터 학문에 전념하여 문필
에서 성공을 거두었고, 이가환李家煥(1742~1801)을 비롯해서 당대의 학인
들과 교류했다.16) 이 기록에 의거할 때, 그는 근기 남인들에게 성행하던

13) 趙珖, 1993,「朝鮮後期思想界의 轉換期的 特性」『韓國史 轉換期의 문제들』(한국
　　사연구회 편), 지식산업사, 167쪽.
14) 宋恒龍, 1987,「道家哲學의 學的 定立과 그 硏究」『韓國道教哲學史』, 성균관대학
　　교 출판부, 131쪽.
15) 鄭在書, 1993,「韓國 民間道教의 系統과 特性」『韓國道教文化의 位相』(한국도교
　　사상연구회 편), 아세아문화사, 200쪽.
16) Dallet, 1874, *Histoire de l'Eglise de Corée*, Paris ; Victor Palmé vol. I.
　　달레 著, 安應烈·崔奭祐 譯註, 1979,『韓國天主教會史』상, 한국교회사연구소,
　　440쪽.

탈성리학적 경향을 충분히 이해하고 있었다고 판단된다.

그러나 정약종은 당시의 학인들이 일반적으로 지향하던 과거를 통해
관료로 진출하기를 거부했다. 그는 "과거를 위한 학문은 너무 무게가 없
다고 생각하여 이를 완전히 포기했고," 불로장생의 비법을 논하던 도교
에 탐닉했다.[17] 그는 한때 선도仙道를 배워서 불로장생하고자 했고, 개벽
설開闢說을 믿었다.[18] 개벽이란 선천先天과 후천後天을 가르는 우주론적
시간의 일대 전환점을 말하며, 신선선경神仙仙境의 이상사회가 시작되는
시점을 뜻한다. 일종의 미래대망사상未來待望思想이었던 개벽설은 감결신
행을 비롯한 조선의 민중종교사상에서 그 핵심을 이루고 있었다.

그가 개벽설을 믿었다는 증언은 그의 사상이 이미 정통 성리학으로부
터 한참 떨어져 나갔다는 말이 된다. 즉, 그는 성리학적 분위기에서 장성
했고, 범유학의 입장에서 학문적 기초를 닦았지만, 이미 유학을 떠나 도
교나 민중신앙적 요소에 접근하고 있었다. 그리고 정약종이 의술을 배워
큰 명성을 얻었다는 기록은[19] 그의 도교적 성향과 깊은 관계가 있었다.
일반적으로 도교에서는 장생법과 관련하여 의학을 발전시켜 왔고, 조선
후기에도 도교의학이 성행하고 있었기 때문이다.[20]

그러나 그는 개벽이 되면 신선도 없어져 버릴 것이라는 사실에 착목
한 다음 신선설 및 개벽설 자체에도 회의하게 되었다. 이 과정에서 그는
천주교 신앙에 접근할 수 있었다. 그가 천주교에 입교한 시기는 자신의
형제들이나 남인 계열의 다른 인물들과는 달리 1786년 3월경에 이르러
서야 천주교 신앙을 듣고 실천하게 되었다.[21]

---

17) 달레, 앞의 책 상, 441쪽.
18) 黃嗣永, 『帛書』, 35行. "丁奧斯定若鍾…嘗有學仙長生之志 誤信天地開闢之說 歎
　　曰 天地變改時 神仙亦不免消融 終非長生之道 不足學也"
19) 달레, 앞의 책, 441쪽.
20) 三木榮, 1963, 『朝鮮醫學史及疾病史』, 日本 大阪 ; 自家出版, 196쪽.
21) 『推案及鞫案』 1 「罪人李家煥等推案」, 1801年 2月 12日字, 亞細亞文化社, 51쪽.
　　"問曰以矣身所現捉日記見之 丙午三月 有所謂受洗於仲兄之說 矣身之爲邪學 果

한편, 정약종이 살았던 시대는 정조(재위 1776~1800)의 정치가 시행되던 때였다. 정조는 왕권을 강화하여 왕실을 중심으로 사회 개혁을 수행하고자 했다. 이때는 탕평책을 통해 정권에 소외되어 왔던 남인들도 정계에 다시 진출하여 활동했다. 그러한 남인 계통의 대표적 인물로는 채제공蔡濟恭(1720~1799)이나 이가환李家煥(1742~1801) 등을 들 수 있다. 이들은 정조의 준론 탕평정책에 적극 조력했다.[22] 이들은 이질적 학문에 대해서도 탄력적 태도를 취하기도 했던 바, 남인의 영수 채제공은 '천고백선千古百選'을 뽑으면서 『불경佛經』이나 『노자도덕경老子道德經』 『장자莊子』 그리고 왕안석王安石의 저술과 같은 '이단'의 서적을 포함시키기까지 했다.[23] 바로 이와 같은 사상적 분위기에서 이질적인 천주교 신앙이 연구 실천되기 시작했다.

또한 정약종이 살았던 18세기 조선후기는 사회 경제적 측면에서도 일대 전환이 요청되고 있었다. 이 전환의 대표적 사례는 신분제의 이완 현상을 들 수 있다. 그리하여 양반 호구가 급격히 증가해 갔고, 서얼의 통청운동通淸運動이 진행되고 있었다. 중인신분층의 지위향상과 분화현상 및 노비신분층의 급격한 감소 등이 이 시대에 병발하여 일어났다. 신분제도의 이완은 성리학적 사회이론에 기반을 둔 기존 질서의 붕괴를 뜻하는 것이었고, 이는 조선 성리학의 위기로까지 이해되었다.[24]

요컨대, 정약종이 살았던 18세기 후반기 조선의 사상계에서는 큰 변동이 진행되고 있었다. 이 변동은 노론 학인을 중심으로 하여 진행되었던 호락논쟁의 출현이나 남인 일각에서 주목하기 시작했던 원초유학에

自丙午三月而爲始乎 供曰矣身於丙午三月 果聞此學於矣仲兄 矣身則只今沈溺此學 仲兄則近果不爲矣"

22) 朴光用, 1984, 「蕩平論과 政局의 變化」 『韓國史論』 10, 서울대학교 국사학과, 231쪽 이하.

23) 蔡濟恭, 「御定千古百選議」 『樊巖先生文集』 28 : 8b~9a.

24) 趙珖, 1996, 「朝鮮後期 西學書의 人間關係에 대한 理解」 『具仲書華甲紀念論文集』, 太學社, 88쪽 이하 참조.

의 관심을 통해서 드러나기 시작했다. 그리고 이러한 사상의 변동은 실학사상으로 수렴되어 탈성리학적 분위기가 강화되고 있었다. 동시에 불교나 도교 또는 감결신행 등 비非유교적 사상에 대한 관심도 강화되어 갔다. 한편, 조선후기 사회에서는 정치나 사회경제분야에 있어서도 변화가 촉진되고 있었다. 이와 같은 사회와 사상의 변동기에 천주교 신앙이 들어왔다. 정약종은 이 변동의 와중에서 비유교적 신앙을 체험했던 인물이었다. 그가 가지고 있던 이러한 사상적 특성은 그 자신이 천주교라는 사상을 새로운 종교사상으로 이해하고 실천하는 데에 도움이 되었다.

3. 초기 교회에서의 활동

정약종은 영세를 받아 입교한 이후 수 년간 교리를 연구했고, 이 연구를 기반으로 하여 교회활동에 본격적으로 투신했다. 그리고 그는 1801년의 박해 과정에서 자신의 신앙을 지키기 위해 순교했다. 초기 천주교사와 정약종의 사상을 위해서는 이 일련의 과정도 검토되어야 한다. 그의 사상은 책상 위에만 머물지 않고 이 세상을 직접 변혁시키려는 데에까지 이르렀다. 따라서 그의 사상은 그 사회적 활동을 통해서도 재구성되거나 추정할 수 있기 때문이다. 그런데, 권일신(權日身, 1742?~1892), 이벽, 이승훈 등 남인계 학인들은 1784년 영세 입교하여 교회창설을 주도했다. 이 초기 교회에는 그의 중형仲兄인 정약전 및 그의 손아래 동생인 정약용도 함께 참여하고 있었다. 그러나 정약종은 권일신에게서 천주교 교리를 배워 1786년 3월경에 이승훈으로부터 세례를 받았다.25) 그의 대

---

25) 『推案及鞫案』 1 邪學罪人李家煥等推案, 1801年 2月 13日字. 亞細亞文化社, 66~67쪽. "崔昌顯供曰 若鍾之神父李承薰 代父權日身 而神父者領洗之謂也 代父者教授之稱也"

부는 권일신이었다.26) 그런데 그가 천주교 신앙의 존재에 대해서 알게
된 시기는 세례를 받기 4~5년 전이었다.27) 그렇다면 그는 교회가 창설
된 1784년 이전부터도 권일신을 비롯한 남인계 학인들이나 중형 정약전
등을 통해서 천주교 신앙에 관해 듣게 되었음을 알 수 있다.

　정약종의 개종은 그의 형제를 비롯한 다른 남인계 인물들보다도 상대
적으로 늦은 편이었다. 이는 그가 교회창설 전후에는 도교의 불로장생설
내지는 개벽설에 기울어 있었기 때문이었다고 생각된다. 그러나 그는 영
세입교를 통해 그가 가지고 있던 지상천국적 현세나 미래사회에 대한 갈
망을 천주교 신앙 안에서 용해시켜 나가게 되었다. 바로 이 점에서 정약
종이 초기 교회의 입교자들과 다른 측면을 찾을 수 있다. 그리고 그는
천주교 신앙에 대한 자신의 회의가 아우구스티노(Augustin, 奧斯定, 354~430)
성인의 망설임과 비슷한 점을 생각하면서, 영세 할 때에 이 이름을 취하
여 세례명으로 삼았다.28)

　초기 천주교 신앙에 접근했던 근기近畿 남인계 학인들의 사상은 원초
유학에 입각하여 개신유학을 주장하던 사람들이었다.29) 이들은 원초유
학의 입장에서 조선 성리학의 파탄 상을 극복해 보고자 했다. 당시 남인
계 학인들이 진행하고 있던 이러한 사상 운동이 직접 의도하던 바는 아
니었지만, 이 사상운동의 결과로 천주교 신앙이 수용되기에 이르렀다.
정약종에게 천주교 교리를 전한 권일신은 근기 남인계 학인들의 망수望
首였던 권철신權哲身(1736~1801)의 친동생이었다.

　그리고 이들 이외에도 초기의 입교자 중에는 노론 낙론洛論 계통의 인

---

26) 『推案及鞫案』 1「邪學罪人李家煥等推案」, 1801年 2月 17日字, 崔昌顯供招, 亞細
　　亞文化社, 137쪽.
27) 달레, 앞의 책 상, 441쪽. "정약종은 천주교가 조선에 전파되자 곧 그것을 배웠다.
　　그러나 즉시 따르지 않았고, 그는 李蘗이 참된 길에서 벗어나고 있다고 자주 말
　　했고, 4~5년이 지난 뒤에야 비로소 은총의 권유에 순종했다."
28) 달레, 앞의 책 상, 441쪽.
29) 趙珖, 1988, 『朝鮮後期 天主敎史 硏究』, 고려대학교 민족문화연구소, 88쪽.

물로 분류될 수 있는 김건순金建淳(1776~1801)이 있었다. 그는 병자호란 때 척화의리斥和義理를 분명히 했던 김상헌金尙憲(1570~1652)의 봉사손奉祀孫이 었다.30) 그러나 김건순은 여타 낙하洛下의 노론들과는 달리 어려서부터 신선술에 젖어 있다가『기인십편畸人十篇』등 천주교 서적을 보고 입교했던 인물이었다.31) 이들이 원래 속해 있었던 집단의 사상적 분위기는 사회변동 현상을 용인하고 수용하는 특성을 드러내고 있었다. 그들은 이러한 측면을 공유하고 있었기 때문에 '이질적' 천주교 신앙에 함께 접근할 수 있었다.

그러나 정약종은 일찍부터 과거 공부에는 뜻이 없었고,32) '사술'邪術을 행하는 데에만 뜻을 두며,33) 도교에 전념했었다. 그에 대해서는 '세속의 이론(俗論)'에 서툴렀다는 증언도 있다.34) 이러한 여러 증언들을 종합하여 생각해 보면, 그는 원초유학적·보유론적補儒論的 입장을 출발점으로 삼아 천주교 신앙에 접근했다기보다는 도교적 기반을 가지고 천주교에 접근했음을 알 수 있다. 그는 천주교 신앙에 관해서 듣게 된 이후에도 장생長生을 추구하면서, 도교 계통의 신앙을 한동안 유지했다. 그러나 정약종은 도교신앙 내지는 후천개벽설에 대한 비판과 청산을 통해서 천주교 신앙을 실천하게 되었다.35) 이 새로운 천주교 신앙을 통해 정약종은 유학의 틀 자체를 확실하게 벗어나고 있었다.

그가 가지고 있던 이 점은 초기 교회의 지도자로 분류될 수 있는 여타

---

30)『承政院日記』1783冊. 正祖 21年 11月 11日 丙子.
31) 黃嗣永,『帛書』, 55行. "金若撒法健淳 老論大家之胄 家在京畿道驪州 先祖尙憲 有大功於國家 故世習衣冕 爲國內甲族 … 九歲便有學仙之志 … 其家有畸人十篇 若撒法喜看之"
32) 달레, 앞의 책 상, 440쪽.
33)『承政院日記』97, 394쪽, 純祖 元年 2月23日字,「大司諫睦萬中上疏」. "若鍾之不 事擧業 專意行術 萬惡具備 千妖畢華 楊根之人 莫不忿疾而傳播"
34) 黃嗣永,『帛書』36行. "(丁若鍾)拙於俗論"
35) 黃嗣永,『帛書』36行. "丁奧斯定若鍾 … 歎曰 天地變改時 神仙亦不免消融 終非 長生之道 不足學也"

근기 남인 계통의 학인과는 차이를 드러내고 있었다. 즉, 근기 남인들은 그 사상의 배경에 원초유학을 가지고 있었지만, 정약종은 입교 당시에는 도교 사상의 영향을 더 강하게 받고 있었다. 그런데 유학보다는 도교가 종교적 성격이 더욱 강한 것으로 되어 있다. 그렇다면 정약종은 초기 교회사에 나타나는 입교자 가운데 상대적으로 보다 강렬한 종교적 지향을 가지고 있었다. 그가 천주교 신앙을 순수한 종교로 이해하고 이를 실천할 수 있었던 배후에는 이러한 그의 사상적 역정이 일정하게 작용하고 있었으리라 생각된다.

정약종은 "성질이 강직하고 의지가 굳세어 무엇에나 자상하고 세밀함이 남보다 뛰어났다."[36] 영세 입교한 이후에도 천주교 학문에 대하여 깊이 연구하였고, 이 연구가 습관과 성품이 되었다.[37] 그리고 그는 "간혹 한가지 도리라도 불명不明한 것이 있으면, 자고 먹는 일마저 잊고서 전심전력으로 이를 사색하여 말 위에서나 배를 타고 갈 때에라도 모두 묵상하는 일을 그만두지 않았다"고 전한다.[38] 정약종의 성질에 관한 이러한 묘사는 그가 종교사상가로서의 측면을 가지고 있었음을 나타낸다.

그리고 정약종은 영세 입교한 후 "다시는 뒤를 돌아보지 않고 어떤 찬사도 미칠 수 없는 열심과 항구심으로 천주교를 봉행하였다."[39] 한편, 1791년 조상제사 문제로 발생한 진산사건 이후 초기 교회의 지도자들이 대거 기교棄敎했다. 그리고 정약종에게도 천주교 신앙을 포기하라는 압력이 들어왔지만, 그는 천주교 신앙을 계속해서 지켜나갔다.[40] 특히 정약종은 그의 부친이나,[41] 자신의 형제인 정약전과 정약용으로부터도 신

---

36) 黃嗣永, 『帛書』 36行. "性直而志專 詳密過人"
37) 黃嗣永, 『帛書』 37行. "積年宿學 習與性成"
38) 黃嗣永, 『帛書』,36行. "或不明一端道理 則寢食無味 全心全力而思之 必至融通而後已 雖在馬上舟中 總不斷默想之工"
39) 달레, 앞의 책 상, 441쪽.
40) 「罪人李家煥等推案」『推案及鞫案』1, 1801年 2月14日字, 亞細亞文化社, 86쪽. "亥邦禁之後 … 身之弟若鍾 沈溺此學 萬端挽禁 終不感回"

앙의 포기를 촉구받았지만 이를 거절했다. 그리고 그는 오히려 "형제들
과 함께 서학을 익힐 수 없으니 자신의 죄가 아님이 없다"고 까지 했
다.42) 또한 그는 이때 자신에게 세례를 주었던 이승훈도 천주교신앙을
포기하자, 이승훈에게도 심복心腹하지 않았다.43)

　정약종은 세례를 받은 후 금욕적 생활을 지향하고 있었다. 그는 아들
정철상丁哲祥을 낳은 부인과 사별하고 재혼했었다. 그러나 그는 자기 아
내와 금욕생활을 하고자 했으나, 동료 신자들이 만류하여 이를 그만 두
었다고 한다.44) 그런데 당시 교회에서는 교회의 회중會衆을 삼등급으로
나누고 있었다. 즉, 동정을 지키는 사람들은 상층이고, 배우자를 사별한
후 독신으로 살아가는 사람은 중층이며, 혼인생활을 하던 사람들은 하층
으로 규정했다.45)

　정약종은 이와 같은 당시의 교회에서 제시하고 있던 정덕관貞德觀에
따라 재혼한 이후에도 금욕생활을 실천함으로써 '환과鰥寡의 정貞'을 지
향한 바 있었다. 이 사실은 정약종이 가지고 있었던 엄격주의적 신앙을
나타내 준다. 물론 이러한 완덕관完德觀은 서양 중세신학의 특성에 속하
는 것일 뿐이었다. 그러나 그의 이 시도를 통해서 우리는 그가 개인윤리
에 있어서 그리스도교적 완덕을 지향했음을 알 수 있다. 그는 이처럼 개

41) 달레, 앞의 책, 상, 441쪽.
42) 『承政院日記』97, 403下, 純祖 元年 2月25日字. "李秉模曰 … 丁若銓若鏞 則當
　　初之染汚迷溺...而中間之棄邪歸正韻者 不但渠口發明而已 若鍾之現捉文書中 邪
　　黨書札 有勿令汝弟之之語 若鍾所自書文蹟中 又謂不能與兄同學 莫非己罪云
　　又有若銓若鏞 挽止若鍾之文蹟 其悔悟之蹟 似無可疑"
43) 「邪學罪人李家煥等推案」『推案及鞫案』1, 1801年 2月 13日字, 亞細亞文化社, 71
　　쪽. "辛亥以後 則承薰不爲專心此學 故矣身不爲心腹"
44) 달레, 앞의 책 상, 441쪽.
45) 『성경직해』1「삼왕래죠후 이주일」: 25a. "셩교즁 사룸의 졍덕이 세가지 층이
　　잇ᄉ니 동신의 졍을 직히ᄂ 자ㅣ 샹층이요 환과의 졍을 직히ᄂ 자ㅣ 버금이오
　　배필의 졍을 직희ᄂ 자ㅣ 그 버금이니 셩현들이 동신의 졍을 금에 비ᄒ고 환과의
　　졍을 은에 비ᄒ고 배필의 졍을 구리에 비ᄒ지라"

인윤리에 철저를 기하려 하면서 천주교 사상을 연구하고 있었다.

　이러한 정약종에 대한 당시 교회의 존경도 매우 컸다. 초기 교회에서 총회장의 역할을 담당하고 있던 최창현崔昌顯(1754~1801)도 그를 자신의 '가장 존경하고 우러르는 사람(最尊仰者)'으로 지목한 바 있었다.46) 사실 정약종은 최창현보다 6세 연하였지만, 최창현이 그를 '최존앙자'라고 지칭한 데에는 충분한 이유가 있었을 터였다. 그리고 정약종도 자신의 신앙에 대한 자부심이 대단했다. "정약종을 방문한 사람은 대개 정약종을 스승으로 삼았지만, 정약종은 남을 가리켜 스승이라고 일컬은 적이 별로 없었다"는47) 임대인任大仁의 공술供述은 정약종이 가지고 있던 천주교 교리에 대한 실력의 정도 및 그에 대한 자신의 자부심을 동시에 나타내는 말로 생각된다.

　영세 입교 후 정약종의 생애는 대략 두 단계로 나누어 설명된다. 그 첫 번째 단계로는 1786년에 천주교 신앙을 받아들인 이후 주문모 신부가 입국한 1795년까지 10여 년 간을 들 수 있다. 이 기간 동안 조선교회에서는 진산사건과 같은 일대 사건이 일어나고 있었다. 그리고 중국교회와의 연락을 위한 교회 지도층의 노력도 계속되던 때였다. 그러므로 정약종도 바로 이러한 일들로부터 초연하기는 어려웠으리라 생각된다. 그러나 주문모 신부의 입국 이전에는 그의 종교운동에 관한 본격적인 기록이 나타나지 않고 있다. 그렇다면 그는 아마도 이 기간동안 직접적인 선교활동보다는 천주교사상의 연찬에 좀더 치중하고 있었다고 생각된다.

　그런데 정약종은 단지 천주교 사상가로서의 역할에만 머물지는 않았다. 그는 종교운동가로 활동하면서 초기 천주교회의 진로에 적지 않은

---

46) 『推案及鞫案』 1 「邪學罪人李家煥等推案」, 1801年 2月 11日字, 亞細亞文化社, 28
　쪽. "矣身最所尊仰者 則權日身丁若鍾李存昌"

47) 『辛酉鞫案』, 筆寫本, 不分面, 1801年 2月 20日字, 任大仁供招.
　『各司謄錄』 78 推鞫日記, 國史編纂委員會, 263쪽. "來問於若鍾者 皆以若鍾師 若
　鍾則別無向人稱師之事矣"

영향을 미쳤다. 그가 종교운동가로 본격적 활동을 시작한 시점은 주문모 신부가 입국한 1795년 이후로 생각된다.[48] 이는 주문모 신부의 입국 이후에 이르러서야 그와 접촉했던 사람들의 기록 내지는 정약종의 종교활동에 대한 기록들이 나타나고 있기 때문이다.[49] 이를 감안할 때, 그는 주문모 신부가 선교에 착수했던 1795년부터 자신이 순교하던 1801년까지는 천주교 사상가로서의 역할보다는 종교운동가로서의 면모를 더 강하게 드러내고 있었다. 이 기간에 이르러 그는 일반 신도들과 광범한 접촉을 가지고 있었다.

또한 정약종은 자신의 집에서 신분의 차이를 뛰어넘어 여러 신자들과 함께 생활하고 있는 것을 볼 수 있다. 물론 정약종은 1794년 자신의 집에서 유업儒業에 종사하던 홍익만洪翼萬(? ~1802)과 중국에서 전래된 한문 서학서를 가지고 교리를 토론한 바 있었다.[50] 그러나 1795년 이후 그는 양반 신분에 국한하지 아니하고 일반 상한常漢들과 더불어 종교활동을 전개하고 있었다. 그는 이 기간에 황사영과 같은 양반출신 신도나 최창현, 현계흠玄啓欽, 손인원孫仁元, 이합규李鴿逵 등 중인출신 신도들과도 교류하고 있었다.[51] 그리고 그는 홍주 출신 백정이었던 황일광黃日光과 황차돌黃次乭 형제를 비롯해서,[52] 고공이었던 임대인任大仁 및 포수였던 김한빈金漢彬 등과 함께 지내기도 했다.[53] 특히 그는 이 기간동안 주로 양인이나 천인출신 신자들과 교류하고 있었다. 물론 이 시기에도 그는 박취인朴就仁과 같은 학장學長 출신 몰락양반과 한 집에서 매우 절친히 지낸 바 있었지만,[54] 집권 양반층과는 교통이 사실상 없었다. 이와 같은 그의

---

48) 趙珖, 1995, 「周文謨의 朝鮮入國과 그 活動」『敎會史硏究』 10, 70쪽 등 참조.
49) 車基眞, 2000, 앞의 글, 15~22쪽 참조.
50) 조광 역주, 2001, 『역주 사학징의』, 199쪽.
51) 조광 역주, 2001, 『역주 사학징의』, 162쪽.
52) 조광 역주, 2001, 『역주 사학징의』, 222쪽.
53) 『推案及鞫案』 1 邪學罪人黃嗣永等推案, 1801年 10月10日字, 亞細亞文化社, 807쪽.
54) 邪學罪人李家煥等推案 『推案及鞫案』 1, 1801年 2月 15日字, 亞細亞文化社, 119쪽.

행적은 양반 지배층 중심의 기존 질서로부터 그 자신의 존재와 사상이
이탈되어 가고 있던 현황을 드러낸다.

한편, 정약종에 관한 기록을 검토해 볼 때, 그에게는 '영애永愛'라는
사비私婢 1인이 있었다. 그러나 그는 자신이 거느리고 있던 사비를 당시
의 일반 관행과는 달리 매우 낮은 가격에 해당하는 7냥兩의 돈만 받고
자속自贖하도록 해주었다.55) 그런데 정약종이 사형을 당한 후 정부에서
는 정약종 소유의 노비를 적몰하기 위해서 우선 한성부의 장적을 조사하
여 밝혀내도록 했고, 오부五部와 해당 각도에 통보하여 이를 정약종 소유
의 노비를 찾아내도록 했다.56) 그러나 정약종의 경우에는 노비를 적몰
당했던 황사영 등과는 달리 노비적몰에 관한 기록이 없다. 단지 그가 자
속을 허락했던 사비 영애永愛에 대한 논의가 언급되고 있을 뿐이다. 여기
에서 우리는 정약종이 노비의 소유를 기피했다는 추정을 할 수 있다. 천
주교 신앙을 통해서 사회혁신을 꾀했던 그는 스스로가 노비를 소유하지
않았다고 판단된다. 이는 그의 평소 생활이 당시 일반 양반들의 그것과
는 상당한 차이가 있었음을 드러내 준다.

정약종이 천주교의 연구와 전파에 전념할 수 있었던 경제적 기반은
그가 소유하고 있던 양근의 전토였다. 후일 조동섬趙東暹의 진술에 의하
면, 그의 집 옆에 정약종의 전토가 있어서 정약종과 접촉했음을 말하고
있다.57) 그러나 그 전장의 규모나 그 밖의 수입원에 대해서는 밝혀지지
않았다. 그렇다 하더라도 그는 황사영이나 남송노南松老 등 양반 지식층
출신 신도들의 경우와는 달리 학장을 한 경우가 없었다. 그가 학전學錢

---

55) 그가 自贖金을 받은 것은 법적으로 贖良을 완결하기 위한 조처로 해석할 수도 있
   다. 永愛는 이 속량금을 냈기 때문에 정약종이 죽은 이후 그의 家産이 籍沒될 때
   官婢로 편입되지 않을 수 있었다.
56) 『承政院日記』97, 408쪽, 純祖 元年 2月27日.
57) 『推案及鞫案』1 邪學罪人李家煥等推案, 亞細亞文化社, 72쪽, 1801年 2月 13日
   字, 趙東暹供招.

수입이 없었다는 것은 전토田土의 소작료로도 생활이 가능할 정도였음을 뜻하므로, 그 전토의 규모가 결코 적지는 않았을 것이다. 또한 그의 '낭 저인廊底人'으로 김한빈, 황일광 등이 있었고, 당시의 낭저인들이 하고 있 던 일반적 일들을 감안하면, 이들은 정약종의 전장을 경작하거나 관리하 기도 했을 것으로 추정된다.

이와 같은 그의 일상생활을 살펴보면, 그는 이 시기 자신의 활동범위 를 상한 중심의 신도들 안으로 축소시켜 가고 있었음을 알 수 있다. 1801년의 박해 과정에서 정약종은 "천륜을 끊고 자취를 감추어 따로 살 면서 밝은 세상을 등지고 그늘진 어두운 소굴에 들어갔으며 … 행동이 음비陰祕하여 사람들과 만나기 싫어했으므로, 암지暗地에서 작법作法하는 것이 어떤 모양의 사물인지 사람들은 알지 못했다"58)는 비난을 받고 있 다. 이는 그가 자신의 형제들 및 양반사족들과의 연락을 두절시킨 채 그 의 교유 범위를 민인들이 중심을 이루었던 천주교 신도들로 제한했음을 지적한 말이었다. 그러나 그는 이러한 생활의 과정에서 양반사족 중심의 사고를 청산해 가고 있었다.

또한 그는 주문모 신부가 입국한 이후 주문모의 측근인이 되어 활동 했다. 주문모가 서울에 들어온 이후 정약종과 매우 자주 연락했고, 정약 종은 주문모를 자신의 집에 여러 번 맞아 들였다.59) 주문모의 조선 입국 사실이 탄로되고 주문모가 피신해 다닐 때에도 주문모는 정약종의 집을 방문한 바 있었다.60) 이는 상호 상당한 신뢰가 있었기 때문에 가능한 일 이었다.

이 신뢰의 결과로 그는 주문모 신부로부터 명도회장에 임명되었다.61)

---

58) 『承政院日記』97, 386쪽, 純祖 元年 2月18日字「權襸等上疏」. "噫彼若鍾 乃是天 地之間 一妖精邪也 節其天屬 匿影別處 背陽明之界 入幽陰之窟…惟其行績陰祕 厭與人接 故人不知其暗地作法"
59) 달레, 앞의 책, 상, 443쪽.
60) 趙珖, 1995,「周文謨의 朝鮮入國과 그 活動」『敎會史硏究』10, 70쪽.

명도회明道會는 교리를 연구하고 복음을 전파하며, 도움을 주고받는 신도들의 단체였다. 즉, 주문모는 북경의 종교조합을 본떠서 명도회를 만들었다. 명도회는 "회원들간에 서로 돕고 격려하며 종교의 깊은 지식을 배워 얻고, 그리고 나서 이를 교우들이나 신앙이 없는 사람들에게 가르치는 일을 목적으로 하여 조직된 단체였다.62) 실제로 명도회는 일종의 점조직체點組織體로서 박해시대 조선교회를 지탱하던 주요 기구 중 하나였다.63) 그가 이 조직을 책임지는 회장이었다는 사실은 그 자신이 당시 교회에서 일선 지휘관과 같은 역할을 담당했다는 말이 된다.

정약종은 명도회의 회장으로서 교회의 조직을 강화하고 교리를 전파하는 데에 열정적이었다. 이와 같은 직책에 있던 그는 1799년 선교사의 영입을 위한 '서양의 큰배를 청해 오려던 모의'에 동참하여 북경주교에게 서한을 보내기도 했다.64) 천주교 신앙의 전파에 전념하고 있던 그의 모습은 다음과 같은 자료를 통해서 확인될 수 있다.

> 정약종은 어리석고 우둔한 사람을 보면 힘을 다하여 가르치고 깨우쳐서, 혀가 굳고 목이 아파도 조금도 실증을 내지 않았으니, 비록 크게 우둔한 사람이라도 깨치지 못한 사람이 별로 없었다.65)
>
> 그는 천주교 신앙에 냉담했거나 그 태도가 불분명한 사람이 교리 설명을 들으려 하지 않으면 민망한 마음을 이기지 못했다. 사람들이 각종 도리를 물으면 주머니에서 물건을 꺼내듯이 굳이 생각하지 않고도 거침없고 막히지 않았다. 어려운 문제가 되풀이되어도 조금도 막히지 않았고, 말하는 바는 모두

---

61) 黃嗣永, 『帛書』, 42行.
62) 달레, 앞의 책, 상, 391쪽.
63) 趙珖, 1988,「初期信徒들의 行動樣態」『朝鮮後期 天主教史 研究』, 139쪽.
   方相根, 1996,「初期 教會에 있어서 明道會의 構成과 性格」『教會史研究』11, 213쪽 이하.
   車基眞, 2000,「丁若鍾의 교회활동과 신앙」『教會史研究』23쪽 이하.
64) 조광 역주, 2001, 『역주 사학징의』, 102쪽 참조.
65) 黃嗣永, 『帛書』, 36行 "見有愚蒙者 盡力訓誨之 至於舌疲喉痛 而少無厭倦 雖甚愚魯者 鮮有不明"

가 논리정연해서 뒤섞이거나 어지러움이 없었고 정밀하고 기묘하여, 사람들
의 신덕을 굳혀주고, 사람들의 애덕을 지펴주었다. 비록 덕망은 최창현에 미
치지 못하지만, 이론을 밝히는 일은 최창현보다 나았다.[66]

이상의 사료에서 볼 수 있는 바와 같이 정약종은 천주교 교리의 연구
에 전념하였고, 이를 전파하기 위해서 혼신의 힘을 다하고 있었다. 천주
교 교리에 대한 그의 설명은 상당한 설득력을 갖고 있었다. 그리하여 그
는 양반 지식층 출신이었던 황사영과 같은 사람으로부터 당대 교회의 최
고 이론가로 평가받기에 이르렀다. 그러나 정약종의 관심은 양반 지식층
에게만 국한되어 있지는 아니했다. 그는 천주교 신앙이 만인을 위한 가
르침으로 판단했기 때문에 한글을 지적 무기로 삼고 있던 민인층이나 부
녀자들을 위해서 한글로 된 교리서를 저술하기도 했다.

한편, 교회창설 직후인 1787년경부터 천주교 신앙 운동에 참섭하고
있던 양반 지식층은 민인 출신의 신도들을 위해 한문으로 된 교회 서적
들의 한글 번역 작업에 박차를 가하고 있었다.[67] 한문을 모르던 대다수
의 신도들이 한글 교리서의 출현을 요청하고 있었기 때문이었다. 이러한
시대적 배경과 명도회 회장으로서 자신의 경험이 결합하여 정약종은 한
글로 된 천주교 교리서를 저술 반포하게 되었다. 정약종이 '교인 가운데
우매한 사람'敎中愚者을 위해 한글로 저술한 천주교 교리서로는 『쥬교요
지』(2권)를 들 수 있다. 이 책에서 그는 자신이 "천주교 서적에서 본 것을
정리하여 제시하고, 거기에 자신의 생각을 덧붙였으며 교리의 내용을 명
백히 설명해 주었다"[68]

『쥬교요지』는 정약종이 영세 입교한 1786년 이후 그가 순교한 1801

---

66) 黃嗣永, 『帛書』, 38行 "或有冷淡糊塗者 不肯聽講 則不勝缺然悶然之意 人間各端
道理 如探囊取物 不煩思索而滔滔不竭 反覆辯難 未嘗少窮 所言皆排比次序 無或
錯亂 精奇超妙 詳細的確 固人之信 熾人之愛 雖德望不及冠泉 明理過之"
67) 趙珖, 1988, 앞의 책, 87쪽.
68) 달레, 앞의 책, 상, 442쪽.

년 사이의 어느 때인가 저술되었다. 아마도 그는 자신의 교리 지식을 탄탄히 갖춘 후 이를 이웃과 나누기 위해 이 책을 지었을 것이다. 그렇다면 그는 이 책을 주문모 신부가 입국했던 1795년 전후에 지었을 가능성이 크다고 생각된다. 이렇게 저술된 주교요지는 당대에 이미 일반 신자들에게 읽히고 있었다. 즉, 1801년 5월 22일 정부에서 한신애韓新愛의 집을 수색하여 압수한 도서명 중에는 『쥬교요지』(1卷)가 나온다.69) 이로 미루어 보면, 1801년 이전에 신도들은 여러 한글 천주교 서적과 함께 『쥬교요지』를 읽었음을 확인할 수 있다.

그런데 한문 서학서 가운데에는 불리오(利類思, Buglio)가 지은 『주교요지主教要旨』라는 제목의 책자가 있다.70) 이 책의 제목은 정약종이 지은 『쥬교요지主教要旨』와 동일하다. 그러나, 불리오가 지은 『쥬교요지主教要旨』는 28장(56쪽)으로 되어 있었고,71) 그 안에는 천지창조, 만물 주재, 삼위일체, 강생구속, 영혼불멸, 천당과 지옥, 천주십계, 세례, 고해 등 12개의 주제에 관한 교리가 간략히 언급되어 있었다.72) 반면에 정약종의 『쥬교

---

69) 『邪學懲義』, 不咸文化社, 379쪽. 단, 여기에서는 『주교은지』로 기록되어 있다. 그러나 이는 한글로 기록된 『주교요지』를 옮겨 적는 과정에서 발생한 오류로 판단된다. 한글 '요'라는 글자의 흘림체는 '은'으로 읽힐 수 있는 가능성이 있음을 감안할 때 『주교은지』는 『주교요지』의 誤記라고 단정할 수 있다.

70) Luigi Buglio(利類思, 101~1682)는 『聖教禮規』를 비롯해서 『主教要旨』 『聖教要旨』를 저술한 바 있다.

Pfister, *Notices Biographiques et Bibliographiques sur les Jésuites de l'Ancienne Mission de Chine 1552~1773*, Chang~Hai, Imprimerie de la Mission Catholique, pp.241·1097.

Streit, *Biblioteca Missionum* vol.5, p.759, no.2155.

Hector Diaz, 1986, *A Korean Theology*, Neue Zeitschrift für Missionswissenschaft, Imprimerie Saints~Paul, Fribourg, Swizerland, p.54.

원 헥톨, 1998, 『한국신학』, 원홍문화사.

71) 원 헥톨, 1998, 앞의 책, 67쪽.

72) 徐宗澤, 1958, 『明清間耶蘇會士譯著提要』, 臺灣中華書局, 167쪽. "主教要旨 目錄如下 物有造物者惟一 造物者宰物 天主體一位三 天地人祖原始 天主降生 靈魂不滅 天堂地獄 十誡 領洗 告解 主教治世徵"

요지』는 사본에 따라 약간의 출입 이동은 있으나 전체가 93장186쪽으로
되어 있고, 그 내용에 있어서도 상당한 차이를 드러내고 있다.

즉, 정약종의 『쥬교요지』는 상上·하下 두 책으로 나뉘어져 있으며, 상
권에는 천주의 존재와 불교와 도교에 대한 비판 그리고 상선벌악 등에
관한 35개의 주제들을 다루고 있다. 또한 이 책의 하권은 천지창조 강생
구속, 수난과 부활 승천, 공심판, 신앙실천의 중요성 등에 대한 11개 주
제들이 설명되어 있다. 이로 미루어 볼 때, 정약종의 『쥬교요지』는 불리
오利類思의 『쥬교요지主敎要旨』를 번역하거나 기본 모델로 삼았던 책자는
아니었다.73)

정약종의 『쥬교요지』는 유일신 하느님께 대한 신앙의 강조를 통해 하
느님께 직결된 인간 개개인의 존재를 확인시켜 주었다. 여기에서 사람의
인격적 존재를 확인할 수 있는 단초가 마련되어 가고 있었다. 또한 이
책은 조선 후기의 민중들에게 천지 창조의 원리와 강생 구속의 의미를
밝혀 준 새로운 종교서이며 철학서였다. 그리고 『쥬교요지』의 가르침은
하느님에 대한 새로운 인식을 주었을 뿐만 아니라 인간과 사회에 대한
새로운 개안開眼을 가능하게 해 주었다. 그리하여 이 책은 가부장제적 조
선사회에 대해서 자식으로서의 효행보다는 사람으로서의 인권이 중요함
을 깨우치는 단초를 제공해 주었다.

또한 이 책에서는 도교와 불교에 대해서 비판을 시도하면서도 유학
그 자체에 대한 직접적인 비판은 하지 않고 있다. 그러나 이 책에서 서
술하고 있는 내용은 유교의 가르침과는 판이하게 다른 것이었다. 이 책
은 구조적 측면에서 유학에 대해 반기를 들었다. 이 책의 진면목은 보유
적補儒的 요소에 있지 않고 반反유교적 측면의 강조라는 점에 있다. 그리
하여 정약종의 저서는 조선후기 사회에서 종교적 사유, 철학적 사유를
새롭고 풍요롭게 해 주기에 이르렀다.

---

73) 원 헥톨, 1998, 앞의 책, 67쪽.

이 책은 신도를 비롯한 많은 민중의 환영을 받으며 보급되어 나갔다. 이 책은 신입신자들에게 천주교를 설명해주는 기본 도서가 되었다.74) 주문모 신부도 이 책의 가치가 '『성세추요盛世芻蕘』보다도 더 우수하다'고 평가하면서 이를 인준했다.75) 또한 그는 이 책에 이어서『성교전서聖敎全書』의 편찬도 시도했다. 즉, 정약종은 김건순과 함께 이 책의 저술 계획을 추진하고 있었다.76) 정약종은 당시 조선에 전래되었던 한문 서학서들이 방대한 분량이었다. 이에 그는 당시 조선 학계에서 성행하던 유서類書의 편찬방법을 원용하여 이들 책에서 가려 뽑은 내용들을 부문별로 정리하여 한 권의 책자로 만들려 했다. 그러나 이 책의 초고가 절반도 집필되지 못했을 때 박해를 만나 이 작업은 수포로 돌아갔다.77) 그러나 이 책의 저술을 통해서 정약종은 조선교회에서 천주교 사상가로서의 면모를 분명히 해주었다.

요컨대, 주문모는 선진유학先秦儒學 내지는 원초유학을 배경으로 하여

---

74) 달레, 1988, 앞의 책 상, 442쪽.

75) 黃嗣永, 『帛書』, 37行. "嘗爲敎中愚者 以東國諺文 述主敎要旨二卷 博採聖敎諸書 參以己見 務極明白 愚婦幼童 亦能開卷了然 無一疑懷處 緊於本國 更勝於芻蕘 神父准行之". 『백서』를 번역하는 과정에서 일부 역자들은 '更勝於芻蕘'를 '꿀과 땔나무보다 더 요긴하다"라고 번역하고 있다. 그러나 芻蕘는 芻蕘와 동일한 글자이며, 이는 Mailla(馮秉正, 1669~1748)이 지은 한문서학서 『盛世芻蕘』의 준말로 파악해야 한다. 원래 芻蕘는 '꿀과 땔나무' 혹은 '자기 자신의 문장을 낮추어 부르는 謙稱'이다. 그러나 이 문장에서 '勝'이라는 動詞는 특정 저술에 대한 질적 평가를 의미하는 단어로 보아야 하기 때문에, 『帛書』에 나오는 '芻蕘'는 '芻蕘'와 동일한 단어이며, 이는 『盛世芻蕘』의 약칭으로 판단된다. 만일 이 문장의 芻蕘라는 단어를 書名으로 번역하지 않는다면, 차라리 이를 '주문모 자신의 문장'으로 번역할 수는 있을 것이다. '勝'이라는 동사는 가치의 우열에 대한 평가를 요구하고 있기 때문이다. 그러나 이러한 번역은 어색하며 이를 書名 즉 『盛世芻蕘』로 번역해야 한다.

76) 달레, 앞의 책 상, 443쪽.

77) 黃嗣永, 『帛書』, 38行 "又以爲天主諸德 及各種道理 本來浩汗 而散在諸書 無一全論 讀之者難於領會 將欲鈔集各書 部門別類 彙爲一部 名曰 聖敎全書 以贈後學 起草未半 被難不能成"

천주교 신앙을 이해했던 당대의 지식인들과는 달리 도교 사상적 기반 위에서 천주교 신앙에 접하게 되었다. 그는 영세 입교 후 당시의 신학적 특성에 따라 엄격주의적 생활을 시도하기도 했고, 세속과의 인연을 차단하고자 했다. 그리고 그는 천주교 교리의 연구에 전념하고 있었다. 그러나 1795년 주문모 신부가 입국한 이후에는 천주교 사상가로서의 길과 함께 천주교 종교운동가로서의 면모를 본격적으로 드러냈다. 그는 교회의 중심적 인물이 되었고, 주문모가 창설한 신도 조직인 명도회明道會의 회장이 되어 천주교 선교와 교회조직 유지에 노력하고 있었다. 이와 같은 그의 일상적 삶에서 그가 새롭게 터득한 천주교 신앙의 가치를 확신하고 그 연구와 전파를 위해 노력하고 있었음을 확인하게 된다. 이러한 노력과 관련하여 그는 한글로 된 『쥬교요지』를 저술해서 반포했고, 천주교 교리를 체계적으로 인식하기에 도움을 주기 위해서 『성교전서聖敎全書』의 편찬을 기도했다.

4. 천주교 박해와 순교

1801년 당시 조선천주교회는 정약종과 최창현이 중심에 있었고 주문모가 이를 이끌고 있었다. 그러나 정조의 사후 권력의 재편 과정에서 사상적 순수성을 강화하고자 하는 움직임이 나타났다. 정조 사후에 등장한 순조 정권은 변동해 가던 사회에 대처하고, 밑으로부터 치받쳐 올라오던 민인들의 요구를 견제하기 위해서 성리학에 기반을 둔 사회질서의 유지를 시도했다. 이와 같은 사회안정의 방법에 대해서는 새롭게 정권을 장악한 노론 시파나 벽파 계열의 인물들뿐만 아니라 남인들도 동의하던 바였다. 그리고 그 당연한 결과로 교조적 정통 성리학이 강조되면서, 반성리학적 사상체계였던 천주교 신앙에 대한 규제가 시도되었다.

더군다나 당시는 새 군주가 즉위한 직후로써 유신적 기풍이 강조되고 있었다. 순조 정권 성립 초기의 유신적 열정을 가진 집권 귀족층에서는 사론士論의 지지를 받으며 '이단적' 천주교 신앙 자체에 대한 반대를 분명히 했다. 그리고 그들은 집권층의 일원인 남인과 노론 계열의 인물들 가운데 '이단사설'로 규정된 천주교 신앙과의 관련된 사람들에 대한 철저한 사상 검증 작업을 진행시켰다. 이 과정에서 1801년 1월 10일 대왕대비는 사교금지령邪敎禁止令을 내리고, 회오하지 않는 사학도를 역률逆律로 다스리도록 명하게 되었다.78) 그리고 이 사상 검증 작업은 일반 민인에까지 이르렀으며, 천주교와 연루된 사람들에 대한 대대적 탄압이 진행되었다. 따라서 1801년도 박해의 근본적 원인은 반유교적 천주교 신앙의 성행 현상에 종지부를 찍고, 당시의 사회를 성리학 중심의 방향으로 재편 강화하려던 조선 봉건 정부의 시도에서 찾아야 한다.

그런데 천주교 신앙이 전파된 직후부터 성리학적 사족들은 이에 반대하는 입장을 분명히 표현했다. 연암燕巖 박지원朴趾源(1737~1805)은 당시 천주교 신앙에 대한 배격 현상을 보고 "내가 좋아하는 바는 선善이며, 내가 신앙하는 바는 천天이다. 어찌 선을 가로막고 천을 신앙하는 바를 금지하는가 라고 대들면 어찌할 것인가"라고 언급한 바 있다.79) 박지원의 이 지적은 천주교 금지론에 대한 이론적 기초가 필요하므로 이를 확립해야 한다는 의미를 지니고 있었다.

그러나 당시의 집권층은 천주교 신앙은 구조 자체가 반反왕조적이라고 판단했다.80) 바로 이 시점에서 정약종이나 황사영, 유관검柳觀儉(1767

---

78) 『承政院日記』 97, 287쪽, 純祖 元年 1月 10日字 大王大妃諺敎. "監事守領 仔細曉諭 俾爲邪學者 翻僞位改革 不爲邪學者 惕然懲戒 … 如是嚴禁之後 猶有不悛之類 當以逆律從事"

79) 朴趾源, 『燕巖集』 卷22 「監事自劾疏草」: 42b~43a. "愚民則滋惑於心曰 吾所樂者善而所敬者天也 如之何遏我善而禁吾敬也 遂以益堅其邪心而若爲之伏節死義者"

80) 趙珖, 1988, 앞의 책, 156쪽.

~1801) 등 일부 신도들이 드러내었던 반체제적 사고 방식은 정부 당국자들에게 천주교 박해의 정당성을 더욱 강화시켜 주게 되었다. 그리고 그들은 1801년도 박해 과정에서 천주교 신도들의 반反왕조적 견해들이 본격적으로 노출되었고, "선을 행하고 천天을 받든다"는 천주교도들의 주장이 허구임이 백일하에 드러났다고 판단하게 되었다.

한편, 당시 조정에서는 안남국安南國에서도 천주교 신자들을 크게 소탕하여 1만여 명을 죽였다고 알고 있었다.[81] 베트남 지역에서의 천주교에 관해 당시 조정 대신들에게 퍼져 있던 소문은 매우 과장된 것이었지만,[82] 이 소문은 천주교 박해의 정당성을 강화시켜 주는 것으로 이해될 수 있었다. 이와 같은 국내외적 조건의 결합에 의해서 1801년의 천주교에 대한 박해가 시작되었다. 이 박해의 과정에서 정약종도 체포되었고, 죽음을 당했다. 본장에서는 정약종과 관련된 일련의 사건들을 규명해 보고, 그의 죽음에 대해서 본격적 검토를 시도해 보고자 한다.

1801년의 천주교 박해는 대왕대비의 언문교서諺敎를 통해서 시작되었지만, '책롱사冊籠事' 즉, '책 궤짝 사건'을 통해서 더욱 심화되었다. 이 사건은 정약종의 체포와 관련하여 매우 중요한 원인이 되고 있다. 이 사건은 1800년 정조가 죽은 이후 천주교에 대한 정부 정책의 변화를 예상한 정약종은 자신의 낭저인廊底人으로 있던 임대인에게 자기가 가지고 있던 서책들을 자신의 사돈인 포천의 홍교만洪教萬(1737~1801)에게 맡겼다가 옮기던 과정에서 시작된다.[83] 1801년 대왕대비의 천주교 금지령이 내리고 천주교에 대한 탄압이 본격화되기 시작하자 정약종은 이 책 궤짝을 마른 솔가리로 덮어 나뭇짐으로 위장하여 임대인을 시켜 아현의 황사영

---

81) 『承政院日記』 97, 404쪽, 純祖 元年 2月 25日. "大抵此學 流入中國 蓋自萬曆年間 而傳聞安南國則大加掃蕩 至於萬餘人之多云"

82) 유인선, 2002, 『새로 쓴 베트남의 역사』, 이산, 271쪽 참조.

83) 『推案及鞠案』 1 「辛酉邪學罪人李家煥等推案」, 1801年 2月 15日字, 亞細亞文化社, 115쪽.

집으로 다시 옮겨놓으려 했다.[84]

그러나 이 책 궤짝을 위장하려고 덮어두었던 마른 솔가리가 엉성했다. 당시 한성부의 관원은 이를 밀도살한 쇠고기일 것으로 짐작하고 1801년 1월 19일 해질 녘에 동문東門 부근에서 임대인을 검문하여 한성부로 연행해서 궤짝을 개봉했다.[85] 거기에서는 5~6인의 문서들이 뒤섞여 있었고, 정약용 등 정씨 가문의 서찰도 있었다.[86] 특히 이 책 궤짝에는 천주교에 관한 서적 및 상본과 주문모 신부의 편지가 있었다. 이에 한성부에서는 이 책 궤짝과 임대인을 포도청으로 이송했다.

그런데 '책 궤짝 사건'이 발생했던 당시 포도대장은 이유경李儒敬이었다. 그는 북인계北人系의 남인이었다. 따라서 그는 서학사건이 필요이상으로 확대되어 나가는 데에 경계심을 가지고 있었던 듯하다. 그는 이 사건의 처리를 천연시키고 있었다. 그리고 그는 이 사건의 파장을 잘 예상하고 있었으므로 남인계 관료들에게 이 사건의 전말과 문제되는 내용을 미리 알려준 듯하다. 이러한 까닭으로 좌포도대장에서 이유경은 1801년 2월 2일에 물러나고 남인계열의 인물이었던 신대현申大顯이 취임했다.[87] 신대현은 좌포도대장에 취임한 이후 포도청에 구금되어 있던 천주교도 중 이미 배교를 선언한 사람들을 모두 석방했다.[88] 그러나 신대현도 좌포도대장 직에서 2월 9일자로 물러났다.[89]

이 과정에서 책 궤짝 사건이 일어나자 당시 교회의 지도층에서는 이

---

84) 『推案及鞫案』 卷1 「邪學罪人李家煥等推案」, 1801年 2月 12日字, 亞細亞文化社, 54쪽, 任大仁供招.

85) 黃嗣永, 『帛書』, 26~27行.

86) 丁若鏞, 『與猶堂全書』 I~16 自撰墓地銘 :11a. "所謂册籠 乃五六人混雜文書 其中 有鏞家書札".

87) 『純祖實錄』, 元年 2月 戊申條. "以申大顯爲 左捕盜大將"

88) 黃嗣永, 『帛書』, 28行. "捕盜大將李儒慶(sic)移職 新官申大顯視事 盡放滿獄背敎之人"

89) 『純祖實錄』, 元年 2月 乙卯條. "捕將申大顯 前捕將李儒敬 現告勘罪 大王大妃 以 申大顯 除拜未久 特命分揀"

를 계기로 하여 박해가 확대될 것을 염려하여 '조석으로 불안에 떨다가', 체포가 정지되는 듯하여 무사히 넘어가기를 기대하기도 했다.[90] 그러나 이 사건이 가지고 있던 폭발적 위력을 잘 알고 있던 남인측 인사들도 이에 대한 대책회의를 열었다.[91] 즉, 당시 남인의 실질적 지도자였던 도승지 윤행임尹行恁(1762~1801)은 1월 29일 이 사건의 처리를 경기감사 이익운李益運과 협의했다.

그들은 이 사건의 주역인 정약종은 체포되어 처벌받아야 될 것으로 생각한 듯하다. 그러나 그들은 이 사건이 확대되어 남인 일파에게 좋지 않은 영향을 미칠 수 있다고 판단했다. 그래서 이 사건의 예봉을 사전에 차단하기 위해서 책 궤짝 사건에 간접적으로 연루된 정약용의 체포를 요청하는 상소문을 미리 올리도록 계획했다. 이 사건의 대책을 함께 협의했던 최헌중崔獻重, 홍시부洪時簿, 심규沈逵와 그리고 이벽의 동생이었던 이석李晳도 이 계획을 찬성했다. 그러나 이 계획은 정약용 자신의 거부로 무산되고 있었다.

그러나 이 대책회의에 참석했던 우승지 최헌중은 2월 5일 독자적으로 상소를 하여 서학도들을 철저히 처벌하고 얼굴에 낙인을 찍는 '경면黥面의 형'을 가하라고 요구하기까지 했다.[92] 물론 그가 주장했던 얼굴에 죄명罪名을 새겨넣는 형벌인 경면黥面은 시행되지 않았다. 그러나 이러한 그의 상소를 통해서 천주교 신앙에 대한 집권 남인층의 결연한 반대 태도를 확인할 수 있을 것이다.

---

90) 黃嗣永, 『帛書』28行. "書籠被捉後 敎友們莫不震驚 恐不保朝夕 過了十餘日 寂無動靜 … 外間緝捕暫停 庶乎其無事"

91) 丁若鏞, 「自撰墓地銘」 『與猶堂全書』 I~16:11a. "正月小晦 李儒修尹持訥 書報册籠事 鏞疾馳入都 所謂册籠 乃五六人混雜文書 其中有鏞家書札 尹行恁知其狀 與李益運議 欲令柳遠鳴 上疏請拿問鏞 以殺其禍鋒 崔獻重洪時簿沈逵李晳等 皆力勸其承受 將轉禍爲福 鏞皆不聽"

92) 『承政院日記』97, 355쪽. 純祖 元年 2月 5日 崔獻重上疏. "我朝雖無墨刑 今若鯨其面而別其類 俾不得厭照掩跡"

신임 좌포도대장 직에 임률任㟓이 2월 10일자로 임명되었다. 그리고 일선 수사책임자가 교체된 이후 이 책 궤짝 사건의 처리는 급류를 타게 되었다. 순조 즉위 직후부터 권력투쟁을 전개하고 있던 벽파계 관료들은 이 책 궤짝에 든 각종 문서와 책자를 신중히 검토하고, 이를 증거로 하여 천주교도와 친親천주교적 세력의 인물로 지목될 수 있는 사람들을 일망타진하려 한 듯하다. 그러기에 그들은 사건 발생 후 20여 일이 지나도록 별다른 조처를 취하지 않고 사건을 예의 검토했다.

그리고 임율이 좌포도대장에 임명된 당일부터 책 궤짝에서 발견된 정약종의 일기에서 드러나는 문제점이 집중적으로 거론해 나갔다.93) 물론 이에 며칠 앞서 경기京畿 일원을 관할하던 좌포도청은 2월 8일자로 경기감영에 공문을 보내서 정약종에 대한 체포령을 내렸다.94) 이 체포령은 공문을 접수한 경기감영을 거쳐 광주판관에게 전달되었고, 광주 판관은 그가 이미 의금부에 체포되었음을 보고하고 있다.95) 이로써 정약종에 대한 신문이 본격적으로 전개되기에 이르렀다.96)

정약종은 1801년 2월 11일 금부도사 한낙유韓樂裕에게 체포되어, 의금부에서 추국을 받게 되었다.97) 그가 마재에서 서울로 말을 타고 오는 길에서 금부도사 한 사람을 만났다. 그를 이미 지나쳤는데 그 관리가 자기를 잡으러 가는 것이 아닌가 하는 생각이 들어 자기의 수하인을 그에게 보내어 누구를 잡으러 가느냐고 묻게 하고, 자기를 잡으러 가는 길이라면 더 멀리 갈 필요가 없다고 덧붙이라고 하였다. 금부도사는 과연 그를

---

93) 『純祖實錄』, 元年 2月 丙辰條 "以任㟓爲左捕盜大將 ○罪人丁若鍾日記中 有向父罔測之說 向國不道之說 參鞫時元任大臣金吾 相率請對 以爲若鍾 斷不可晷刻容貸"

94) 조광 역주, 2001, 『역주 사학징의』, 107쪽.

95) 조광 역주, 2001, 『역주 사학징의』, 116쪽.

96) 黃嗣永, 『帛書』, 26~27行.

97) 『推案及鞫案』 卷1 邪學罪人李家煥等推案, 1801年 2月 11日字, 亞細亞文化社, 27쪽. "都事韓樂裕 罪人丁若鍾拿來囚"

잡으러 가는 길이었다. 그러므로 그는 그 자리에서 잡혀 곧장 옥으로 끌려갔다. 신문을 받는 동안 그는 점잖게 신앙을 고백하고 관리를 앞에서 천주교의 진리를 설명하며, 자기 목숨을 구하기 위하여 천주를 배반하는 일은 절대로 동의하지 않겠다고 분명히 말하였다.98)

의금부에 연행된 정약종은 그가 신봉하고 있던 천주교 신앙과 '책 궤짝'에 대해서 신문을 받았다. 그는 그것이 자신의 물건임을 자백했으나 그 속에 들어 있는 각종 편지 등에 대해서는 침묵을 지켰다.99) 그는 체포된 직후 천주교 신앙과 서적을 전수한 사람과 도당들에 관해서 신문을 받았다. 이에 대해서 그는 다음과 같은 대답을 남겼다.

> 저는 본래 이 가르침을 정학正學이라고 알았을 뿐 사학邪學이라고 알지 않았습니다. 압수한 서책은 과연 저희 집에서 나왔습니다. 교주는 제가 문자를 다소나마 이해했던 까닭에 따로 가르치고 전수하는 자가 없었으며 소굴이나 도당에 관해서는 문을 닫고 홀로 있었던 까닭에 따로 고할 사람이 없습니다.100)
>
> 제가 만약 사학이라고 인식했다면 어찌 감히 그것을 했겠습니까? 그 가르침은 대공지정大公至正하고, 가장 진실된 지식의 도리입니다. 때문에 몇 년 전 나라에서 금한 이후에도 처음부터 바꾸려는 마음이 없었습니다. 비록 만 번 형벌을 당해 죽는다 하더라도 조금도 후회함이 없습니다. 101)
>
> 삶을 바라고 죽음을 꺼리는 것은 사람의 일상적 감정인데 어찌 죽음을 두려워하지 않겠습니까? 그러나 의를 등지고 살고자 하는 데에 이르러서는 천지天地 간의 죄인이 되어서 살더라도 죽은 것과 같습니다. 또한 도당을 지적하라고 하는데, 조정에서 정도正道로 인식하고 현인으로 지목하여 관직을 주

---

98) 달레, 앞의 책 상, 443쪽.
99) 달레, 앞의 책 상, 444쪽.
100) 『推案及鞫案』 卷1 邪學罪人李家煥等推案, 1801年 2月 12日字, 亞細亞文化社, 49쪽. "矣身本來知之此學爲正學 不知爲邪學 所捉書冊 果出於矣身家 至於敎主 則矣身粗解文字 故別無師授 而窩窟徒黨 則杜門獨處 故別無可告之人矣"
101) 『推案及鞫案』 卷1 邪學罪人李家煥等推案, 1801年 2月 12日字, 亞細亞文化社, 49쪽. "矣身若認爲邪學 則豈敢爲之乎 知其爲大公至正 極眞知之道 故年前邦禁 之後 初無改革之心 雖萬被刑戮 少無悔悟矣"

고 상을 준다면 어찌 가리켜 고하지 않겠습니까? 지금은 그렇지 아니하여 번번히 형륙을 가하니 어찌 고할 수 있겠습니까?[102]

이상의 자료에서 볼 수 있는 바와 같이 정약종은 자신의 신앙을 '정도正道'로 확고히 인식하고 있었다. 그러므로 그는 배교가 '의義를 등지고 사는' 행위라고 인식했고, 배교하여 목숨을 도모한다 하더라도 이는 살더라도 죽은 것과 같다고까지 말했다. 그리고 그는 천주교 관련 조직의 보호를 위해 함구했다. 의금부에서는 주문모 신부의 행방을 추궁했고, 이를 알기 위해 정약종의 가족까지도 조사했지만 끝내 알아낼 수 없었다.[103]

그러나 정약종의 경우에는 그의 신앙과 함께 그가 그의 일기에 남겨둔 기록이 더 큰 문제를 일으켰다. 그 문제되었던 내용은 "나라에는 큰 원수가 있으니 君主이며, 집에도 큰 원수가 있으니 아비이다(國有大仇 君也 家有大仇 父也)"라는 12자로 압축되어 있는 말이었다.[104] 당시인들은 이 말을 감히 직접 입에 올리지도 못했고, 이를 가리켜 '흉언凶言' 내지 '12자 흉언十二字凶言'이란 말로 불렀다. 그리고 이 '흉언'은 차마 문자로 옮겨 놓을 수도 없다는 의도에서 공사문적에서는 누락시켰다. [105]

또한 정약종은 이 '흉언' 이외에 '아버지를 아버지로 여기지 않고, 어

---

102) 『推案及鞫案』卷1「邪學罪人李家煥等推案」, 1801年 2月 12日字, 亞細亞文化社, 50쪽. "好生惡死 人之常情 豈不畏死 而至於背義而生 則是天地之罪人 生不如死矣 且指告徒黨 而朝家認爲正道指賢人 官之賞之 則豈不指告 今則不然 輒施刑戮 豈可告乎"

103) 黃嗣永, 『帛書』, 31行. "奧斯定緘口不答 官送人問于家屬曰 汝夫汝父 只告神父之姓名居住 則必無死理 而甘受毒杖 終不開口 你等家屬 應必知之 你等須念 家長之性命 從實直告 家屬俱以不知答之"

104) 趙珖, 1988. 앞의 책, 145쪽.

105) 이 '흉언'의 구체적 내용은 李基慶의 『闢衛編』 고본에 본문 글자크기보다 약 1/4 정도의 細字로 기록되어 전할뿐이다. 李基慶, 『闢衛編』, 曙光社, 313쪽. "窮凶之言云者 搜探文書中 渠之日記有曰 國有大仇君也 家有大仇父也 十二字 伊時諸臣兩司諸臺請對 施以不待時之律 以不忍筆諸文字之意 漏於公私文蹟".

머니를 어머니로 여기지 않으며, 임금을 임금으로 여기지 않고 신하를 신하로 여기지 않는다不父不母 不君不臣'라는 말도 자신의 일기에 기록한 듯하다.106) 그리고 일기 가운데에 선조를 제사지내고 분묘에 배알하고 부모상을 만났을 때에 혼백을 만들고 제전을 설치하는 것을 모두 죄과로 규정한 내용도 포함되어 있었다.107)

그런데, 정약종이 임금이나 부모에 관한 이 '흉언'을 하게 된 직접적 동기는 나라의 임금이나 집안의 부친이 천주교 신앙을 금지한다는 데서 찾아질 수 있다. 그러나 정약종의 이와 같은 말은 당시 인간관계의 기본으로 생각하던 군신부자 간의 의리와 기성의 가치를 전반적으로 부정하는 폭탄선언이었다. 아마도 그는 도를 닦는 불교의 승려가 새로운 진리를 찾기 위해 자신의 부모나 속세뿐만 아니라 부처까지도 부정해야 했던 것처럼, 임금과 부모를 부정했을지도 모른다.

그러나 이 말은 가부장제적 문화풍토가 지배적이었던 당시 사회에서는 도저히 용납될 수 없었던 말이었다. 그는 이 '흉언'을 통해 충효를 기본으로 한 모든 기성 가치를 거부했고, 천주를 중심으로 하는 새로운 가치를 창출하여 보급하고자 했다고 생각된다. 그러나 그가 이처럼 '흉언'을 할 수 있었던 까닭은 평소 유학에 대해서 그가 가지고 있었던 상대적 평가의 결과라고 생각된다.

정약종의 '흉언'은 1801년의 천주교 탄압과정에서 조정에 탄압의 정당성을 확실히 부여해 주는 사건으로 확대되었다. 정약종의 일기에 기록되었던 '12자 흉언'의 대체적 내용이 승정원에서 반포하는 조지朝紙에도 수록되어 일반 관료들이 그 내용을 대강 짐작하게 되었다. 이 흉언에 대

---

106) 『承政院日記』97, 386中, 純祖 元年 2月18日, 「權𧄿 等上疏」. "嗚呼天下之惡 莫大於不忠不孝 而今此邪學 未知這裡有何樣妖術 陷人彝性若是乎 旣曰 不父不母 不君不臣 則粗具省覺者之所不爲"

107) 『推案及鞫案』卷1, 邪學罪人李家煥等推案, 1801年 2月 12日字, 亞細亞文化社, 51쪽.

한 당시의 지배층에서는 이 '흉언'을 '천하에 없던 역적의 변고'라고 규정했다. 그리고 정약종과 같은 남인 시파 계열의 인물들까지도 정약종을 "손으로 찢어버리고 입으로 져며버리고 싶었다"고 말할 정도로 극도의 반감을 표현했다.[108] 이 흉언에 대한 당시 조정의 반응은 다음의 자료에서도 거듭 확인된다.

> 정약종의 문서 가운데 선조先朝를 향해 천지간에 용납할 수 없는 지극히 흉악하고 패악한 말이 있다고 하는데, 이는 천하에 없는 역적의 변고이다. 이를 듣고 난 후 자신도 모르는 사이에 간담이 떨려서, 곧바로 손으로 찢어버리고 입으로 져며버리고 싶었다. … 이시수李晩秀가 말하기를 이 역적들의 흉언과 역절은 천하의 큰 변괴이니 신민들이 반드시 죽여야 할 바이다.[109]
>
> 정약종은 사술邪術의 괴수일 뿐 아니라, 국문하는 마당에서 엄중한 신문을 받으면서도 한결같이 완고하고 사납게 굴면서 죽어도 후회하지 않는다고 했다. … 또한 임금과 어버이를 향하여 함부로 흉언을 했으니 … 요언혹중妖言惑衆의 율법을 적용할 수는 없고 마땅히 범상부도죄犯上不道罪로 사형판결을 내리고 집행해야 한다.[110]

정약종의 이 '흉언'은 당시 일반 천주교들에게 적용되었던 '요언혹중죄'妖言惑衆罪보다 더 엄중한 '범상부도죄'犯上不道罪를 적용 받게 되었다. 그리고 영부사 이병모李秉模는 '천하의 큰 변괴'를 일으킨 정약종에게는 부대시참不待時斬을 적용하여 속히 사형을 집행할 것을 요구했고, 이것이

---

108) 『承政院日記』97, 386쪽, 純祖 元年 2月18日, 權襏 等上疏. "又有窮凶極惡 絶悖不道之言 至發於逆鍾之文書也 臣等纔見朝紙所出 不覺骨顫而膽掉 直欲手磔口嚼 而不可得也"

109) 『承政院日記』97, 371쪽, 純祖 元年 2月12日. "直提學尹行恁曰 … 聞鞫廳罪人 若鍾文書中 有向先朝 天地間所不容窮凶絶悖之語 此則萬天下所無之逆變 聞來不覺骨顫膽掉 直慾手磔球嚼…李晩秀曰 此賊之凶言逆節 天下之大變也 臣民之所必誅"

110) 『承政院日記』97, 403쪽, 純祖 元年 2月25日. "李秉模曰 丁若鍾則不但爲邪術之魁 鞠庭嚴問之下 一味頑悍 之死靡悔 妖憯獰慝 … 至向君親 肆發凶言 … 此賊不可但用妖言惑衆之律 當以犯上不道 結案正法"

'사학을 물리쳐 백성을 위하는(斥邪爲民) 거사'라고 다음과 같이 주장했다.

> 영부사 이병모가 말하기를 죄인 정약종의 문서 가운데 지극히 흉악하고 패악한 말이 있었는데, 감히 글에다 그것을 써 두었다니 하늘과 땅 사이에 결코 잠시라도 용납할 수 없는 바이다. … 지금은 2월달로 비록 형을 집행할 때가 아니라 하더라도, 그들이 이미 사실대로 자복했으니 부대시不待時의 형률을 적용함이 마땅하다.111)
>
> 정약종은 범상부도의 죄를 범했다. 그 죄로 말하면 만번 죽어도 오히려 가볍다. 그러나 요언으로 정법正法할 경우에는 으레 대시待時해야 한다. 또 본부의 사례에는 오직 친국親鞫한 다음에야 부대시不待時의 형을 집행했다. 그러나 이번 옥사는 비록 추국이지만 본래 '사학을 물리쳐 백성을 위하는(斥邪爲民) 거사'에서 나온 것이니, 아울러 부대시 형을 집행함이 마땅하다.112)

정약종은 이 '흉언'에 대해서 단 한마디의 변명도 하지 않았다. 그는 이 흉언의 의도를 신문하는 관원들에게 '만 번 죽어도 아깝지 않다[萬死無惜]'고 대답하는 데에 그쳤다.113) 정약종은 의금부로부터 '범상부도죄'로 판결을 받고 '부대시참형'을 선고받아 1801년 2월 26일양력 4월 8일 서울 서소문 밖에서 이승훈, 최창현, 홍교만, 홍낙민과 함께 사형을 당했다.114) 정약종의 순교장면은 교회측 기록에 다음과 같이 자세히 묘사되

---

111) 『承政院日記』 97, 372쪽, 純祖 元年 2月12日字. "領府事李秉模等 一齊起伏曰 罪人若鍾文書中 有窮凶絶悖之說 乃敢筆之於書 覆載之間 斷不容晷刻置之者 臣等見之未牛 不覺驚心痛骨 今當仲春之月 雖非刑殺之時 而渠旣輸款 則當用不待時律 以結案正法之意".
112) 『承政院日記』 97, 405쪽, 純祖 元年 2月25日字. "李秉模曰 今番諸囚 皆是妖言惑衆 而若鍾則又有犯上不道之罪 論其所犯 萬戮猶輕 而妖言正法 例爲待時 且本府事例 惟親鞫然後 爲不待時 而此獄則雖是推鞫 本出於斥邪爲民之擧 則並當不待時擧行矣".
113) 『推案及鞫案』 卷1 邪學罪人李家煥等推案, 1801年 2月 12日字, 亞細亞文化社, 51.
114) 『承政院日記』 97, 407쪽, 純祖 元年 2月26日字.「禁府罪人丁若鍾結案正法」. 조광 역주, 2001, 『역주 사학징의』, 249쪽. 달레, 앞의 책 상, 447쪽.

어 있다.

　　정약종 아우구스띠노의 최후는 그의 일생에 어울리는 것이었다. 형장으로
끌려갈 때 그의 얼굴은 아주 빛났다. 도중에 수레 끄는 사람을 불러 목이 마
르다고 하였다. 곁에 있던 사람이 나무라자 그는 "내가 물을 청한 것은 나의
위대하신 모범을 본받기 위함이오."하고 대답하였다. 옥중과 법정에서 지치지
않고 전도를 한 그는 그의 순교 장소도 매우 웅변적인 강단을 만들었다. 형구
앞에 앉아 그는 그것을 행복스럽게 들여다보고 나서 모든 사람이 들을 수 있
도록 소리를 높여 외쳤다. "스스로 존재하시고 무한히 흠숭하올 천지만물의
대주재이신 이가 당신들을 창조하셨고 보존하십니다. 당신들은 모두 회개하
여 당신들의 근본으로 돌아와야 하오. 그 근본을 어리석게 멸시와 조소거리로
삼지 마시오. 당신들이 수치와 모욕으로 생각하는 그것이 내게는 곧 영원한
영광거리가 될 것입니다.' 형리들이 그의 말을 중단시키고 나무토막 위에 머
리를 대라고 하니, 그는 하늘을 볼 수 있도록 머리를 누이면서 '땅을 내려다
보면서 죽는 것보다는 하늘을 쳐다보면서 죽는 것이 낫다'고 말하였다. 망나
니는 벌벌 떨며 감히 치지 못하였다. 그러나 마침내 감탄보다는 징벌에 대한
두려움이 앞서므로 자신 없는 손으로 첫 번 칼질을 하였다. 목은 절반밖에 끊
어지지 않았고, 정약종 아우구스띠노는 일어나, 보라는 듯이 크게 십자성호를
긋고 조용히 다시 첫 번 자세로 돌아가 치명적인 일격을 받았다.115)
　　정약종은 옥에서 나와 수레에 실려 형장으로 가려 하자, 사람들에게 큰 소
리로 말했다. '당신들은 우리를 비웃지 마시오. 사람이 세상에 태어나서 천주
를 위해 죽는 것은 당연히 해야 할 일일 뿐이오. 마지막 심판 때에 우리의
울음은 변하여 진정한 즐거움이 될 것이며, 당신들의 즐거운 웃음은 변하여
진정한 고통이 될 터이니, 당신들은 서로 비웃지 마시오.' 정약종은 형벌에
처해 질 때 관중들을 돌아보며 말하기를 '당신들은 두려워 마시오. 이는 당연
히 행해야 할 일이오. 당신들은 결코 두려워하지 말고 이후로 본받아서 반드
시 이를 행하시오'라고 했다. 칼로 한 번 내려친 후 머리와 목이 반쯤 잘리자
벌떡 일어나 앉아 크게 손을 벌려 성호를 긋고는 조용히 다시 엎드렸다.116)

---

115) 달레, 앞의 책, 상, 452쪽.
116) 黃嗣永,『帛書』, 40行. "出獄上車 將就法場 即高聲謂人曰 你等勿笑吾儕 人生於
　　 世 爲天主死 即當行之事耳 大審判時 吾儕之涕泣 變而爲眞樂 你等之一喜笑 變
　　 而爲眞痛 你等必勿相笑 臨刑顧謂觀者曰 你等勿怕 此是當行之事 你等必毋懼怕
　　 此後效而行之 一斫之後 頭頸半截 蹶然起坐 大開手畫星湖 從容復伏 與崔多默同

정약종은 사형을 당한 이후 가산이 적몰되었다.[117] 그의 죽음 이후에도 천주교에 대한 탄압은 계속되어 갔다. 그가 순교한 1801년의 박해 과정에서 조선천주교회는 교회의 지도부가 완전히 파괴되었다. 또한 박해의 여파는 일반 민인에도 미쳤고, 이 사건을 계기로 하여 중앙 정계에서는 남인 시파 계열의 인물들이 제거되었다. 이 박해는 황사영이 체포되어 처형당한 후 1801년 말에 종료될 수 있었다.

요컨대, 정약종은 1801년이 박해 과정에서 체포되어 '범상부도죄'로 사형을 당했다. 그는 체포 후 천주교 신앙이 정도正道라고 선언하고 배교를 거부했다. 그런데 '책 궤짝 사건'이 발생해서 그 속에 있던 정약종 자신의 일기를 비롯해서 여러 자료들이 조선 정부측에 넘겨졌다. 그의 일기에서는 이른바 '12자흉언十二字凶言'으로 불리던 기록이 나타났다. 임금과 부친의 존재가치까지 거부했던 이 말은 당시 가부장제적 사회에서 더 이상 용납될 수는 없었다. 그는 철저한 자기 부정을 통해 새로운 가치로의 접근이 가능했다. 그의 '흉언'은 그 자기부정의 일환이었지만, 그는 이 '흉언'으로 인해서 여타 천주교도들에게 적용되었던 요언혹중죄妖言惑衆罪보다 더 무거운 범상부도죄犯上不道罪로 사형을 선고받고 부대시참형不待時斬刑을 당했다. 이 흉언을 비롯하여 그의 신문기록 등을 통해서 우리는 그가 가지고 있던 천주교 일변도의 사상을 좀더 잘 이해할 수 있었다.

斬 時年四十二".

117) 『承政院日記』 97, 406쪽, 純祖 元年 2月 26日. "申大謙以義禁府言啓曰 犯上不道罪人若鍾 旣已承服 正刑籍沒家産事 令各該司 奉承傳擧行如何 傳曰允". 한편, 정약종의 맏아들 丁哲祥도 1801년에 순교했다. 그리고 그의 둘째 아들 丁夏祥과 딸 丁情惠 및 그의 처였던 柳氏도 1839년의 박해 때에 순교했다.

5. 맺음말

18세기 후반기 조선에서는 사회의 변화를 수용하고 이를 촉진시키려던 여러 철학적 이론들이 제시되고 있었다. 일부의 연구자들은 원초유학에 입각하여 성리학적 질서를 개혁해 보고자 했다. 그리고 집권 귀족층의 일부에서는 변화된 사회의 특성을 해명해 줄 수 있는 새로운 철학체계를 마련해 갔다. 이렇게 사상의 변동이 진행되던 과정에서 비非유교 내지는 반反유교적 사유방식도 등장했다. 불교와 도교 등이 이러한 부류에 속하는 사상이었다. 그리고 새로운 사상운동으로 천주교신앙이 전파되어 갔다.

정약종丁若鍾(Augustino, 1760~1801)은 이러한 시대적 여건에 영향을 받으며 한때 도교에 경도되어 있었다. 그는 천주교에 관한 서적을 검토한 이후에도 이를 회의하고 즉시 따르지는 않았다. 그가 도교에 관해서 관심을 가지고 있었다는 사실은 당시의 일반 사족이나 자신의 형제들과는 상당히 다른 사상적 취향을 가지고 있었음을 말한다. 당시의 일반인들은 일종의 '정치종교'인 유교를 통해서는 종교적 체험을 충분히 하지 못했다. 그런데 정약종이 도교에 관심을 기울이고 있었다는 사실은 그가 영세 입교 이전부터 강한 종교적 지향성을 가지고 있었다는 말이 된다.

그러나 그는 1786년 천주교 세례를 받았고, 그가 순교하게 된 1801년에 이르기까지 조선천주교회의 중심적 인물 가운데 하나가 되었다. 세례를 받은 후 그는 천주교 신앙의 연구에 투신하며 당시의 대표적 천주교 이데올로그로 성장해 갔다. 그리고 주문모 신부가 입국한 이후 그는 주문모 신부와 함께 천주교 선교에 투신하고 있었다. 그는 주문모 신부가 조직했던 신도들의 단체인 명도회明道會의 회장이 되었고 교회의 중요 정책 결정에 참여하며 활동했다. 이렇게 그는 초기 교회사에 있어서 이론과 행동을 겸비한 인물로 성장해 갔다.

그는 영세 입교 후 양반으로서 가지고 있던 자신의 기득권을 스스로 포기했던 인물이었다. 그는 상한이나 천인들과 함께 살면서, 인간존엄성을 강조하던 천주교 교리를 자신의 생활을 통해서 실천했다. 그가 한글로 저술한 『쥬교요지』는 양반지식층이 아닌 한글만을 알고 있던 일반인을 독자층으로 한 저서였다. 여기에서 그는 그리스도교 신앙과 그 철학을 민인들에게 전파시켜 주게 되었다. 그의 『주교요지』는 초창기 한국교회의 신학사상을 이해하는 데에도 중요한 자료가 되고 있다.

한편, 정약종은 1801년의 천주교 탄압과정에서 체포되었다. 그는 체포된 이후 신문 과정에서 자신의 천주교 신앙이 정도正道임을 선언했다. 그러나 그는 자신의 신앙과 함께 그의 일기에서 발견된 '12자흉언十二字凶言'에 관해 추궁 받았다. 이 '흉언'은 "나라에는 큰 원수가 있으니 임금이며, 집에는 큰 원수가 있으니 아비이다(國有大仇君也 家有大仇父也)"라는 글이었다. 그는 이 말을 통해 가부장적 사회질서와 성리학적 국가질서를 동시에 거부했다. 이러한 속세 내지는 기존의 가치에 대한 거부가 있었기 때문에 그는 철저한 천주교도로써 『쥬교요지』와 같은 천주교 서적을 저술할 수 있었으리라 생각된다. 그러나 그는 그 결과 '범상부도죄'로 부대시참형에 처해졌다.

정약종은 유교나 불교 사상을 기준으로 삼아왔던 당시의 사회에 일대 충격을 주었다. 그는 천주교 신앙에 입각한 새로운 인간관과 사회관을 제시해 주었다. 그의 사상은 그가 남긴 『쥬교요지』와 신문과정에서 남긴 각종 기록들을 통해서 확인된다. 그는 기독교적 구원의 의미를 조선인들에게 전해 주고자 했다. 그는 조선인으로서 서구적 사유방식을 수용하여 이를 조선의 사유로 재창조해 나갔다. 그는 이러한 사례를 연구하는 데에 있어서 가장 중요한 인물로 평가될 수 있다. 우리는 그의 삶과 사상이라는 창을 통해서 그가 살았던 18세기 후반기의 조선사회를 좀

더 잘 이해할 수 있을 것이다. 그러므로 그의 생애와 사상은 역사학적 측면, 특히 한국사상사 내지 철학사의 연구과정에서 반드시 재평가되어야 할 것이다.

제**4**부

조선후기 천주교사의 특성

제 1 장

조선후기 서학서西學書의
인간관계에 대한 이해

1. 머리말

천주교 신앙이 동양에 본격적으로 전파된 것은 17세기를 전후한 때였다. 특히 천주교 신앙의 중국 전래는 중국과 긴밀한 문화적 관계를 맺고 있던 조선에도 영향을 끼쳐 주었다. 중국에서 천주교를 전하던 선교사들은 그 선교의 한 방편으로 한문으로 된 서학서를 간행했다. 그리고 17세기 이래로 이 한문 서학서들은 부연사赴燕使 일행을 통해서 조선에 전해졌다. 이 책자의 학습을 통해서 조선에 천주교회가 성립되었음은 주지의 사실이다. 원래 한문서학서는 이편理篇과 기편器篇으로 분류되어 각기 서양의 종교 철학과 서양의 과학기술을 중국의 지식인들에게 전해 주고 있었다.[1] 그러나 이 책자들 가운데 조선에 전파되어 큰 파문을 일으켰던 것들은 이편理篇에 속하는 천주교 서적들이었다. 그러므로 조선 후기 사회에 있어서 서학서는 주로 천주교 서적을 지칭하게 되었다.

---

1) 裵賢淑, 1984, 「朝鮮에 傳來된 天主敎 書籍」『韓國敎會史論文集』 1, 韓國敎會史研究所 참조.

서학서를 통해서 전래된 천주교 신앙은 당시인들에게 새로운 세계관을 제시해 주었다. 기존의 지배층들은 이 새로운 세계관을 거부하고 이에 대한 탄압을 본격적으로 전개했다. 조선 후기의 천주교 신도들이 가지고 있었던 새로운 세계관의 실체는 그들의 인간관을 통해서 선명히 파악될 수 있다. 그 인간관은 인간 본성이나 존재 자체 및 인간 상호간의 관계 등을 포함하고 있는 것이다. 또한 동시에 그들의 새로운 세계관이나 인간관이 생활 현장을 통해서 어떻게 구체화되었는지도 검증되어야 한다. 우리는 그들의 인간관과 역사화된 구체적 행동을 통해서 새로운 세계관의 시대적 의미를 추출할 수 있을 것이다. 이와 같은 작업은 당시 천주교사의 구체적 전개과정을 이해하거나 천주교 사상사를 이해하기 위해서 요청되고 있다.

그런데 본고에서는 당시 신도들이 가지고 있었던 새로운 세계관의 구체적 실상을 밝히기 위한 노력의 일부로서 우선 19세기 전반기 천주교 신도들이 가지고 있었던 인간관계에 대한 이해의 특성을 밝혀 보고자 한다. 그리하여 그 첫 작업으로 19세기 전반기 당시 천주교 신도들이 가지고 있던 가족윤리에 대한 견해를 살펴보겠다. 가족은 부모와 자식, 부부 및 형제 자매 등으로 구성되는 가장 기본적 단위가 되는 공동체로서 대부분의 사상에서는 이 가족 공동체의 윤리를 중요시해 왔던 것이다. 이어서 정치적 경제적 및 사회적 존재로서 인간 상호간의 관계에 대한 인식도 아울러 검토하고자 한다.

이러한 인식의 특성을 파악하기 위해서는 이상적 측면과 역사적 측면 두 가지를 주목하게 된다. 즉 그 하나는 당시의 조선천주교회에서 신도들에게 제시해 주고 있었던 이상형으로서의 인간관계론을 주목할 수 있을 것이다. 이에 이어서 당시 신도들의 행동과 생각을 통해서 구체적으로 드러나는 인간관계에 대한 이해의 특성을 살펴볼 수 있을 것이다. 전자는 인간관계에 대한 인식의 이상적 측면을 밝히려는 작업이다. 그리고

후자는 당시의 천주교 서적에서 가르치고 있었던 바의 이상이 현실 세계
에서 어떻게 작용하고 있었나를 검증하는 작업이 될 것이다. 이와 같이
하여 본고는 19세기 전반기 천주교 신도들이 지니고 있었던 이상형으로
서의 인간관계론을 살펴봄과 동시에 인간관계에 대한 구체적이며 역사
적 특성을 추출해 보고자 한다.

한편, 조선에 천주교가 전래된 1784년 이후 천주교 신앙에 대한 정부
의 탄압이 진행되는 과정에서 천주교 신앙은 양반 지식층의 신앙으로부
터 비특권층의 신앙으로 전환되면서 민중종교운동의 성격을 띄고 있었
다.[2] 19세기 전반기를 전후하여 전개된 이 민중종교운동은 한글로 번역
되었거나 저술된 여러 책자에 힘입어 가능하게 되었다. 신실한 신도들은
이 책들에서 가르친 바를 실천하기 위해서 노력했을 것이다. 그러므로
이 서학서들에 언급된 인간관계에 관한 내용들은 19세기 당시 사회에서
천주교 신도들이 가지고 있었던 일종의 이상형으로 파악될 수 있을 것이
다. 따라서 19세기 전반기를 전후하여 천주교 신도들이 지향하고 있던
인간상과 그들의 행동 및 인간관계에 대한 견해를 이해하기 위해서는 한
글로 번역되었거나 저술된 서학서 즉 천주교 서적들을 주로 분석해야 할
것이다. 그리고 당시의 각종 교회사적 기록을 검토하여 신도들이 남긴
구체적 행동과 생각을 살펴 볼 수 있을 것이다.[3]

---

2) 趙珖, 1988. 『朝鮮後期 天主敎史 硏究』, 高麗大學校 民族文化硏究所, 4쪽.
3) 本稿에서 분석 대상이 되는 한글 서학서에 관해서는 趙珖이 1990년 7월부터
   1995년 12월까지 66회에 걸쳐서 『경향잡지』에 解題한 바 있다. 本稿에서 특히 활
   용되고 있는 자료 가운데 『쥬교요지(主敎要旨)』는 1801년에 순교한 丁若鐘이 저
   술한 책으로 1897년 활판본 2冊으로 간행되었다. 그리고 『성경직히(聖經直解)』는
   1790년 이후 번역되어 필사본으로 작성되기 시작하여 1866 병인교난 당시에는
   20권으로 된 필사본이 존재하고 있었으며, 1892년에서 1897년 사이에 활판본 9
   冊으로 간행된 자료이다. 『텬쥬성교공과(天主聖敎功課)』는 1859년 목판본 4冊으
   로 간행된 책자로서 당시 교회의 대표적 기도서였다. 1864년에 목판본 1冊으로
   간행된 『성교요리문답(聖敎要理問答)』을 자료로 활용했다. 또한 다블뤼(Daveluy,
   1818~1866) 주교가 黃錫斗(1813~1866) 등의 도움을 받아 저술하여 1864년에

이같은 작업을 통해서 조선후기 신도들이 가지고 있던 천주교 신앙에 입각한 새로운 인간관 내지는 인간 상호간의 관계에 대한 독자적 해석을 이해할 수 있을 것이다. 삼강오륜으로 집약된 당시 사회의 성리학적 사회윤리와 새롭게 도입된 천주교의 인간관계론 사이에 존재하는 차이점도 밝혀질 수 있을 것이다. 그리고 이 작업은 천주교에서 제시하고 있는 새로운 윤리규범이 당시 신도들의 실생활에 어떻게 반영되어 나타났는지를 이해하는 데에 도움을 줄 수도 있을 것이다. 또한 비특권적 민인들이 당시 천주교 신도의 주축을 이루고 있었음을 감안할 때, 우리는 이 작업을 통해서 조선후기 민중의 사상적 동향 및 우리나라 사상사의 발전과정을 이해하는 데에 도움을 얻을 수 있을 것이다.

한편, 천주교 신앙운동은 당시의 성리학적 가치관에 대한 내적 번민의 표현이었고, 그에 대한 외적 대결 내지는 도전이라는 성격을 가지고 있었다. 또한 천주교 신앙에 대한 지배층의 탄압은 그 이질적 사상의 도전에 대한 응전이라는 사상사적 성격을 띠었다. 그리하여 조선후기 서학 사상에 관한 기존의 연구는 주로 한문 서학서의 수용과 이해 과정 및 조선 전통 지식인의 반응을 분석하고 그 탄압의 과정을 밝히려는 측면에서 진행되어 왔다.

그런데 당시의 천주교 신앙운동에서는 사회계층의 대결이라는 성격이 검증되고 있다.[4] 그러나 기존의 연구에서는 주로 교회 창설 초기 양반 지식층 신도들의 사상적 특성을 밝히는 데에 중점이 두어 졌다. 그러나 1791년을 기점으로 하여 천주교를 신앙하던 사람들은 사회적으로 하대下待되던 중서中庶나 상한常漢들이 중심을 이루고 있었다. 여기에서 19

목판본으로 간행한『성찰긔략(省察記略, 1册)』과『신명초힝(神命初行, 2册)』을 주요 자료로 참고하였다. 이외에도 1675년 北京에서 한문본으로 간행되었고 조선에 전래되어 사용되다가 1884년 활판본 1册으로 간행된『셩교빅문답(聖敎百問答)』을 비롯한 여러 자료들을 분석 대상으로 삼았다.

4) 趙珖, 1988, 앞의 책, 81쪽 등 참조.

세기 전반기를 전후한 시기 천주교 사상에 대한 이해를 위해서는 당시 교회의 신도들이 가지고 있었던 사상적 특성을 분석해 내야 할 것이다. 이러한 시각의 본격적 연구는 아직 진행되지를 못했다고 생각된다. 그런데 천주교의 한글 서적과 그밖의 교회사적 자료에서 보이는 인간관계가 당시로서는 상당히 이절적 요소였고 독특한 역사적 의미를 지니는 것이었지만, 기존의 연구에서 제외되었던 부분이다. 그러므로 본고에서는 조선후기 만인民人의 일부로서 천주교 신도들이 가지고 있던 사상적 특성들을 밝혀보려 하는 바이다.

본고에서 논하고자 하는 인간관계론을 올바로 이해하기 위해서는 먼저 인간관 자체에 대한 분석이 시도되어야 할 것이다. 그러나 이 부분은 별도의 논문으로 다루고자 하여 여기에서는 제외시켰다. 한편 19세기 전후 조선 신도들의 인간관계에 대한 이해는 1784년 당시 교회창설의 주역들이 가지고 있었던 인간관계론 및 개항 이후의 교회에서 제시한 인간관계론과의 비교를 통해서 더욱 선명히 파악될 수도 있을 것이다. 그러나 이에 관해서는 분석대상으로 삼았던 한글 교리서들이 비교 대상이 되는 시기에도 함께 사용되었음을 감안하여 이 시기들에 대한 본격적인 분석은 일단 보류했다. 이러한 점들이 본고에서 드러나는 결함임을 인정하게 된다. 그렇다 하더라도 본고가 조선후기 민인 및 천주교 신도들의 사상적 동향을 파악하는 데에 조금이라도 도움을 줄 수 있다면 다행으로 생각하겠다.

2. 인간관계에 대한 이해의 근거

19세기 전반기 조선 교회가 제시했던 새로운 인간관계에 대한 올바른 이해를 위해서는 먼저 그 인간관계에 대한 규정들이 근거하고 있는 이론적 기초를 주목해야 한다. 이 이론적 기초들은 당시 조선 천주교에서 간행했거나 읽혀지고 있었던 각종의 서적들을 통해서 확인될 수 있을 것이다. 특히 19세기의 교회에서 논의되던 인간관은 가족윤리나 사회윤리 등 인간관계의 특성을 검토하기 위해서 자세히 검토해야 할 것으로 생각된다. 이에 본고에서는 인간관계의 이해에 필수적으로 요청되는 인간관에 대한 이해를 간략히 검토해 보고자 한다.

한편, 당시 천주교에서 제시하고 있었던 인간관계론에 대한 올바른 평가를 위해서는 당대의 인간관 및 인간관계에 대한 이해를 우선 전제해야 한다. 조선후기 인간관계에 대한 이론은 주희朱熹(1130~1200)의 인성론人性論에 기초를 두고 있는 것이었다. 주희는 인간의 기품에 따라 그 귀천이나 화복이 선천적으로 결정되는 것으로 보았으며,[5] 여기에서 사회적 불평등 내지는 신분의 차이를 당연한 것으로 인정했다. 이러한 이론을 발전시킨 조선 성리학의 경우에도 그 인성론을 전개하는 과정에서 사회 신분의 차이를 수용하고 있었다.[6] 성리학적 인간관은 인간의 선천적 불평등성을 설명하고 제시했던 것이다. 천주교가 전래되어 탄압받았던 18세기 후반 및 19세기 전반기 조선 사회에서도 층서적層序的 인간관계가 의연히 강조되고 있었다. 즉, 조선후기 성리학에서는 계층적 상하관계 아래 부자관계 및 부부관계 그리고 형제와 친족 등의 상호관계를 강조해 왔다. 특히 조선의 문화 풍토에서는 효孝를 매개로 한 부자관계가 군신관계를 비롯한 제반 사회관계의 기초로 인식되고 있었다. 그리고 효를 중심으로 하는 사회질서의 강화를 논하고자 하는 시도가 진행되기도 했다.

이와 같은 문화 풍토에서 서학 즉 천주교 신앙이 수용되었다. 당시의

---

5) 楊天石, 1982, 『朱熹及其哲學』, 北京 ; 中華書局, 166~170쪽 ;
   侯外盧 外, 1960. 『中國思想通史』下, 北京 ; 人民出版社, 1992, 636~637쪽.
6) 韓永愚, 1976, 「朝鮮前期 性理學派의 社會經濟思想」『韓國思想史大系』 II, 成均館大學校 大東文化研究院, 95쪽 참조.

천주교도 그 윤리규범 가운데 중요한 부분으로 가족관계에 대한 규정을 제시해주었다. 그러나 천주교에서 제시하고 있던 가족관계에 대한 설명은 새로운 인간관에 기초한 것이었다. 천주교의 인간관은 성리학에서 제시하는 인간관과는 차이를 드러내는 것이었다. 성리학적 인간관은 인간의 선천적 불평등성을 설명하고 제시하는 기능을 담당하고 있었다.[7]

반면에 천주교의 인간관에서 나타나는 특징은 인간이 인간을 사랑해야 하는 까닭으로 인간이 천주의 피조물이라는 사실에 근거를 두고 있다. 이를 설명하기 위해서 당시의 한글 서학서에서는 천주에 대한 사랑이 이 세상 모든 '의리義理'의 원천이 됨을 먼저 확연히 밝혀 주었다.[8] 그리고 인간은 신도나 외교인이거나를 불문하고 모두가 '천주의 모상模像'임을 강조했다.[9] 당시 교회에서는 천주의 모상에 따라 창조된 인간을 말함으로써 인간 존재를 천주에게로 직결시켰다. 그리고 인간 존재가 천주에 버금가는 존귀한 존재이자, '천주를 대신하여 이 세상에 있는 귀한 존재'가 된다고 표현한 바 있다.[10] 인간의 본성은 천주의 본성에 상접相接해 있다는 사실도 강조해 주었다.[11] 그러므로 당시의 한글 서학서에서는 모든 사람을 천주의 모상으로 보아서 자신과 같이 사랑해야 함을 강조하고 있었다.[12]

---

7) 守本順一郎 지음, 김수길 옮김, 1985, 『동양정치사상사연구』, 동녘, 152쪽.
8) 안 안도니, 1864, 『신명초힝』 하권 의주, 57a. "텬쥬 ᄉᆞ랑ᄒᆞᄂᆞᆫ 계명은 이 모든 계명의 웃듬이오 또 지극히 커 셩교의 근본이오 죵향이라 이 ᄉᆞ랑이 업ᄉᆞ면 세상의 모든 의리가 다 틀니리니 더옥 힘써 싱각ᄒᆞᆯ 지어다"
9) 『텬쥬셩교공과』 제2권 셩교ㅣ 대행ᄒᆞ기를 구ᄒᆞᄂᆞᆫ 경 11ab. "텬쥬여 싱각ᄒᆞ쇼셔. 모든 외교인의 령혼이 다 제가 내신바ㅣ오 또 네 모상으로 내신 바ㅣ라".
10) 『셩경직히』 권6 강림후팔쥬일 102a. "인군이 곳 쥬의 모상이라 ᄒᆞ시니 귀ᄒᆞ다 인군ᄒᆞᄂᆞᆫ 사름의 귀홈이여 텬쥬를 디신ᄒᆞ야 셰상에 잇시니라"
11) 안 안도니, 1864, 『신명초힝』 죵향, 891, 10b. "셩 레오 교종이 글와딕 교우야 네 존귀함을 싱각ᄒᆞ라 텬쥬 본셩에 상졉ᄒᆞ엿시니 떠러지ᄂᆞᆫ 행실로 네 비쳔한 녯 디위에 도라가지 말지어다 ᄒᆞ니 깁히 싱각ᄒᆞ야 셰물을 경히 넉이고 우리 죵향을 닛지 말지어다"

사람이 사람을 사랑해야 하며, 사람이 모두가 형제가 된다는 사실은 천주의 모상을 타고 난 피조물이라는 점 외에도 모든 사람이 아담과 하와의 자손이라는 그리스도교적 창조론도 근거로 제시되었다. 즉, 보천하의 억만 사람이 다 그의 자손이므로 사람은 서로 사랑하기를 한 부모에게서 태어난 동생혈육同生血肉과 같은 존재임이 강조되었다.13) 이처럼 인간은 모두 다 형제이므로 감히 형제를 업신여길 수 없다는 사실은 명백한 것으로 생각되었다.14)

그리고 여기에서 더 나아가서 사람은 사람을 사랑해야 함을 강조해 나갔다. 사람이 서로 사랑해야 함은 천주의 본 뜻이라고 이해하도록 요청되었고, 예수가 사도들에게 말한 "내가 너희에게 새로운 계명을 주나니 내가 너희를 사랑함과 같이 너희도 서로 사랑하여라"는 성경 구절이 인용 제시되었다. 이처럼 당시의 천주교에서는 신도들에게 사람에 대한 사랑을 일종의 의무로 규정했고, 사람을 사랑하는 것은 주主를 사랑하는 것과 같으며, 천주를 사랑하듯이 사람을 사랑해야 한다고 강조되었다. 또한 성경의 중심사상이 애주애인愛主愛人에 있음을 밝혀 주었다. 형제를 사랑하지 않으면서 주를 사랑한다고 말할 수 없으며, 서로 사랑함이 예수 그리스도의 제자가 된다는 징표임이 서술되고 있다.15)

---

12) 안 안도니, 『신명초힝』 하권 「의인」, 70a. "모든 사람을 텬쥬 모상으로 보아 조긔와 갓치 사랑하고 셩실히 도라볼지니라"

13) 丁若鍾, 『쥬교요지』 하, 39 a. "텬쥬ㅣ 두 사람의게 조식 낫는 능을 주샤 조식을 나흐니 보텬하 억만 사람이 다 그 조손이 되는 고로 우리 사람이 서로 사랑하기를 한 부모의게로 난 동싱갓치 ㅎ게 ㅎ심이라"

14) 『셩경직히』 권7 「강림후12쥬일」, 22 b·23a. "사람을 의론ㅎ면 보텬하 사람을 도모지 포홈ㅎ니 혹 친ㅎ거나 혹 소ㅎ나 굿흔 디방이나 다른 디방이나 다 텬쥬의 조식이라. … 셰샹 사람은 다 텬쥬의 조식이라 동죵되니 경에 흥샹 사람을 형뎨라 닐으신 연고ㅣ니라 경에 또 서로 해ㅎ는 쟈를 깁히 칙ㅎ야 굴으샤디 모든 사람의 공번된 아비는 ㅎ나이라 텬쥬ㅣ시니 네 오히려 감히 형뎨를 업수히 넉이느냐 ㅎ시니라"

15) 안 안도니, 1864, 『신명초힝』 하권 의인, 63ab. "모든 사람이 서로 사랑함은 텬쥬

한편, 사람이 사람을 사랑하는 구체적 방법에 대해서도 당시의 한글
서학서는 제시해 주었다. 즉 모든 이를 형제같이 사랑하되 그 인품이나
지위나 덕행 때문에 사랑하는 것이 아니라 모든 사람은 '사람된 위位'
즉 인격을 가지고 있고 천주의 피조물이기 때문에 사랑해야 함을 가르치
고 있었다.16) 그리고 외교인과 신도, 벗과 원수를 가리지 말고 천주를
위해서 사람을 사랑해야 함을 말했다. 이에 이어서 만일 한 사람이라도
사랑하지 아니하면, 초성超性한 사랑을 버림이니 큰 죄가 된다고 설명했
다.17) 이 사랑은 당연히 원수에게까지 이르러야 함을 강조했다. 신자가
되기 위해서는 원수를 용서하고 그와 화목해야 함이 강조되었고,18) 예

의 본 뜻이오... 예수ㅣ 강싱하야 세상에 춍교를 세우시매 이 명을 새롭게 ᄒ고
온젼케 ᄒ샤 궐ᄋ샤ᄃᆡ 너희의게 새 명을 주ᄂᆞ니 나ㅣ 너희를 ᄉᆞ랑함과 갓치 너희
도 서로 ᄉᆞ랑ᄒᆞ여라 ᄒᆞ시니 이 신교이 특별ᄒᆞᆫ 계명이라. … 셩 요왕 죵도도 …
그 뎨쟈를 ᄀᆞᄅ치시ᄃᆡ 쇼쟈들아 서로 ᄉᆞ랑하고 ᄉᆞ랑하여라 이 계명을 직희면 모
든 계명을 온젼이 직흼이라 ᄒᆞ시니라 인인하는 명의 엄ᄒᆞ고 간졀흠을 또ᄒᆞᆫ 셩경
말숨에 볼 지어다 사름을 ᄉᆞ랑함이 쥬를 ᄉᆞ랑하는 명과 갓다 ᄒᆞ시고 셩경과 션지
쟈의 기록한 바ㅣ 다 애쥬애인 두가지에 매이엿다 ᄒᆞ시니 어더케 크고 즁하며 …
예수ㅣ 갈아샤대 너희들이 서로 ᄉᆞ랑흠을 인ᄒᆞ야 모든 이 너희가 내 뎨쟈ㄴ줄노
알니라 ᄒᆞ시고 셩 요왕이 궐아샤ᄃᆡ 제 형뎨를 ᄉᆞ랑치 아닛는쟈ㅣ 텬쥬를 ᄉᆞ랑하
노라 ᄒᆞ면 거즛말이라 ᄒᆞ시니라"
16) 안 안도니, 1864, 『신명초힝』 하권 익인, 64 b. "텬쥬ㅣ 사름을 내시고 본 모샹을
ᄐᆡ오시고 ᄌᆞ식을 삼으심은 모든 이로 ᄒᆞ여곰 쥬를 위하야 형뎨ᄀᆞ치 공번되이 서
로 ᄉᆞ랑하게 ᄒᆞ심이니 인품과 ᄌᆡ능과 덕ᄒᆡᆼ을 ᄉᆞ랑홀거시 아니라 가히 ᄉᆞ랑ᄒᆞ고
맛당이 공번되이 ᄉᆞ랑홀거슨 오직 사름된 위와 쥬의 내심이로다 그 위에 쥬를
보고 그 ᄉᆞ랑을 쥬ᄭᅴ 도라보낼지니 므릇 삶을 ᄉᆞ랑하고 뮈워흠이 곳 텬쥬를 ᄉᆞ랑
하고 뮈워흠이 되는지라"
17) 안 안도니, 1864, 『신명초힝』 하권 익인, 65a. "외교인과 교우와 벗과 원슈를을
의론치 말고 다 쥬를 위ᄒᆞ야 ᄉᆞ랑홀거시오 또 예수ㅣ 믓사람을 구속하샤 ᄒᆞᆫ 겨
레를 셰우시니 만일 ᄒᆞᆫ 사람이라도 ᄉᆞ랑치 아니하면 예수의 지극히 크고 너르
신 ᄉᆞ랑이 네게 니ᄅᆞ러 막힘이오 쵸셩ᄒᆞᆫ ᄉᆞ랑을 바림이니 엇더한 죄악이냐 크
고 너르고 거룩ᄒᆞ다 쵸셩의 ᄉᆞ랑이여 텬쥬로조차 근원ᄒᆞ야 텬디를 관통하고 모
든 디위와 년긔를 용납ᄒᆞ고 만셰를 포함ᄒᆞ야 텬쥬ᄭᅴ 도라가는도다"
18) 백요왕 감준, 『진교졀요』 1 a. "므릇 나히 만코 우몽ᄒᆞᆫ 사람이 텬쥬셩교에 나아오

수 그리스도가 원수를 사랑하라고 명하였으니 이의 실천을 다짐하기를 촉구했다.[19] 이와 함께 당시 교회에서는 "생각과 말과 행함으로 내게 하고자 하는 바를 남에게 하고, 내게 말고자 하는 바를 남에게 하지 말라"는 사랑의 황금률을 신도들에게 제시하여 주었다.[20]

이같은 사람에 대한 사랑은 가족윤리 및 사회윤리의 기본으로 작용하고 있었다. 그리고 가족과 사회에서 사랑을 구체적으로 증거하기 위해서 '화목和睦'을 특히 강조했다. 당시 한글 서학서가 제시하고 있었던 화목의 논리는 자신과 타인, 그리고 인간 상호간의 관계에서 관철되어야 할 중요한 덕목으로 강조되었다. 화목은 자연의 질서에 있어서도 중요한 것이니, 화기수토火氣水土 사행四行이 화和하여 만물이 생성되듯이 인간계의 질서에 있어서도 화목을 통해서 올바로 이루어 지는 것으로 해석했다.[21] 그리하여 당시의 서책에서는 화목한 사람만이 천주의 자녀가 될 수 있다고 단언하고 있었다.[22]

고져 홀진대 … 맛당이 원슈와 서로 화목ᄒ고 ᄂᆞᆷ의 명성과 공변되지 아니 ᄌᆡ물을 기워 갑흘 거시오"

19) 「강림후21쥬일」 권7 『셩경직히』, 100 b. "원슈를 ᄉᆞ랑함이라 : 오쥬ㅣ 스스로 원슈ᄉᆞ랑ᄒᆞᄂᆞᆫ 표를 셰우샤 친히 힝ᄒᆞ야 계시니 너ㅣ 홀노 능히 힝치 못ᄒᆞ랴, 원슈를 용셔ᄒᆞᄂᆞᆫ 쟈ᄂᆞᆫ 쥬ㅣ 또한 용셔ᄒᆞ샤 승텬홈을 주실거시오 원슈를 용셔치 아닛ᄂᆞᆫ 쟈ᄂᆞᆫ 쥬ㅣ 또한 용셔치 아니ᄒᆞ샤 디옥에 벌ᄒᆞ실지라"

20) 안 안도니, 1864, 『신명초ᄒᆡᆼ』 하권 「의인」 65b. "예슈ㅣ ᄀᆞᆯᄋᆞ샤ᄃᆡ 네 갓사온쟈를 ᄌᆞ긔와 ᄀᆞᆺ치 ᄉᆞ랑ᄒᆞ여라 ᄒᆞ시니 곳 이 싱각과 말과 힝홈으로 내게 ᄒᆞ고져 ᄒᆞᄂᆞᆫ거슬 ᄂᆞᆷ의게 ᄒᆞ고내게 말고져 ᄒᆞᄂᆞᆫ 거슬 ᄂᆞᆷ의게 맒이라"

21) 『셩경직히』 권8 져셩쳠례 107a. "화목은 셰상 만사ㅣ 다 스승이 되니 화긔슈토ᄉᆞ힝이 비록 심히 서로거스리나 ᄯᆡᄯᆡ로 서로 합ᄒᆞ야 서로 도아 만물이 보존홈을 편히 ᄒᆞ니 합ᄒᆞ야 돕지 아니면 만물이 임의 멸ᄒᆞᆫ지 오랠 거시오. … 화목하ᄂᆞᆫ 공부ᄂᆞᆫ 오쥬의 본 소임이오 셰상에 ᄂᆞ리신 본ᄯᅳᆺ이오 본 공부ㅣ라」. 여기에서 우리ᄂᆞᆫ 당시 儒學界에서 통용되던 五行說과는 다르게 西유럽의 四行說이 일반 신도들 次元에서도 이해되고 있었을 단초를 찾게 된다"

22) 『셩경직히』 권3 「봉ᄌᆡ후三쥬일」, 72b. "텬쥬의 명은 쥬ㅣ 사름을 권ᄒᆞ야 화목ᄒᆞ라ᄒᆞ야 ᄀᆞᆯᄋᆞ샤ᄃᆡ 나ㅣ 괴려홈의 쥬ᄂᆞᆫ 아니오 화목홈의 쥬ㅣ라 너희 무리 가히 입을 ᄀᆞᆺ치ᄒᆞ고 ᄆᆞ음을 ᄀᆞᆺ치ᄒᆞ라 대개 형뎨 서로합ᄒᆞ고 셰샹 사름이 서로 ᄉᆞ랑ᄒᆞ

그리고 자신과 타인의 관계에 있어서 타인을 마땅이 대접하지 아니하거나 가볍게 여겨서는 안된다고 가르쳤다.23) 타인이 착한지 아니한지 의심하는 것도 죄가 되는 것으로 말했으니, 이는 모든 사람의 본성은 착한 것으로 보았기 때문이다. 무릇 신도라면 타인의 허물을 드러내거나 타인에 대한 험담을 해서는 안될 것으로 생각했다.24) 그리고 타인과 언약한 일을 실천하지 아니하거나, 남의 비밀을 누설하는 것을 금지했다.25) 타인을 미워하거나 원망하거나 해롭게 해도 아니되고, 타인을 이간하거나 타인의 위급을 구조하지 아니해도 안되며, 타인에게 좋지 않은 표양을 드러내어도 아니되는 것으로 규정했다.26)

요컨대, 당시 한글 서학서에서는 인간의 존엄성과 인간에 대한 사랑 및 인간 상호간의 화목을 강조하고 있었다. 이러한 점이 기초가 되어서

고 부부ㅣ 서로 화락홈을 보면 내 ᄆᆞᆷ이 반ᄃᆞ시 즐거오리라 ᄒᆞ시니라 경에 ᄀᆞᆯ아 샤ᄃᆡ 화목흔 쟈ㅣ 이에 진복이니 그 쟝ᄎᆞᆺ 텬쥬의 아들이라 닐ᄋᆞ리라 ᄒᆞ엿시ᄂᆞᆯ 그레고리ㅗ 성인이 ᄀᆞᆯᄋᆞᄃᆡ 합ᄒᆞᄂᆞᆫ 사ᄅᆞᆷ이 텬쥬의 아들이 된즉 합지 아닛ᄂᆞᆫ 이ᄂᆞᆫ 반ᄃᆞ시 마귀의 아들이 되리라 ᄒᆞ니라"
23) 안 안또니, 1864, 『셩찰긔략』 칠죄종 45a. "저ㅣ 잘난톄 ᄒᆞ야 ᄂᆞᆷ을 업슈이 넉이ᄂᆞᆫ 말을 ᄒᆞ거나 모양을 드러내기를, 디톄나 셰를 밋고 ᄂᆞᆷ을 맛당ᄒᆞ게 ᄃᆡ졉지 아니ᄒᆞ기를"
24) 안 안또니, 1864, 『셩찰긔략』 팔계, 38b~39a. "ᄂᆞᆷ의 착흔거슬 보고 춤으로 착흔가 의심ᄒᆞ기를, 뎌 사ᄅᆞᆷ이 착흔가 악흔가 의심ᄒᆞ기를, 죽은 허물을 보고 큰 악으로 의심ᄒᆞ기를, ᄂᆞᆷ의 악이 드러남을 원ᄒᆞ기를, ᄂᆞᆷ의 허물을 드러내기를, ᄂᆞᆷ의 말을 ᄒᆞ거나 흉을 보거나 험담을 ᄒᆞ거나 ᄂᆞᆷ을 헛뿌려 말ᄒᆞ기를, 비밀한 일을 드러내여 ᄂᆞᆷ의 명셩을 문희치기를"
25) 안 안또니, 1864, 『셩찰긔략』 이계, 10a. "ᄂᆞᆷ과 관계 잇ᄂᆞᆫ 일을 언약ᄒᆞ고 그대로 아니ᄒᆞ기를 … 만일 해를 밧앗시면 기울지니라"
26) 안 안또니, 1864, 『셩찰긔략』 오계 22b~24a. "ᄆᆞᆷ으로 ᄂᆞᆷ을 뮈어ᄒᆞ거나 원망ᄒᆞ거나 흔ᄒᆞ기를, ᄂᆞᆷ을 해홀 ᄠᅳᆺ이나 죽일 ᄠᅳᆺ을 두기를, 리간ᄒᆞᄂᆞᆫ 말을 지어내건나 전ᄒᆞ기를, ᄂᆞᆷ을 해하거나 다ᄅᆞᆫ 사람이 ᄂᆞᆷ을 해ᄒᆞᄂᆞᆫ 거슬 돕기를, ᄂᆞᆷ과 다토거나 싸호기를, 의슐이 졍치못ᄒᆞ거늘 마고 약을 쓰거나 침주기를, ᄂᆞᆷ의 급박흔 거슬 보고도 힘써 구ᄒᆞ지 아니ᄒᆞ기를, ᄂᆞᆷ이 싸호거나 원슈 밎ᄂᆞᆫ거슬 보고 가히 홀만하ᄃᆡ 힘써 말니지 아니ᄒᆞ기를, 언잔은 표양을 드러내여 ᄂᆞᆷ으로 범죄케 ᄒᆞ기를"

새로운 인간관계를 형성해보고자 했다. 천주교 서적에서 드러나는 인간
관은 천주에 대한 신앙과 직결된 것이었다. 즉, 천주에 대한 신앙과 관련
하여 인간의 존엄성 및 인간에 대한 무한한 사랑이 논의되고 있었다. 이
사랑의 새로운 계명은 조선후기 천주교 신도들이 새로운 인간관을 규정
하는 데에 있어서 가장 큰 근거로 작용하고 있었음을 확인할 수 있다.

3. 가족윤리에 대한 인식

조선후기 한글 천주교 서적에서는 인간 상호간의 관계를 바람직한 방
향으로 이끌기 위한 처방을 제시했다. 특히 이 인간 관계는 천주교적 윤
리의 실천을 촉구하는 과정에서 그 구체적 내용이 제시되고 있었다. 여
기에서는 당시의 교회가 신도들에게 제시해 주었던 인간관계에 관한 각
종 규범을 먼저 검토해 보고자 한다. 그리고 이를 알기 위해서는 한글
서학서에서 부자 부부 형제 등 인간 상호간의 관계로 강조했거나 경계했
던 내용들을 주목할 수 있을 것이다. 그 내용들을 분석함으로써 우리는
당시의 교회가 새로운 가족윤리를 제시해 주었고, 가족관계에 대한 새로
운 접근을 시도하고 있었음을 확인할 수 있을 것이다.

가족윤리에 대한 가르침은 천주교 윤리에서도 구체적으로 드러나고
있다. 당시 교회가 효孝를 중시하던 조선의 문화풍토와 관련하여 특히
강조하고자 했던 것은 부모에 대한 효도였다. 이는 천주교 신앙이 지배
층으로부터 '무부무군無父無君' 혹은 '배군멸부背君蔑父'의 가르침으로 매
도되던 상황으로부터[27] 벗어나고자 하던 교회의 처방이었다고도 볼 수
있다.

당시 정부나 일반인으로부터 '무부무군'으로 비난을 받고 있던 교회

---

27) 『純祖實錄』 卷3, 純祖 元年 十月 庚午 討邪奏文條. "慢天侮聖 背君蔑父"

에서는 전통적인 인간관계에서 가장 소중한 요소로 인정받고 있던 부모에 대한 효도를 강조했다. 천주교적 부자관계에 대한 설명은 Daveluy (1818~1866) 주교가 1864년에 간행한 『성찰긔략省察記略』 중 제4계에서 집중적으로 나타나고 있다. 이 부분은 당시의 상황에 대응하여 천주교의 가르침도 부모에 대한 효도를 결코 소홀히 취급하지 않음을 강조하기 위해서 서술되었을 것으로 생각된다. 이 책에서는 모두 25개 항목에 걸쳐서 자식이 부모에 대한 도리를 강조하고 있다.28) 즉, 천주십계의 제4계명 '부모를 효도하여 공경하라'는 조목의 해설을 통해서 당시의 교회는 자식들에게 부모에 대한 존경과 순종을 강조했다. 그리고 자식들이 가지고 있는 부모에 대한 부양의 의무를 확인했다. 이와 같은 가르침은 당시의 유교윤리와도 부합되던 부분이었다.

그러나 19세기 전반기 천주교에서는 조상제사에 대한 부분은 전혀 언급하지 않았다. 그리고 부모의 구령救靈을 위한 자식의 도리를 밝히고자 했고, 하느님의 존재를 부자 사이에 개입시킴으로써 부모에 대한 효도도 상대화시키고 있었다. 이러한 천주교의 가족윤리관은 당시의 유교적 윤리에서 효의 가치를 강조하고 효심의 자연스런 표현으로 조상에 대한 제사를 규정하고 있었던 사실과는 판이하게 다른 점이다. 반면에 19세기의 교회에서는 당시 대표적인 기도서였던 『텬쥬성교공과』에 「부모를 위하여 하는 경」을 수록하여 자식들에게 "우리 부모에게 성총을 주시어 세상에서 선을 행하고 육신이 평안하고 영신이 조촐하여 죽은 후에 천상영

---

28) 안 안또니, 1864, 『성찰긔략』, 12 b~14 b. "부모를 뮈어ㅎ거나 흔ㅎ기를, 부모를 업수히 넉이기를, 부모ㅣ 늙거나 병든거슬 슬희여 ㅎ기를, 부모의 꾸짓거나 경계 ㅎ심을 경홀이 듯거나 야쇽히 넉이기를, 부모의게 불 이 딕답ㅎ거나 앙살ㅎ거나 분노ㅎ거나 다토거나 악쓰기를, 부모를 크게 거스리지 아니ㅎ나 말노나 힝실노 그 ㅁ음을 샹해ㅎ기를, 부모의 바른 명을 듯지 아니ㅎ기를, 부모의 바르지 아닌 명을 듯기를, 부모의 의식을 쳐대로 힘써 도라보지 아니ㅎ기를, 부모ㅣ 병든 때에 힘써 치료ㅎ지 아니ㅎ거나 셩亽밧게 ㅎ기를 힘쓰지 아니ㅎ기를, 부모를 위ㅎ야 근졀이 긔구치 아니ㅎ거나 그 령혼의 亽졍을 도라보지 아니ㅎ기를"

복으로 온전히 갚음을 얻어 누리게 하소서"29)라고 기도 드릴 것을 명하
였다. 그리고 이의 연장선 상에서 부모와 조상에 대한 제사祭祀 대신에
죽은 부모와 조상을 위한 기도문을 마련해서 제시해 주었다.30)

또한『성찰긔략』의 제4계에 대한 성찰조목에서는 부모에 대한 자식
의 의무뿐만 아니라 자식에 대한 부모의 의무에 대해서도 24개의 조목
에 걸쳐서 강조하고 있다. 즉 여기에서는 자식에 대한 부모의 부양 의무
를 강조하고 있는 바, 이는 기근이 들 때에 자식을 포기하기도 했던31)
당시의 폐습에 대한 경고의 의미를 함께 가지고 있는 것이었다. 그리고
자식을 너무 엄격히 다루거나 자식에 대해서 분노하는 마음을 과도하게
가져서도 안됨을 강조했다. 그리고 부모는 자식을 올바로 가르쳐야 하며
그들의 육신肉身 사정뿐만 아니라 영신靈身에 대한 사정도 돌보아 주어야
한다고 말했다. 또한 아들과 딸을 차별하는 것을 금해서, 산모가 딸을
낳았다 해서 돌보지 않으면 안 된다고 특별히 말하고 있으며, 자식의 의
사를 무시하고 자식 모르게 정혼하거나 자부子婦를 학대하는 것도 엄격
히 금지하고 있다.32) 이처럼 당시의 교회에서는 자식에 대한 부모의 의

---

29)『텬쥬셩교공과』제1권 부모를 위ᄒᆞ야 ᄒᆞᄂᆞᆫ 경, 14b~15a. "우리 부모의게 셩 을
　　주샤 셰샹에셔 션을 ᄒᆡᆼᄒᆞ고 육신이 평안ᄒᆞ고 령신이 조츌ᄒᆞ야 써 신후에 천샹영
　　복으로 온젼이 갑흠을 엇어 누리게 ᄒᆞ쇼셔"
30)『텬쥬셩교공과』권4 죽은 부모를 위ᄒᆞ야, 65a.
31) 金武鎭, 1993,「조선사회의 遺棄兒 收養에 관하여」『啓明史學』제4집, 鷄鳴大學
　　校 史學會.
32) 안 안또니, 1864,『셩찰긔략』, 15 a~17 b. "ᄌᆞ식 잇ᄂᆞᆫ거슬 ᄆᆞ음에 슬희여 ᄒᆞ기를,
　　ᄌᆞ식이 만흠을 원망ᄒᆞ거나 몃치 죽기를 원ᄒᆞ기를, ᄌᆞ식의 싱명이나 의식을 힘써
　　도라보지 아니ᄒᆞ기를, ᄌᆞ식을 너무 엄히 디졉ᄒᆞ야 그 ᄆᆞ음이 야쇽ᄒᆞ게 ᄒᆞ기를, ᄌᆞ
　　식을 뮈워ᄒᆞ거나 흔ᄒᆞ기를, ᄌᆞ식을 악한 말노 꾸짓거나 욕ᄒᆞ기를..., ᄌᆞ식을 과도
　　히 치거나 분노ᄒᆞ기를, ᄌᆞ식이 링담ᄒᆞ거나 범죄ᄒᆞᄂᆞᆫ거슬 보고 경계치 아니ᄒᆞ기
　　를, ᄌᆞ식이 언잔은 동모 사괴ᄂᆞᆫ거슬 힘써 말니지 아니ᄒᆞ기를, 명오열닌 ᄌᆞ식을 요
　　긴ᄒᆞᆫ 도리를 ᄀᆞᄅᆞ치지 아니ᄒᆞ기를, ᄌᆞ식을 셰쇽의 인ᄉᆞ와 례모를 쳐디대로 ᄀᆞᄅᆞ
　　치지 아니ᄒᆞ기를, ᄌᆞ식의 ᄆᆞ음과 말과 힝실을 슬펴 바로게 홈을 힘쓰지 아니ᄒᆞ기
　　를, ᄌᆞ식을 알게도 아니ᄒᆞ고 그 혼인을 뎡ᄒᆞ기를, ᄌᆞ부를 죵으로 디졉ᄒᆞ거나 몹시

무를 밝히고, 이를 강조함으로써 자식에 대한 부모의 의무를 부모에 대한 자식의 의무와 대등하게 설명하고자 했다.

이와 같이 당시의 천주교에서는 가족의 중심축을 부자관계에 두고 그 가족윤리의 가장 중요한 규범으로 효를 강조하고 있던 당시의 관행을 완전히 거부하거나 무시하지는 아니했다. 그러므로 한글 서학서에서도 부자 간에 있어서 효孝의 주요함을 강조하는 데에 동의했지만, 부모의 자식에 대한 의무를 상대적으로 더욱 강조함으로써 부자관계의 해석에 있어서 성리학적 윤리와 차이점을 나타내고 있었다. 반면에 당시의 교회에서는 가족의 중심축을 '부자 간의 상호 관계'로부터 '부부 간의 상호 관계'로 옮기고자 했다.

이러한 점은 부부의 혼인을 설명하는 과정에서 여실히 드러나고 있다. 즉, 당시의 관행은 결혼을 통해서 가문 상호 간의 결합이라는 특성을 가지고 있었다. 그러나 천주교의 결혼관은 부부 당사자 간의 결합이라는 결혼관으로 전환되어 갔다. 그리하여 『성경직히』를 비롯해서 19세기 전반기에 읽혀지고 있던 서학서에서는 혼인에 관한 서술을 시도하면서 부부의 인연이 매우 중요함을 설명하고 있다. 그리하여 혼인은 예수 그리스도가 친히 세운 제도임을 말하면서 혼인제도가 가지고 있는 다섯 가지의 오묘한 특성을 제시해서 설명해 주고 있다. 즉, 혼인제도는 '천주께서 세워 주셨음'을 제1의 오묘함으로 제시해 주었다. 그리고 죽음이 서로를 갈라놓을 때까지 서로 헤어질 수 없음을 제2의 오묘함으로 제시했고, 부부 사이의 신뢰를 지켜 나가야 함을 제3의 오묘함으로 말했다. 그리고 부부의 동심협력을 제4의 오묘함으로 보았고, 자식을 낳아 그 인류를 전함을 제5의 오묘함으로 보았다.[33] 그리고 결혼을 위해서는 혼인 당사자의 동의가 전제되어야 함을 강조하고 있었다. 즉, 결혼 당사자의 의사를

꾸짖거나 욕ᄒ거나 ᄯ리거나 힘에 과흔 일을 식이기를"
33) 『성경직히』 삼왕리조후2쥬일, 22a~23a.

무시하는 억혼抑婚을 금지했으며,[34] 자녀의 의사를 무시하고 결혼을 강박하는 것을 금지했다.

이러한 특성 가운데 여러 서적을 통해서 특히 중요하게 설명되던 사항은 혼인의 불가해소성不可解消性과 부부 상호 간의 사랑에 대한 강조였다. 즉, 당시의 한글 교리서에서는 "부부의 맺음은 죽기로써 맺음이라"고 말하면서 부부란 천주께서 맺어준 것이므로 죽을 때까지 해소될 수 없는 관계임을 강조했다.[35] 또한 동시에 부부의 사랑을 논했다. 즉 부부는 '병드나 늙으나 자식이 있거나 없거나' 죽을 때까지 함께 지내야 하는 존재임을 확인시켜 주었다.[36] 그리고 부부가 서로 사랑하는 정은 가장 긴밀하고 절실한 것이므로 사귐이 벗보다 더하고, 겨레보다 더한 것이므로 어떤 다른 사랑보다도 더 크고 중요한 것이라고 설명했다.[37] 이러한 말을 통해 가족관계에 있어서 부자 간의 관계보다 부부 간의 관계가 더 소중한 것임을 제시해 주었다.

한편 19세기 전반기 교회에서는 당시 사회에서 일반적으로 용인되던 축첩을 거부하고 일부일처제를 강력히 제시했다. 그러므로 축첩 관행이나 배우자가 죽기 전에 타인과 혼인하는 중혼을 금지했다.[38] 그리고 부

---

34) 안 안또니, 1864,『셩찰긔략』류계 30a. "억혼이나 녀인을 겁탈히로 권ᄒ거나 돕기를"

35)『셩교요리문답』령셰 12a. "혼빈ᄂᆞᆫ 무어시뇨. 예슈ㅣ 친히 뎡ᄒᆞ신 셩ᄉᆞㅣ니 바른 지아비와 바른 안히의게 셩총을 틔와 주어 죵신토록 화목게 ᄒᆞ고 ᄌᆞ식을 타당이 ᄀᆞᄅ치고 화목게 ᄒᆞᄂᆞ니라"

『셩경직ᄒᆡ』삼왕긔조후2쥬일 22a. "부부의 미즘은 죽기로써 미즘이라 죽어야 ᄇᆞ야흐로 가히 풀거시니 이ᄂᆞᆫ 데이 묘함이라 쥬ㅣ 일즉 부부 간에 쳔ᄌᆞ히 떠나ᄇᆞ리ᄂᆞᆫ 쟈를 깁히 칙ᄒᆞ야 골ᄋᆞ샤딕 부부 두사ᄅᆞᆷ은 ᄒᆞᆫ몸이라 텬쥬ㅣ 친히 미ᄌᆞ 합ᄒᆞ게 ᄒᆞ신거시니 텬쥬의 미ᄌᆞ신 거슬 뉘 감히 풀니오 ᄒᆞ시니라"

36)『셩경직ᄒᆡ』삼왕긔조후2쥬일 22b. "그 밋븜을 의론컨대 ᄀᆞ장 긴ᄒᆞ니 병드나 늙으나 자식이 잇ᄉᆞ나 업ᄉᆞ나 가히 풀길이 업나니라"

37)『셩경직ᄒᆡ』삼왕긔조후2쥬일 22b. "그 ᄉᆞ랑ᄒᆞᄂᆞᆫ 졍을 의론컨대 ᄀᆞ장 긴ᄒᆞ니 사귐이 벗보다 더ᄒᆞ고 친홈이 겨레보다 더ᄒᆞ야 맛ᄎᆞᆷ내 다른 ᄉᆞ랑으로써 가히 풀길이 업ᄂᆞ니라"

부 간의 신의信義를 강조하면서 부부 간에 있어서 여편女便뿐만 아니라 남편男便도 대등하게 신의를 지킬 의무가 있음을 강조했다.39) 특히, 『셩찰긔략』 제6계에서는 부부 간의 신의를 강조했는데, 타인과의 혼외 관계를 거부하는 이 신의에 대한 개념은 조선의 전통 관습과는 차이가 나는 것이었다. 여기에서 당시의 교회에서는 유럽 교회에서 형성되어 존중받아 왔던 금욕주의적 전통의 미덕을 강조하고 있었고, 이를 통해서 가족 윤리에 관한 새로운 해석을 시도했다고 볼 수 있다.

그리고 한글 서학서에서는 혈통을 계승할 아들의 생산을 주요하게 생각하던 당시 사회의 관행을 거부하고 있었다. 그리하여 부부 사이에 자식이 없다 하더라도 천주의 서의聖意대로 마음을 평안히 해야 할 것이며,40) 또 부인이 자식을 낳지 못하거나 딸만을 낳은 경우에라도 이를 탓해서는 아니된다고 했다.41) 이러한 천주교회의 견해는 당시 사회에서 가문의 혈통을 반드시 계승해야 된다고 생각하던 일반적인 관행과는 일정한 차이를 보여주고 있는 것이다.

---

38) 안 안또니, 1864, 『셩찰긔략』 류계 27a. "쳡엇기를 원하기를, 지아비나 안해 죽기 전에 다른 사름과 혼인ᄒ기를"

39) 『셩경직히』 권2 삼왕리조후2쥬일 23a. "부부ㅣ 서로 그 밋븜을 일치 못홈이 이뎨삼 묘홈이라 지어미 만일 몸을 더러여 음난에 흐르면 실노 그 지아비게 밋븜을 일홈이 되고 지아비 만일 그러ᄒ면 또ᄒ 그 지어미게 밋븜을 일홈이 다름이 업ᄉ니 대개 텬쥬ㅣ 처음에 혼인례를 셰우심이 지어미ᄂ 다만 ᄒ 지아비를 셤기고 지아비ᄂ 다만 ᄒ 지어미를 두게 ᄒ신 연고ㅣ라 ᄒ믈며 지아비 몸은 실노 그 지어미의 물건이오 지어미 몸은 실노 그 지아비의 물건이니 엇지 다른 사름의게 다시 드리리오"

40) 『셩경직히』 권2 삼왕리조후二주일 24b. "가쟝의 즁ᄒ 소임을 당ᄒ매 슈족이 덕 기기를 앗기지 아니ᄒ야 그 지어미와 즈식을 기르고 즈식이 업거든 텬쥬 셩의대로 ᄆ음을 평안이 ᄒᆯ 거시오 즈식이 잇거든 잘기르며 직물을 져츅ᄒ야 끼쳐줄지니 노름ᄒ기와 술먹기와 샤치ᄒ기로 직물을 허비치 아니홈이 다 가쟝의 도ㅣ니라"

41) 안 안또니, 1864, 『셩찰긔략』 ᄉ계 14 b·18 b. "ᄯᆯ 나흔거슬 슬희여ᄒ야 산모나 아ᄒ를 도라보지 아니ᄒ기를, 자식 낫치 못홈으로 안해를 ᄒ흔ᄒ기를"

한편 부부 간의 관계에 있어서도 19개의 조목에 걸쳐서 유교적 가족
주의 윤리 내지는 당시 사회에서 통용되던 덕목의 정당한 측면을 강화하
고자 했다. 그리고 여기에 머물지 아니하고 천주교 윤리의 새로운 가르침
들을 통해 전통적 윤리관에 대한 수정을 다음과 같이 시도하고 있었다.

> 부부가 서로 뮈워하거나 불목하기를,
> 부부가 한함을 품어서 서로 말아니 하기를,
> 집안의 괴로움을 서로 참지 아니하고 분한 마음을 품기를,
> 가장의 바른 명을 듣지 아니하기를
> 가장의 옳지 아니한 명을 듣기를
> 가장을 업신여기거나 그 과실을 전파하기를
> 안해를 몹시 꾸짓거나 때리기를
> 변변치 아니한 일에 안해를 항상 꾸짖어 못 견디게 하기를,
> 안해에게 힘에 과한 일이나 죄되는 일을 시키기를
> 살기 어려움을 핑계로 파산하거나 안해를 돌보지 아니하기
> 분한 마음을 먹어 오래도록 안해를 가까이 아니하기를
> 안해의 잘못한 것을 오래도록 용서치 아니하기를[42]

여기에서 살펴볼 수 있는 바와 같이 당시의 한글 서학서에서는 남편
들에게 아내에 대한 의무를 강조해 주었고, 아내에게도 이를 함께 요구
하고자 했다. 그리하여 부부의 화목을 설명하면서, 집안의 괴로움을 함
께 나누어야 함을 말하고자 했다. 또한 아내에 대한 폭언·폭력이나 지
나친 꾸짖음을 금지했고, 안해에 대한 보호와 관용을 역설하고자 했다.

---

42) 안 안또니, 1864, 『셩찰긔략』, 17b~19b. "부부 l 서로 뮈어ᄒ거나 불목ᄒ기를, 부
부 l 흠흠을 품어서 서로 말아니ᄒ기를, 집안의 고로움을 서로 춤지 아니ᄒ고 분
흔 ᄆ음을 품기를, 가쟝의 바른 명을 듯지 아니ᄒ기를, 가쟝의 올치 아닌 명을 듯
기를, 가쟝을 업슈이 넉이거나 그 과실을 전파ᄒ기를, 안해를 몹시 꾸짓거나 ᄯ리
기를, 변변치 아닌 일에 안해를 샹히 꾸지져 못견듸게 ᄒ기를, 안해를 힘에 과흔
일이나 죄되ᄂ 일을 식이기를, 살기 어려움을 핑계ᄒ고 파산ᄒ거나 안해를 돌보
지 아니ᄒ기를, 분흔 ᄆ음을 먹어 오래도록 안해를 갓가이 아니 ᄒ기를, 안해의
잘못흔 거슬 오래도록 용서치 아니ᄒ기를".

이러한 점은 남성에 비하여 상대적으로 열악한 처지에 놓여 있던 여성들에 대한 보호의 결과를 초래할 수 있는 것들이었다.

당시 조선 교회에서는 부부나 부자 관계에 대한 윤리적 규범들을 제시함과 동시에 형제 친척 등에 관해서도 언급하고 있다. 당시 교회에서 통용되고 있던 『텬쥬셩교공과天主聖教功課』에서는 형제·친척과 붕우은인을 위해 특별한 기도문을 제시해 주고 있다.[43] 그리고 『셩찰긔략』은 형제와 친척 사이에 상호 존중과 화목을 강조하고 있으며,[44] 그 밖의 서적에서도 친척과 붕우를 위하여 기도하기를 요청하고 있다.[45] 그렇다 하더라도 당시의 한글 서학서에서는 형제 친척 간의 관계에 대한 규정을 보편적인 인류애나 형제애의 차원에서 주로 언급하고 있었을 뿐이었다. 이를 제사공동체로서 가문을 중시하며 가족주의적 전통을 지켜 왔던 조선 왕조의 문화 풍토와 비교해 볼 때, 형제애나 친척 간의 관계에 대한 천주교의 규정이 매우 소략함을 확인하게 된다.

요컨대, 19세기 전반기 천주교 서적에서 제시하고 있던 가족윤리는 당시 사회의 유교 윤리와 여러 측면에서 차이점을 드러내고 있었다. 그 차이점 가운데 우선 주목되는 부분으로는 가족의 중심축을 부자 간의 상호 관계로부터 부부 간의 상호 관계로 전환시키고자 했던 점이다. 이 과정에서 가문의 혈통을 계승해야 한다는 개념은 약화되어 갔고, 가문의 결속을 다지는 조상 제사마저도 부인될 수 있었다. 또한 당시의 서학서에서는 일부일처제의 원칙을 관철하고 축첩을 금지시켰다. 한편, 당시에는 일반적으로 부부간의 관계를 종적이며 수직적 관계로 이해하고 있었다. 그러나 한글 서학서에서는 이러한 당시 관행과는 달리 부부는 상호

---

43) 『텬쥬셩교공과』 제1권 형데친척붕우은인을 위ᄒᆞ야 26b. "텬쥬여. 우리 형제친척과 붕우은인을 도라보샤 더들노 ᄒᆞ여곰 쥬의 도우심을 힘닙어 온갓 본분을 흔근이 직회여 구령ᄒᆞᄂᆞ 길노 타당이 나아가게 ᄒᆞ쇼셔"

44) 안 안또니, 1864, 『셩찰긔략』 사계, 19b.

45) 『셩경직히』 권5 승텬후쥬일 89a. "친척과 붕우를 위홈이라"

수평적水平的이며 횡적인 관계로, 그리고 이를 쌍무적 관계로 전환시키려 했다. 이와 같은 새로운 윤리의 틀을 제시함으로써 한글 서학서는 19세기 전반기 조선 사회에 상당한 파문을 던져 주게 되었다. 그리고 당시의 천주교 사상에서는 종전의 가족주의적 윤리의 틀에 대한 변경을 시도했다고 볼 수 있다.

4. 사회윤리에 대한 인식

인간은 사회적 존재인 이상 혈연에 의해서 형성된 가족관계 이외에도 정치 경제 사회 문화 등에 걸친 제반 사회적 관계를 갖게 마련이다. 그러므로 대부분의 사상에서는 이와 같은 사회적 관계 내지는 사회 윤리에 주목하게 된다. 여기에서는 19세기 전반기 조선 천주교회가 가지고 있던 사회 윤리의 특성을 간략히 정리하고자 한다. 그리하여 당시의 사회 성원 간에 준수해야 할 규범으로 제시된 내용들을 먼저 확인하고자 한다. 이에 이어서 국가와 백성의 관계에서 도출되는 여러 문제들에 대한 한글 서학서의 견해를 정리해 나가겠다. 그리고 당시의 사회 성원 간에 준수해야 할 규범, 노비와 노주奴主, 고공雇工과 고주雇主와의 관계 등을 정리해 보고, 경제관 및 재산에 대한 가르침을 확인하고자 한다. 또한 신도 공동체라는 새로운 사회 조직의 결속을 다지기 위한 배려를 확인함으로써 당시 교회가 가지고 있던 사회 윤리의 실체를 확인해 보고자 한다.

사회 윤리에 대한 당시 교회의 가르침을 추출하기 위해서는 당시 천주교 윤리의 기본으로 생각하고 있던 '천주십계'에 관한 설명들을 주목할 수 있다. '천주십계'는 19세기 전반기 이래 신도들 사이에 가장 널리 봉독되고 있었던 『십이단』과 같은 기본 경문에 포함되어 있었고, 『성찰기략』을 비롯한 각종의 윤리서나 고해성사 준비서 등에 자세히 해설되어 있었다. 그리고 천주십계 가운데 특히 제4계 즉, "부모를 효도하여 공경하라"는 조항의 해설을 통해서는 가족 윤리 뿐만 아니라 사회 윤리에 대한 지침을 주었다. 그리고 제7계 "도둑질을 마라" 및 제8계 "망녕된 증참을 하지 말라" 등의 해설을 통해서도 사회 윤리를 당시의 신도들에게 설명해 주고 있는 것이었다. 당시 교회는 이 천주십계를 항상 묵상하기를 강조했다.[46]

당시 교회에서 강조하고 있던 사회 윤리 가운데 우선 국가와 백성에 관한 규정들을 주목할 수 있다. 이 규정을 서술하면서 제시하고 있는 이론적 근거는 '가이사의 것은 가이사에게로'라는 성서 구절이었다. 그리고 임금의 명령은 천주의 명령임을 말하면서, 통치자란 백성의 이익을 위해 일하는 존재이기 때문에 백성들은 국왕에 대해 두려워하고 사랑하고 공경하고 기도하고 그 명령을 받들고 조세를 바쳐야 한다고 설명했다. 백성이 국왕을 두려워 해야 하는 까닭은 악인에게 형벌을 집행하기 때문이며, 국왕이 백성을 부모처럼 돌보므로 국왕을 사랑해야 한다고 보았다. 또한 국왕은 지위가 탁월하기 때문에 존경받아야 되며, 국왕의 강녕은 국가의 강녕과 직결되므로 그 건강을 빌어야 하고, 나라의 우환을 방비하는 데에 필요하므로 조세를 바쳐야 한다고 설명했다.[47]

---

46) 안 안도니, 『신명초행』 하권, 30b. "텬쥬ㅣ 고교 빅셩드려 닐ᄋ샤대 계명을 네 령신과 ᄆ음에 둘지어다 집에 안즈나 길희 ᄃ니나 잘 때에나 니러날 때에 내 말슴을 믁샹ᄒ고 네 손과 눈에 보람으로 둘거시오 또ᄒ 네 자식의게 그 믁샹홈을 가르치라"

47) 『셩경직ᄒᆡ』 권7 강림후22쥬일 107ab. "세살의 거슨 셰 살의게 드릴거시오. 셩교회에서 국인을 엄히 명ᄒ야 나라희 밧치ᄂ거슬 이ᄌ러치지지 말나 ᄒ고 셩경에 국인의 본분을 널니 긔록홈을 의지ᄒ야 대개 닐ᄋᄂ니 신하와 빅셩이 국쥬의게 가히 무셔워 홀거시오 ᄉ랑홀거시오 공경홀거시오 더블 위ᄒ야 빌거시오 그 명령을 밧들거시오 그 부셰롤 밧칠거시니 그 무셔워 홈은 형벌을 지어 악인을 벌ᄒᄂ 연고ㅣ오 그 ᄉ랑 홈은 빅셩을 보호홈을 아비ᄀᆞ치 ᄒ고 품음을 어미ᄀᆞ치 ᄒᄂ 연고ㅣ오 그 공경홈은 놉흔 위 나라 모든 사름에서 탁월ᄒ 연고ㅣ오 텬쥬끠 그 싱명을 ᄂᆞ려쥬쇼셔 빎은 님금의 강녕홈이 온 나라희 강녕홈인 연고ㅣ오 그 명령을

그런데 여기에서 주목할 수 있는 바는 백성들에게 국왕에 대한 충성을 요구하면서 당시의 교회가 제시하고 있는 국왕의 상像이 전형적인 현군명주賢君名主 행동이었다는 점이다. 국왕의 행동이 정당한 것을 전제로 하여 백성들에게 국왕과 그 권위에 대한 순종을 유도하면서, 정당한 권위에 대한 순종을 말하고 있다. 그러나 여기에서는 폭군에 대한 방벌론放伐論의 입장은 전혀 드러나지 않고 있었다. 오히려 당시의 교회에서는 "국왕이나 관장을 원망하거나 한하거나 훼방하기를" 성찰해야 한다고 했다.[48] 이와 같이 국왕에 대한 순종만을 강조하고 있던 것은 천주교 신앙에 대해 무부무군無父無君이라고 비난하던 상황에서[49] 국왕 내지는 국가와 교회의 관계를 분명히 하고, 교회가 국가를 위해서도 유익한 존재임을 확인시켜 주려던 시도였다고 볼 수 있다.

이 시도의 일환으로 당시의 교회에서는 백성들이 국왕과 관장官長들을 위해 기도해야 함을 강조했다. 그리고 『텬쥬셩교공과天主聖敎功課』에서도 국왕과 관장을 위한 기도가 수록되어 있다.[50] 이로 인해 신도들은 동국東國의 태평을 기원하고, '조정의 안녕과 백성의 순화와 그른 무리들의 제거'를 기원해야 했다.[51] 그리고 당시 매주 읽혀지고 있었던 『셩경직히聖經直解』에서는 수차에 걸쳐서 국왕과 국가의 태평함을 위한 기도를 수록하고 있었다. 이는 대략 연간 5회에 걸쳐 즉 10주간마다 1회씩 공식

복종ᄒᆞᆷ은 그 명령이 텬쥬의 명령인 연고ㅣ오 부세를 밧침은 곡식으로써 님금의 귀ᄒᆞᆫ 몸을 공양ᄒᆞ고 직물노써 나라히 환을 방비ᄒᆞᄂᆞᆫ 연고ㅣ니 국인이 이 여섯가지 션을 ᄀᆞ초면 반ᄃᆞ시 텬쥬의 ᄆᆞ음을 깃거ᄒᆞ시게 ᄒᆞ리라"

48) 안 안또니, 1864, 『셩찰긔략』 사계 20a. "국왕이나 관쟝을 ᄒᆞᆫᄒᆞ거나 원망ᄒᆞ거나 훼방ᄒᆞ기를"

49) 李鳴煥, 『闢異淵源錄』, 筆寫本, 不分面, "無父無君之害 殆甚於佛老楊墨"

50) 『텬쥬셩교공과』 제2권 칠긔구 12b. "국왕과 관장을 위ᄒᆞ야 쥬끠 비ᄂᆞ니 ᄉᆞ방이 평안ᄒᆞ고 오곡이 풍셩케 ᄒᆞ쇼셔"

51) 『텬쥬셩교공과』 제3권 셩요셉찬미경 44a. "량션과 화목의 표양이신 요셉이여 비ᄂᆞ니 쳔쥬끠 젼달ᄒᆞ샤 동국이 태평안녕ᄒᆞ야 죠뎡이 안녕ᄒᆞ고 빅셩이 순화ᄒᆞ야 모든 그른 무리를 훗허 업시ᄒᆞ쇼셔"

기도를 통해서 국왕과 국가를 위한 기도를 봉독하고 있었음을 뜻한다.[52]
당시 교회는 이와 같은 정례적인 기도 외에도 모든 주일主日과 축일祝日
에 국가와 국왕과 관장들을 위한 기도를 권장하고 있었다.[53]

당시의 교회에서는 국가의 '옳은 법'을 지켜야 한다고 말했다. 이는
천주교 신앙이 탄압 받던 상황에서 신앙을 금지하는 것과 같은 악법은
지킬 필요가 없음을 전제한 말이었다.[54] 또한 천주십계의 제4계에서는
조세를 포탈하거나 거부하는 것을 금지했다.[55] 제7계에 관한 설명에서
도 '왕세王稅나 구실을 바치지 아니하기를' 경계하면서 신민된 도리를 강
조해 주었다.[56] 이와 동시에 '동내 구실이나 추렴을 공평하게 정하지 않
는 사실'도 성찰해야 함을 밝히면서, '동내의 구실이나 추렴을 면하거나
감액 받기 위해서 속이거나 악惡을 쓰기를' 금지했다.[57] 또한 어거스틴
(Augustin, 354~430)의 말을 인용하면서 "육신의 왕인 임금을 위해서는 조
세의 의무를 다해야 한다"고 말했다.[58] 여기에서 볼 수 있는 바와 같이

---

52) 민아오스딩 감준, 1897, 『성경직히』권1 쟝림뎨삼쥬일 43a에는 當務之求로 '본국
님금을 위홈이라'고 되어 있고, 권2 17a, 「삼왕릭죠후1쥬일」의 當務之求로는 '국
가 태평홈을 위홈이라'고 되어 있다. 「부활후오쥬일」권5, 73b에는 '본국이 태평
홈을 위홈이라'고 나와 있다. 「강림후이부」권5, 106a에는 '국가의 태평홈을 위홈
이라'고 되어 있다. 「강림후14주일」권7, 50a에도 '본국의 태평홈을 위홈이라'고
되어 있다.

53) 『성경직히』권2 봉직젼三쥬일 77a. "쥬일과 모든 쳠례날을 마ᄌ거든 성당에 나아
가 공슌이 미사를 참예ᄒ며 도리를 듯고 텬쥬끠 나를 도라보심과 국가를 모호ᄒ
심과 님금을 도르심과 관쟝을 평안케 ᄒ심과 빅셩의게 강복ᄒ시기를 구ᄒ라"

54) 안 안또니, 1864, 『성찰긔략』사계 20a. "나라희 오른 법을 직히지 아니ᄒ기를"

55) 안 안또니, 1864, 『성찰긔략』사계 20a. "맛당이 밧칠 구실을 속이기를"

56) 안 안또니, 1864, 『성찰긔략』칠계 34a. "왕셰나 구실을 밧치지 아니ᄒ기를"

57) 안 안또니, 1864, 『성찰긔략』칠계 37a. "동닉 구실이나 츄렴을 공번되이 뎡ᄒ지
아니ᄒ기를, 동네 구실이나 츄렴에 면ᄒ거나 감ᄒ기로 속이거나 악을 쓰기를"

58) 『성경직히』권7 강림후22쥬일 107b. "아오스딩 셩인이 굴아딕 셰샹 님금은 육신
의 왕이라 량식을 밧ᄂ거슨 육신의 부셰니 국인이 드려야 그 본분을 다ᄒ다 흘거
시오 텬쥬는 령신의 왕이라 령신의 ᄉ랑을 밧ᄂ거슨 령신의 부셰니 사름이 밧들
어 드려야 그 본분을 치오다 ᄒ리라"

당시의 한글 서학서에서는 조세를 바칠 의무와 함께 정당한 조세를 부과
해야 할 의무를 함께 설명하고 있는 것이다.

당시의 서학서에서 이처럼 국가와 국왕과의 관계를 중시하고 자세한
설명을 시도했던 까닭은 자신의 신앙이 반反국가적 사상이 아님을 설명
하려 했던 까닭이었다고 판단된다. 이는 당시의 교회가 기존의 사회 체
제 안에 공존하고자 했던 노력의 표현이기도 했다. 그러나 그들은 국왕
이나 관장이 백성과 맺고 있는 관계를 상명하복 일변도의 관계로 생각했
던 것은 아니며, 지배자는 백성에 대해 선정을 행하고 조세를 공평하게
집행해야 되는 존재로 묘사했던 것이다. 즉, 당시의 한글 서학서에서는
백성의 충성과 함께 지배자의 의무를 동시에 설명함으로써 이 양자 관계
를 쌍무적 관계로 파악하고 있었다.

양자의 쌍무적 관계를 논하는 기본적 사고는 노비와 노주奴主 및 고공
雇工과 고주雇主의 관계를 설명하는 데에서도 드러난다. 물론 19세기 전
기 조선 교회에서는 노비 제도를 본격적으로 거부하지는 아니했다. 그리
고 천주교 신앙을 실천하던 일부 신도들은 스스로 노비 제도에 대해 반
발하고, 개인적인 차원에서 이를 부정하는 일은 이미 18세기 말부터 있
었던 바였다.59) 그러나 당시의 교회에서는 노비와 노주 및 고공과 고주
사이의 인간 관계를 주종적 수직 관계로 파악하지 만은 아니했다. 이러
한 사실을 우리는 양심의 성찰을 촉구하는 다음의 자료를 통해서 확인하
게 된다.60)

---

59) 노비제도에 대한 반발의 사례는 18세기 말엽 세례를 받은 후 자신이 소유하고 있
   던 노비들을 해방시켜준 '유군명'의 예를 통해서 확인될 수 있을 것이다(달레, 앞
   의 책 中, 48~49쪽 참조).
60) 안 안또니, 1864, 『성찰긔략』 사계 20b~21a. "머음과 죵이 쥬인이나 샹뎐을 뮈워
   ㅎ거나 원망ㅎ거나 욕ㅎ거나 해롭게 ㅎ기를, 머음과 죵이 쥬인이나 샹뎐의게
   명치 아니ㅎ거나 일을 착실이 ㅎ여 주지 아니ㅎ기를, 머음과 죵이 쥬인이나 샹뎐
   을 말노 속이거나 물건을 그이기를, 쥬인이 머음이나 죵을 몹시 꾸짓거나 욕ㅎ거
   나 뜨리거나 힘에 과흔 일을 식이기를, 쥬인이 머음이나 죵의 령육의 수졍을 도라

　　　　머슴과 종이 주인이나 상전을 미워하거나 원망하거나 욕하거나 해롭게 하
기를,
　　　　머슴과 종이 주인이나 상전에게 순명치 아니하거나 일을 착실히 하지 아
니하기를,
　　　　머슴과 종이 주인이나 상전을 말로 속이거나 물건을 훔치기를,
　　　　주인이 머슴이나 종을 몹시 꾸짖거나 욕하거나 때리거나 힘에 과한 일을
시키기를,
　　　　주인이 머슴이나 종의 영육의 사정을 돌아보지 아니하거나 사경을 언약대
로 주지 아니하기를

　　여기에서 드러나는 바와 같이 당시의 한글 서학서에서는 주인과 노비
고공의 관계에 있어서 상호 간의 의무를 명시해 주었다. 특히 종에 대해
서 악한 말로 꾸짖는 것마저도 금지시키고 있었고[61] 일을 시키고도 공
전을 주지 아니하거나 지급을 늦추는 것을 죄악으로 규정했다.[62] 여기
에서 드러나는 특징들을 살펴 볼 때 당시 교회는 노비 제도를 법적 차원
에서 부인한 것은 아니라 하더라도 이에 온정주의적 특성을 강화시키려
던 것이었다. 그러나 일반 신도의 차원에서는 이 노비 제도 자체를 부인
한 사례가 있음을 확인하게 된다. 바로 이러한 데에서 천주교 신앙이 조
선 후기 사회의 변동에 미쳤던 영향력의 특성과 한계를 파악할 수 있을
것이다.

　　조선 후기 한글 서학서들이 가지고 있던 사회관에 관한 단편적 검토
에 이어서 그 경제관을 살펴 볼 수 있을 것이다. 거기에서 제시되는 경
제관은 그리스도교의 전통적 경제관을 서술해 주는 것이었다. 즉, '천주
와 맘몬(Mammon)을 동시에 섬기지 못한다'는 사실을 밝히면서 천주는 자

보지 아니ᄒ거나 ᄉ경을 언약대로 주지 아니ᄒ기를"
61) 『셩경직히』 권2 삼왕긔죠후二주일 25a. "지어미의 도ᄂ … 종을 악ᄒ 말노 꾸짓
　　지 말며"
62) 안 안또니, 1864, 『셩찰긔략』 칠계 36a. "일을 식이고 품갑시나 공전을 주지 아히
　　ᄒ거나 너무 쳔연ᄒ기를' 경계하고 있었다"

애한 존재이므로 천주를 따라야 할 것을 말했다. 그리고 '맘몬' 즉 재산은 '섬겨도 덕으로 여기지 아니하고, 괴로워도 자애하지 아니하며, 수고로워도 불쌍히 여기지 아니하는 사나운 주主'라고 규정하였다.[63] 그리고 "천주는 사람의 임금이 되시고, 사람은 만물의 임금이 되게 하셨음"을 확인하면서,[64] 사람이 만물의 일부인 재물의 종이 되어서는 아니됨을 말했다. 그리고 "재리財利를 가볍게 보고 주의 가난함을 본받아 가난한 데에 평안함을 구하라"고 권고했다.[65] 재산에 대해서 박해 시대의 교회가 생각하고 있었던 가장 중요한 기준은 '마음이 가난한 자는 진복자로다'라는 구절이었다. 당시 교회에서는 신도들이 항상 접할 수 있었던 기도서『텬쥬성교공과』를 통해서 '진복팔단'을 수록하고 있었으며, 신도들에게 이를 염송하여 자신이 나아갈 인생의 지표를 삼도록 했다.[66] 뿐만 아니라『성경직히』「져성쳠례」의 성경을 들어 이 문제를 자세히 해설해 주고 있다.[67] 그리고 이 설명을 통해서 진정한 행복은 재산에 있지 아니하고 천주의 모범을 따르는 데에 있음을 강조하고자 했다.

　이와 같은 상황에서 재산의 가장 중요한 용도는 애긍哀矜 곧 가난한 사람에 대한 자선에 있는 것으로 해석되었다. 애긍의 구체적 방법은 "주

---

63) 『성경직히』 권7 강림후14쥬일 44ab. "텬쥬와 맘몸을 섬기지 못홀지니 : 오쥬ㅣ 텬쥬와 지물 두 쥬를 들어 사름의 므음대로 マ회여 조추라 ᄒ시니 이제 텬쥬와 지물의 ᄒ나흘 굴희고져 홀진대 몬져 그 정세를 궁구홈이 가ᄒ지라 텬쥬는 지극히 존고ᄒ시고 의탁ᄒᄂ 쟈를 친이ᄒ기를 아들굿치 ᄒ시고 딕졉ᄒ기를 벗굿치 ᄒ시니 섬기기를 가히 급히 아니ᄒ랴 지물은 사나온 쥬ㅣ라 사름이 섬겨도 덕으로 넉이지 아니코 고로와도 ᄌ익치 아니코 슈고로와도 불샹이 넉이지 아니ᄒ니 가히 섬기랴"
64) 丁若鍾, 『쥬교요지』 하, 41a.
65) 『성경직히』 권8 져성쳠례 108a. "므음으로 가난흔 쟈는 무어시뇨 굴아딕 쥬를 위ᄒ야 지리를 マ바야 브리고 가난흔 딕 평안이 잇서 뜻이 므음을 셰샹희 짓ᄂ 딕 버히고 쥬의 가난ᄒ심을 법밧아 온젼이 좃고 섬기고져 홈이이라"
66) 『텬쥬성교공과』 진복팔단 제4권 32b~33a.
67) 『성경직히』 져성쳠례 권8, 107b~121b.

린이를 먹이고, 목마른 이를 마시게 하고, 헐벗은 사람을 입히고, 병든이를 치료하고 구금된 사람을 돌아보고, 나그네에게 거처를 주고, 사로잡힌 이들을 속량하는 것"으로 규정했다.[68]

그리고 이러한 자선은 천주에 대한 희사와 동일한 것으로 해석되었다.[69] 애긍은 그 자체가 천주의 모상模像 만큼이나 중요한 것이었다. 애긍은 곧 '천주의 모상'인 사람다움을 규정지어 주는 것으로 생각했다. 천주는 애긍하는 사람의 재물을 빌어서 '천주를 대신하여 이 세상에 있는 귀한 존재인 사람' 가운데 가난한 사람을 돕도록 배려해 주고 있음을 말했다.[70] 그러므로 신도들은 자신의 형편대로 헐벗어 추위하거나 굶주린 사람들에게 자신이 재물을 시사하기를 게을리 해서는 아니된다고 규정되어 있었다.[71] 그리고 재산은 이와 같이 천주天主가 부자에게 가난한 사람을 돕도록 위탁한 것이니, 부자가 애긍을 하지 아니하고 재물을 함부로 쓰면 그것은 곧 천주의 재물을 도적질하는 행위라고까지 규정했다.[72] 부자가 가난한 사람을 위한 희생에 힘을 쓸 때 그들도 구원을 받

---

68) 마태 25, 31~40쪽.
  『텬쥬셩교공과』 제2권 봉직때찬미경 55b. "텬쥬의 이긍ᄒᆞ는 덕의 풍셩ᄒᆞ심을 참미ᄒᆞ고 구ᄒᆞ느니 쥬는 우리의게 육신을 이긍ᄒᆞ는 모든 공에 부즈런홈을 주샤 ᄒᆞ여곰 주린이를 먹이고 목마른 이를 마시우고 버슨이를 닙히고 병든 이와 가친이를 도라보고 나그내를 집고 사로잡힌 이를 쇽량ᄒᆞ고 죽은이를 쟝ᄉᆞ게 ᄒᆞ쇼셔"
69) 『셩경직히』 권6 강림후팔쥬일 97a. "가난ᄒᆞᆫ 사람이 밧는 바는 텬쥬ㅣ 친히 밧으심이니 대개 날ᄃᆞ려 닐ᄋᆞ시ᄃᆡ 너ㅣ 은혜를 내 젹은 형뎨의게 베플미 내게 베픔과 ᄀᆞᆺ다 ᄒᆞ시니라"
70) 『셩경직히』 권6 강림후팔쥬일 102a. "이긍이 곳 쥬의 모샹이라 ᄒᆞ시니 귀ᄒᆞ다 이긍ᄒᆞ는 사름의 귀홈이여 텬쥬를 ᄃᆡ신ᄒᆞ야 셰샹에 잇시니 쥬ㅣ 가난ᄒᆞᆫ 이를 구코져 ᄒᆞ시매 이긍ᄒᆞ는 사름의 지물을 비러써 구ᄒᆞ시니 다른 덕도 사름으로 ᄒᆞ여곰 텬쥬와 ᄀᆞᆺᄒᆞ라 ᄒᆞ시ᄃᆡ 이긍ᄒᆞ는 덕은 ᄒᆞ여곰 ᄀᆞᆺ기를 더옥 간졀이 ᄒᆞ다 ᄒᆞ시니라"
71) 안 안또니, 1864, 『셩찰긔략』 칠죄종 42a. "앗기는 ᄆᆞ음으로 집안 사름이 칩고 주리게 ᄒᆞ거나 제 형셰대로 시샤를 아니ᄒᆞ기를"
72) 『셩경직히』 권6 강림후팔쥬일 98a. "셰샹 지물이 공변된 지물이라 텬쥬ㅣ 지물을 내샤 셰샹 사름을 기르시매 가음연 사름의게 부챡ᄒᆞ야 그 남은 거슬 시샤ᄒᆞ게 ᄒᆞ

을 수 있는 것이며, 만일 '재물을 주인으로 섬기고 자신은 그 종이 되면' 더 이상 천주를 섬길 수 없음을 말했다.[73]

당시 교회의 이러한 경제관은 천주십계의 제7계를 해설하는 과정에서도 부분적으로 드러나고 있다. 여기에서는 특히 경제 정의와 관련된 내용을 집중적으로 설명하여 남의 재물이나 물건은 부당하게 빼앗는 것을 금지하고 있다.[74] 그리고 빚갚기를 거부하거나 늦추는 행위를 경계했으며,[75] 돈이나 곡식을 꾸어 주고 무거운 이자를 받는 것을 금지했다. 또한 상거래에 있어서 상대방을 속이거나, 물건을 속여 파는 행위 및 물가를 조작하여 이익을 보는 모리牟利 행위를 금지했다. 매매하는 일에 동업을 하고 이익을 분배할 때에 속이는 행위에 대해서도 문제를 제기했다. 한편, 물건의 흥정을 주선하면서 정당치 않게 '가만히 돈을 먹는 것'과 같은 행위를 금지했다. 또한 일을 시키고 품삯을 주지 않거나, 품앗이 할 때 돈을 요구하거나 일을 건성으로 하는 행위를 금지했다. 물론 상인이 자나 저울을 속이거나 소작인이 소출을 속여서 보고하는 것도 금지하고 있었다.[76]

시니 부줄업시 허비ᄒ고 시샤치 아니면 가나나ᄒᆫ 사람의 직물을 도적ᄒ다 닐ᄋ
리라"

73) 『셩경직히』 권7 강림후14쥬일 43b. "가음연 사람은 능히 텬쥬를 셤기지 못ᄒᆞ랴 왈 그러치 아니ᄒᆞ다 가히 붉이 분변홀지니 직물을 존졀ᄒ야 쓰기를 도리로써 ᄒ고 스랑홈에 빠져 쥬명을 범ᄒ기에 니ᄅ지 아니면 가음여러도 텬쥬를 셤김에 무어시 방해로 오리오 만일 직물노 쥬를 삼고 저는 종이 되어 스스로 굴복ᄒ야 그 사오나온 령을 밧으면 엇지 능히 아오로 텬쥬를 셤기리오"

74) 안 안또니, 1864, 『셩찰긔략』 칠계 32b. "남의 직물이나 물건을 비의히 원ᄒ기를"

75) 안 안또니, 1864, 『셩찰긔략』 칠계 33a. "ᄂᆞᆷ의 빗을 지고 아니 갑흘 법을 싱각ᄒ기를, 채쥬가 일즉 죽어 내 빗을 면ᄒ면 됴켓다 ᄒ기를"

76) 안 안또니, 『셩찰긔략』 칠계 34a~36a. "ᄂᆞᆷ이 맛긴 돈이나 물건을 쳔즈히 쓰거나 빌니거나 풀기를, 악을 쓰거나 셰를 의지ᄒ야 ᄂᆞᆷ의 돈이나 물건을 억지로 꾸기를, 빗지고 힘이 갑흘만ᄒᄃᆡ 짐즛 쳔연ᄒ기를, ᄂᆞᆷ의 빗을 갑지 아니ᄒ고 직촉할 때에 도로혀 욕이나 악흔 말노 ᄃᆡ답ᄒ기를, 남의 직물을 잡기로 속여 빼앗기를, 남의 돈이나 물건을 쓰고 일즉 도라보내지 아니ᄒ기를, ᄂᆞᆷ의 돈을 쓰고 그 사름이 해밧"

이러한 재산에 대한 당시 교회의 관념은 자본의 확대나 재화의 재생산을 추구하던 근대적 경제관과는 상당한 거리가 있는 것이었다. 물론 경제 생활에 관한 이 규정들을 통해서 상거래 질서를 올바르게 세우거나 경제 윤리의 확립을 기약할 수는 있었을 것이다. 그리고 이는 19세기 전반기 조선에서 이룩된 상업 및 고용 노동의 발전을 일정한 수준에서 반영하고 있는 것임에는 틀림이 없다. 그러나 자본주의의 발전사를 감안해 볼 때, 그것은 경제 생활에 있어서의 이상적 윤리는 어느 정도 확립될 수 있었을지언정, 이 가르침은 자본주의 경제의 형성에 적극적으로 기여할 수 있었던 이윤 추구의 논리와는 거리가 먼 것이었다. 여기에 당시 천주교의 경제 윤리가 가지고 있었던 특징과 한계가 있다.

요컨대, 조선 후기 사회에서는 천주교 신앙에 입각한 새로운 사회 윤리가 제시되고 있었다. 이 윤리에서는 국왕 및 관장官長과 백성의 관계, 노비와 노주, 고공과 고주의 관계를 상명하복적인 일방적 관계로만 규정하기를 거부했고 하전下典의 상전上典에 대한 의무뿐만 아니라 상전上典의 하전下典에 대한 책임도 함께 논하고 있다. 이와 같은 쌍무적 입장의 천명은 당시 사회의 일반적인 관행과는 차이를 드러내는 것이었다. 그리고 당시의 한글 서학서에서는 경제윤리를 설명했다. 이는 19세기 조선 사회가 도달한 상업 및 사회 경제적 특질을 일정하게 반영하고 있는 것이기는 하다. 그렇다 하더라도 여기에서 주장되는 내용들은 경제 윤리의 확립이라는 원칙론적 측면의 것들이었지, 자본주의 경제 사상을 반영하거

은거슬 언약대로 갑지 아니ᄒᆞ기를, 돈이나 곡식을 꾸이고 중흔 변리 밧기를, 미매 홀 때에 속이기를, 언잔은 물건을 됴흔 물건으로 속여 풀기를, 남을 속여 적을 물건을 주고 큰거스로 밧고기를, 물건을 풀때에 말이나 자나 저울을 속이기를, 미매 동사하고 리해를 마련홀 때 속이기를, 쟝수와 쟝인들이 부동ᄒᆞ야 물건갑슬 놉히거나 감ᄒᆞ야 풀지 못ᄒᆞ게 ᄒᆞ기를, 일을 식이고 품갑시나 공젼을 주지 아니ᄒᆞ거나 너무 천연ᄒᆞ기를, 흥졍홀 때나 눔의 일을 거간홀 때에 ᄀᆞ만이 돈을 먹기를, 눔의 던답의 소츌을 속이기를, 눔의 일을 ᄒᆞ여주고 눔은 물건을 ᄀᆞ만이 가지기를, 돈을 밧고 눔의 일을 ᄒᆞ거나 혹 품아시 홀제 착실이 ᄒᆞ여 주지 아니ᄒᆞ기를"

나 그 경제체제의 성립을 촉구하는 윤리 사상으로서는 한계를 지닌 것들
이었다. 그러나 19세기 전반기의 한글 서학서들은 기존의 사회 윤리와는
다른 새로운 틀의 윤리를 제시함으로써 조선 후기 사회 및 사상의 변동
에 일정한 기여를 하고 있었다.

5. 실천적 행동의 특성

19세기 전반기 한글 서학서에 제시되어 있는 인간관계론은 당시 신도
사회에서 일종의 이상형으로 작용하고 있었을 것이다. 이 이상형적 인간
관계론이 그들의 현실 세계에 빈틈없이 반영되었다고 보기에는 어려움
이 있을 것이다. 그러나 적어도 신실한 신도들 경우에는 교회 서적에서
가르치고 있는 바를 실천하기 위해서 노력했을 것이고, 이러한 노력이
역사의 현장에서 실제의 사건으로 확인되기도 한다. 그러므로 여기에서
는 19세기 전반기를 살았던 신도들이 천주교의 가족 윤리 및 사회 윤리
에 의해서 어떻게 변화된 삶을 살았는가를 간략히 제시해 보고자 한다.

우선 19세기 전반기 신도들이 남긴 기록을 검토해 보면 그들은 자신
의 신앙을 전적으로 수용하고, 이를 '평화의 복음'으로 인식한 사례를
발견할 수 있다.[77] 박해 시대 조선 천주교가 적지 않은 순교자를 배출할
수 있었던 것도 신도들 가운데 다수의 사람들이 신앙의 가르침을 철저히
수용하고 이에 대한 실천 의지를 가지고 있었기 때문일 것이다. 그리고
일부의 사람들은 자신의 신앙에 대해서 자부심을 가지고 있었다.[78] 이
러한 자부심의 예를 최필공崔必恭을 통해서 확인할 수 있다. 그는 말하기

---

77) 「성방지거 사베리오 도문」, 『텬쥬셩교공과』, 제3권 15a. "평화의 복음을 널니 펴
신 셩 방지거, 우리롤 위흐야 비ᄅ쇼셔".
78) 趙珖, 1988, 前揭書, 111·116쪽.

를 "대저 천주교는 유식한 사람들은 당연히 이를 행하고, 상한常漢 가운데 조금이라도 지각이 있는 사람도 또한 천주교를 신봉한다"고 말한 바 있다.79)

이와 같은 자부심은 신도로써의 각성으로 인해서 가능했던 것이다. 19세기 전반기의 한글 서학서에서는 천주교인으로서의 각성을 촉구해 주고 있었다. 그리고 신도들은 마땅히 예수 그리스도의 말씀과 행실의 규범을 지켜야 하고, 그 표양대로 행동해야지 비로소 천주교 신도라고 할 수 있음을 말했다. 만일 영세 입교한 이후에도 이와 같은 행동을 취하지 아니하면 '산대놀이 터에 있는 탈 쓴 사람'처럼 천주교 신앙을 위장한 것에 불과하다고 말했다.80)

그리고 신앙을 같이 하는 신도들 간의 사랑을 특히 강조했다. 당시의 서적에서는 신도들을 '교우'敎友 즉 '믿음의 벗'이나 '교형'敎兄 즉 '믿음의 형제'로 부르고 있었다. 이 믿음의 벗과 형제들 사이의 사랑은 더욱 당연한 것으로 보았다. 이 점을 확인하기 위해서는 19세기 당시의 책자에서 인용된 어거스틴(Augustin)의 말을 음미할 수 있을 것이다. 즉, 당시의 한글 서학서에서는 세상 사람들이 모두 형제임은 틀림없는 사실이지만 교우들은 영성적靈性的 관계를 더한 것이니 높고 귀한 존재임을 밝혀 주고 있었다.81) 그리고 크리소스토모스(Jean Chrisostomos, c.347~407)의 말을

---

79) 「邪學罪人李家煥等推案」, 28쪽. "(崔必恭供曰) 大抵 天主學 有識士者 當爲之 常漢中 稍有知覺者 亦當爲之"

80) 『셩경직히』 권8 셩요왕죵도겸셩ᄉ쳠례 65a. "텬쥬교인이 됨이 어딕 잇ᄂᆞ뇨 예수의 표를 쓰ᄂᆞᆫ딕 잇고 예수의 말ᄉᆞᆷ과 힝실의 규구를 직희ᄂᆞᆫ딕 잇고 자긔 몸과 ᄆᆞ음을 변ᄒᆞ야 이 표양과 ᄀᆞᆺᄒᆞ여야 이 텬쥬교 사ᄅᆞᆷ이니 너ㅣ 이ᄀᆞᆺᄒᆞᆫ다 만일 이ᄀᆞᆺ지 아니면 외면은 텬쥬교으 일홈을 ᄯᅴ엿시나 안혼 실노 외교ㅣ라 비컨대 산딕터희 탈쓴 사ᄅᆞᆷ ᄀᆞᆺᄒᆞ야 군신과 부ᄌᆞ와 형뎨ᄂᆞᆫ 도모지 이것츨 꾸민거시오 부귀와 공명과 ᄌᆡ능과 효도와 우익ᄂᆞᆫ 다만 입으로 말만 ᄒᆞᆯ ᄯᆞ름이니라"

81) 『셩경직히』 권3 봉지후삼주일 74a. "아오스딩 셩인이 글ᄋᆞ딕 셰상 사ᄅᆞᆷ도 다 형뎨여든 ᄒᆞᆷ믈며 우리 교우ㅣ랴 뎌의 겨레 되기ᄂᆞᆫ 셰샹 조샹의게로셔 말ᄆᆡ암아 육신의 관계ᄒᆞ니 ᄂᆞᆽ고 쳔ᄒᆞ다 닐을 거시오 우리 겨레되기ᄂᆞᆫ 오 쥬 ᄭᅵ로셔 말ᄆᆡ암아

인용하여 교우들의 상호관계는 세상의 형제보다도 더욱 간절하며, 교우 들은 그리스도교 신비체의 일부를 이루고 있는 긴밀한 존재임을 제시해 주었다.[82] 교우들은 초성적超性的이며 영신적靈身的 결합을 통해 형성된 존재로서 "오주吾主 예수 그리스도를 아버지로 삼고, 교회는 그 어머니이 며, 성신으로 같은 마음을 이루고 있으며, 서로를 위해 목숨까지도 바칠 수 있는 사이이다"고 가르쳤다.[83]

바로 이와 같은 가르침이 있었기 때문에 신도들은 교우촌을 통해서 결속을 다지고 새로운 가치를 실현할 수 있었다. 우리는 이러한 사례를 19세기의 80년대에 전주全州 지역의 교우촌에 관한 다음과 같은 선교사 의 보고서를 통해서 미루어 짐작할 수 있다.

　　신입교우들의 협동심은 감탄스럽습니다. 그 중에서 뛰어난 미덕은 그들

──────────

령셩의 관계ᄒ니 놉고 귀ᄒ다 닐을지라"

82) 『셩경직히』 권3 봉지후삼쥬일 75ab. "금구 셩인이 ᄀᆞᆯ으ᄃᆡ 셰샹 사ᄅᆞᆷ이 비록 ᆫ결 이 합ᄒ기를 부ᄌᆞ와 형뎨와 붕우ᄀᆞᆺ하나 교우ᄂᆞᆫ 가히 셔로 합ᄒ기를 더욱 ᆫ결 홀지니 뎌 부ᄌᆞ와 형뎨와 붕우ᄂᆞᆫ 그 몸이 둘히오 그 령혼이 둘히라 연고로 그 합 흠이 두거슬 합홀 ᄃᆞᆺᄒ야 ᄆᆞᆺ참내 온젼이 ᆫ결치 못ᄒᄃᆡ 교우ᄂᆞᆫ 흔가지로 흔 셩회 큰 몸을이루니 이 몸의 머리 오직 ᄒᆞ나히오 그 ᄆᆞᆷ과 그 령혼이 오직 ᄒᆞ나히라 이러므로 교우ㅣ 반ᄃᆞ시 맛당이 셔로 보기를 흔것ᄀᆞᆺ치 ᄒ고 흔몸의 지톄ᄀᆞᆺ치 홀 지니 그 합흠이 엇지 더욱 온젼이 ᆫ결치 아니리오 ᄒ니라"

83) 『셩경직히』 권7 강림후12쥬일 26b. "교우ᄂᆞᆫ 쵸셩의 ᄆᆡ즘이오 령신의 톄결이니 그 ᄉᆞ랑이 반ᄃᆞ시 맛당이더욱 ᆫ결홀지라 셩교ㅣ 비로소 닐어나매 교인이 셔로 ᄉᆞ 랑흠이 심히 돗타와 몸과 ᄆᆞᆷ이 여일ᄒ니 외교인이 탄식ᄒ고 아름다이 녁여 ᄀᆞᆯ 아ᄃᆡ 아름답다 교인의 ᄉᆞ랑이여 형뎨의 일홈이 입에 ᄯᅥ나지 아니ᄒ고 이 사ᄅᆞᆷ이 뎌 사ᄅᆞᆷ을 위하ᄒ야 치명ᄒ려 ᄒ고 뎌 사ᄅᆞᆷ도 이 사ᄅᆞᆷ을 위ᄒ야 또 그러ᄒ니 긔 이ᄒ다 그 ᄉᆞ랑함이여 하고 ᄯᅢ에 교　인이 셔로 형뎨 닐ᄏᆞᆷ을 비쇼ᄒᄂᆞᆫ 이 잇거 ᄂᆞᆯ 현인이 ᄭᅮ짓져 ᄀᆞᆯ으ᄃᆡ 우리 셔로 형뎨닐ᄏᆞᆷ을 엇지 비쇼ᄒᄂᆞᆫ뇨 셰샹 사ᄅᆞᆷ이 ᄀᆞᆺ흔 셩품이 잇심으로 다 형뎨니 우리 교우ᄂᆞᆫ 다 가샷흔 셩품 뿐이니라 오 쥬ᄂᆞᆫ 우리 ᄀᆞᆺ흔 아비시오 셩교회ᄂᆞᆫ 우리 ᄀᆞᆺ흔 어미시오 셩신은 우리 ᄀᆞᆺ흔 ᄆᆞᆷ이시라 홀노 셩품만 ᄀᆞᆺ하여도 곳 형뎨되거든 ᄒᆞᄆᆞᆯ며 ᄀᆞᆺ흔거시 만흐니 엇지 더욱 형뎨되 지 아니ᄒ리오"

서로가 사랑과 정성을 베푸는 일입니다. 현세의 재물이 궁핍하지만 사람이나 신분의 차별 없이 조금 있는 재물을 가지고도 서로 나누며 살아갑니다. 이 공소를 돌아 보노라면 마치 제가 초대 그리스도교회에 와 있는 것 같습니다. 사도행전을 보면 그 때의 신도들은 자기의 전재산을 사도들에게 바치고, 예수 그리스도의 청빈과 형제적인 애찬愛餐을 함께 나누는 것 외에는 이 세상에서 아무것도 바라지 않았습니다.[84]

이는 전주 지역에서 선교하던 보두네(Baudounet, 1859~1915) 신부가 1889년 4월 22일에 보낸 연차 보고서에 나오는 말이다. 보두네가 관찰한 이 교우촌은 다블뤼(Daveluy, 1818~1866)가 1864년에 간행한 『신명초힝』에서 논하고 있는 초대 교회의 신자 생활을 방불케 하는 것이었다. 신자들은 서로 사랑하고 "재물을 합하여 한 집안 사람 같고, 직분이 다르되 한 몸 같은 생활을" 실천하고자 했다. 그리고 그들은 사도 바오로가 "남의 환난을 불쌍히 여기고 남의 궁핍함을 구제하며, 남의 선한 마음을 기꺼워하고, 남의 악한 마음을 근심하고, 위에 대해는 거스름이 없고 아래에 대해서는 오만함이 없어 평등에 꺼림이 없고, 모든 이들이 화목하여 그 향香이 널리 나고, 땅이 변하여 천당이 된다"고 약속했던 지상 천국을 그들의 교우촌에서 이루어 보고자 했던 것이다.[85]

한편, 19세기 전반기의 신도들 가운데에는 자신들의 공동체적 삶을

---

84) 『뮈텔문서』 Beaudounet 신부의 1889년말 보고서, 1889년 4월 22일
85) 안 안도니, 1864, 『신명초힝』 하권 이인 63ab. "모든 사룸이 서로 亽랑함은 텬쥬의 본 뜻이오. 예수ㅣ 강싱하야 셰상에 춍교를 셰우시매 이 명을 새롭게 ᄒᆞ고 온 젼케 ᄒᆞ샤 ᄀᆞᄅᆞ샤디 너희의게 새 명을 주ᄂᆞ니 나ㅣ 너희를 亽랑함과 갓치 너희도 서로 亽랑ᄒᆞ여라 ᄒᆞ시니 이 신교이 특별ᄒᆞᆫ 계명이라 이러므로 당초의 교우들이 이 명을 밧들어 지물을 합ᄒᆞ야 ᄒᆞᆫ 집 사룸갓고 직분이 다ᄅᆞ대 한몸 갓ᄒᆞ야 서로 亽랑ᄒᆞ던지라. 바오로 셩도ㅣ ᄀᆞᄅᆞ샤디 사룸을 亽랑ᄒᆞᆫ 사룸은 눔의 번삭훔을 츔고 눔의 환난을 불샹이 넉이고 눔의 궁핍ᄒᆞᆫ거슬 구제ᄒᆞ고 눔의 션훔을 ᄆᆞᄋᆞᆷ에 깃거ᄒᆞ고 눔의 악훔을 ᄆᆞᄋᆞᆷ에 근심ᄒᆞ고 우희 거스림이 업고 아래 거오홈이 업고 평등에 꺼림이 업서 모든이를 화목ᄒᆞ야 그 향이 심히 널너 ᄒᆞ나토 용납지 아님이 업사ᄒᆞ시니 따히 변ᄒᆞ야 텬덩이 된다 홈이 밋븐뎌"

통해서 뿐만 아니라 개인적 행동을 통해서도 자신들이 배운 바를 실천하고 있었다. 이웃에 대한 자선을 실천하고, 버려진 어린이를 키워주던 당시 교회의 관행은 이러한 실천의 구체적 증거가 될 것이다. 그리고 자신이 거느리고 있던 노비를 해방시키는 신도들의 행위를 통해서 자신이 터득한 신앙을 현실 세계에서 실천하려 했던 사례를 확인하게 된다.[86] 자신을 포함한 인간의 존엄성을 확인하고 자신의 양심과 인격의 소중함을 주장하며 신앙을 고수해 나갔던 많은 사례들을 우리는 확인할 수 있다. 이와 같은 사실을 통해서 우리는 박해 시대 신도들이 이해하고 있었던 가족 윤리와 사회 윤리가 책 속에만 머무른 단순한 이론이 아니라 그들의 삶을 규정하고 지배했던 생명력을 가진 가르침이었음을 확인하게 된다.

요컨대, 조선 후기 한글 서학서를 통해서 제시된 가족 윤리와 사회 윤리 등에 관한 가르침은 단순한 이론으로 머물지 아니하고 당시 천주교 신도들의 생활을 통해서 관철되고 있었다. 이 새로운 윤리관에 입각한 그들이 생활 양식이 당시 사회에서는 결코 익숙한 것은 아니었다 하더라도 그들은 이처럼 새로운 양식의 삶을 조선에 뿌리내리고자 했다. 그리고 이러한 그들의 노력은 조선 후기 사회의 변화를 반영함과 동시에 그 변화를 더욱 추동하는 기능을 발휘했던 것으로 생각된다.

6. 맺음말

조선 후기 천주교사에 대한 구체적 이해를 위해서는 당시의 사회에서 천주교 신도들이 신봉하고 실천했던 각종의 윤리적 덕목들을 주목할 수 있을 것이다. 그리고 사회적 존재였던 천주교 신도들이 19세기 전반기

---

86) 趙珖, 1988, 前揭書, 108쪽 등 참조.

사회에서 가지고 있던 인간 관계에 대한 이해의 실상을 파악함으로써 당시 그들의 믿음살이를 더욱 잘 알 수 있을 것이다. 이와 같은 문제의식에 입각하여 본고에서는 19세기 전반기 한글 서학서를 분석해 보고자 했다.

그리하여 본고에서는 당시의 교회에서 제시했던 가족 윤리와 사회 윤리의 근원으로써 인간 존엄성에 대한 이해와 인간애人間愛라는 새로운 기준이 있었음을 확인하고자 했다. 이 확인에 기반하여 당시의 가족 윤리로서 효에 대한 관념이 부자 상호 간의 관계로 변용되었음을 확인했다. 그리고 일부일처제를 기본으로 한 윤리규범은 가족의 중심축을 부자 상호 간의 관계로부터 부부 상호 간의 관계로 전환시키려 한 것임을 살펴보았다.

그리고 이에 이어서 국왕과 관장 및 주인과 노비, 상전과 및 하전下典의 관계, 고주雇主와 고공雇工의 관계에 대해서도 검토해 보고자 했다. 그리하여 이러한 인간 상호 관계에 대한 규정에서 드러나고 있는 특징으로는 상명하복적인 일방적 관계가 아니라 상호의 의무를 논하는 수평적 관계로 전환되어 가고 있다는 사실을 지적했다. 이는 당시 천주교의 윤리가 군신, 부자, 부부, 주종 간에 규정되고 있던 기존의 모든 사회 관계의 틀을 바꾸어보려던 노력의 표현으로 해석할 수 있을 것이다. 물론 당시의 천주교 사상에서는 군주제나 노비제를 반대하거나 주종간의 관계를 완전히 평등한 관계로 서술하지는 못하고 있다.

그러나 그 상호 관계에 있어서 종전의 주종 관계를 상호 관계로 이행시켜나가려 했다는 사실은 당시의 사회적 상황을 감안할 때 가히 획기적인 일이었다고 볼 수 있을 것이다. 한편 당시 신도들에게 교육되고 있었던 경제 윤리의 실상도 살펴 보았다. 이 경제 윤리의 특성은 당시 조선사회의 경제상을 반영하고 있는 가르침으로 생각된다. 그리고 그것은 경제 분야에 있어서 윤리적 문제를 논하는 것으로서 자본주의적 경제관과는 일정한 차이를 드러내고 있는 것으로 생각되었다.

한편, 이와 같은 가족 윤리와 사회 윤리가 당시 신도들의 일상 생활을 통해서 어떻게 반영되고 있었는지를 확인하고자 했다. 이 과정에서 신도들의 공동체적 삶과 신앙과 관련되는 그들의 개인적 행동을 간략히 검토해 보았다. 이러한 가족 윤리와 사회 윤리의 특성 및 그 실천 여부에 대한 검토를 통해서 우리는 당시의 천주교 신앙이 성리학적 사회 체제를 용납해 오던 불평등한 인간관에 대한 재검토를 요구하던 일이었음을 확인하게 되었다.

이러한 특징을 통해서 우리는 당시의 천주교 운동이 새로운 사회를 지향하던 조선 후기 사회의 특성을 반영하고 있는 것이며, 조선 후기 사회 변동에 일정한 영향을 주고 있었던 것임을 말할 수 있게 되었다. 그리고 천주교에서 제시하고 있던 가족 윤리와 사회 윤리의 규범들을 성리학적 윤리관이 관철되고 있던 19세기 전반기라는 지역적 시대적 문화적 제약성을 감안할 때, 그 획기적 성격을 이해할 수도 있을 것이다. 한글 서학서에서 제시되고 있었던 획기성은 조선후기 민인들에게 사고의 폭을 넓혀주었고 새로운 사회를 전망할 수 있는 힘을 줄 수 있었던 것으로 생각된다. 바로 이러한 점의 확인을 통해서 조선 후기 천주교 신도들이 가지고 있던 인간관계론의 역사적 의미를 명확히 할 수 있을 것이다.

제2장

19세기 후반 서학西學과 동학東學의 상호관계에 관한 연구

1. 머리말

동학이 발생한 시기는 1860년 철종 연간이었다. 이때 서학西學 즉 천주교는 교회가 세워진 18세기 말엽 이래 사학邪學으로 지칭되어 왔고, 수차에 걸쳐 대규모의 탄압을 당하기도 했다. 물론 철종哲宗 연간에 이르러서는 천주교에 대한 탄압이 약간 이완되어 프랑스 선교사들이 새롭게 입국하여 선교에 박차를 가해나가기도 했다. 그러나 천주교 즉 서학에 대한 정부 당국의 부정적 인식에는 변함이 없었다.

18세기 이래 조선 후기 사회는 정학正學(性理學)과 실학實學과 사학邪學(佛敎, 鑑訣, 西學)의 사상사적 구조가 형성되고 있었다.[1] 이 사상 구조는 19세기 후반기에 이르러 정학 대 사학의 대립 양상으로 심화되어 갔다. 여기에서 '사학邪學'은 일종의 민중 종교 운동적 성격을 띠고 전개된 비정통적 사유형태를 지칭하는 말이었다. 민중종교운동은 사회의 중심적 가치 체계가 사회의 내적 요인이나 외적 상황에 의해 손상됨으로서 사회가

---

1) 趙珖, 1993, 「朝鮮後期 思想界의 轉換期的 特性」 『韓國史 轉換期의 問題들』(韓國史研究會 엮음), 知識産業社, 153~178쪽 참조.

불균형 상태에 빠지게 될 때 자신들의 생을 조직화시킬 수 있는 능력을 상실한 사람들이 카리스마적 창시자를 중심으로 하여 기존의 가치를 부분적으로나 전면적으로 재구성하고자 하는 사회 운동의 일종을 말한다.[2]

19세기 후반의 조선 사회에 성행했던 서학과 동학은 모두 민중 종교 운동적 특성을 가지고 있었다. 따라서 정부 당국으로부터는 모두가 사학 邪學으로 간주되어 탄압을 받았다. 그러나 서학과 동학은 19세기 후반기 사회라는 동일한 토양 위에서 전개되었고, 이 양자는 모두가 민중을 주된 포교의 대상으로 삼고 있었다. 이 과정에서 양자의 상호 관계가 형성되어 갔다. 그런데 서학 즉 천주교가 서양이라는 외세와 연결되는 것으로 인식되었으므로 서학과 동학은 상호 대립적 관계에 놓여 있었다.

서학과 동학의 상호 관계에 대해서는 이미 선학들에 의해 몇 편의 연구 업적들이 축적되어 있다.[3] 기존의 연구에서는 대체적으로 동학 경전

---

2) 盧吉明, 金永玎 編, 1984, 「韓國新宗敎運動에 對한 機能論的 展望」 『集合行動論』, 346쪽.

3) 金龍德, 1965, 「東學에서 본 西學」 『東亞文化』 4, 서울大學校 東亞文化研究所, 172~193쪽.

崔奭祐, 1977, 「西學에서 본 東學」 『敎會史研究』 1, 韓國敎會史研究所, 113~147쪽.

金敬宰, 1977, 「崔水雲의 侍天主와 歷史理解」 『韓國思想』 15, 韓國思想研究會, 212~229쪽(1983. 『韓國文化神學』, 韓國神學研究所 재록).

蔡永熙, 1979, 「東學의 形性過政에 있어서의 他宗敎와의 關係 : 西學(天主敎)를 中心으로」 『神學展望』 47, 光州가톨릭大學校, 91~109쪽.

金鐸, 1989, 「韓國史에서 본 西學과 東學의 比較研究」 『韓國精神文化研究院 論文集』 4, 韓國精神文化研究院, 7~34쪽.

金龍德, 1989, 「東學思想의 獨自性과 世界性 : 東學과 西學」 『韓國史 市民講座』 4, 一潮閣.

具良根, 1994, 「東學과 西學에 관한 問題 考察」 『韓國近代史에 있어서 東學과 東學民族運動』, 韓國精神文化研究院.

車基眞, 1994, 「初期 韓國 그리스도교와 東學」 『神學思想』 86, 韓國神學研究所.

이원재, 1996, 「동학과 그리스도 : 동학의 신체험을 중심으로」 『한국문화와 그리

인『동경대전東經大全』과『용담유사龍潭遺詞』등의 분석을 통해서 최제우
가 가지고 있던 서학에 대한 인식의 특성을 밝히려는 작업을 수행했다.
그리고 동학농민전쟁의 진행과정에서 동학농민군과 천주교와의 관계에
대해 주목하기도 했다. 본고는 이러한 선행 업적을 기반으로 하여 연구
를 진행하고자 한다. 특히 본고는 선행 연구에서 비교적 소홀히 다루었
던 양자兩者의 역사적 만남을 재구성해 보고자 한다. 특히 이 재구성의
과정에서는 먼저 당시 사회에서 서학과 동학이 가지고 있던 특성 내지는
사회적 배경을 검토해 보겠다. 그리고 이에 이어서 상호 관계를 파악하
는 데에 기본이 되는 상호 인식을 검토해 보고자 한다.

2. 서학의 민중 종교 운동적 특성과 그 변질

조선 후기 사회에서 서학은 원래 서양의 과학 기술과 천주교 신앙의
결합체로 인식되고 있었다. 이 점은 18세기의 실학자였던 박제가朴齊家가
서학을 평하며 "서학은 불교와 같지만 서학에는 불교에 없는 후생지구厚
生之具가 있다"고[4] 한 말을 통해서도 확인된다. 즉, 그는 서학이나 불교
가 다 같이 종교성을 가지고 있지만 서학은 불교에 없는 과학 기술을
가지고 있다고 인식했다. 이처럼 박제가는 서학이 종교적 측면과 함께 과
학 기술을 겸비하고 있는 것으로 판단했으므로, 과학 기술을 수용하기 위
해서는 서양의 선교사도 받아들여야 한다는 논리를 전개하기까지 했다.
서학의 과학 기술적 측면에 관한 이와 같은 긍정적 인식은 조선의 학

스도』(한국문화신학회 편) 1, 도서출판 한들, 234~270쪽.
　金敬宰, 1997, 「동학과 그리스도교와의 만남」『문화신학담론』, 韓國基督教書會,
　247~343쪽.
　金眞召, 1998, 『天主教 全州教區史』 1, 天主教 全州教區廳, 505~565쪽.
　4) 朴齊家, 『丙午所懷膽錄』, 朴齊家 所懷

인들이 서학을 연구 검토하고 수용하는 데에 있어서 주요한 배경으로 작용하고 있었다. 그러나 조선의 지식인들은 서학을 수용하는 과정에서 서학의 과학 기술적 측면보다는 종교 사상적 측면에 대한 이해를 중시했다. 이와 같은 현상은 사변적 성격이 강한 당대의 문화적 특성과 관련이 있다고 생각된다.

조선에서 서학이 본격적인 종교 운동을 표방하고 나선 때는 1784년 이었다. 이 이후 서학 즉 천주교는 신분제를 옹호하던 성리학과는 다른 평등사상의 일종으로 인식되었다. 천주교를 평등사상으로 인식하는 경향은 당시 교회의 지도층이나 일반 민중에게서 함께 드러나는 현상이었다. 또한 조정 및 양반 사족들 대부분도 천주교가 '각자의 신분을 지키는 풍습守分之風'을 무시하는 평등사상이며, 왕조의 멸망과 사회의 변혁을 바라는 '나라를 원망하는 무리怨國之徒'나 '세상의 변혁을 바라고 생각하는 사람思欲變世者'들의 신조로 인식했다.5) 이처럼 서학이 성리학과 다르다고 인식했던 인물 가운데에는 권철신權哲身이 있다. 그는 조선교회의 창설 직후 입교했고, 당대 남인의 대표적 학자였다. 권철신은 '서학에는 오류가 없다'고 말함으로써 서학과 성리학의 차이를 극명하게 드러내주었다.

한편, 서학은 인간 평등성을 전제로 한 새로운 윤리에 입각한 인간관계론을 제시했다. 물론 천주교 신앙이 수용되던 초기에는 보유론적 입장에서 이해되기도 했다. 그러나 교리에 대한 이해를 강화시켜 나가던 과정에서 천주교 신앙은 반유론反儒論으로 인식되어 갔다. 특히 이러한 경향은 1791년 조상 제사 문제로 인해서 발생했던 진산사건 이후 강화되어 갔다. 그 결과 천주교의 지도층들은 양반 지식인들로부터 중인 이하의 신분층으로 교체되어 갔다. 그리고 일반 민중들이 신도의 주류를 이루게 되었다. 또한 18세기 말엽부터 일부 지역에서는 집단 개종이 일어

---

5) 趙珖, 1988, 『朝鮮後期 天主敎史 硏究』, 高麗大學校 民族文化硏究所.

나고 있었다. 여기에서 천주교를 매개로 새로운 사회 질서를 모색하려던 민중 종교 운동이 진행되고 있음을 확인하게 된다.

그러나 정부에서는 서학의 성행에 제동을 걸게 되었고, 서학 즉 천주교를 '이적금수夷狄禽獸의 도道'로 규정하여 탄압을 강화시켜 갔다. 특히 1801년에 발각된 황사영백서 사건을 계기로 하여 서학은 서양 오랑캐의 앞잡이이며, '바다를 건너 도둑을 불러들이고, 문을 열어 원수를 받아들이는越海招寇 開門納賊'하는 '나라를 원망하는 무리怨國之徒'로 지목었다. 이 과정에서 서학도를 역적시하는 감정이 높아졌다.

한편, 제1차 중영전쟁中英戰爭 이후 서구의 침략이 노골적으로 전개되자, 조선의 조야에서도 반천주교적 움직임이 강화되었다. 조정과 양반사족들은 척사위정론을 제시하면서 천주교에 대한 탄압을 강화했다. 그 결과 1866년에는 프랑스 군이 강화도를 침범한 병인양요가 일어났다. 조선은 프랑스 침략군을 격퇴할 수 있었다.

병인양요는 조야의 사족들에게 뿐만 아니라 일반 민간에서도 서양에 대한 저항 심리를 강화시켜 주었다. 당시 민간이 가지고 있던 저항 심리는 신재효申在孝(1812~1884)의 판소리 노랫말을 통해서 살펴 볼 수 있다. 즉, 신재효는 그의 단가短歌에서 병인양요에 대해서 다음과 같은 비판적 입장을 보여주고 있었다.

> 괫심ᄒ다 서양西洋되놈, 무부무군無父無君 천쥬학天主學은, 네 나라나 할 것이지, 단군기ᄌ檀君箕子 동방국東方國의, 효제윤리孝悌倫理 붉엇는듸, 어이 감히 여어보자, 흥병ᄀ히興兵加害 나왔다가, 방슈성防守城 불에 타고, 정족산성鼎足山城 총에 죽고, 남은 목숨 도싱圖生하자, 어서어서 도망ᄒ자, 에용 에용.[6]

그는 '서양 되놈'의 강화도 침략을 규탄하며, 서양인들이 조선에 대해

---

[6] 申在孝·姜漢永 校注, 1971, 「短雜歌 서양되놈」『申在孝 판소리사설집(全)』(한국고전문학대계 12), 民衆書館, 672쪽.

군사를 일으켜 가해하고자 했으나 오히려 참패하고 도주한 사실을 조롱하고 있다. 그리고 그는 병인양요가 '무부무군 천주학'에 원인이 있는 것으로 보면서 이에 대한 거부의 의사를 분명히 드러내 주었다. 신재효는 이와 같이 병인양요를 일으킨 서양국에 대한 대항 의식을 가지고 그 침략 행위가 실패로 돌아간 사실을 다행스럽게 생각했다. 이처럼 천주교는 1801년의 황사영백서사건 이래 침략 세력의 앞잡이로 인식되고 있었고, 조야와 민중으로부터 배격당해 왔다.

한편, 1835년 이후 프랑스 선교사들은 조선에 입국하여 내세신앙을 강조했다. 그 결과로 조선인 신도들은 현세에 대한 철저한 부정의 방향에서 내세에 대한 지향이 강화되고 있었다. 반면에 그들에게 있어서 현세의 질서에 대한 개혁 의식은 점차 박약해져 갔다. 그리하여 신도들은 고해苦海와 같던 현세의 극복을 지향했고, 천국이라는 새로운 내세의 이상계에 도달할 수 있을 것으로 생각했다. 그들의 내세신앙은 신고로운 현세의 질서에 대한 강력한 거부 의지와 함께 강화되고 있었다.

이러한 서학 사상은 성리학을 국가의 지도 이념으로 삼고 있던 당시의 지배층들에게 큰 위기 의식을 초래시켰고, 곧 탄압을 받게 되었다. 이에 사회 개혁을 염원하던 민중계의 일각에서는 탄압받던 서학이 아닌 다른 종교 운동을 통해 상호 결속의 강화를 시도하면서 사회의 변혁을 꾀하게 되었다. 동학은 바로 이와 같은 배경에서 준비되고 있었다.

3. 동학의 창도創道와 서학에 대한 인식

19세기 중엽을 살았던 최제우는 자신이 살고 있던 사회에 대하여 매우 비판적 인식을 가지고 있었다. 그는 자신의 이러한 상황을 다음과 같이 표현했다.

평생에 ㅎ는 근심 효박ㅎ 이 세상의
군불군 신불신과 부불부 ㅈ불ㅈ를
주소간에 탄식ㅎ니 울울한 그 회포는 흉둥의 가득ㅎ되 ㅇ는 ㅅ람 녀여 업서
쳐ㅈ산업 다 바리고 팔도강산 다발바서
인심 풍속 살혀보니 무가ㄴ l 라 홀길 업ㄴ l [7]

그는 자신이 살고 있던 조선 사회가 "임금은 임금답지 못하고 신하는 신하답지 못하며, 아비는 아비답지 못하며 아들은 아들답지 못하다君不君 臣不臣 父不父 子不子"고 규정했다. 물론 이 말은 유가儒家의 경전에서 빌린 구절이었다. 그러나 그의 이 차용구를 통해 알 수 있듯이, 그는 당시 사회 질서와 사회상에 대해서 통렬한 비판 의식을 가지고 있었다. 국왕과 신하 등에 대한 이 비판 의식에서 그의 동학 사상은 형성되어 갔다.

최제우는 1860년 동학을 창도하면서 '한울님을 받들라侍天主'고 역설했다. 그는 이 '시천주侍天主'를 실천하면 개벽開闢 즉 동학적 신세계가 출현된다고 보았다. 개벽은 인간 생활에 있어서 전무한 대전환을 의미하므로 현실의 연장일 수는 없고, 오히려 현실의 모순을 청산하는 것으로 이해될 수 있다.[8]

또한 그는 시운時運은 논하고 있다. 시운이란 한울님의 뜻에 따라 운명적으로 천시조화天時造化로 새 세상이 열린다는 뜻이다. 이 시운은 자연의 운행만큼 필연적으로 닥치게 될 시대의 형세로 해석된다. 그가 사용하는 '조화'에는 두 가지 의미가 있다. 그 하나는 천지 조화로써 우주의 운행, 자연계의 추이라든가 네 절기의 변천과 같은 개념이다. 다른 하나는 인간이 수행을 통해서 천신天神과 영통하게 되면 발휘할 수 있게 되는 기적적 신령한 힘을 말한다. 여기에서 그는 동학의 본주문本呪文을 통해서 '시천주 조화정侍天主 造化定'을 말하게 되었다. 사람은 각자 가 한울님

---

7) 최제우, 『용담유사』(癸巳刊) 몽둥노소문답가(신유)
8) 金龍德, 1989, 「東學思想의 獨自性과 世界性」 『韓國史 市民講座』 4, 一潮閣, 74쪽.

을 내재하고 있으므로, 누구나 천지 변화의 이치를 깨닫고 조화의 특출한 능력을 발휘할 수 있다는 말로 해석된다.[9)]

최제우에 의해서 창도된 천도天道 혹은 동학東學의 경우에도 인격의 존엄성과 인간 평등을 중심으로 한 가르침을 선포하기 시작했다. 그는 자신이 "동에서 나서 동에서 받았으니, 도는 비록 천도이지만 학은 동학이며, 나는 이 도를 여기에서 받았고, 여기에서 선포하니 어찌 서학이라고 이름하겠는가"라는 입장을 분명히 가지고 있었다.[10)]

또한 그는 1864년 체포되어 받은 신문중에서도 자신의 도와 서학이 다름을 설파하고자 했다. 즉, 그는 경상감사 서헌순徐憲淳에게 신문을 받으며 말하기를 "내가 하는 바 도는 천도요, 동에서 낳아서 동에서 학을 이루었으니 동학이라면 오히려 가하려니와 서학이라 함은 가하지 않다"[11)]고 했다. 또한 당시의 관변측 보고에도 "동학이란 동국에서 취했다는 의미"[12)]라고 말한 바 있다.

최제우는 서학에 대한 탄압이 진행되던 와중에서 자신의 도를 선포했다. 그는 탄압을 받으면서도 요원의 불길처럼 일어나는 서학의 교세를 보고 자신의 포교가 성공할 수 있으리라 생각했다. 그러나 그는 자신의 동학과 서학이 혼동되면, 동학에 대해서도 탄압이 일어날 것을 예견하며 이 양자 사이에 차이가 있음을 분명히 밝히고자 했다. 그리하여 그는 동학과 서학의 관계 내지는 차이에 대한 자신의 견해를 다음과 같이 정리하여 제시했다.

　　서양학과 우리 학은 같은 듯하나 다름이 있으니, 비는 듯하나 성실함이 없

---

9) 金龍德, 앞의 논문, 74쪽 참조.
10) 崔濟愚, 『東經大全』 論學文. "吾亦生於東 受於東 道雖天道 學則東學...吾道受於斯 布於斯 豈可謂以西名者乎"
11) 吳知泳, 『東學史』, 亞細亞文化社, 17쪽.
12) 『日省錄』, 高宗 元年 甲子 2月 29日 庚子條 "東學 取東國之意"

다. 그러하니 운運은 하나이고, 도道는 같지만, 이理는 다르다. 우리 도는 스스로 화하여 이루어지며, 그 마음을 지키고 그 기운을 바르게 하며, 그 성품을 따르고, 그 가르침을 받아, 스스로 됨 가운데에서 나온다. 서양인의 말에는 순서가 없고, 글에는 옳고 그름의 구별이 없고, 한울님을 위하는 단초가 없으며, 단지 자신의 몸을 위한 계책만을 축원할 뿐이니, 그들의 몸에는 기화氣化의 신령함이 없고 학문에는 한울님의 가르침이 없다.[13)

즉, 그는 서학과 동학이 모두 천도天道와 관련된다는 측면에서 '도는 같다'道則同也라고 말했다고 생각된다. 그리고 그는 두 사상 체계를 조선에 성립시키고 성행하게 하는 시대적 조건이나 그 사명이 동일하다는 시각에서 '운은 하나이다運運則一也'라고 보았다. 여기에서 말하는 운運은 「권학가」에서 나오는 '시운時運'과 동일한 개념으로 생각된다.[14) 그러므로 동학이나 서학은 모두가 융성할 수 있는 시운을 타고 났다고 그는 생각한 듯하다. 이러한 그의 생각은 서도西道 즉 천주학 혹은 성교聖敎가 "천시天時를 알고 천명天命을 받았다"고 본 「논학문論學文」의 생각과 연결되고 있다.[15) 반면에 그는 그 구체적 교리 체계가 서학과 동학이 다르다는 입장에서 '이는 다르다理則非也'라고 말했다. 여기에서 말하는 도道는 진리를 말하는 것으로 이해되며, 운運은 진리의 역동적 운동 곧 진리의 동태성이라 볼 수 있고, 이理는 진리의 존재 방식과 체험 방식으로 해석될 수 있다.[16)

한편, 최제우는 동학과 서학이 도와 운이 같다고 한만큼 이 양자가 혼동될 우려가 있음도 잘 알고 있었다. 그리하여 그는 그 이理가 다름을

---

13) 崔濟愚, 『東經大全』 論學文 "洋學如斯而有異 如呪而無實 然而運則一也 道則同也 理則非也 曰吾道無爲而化 守其心 正其氣 率其性 受其敎化 出於自然之中也 西人言無次第 書無皂白 而無爲天主之端 只祝自爲身之謀 身無氣化之神 學無天主之敎"
14) 최제우, 『용담유사』(癸巳刊) 권학가 "시운을 의논ᄒᆡ도 일성일쇠 안일넌가"
15) 崔濟愚, 『東經大全』 論學文 "斯人 道稱西道 學稱聖敎 此非知天時而受天命也"
16) 김경재, 1997, 「동학사상의 서학비판」 『문화신학담론』, 대한기독교서회, 324쪽.

여러 측면에서 강조함으로써, 자신의 동학이 탄압을 받고 있던 서학과는
분명히 구별됨을 말하고자 했다.

> ᄒ원갑 경신년의 전ᄒㅣ오ᄂ 셰상말이
> 요망한 셔양젹이 듕국을 침범ᄒㅣ셔
> 텬듀당 노피셰워 거 쇼위 ᄒᄂ 도를
> 텬ᄒ의 편만ᄒ니 가쇼절창 안일넌가
> 증젼의 드른 말을 곰곰이 ᄉ丿각ᄒ니
> 아 동방 어린 ᄉ람 례의오륜 다 바리고
> 남녀노소 아동듀졸 셩군취당 극셩듕의
> 허송셰월 ᄒ단 말을
> 보ᄂ다시 드러오니 부단이 ᄒᄂᆯ님게
> 쥬소간 비ᄂ 말이
> 삼십슴텬 옥경ᄃㅣ의 ᄂ 듁거든 가게 ᄒ쇼
> 우숩다 져 ᄉ람은 져의 부보 듁은 후의
> 신도 업다 이름ᄒ고 졔ᄉ됴ᄎ 안지ᄂㅣ며
> 오륜의 버셔ᄂ셔 유원속ᄉ 무슴일고
> 부모업ᄂ 혼령혼ᄇ丨
> 져는 엇디 유독 잇셔
> 상텬ᄒ고 무엇홀고
> 어린 소리 마라스라
> 그 말 져 말 다 던디고
> ᄒᄂᆯ님을 공경ᄒ면
> 아 동방 삼년 괴딜
> 죽을 염녀 잇슬소냐
> 허무ᄒ 너의 풍속 듯고ᄂ니 절창이오 보고ᄂ니 개탄일세[17]

즉, 최제우는 「권학가」를 통해서 내세지향적 특성을 비판하면서 천주
교를 '허무한 풍속'으로 규정했다. 그리고 그는 부모에 대한 효도를 거
부하는 제사 금지를 문제로 제시했다. 그는 천주교가 침략적 성격을 가

---

17) 최제우, 『용담유사』(癸巳刊) 권학가

진 종교임을 말했다. 그는 괴질의 예를 들어 고통스런 현실 세계에 놓여 있는 민중들에게 천주교가 도움을 주지 못하고 있음을 지적했다. 이처럼 그는 천주교의 교리가 조선의 전통적인 관행이나 현실 세계에 무관심함을 비난하고 있었다.

최제우는 서학에서 드러나는 현실적인 과제에 대한 무관심을 동학이 바로잡아 줄 수 있을 것으로 생각했다. 그는 창도 이전부터 현실 사회에 대한 비판 의식과 함께 이를 바로 잡아보려던 의지를 분명히 가지고 있었다. 동학의 창도는 이 의지의 표출이었다. 그리하여 동학은 1860년 이래 농민들을 중심으로 하여 전파되어 나갔던 사회 변혁 사상으로 새롭게 자리 잡게 되었다.

그는 자신의 도가 서학과는 달리 현실의 질곡을 해결하는 데에 이바지 할 수 있는 가르침임을 강조하고자 했다. 그러면서 그는 "소위 서학西學하는 사람 / 암만 봐도 명인名人 없데 / 서학西學이라 이름하고 / 내 몸 발천拔薦하렸던가"라고[18] 말하면서 '용담龍潭에 있는 명인名人' 즉 최제우 자신과 서학인의 다름을 분명히 하고자 했다.

그는 자신이 창도한 동학에서 인간의 존엄성을 선언했고, 신분제에 대한 비판 의식을 실천적으로 제시했다. 그는 '일단 동학에 들어오면 군자君子가 되고 신선神仙이 된다'고 가르쳤다. 이 동학의 가르침은 신분제에 시달리던 민중들에게 신분의 차별이 없이 누구나 군자君子로 존중 받을 수 있는 새로운 세계에 대한 인식을 가능하게 해 주었다.

이는 마치 서학에서 '천주의 모상(Imago Dei)'을 타고난 인간의 존엄성을 설명하던 것과 유사한 유형이었다. 동학의 경우에는 '사인여천事人如天' 즉 반상이나 적서의 차별, 남녀노소 빈부의 차별을 뛰어넘어 모든 사람들을 하늘처럼 받들라고 했다. 이 두 사상은 모두 인간의 존엄성에 대

---

18) 최제우, 『용담유사』 안심가(경신) "소위 셔흑ᄒᆞᄂᆞ 스람 암만 봐도 명인 업디 / 셔흑이라 이름ᄒᆞ고 니 몸 발쳔ᄒᆞ렷던가"

한 자각 현상이었다. 서학과 동학은 당대 민심이 지향하던 바 소망을 수
렴한 사상이었다.

요컨대, 경상도 경주에서 시작된 동학도 민중 종교 운동적 특성을 가
지고 19세기 후반 경상도와 전라도 지역을 중심으로 한 조선 사회에 전
파되어 갔다. 조정에서는 동학이 서학 내지 양술洋術을 모방한 것에 지나
지 않다고 파악했다.19) 이와 같은 상황에서 정부 당국은 동학도 서학과
마찬가지로 사학邪學의 일종으로 파악하고 이에 대한 탄압을 시도하게
되었다. 이 과정에서 동학과 서학은 조정으로부터 함께 탄압을 받게 되
었다.20) 그리고 최제우도 '사학도邪學徒'로 지목되어 1864년 대구 관덕당
觀德堂서 참수되었다. 그가 처형되던 당시 '사학도'라는 명칭은 주로 천주
교 신도들을 가리키던 말이었다.

4. 동학의 조선朝鮮 중심적 성격

최제우는 동학과 서학이 '동도동운同道同運'이라고 생각했지만 그 도道
의 구체적 내용과 전개 과정이 서로 다르다고 보았다.21) 그런데 19세기
중엽에 집대성된 동학 사상은 당시 조선 사회가 가지고 있던 일반적 사

---

19) 『日省錄』 高宗 元年 甲子 3月 2日 壬寅. "今此東學 全襲洋術 而特移易名目 眩亂
    蚩耳 苟不早行天討 克底邦憲"

20) Dallet 著, 崔奭祐·安應烈 譯註, 『韓國天主敎會史』3, 韓國敎會史硏究所, 362쪽.
    "정말로 괴롭힘을 받은 지역은 몇 해 전부터 많은 개종자를 낸 다블뤼 주교의 지
    역 경상도입니다. 서학이란 이름으로 불리는 천주교인들과 구별되기 위해 동학이
    라는 명칭을 가지고 5년전부터 이 지방에서 생겨난 종파를 찾아내라고 풀어놓은
    포졸들이 돈을 마련하고 그들의 복수심을 만족시킬 이 기회를 이용해서 동시에
    아주 많은 신자들을 체포해습니다."

21) 金敬宰는 道와 運 그리고 理의 성격을 orthodoxia와 orthopraxis의 관계로 설명하
    고자 했다. 김경재, 「동학사상의 서학비판」 『문화신학담론』, 대한기독교서회.

상 경향과 일정한 관계를 가지고 있다. 당시 동아시아와 조선의 사상계에서는 자기중심적 사고의 경향이 강화되고 있었다. 즉, 18세기를 전후한 시기 조선의 사상계를 지배하던 성리학자들은 조선 중심주의를 주장했다. 성리학의 문제점을 광구匡救하고자 했던 실학자들도 공맹孔孟의 전통과 함께 단군·기자의 전통을 새롭게 강조함으로써 조선 중심론을 제시했다. 한편, 민간에 널리 퍼져있던 감결 내지 풍수사상에서도 '산태극 수태극山太極 水太極'을 논하면서 조선이 우주의 중심임을 역설하고 있었다.[22]

이러한 시대적 배경을 가지고 창도된 동학의 경우에도 조선 중심적 성격이 강하게 드러나고 있다. 이는 최제우가 자신의 사상을 '서학'에 대립적인 '동학'이란 명칭으로 표현했던 사실에서 분명히 드러나기 시작했다. 그리고 그는 자신의 종교가 세상을 구제하는 가르침임을 천명했다. 즉, 한울님은 그에게 "백의재상白衣宰相을 주어 천하를 건지게 하리라"고 했고, 그가 "만일 부귀를 원하지 아니하면 조화造化로써 세상을 건지라"고 명했다. 그의 구세적 사명은 조선만을 대상으로 하지 않고 '세상'을 구하는 데에 궁극적 목표가 있었다. 그러므로 그는 세상을 구원하는 새로운 역사가 조선을 중심으로 하여 일어나고 있다고 생각했다. 또한 천하에 대한 그의 생각은 조선을 기점으로 하여 발양되고 있었다. 여기에서 그의 사상에서도 조선 중심적 성격을 확인하게 된다. 최제우는 중국과 조선의 관계를 논하면서 다음과 같이 중국을 조선의 외호外護로 파악하고 있었다.

> 서양 사람들은 도를 이루고 덕을 세워 조화造化의 단계에 이르러 이루지 못하는 일이 없다. 서양인이 공격하고 싸우니, 아무 사람도 앞장서지 못한다. 중국이 멸망한다면 우리나라도 어찌 "입술이 없어지자 이가 시리다"는 근심

---

22) 조광, 2002,「조선후기 지도제작의 역사적 背景」『서울, 하늘·땅·사람』, 서울역사박물관·고려대학교박물관, 232~234쪽.

이 없겠는가.[23]

최제우는 서양인이 도를 이루고 덕을 세워 조화의 단계에 이르렀고, 호풍환우呼風喚雨하는 듯한 힘으로 강력한 무력을 갖추게 되었다고 보았다. 그러므로 그는 이 서양을 중국도 당하지 못할 것이고, 중국이 침략을 당하면 조선은 '순망치한脣亡齒寒'을 염려하게 된다고 했다. 여기에서 그는 '순망치한'이라 표현을 통해서 중국을 조선의 외호로 파악하고 있었다. 이는 조선을 중국의 번방이나 외호로 파악하던 기존의 일부 입장과는 근본적으로 다른 견해였다 도리어 그는 조선에 대하여 중국은 일종의 외호外護이기 때문에, 중국이 멸망하게 되면 조선은 '순망치한'의 염려를 하게 된다고 보았다. 이에 근거하여 생각해보면, 그는 중국과 조선을 대등하게 보았거나 적어도 조선을 중심으로 하여 중국을 생각했다.

한편, 그는 서학이 적용되고 실천되던 과정에서 서양의 무력과 결탁되어 있다고 생각했다. 그러므로 그는 조화를 이룰 수 있는 서양의 무력적 성격에 대해 강한 경계심을 갖고 있었다. 특히 1860년 북경 함락 사건은 그에게 큰 충격으로 닥아 왔다. 그러므로 그는 1862년에 지은 「권학가」를 통해서 "서양적西洋賊은 중국을 침범하여 천주당을 높이 세워놓는 존재"로 파악하였다.[24] 여기에서 그는 천주학과 서양의 무력이 연결되는 현상을 똑똑히 목격하고 서학에 대한 반대 입장을 강화시켜 나갔다.

한편, 최제우와 비슷한 시기를 살면서 전통적 사족의 견해를 대변하던 이항로李恒老는 청국淸國의 쇠망이 천주교의 유포에 있다고 본 바가 있었다.[25] 이항로의 사상적 전통을 이어받은 김평묵金平默은 '어양론禦洋論'

---

23) 崔濟愚, 『東經大全』 論學文 "西洋之人 道成立德 及其造化 無事不成 攻鬪干戈 無人在前 中國燒滅 豈可無脣亡之患耶"
24) 최제우, 『용담유사』(癸巳刊) 권학가.
25) 李恒老, 『華西集』 附錄 5 ; 1 「語錄」 '柳重教錄'

과 '벽사변증기의闢邪辨證記疑'을 제시한 바 있었다.26) 그리고 '척양대의'
斥洋大義를 분명히 했다.27)

그런데 최제우의 반反서양적 견해는 당시 조정이나 양반 사족들의 반
反서학적 또는 척사위정적 견해와는 공통점을 가지고 있었다. 그가 지은
동학의 「권학가」에 등장하는 '요망한 서양적'28)이란 관념은 신재효申在
孝의 잡가에서 언급된 '서양오랑캐'란 개념과 상통하는 면이 있었다. 즉,
이들은 천주교를 배격한다는 그 외형적 특성에 있어서는 일치점을 가지
고 있었다. 즉, 신재효의 잡가나 동학의 「권학가」를 부르던 민중들은 서
양이 중국이나 조선에 '병력을 일으켜 해를 가하는興兵加害'하는 행위에
대해서 직접적으로 반발하고 있었다. 그들에게 있어서 '흥병가해興兵加害'
하는 서양인은 '서양오랑캐'요 '요망한 서양적'일 수밖에 없었다.

그러나 이들이 가지고 있던 반反서양적 정서는 성리학적 척사위정론
자들이 내세우던 주장과는 약간의 차이를 드러내고 있었다. 특히, 최제
우가 반反서학을 통해서 지키고자 했던 가치와 사족들의 그것 사이에는
상당한 차이가 있었다. 당시에도 적지 않은 양반사족들은 성리학적 사상
체계에 따라 공자와 맹자의 가르침에 근거를 둔 명분론적 척사위정론을
제시하고 있었다. 반면에 최제우는 동방국東方國 단군檀君, 기자箕子의 후
손이 가지고 있는 효제윤리孝悌倫理를 내세우고 있었다.

이처럼 동학과 같은 민중 신앙이 확산될 수 있었던 19세기 후반기 조
선 사회의 사상적 배경에는 지배 사족들의 척사위정론과는 다른 민중적
논리가 자리 잡고 있었다. 서양에 대한 민중적 논리는 북경함락이나 병

---

26) 金平默, 『重菴先生文集』 5 ; 1a「闢邪辨證記疑」; 38 :1a.「禦洋論」.
27) 金平默, 『重菴先生文集』, 38 ; 6a.「禦洋大義」
28) 최제우, 『용담유사』(癸未刊) 권학가(임술), "ᄒᆞ 원갑(下元甲) 경신년(庚申年)이 전
    히 오ᄂᆞ 세상 말이, 요망(妖妄)ᄒᆞ 서양적(西洋賊)이 듕국(中國)을 침범히서 텬듀당
    (天主堂) 노피 세워, 거 쇼위 ᄒᆞᄂᆞ 도(道)를 텬ᄒᆞ(天下)이 편만ᄒᆞ니 가쇼졀창(可笑
    絶唱) 안일넌가"

인양요 이래 현실화한 서양 침략에 대한 저항 의식으로 나타났다. 그들
은 이 저항의식을 기반으로 하여 자기 존재를 확인해 갔다. 이는 개항
이후 조선 사회에서 광범하게 확인되는 반反서양적 사상의 원형이 되
었다.

한편, 당시의 서학 즉 천주교 신도들도 일반인들이 천주교를 서양의
종교로 인식하고 이를 배격하던 상황을 정확히 알고 있었다. 그리하여
그들은 이와 같은 인식에 대한 대답을 시도했다. 물론, 당시의 천주교에
서도 그들도 서양에서 유래된 가르침임을 굳이 부인하지는 않았다. 그러
나 그들은 진리의 보편성을 주장하며 천주교가 참된 도임을 천명하고 있
었다. 이러한 사실은 1860년대 당시 천주교 신도들이 부르던 「 ㅅ향가思
鄕歌」를 통해서 확인할 수 있다.

> 쥬공 제례 곳칠소냐 졍쥬 가례 곳칠소냐
> 삼년제도 아니ㅎ니 뉘가 너를 ㅅ냥양혼가
> 도리 셜사 올타혼들 놈안는걸 ㅎ잔말가
> 동국의셔 ㅅ냥장ㅎ야 셔국 법도 ㅎ냥할 진듸 동국의관 쓰지말라
> 너희 도리 올타ㅎ면 죽이기는 무슴일고
> 부모동생 비난ㅎ니 대죄인이 아닐런가
> 다행ㅎ다 우리 교우 조물진쥬 엇엇고나
> 모르는 것 알아내고 어두은 것 붉혀내니
> 어찌ㅎ야 이런 도를 춤된 줄을 모르는고
> 그라다고 훼방ㅎ며 외국도라 ㅂㅣ척ㅎ면
> 외국문ㅈ 엇지쓰노 의례복서 노불도도 동국법이 아니로다
> 원근디방 의론마라고 올흐며는 좃느니라
> 슬퍼보고 슬퍼보며 헤여보고 헤여보라
> 네 평생에 쓰는 ㅎ냥도 외국소래 불소로다
> 가례거니 상례거니 본국의셔 지은거나
> 복서거니 술서거니 외국문셔 ㅇ닐너나
> 너희 밋는 셕가여래 셔국소산 아닐러냐
> 미친 마귀 속인슐을 엇지ㅎ야 밋엇던고

인자은주 세운 교를 엇지ㅎ야 훼방ㅎ노29)

이 사향가 가사에는 "문무주공의 전통과 『주자가례』를 무시하며, 유교적 상례나 제례를 따르지 않는다"라고 자신들에게 가해지던 비난의 구절이 포함되어 있다. 천주교 신도들은 이처럼 자신에 대한 비난을 잘 알고 있었다. 그리고 신도들은 "서국의 법도를 따르려면 동국의 의관도 쓰지 말라"는 지적도 인지했었다. 그러나 신도들은 이에 대해서 천주교를 '참된 도'로 선언하면서, 이를 외국 종교라고 배척하는 데에 논리적인 반격을 시도해 나갔다.

그리하여 신도들은 외국의 사상이라고 배격한다면, 외국 문자인 한자는 왜 쓰고 있으며, 가례나 상례도 외국에서 유래한 것임을 밝히고자 했다. 그리고 노장老莊이나 불교 등도 동국법東國法이 아니라 외국에서 유래한 종교이지만 조선에서도 이를 신봉하고 있음을 말하고 있다. 천주교도들은 당시 조선 사회에서 중국의 문물 제도를 수용하고 있던 현상을 지적하면서 중국도 외국인데 그 문물 제도를 도입해서 쓰고 있음을 지적했다. 신도들이 가지고 있던 중국도 외국이라는 견해는 중국의 문물이 곧 조선의 문물이고, 이적夷狄이 지배하는 청국에서 소멸되버린 선진시대先秦時代의 문물을 조선만이 간직하고 있다고 자부하던 양반 사족들의 인식과는 상당히 다른 의견이었다. 신도들이 내린 결론은 사상이 발원한 지방의 원근을 의논하지 말고 옳으면 좇아야 한다는 내용이었다. 이러한 사실에 미루어 생각해 보면, 당시의 천주교도들은 진리의 보편성을 강조하던 입장이었다. 그런데, 최제우가 제시한 '동국의 법도'라는 개념과 서학도 즉 천주교인들이 제시했던 가치의 보편성이란 개념 사이에는 큰 간극이 있었다.

요컨대, 동학의 창도나 병인양요 이후 강화되어 가던 척사위정론에서

---

29) 金榮洙 編, 2005,「思鄕歌」『校註 천주가사』, 한국교회사연구소.

조선 중심적 사고방식의 존재를 확인하게 된다. 당시 사회에 편만한 반反서양의식은 조선의 존재에 대한 자아 인식을 제고시켜 주고 있었다. 그리고 동학이 가지고 있던 반反서양적 관념은 곧 반反서학적 이론으로 연결되었다. 이에 대해 서학 즉 천주교에서는 이론적 반론을 전개하면서 가치의 보편성을 강조해 나갔다. 그러나 동학의 조선 중심적 사고 방식과 서학의 보편적 가치에 대한 추구는 당장 합치되기가 어려웠다. 그리하여 서학과 동학의 관계는 19세기 거의 전 기간을 걸쳐서 대립적 관계로 치닫고 있었다.

5. 동학농민전쟁과 천주교

최제우가 주장하던 '보국안민輔國安民'이나 '광제창생匡濟蒼生'의 이론은 유학을 비롯한 동양 사상에서 드러나는 현실 참여적 측면과 연결되고 있다. 동학 사상은 여기에서 1894년에는 대규모의 민중 저항 운동을 추동推動하는 사상으로 성장되어 갔다. 이 운동이 촉발된 곳은 전라도 지방이었다.

최제우는 1861년 10월 전라도로 와서 남원南原 산성내山城內 보국사輔國寺에 은거한 바 있었다. 그리고 전라도 남원, 진산, 금산 등지까지 포교하다가 1862년 3월에 다시 경상도 경주로 돌아갔다.[30] 한편, 최제우가 체포되어 처형된 직후인 1864년 6월 제2대 교주 최시형崔時亨은 전라도 익산 미륵산록 사자암獅子庵에서 4개월을 머물며 익산, 전주 지방의 포교布敎에 힘을 기울였다. 그 후 그는 1888년 봄에 전주와 삼례를 순회했고, 1890년 초에도 전라도 지방에서 포교 활동을 전개했다. 그리고 1891년 5월부터 7월초까지 부안, 태인, 금구를 순방하면서 동학 조직을 정비했

---

30) 黃玹, 『梧下記聞』.

다. 1892년 전라도의 무장, 고창, 영광, 흥덕, 고부, 부안, 정읍, 태인, 전주, 금구 지역에서 동학의 교세가 폭발적으로 증가하고 있었다.[31]

최시형도 최제우의 가르침을 이어받아 서학 즉 천주교를 서양의 무력과 결탁된 종교로 인식했다.[32] 그리고 1881년에 발생했던 신사척사운동辛巳斥邪運動을 통해서 확인되는 바와 같이 당시 사회에서는 개항에 대한 반작용이 강화되고 있었다. 그러나 개항 이후 천주교 신앙은 1882년경부터 정부의 묵인을 받으며 경향간에 전파되어 갔다. 그리고 1882년 임오군란 이후에 이르러서는 조선에 대한 제국주의 침략이 본격화되어 갔고, 개항으로 인한 민중의 피해가 전국화되어 갔다. 그 결과 1890년대에 접어들면서 반反외세의 기운이 더욱 강화되었다.

1892년 1월 14일 경상도 기장, 전라도 고산, 계량桂良 등지에 천주교도와 서양인 신부를 배격하는 벽보가 게시되었다.[33] 이를 뷔모(Villemot) 신부에게 고산 현감이 알려주었고, 뷔모(Villemot) 신부는 이를 입수하여 뮈텔(Mutel) 주교에게 보내왔다. 당시 천주교회에서는 이 벽보의 배후 세력이 동학이라고 인식하고 있었다. 한편, 당시 전라도 고산에는 동학이 널리 전파되어 있었지만, 신자들은 이를 불안해 하지는· 않았다.[34]

보두네(Baudounet) 신부의 보고에 의하면 1892년 11월과 12월양력에 전주에서도 '보국안민輔國安民'을 주장하면서 반反외세운동이 일어나기 시작했다.[35] 그리고 1893년 2월과 3월에는 서양인의 타도를 직접 주장하게 되었다.[36] 한편, 1893년 2월 11일 광화문에서의 복합상소伏閣上疏를 전후하여 전라도 지역의 동학도들은 종교 신앙의 자유를 의미하던 교조

---

31) 吳知泳, 『東學史』.
32) 김경재, 「동학사상의 서학비판」 『문화신학담론』, 318쪽 참조.
33) Mutel, 『Mutel일기』, 1892년 1월 14일자.
34) 1892.4.18. Villemot 신부 연간보고서.
35) 『Mutel문서』 1893~226.
36) Baudounet, 5 Avri 1893, *Lettre de Baudounet, Lettres du Tjella~to vol. 1*, 湖南敎會史研究所, p.28.

신원이라는 요구의 범위를 넘어서 '척양척왜斥洋斥倭'와 '탐관오리 숙청'을 주장하고 나섰다. 즉, 동학도들은 1893년 2월 10일(양력 3월 27일) 전라 감영에 게시된 용담대아통고문龍潭大衙通告文을 통해 관민이 합심하여 척 왜양斥倭洋을 수행하도록 호소했다. 그리고 이 시기 전라도의 동학 조직 에서는 계룡산에서의 개국에 대비하여 삼공육경三公六卿과 척멸양인양교 훈련대장斥滅洋人洋敎訓練大將 양왜탐정사洋倭探偵使 등의 부서 담당자의 명 단까지 마련되고 있었다.37). 그리고 1893년 2월 16일에는 고산에 인접 한 용담龍潭 관아의 문에 주민들에게 서양인과 맞서 싸울 것을 호소하는 방문이 나붙었다.38) 동학도의 봉기를 호소하는 이 문서에는 동학 교주 최제우가 천주교로 오인되어 죽었던 것에는 천주교의 책임도 일부 있음 을 주장하는 내용이 포함되어 있었다.

1893년 2월 14일에는 서양 학문을 배척하는 벽보가 어더우드(Under-wood)와 기포드(Gifford)가 운영하던 서울의 개신교 계통의 학교에 게시되 었다.39) 그리고 이어서 3월 7일(양력 5월 12일)까지를 기한으로 하여 서양 인의 철수를 요구하는 벽보가 나붙었다. 조선에 진출해 있던 청국, 일본, 영국, 미국 등 열강들은 이에 대응하여 4월 8일(음력 2월 22일)부터 자국민 의 보호를 구실로 자국 군함을 인천에 입항시켰다. 이처럼 당시 조선 사 회에서는 천주교 내지 서양에 대한 배격의 움직임이 구체화되어 가고 있 었다. 한편, 동학도들은 1893년 3월 21일 원평院坪 집회에서 양호순무사 兩湖巡撫使 어윤중魚允中에게 자신들의 목적 중에 하나가 '척왜양斥倭洋'임 을 밝힌 바 있었다.

1890년대 천주교에 대한 배격 운동의 중심지는 동학이 성행하던 전 라도 지역이었다. 동학은 1892년 10월 공주公州 집회에서부터 교조신원

---

37) 『Mutel문서』 1893~51.
38) 『Mutel문서』 1892~1893년 연간보고서.
39) 『Mutel문서』 1893~54.

운동을 본격적으로 전개해갔다. 그리고 동년 11월 1일 삼례參禮 집회를 계기로 하여 일반 농민과 동학교도의 결합 현상이 일어났다. 그리고 동학도들은 자신의 신조와 주장을 관철하기 위해 점차 행동을 강화시켜 나갔다. 예를 들면, 1893년 6월(음력 4월)에는 진산珍山의 동학도들이 동학을 반대하는 금산錦山을 공격하여 200여 호가 소실되는 일도 있었다.40)

척양척왜에 대한 주장은 동학농민전쟁을 통해서 더욱 선명히 드러났다. 1894년 1월 11일(양력 2월 16일) 전봉준全琫準의 고부古阜 관아 점령으로 동학농민전쟁의 서막이 열렸다. 그리고 3월 20일(양력 4월 25일) 전봉준 등 지도부는 무장茂長에서 전국 차원의 봉기를 목적으로 포고문을 발표하였다. 이들은 3월 23일 고부 관아를 다시 점령하고, 3월 25일 백산白山에 진출했다. 이로써 제1차 동학농민전쟁이 본격적으로 시작되었다. 이 봉기에는 동학도뿐만 아니라 불평객들, 실업자들, 양반과 포악한 관권에 희생되었던 사람들이 총망라되어 참여하고 있었다.41) 물론, 당시 동학농민군의 구성에는 이른바 3불입三不入 즉, 반불입班不入, 부불입富不入, 사불입士不入이라는 경향이 적용되고 있었다. 이는 동학군이 가지고 있던 민중적 성격을 나타낸 말로 해석된다.42)

이들은 4월 8일에서 16일 사이에 전라도 일대를 석권하게 되었다. 이들은 4월 27일(양력 5월 31일) 전주성을 점령했다. 동학농민군은 5월 8일(양력 6월 11일) 전주화약全州和約을 맺어 정부군과의 전투를 휴전하고 전주성에서 철수했다. 전라도에서 천주교도와 동학교도는 1894년 5월 전주함락 이후 집강소 시기에 접어들면서 불편한 관계로 전환되었다. 이때를

---

40) 『駐韓日本公使館記錄』 6, 34쪽.
   裵亢燮, 1995, 「1890年代 初半 民衆의 動向과 古阜民亂」 『1894年 農民戰爭研究』 4, 48쪽에서 재인용.
41) Mutel, 任忠信 編, 1966, 「1894.6.15의 편지」 『신앙자유의 여명기』, 가톨릭출판사 226쪽에서 재인용.
42) 金龍德, 1989, 앞의 논문, 81쪽 참조.

전후하여 동학도의 방문에서는 여러 개혁적 주장과 함께 "동방에서 태어났음에도 불구하고 서양 것을 좇는 서학인들의 맹성을 촉구하고 있었다.[43]

동학농민전쟁이 일어나기 직전인 1893년 천주교의 교세 통계를 보면 전라도 지역에는 5,569명의 천주교 신도가 있었고, 지역 선교중심지인 공소公所 117개소가 있었다. 이 기간 동안 새로 세례를 받아 입교한 성인成人들이 354명이었고, 세례를 준비하고 있던 사람은 277명이었고, 14곳에 공소가 신설되었다.[44] 이곳에서의 천주교 선교는 비교적 활발하게 진행되어 가고 있었다.

전라도 지역 선교사들은 1893년부터 이미 전라도 지역 농민 사회에서 일정한 역할을 담당하고 있었다. 예를 들면, 전라도 북부 지방 관아에서는 1893년 가뭄으로 인한 흉년에도 불구하고 농민에게 중세를 강요했다. 이에 신도뿐만 아니라 일반 농민들도 관리들의 수탈을 저지해 주기를 프랑스 선교사에게 요청했다. 선교사는 이러한 요청을 전라감사에게 전달하여 포탈 행위를 중지시켰다. 이때 농민들은 지방민을 위해 노력해 준 선교사의 송덕비까지 세운 바도 있었다.[45] 또한 1894년 전후 전라도 교회에서는 전주와 배재梨峙, 되재升峙 본당 관내에서만도 13개소의 서당식 학교를 운영하여 지역 사회에 일정한 기여를 하고 있었다.[46]

한편, 동학 농민군이 봉기하던 당시 전라도에는 3명의 선교사가 있었다. 전주의 보두네(Baudounet) 신부를 비롯하여 고산의 뷔모(Villemot) 신부와 배재의 죠조(Jozeau) 신부 등 3인의 프랑스인 선교사가 있었다.

당시 전라도 지방의 이러한 교세는 동학도 내지는 반反서양적 사고를 가지고 있던 사람들에게 충분히 위협적 세력으로 인식될 수 있었다. 이

---

43) 『Mutel문서』 1894~325, 東學掛榜.
44) 金眞召 編, 『天主敎全州敎區史 硏究資料集 敎勢統計表』 1893~1894.
45) 金眞召, 1998, 『天主敎 全州敎區史』 1, 529쪽 참조.
46) 金眞召, 앞의 책, 696쪽.

에 동학농민전쟁이 전개되던 과정에 천주교 신도들은 동학농민군의 공격에 직면하게 되었다. 동학도들은 원평院坪 집회 이후 전라도의 천주교도에 대해 탄압할 기미를 드러냈다. 이에 전라감사는 각 고을에 전령傳令하여 동학교도가 천주교도를 학대하지 못하도록 다음과 같이 명한 바도 있었다.

> 성교인聖教人에게 행패를 금하도록 하는 일로 전령傳令한다. 이미 각 고을에 명하여 경계한令飭 바 있는데 이것을 핑계삼아 천주교인에 대한 행패가 있어 새로 이 전령을 내린다. 외아문外衙門의 지시에 따라 평민과 교민教民이 서로 화호和好하도록 약조約條를 만들어 전령하는 바이니 엄격히 준수하여 이를 위반하는 일이 없도록 하라.47)

이와 같은 과정에서 동학농민전쟁 당시 온건한 동학 접주의 보호를 받은 10여개의 교우촌은 비교적 피해를 적게 당했다.48) 그러나 3개의 교우촌은 완전히 전소되고, 신도 40~50여 호가 살던 6~7개 마을은 약탈당했다. 200개소의 교우촌이 파괴되었고, 거의 모든 신도들이 양식도 거처도 없이 산 속으로 뿔뿔이 흩어졌다. 배교를 강요당하고 고문을 받은 신자들, 매맞아 죽은 신도들이 여럿이었고, 다른 신자들은 산 속으로 피신하여 굶주림과 헐벗음으로 죽어갔다.49)

한편, 동학농민전쟁의 와중에서 선교사들이 입은 피해도 적지 않았다. 1894년 11월 말(양력) 전주의 보두네(Baudounet) 신부댁이 약탈 당했다.50) 이 전쟁 기간에 천주교가 입은 주요한 손실로는 죠조(Jozeau) 신부의 피살을 들 수 있다. 죠조 신부는 1893년 전라도 배재 본당 신부가 되어 장성,

---

47) 『Mutel문서』 1894~85 傳令文.

48) Baudounet, 10 Aout 1894, Lettre de Baudounet, *Lettres du Tjella~to vol. 1*, 湖南教會史研究所, p. 54.

49) 『Mutel문서』 1894~56.

50) 「法案」 『舊韓末外交文書』 19, no. 588, 高宗 31년 12월 12일(양력 1895.1.7.)

정읍, 순창 지역을 관할하게 되었다. 그가 배재 본당에 부임하던 날인 3월 21일(양력 5월 6일)은 동학도 1만여 명이 모인 금구 원평 집회가 열린 날이었다. 원평은 배재에서 20리쯤 떨어진 거리였다. 그런데 그는 금구 지역에 접어들어 노상에서 40여명의 동학농민군과 마주쳤는데 그들은 죠조 신부를 보고 아무렇지 않게 그냥 지나갔다.[51] 그리고 배재 성당 역시 큰 피해를 입지는 않았다.

죠조 신부는 부임 직후 동학군의 위협을 느꼈지만 이렇다 할 사고 없이 지냈다. 그러나 곧 자신의 담당 구역에 살고 있던 신자들이 동학군의 위협을 받게 되었다. 그는 1894년 7월 19일 "나는 내 본당을 지키고 있으며, 만일 필요하다면 내 교우들과 함께 피를 흘릴 각오까지 하고 있다"고 뮈텔(Mutel) 주교에게 편지를 보냈다.[52] 그는 신자들이 처한 급박한 사정을 알리기 위해 상경하게 되었다. 죠조 신부는 성환成歡 전투에서 일본군에게 패배하여 공주 방면으로 후퇴하던 청국 섭지초葉志超 군軍에게 체포되어 7월 28일(음력 6월 26일) 공주 부근 금강 장깃대나루에서 처형되었다.

뷔모(Villemot) 신부의 되재 본당의 경우에는 4월 5일(양력 5월 9일) 동학군들이 포위한 바 있었으나 관군의 보호로 피해를 면할 수 있었다.[53] 한편, 1894년 5월 경에는 되재 인근의 마을에서 천주교 신도 8명이 동학군에게 체포되어 "네가 서양 오랑캐의 종교를 믿으니 양이洋夷의 나라에 가보라"하며 머리에 석유를 바르고 머리털에 불을 붙인 사건이 있었다.[54] 그리고, 동학농민군들은 천주교도들에게 봉기에 가담할 것을 요구

---

51) Jozeau, 7 Mai 1893, Lettre de Jozeau, *Lettres du Tjella~to vol.1*, 湖南教會史研究所, p.297.
52) Jozeau, 20 Juillet 1894, Lettre de Jozeau, *Lettres du Tjella~to vol.1*, 湖南教會史研究所, p.306.
53) Villemot, 6 Juillet 1894, Lettre de Villemot, *Lettres du Tjella~to vol.2*, 湖南教會史研究所, p.739.
54) Baudounet, 5 Juin 1894, Lettre de Baudounet, *Lettres du Tjella~to*, vol.1, 湖南教會

했으나 "신자들만이 양심의 본분으로 인해 당원으로 가입하기를 거절했다." 이렇게 천주교도들이 동학농민군에의 가담을 거절하자 동학농민군들의 신도들에 대한 탄압이 더욱 가중되었다.[55]

일본은 8월 1일(음력 7월 1일) 청국에 선전포고를 하고 청일전쟁을 일으켰다. 농민군은 김개남金介男을 중심으로 하여 8월 25일(양력 9월 24일) 일본을 상대로 한 본격적인 무력 투쟁을 선언했다. 그 후 9월 13일(양력 10월 11일) 전봉준은 삼례역參禮驛에서 제2차 봉기를 시작했다. 9월 18일 최시형도 기포령 을 내려 일본에 대항하는 남북접 연합전선을 형성했다. 이들은 서울로의 진공을 계획했으나 11월 8일부터 11일 사이의 우금치牛禁峙 전투에서 패배하자 흩어졌다. 전봉준은 12월 2일 관군에 체포되고 그 밖의 농민군 지도자들도 체포되어 동학농민전쟁은 종료되었다.

동학농민전쟁이 끝난 다음 농민군에 대한 색출 작업이 강행되었다. 이에 전라도 지역에서는 농민군들이 체포를 모면하기 위해 천주교에 입교하고자 하는 사례가 다수 있었다.[56] 또한 동학농민군의 일부는 전쟁이 종료된 다음에도 천주교에 가탁하여 서학당西學黨이라 자칭하면서 민폐를 끼치기도 했다.[57]

요컨대, 개항기 1890년대의 사회에서는 제국주의의 침략에 반대하는 차원에서 반反서양운동이 활발히 일어나고 있었다. 이러한 시대적 환경과 관련하여 동학에서도 반反서양 내지는 반反서학 운동을 전개하고 있었으며, 이 경향은 동학농민전쟁에서 본격적으로 드러났다. 그러나 동학농민전쟁에 참여한 인물들은 동학도에게만 국한된 것이 아니므로 동학

史研究所, p.36.

55) 파리외방전교회, 「1894년도 연간보고서」『서울교구연보』1, 한국교회사연구소, 160쪽.

56) Villemot, 8 Avril 1896, Lettre de Villemot, *Lettres du Tjella~to vol.2*, 湖南敎會史研究所, p.764.

57) 이영호, 1994, 「농민전쟁 이후 농민운동조직의 동향」『1894년 농민전쟁연구』4, 194쪽.

농민전쟁 때에 발생한 모든 반反서학적 움직임을 동학도의 것으로 간주할 수는 없다. 그렇다 하더라도 당시 교회에서는 자신에게 피해를 입힌 세력으로 흔히 동학을 지목하고 있었다. 그리고 교회는 설령 동학도가 직접적 가해자로 등장하지는 않았다 하더라도 동학도로 말미암은 농민전쟁의 과정에서 자신이 피해자가 되었다는 인식을 가지고 있었다. 이러한 서학과 동학의 대결 의식은 동학농민전쟁이 종료된 이후에도 지속되어, 천주교에서는 그들의 입교를 받아들이는 데에 신중한 태도를 견지했다. 이와 같은 대립은 20세기에 접어들어 점차 극복되었고, 천주교는 동학 내지 천도교가 자신과는 직접 상관없는 하나의 종교라는 사실을 인정하게 되었다.

6. 맺음말

18세기 이후 조선 후기 사회에서도 집권층의 국가 운영 원리로서 성리학이 계속해서 강화되고 있었다. 그러나 조선 후기 사회는 내적 발전의 결과 성리학 이외의 새로운 사상의 출현이 요청되었고, 이 과정에서 실학사상이 출현하기도 했다. 실학 사상은 조선 왕조를 이끌어나갈 지배이념을 성리학이 아닌 원초유학原初儒學의 틀 안에서 찾아보려던 사상 운동이었다.

그러나 19세기 사회가 안고 있던 모순의 극복을 염원하던 민중들은 성리학 자체에 대한 거부 의사를 견지하면서 새로운 사상 운동에 투신해 갔다. 그들은 이 사상운동을 통해 상호 결속을 시도하면서 사회의 변혁을 지향하고 있었다. 그리하여 19세기 전후의 민중들과 일부 지식층들은 유학의 틀 자체를 거부하고 새로운 사상 체계를 모색해 나갔다. 이 과정에서 18세기 말엽 서학 즉 천주교 신앙이 전파될 수 있었고, 19세기 중엽에는 동학 사상도 성립되기에 이르렀다. 서학이나 동학 사상은 모두 민중 종교 운동적 특성을 지니고 있었다.

서학은 조선 후기 19세기 전후의 사회에서 전파되어 갔다. 이 사상은 인간 존엄성을 강조했고, 일종의 평등 사상으로 인식되고 있었다. 또한 19세기 중엽 최제우가 창도한 동학에서도 '사인여천事人如天'을 주장했다. 이는 반상班常이나 적서嫡庶의 차별, 남녀노소, 빈부의 차별을 뛰어넘어 모든 사람들을 하늘처럼 받들라는 의미로 해석되었다. 또한 이는 인간의 존엄성에 대한 선언이었고, 신분제에 대한 비판 의식을 뜻했다. 이 두 사상은 모두 인간의 존엄성에 대한 자각 현상이었다. 서학과 동학은 당대 민심이 지향하던 소망을 수렴한 사상이었다.

서학과 동학은 모두 불평등한 사회 제도로 인해 피해를 강요당하던 민중들에게 환영받게 되었다. 이 두 사상은 조선 후기 사회와 사상의 발전에 일정하게 기여하고 있었다. 그러나 정부 당국은 동학의 발생초기 동학도 서학과 마찬가지로 사학邪學의 일종으로 파악하고 이를 탄압했다.

그런데 서학과 동학은 상호간 약간의 유사점을 가지고 있으나, 그 차이점도 컸다. 즉, 서학은 인간의 보편성과 함께 문화 내지는 가치의 보편성을 인정하던 입장이었다. 반면에 동학은 조선 사회가 처해 있던 19세기 후반 조선의 상황을 직시하고 이에 대한 구체적 대응책을 찾고자 했다. 그리하여 동학은 최제우 단계에서부터 가지고 있던 반反서학적, 반反서양적 사상을 더욱 강화시켰다.

한편, 1890년대의 사회에서는 제국주의의 침략이 강화되어 갔다. 또한 조선의 사회에서도 동학 운동이 더욱 활기차게 전개되었다. 동학은 반反침략운동 내지는 반反서양운동을 전개하게 되었다. 동학도들이 가지고 있던 이러한 경향은 반反천주교운동으로 구체화되었다. 그리하여 1894년에 일어난 동학농민전쟁의 과정에서 전라도 지역의 교회는 동학농민군들로부터 적지 않은 피해를 당했다. 이 지역에서 선교하던 프랑스 선교사가 전쟁 와중에 피살당하기까지 했다. 이 상황에서 천주교측은 동학에 대한 부정적 인식을 상당 기간에 걸쳐 가지게 되었다.

제3장

조선후기 근기近畿지방의 천주교 신앙

1. 머리말

조선 왕조 시대 근기近畿라는 개념은 행정구역의 명칭이라기 보다는
국왕이 있는 서울 인근지역이란 의미로 사용되고 있었다. 이 근기 지역
가운데 '여리양광驪利楊廣'이라고 합칭合稱되던 지역이 있었다. 이는 여주,
이천, 양근, 광주를 합쳐서 부르던 명칭이었다. 이 네 지역은 동일 생활
권을 이루어왔으므로 이와 같은 약칭이 생기게 되었다. 한편, 조선후기
당시 '여리양광'을 대표로 하던 근기지방에서는 성호星湖 이익李瀷(1681
~1763)을 비롯한 일단의 학자들이 범유학汎儒學의 입장에서 새로운 경세
론을 전개하고 있었다.

이들을 후일 성호학파星湖學派라고 부르게 되었다. 이익의 학통을 이어
받은 성호학파는 18세기 후반기에 이르러 대체적으로 두 가지 경향을
띠게 되었다.[1] 성호 이익의 제자들 가운데 일부는 성리학의 가르침에 입
각하여 조선 사회의 문제점을 바로잡고 이상 사회를 구현해보려던 노력

---

1) 李佑成, 1982, 『韓國의 歷史像』, 창작과 비평사, 104~105쪽 참조.

을 전개하고 있었다. 이들을 성호우파星湖右派라고 부를 수 있다. 반면에 성호 이익의 또 다른 제자들은 주자절대주의적朱子絶對主義的 입장을 거부하고 학문에 대한 자유로운 연구를 시도하고 있었다. 이들을 흔히 성호 좌파星湖左派로 지칭되고 있다.

성호 좌파의 사상 운동이 활발하게 진행되던 곳이 바로 '여리양광' 지역이었다. 특히, 이 네 지역 가운데 양근楊根과 광주廣州에서 성호 좌파의 사상운동이 활발히 전개되어 갔다. 성호 좌파에 속하는 연구자들이 학문을 연구해 나가던 과정에서 천주교 관계 서적들을 연구하기 시작했다. 그리고 이들의 학문 연구는 곧 실천적 신앙운동으로 이어졌다. 이 지역은 우리 나라에 천주교가 세워지기 이전부터 천주교에 대한 연구가 진행되었던 곳이었다. 천주교에 대한 이 연구를 기반으로 하여 천주교가 창설되었고, 이곳에 천주교 신앙을 실천하는 신앙 공동체가 형성되었다.

이와 같은 사실을 알기 위해서 경기 일원 특히 여리양광 지역의 천주교 신앙 운동의 전개에 대한 이해가 요청된다. 따라서 본고에서는 1784년 이후 1801년에 이르는 교회 창설 초창기 근기지역의 천주교 신앙운동에 관해 간략히 검토해 보겠다. 그리고 이에 이어서 1791년의 신해박해와 1801년의 신유박해를 비롯하여 19세기에 진행되었던 천주교 신앙 실천에 대해서 서술해 보고자 한다.

2. 근기지역 천주교 신앙의 전파

우리나라의 천주교 신앙이 싹튼 곳은 서울과 인접해 있던 근기지역이었다. 이곳에서 싹튼 천주교 신앙은 곧 교회 창설로 개화되었다. 교회는 세례를 통해 결속된 신앙 공동체를 말한다. 그렇다면 한국 교회의 창설이라는 사건은 1784년 9월 어느 날 서울 수표교 부근에서 일어났다. 이

때 베이징에서 세례를 받고 입국한 이승훈李承薰(1756~1801)이 수표교 부근에 있던 이벽李檗(1754~1786)의 집에서 이벽에게 세례성사를 집전했다. 이로써 세례를 통해서 결속된 신앙 공동체가 출현했다. 경기 지역에서 발아發芽한 신앙이 서울에서 개화되어 결실을 맺게 되었다.

천주교에 대한 학문적 연구의 결과로 결실을 맺어 출현하게 된 우리나라의 천주교 신앙은 곧 서울과 경기 일원으로 전파되어 갔다. '여리양광'을 포함한 경기 지역은 천주교 신앙의 싹을 틔웠던 곳이다. 교회의 초창기부터 이곳에 신앙이 전파되어 신앙 공동체가 형성되었다는 사실을 당연한 일로 생각된다. 이 지역의 신앙 공동체 형성에 중요한 역할을 한 인물은 권일신權日身(1754~1792)이었다. 권일신은 이벽으로부터 세례를 받고 신앙공동체의 일원을 이루게 되었다. 초기 신앙공동체에 있어서 중요한 역할을 했던 이벽은 먼저 서울의 중인층을 대상으로 포교를 시도했다.[2] 그리고 이와 거의 동시에 양근 감호鑑湖에[3] 거주하던 권철신權哲身 (1736~1801), 권일신 등에게 포교함으로써 천주교 확산의 새로운 계기를 마련해 보고자 했다.[4] 그리하여 그는 1784년 9월 양근을 방문하여 당시 선비들이 우러르던 권철신을 설득했다. 그리고 이벽은 권철신의 아우였던 권일신을 입교시켰고, 권일신은 이 지방에서의 포교 활동에 가장 중요한 역할을 맡게 되었다.[5]

권일신은 양근과 광주를 비롯하여 그 부근 일대에 대한 포교를 시도하였고, 여주의 노론老論 가문 출신이었던 김건순金建淳,[6] 그리고 양근의

---

2)「邪學罪人黃嗣永等推案」, 822쪽. "(黃嗣永供日) 托跡商賈者 聞內浦之人 多爲流散 以商賈爲業者 甚多云"

3) 여기에서 말하는 鑑湖라는 지명에서 '湖'는 일반적인 '湖水'를 가리키는 말이 아니라, 강물의 흐름이 정지된 듯 고요한 지점을 지칭해온 전통 지리학의 표현방법이었다.

4) 달레, 安應烈·崔奭祐 譯註, 1987,『韓國天主敎會史』上, 한국교회사연구소, 308 쪽(Dallet, ibid., tome 1, p.20).

5) 달레, 1987, 앞의 책 上, 311쪽(Dallet, ibid., tome 1, p.23).

정약전丁若銓 형제들이 입교하게 됨에 따라 이 지역에서도 새로운 신앙 공동체가 형성되었다.7) 그리하여 1784년에서 1801년에 이르는 기간 동안 경기 지방에 거주했던 신도 가운데 그 이름이 확인되는 사람은 모두 107명으로 집계된다. 이들은 이 시기에 있어서 파악 가능한 전체 신도 692명 중 15.46%에 해당된다. 이 107명의 신자들이 거주했던 지역을 살펴보면 다음 <표 1>과 같다.

〈표 1〉 경기 지역별 신도분포(1801년 기준)

신분\지역	계 계:남:녀	양반 남:녀	중인 남:녀	양인 남:녀	천인 남:녀	미상 남:녀
합계	107:86:21	55:15	2:0	8:3	2;1	19:2
양근	50:39:11	28:9	1:0	0:0	0:1	10:1
광주	20:16:4	18:1	0:0	3:2	2:0	3:1
여주	25:20:5	16:5	1:0	0:0	0:0	3:0
이천	2:2:0	1:0	0:0	0:0	0:0	1:0
기타	10:9:1	2:0	0;0	5:1	0:0	2:0

자료: 『邪學懲義』, 『韓國天主教會史』, 『闢衛編』 및 각종 관찬사료

즉, 이 시기 경기에서 살고 있던 107명의 신자들 가운데 광주에서는 대략 20명의 신자가 확인되고 있다. 물론 이 20명이라는 숫자는 광주에 살고 있던 전체 신자 숫자라고 볼 수 없으며, 이는 단지 기록에 남아 있는 신자들의 숫자만을 뜻한다.

이 <표 1>에서 드러나는 바와 같이 경기 지방에서 신도들이 가장 집중적으로 거주했던 곳은 양근이었다. 그리고 여주와 광주에도 적지 않은 신도들이 거주하고 있었다. 그 밖에 포천 등지에도 소수의 신도들이 살고 있었다. 그런데, 신도들이 집중적으로 거주하고 있던 양근 및 광주

---

6) 『邪學懲義』, 120쪽.
7) 「邪學罪人姜彝天等推案」, 336쪽.

와 여주의 자연 및 인문 지리적 환경에 주의를 기울여 볼 필요가 있다. 즉, 이곳들은 서로 근접한 지역일 뿐만 아니라 한강의 내륙 수로를 통하여 서울과 일일 경제권에 속하는 지역으로서 여타 지역들보다는 상업 활동이 비교적 활발한 지역들이었다. 그리고 상업 활동과 같은 유통 경제의 발달은 지역적 폐쇄성을 극복하고 개방성을 강화시켜 줄 수 있는 계기를 마련해 주었다. 이 과정에서 이 지역은 문화적 선진 지역으로 성장하고 있었다.

당시 광주는 도시부의 인구가 5,464명에 이르는 도회가 형성되어 있었고,[8] 또한 광주와 양근은 지역적으로도 매우 밀접히 연결되어 있는 곳이었다. 그리고 광주에서는 분원장이 대규모로 서서 전국 각 처의 상고 商賈들이 모여들었으며, 이 부근 일대의 송파장은 그 규모에 있어서 전국에서 손꼽히고 있던 장시였다.[9] 여주의 경우에도 도시부의 인구가 3,665명에 이르는 도회 중의 하나였다.[10] 경기 지방에서 신도들이 집중적으로 분포되어 있던 이 곳들이 곧 근대적 의미의 완전한 도시는 아니었다 하더라도, 이와 같은 경제적 선진 지역에 천주교 신도들의 신앙 공동체가 형성되고 있음은 서울의 경우와 비교해 보더라도 상호 맥이 통하는 것으로 생각된다.

한편, 근기 지방 신자들의 사회적 처지나 문화적 특성을 이해하기 위해서는 그들의 신분을 주목할 수 있다. 그들은 양반을 비롯한 다양한 신분에 속하는 사람들이었다. 여리양광을 비롯한 경기 지방 신도들의 신분별 통계를 산출해 보면 다음 <표 2>와 같다.

---

8) 「邪學罪人姜彛天等推案」, 362쪽.
9) 孫禎睦, 1977, 『朝鮮時代都市社會硏究』, 一志社, 210쪽.
10) 孫禎睦, 앞의 책, 265쪽.

〈표 2〉 경기지역 천주교 신도들의 신분별 통계

	성별	합계	양반	중인	양인	천인	미상
신도수 (명)	합계	107	70	2	11	3	21
	남	86	55	2	8	2	19
	녀	21	15	0	3	1	2
백분비 (%)	합계	100.00	65.42	1.87	10.28	2.80	19.63
	남	80.37	51.40	1.87	7.48	1.87	17.76
	녀	19.63	14.02	0	2.80	0.93	1.87

자료 : 『邪學懲義』, 『韓國天主敎會史』, 『闢衛編』 등

　이상의 <표 2>를 통해 드러나는 바와 같이, 경기지방의 신앙공동체
는 양반 신분층이 주류를 이루고 있다. 이는 시정인市井人 중심의 서울
신앙 공동체나, 농민 중심의 내포內浦 지방 신앙 공동체와는 그 사회적
성격이 달랐음을 나타낸다. 이처럼 다른 지역과는 달리 양반이 이 지역
교회의 신도들에 있어서 상당수를 차지하고 있었던 까닭은 권철신을 중
심으로 한 성호좌파의 학문적 분위기를 들 수 있을 것이다. 그리고 권철
신의 후광 아래 권일신이 전개한 포교 활동이 주로 이 지역의 양반층을
대상으로 하여 전개된 결과로 추정된다.[11]

　경기 지역 신앙 공동체가 가지고 있던 이러한 특성은 이 시기 양근이
나 광주에서 형성되었던 신앙 공동체의 경우에도 유사하게 드러난다. 그
리고 양반 지식인 중심의 신앙 공동체는 천주교 신앙이 수용되던 초창기
에 드러나던 하나의 특징이었다. 즉, 중국에서 간행된 한문 서학서를 해
득할 수 있었던 양반층을 중심으로 하여 초기의 신앙 공동체는 형성되기
에 이르렀다. 그리고 양반 지식인 신도들은 천주교 신앙이 민중 종교 운
동으로 전환되어가던 과정에서 천주교와 민중을 연결시켜주던 다리와
같은 역할을 했다. 이 역할을 담당했던 인물들이 성호 좌파에 속하는 일

---

11) 달레, 1987, 앞의 책, 上, 322쪽(Dallet, *ibid.*, tome 1, p.29).

단의 연구자들이었다. 이 지역의 성호좌파 인물들은 선진 문화를 수용하고자 하던 욕구가 매우 강했고, 성리학에 대해서 상대적인 입장을 견지하고 있던 사례도 많았다. 이와 같은 지적 분위기에서 이 지역의 인물들은 일종의 선진 문화 수용 운동을 전개하고 있었으며, 이 운동의 일환으로 서학西學에 접하게 되었다. 그리고 서양의 과학 기술과 천주교 신앙을 동시에 뜻하고 있던 서학에서 천주교 신앙을 적극적으로 수용하게 되었다. 이 지역의 양반 지식층들이 서학 중 과학기술보다는 천주교 사상을 적극 수용했던 것은 사변적 경향이 강했던 이 지역의 문화와 관련된 현상으로 추정된다.

한편, 이들은 보유론적 입장에서 서학 즉 천주교에 접근하고 있었던 존재로 파악된다. 보유론補儒論은 천주교 신앙이 유교와 대립되는 사상이 아니라, 유교의 부족한 점을 보충하여 완성시켜 주는 가르침이라는 선교 이론이었다. 이 이론은 마태오 리치가 『천주실의天主實義』를 통해서 제시한 바 있었다. 마테오 리치는 보유역불補儒易佛 즉, "유교는 보완하여 완성시키고, 불교는 배격하여 바꾸어 버린다"는 방법으로 동양 사상과 그리스도교와의 관계를 정리했다. 그리고 그가 제시한 보유론은 중국의 유학자들에게 상당한 호응을 얻었다. 이 보유론이 한문 서학서와 함께 조선에 들어왔다. 그리고 조선의 지식인들 특히 경기 지역 출신 양반 신도들도 이 보유론에 동의하고 있었다.

보유론에서 논하는 유교는 당시 우리나라 지배층의 문화였다. 보유론에서는 동양의 지배적 문화였던 유교와 그리스도교가 합치되어 나갈 수 있는 방안을 제시해주었다. 그러나 보유론 그 자체는 유교 사상에 대한 철저한 거부나 대결 의식의 측면이 약할 수밖에 없었다. 이 때문에 보유론적 사고를 가지고 입교한 경우에는 그리스도교 신앙을 절대적으로 이해하는 데에는 한계가 있었다.

더욱이 마테오 릿치의 보유론적 선교 이론이 천주교 자체에서 거부되고, 전례 문제로 인해서 자신들이 존중해 왔던 문화 체계가 송두리째 부정되던 상황이 교회 안에서 전개되기에 이르렀다. 이에 상당수의 보유론자들은 자신이 새롭게 터득한 그리스도교의 신앙을 고수하기보다는 원래 자신이 속했던 문화인 유교적 질서 안으로 회귀해 돌아가는 사례가 많았다. 그들의 행동에는 서西유럽적 개념의 배교 행위로 보기에는 어려운 점이 있다. 그러나 선교가 진행되던 당시 선교사들이 가지고 있던 그리스도교적 근본주의의 입장에서는 이들마저도 '배교자'로 낙인찍는 경우가 많았다.

양근 및 광주를 비롯한 경기 지역의 교회가 주로 가지고 있던 이러한 신분적 특성과 문화적 배경으로 인하여 1791년의 진산사건珍山事件, 그리고 1801년의 신유교난辛酉敎難의 과정에서 상당히 많은 취약성을 드러내게 되었다. 즉, 1791년을 계기로 하여 경기 지역의 주요 신자였던 권일신, 정약전丁若銓, 정약용丁若鏞, 이기양李基讓 등 많은 인물들이 신앙공동체로부터 탈락되었다.[12] 그리고 1801년 신유박해의 과정에서도 이들의 탈락은 거듭 확인되고 있으며, 경기 출신 김건순金建淳 등도 배교하게 되었다.[13]

이는 이곳의 교회가 신문화 수용 운동적 성격을 강하게 가지고 있었고 이를 철저한 종교 운동으로 전환시키지는 못했기 때문에, 이와 같은 취약성을 드러내게 되었던 것이다. 그러나 이러한 경우 이외에도 이 지역 출신 신도들 가운데에는 자신의 신앙을 꿋꿋하게 지킨 적지 않은 신도들을 확인할 수 있다. 즉, 이곳 출신의 신도들의 중 정약종丁若鍾, 윤유일尹有一, 조동섬趙東暹 등 자신의 신앙을 고수한 인물들도 있었다.

경기 지역은 지리상 서울과 하루 생활권에 속하는 지역들이 많았다. 특히 내륙 수로를 활용하여 교통할 경우에는 서울과 경기 지역 도시들과

---

12) 위와 같음.
13) 『邪學懲義』, 120쪽.

의 교류는 더욱 손쉬웠다. 이 과정에서 경기 지역 신자들 가운데 상당수
가 서울로 전출轉出해 갔다. 이와 같은 신도의 이동은 박해 등이 일어날
때 더욱 두드러진 현상을 드러내 주었다. 예를 들면 1791년에 전라도 진
산에서 조상 제사 문제 때문에 발생한 이른바 진산사건珍山事件 이후에는
이곳의 신앙 공동체에 속했던 신자들 가운데 일부가 서울로 전출해서 피
신하는 경우도 있었다. 이로 말미암아 경기 지역 교회는 1791년 이후 점
차 약화되어가는 현상이 나타나기도 했다.

그런데, 1801년 당시 서울에 거주하던 신도들의 출신지를 분석해 보
면 적지 않은 수의 전입자들을 확인하게 된다. 당시 서울에서 거주하던
신자들 가운데 그 성명이나 신분이 확인되는 사람들은 351명으로 집계
된다.[14] 이 가운데 다른 지역에서 이주해 온 사람들로 밝힐 수 있는 인
원은 모두 76명에 이른다, 이는 당시 서울의 신도 중에서 21.65%의 신
도가 타관 출신임을 말하는 것이다. 다른 지역으로부터 서울로 전입한
신도들을 밝혀 보면 다음 「표 3」과 같다.

〈표 3〉 서울 移入 신도

	성별	계	양반	중인	양인	천인	미상
移入者	합계	76	28	10	23	8	7
	남	53	17	4	21	5	6
	녀	23	11	6	2	3	1

자료: 『邪學懲義』, 『韓國天主敎會史』, 『闢衛編』 등에서 추출

이상의 전입자 가운데 양반 신분층에 속하는 사람을 검토해 보면 주
로 경기의 양근, 광주, 여주, 이천 등지로부터 이주해 온 사람들이었다.
이들이 양반층 전입자 27명 중 18명을 이루고 있으며, 나머지 인원들은

---

14) 趙珖, 1989, 『朝鮮後期 天主敎史 硏究』, 고려대학교 민족문화연구소, 34쪽.

충청도 충주, 홍주, 덕산과 전라도 영광에서 전입한 사람들이다.15) 이러한 양반 출신 전입자들 중 경기 지역에서 비교적 많은 사람들이 들어오고 있었다. 이들 가운데는 그 지역에서 계속해서 일어나고 있던 천주교에 대한 공적公的 혹은 가문적家門的 탄압을 피하려는 목적을 가지고 전입해 온 경우도 있었다. 예를 들면 여주에서 서울로 이사했던 정광수鄭光受, 윤설혜尹雪惠 부부는 여주의 본가에서 이들의 제사불참을 비난하자 서울로 옮겨왔다.16) 정약종의 경우에는 향리에서 천주교에 대한 탄압의 조짐이 있었기 때문에 1800년 서울로 전입해 들어온 경우로 볼 수 있다.17)

이상의 예에서 볼 수 있는 바와 같이 서울은 경기 지역의 신앙 공동체와 매우 긴밀한 유대관계를 가지고 있었다. 또한 충청도에서 형성되었던 신앙 공동체의 일부도 경기의 신앙 공동체와 일정한 관계를 유지하고 있었다. 충청도 지역은 권일신 문하에 속했던 이존창李存昌에 의해서 신앙 공동체가 형성되기 시작했다. 그런데 충청도 지역에 있어서 가장 큰 신앙 공동체가 형성되었던 곳은 내포內浦 지방 일대였다. 내포 지방은 가야산 둘레의 10개 군현을 일컬었던 말이며, 특히 아산만으로 흘러드는 무한천과 삽교천 일대로서 아산만의 수로를 따라 선박의 통행이 가능한 충청남도 중서부 지역일대에 해당된다.

이 지역에서는 양반이 중심이 되었던 경기 지역의 신앙 공동체와는 달리 양인 농민 출신 신도들을 중심으로 한 신앙 공동체가 형성되어 있었다. 반면에 충주 지역에는 양반이 주축을 이룬 교회가 성립되었던 바, "충주는 한강 상류로서 물길로 왕래가 편리하므로 예부터 이곳에 사대

---

15) 『邪學懲義』 95, 356·362쪽.
16) 경기에서 서울로 移居한 사람들은 金日浩, 南權, 南必容, 朴重煥, 沈樂熏, 尹鍾百, 尹鍾一, 尹鉉, 李國昇, 李石中, 鄭光受, 鄭涉, 丁若鍾, 趙變, 韓在濂, 洪樂豊, 洪正浩 등 남성 신도와 權哲身妹, 尹雪惠, 尹雲惠, 尹占惠, 李同和女, 鄭順每, 趙排愛, 洪正浩妻 등 여성 신도들을 들 수 있다.
17) 『邪學懲義』, 94쪽.

부가 많이 입거했다"는 이중환李重煥의 기록에서처럼,18) 남한강 수로를 이용하여 서울 및 양근, 광주 등의 지역과 밀접히 연결된 곳이었다. 이와 같은 지리적 특성으로 인하여 양근의 권철신 일가는 충주를 통혼권 안에 포함시킬 수 있었을 것이며, 이러한 혼척 관계를 통하여 충주에 천주교가 전해졌던 것이다. 또한 이렇게 성립된 충주의 신앙 공동체는 양반이 주류를 이루고 있으며 신문화 운동적 성격이 강한 경기 지역의 신앙 공동체와 긴밀한 연관을 가지고 있었다.

요컨대 경기도 지역에서는 여주, 이천, 양근, 광주 등지를 중심으로 하여 1784년부터 1801년에 이르는 기간에 걸쳐서 양반 신분층을 중심으로 한 교회가 성립되어 있었다. 경기의 신앙 공동체는 권일신 등에 의해 이루어졌고, 신문화 수용 운동적 성격을 강하게 가지고 있었다. 이 지역의 신앙 공동체는 한강 수로를 이용한 교통의 편의가 있었기 때문에 서울 및 남한강 상류 충주 일대 지역과 밀접한 관계를 가지고 있었다. 이들 지역은 경제적으로 볼 때 선진 지역에 해당되었고, 문화적으로는 성호좌파의 사상에 속해 있었다. 광주를 비롯한 이 지역에서 형성된 신앙 공동체의 성격도 대략 이러한 지역 자체의 분위기에 잠겨 있었다. 이들은 보유론적 입장에서 천주교를 신앙하고 있었다. 이들 가운데에서는 박해로 인해 교회를 떠난 인사들과 함께, 박해 때 자신의 신앙을 끝까지 증거했던 인물들이 확인되고 있다. 이러한 사항은 광주에서 형성된 신앙 공동체의 특성을 이해하기 위한 전제가 된다.

---

18) 李重煥, 『擇里志』 八道總論(忠州條), "忠州邑爲漢水上流 水路便於往來 故京城士大夫 自古多卜居於此"

3. 양근楊根지방 천주교 신앙운동의 전개

근기 지역에서 천주교 신앙이 실천되던 곳 가운데 먼저 주목되는 지역은 양근이었다. 양근 지역의 천주교 선교에는 권일신이 가장 중요한 역할을 담당하고 있었다. 그는 초기 교회에서 이승훈, 이벽과 함께 '세명의 사도'로 불렸던 인물이었다.[19] 권일신은 자신이 받아들인 신앙을 전파하기 위해 열정적으로 노력했다. 그리고 그 자신의 신앙을 다지기 위해서도 지속적으로 노력하고 있었다. 그는 규칙적으로 용문산龍門山에 있는 사찰에 가서 자신의 친우인 조동섬趙東暹(유스티노, 1738~1830)과 함께 종교적 수양회인 피정避靜을 하면서 침묵 중에서 예수 그리스도와 성인聖人들의 삶을 본받고자 했다.[20]

권일신이 선교했던 양근 지역의 인물로는 바로 위에 언급된 조동섬을 들 수 있다. 조동섬은 학덕이 높았던 남인 출신 양반이었다. 조동섬은 입교한 이후 자신의 가족과 친척들을 입교시켰고 주변의 사람들에게 천주교를 권면했다. 그의 아들은 토마스라는 세례명으로 전해지고 있다.[21] 조토마스나 조증이의 경우에도 조동섬의 감화를 받아 입교했던 것으로 추정된다.

한편, 양근 지방 출신 천주교 신도로는 정약종丁若鍾(아우그스티노, 1760~1801)과 정약용丁若鏞(세례자 요한, 1762~1836)의 존재도 주목할 수 있다. 정약종은 초기 천주교회의 신도단체였던 명도회明道會의 회장이었다. 그는 『쥬교요지主敎要旨』라는 제목의 천주교 교리서를 집필하여 초창기 조선 천주교의 사상적 기초를 다지는 데에 이바지했다.[22] 정약종은 오로지

---

19) 달레, 1987, 앞의 책 上, 312쪽.
20) 달레, 1987, 앞의 책 上, 322쪽.
21) 달레, 1987, 앞의 책 中, 519~520쪽. 1839년 서울의 당고개에서 순교한 조증이 (趙曾伊, 발바라)도 조동섬의 집안사람이었다.

신앙에 전념했고 이로 말미암아 척사론자들로부터 강력한 비방을 듣게 되었다. 이러한 사실은 다음과 같은 목만중睦萬中의 척사소斥邪疏에서 드러난다.[23]

> 정약종은 과거 공부를 하지 않고, 오로지 사술邪術을 행하는 데에만 뜻을 두었습니다. 만가지 악이 구비되어 있고, 천가지 요사함이 모두 모여 있어서, 양근 사람들이 화를 내고 미워하지 않은 이가 없었습니다.

정약종의 동생인 정약용의 경우에도 이승훈으로부터 세례를 받고 천주교에 입문한 바 있었다. 그러나 그는 천주교에 대한 금지령이 반포된 이후 신앙 공동체의 생활을 청산했음을 강조한 바 있었고, 1801년의 박해 과정에서 자신의 기교棄敎를 확인했다. 한편, 그는 그후 교회 재건 운동에 다시 참여했던 것으로 기록되었다. 그런데 그의 신앙 실천 여부와는 상관없이 그의 사상에는 천주교 신앙적 요소가 수용되어 있음이 밝혀지고 있다.

이들 이외에도 1801년 이전 양근 출신의 천주교 신도 가운데에는 다음과 같은 인물들도 포함되어 있었다. 즉, 양근 출신이었던 남필용南必容은 학장學長을 업으로 삼아 서울에서 지내고 있었다. 홍익만洪翼萬의 경우에도 양근에서 서울로 전입했다.[24] 이들의 예에서 볼 수 있는 바와 같이 서울로 전입한 양반 출신 신도들 가운데에는 양근 출신들도 일부 포함되어 있었다.[25]

권일신은 양근 지역의 친지들 뿐만 아니라 1801년 이전 충청도 내포 지방 및 전라도와 근기 지방 등 각 처에서 천주교를 전하고 있었다. 권

---

22) 달레, 앞의 책 上, 322쪽 참조.
23) 『承政院日記』, 純祖 元年 2月23日 己巳, 睦萬中斥邪疏.
24) 『邪學懲義』, 不咸文化社, 191쪽.
25) 趙珖, 1989, 『朝鮮後期 天主教史 研究』, 高麗大 民族文化研究所, 43쪽.

일신으로부터 천주교 신앙을 전수받았던 대표적 인물로는 이존창李存昌 (루도비꼬 곤자가, 1752~1801)과 유항검柳恒儉(1756~1801)을 들 수 있다. 이존 창은 원래 권철신의 명망을 듣고 그의 가르침을 받고자 양근을 찾았다가 권일신의 권면으로 천주교에 입교했다. 이존창은 충청도의 주요 지역이 었던 '내포內浦의 사도'로 불리게 되었다. 또한 그는 '호남湖南의 사도'로 불리는 유항검을 입교시켰다. 이와 같은 권일신의 노력에 의해서 양근은 당연히 '조선 천주교회의 요람'으로 간주되었다.26)

한편, 조선에 천주교가 전래된 직후부터 정부 당국에서는 천주교를 박해했다. 정부 당국은 천주교가 '평등'을 주장하며 신분제적 질서를 문 란케 하는 '위험한' 사상이라고 규정했다. 그들은 천주교를 사학邪學으로 규정하고 이에 대한 탄압을 정당화했다. 이 과정에서 조선에 천주교회가 세워진 다음 해에 서울 명례방 김범우金範禹의 집에서 진행되었던 신앙 집회가 발각되어 김범우가 유배형에 처해진 사건이 발생했다.

그러나 1791년에 발생한 진산사건珍山事件을 계기로 하여 천주교에 대 한 본격적 문제가 제기되었다. 이 진산사건은 전라도 진산에서 윤지충尹 持忠과 권상연權尙然이 조상에 대한 제사를 거부함으로써 일어난 사건이 었다. 그리고 이를 계기로 하여 천주교에 대한 금령이 내려졌고, 전국적 인 박해가 단행되었다.

진산사건의 여파는 양근 지방에도 미쳤다. 당시 양근은 천주교 신앙 의 중심지 가운데 하나였기 때문이다. 그리하여 홍낙안洪樂安과 목만중睦 萬中 등 천주교에 대한 반대자들은 양근에 있던 권일신을 "천주교의 중 요한 두목이요 지지자라고 지목해서 고발했다."27) 사실, 권일신은 양근 지방의 대표적 신자였다.28) 그 때문에 척사론자斥邪論者들은 그를 '양반

---

26) 달레 著·安應烈 崔奭祐 譯註, 1987, 『韓國天主敎會史』 上, 한국교회사연구소, 312~313쪽.
27) 달레, 1987, 앞의 책 上, 357쪽.
28) 『承政院日記』, 正祖 15年 11月 3日 甲戌, 洪仁浩 上啓.

출신 천주교 중의 괴수'라고 지목했다.29)

　권일신은 이 사건으로 말미암아 체포되었다. 그는 신문과정에서 자신의 신앙을 고백하고 배교를 거부했다. 목만중 등 척사론자들은 그의 사형을 주장했지만 정조正祖는 이를 용허하지 않고 그에 대해 제주도 유배형을 선고했다. 그가 출옥하여 유배지로 떠나기에 앞서 서울에 머물러 있는 동안 그는 팔순 노모를 염려하여 약간의 양보적 언사를 제출했다. 그 결과 그의 유배지가 충청도 예산으로 바뀌었다. 그러나 그는 유배지 예산을 향해 길을 떠난 직후 고문의 상처가 악화되어 주막에서 임종했다.30)

　진산사건의 여파로 인한 박해의 피해는 근기 지방에서도 적지 않게 있었다. 그런데 권일신이 죽은 이후 그의 둘째 아들이었던 권상문權相問 (1768~1802)은 양근에 머물며 천주교 신앙을 계속해서 실천하고 있었다. 그러므로 1795년 이후 주문모 신부는 양근 직승直升에 있던 권상문權相問 의 집에서 3일간 머물 수 있었다.31)

　양근 지방에서 1800년 4월에 천주교에 대한 박해가 일어나기도 했다.32) 이처럼 박해가 간헐적으로 계속되었던 것은 양근 일대에 천주교 신도가 적지 않게 남아 있었기 때문이었을 것이다. 당시 정부관리들은 "양근 일대가 경기도 가운데 사학이 최고로 심한 지역"33)으로 파악하고 있었다. 18세기 말엽 양근 일대에 천주교 신앙이 성행하던 상황은 다음의 상소문을 통해서도 잘 드러난다.34)

---

29)『承政院日記』, 正祖 15年 11月 12日 癸未. 申耆上啓.
30) 달레, 1987, 앞의 책 上, 357~358쪽.
31)『邪學罪人李基讓等推案』周文謨供草 辛酉 3月15日字.
32)『邪學罪人李基讓等推案』周文謨供草 辛酉 3月15日字.
33)『承政院日記』, 純祖 元年 3月 16日 壬辰, 沈煥之上言.
34)『承政院日記』, 正祖 24年 閏4月 29日, 申龜朝上言.

　최근 사학邪學이 삼남에 번성하고, 근기에까지 물들게 하였으니, 그 기세
를 막을 수 없을까 걱정과 근심이 끝이 없습니다. 비록 여주와 양근으로만 말
한다 해도 여주의 옥에 갇힌 자가 10여인에 이를 정도로 많다고 하며, 양근에
는 그것에 미혹되지 않은 사람이 없고, 배우지 않았던 마을이 없으니, 장차
온 고을이 모두 금수의 땅에 들어갈 것입니다.

　이 상소문의 내용에는 약간의 과장된 부분도 있었던 것으로 생각된
다. 그러나 이 상소문을 통해서 양근을 비롯한 근기 지방에서 천주교가
계속해서 성행하고 있었던 사실과 이에 대한 정부 당국자의 경계심을 확
인할 수 있다. 이러한 경계심으로 말미암아 1801년의 박해가 진행되던
과정에서 이 지역의 천주교 신도들은 적지 않은 고통을 강요당했다.

　즉, 1801년의 박해가 일어나자 양근 지방에서도 다수의 신자들이 체
포되었다. 체포된 신자 가운데 양반 출신들은 양반의 범죄에 관한 처결
을 전담하던 의금부義禁府로 압송되었다. 이 과정에서 근기 남인들의 사
상적 지주였던 권철신權哲身도 체포되어 신문을 받았다. 그는 고문으로
인해서 감옥에서 죽었다.[35]

　1801년 4월 25일 양근 읍내에도 순교자들이 났다. 경기감사 이익운李
益運의 장계에 의하면, 유한숙兪汗淑과 윤유오尹有五가 양근 관아에서 1리
정도 떨어진 대로변에서 민인民人들을 크게 모아놓고 법에 따라 참수형
에 처해졌다.[36] 윤유오는 1795년에 순교했던 윤유일尹有一의 사촌동생이
었다.

　양근에서 참수당한 신도 가운데에는 윤점혜尹占惠도 있었다. 그는 윤
유일의 사촌 누이로서 양근 고을 출신이었다. 그는 강완숙과 함께 초기
교회의 여성 신앙 공동체를 이끌어왔던 인물이다. 윤점혜는 당시 '여회
장女會長'으로 불릴 정도로 신망이 높았다.[37] 윤점혜는 1801년 2월 강완

---

35) 달레, 1987, 앞의 책 上, 439~440쪽.
36) 李基慶, 『闢衛編』, 曙光社, 346쪽.
37) 「東國敎友上敎皇書」 참조.

숙姜完淑과 함께 체포되어 신문을 받았다. 1801년 7월 5일(양력) 윤점혜尹占惠가 양근에서 참수를 당했다.

1802년 1월 30일자로 양근 출신 김일호金日浩와 권상문權相問(세바스티아노, 1768~1802)이 양근에서 처형되었다. 그는 권일신의 둘째 아들이었다. 그는 박해가 일어나자 체포되어 양근 감옥에 갇혔다가 혹독한 고문으로 잠시 배교를 한 바 있었다. 그러나 그가 서울로 이송된 이후에는 고문에 굴복하지 않고 자신의 신앙을 증거하며, 10개월 동안 수감되어 있었다. 그는 자신의 출신지인 양근으로 이송되어 사형이 집행되었다.[38]

1801년의 박해 결과 양근 지역의 신앙 공동체는 거의 파괴되었고, 이 지역 출신의 신자들이 교회의 지도부를 이룰 수도 없었다.[39] 그러나 이 박해에서 살아남았던 조동섬 만은 그 후에도 조선천주교회의 정신적 지주로서 활동을 계속하고 있었다.

조동섬도 1801년 천주교에 대한 박해가 일어나자 양근의 관원에게 체포되었다.[40] 조정에서는 조동섬에 대한 신문을 주장했다.[41] 이 때문에 그는 서울의 의금부로 이송되어 신문을 받았다. 아마도 이때 그는 자신의 신앙을 부인했기 때문에 사형을 당하지 않고, 함경도 무산茂山으로 유배를 갔던 것으로 추정된다.

조동섬의 아들 조토마스는 조동섬이 양근에서 체포되어 의금부로 이송된 이후 무산에 유배된 직후까지도 부친을 배행陪行하며, 부친에게 헌신적인 효도를 실천했다. 그러나 조동섬의 출신지였던 양근의 지방관은 조동섬의 유배가 확정된 이후 그 아들인 조토마스를 체포해서 신문하고자 했다. 그리하여 조토마스는 부친의 배소配所에서 1801년 8월 관원들에게 체포되어 양근에 압송되었다. 그는 1801년 10월초에 양근 옥에서

---

38) 달레, 1987, 앞의 책 上, 609~610쪽.
39) 趙珖, 앞의 책, 82쪽.
40) 『邪學罪人李家煥等推案』丁若鏞供草, 辛酉2月10日字.
41) 『承政院日記』, 純祖 元年 2月25日 辛未, 李秉模上言.

고문치사拷問致死를 당했다.[42]

한편, 1801년의 박해는 해가 바뀌면서 점차 이완되어 갔다. 그렇다 하여 모든 지역에서 박해가 끝났던 것은 아니었다. 국가에서는 천주교에 대한 금령을 여전히 지속했다. 이 과정에서 지방민들은 신도들을 "천만 가지로 괴롭히고, 그들을 종과 같이 다루었다."[43] 일반적으로 지방민들은 신도들을 관가에 고발하지는 않았다 하더라도, 신도들이 국가에 대한 '범죄자'로 인정되고 있는 한, 그들을 천인賤人으로 인식했던 것이다.

당시의 관행으로 범법자들은 천인에 준하는 존재로 취급되고 있었기 때문이다. 그러므로 신도들은 원래 자신이 양반 가문 출신이었다 하더라도 더 이상 사류士類에 낄 수 없었다. 그들이 상한常漢 출신인 경우에도 일반 양인良人들과 대등한 사회적 대우를 받을 수는 없었다. 박해 이후 그들은 확실하게 신분 강등을 강요당하고 있었다.

이 과정에서 우리는 양근 지방의 양반 출신이었던 조숙趙淑(베드로, 1786~1819)의 행적을 살펴볼 수 있다.[44] 그는 1801년의 박해 과정에서 체포되어 유배당했던 조동섬趙東暹(유스티노, 1738~1830)의 가까운 친척이었다. 그는 박해가 일어나자 양친을 따라서 강원도로 피신해서 여러 해 동안 살았다. 그러나 조숙은 1804년 이천利川에서 체포되어, 자신의 출신지인 양근으로 압송되어 신문을 당했지만, 배교 후 석방되었던 것으로 추

---

42) 달레, 1987, 앞의 책 上, 523~524쪽.

43) 달레, 1987, 앞의 책 中, 10쪽.

44) 원래 그의 이름은 '명수'였으나 冠名인 '淑'으로 더 잘 알려졌었다 한다(달레, 위의 책 中, 89쪽). 달레의 기록에 의하면, 조숙은 1804년 利川에서 체포되어 楊根으로 이송된 후 일단 배교해서 이여진(요한)을 밀고했던 것으로 되어 있다. 그러나 조숙은 체포되어 같이 감옥에 구금된 이여진의 권고로 신앙을 회복하고 양근에서 참수된 것으로 전하고 있다(달레, 앞의 책 中, 15~6쪽). 여기에 나오는 '조숙'에 관한 기록은 아마도 1819년에 순교한 조숙의 초기 행적에 관한 기록이 전승 과정에서 錯簡을 일으켰던 것으로 추정된다. 그러므로 여기에서는 1804년 양근에서 순교했다고 기록된 '조숙'과 1819년에 순교한 '趙淑'을 동일 인물로 파악하여 다루고자 한다.

정된다.45) 그는 함경도 무산茂山에 유배되었던 친척 조동섬을 찾아가 만나기도 했다.46)

조숙은 1805년에 권일신의 딸인 권權 데레사와 결혼했다. 권 데레사 (1783~1819)는 권일신權日身의 4남매 중 맏딸이었다. 이들의 혼사는 그 부모가 천주교 사건 연루자였다는 공통점으로 인해서 용이하게 이루어졌을 것이다. 그러나 두 사람은 합의에 의해 동정을 지킬 것을 약속해서 실천했다.

당시 조선에서는 독신 생활을 통해서 신앙에 전적으로 헌신하는 생활을 하는 천주교적 수도 생활의 실천이 불가능했다. 이 때문에 수도 생활을 원하는 사람들이 결혼을 가장하여 살면서 수도를 실천했던 사례가 있었다. 조숙 부부도 이 경우에 속한다고 할 수 있다. 그들은 수도 생활을 통해서 자신의 생활을 교회 활동에 전적으로 봉헌하고자 했었다.

한편, 이 때 조동섬은 유배지에서 천주교 신앙을 계속하면서, 그곳 주민들에게 글을 가르치며 살아갔다. 그는 1811년에는 교회 재건 운동에 참여하여 북경의 주교와 교황에게 보내는 편지를 보내는 데에 참여하고 있었다.47) 1816년에는 정약종의 아들 정하상丁夏祥(1795~1839)은 무산을 찾아서 그에게서 한문을 배웠다.48)

조동섬, 조숙, 정하상 등은 교회 재건 운동에 함께 참여하고 있었다. 특히 조숙 부부는 서울로 이주하여 살면서 정하상丁夏祥(1795~1839)과 함께 교회 재건 운동을 전개했다. 그 과정에서 1817년 3월 자신이 가르치던 예비 신자의 밀고로 체포된 듯하다. 그들 부부는 함께 지내던 고高발바라와 함께 포도청에 수감되었다. 고발바라는 무산에서 조동섬으로부터 교리를 배워 세례를 받았던 사람이다. 이들 셋은 1819년 5월 21일

---

45) 달레, 1987, 앞의 책 中, 15쪽.
46) 달레, 1987, 앞의 책 中, 94쪽.
47) 달레, 1987, 앞의 책 中, 19쪽.
48) 달레, 1987, 앞의 책 上, 88쪽.

서울에서 참수되었다.[49)]

그후 조동섬은 조숙의 체포로 말미암아 1819년에 관원으로부터 다시 신문을 받았다. 이때 그는 관리에게 자신이 천주교 신앙을 계속 하고 있다고 선언했다. 관장은 조동섬과 주민들의 접촉을 차단하고자 했다. 그러나 그 지역에서 조동섬에게 글을 배우던 사람들이 이러한 명령을 공공연히 무시하자 관청에서도 이를 묵인할 수밖에 없었다 한다.[50)]

양근지방의 천주교 신앙에 관한 기록은 1830년대에도 계속해서 나타나고 있다. 당시 한국 교회는 파리외방선교회의 선교사들이 입국하여 선교를 시도하고 있었다. 그리하여 1836년 1월에는 프랑스인 선교사 모방(Maubant, 1803~1839)이 조선인 신도들의 안내로 압록강을 건너 의주義州를 통해서 입국했다. 그는 입국 후 서울에 머물며 조선어를 배우면서 선교에 종사하고 이었다. 그의 뒤를 이어서 1837년 1월에 샤스탕(Chastan, 1803~1839) 신부가 조선에 입국했고 1월 15일 서울에 도착했다. 샤스탕 신부가 서울에 들어오자 모방 신부는 양근으로 옮겨서 4주일 동안 머물며 조선어 공부를 하면서 그 고을의 신자들을 돌보았다.[51)]

선교사의 입국을 전후하여 가장 두드러진 활동을 전개한 인물로는 정하상을 들 수 있다. 그는 1816년 이후 모두 9회에 걸쳐 북경을 왕래하며 조선 교회의 재건에 결정적으로 기여했다. 정하상은 1823년부터 조선 교회의 실질적 지도자로 활동하고 있었다. 그는 1839년의 박해과정에서 '상재상서上宰相書'를 통해서 자신의 신앙을 옹호하고 신앙의 자유를 주장했다. 그러나 그는 이 박해 과정에서 순교했다.[52)]

1839년의 박해가 일어나자 그 여파가 양근 지역에도 미쳤다. 사실 1801년의 박해 이후 양근 지방에서 천주교를 신봉하는 신자들은 소수에

---

49) 달레, 1987, 앞의 책 中, 95쪽.
50) 달레, 앞의 책 中, 187~188쪽.
51) 달레, 앞의 책 中, 367~358쪽.
52) 달레, 앞의 책 中, 465쪽.

지나지 않았다. 그러나 정부 당국에서는 관원들을 다시 양근으로 파견하여 1801년의 박해 때에 죽음을 당한 양반 가문의 후손들이 천주교를 계속 신앙하고 있는지를 확인하고자 했다. 물론 그들은 더이상 천주교를 신앙하지 아니했다. 그러나 양근에서 10여 리 떨어진 곳에 살던 '장사광(베드로)'과 손孫막달레나 부부를 체포했다.

장사광은 원래 서울의 중인 가문 출신이었다. 그는 1801년의 박해를 겪은 이후 1828년까지는 천주교 신앙을 포기하고 있었다. 그러나 그는 자신의 부인을 비롯한 주변 신도들의 권고로 천주교 신앙을 다시 회복했다. 그는 향교鄕校의 향안鄕案에서 자신의 이름을 빼도록 했고, 조상의 위패를 불사르고 신앙을 실천했다. 그는 절제와 극기를 실천하면서 신도생활을 해왔다. 그후 그는 프랑스 선교사로부터 성사聖事를 받을 수 있었다.

장사광의 아내인 손막달레나는 1801년의 박해 때에 서울에서 순교한 손경윤孫景允 회장의 딸이었다. 이들 부부는 1839년 8월 두 아들과 함께 체포되어 양근 관아에 체포되었다. 양근 군수는 이들을 배교시키고자 했다. 이를 위해서 군수는 이들을 10여 회에 걸쳐서 고문했고, 배교를 유도하기 위해서 이들의 면전에서 두 아들을 고문하기도 했다. 두 아들은 배교후 2개월여를 감옥에서 지내다가 석방되었다. 그러나 이들 부부는 끝까지 신앙을 지키다가, 장사광은 11월13일에, 손막달레나는 11월 17일에 아사餓死당했다[53]

양근 출신 천주교 신도의 존재는 1868년 박해 때에도 확인된다. 즉, 당시 서울에 살았던 과부 김마리아는 원래 양근 출신이었다. 그는 서울에 있던 숙모 박우르술라의 집에서 분粉 장사를 하면서 살다가 1868년에 체포되어 35세의 나이로 순교했다.[54] 이처럼 18세기 말엽에서 19세기

---

53) 달레, 앞의 책 中, 502~503쪽.
54) 한국교회사연구소 편, 1987, 『병인박해순교자증언록』, 한국교회사연구소, 386쪽.

의 중엽에 이르기까지 양근을 중심으로 한 근기 지방에서는 천주교 신앙
이 일찍부터 성행하고 있었다. 초기 교회사에 등장하는 이 지역 출신자
들은 양반 지식인들로서 신문화 수용 운동적 차원에서 천주교를 수용하
고 실천하고자 했던 인물들이었다. 그러나 정부 당국으로부터 천주교에
대한 박해가 계속되자 양반 사족 출신들은 대체적으로 천주교 신앙을 포
기했다. 이 지역의 천주교 신앙 공동체는 일만 민인民人들이 주류를 이루
어 갔다. 그들의 신앙 운동은 점차 민중 종교 운동적 차원으로 전환되어
갔다.

  요컨대, 양근을 비롯한 근기 지방에서는 천주교 박해의 과정에서 적
지 않은 순교자가 출현했다. 당시 순교에는 종교적 열정과 더불어 역사
적 사회적 의미가 함축되어 있다. 즉, 그들은 서학의 가르침이었던 인간
존엄성과 평등성을 실천했던 인물들이었다. 그러므로 인간의 불평등성
을 주장하던 당시의 신분제적 사회 질서에서 그들은 범죄자일 수밖에 없
었다. 또한 신도들은 종교와 사상과 양심의 자유를 주장하다가 죽음을
강요당했다. 그들의 죽음은 바로 이러한 자유를 쟁취하는 데에 밑거름이
되었다. 조선 후기 사회에서 이러한 선진적 사상과 사회 운동이 양근을
중심으로 한 근기 지방에서 움터나오고 있었다.

4. 광주廣州지역의 신앙운동

  광주廣州는 근기지역의 주요 군현 가운데 하나였다. 그리고 광주는 초
기교회 이래 천주교 신앙이 터전을 잡았던 주요 지점이었다. 권철신, 권
일신을 비롯한 성호좌파에 속했던 신도들은 자신이 살고 있던 양근의 인
근 지역인 이곳에 천주교 신앙 공동체가 성립되는 데에 일정한 기여를
했을 것으로 추정된다. 그러나 이 지역에서 천주교 신자들의 활동이 본

격적으로 드러나는 때는 1791년 신해박해 때였다.

신해박해 당시 광주부윤은 이가환李家煥이었다. 그는 성호 좌파에 속했던 인물로서 남인계열의 주요 인물로 부상되어 가고 있었던 존재였다. 이가환은 천주교가 전파되던 초기부터 자신의 동료들 사이에 성행하고 있던 천주교 신앙의 존재를 알고 있었고, 천주교 서적을 읽기도 했다. 그러나 그는 천주교 신앙이 유학 내지는 성리학과 근본적으로 다르다고 판단했고, 이에 대한 반대의 의사를 분명히 했다.

그러므로 그는 신해박해 당시 광주부윤으로 재직하면서 천주교 신자들에 대한 탄압을 하고 있었다. 그는 후일 1801년 신유박해 때에 천주교도를 비호했다는 죄목으로 의금부에 구금되었을 때 다음과 같은 자기변명을 한 바 있다.[55]

> 저는 신해년에(1791, 정조 15) 광주 부윤廣州府尹으로 임명되자 향교鄕校에 문서로 정학正學을 숭상하고 이단을 배척하라는 뜻을 누구이 깨닫도록 일러주었고[曉諭], 각 마을[面里]에는 명령을 전하고 저자거리[場市]에는 방榜을 붙여서 사학邪學을 금지했습니다. 그리고 이해 동지달 사이에 사학邪學 패거리를 수배하여 체포[譏捕]한 것이 4~5명이었습니다. 이들을 감영에 보고하고, 곤장을 쳐서 캐어묻고, 마음을 바꾸겠다는 다짐[革心之侤音]은 받고 풀어주었습니다.

이 기사에서 확인할 수 있는 바와 같이 1791년 신해박해 이전 이미 신앙공동체가 형성되어 있었음이 확인된다. 그리고 신해박해 당시 광주에 있던 천주교 신도들 가운데 4~5명이 1791년 12월에 이가환의 지시로 체포되어 신문을 당했음을 알 수 있다. 그리고 당시 그들은 경기감영으로 이송되어 고문을 당했고 자신의 신앙을 포기한 다음 고향 광주로 돌아왔음을 확인할 수 있다. 그러나 이때 체포되어 신문받은 사람들이 누구인지에 관해서는 자료를 통해서는 확인할 길이 없다.

---

55) 『邪學罪人李家煥等推案』辛酉 2月 9日字.

한편, 1791년 신해박해의 와중에서 광주에서는 최창주崔昌周(마르첼리노)
와 함께 많은 신도들이 체포되었다가 배교하고 석방되었다는 기록이 있
다.56) 이러한 기사들에 입각하여 추정해 보면 광주 지역의 신앙 공동체
가 1791년 신해박해로 인해서 상당한 타격을 받았으리라는 점을 알 수
있다. 그러나 신해박해 이후 광주 지역에서는 얼마 안가서 천주교 신앙
이 다시 살아났다. 이때에 이르러 광주의 천주교 신앙 공동체는 인근 지
역에서 이주해 온 정약종 등과 같은 저명한 신도들을 맞이하게 되었다.

그리고 광주 지역에 근거를 둔 적지 않은 사람들이 천주교 신앙을 새
롭게 이어가고 있었다. 한편, 1794년 청국인淸國人 선교사 주문모周文謨
신부가 입국했다. 그는 1795년 입국 사실이 탄로되어 잠행潛行을 해야
했다. 이 과정에서 그는 광주에 머물고 있던 정약종과 긴밀한 연락을 취
하고 있었다.57) 주문모는 1800년 5월에 정약종의 집을 방문한 바 있었
다.58) 그리고 자신을 인도해 들어온 여주 고을 윤유일尹有一의 집안도 방
문한 바가 있었다.59) 이처럼 주문모는 서울과 지방을 넘나들면서 관헌
들의 추적을 피하고 있었으며, 그 과정에서 광주 정약종의 집에 머물며
은신했던 적도 있었다.

신해박해 이후 광주와 관련된 대표적 신도는 바로 이 정약종이었다.
원래 양근 출신이었던 그는 신유박해 이후 어느 시점에서부터 광주에서
살고 있었다. 그가 거주하던 곳은 광주 분원 부근이었다.60) 정약종은 주

---

56) 달레, 1987, 앞의 책 上, 364쪽. 崔昌周는 원래 여주 출신이었다. 그는 1801년
　　신유박해 때에 체포되어 여주에서 1801년 3월 13일 53세의 나이로 斬首致命하
　　였다.
57) 趙珖, 2002, 「丁若鍾와 初期天主敎會」 『韓國思想史學』 18, 한국사상사학회,
　　19쪽.
58) 趙珖, 1995, 「周文謨의 朝鮮 入國과 그 活動」 『敎會史硏究』 10, 한국교회사연구
　　소, 68쪽.
59) 趙珖, 1995, 앞의 논문, 66쪽.
60) 조광 역주, 2001, 『역주 사학징의』 1, 한국순교자현양위원회, 223쪽.

문모가 조직했던 신자들의 신심단체였던 명도회明道會의 회장으로 활동
했다. 그리고 그는 『쥬교요지主教要旨』와 같은 뛰어난 천주교 서적을 지
었다. 그가 이 저술 작업을 진행시켰던 곳이 아마도 그가 살던 광주였으
리라 생각된다. 이처럼 광주에서는 천주교 사상에 대한 심도 깊은 연구
가 이루어지고 있었다. 명도회 활동도 이곳에서 지휘되었고, 새로운 신
앙이 연구되고 실천되었다.

그리고 그는 이곳에 있던 자신의 집에서 신분의 차이를 뛰어넘어 여
러 신자들과 함께 생활하면서 신분의 귀천을 뛰어 넘어 새로운 신앙 공
동체의 이념을 몸소 실천하고 있었다. 정약종은 1794년 자신의 집에서
유업儒業에 종사하던 홍익만洪翼萬(?~1802)과 중국에서 전래된 한문 서학
서를 가지고 교리를 토론한 바 있었다.61) 홍익만은 정약종의 집을 자주
방문했던 인물이었다. 그러나 1795년 이후 그는 양반 신분에 국한하지
아니하고 일반 상한常漢들과 더불어 종교 활동을 전개하고 있었다. 그는
이 기간에 황사영黃嗣永과 같은 양반 출신 신도나 최창현崔昌顯, 현계흠玄
啓欽, 손인원孫仁元, 이합규李鴿逵 등 중인 출신 신도들과도 교류하고 있었
다.62)

정약종은 충청도 홍주 출신 백정이었던 황일광黃日光과 황차돌黃次乭
형제를 비롯해서,63) 고공雇工이었던 임대인任大仁 및 포수였던 김한빈金漢
彬 등과 함께 지내기도 했다.64) 당시 사회에서 가장 낮은 천민에 속했던
백정 출신 황일광은 영세 입교한 후 천주교에서 가르치는 평등성과 신자
들이 이를 실천하는 데에 감격했던 인물이다. 황일광은 양반 출신 신자
들까지도 자신을 "다른 신도들과 똑같이 집안에 받아들였고...이 때문에
그는 농담조로 자기에게는 자기 신분으로 보아, 사람들이 그를 너무나

---

61) 조광 역주, 2001, 앞의 책 1, 199쪽.
62) 조광 역주, 2001, 앞의 책 1, 162쪽.
63) 조광 역주, 2001, 앞의 책 1, 222쪽
64) 『推案及鞫案』1 邪學罪人黃嗣永等推案, 1801年 10月10日, 亞細亞文化社, 807쪽.

점잖게 대해 주기 때문에, 이 세상에 하나 후세에 하나, 이렇게 천당 두 개가 있다"65)고 말했다. 당대 최고의 양반이며 지식인이었던 정약종은 광주의 자택에서 백정 황일광과 같이 거주하면서 그 백정에게 지상 천국을 체험시켜 주고 있었다. 사도행전에 나오는 초대 교회의 공동체가 이곳에서 다시 재현되고 있었다.

정약종은 임대인에게 천주십계를 가르쳐 주었다. 또한 그의 집에는 뚝섬纛島에 살고 있던 한 노파가 왕래하면서 안채를 드나들며 글을 배우고 있었다. 노복奴僕이었던 최기인崔起仁도 정약종의 집에 계속 왕래하고 있었다.66) 그는 광주에 살면서 양인이나 천인 출신 신자들과 친밀히 교류하고 있었다. 물론 이 시기에도 그는 박취인朴就仁과 같은 학장學長 출신 몰락 양반과 한 집에서 매우 절친히 지낸 바 있었지만,67) 집권 양반층과는 교통이 사실상 없었다. 이와 같은 그의 행적은 양반 지배층 중심의 기존 질서로부터 그 자신의 존재와 사상이 이탈되어 가고 있던 현황을 드러낸다. 또한 신분을 뛰어넘어 평등을 지향하면서 자신의 신앙을 실천해 나가려는 그의 의지가 광주 땅에서 실천되고 있었다.

정약종이 천주교의 연구와 전파에 전념할 수 있었던 경제적 기반은 그가 소유하고 있던 양근의 전토田土였다. 후일 조동섬趙東暹의 진술에 의하면, 그의 집 옆에 정약종의 전토가 있어서 정약종과 접촉했음을 말하고 있다.68) 그러나 그 전장의 규모나 그 밖의 수입원에 대해서는 밝혀지지 않았다. 그렇다 하더라도 그는 황사영이나 남송노南松老 등 양반 지식층 출신 신도들의 경우와는 달리 아동들에게 글을 가르치던 학장學長을 한 경우가 없었다. 그가 학전學錢 수입이 없이도 살아갈 수 있었다는 것

---

65) 달레, 앞의 책 1, 474쪽.
66) 『推案及鞫案』 1 邪學罪人李家煥等推案, 1801年 2月12日, 任大仁 供招.
67) 『推案及鞫案』 1 邪學罪人李家煥等推案, 1801年 2月 15日, 亞細亞文化社, 119쪽.
68) 『推案及鞫案』 1 邪學罪人李家煥等推案, 1801年 2月 13日, 趙東暹供招, 亞細亞文化社, 72쪽.

은 전토의 소작료로도 생활이 가능하였음을 뜻한다. 정약종은 자신이 살고 있던 광주의 인근 지역인 양근에 일정한 규모의 전장을 유지하면서 광주 분원 인근에서 살아갔다. 또한 광주 시절 정약종의 '낭저인'廊底人으로 김한빈金漢彬, 황일광黃日光 등이 있었다. 당시의 낭저인들이 하고 있던 일반적 일들을 감안하면, 이들은 정약종의 전장을 경작하거나 관리하기도 했을 것으로 추정된다.

이러한 경제력을 가지고 있었다 하더라도 그는 광주에 있던 자신의 집에서 집권층인 양반으로부터 몰락한 양반이나 중인, 그리고 무전농민無田農民이나 고공雇工, 백정이나 노비들, 그리고 노파들과도 함께 어울리고 있었다. 이처럼 그는 불평등한 사회에서 사회적 약자였던 많은 이들과 함께 어울리면서 천주교 신앙을 매개로 하여 새로운 평등 공동체를 형성해 나가고 있었다. 18세기 최말엽 광주 땅에서 평등을 향한 새로운 시도가 실천되고 있었다.

1801년 신유박해가 일어나자 최창현, 임대인 등이 체포되었다. 이들의 신문 과정에서 정약종의 존재가 관헌들에게 파악되었다. 이들을 신문하던 좌포도청에서는 경기감영에 공문을 보내 정약종을 체포하게 했다.[69] 정약종은 자신에 대한 체포령이 내렸다는 사실을 알았다. 그는 1801년 1월 11일 마재를 거쳐 서울로 말을 타고 오는 길에서 금부도사 한사람을 만났다. 그를 이미 지나쳤는데 그 관리가 자기를 잡으러 가는 것이 아닌가 하는 생각이 들어 자기의 노복을 그에게 보내어 누구를 잡으러 가느냐고 묻게 하고, 자기를 잡으러 가는 길이라면 더 멀리 갈 필요가 없다고 덧붙이라고 하였다. 도사都事는 과연 그를 잡으러 가는 길이었다. 정약종은 그 자리에서 잡혀 곧장 옥으로 끌려갔다. 신문을 받는 동안 그는 점잖게 신앙을 고백하고 관리들 앞에서 천주교의 진리를 설명하며, 자기 목숨을 구하기 위하여 천주를 배반하는 일은 절대로 동의하

---

69) 조광 역주, 2001, 앞의 책, 107쪽.

지 않겠다고 분명히 말하였다.[70] 그리고 그는 자신의 신앙을 고백하기 위해 생명을 바친 순교자가 되었다.

1801년의 신유박해 때에 순교한 한덕운韓德運도 광주에 살았던 인물이다. 그는 원래 충청도 홍주 사람이었다. 그는 1790년 10월경 전라도 진산에 살던 윤지충尹持忠에게서 천주교를 배워 입교했다. 신해박해로 윤지충이 순교한 이후에도 그는 자신의 신앙을 계속 실천하다가 1800년 10월 광주군 의일리義一里에 옮겨 살았다. 그는 이곳에서 아마 옹기장이로 있었던 듯하다. 1801년 신유박해를 만났지만, 천주교 신도를 체포하고자 했던 관헌들도 그를 주목하지는 않았다.

한덕운은 교회 사정과 신도들의 상황이 궁금하여 1801년 3월 사기沙器 짐을 지고 서울로 들어왔다. 그는 서울의 청파靑坡를 지나가다가 길거리에서 빈 볏섬 안에 들어 있는 주검을 보고 물어보니, 천주교 때문에 죽음을 당한 홍낙민洪樂敏(루가, 1751~1801)의 시체라고 말해주었다. 홍낙민은 문과에 급제한 후 사간원의 정언正言을 지냈던 중견 관료 출신 신자였다. 그는 천주교에 입교한 이후 출세가 보장되어 있던 관직 생활을 포기하고 오직 천주교 신앙 실천에만 전념하고 있었다. 그는 서소문에서 정약종 등과 함께 사형을 당했고, 아마도 그의 아들 홍재영과 친족들이 그의 시체를 찾아 운반하던 과정에서 이를 마주쳤던듯하다.

한덕운은 "평소에 교우들과 서로 사랑하던 마음이 지극하였던 관계로 매우 놀라고 비통하여 그의 원통한 죽음을 애도했다."[71] 그리고 그는 홍낙민의 아들 홍재영洪梓榮이 배교하여 풀려났다는 말을 듣고 분함을 참지 못하여 홍재영에게 아비를 따라 죽지 않았음을 엄하게 꾸짖었다. 그는 그길로 서소문 형장에 가서 버려져 있던 최필제崔必悌의 시체를 거두어 염습해주었다. 그는 그 후 체포되어 천주교 신앙을 정도正道라고 선언했

---

70) 달레, 1987, 앞의 책 上, 443~445쪽.
71) 조광 역주, 2001, 『역주 사학징의』 1, 224쪽.

고, 1801년 12월 27일 사시巳時에 광주부 동문 밖에서 처형되었다.[72] 그는 배교하기를 거부했기 때문이다.

한덕운의 굳은 신앙심은 자신감이 되었다. 그러기에 옹기장이에 지나지 않았던 그가 박해의 서슬이 가시지 않았을 때에도 순교자를 조문하며 시체를 염습했고, 배교한 양반 자제 홍재영을 공개적으로 나무랄 수 있었을 것이다. 그리고 그는 올바른 가르침正道으로 확신했던 신앙을 위해 자신의 목숨을 걸 수 있었다.[73] 이처럼 옹기장이 한덕운은 천주교 신앙을 통해 올곧은 '선비'의 기개를 갖게 되었다.

광주와 인연이 있는 신도들 가운데 순교한 인물들 가운데는 여성 신도도 있었다. 젊은 동정녀 심아기沈阿只(1783~1801) 발바라가 바로 그였다. 그는 1801년 4월 초에 순교했다. "그는 성인들이 생애에서 보았던 위대한 모범에 감동하여 결혼을 단념하고 하느님께 자기의 동정을 바치기로 결심하였다. 그는 자기 집에 숨어 살며 모범적으로 천주교의 법규를 지켜 나갔다. 신유박해가 일어나서 그의 오빠 심낙훈沈樂熏이 천주교인이라고 체포되자, 그는 그 주변의 사람들에게 "오빠가 둘이 함께 순교하자고 나를 기다리고 있어요"하고 말했다.

이 말은 주의를 끌지 않았는데, 바로 그날 포졸들이 와서 집안에 있는 젊은 천주교인 여자를 잡으러 왔다고 말했다. 사람들은 그들이 분명 잘

---

72) 李基慶, 『闢衛編』, 한국교회사연구소, 616쪽.
73) 한편, 달레에는 한덕운 대신 이기경편 『벽위편』의 夾註에 따라 한덕운의 이름을 禹德運으로 쓰고 있다. 그리고 달레에는 우덕운과는 별도로 1801년 12월 30일 광주에서 한덕원(53세) 토마스가 순교했다는 기록을 전하고 있다. 달레의 기록을 보면, 광주부에서는 죄인 德運을 12월 27일에 처형하고 다시 12월 30일 한덕원을 처형했다고 되어 있다. 그러나 당시의 관찬문서에 12월 30일 광주에서 처형이 있었다는 기록은 없다. 또한 당시 사형집행의 관행을 감안할 때, 지방 관아에서 사흘 간격으로 사형을 집행하는 일도 거의 없었을 것으로 판단된다. 따라서 달레의 기록에 나오는 '禹德運'과 '한덕원'은 동일인물일 가능성이 높다. 달레의 기록이 작성되는 데에는 각종 문헌자료와 함께 증언자료들이 참고되었는데, 그 증언의 채록 과정에서 문제가 발생했으리라 추정된다.

못 안 것이며, 아무도 없다는 등의 대답을 하였다. 그러나 그들은 너무나
자세한 정보를 가지고 있어서 단념하지 않고 끈질기게 굴었으며, 나중에
위협까지 하였다. 심발바라는 그들의 말을 듣고 어머니에게 '너무 슬퍼
하지 마시고 제가 천주 성의에 순종하도록 버려두십시오'하고 말하였다.
그리고는 안방에서 나아가 포졸들 앞에 나타나 그들에게 분명하게 신앙
을 고백하였다. 그들의 명에 따라 그들을 따라갈 준비를 하며 동요하지
않고 옷을 갈아입은 후 붙잡혀 서울로 압송되었다.

거기에서 그의 꾸준한 신앙은 20여 일 동안만 시련을 당한 뒤 순교와
동정의 두 가지 영광을 받으러 갈 수 있었다."[74) 달레는 그가 19세의
나이로 참수당했다고 기록하고 있지만 그의 오빠인 심낙풍의 신문기록
과 『사학징의』의 기록에 의하면 심아기 발바라는 장폐杖斃 즉 고문치사
拷問致死를 당했음을 알 수 있다.[75)

광주의 신도들 가운데 포도청에서 고문치사를 당한 또 다른 인물이
있다. 즉, 광주에 박중환朴重煥(1769~1801)은 1801년 신유박해가 일어나자
배교자의 밀고로 자신의 형 박윤환朴允煥과 동정녀 순교자 심아기 발바라
의 오빠인 심낙훈沈樂薰 및 조채조 등 3인과 함께 광주 유수부에 체포되
었다. 그들은 이곳에서 여러 차례 고문을 당한 후 다른 교우들과 함께
서울로 압송되었다. 이들은 서울의 포도청에 이송되어 신문을 당했다.
이 과정에서 박중환은 1801년 4월 18일 33세의 나이로 장폐杖斃당했
다.[76)

이상의 인물들 이외에도 1801년의 신유박해 당시 광주와 인연이 있
는 여러 신도들이 있었음을 확인할 수 있다. 즉, 박중환과 함께 광주 관

---

74) 달레, 1987, 앞의 책 上, 471~2쪽.
75) 조광 역주, 2001, 『역주 사학징의』 1, 253쪽.
76) 조광 역주, 2001, 『역주 사학징의』 1, 252쪽. 박중환의 순교일은 달레의 기록에
    따랐다. 그러나 달레는 박중환이 참수되었다고 기록하고 있다. 그러나 『사학징의』
    의 기록을 보면 박중환이 포도청에서 杖斃되었음을 알 수 있다.

아에 체포되었다가 포도청에 이송된 박윤환과 심낙훈 그리고 조채조 등
에 관해서 달레는 '나라의 멀리 떨어진 지방으로 따로 따로 귀양을 갔
다'고 기록했다.[77] 그러나 『사학징의』의 기록에 의하면 박윤환은 전라
도 고흥의 옛 지명인 흥양興陽으로 귀양을 갔고, 광주인廣州人 심낙훈沈樂
熏은 전라도 무안務安으로 유배되었다.[78] 한편, 1801년 신유박해의 과정
에서 변득중의 고발로 광주廣州 말죽거리末竹巨里 지천동池千洞에 살던 천
주교 신도 한대일韓大一과 한대열韓大悅이 체포된 기록이 있다.[79] 그리고
이국승李國昇은 포도청에서 자신이 아는 신도로 광주廣州의 김명직金明直
을 지목한 바 있다.[80]

　요컨대, 광주 지역에 천주교 신앙 운동은 우리나라에 교회가 창설된
직후부터 시작되었다. 이 과정에서 1791년 신해박해가 일어나자 광주유
수였던 이가환은 천주교 탄압에 앞장섰고, 일부 신도들이 체포되어 신문
을 당했다. 이때 신문을 당했던 대표적 인물로는 최창주를 들 수 있다.
신해박해가 끝난 후 광주에는 정약종이 옮겨와 살았다. 분원 부근에 살
던 그는 이곳을 근거로 하여 『쥬교요지』와 같은 교리서를 지었고, 신도
들의 신심단체인 명도회를 지휘하고 있었다. 또한 그는 광주에 신분 차
별을 거부하는 평등한 신앙 공동체를 이루어 살고 있었다. 한편, 1801년
박해가 일어나자 광주와 인연이 있었던 한덕운이 동문 밖에서 참수되어
순교했다. 그리고 광주에서 체포되어 포도청으로 이송되었던 심아기 발
바라와 박중환 등은 포도청 옥에서 고문치사拷問致死를 통해 순교자가 되
었다. 이들 이외에도 광주에서 천주교 신앙 운동에 참여하고 있었던 일
부 인물들이 확인된다. 이러한 사실을 감안할 때 1801년 당시 광주에서
의 천주교 신앙 운동은 다른 지역 못지않게 활발히 전개되고 있었음을

77) 달레, 1987, 앞의 책 上, 476쪽.
78) 조광 역주, 2001, 『역주 사학징의』 1, 258~259쪽.
79) 조광 역주, 2001, 『역주 사학징의』 1, 237쪽.
80) 조광 역주, 2001, 『역주 사학징의』 1, 162쪽.

확인할 수 있다.

5. 맺음말

광주 지역은 서울과 일일생활권을 이루고 있었던 지역이었다. 18세기 당시 이곳에는 상업과 수공업이 발달했고, 성호 좌파 계열의 인물들에 의해서 새로운 문화 운동이 일어나고 있었다. 광주는 이러한 지역적 특성은 여주, 이천, 양근 등지와 공유하면서 경제적, 문화적 선진 지역으로 자리 잡고 있었다. 이 문화 운동의 과정에서 이곳의 양반 지식층들은 한문 서학서를 통해서 천주교 사상에 접하게 되었다. 그들이 수용했던 그리스도교 사상은 보유론補儒論적 선교 이론에 입각하고 있었다. 이에 이 지역의 양반 지식인들은 자신이 간직하고 있었던 유교문화를 포기하지 않고도 천주교 신앙을 수용할 수 있을 것으로 생각했다.

그러나 그들이 수용한 천주교 신앙은 곧 정부 당국의 탄압에 직면하게 되었다. 정부 당국에서는 천주교 신앙을 평등을 가르치는 이념으로 인식했기 때문이었다. 불평등한 신분제 사회에서 평등을 주장한다는 사실은 곧 혁명적 이론일 수밖에 없다. 물론 당시 교회에서 주장했던 평등은 종교적 의미의 평등이었고, 이 이론이 곧바로 사회 혁명의 원리로 전개되는 데에는 무리가 있었다. 그러나 지배층에서는 천주교 사상을 평등의 이념으로 파악하고 이를 극도로 경계하게 되었다. 그리고 신도들 가운데에는 천주교의 가르침에 따라 신분의 차별을 부정하면서 믿음을 매개로 한 새로운 공동체를 형성해 나가고 있었다.

이러한 초기 교회의 공동체가 형성되었던 곳이 바로 광주 분원 부근에 있었던 정약종의 집이었다. 그는 이곳에서 그리스도교가 가르치는 새로운 사회를 실험하고 있었다고 생각된다. 그리하여 그는 이곳에 홍익만과 같은 양반 지식인뿐만 아니라 황일광이나 황차돌과 같은 백정들 및 농투성이, 무지렁이로 비하되던 사람들과 함께 어울려 새로운 공동체를 일구고 있었다. 이 공동체는 그리스도교적 천국에 이르는 구원을 향해 가던 과정이었다. 이를 통해 그는 그리스도교의 구원에 대한 확실한 전망을 할 수 있었다. 정약종은 천주교 교리에 대한 연구를 이곳에서 진행시켜나갔고, 『쥬교요지』와 같은 주요한 교리서를 저술하여 선포하고 있었다.

바로 이와 같은 종교적 확신과 문화가 있었기 때문에 광주 땅에서는 한덕운과 같은 결기 있는 옹기장이가 출현할 수 있었다. 그는 박해의 서슬이 시퍼렇던 상황에서도 공개적으로 순교자를 조문하고 배교자를 꾸짖었으며 죽은이를 염해주다가 그 자신도 순교자가 되었다. 그밖에도 이곳은 심아기 발바라와 같은 여성순교자를 배출하여, 이곳에서 전개된 신앙 운동이 양반 지배층이나 남성들만의 일이 아니었음을 실증시켜 주었다.

교회 창설부터 1801년에 이르는 기간에 걸쳐 광주에서 전개된 신앙운동은 광주 관아에 속해 있던 구산 지역에도 일정한 영향을 미쳤을 것으로 생각된다. 물론 1801년을 전후한 시기 구산에서 전개된 천주교 신앙운동에 관해서는 현재 자료를 찾을 수 없으므로, 이에 대한 구체적 내막을 알 수는 없다. 그렇다 하더라도 당시 광주가 처해 있던 전체적 분위기를 검토해 볼 때 1801년을 전후한 시기에 이르러서 구산에도 천주교에 관한 소식이 전해졌을 것임에는 틀림없다. 따라서 구산의 신앙 유래를 알기 위해서는 광주 일원에서 전개된 신앙을 이해해야 한다. 이 때문에 본고에서는 이 시기 경기와 광주에서 전개된 천주교 신앙 운동의 실태를 간략히 검토해 보았다.

1. 머리말

조선에 서학西學 즉 천주교 신앙이 본격적으로 수용된 때는 1784년이었다. 이해 9월 이승훈李承薰은 수표교水標橋 부근에 있던 이벽李檗의 집에서 이벽과 함께 신앙 집회를 가짐으로써 조선에 천주교 신앙운동이 본격적으로 착수되기에 이르렀다.

이 이후 종교 운동으로서의 서학西學은 양근楊根 등 경기 일원을 비롯하여 충청도 지역으로까지 곧 확산되었다. 충청도 지방에서는 공주公州, 홍주洪州 등이 새로운 신앙운동인 서학西學 실천의 중심지로 부상되었다.

이러한 과정을 통해 17세기 이래 오직 학문적 연구 대상으로만 존재해 왔던 서학西學은 종교 운동으로 전환되어 갔다. 그리고 이 종교 운동은 충청도 내포內浦지방에서 특별히 활기차게 전개되어 갔고, 그 과정에서 해미海美지방에도 천주교 신앙이 전파 실천될 수 있었다. 한편, 당시의 해미에는 해미현海美縣의 치소治所 외에 천주교 해미진영海美鎭營이 있었다. 이 해미현海美縣과 해미진海美鎭에서는 천주교 신도들에 대한 탄압을 경쟁적으로 전개해 나갔던 것으로 추정된다. 이 과정에서 해미海美는

'사학邪學'으로 간주되던 천주교 탄압의 전초 기지로 부각되어 갔다.

이에 본고에서는 먼저 해미海美지방에 서학西學 즉 천주교가 전파되어 나가는 상황을 검토하고, 그곳에서 전래된 천주교 탄압의 양상을 시대에 따라 밝혀보려 한다. 이와 같은 작업을 통해 우리는 조선 후기 사회에서 수용된 서학西學 즉 천주교 신앙의 구체적인 양상을 확인할 수 있을 것이다. 그리고 이는 조선 후기의 사회운동社會運動 내지는 문화변동文化變動의 양상을 파악하는 데에 간접적인 도움을 줄 수 있으며, 이 지역에서 전개된 천주교사天主敎史를 명확히 이해하는 데에도 기여하는 바가 있을 것이다.

해미海美지역의 천주교사에 관한 관심은 이미 1935년부터 나타난 바 있다. 이때 서산 천주교회의 주임신부였던 바로(Barraux, 范 1903~1946)신부는 해미 일대의 천주교 유적지에 관심을 갖고, 이에 대한 조사작업을 진행시켜 『해미순교자약사海美殉敎者略史』를 간행한 바 있다.[1] 그러나 이 책은 1866년을 전후하여 전개된 순교 사실에 관한 개략적 기록 내지는 사적지 관계 증언을 수록하고 있을 뿐이다. 따라서 이 지역의 교회사에 대한 본격적 연구는 이 분야의 연구자들에 있어서 하나의 과제로 제시되고 있었다. 그 후 최근에 이르러 이 지역에 대한 관심이 고조되어 나가는 과정에서 해미의 천주교사를 밝히는 데에 도움을 받을 수 있는 일부 연구들이 나타나게 되었다.[2] 이와 같은 연구 업적과 기본적 사료들을 기초로 하여 본고에서는 19세기를 전후해서 이곳에서 전개된 천주교 신앙 실천 내지는 서학운동西學運動에 관해 밝혀보고자 한다.

이 주제에 관한 연구자료로는 먼저 『치명일기』를 들 수 있다. 이 『치명일기』는 고종高宗 초 흥선대원군興宣大院君에 의해 단행된 천주교 박해

---

1) Barraux, 1935, 『海美殉敎者略史』, 瑞山天主敎會.
2) 趙珖, 1991, 「天主敎分野」『瑞山·泰安 文化遺蹟』 下, 瑞山文化院·忠北大學校 考古美術史學科, 99~140쪽.
   朱明俊 等, 1982, 「忠淸道의 天主敎傳來」 『韓國敎誨史論叢』, 韓國敎誨史硏究所, 27~58쪽.

인 병인교난丙寅敎難 때의 순교자들에 관한 기초적 조사 기록이다. 이 조사 기록작업은 조선교구 제8대 교구장으로 임명된 뮈텔(Mutel, 閔德孝) 주교에 의해 진행되었다. 뮈텔 주교는 1891년 2월 이후 1866년에 발생한 병인교난 때의 순교자들에 관한 자료를 수집하는 일에 본격적으로 착수하였다. 그리하여 그는 향후 4년에 걸쳐 이 수집 작업을 진행시키면서, 그동안 전국에서 모은 순교자의 행적을 지역적으로 정리한 뒤 1895년 『치명일기』라는 이름 아래 서울에서 활판으로 간행했다. 이 자료는 해미에서 순교한 37명의 순교자와 함께 '농바우'출신 신도 26명이 이곳 해미에서 집단적으로 순교한 사실 등을 전하고 있다.3) 『치명일기』와 더불어 이 지역의 순교사실에 관한 문헌자료로는 『병인박해 순교자 증언록』(이하 『증언록』으로 약칭한다)을 주목할 수 있다. 이 『증언록』은 1876년부터 1923년까지 뮈텔, 르장드르(Le Gendre), 드브레(Devred) 신부 등의 주관아래 수집된 자료이다. 이 자료들의 작성 연대를 시기별로 나누어 그 특성을 살펴보면 1876~1899년까지의 자료는 시복諡福 예비 조사의 단계에서 수집된 목격 증언이나 전문傳聞 증언들이다.

그리고 1899~1900년에는 시복을 위한 서울교구의 교회 재판이 개최되었는데, 이 재판 과정에서도 새로운 증언 자료들이 첨가되었다. 또한 1900~1921년까지는 병인교난의 순교자 중 26인을 뽑아 교황청에 시복 수속을 준비해 나갔다. 이 기준 중에도 증언 자료가 다시 보완되었다. 한편, 1921~1926년 사이에 교황청에서 시복 수속을 위한 교회 재판이 진행되었다. 이 교황청 재판 과정에서도 증언 기록의 일부가 다시 보완되었다.

『증언록』에서는 이 4시기의 증언들이 혼재되어 있다. 그런데 이 『증언록』 가운데에는 해미에서 순교한 39명의 순교자들에 관한 내용이 포함되어 있다.4) 그리고 이 39명 가운데 15명의 순교자는 『치명일기』에도

---

3) Mutel, 『치명일기』, 1895, 126~133쪽 참조.

기록되어 있지 않은 인물들이다. 해미 순교자 관한 이『증언록』의 기록
이 작성된 시기는 1876년 1899년 사이였다. 그 증언자들은 상당수가 사
건을 직접 목격한 증인이었다. 그러므로 이『증언록』이 가지는 사료 가
치는 매우 높은 것으로 평가되며, 그 증언 내용에 대한 신뢰에는 큰 문
제가 없는 것으로 생각된다.

　한편, 해미海美 지방의 천주교 관계 문헌자료 중에는 관변측官邊側 사료
도 주목해야 한다. 관변측 사료는『일성록日省錄』,『승정원일기承政院日記』
등의 자료를 우선 주목할 수 있는데, 여기에는 해미의 서학 운동에 관한
극히 단편적인 자료만이 수록되어 있다. 한편 공충도公忠道 감영에서 작
성한『공충도사학죄인성책公忠道邪學罪人成冊』도 해미 지역에서 1868년 4
월과 5월 사이에 전개된 천주교 탄압 관계의 사실을 이해하는 데에 있어
서는 필수적 자료로 생각된다.5) 이상과 같은 천주교측 자료와 관변측 자
료들을 망라할 때 해미 지방에서의 천주교 신앙에 관한 종합적 이해가
가능할 것이다.

2. 해미지방 천주교 전파와 박해

　해미 지방에 천주교가 전파되어 나가는 과정을 이해하기 위해서는 먼
저 충청도 내포內浦지방에서의 천주교 수용 문제를 검토해야 한다. 1784
년 조선 천주교회가 창설된 이후 충청도 지역에의 천주교 전파는 이존창
李存昌의 활동에 의해서 이루어졌다. 이존창이 천주교에 입교한 과정에
관해서는 두 가지의 견해가 있다. 그 하나는 이존창 자신이 1801년 체포

---

4)『병인박해 순교자 증언록』, 韓國敎會史硏究所. 정리번호 116, 177, 148.
5) 이 자료는 현재 서울 ʻ절두산 순교자 기념관ʼ에 소장되어 있다. 여기에는 해미(海
　美)에서 참수당한 69명의 명단이 수록되어 있다.

되어 신문 당하던 과정에서 밝힌 것이고, 또 하나는 달레(Dallet)의『한국
천주교사韓國天主敎史』에 기록된 내용이다. 즉, 이존창은 자신에게 천주교
를 가르쳐준 인물이 서울의 김범우金範禹였다고 답한 바 있다.6) 한편, 달
레는 이존창이 권일신權日身의 제자였음을 말하며, 이존창과 충청도 내포
內浦지방에의 천주교 전파 사실을 다음과 같이 말하고 있다.

> 권일신 프란치스코 사베리오의 집에는 존창存昌이라고도 부르는 이李단원
> 이라는 청년이 있었다. 그는 넓고 기름진 내포內浦 평야의 접경에 있는 충청
> 도 천안군天安郡 여사울 양민良民의 농가에서 태어났다. 그는 타고난 재주가
> 비상하여, 처음에는 자기 집에서 글을 배우고 있었으나, 오래지 않아 더 완전
> 하게 배우고 싶은 욕망으로 인하여 어떤 유명한 선생을 찾아 배우겠다는 생
> 각이 머리에 떠올랐다. 그때 권씨權氏 집안 학자들의 평판은 한창 높았다. 이
> 단원은 그들을 찾아가 제자가 되었다. 권일신 사베리오는 자기 새 제자의 좋
> 은 자질과 훌륭한 품성에 매혹되었다. … 권일신은 이내 천주교를 그에게 알
> 려주고, 믿어야 할 중요한 신조뿐만 아니라, 특히 천주교인의 본분과 그 실천
> 방법을 가르쳐 주었다. … 이단원(존창)은 루도비꼬 곤자가라는 본명으로 세례
> 를 받고, 자기 스승으로부터 고향에 돌아가 이번에는 자기도 전교하라는 사명
> 을 받았다. 그래서 그는 고향에 돌아가 잠깐 동안에 자기 가족과 친척과 친
> 구, 그리고 그의 지식과 덕행의 평판으로 끌려오는 많은 사람들을 입교시켰
> 다. 저 유명한 내포 천주교회에 처음 기초는 이렇게 다져졌다. 그때부터 내포
> 는 늘 열심한 천주교인들과 순교자들의 못자리가 되었다.7)

이상의 자료를 볼 때 이존창에게 천주교 신앙을 직접 전수한 인물로
는 김범우金範禹와 권일신權日身을 주목할 수 있을 것이다.8) 그러나 이상

---

6)『推案及鞫案』12 邪學罪人 李家煥等推案, 아세아문화사, 124쪽.
　『日省錄』正宗, 己未年 8월 3일조.
7) 달레 著, 崔奭祐·安應烈 譯, 1979,『韓國天主敎會史』上, 韓國敎會史硏究所, 312
　～313쪽.
8) 朱明俊 等, 1982,「忠淸道의 天主敎傳來」『韓國敎誨史論叢』, 韓國敎誨史硏究所,
　38쪽에서는 李存昌에게 신앙을 전수한 인물이 金範禹임을 말하고 있다. 이 글에
　서는 달레의 서술내용 보다는 이존창의 심문기록에 더 큰 비중을 두고 있었다.

의 상이한 내용을 전해주는 두 사료를 검토해 볼 때, 김범우는 이존창의 신문기록에서 나타나고 있으며, 권일신은 조선측 자료에 근거하여 작성된 달레의 기록임을 주목해야 한다. 그런데 심문기록은 비록 이존창 자신의 언급이라 할지라도 구금된 비정상적 상황에서 개진된 기록이므로 평상시의 객관적 상황과는 상당한 차이를 드러낼 수도 있다.

그렇다면 우리는 이존창의 입교를 전후한 시기의 동향과 입교 이후의 활동을 자세히 전하고 있는 달레의 기록에 사료적 가치가 더 있음을 인정해야 할 것이다. 그리고 이존창이 자신의 심문과정에서 왜 권일신이 아닌 김범우로부터 천주교를 전수 받았다고 말하게 되었는지 그 원인을 궁구해 보아야 하겠다. 이를 위해서 우리는 1801년 신유교난辛酉敎難 당시의 상황을 주목해 볼 필요가 있다. 즉, 교난 당시 이존창은 권철신과 함께 체포되어 심문을 당했다. 이존창에게 신앙을 전수했던 권일신은 1791년 천주교 문제로 말미암아, 고초를 겪은 끝에 이미 사거死去했고, 1801년 신유교난 때에는 권일신의 형인 권철신만이 체포되어 있었다. 이러한 상황에서 이존창은 스승 권일신의 친형인 권철신과 자신의 연결을 차단시킴으로써, 권철신을 보호하려던 의도를 가지고 있었다고 볼 수 있다. 그러므로 이존창은 자신에게 천주교 신앙을 실제로 전수해 준 권일신보다는 이미 사망하여 더 이상 심문할 수 없는 인물인 김범우를 자신의 스승으로 지목했을 것으로 생각된다.[9]

이존창이 세례를 받았던 때는 교회 창설 직후인 1785년경으로 추정된다. 그는 이미 이때에 세례를 받아 '내포의 사도'로 활동하게 되었고, 1786년에 조직된 '가성직자단假聖職者團'의 일원으로 내포 지방의 선교에 책임을 맡고 있었다.[10] 이존창이 주로 활동했던 내포 지방은 충청도의

---

9) 박해시대 천주교 신도들이 체포당한 후 심문과정에서 천주교를 가르쳐 준 인물에 관해 추궁을 당할 때 흔히 이미 사망한 신도들의 이름을 지목함으로써, 관헌들의 추적을 막아보려 했었던 사례가 다수 발견된다. 이존창도 이러한 사례와 마찬가지로 김범우를 자신의 스승으로 지목한 듯하다.

아산, 합덕, 대홍, 홍주, 서산, 청양, 홍산 등을 말한다. 이 지역은 무한천
과 삽교천을 내륙 수로로 활용하여 아산만 일대에서 배를 타고 항해가
가능했던 곳이었다.[11]

해미 지방은 내포 지방의 일부를 이루고 있다. 그러나 이존창이 해미
지방에 직접 선교 활동에 참여했던 기록은 찾아볼 수 없다. 그렇다 하더
라도 해미 인접지역인 예산, 홍산 등의 지역에서 이존창은 주로 활동하
고 있었다.

그렇다면 해미는 이존창의 간접적 활동 범위 안에 포함되는 것으로
볼 수 있다. 이러한 결과 오늘날의 해미 지방에서는 천주교회사의 초창
기부터 천주교와 관련된 인물들의 행적이 발견된다.

내포 지역에서 형성된 초기 천주교회사의 신앙 공동체는 양인 농민층
을 위주로 한 공동체였다.[12] 이 지역의 교회사에서 드러나는 이와 같은
특성은 그 후의 박해시대 전 시기를 걸쳐 거의 동일하게 드러나고 있다.

해미의 첫 순교자로는 1799년 2월 29일에 순교한 박취득朴取得을 들
수 있다. 그는 홍주洪州 출신으로 1797년 홍주 관아에 체포되어 7개월
동안 네 차례에 걸쳐 혹독한 심문을 당한 후 해미 진영으로 이송되었다.
그는 해미 진영에 이송된 이후에도 계속 심문을 당했다. 그가 체포되어
있던 "18개월 동안 단 하루도 고문을 당하지 않은 날이 없을"정도였다.
그는 30여 세의 나이로 해미 감옥에서 교수형을 받아 순교했다.[13]

1799년 12월 13일 해미 감옥에서 이보현李步玄 프란치스코와 인印은민
마르티노가 매를 맞아 죽음으로써 순교자가 되었다. 이보현은 덕산德山
황모실의 부유한 양인良人출신이었다. 그는 24세 때에 황심黃沁에게서 천
주교를 배워 입교했다. 그는 그 후 고향을 떠나 타관 생활을 계속하다가

---

10) 달레, 1987, 앞의 책 上, 324쪽.
11) 朱明俊 等, 앞의 글, 31쪽.
12) 趙珖, 1988,『朝鮮後期 天主教史 研究』, 高麗大 民族文化研究所, 49쪽.
13) 달레, 1987, 앞의 책 上, 410~416쪽.

박해가 일어나자 체포되었고, 감사의 명에 의해 출신지 관아로 이송되었다. 그러나 당시 해미의 영장營長이 덕산과 해미 두 고을을 관장하고 있었으므로 그는 해미로 이송되었다. 해미에서 그는 두 차례에 걸쳐 심문을 당했고, 천주교 신앙의 포기를 거부한 결과 옥졸들에게 타살되어 27세의 나이로 순교하였다.14)

인은민 마르티노는 이보현李步玄의 지인知人이었다. 그는 덕산德山 주래골에서 양반 출신이었으며, 황사영에게 천주교를 배웠고 주문모 신부로부터 세례를 받았다. 그는 공주로 이사하여 살다가 공주의 포졸들에게 체포되었다. 그는 공주와 청주에서 심문을 당했고, 이 과정에서 배교를 강요당했으나 이를 거부했다. 그는 자신의 출생지로 이송되어 해미 진영으로 보내졌다. 해미 영장도 그를 배교시키고자 했으나 그는 이를 거부했다. 그리하여 그는 1799년 12월 15일 이보현과 같은 날에 63세의 나이로 타살되어 순교했다.15)

한편 1801년의 신유교난 과정에서 김사집 프란치스코는 1801년 10월부터 12월 사이에 해미 진영에 구금되어 있었다. 이 과정에서 그는 혹독한 고문을 당했으나 배교를 거부하고 신앙을 고수했다. 그러다가 그는 당시 충청도의 병영兵營이 있던 청주淸州에 이송되어 1801년 12월 22일 청주 장터에서 곤장을 맞아 숨을 거두었다. 당시 그의 나이는 58세였다.16) 그리고 신유교난이 끝난 다음인 1805년에도 해미진영에는 신자들이 체포·구금되어 있었다. 그러나 이들은 모두 얼마 후에 석방되었던 것으로 기록되어 있다.

한편, 1811년 해미에서는 박옥귀朴玉貴와 안정구安廷九가 참수되어 순교했다. 이들은 사학邪學을 계승했다 하여 해미진海美鎭에 체포되었고,

---

14) 달레, 1987, 앞의 책 上, 422~425쪽.
15) 달레, 1987, 앞의 책 上, 425~426쪽.
16) 달레, 1987, 앞의 책 上, 607~608쪽.

1811년 12월 18일 금강錦江 나루 근처에서 참수되었다.[17) 또한 1813년 4월 15일에는 보령保寧에 살던 황黃바오로가 체포되어 해미 진영에 이송되었다. 그는 해미 감옥에서 심문을 받은 이후 그 해 8월에 공주 감영으로 다시 이송되어 그곳에서 10월 19일 순교했다.

해미 감옥에서 옥사한 대표적 인물로는 김진후金震厚(1738~1814)를 들 수 있다. 김진후는 면천군 솔뫼(현 당진군 우강면 송산리) 출신이었다. 그는 교회 창설 초기에 영세 입교했다. 그는 1791년이래 4~5회에 걸쳐 체포·석방되었고, 전주, 홍주, 공주 등 여러 관아에서 무수한 고문으로 배교를 강요당했으나 이를 거부했다. 그러나 그는 1801년의 신유교난 때 체포되어 배교한 후 유배를 당했으나 곧 해배解配되었다. 1805년 그는 다시 해미관아에 잡혔으나, 전일의 배교를 뉘우치고 자신의 신앙을 고수했다. 그는 그 후 10여 년을 해미 감옥에서 보내다가 1814년 10월 20일 76세를 일기로 옥사 순교했다.[18)

1817년 10월 해미의 포졸들은 천주교에 대한 또 다른 탄압을 시도했다. 그리하여 그들은 덕산德山 배나다리(현 예산군 삽교읍 용동리 삼구)에서 신도 30여 명을 체포하여 해미관아로 압송했다. 이때 체포된 신도들 가운데 다수가 배교하여 석방되었지만, 정윤보 스테파노와 [19) 민閔첨지 베드로, 안나, 송첨지 요셉, 손연옥 요셉, 손여심 등은 끝까지 신앙을 지속했다. 이상의 6인 가운데 민첨지 베드로는 결성結成출신으로 목천木川 쇠악골에 살다가 배나다리로 이사하여 지냈다. 그는 1817년 10월 그의 형수인 안나를 비롯한 여러 신도들과 함께 해미관원에게 체포되어 압송되었고, 해미감옥에서 2개월을 지내다가 그의 형수 안나와 함께 굶어 죽었다. 당시 그들의 나이는 모두 60세 이상인 노인이었다.[20)

17) 『日省錄』純祖 辛未 4·7, 5·23, 11·3, 12·15, 12·20.
　　　『承政院日記』嘉慶 16년 同日條 참조.
18) 달레, 1987, 앞의 책 上, 15, 42, 46~47쪽.
19) Daveluy, *Note pour l'histoire des Martyres de corée*; [MS], pp.260~261.

송첨지 요셉은 고공雇工출신이었다. 그도 1817년 해미 관아에 붙잡힌
뒤 배교를 거부하고 해미 옥중에서 세상을 떠났다.21) 한편, 손연옥 요셉
은 홍주洪州 출신으로 배교를 거부하고 계속 수감되어 있다가 1824년에
옥사했다. 그리고 손연옥의 부친인 손여심도 아들이 체포된지 3일 후에
체포되어 해미 진영에 압송되었고, 이곳에서 20여 차례나 혹독한 형벌을
받았다. 그러나 그도 배교를 거부하고 해미 감옥에서 10여 년 동안을 지
내다가 중병에 걸려 사망했다.22)

1825년 해미 진영에서는 주변의 천주교 신도들에 대한 체포 작업을
다시 전개했다. 그 과정에서 배청모 아우구스티노와 하 바르바라가 체포
되어 해미 감옥에 구금되었다. 배청모는 당진 태생으로서 1799년 순교
한 배관겸의 아들이다. 그는 부친의 체포 직후 청주淸州 병영에 부친과
함께 수감되었다. 그의 부친이 1799년 사형을 당하자 그는 부친의 시신
을 매장할 수 있는 허가를 얻어 부친을 장사지낸 후 탈출했다. 그는 탈
출 후 1년간 뱃사공 노릇을 한 다음 4～5년 간을 공주公州 땅에 은신하
여 지냈다. 그 후 그는 면천 강문이로 거처를 옮겨 그의 천직인 목수 일
로 생활을 해나갔으며, 신도들을 위해 교회 서적을 필사하는 일에도 종
사했다. 1825년 박해가 일어나자 그는 다시 체포되어 해미 진영에 압송
되어 혹독한 고문을 다했다. 그는 배교를 하지 않았지만 2～3년이 지난
후 석방될 수 있었다. 석방된 후 그는 달 초하루와 보름날 해미 진영에
출두하여 근황을 알려야 했다. 그러다가 그는 1829년 6월 26일 세상을
떠났다.23)

한편, 하 바르바라는 당진 출신이었지만 면천으로 시집을 갔다. 그는
남편 친구 중의 한 사람으로부터 천주교를 전수 받았다. 그는 과부가 된

---

20) 달레, 앞의 책 中, 97쪽.
21) 달레, 앞의 책 中, 98쪽.
22) 달레, 앞의 책 中, 99쪽.
23) 달레, 앞의 책 中, 108쪽.

뒤에 신도 부인과 처녀들을 가르치는 일에 종사했고, 그의 선교 범위는 내포內浦평야 일대에 이르렀다. 그는 이와 같이 '전교회장'으로 활동하다 가 아산牙山 반대마골에서 1825년 3월 해미의 관원들에게 체포되었다. 그는 배교를 강요하는 문초를 여러 번 받았으나 이를 거부했다. 얼마 후 그는 매달 두 번씩 관장官長 앞에 출두한다는 조건 아래 감옥에서 석방되 었지만 오래지 않아 병들어 세상을 떠났다.[24]

1830년대에 들어가서 해미 지방의 순교 사실에 관한 기록이 나타난 것은 1838년이었다. 즉, 이해 8월 20일에는 해미에서 조홍운 안드레아가 순교한 것으로 기록되어 있다.[25]

이 기록을 보면, 해미 지방에서는 서울에서 기해교난이 본격적으로 전개되기 전해부터 박해가 있었음을 알 수 있다. 이는 중앙정부의 동향 과는 무관하게 지방관아 단위로 전개된 박해 가운데 하나일 것으로 추정 된다. 그러나 중앙에서 박해가 발생할 경우에는 지방에까지 그 여파가 미치기 마련이었다.

즉, 1839년에는 기해교난己亥敎難이 일어났고 그 교난의 여파는 충청 도에까지 미쳤다. 이 교난의 과정에서 충청도 각 지방에서는 많은 신도 들이 체포된 후 배교를 선언하고 석방되었다. 이때 해미 진영에서도 천 주교 신도들이 체포되어 심문을 당했다. 이 과정에서 전 베드로가 순교 했다. 그는 원래 면천 양데 출신이었다. 그는 몸이 작고 얼굴이 못생기고 병충이고 절름발이요, 머리도 몹시 막혀 있어서 누구에게나 멸시를 당하 고 놀림을 받는 사람이었다.[26] 그러나 그는 해미진영에 압송된 이후 다 른 많은 신도들이 배교했음에도 불구하고 자신은 끝까지 신앙을 고수했 다. 그러다가 그는 1839년 9월 중에 굶주림과 장독杖毒으로 옥사했다. 그

---

24) 달레, 앞의 책 中, 109쪽.
25) Daveluy, *ibid*, 359쪽.
26) 달레, 앞의 책 中, 485쪽.

의 나이는 30세가 넘었다.

내포 지역에서 천주교 관계 사건이 가장 집중적으로 전개된 곳은 이상에서 살펴본 바와 같이 해미 지방이었다. 그러나 해미는 한 때 내포 지방의 8개 군현 중 유일하게 진영이 설치되어 있는 곳이었기 때문에 부근의 군현으로부터 이송 당한 천주교 신도들이 이곳에서 구금되어 있거나 사형을 당했다. 이런 까닭으로 이곳에서는 많은 신도들이 순교를 했던 것이다.

해미 지방에 천주교가 전파된 이후인 1779년부터 1839년의 기해교난己亥敎難에 이르기까지 이곳에서 구금되었거나 처형된 신도들은 다음 <표 1>을 통해서 확인된다. 여기에 제시되어 있는 18명의 신도들 가운데 적어도 12명은 해미 감옥에서 교수형을 당하거나 타살되었다. 그리고 그들 중 일부는 감옥에서 굶어 죽거나 장독杖毒으로 말미암아 옥사했다.

〈표 1〉 해미 관계 천주교 신도(1799~1839)

번호	성명	세례명	연령	해미와의 관계	거주지	순교지	순교일자	순교형태	비고
1	朴取得	라우렌시오	30's	순교지	홍주	해미	1799.2.29	교수	
2	李涉玄	프란치스코	27	"	덕산 황무실	"	1799.12.13	타살	
3	印은민	마르티노	63	"	덕산 주레골	"	"	"	
4	金사집	프란치스코	58	구금치	덕산 배방고지	청주	1801.12.22	"	
5	朴玉貴		15	"	해미	금강	1811.12.18	참수	
6	安廷九			"	해미	"	"	"	
7	黃	바오르		"	보령	공주	1813.10.19	"	
8	金震厚	비오	76	"	면천 솔뫼	해미	1814.10.20	옥사?	1805년 체포
9	정윤보	스테파노		"	덕산 배나다리	"(?)	1817.11(?)		
10	민(침지)	베드로	60's	"	"	"	"	아사	
11		안나	60's	"	"	"	"	"	8의 형수
12	송(첨지)	요셉		"	?	해미	1817	옥사	

13	孫연옥	요셉		〃	홍주	〃	1824	옥사	1817년 체포
14	孫여심			〃	〃	〃	1827(?)	〃	〃
15	裵청모	아우구스티노		〃	면천 강문이	?	1829.6.26	아사	1825년 체포
16	河	바르바라		〃	면천	?	?	〃	〃
17	조흥운	안드레아		순교지	?	해미	1838.8.20	?	
18	전	베드로	30's	〃	면천 양대	〃	1839.9	杖毒死	

출전 : Dallet, 『韓國天主敎會史』, 『日省錄』

3. 병인교난기丙寅敎難期의 해미

해미는 1839년의 기해교난己亥敎難 당시까지만 하더라도 많은 천주교 신도들이 거주하지는 않았던 곳이다. 이 때 해미는 주로 타 지역에서 체포된 천주교들이 구금되어 있거나 처형된 지역으로 주목해 볼 수 있는 것이다. 우리는 <표 1>을 통해 1811년에 처형된 박옥귀朴玉貴와 안정구安廷九를 제외한 다른 사람들은 해미 이외의 고을에서 살고 있었음을 확인할 수 있다.

그러나, 해미 지방에서도 천주교 신자들이 거주하고 있었음을 1866년의 기록들을 통해 확인해 볼 수 있다. 병인교난 때 해미에서 순교한 사람들 가운데 김선양 바오로와 박춘경은 해미 역말에서 살았다. 그리고 김 프란치스코와 최 야고보는 해미 삼지리에서 살았다.[27] 이렇듯 해미 관내의 역말이나 원벌에서는 다수의 신도들이 살았음을 확인할 수 있고, 이문이나 삼진리에서도 신도들의 존재가 발견되고 있는 것이다. 여러 지방의 신도들이 자신의 신앙을 고백하며 이승을 하직하던 신앙고백의 장소였던 해미는 이로써 1860년대에 이르러서 신도들의 구체적 삶이 전개되는 곳이 되었다. 뿐만 아니라 해미는 1866년에 시작된 병인교난丙寅敎

27) 『치명일기』 715번, 708번, 704번, 705번, 700번, 706번

難을 통해서도 종전보다 더욱 많은 수의 천주교도들이 처형된 순교의 땅
이 되었다.

해미 지방에서 천주교에 대한 박해가 가장 격렬하게 전개된 시기는
1866년부터 1868년까지 들 수 있다. 이 때 순교한 사람들을 『치명일기』
『병인박해 순교자 증언록』 등을 중심으로 하여 제시해보면 다음 <표
2>와 같다.[28]

<표 2> 병인교난 당시 해미의 순교자(1866~1868)

번호	성명	세례명	연령	거주지		순교일	순교 형태	치명 일기	정리 번호
1	김경오					1866.	참수	711	
2	김백선			면천원마루		1866.		707	
3	김선양	바오로	57	해미역말	해미안우리	1866.10.11	교수	715	
4	강성연		56	면천		1868.4.		695	87
5	김순장		50		해미미점촌			缺	39
6	김여집			공주진밧	해미	1866.	참수	710	
7	김여흥			공주진밧	해미	1866.	참수	709	
8	김영횡		55	공주진밧	해미	1867.3.		699	
9	김윤집		51	전라도	면천	1868.4.		1696	87
10	김정옥	파비아노		해미이문		1866. 11. 22		700	38,158
11	김춘겸		45	면천		1868.4.		694	
12	김	데레사						欠	70
13	김	라우렌시오						欠	161
14	김	스테파노	28	서산강당리		1866.	교수	688	120
15	김	프란치스코		해미 원벌		1866.		704	
16	김	프란치스코	61	덕산	해미역촌	1866.		欠	3
17	문	마리아	56				생매장	719	93
18	박춘경	프란치스코	28	영동		1868. 5. 23	교수	708	163
19	방명서		19	홍주			교수	682	120

28) 이 표는 『치명일기』와 『병인박해 순교자 증언록』을 참조하여 작성되었다. 이 표
의 '정리번호'는 『병인박해 순교자 증언록』의 정리번호를 뜻한다.

20	방순기			면천				683	87
21	방순기의 아내		18	면천		〃		684 87	
22	박	바르바라	74	덕산신프런	덕산황모실	1868. 5.	옥사	717	93
23	박	바오로	36	홍주		1866. 12. 29	교수	?	81
24	박	요한	42	홍주원머리		1868. 5.23	생매장	716	81,93
25	박	요한	40	홍주		1866. 12. 29	교수	72	81
26	방	마리아	35	덕산신프런	덕산황무실	1868. 5. 3	생매장	691	93
27	방	안토니오		덕산황무실		1866.11.12		690	154
28	손복록		38	홍주(?)			교수	689	86,157
29	손사중		47	홍주신리		1866.	교수		86,157
30	손치황	요한	60	홍주신리		1866.	교수		86,157
31	신	막달레나	28	강원도		1868.	교수	692	157
32	염사연			덕산개산				缺	
33	임지량	에번시오		홍산구신	덕산개산	1866. 11.			27
34	유군심	시로	39	경기고초골	홍주대전골	1867. 5.		702	162
35	유	시로	34	덕산	신창	1866.	교수	685	120
36	유시로의 처			〃	〃	〃		686	120
37	이군명	바오로		공주청장리	해미 미점촌			缺	39
38	이군박	에메렌시아	55	공주 진밧	덕산 개야산	1868. 4.		698	
39	이선경		55			1866.	참수	713	
40	이순백					1866.	참수	712	
41	이	마테오	34			1866.	교수	693	157
42	이	에메렌시아	34	면천		1868.	교수	687	120
43	조유진	가브리엘	21	홍주 서면	신창 창말	1868. 4.		697	87
44	정정심		51	홍주 신리		1866. 11.		714	
45	장안드레아의 처							缺	70
46	장마티아의 손부							缺	70
47	장마티아의 손부							缺	70
48	장마티아의 손부							缺	70
49	조	베로니카	18	농바위	해미 산진리	1868. 4.		缺	3
50	최	마리아		해미원벌		1866.		705	
51	최	아고보		수원 갓등이		1867. 7. 1		706	
52	표	안드레아	36	덕산 황무실		1867. 9.	교수	720	92
53	홍	시몬	30's	천안 소풀리		1868. 봄.		缺	163

54	농바우	교우 26명			1868. 4.		701	

- No. 6 김여홍(兄)과 No. 7 김여집(弟) 형제는 No. 1 김경오의 자
- No. 24 박요한(사위)과 No. 17 문마리아(장모)는 함께 생매장
- No. 15 김프란치스코는 No. 50 최마리아와 함께 순교
- No. 16 김프란치스코는 김대건 신부의 4촌
- No. 25 박요한과 No. 23 박바오로는 형제간
- No. 29 손사중은 No. 30 손요한의 당질
- No. 19 방명서와 No. 20 방순기는 형제
- No. 33 염지량 : 부자와 함께 피체 치명, 아들은 No. 32 염사연
- No. 42 이에메렌시아는 No. 35, No. 36 유시로 내외와 함께 체포(687)

<표 2>와 『성책』의 기록을 종합해보면 이들 중 24명은 병인교난이 발생한 해인 1866년에 해미에서 순교했다. 그리고 이들 중 순교의 월일月日을 밝힐 수 있는 8인은 모두가 10월 이후에 순교한 것으로 나타난다. 이는 1866년 10월 이후부터 해미 진영에서는 순교가 본격적으로 진행되었음을 암시하는 것으로 생각된다.

한편, 1867년에는 모두 4명이 순교한 것으로 나타난다. 이는 1866년의 대규모 박해 이후 박해가 한 때 소강 상태에 이르렀음을 말한다. 그러나 1868년에 이르러 해미 지방에서의 박해는 더욱 가속화했다. 이는 1868년 4월에 발생한 오페르트(Oppert)사건과 깊은 관련이 있는 것으로 추정된다. 즉, 1868년 4월과 5월에 걸쳐 해미에서는 39명의 신도들이 죽음을 당하고 있다.[29] 그리고 이들 가운데 1868년 4월 집단 처형된 농바우 출신 신도 26명 가운데 1인은 배교를 했음에도 불구하고 죽음을 당했다.[30] 또한 1868년 5월 3일과 5월 23일에는 신도들을 생매장한 사건이 발생했다. 배교자까지 처형하거나 신도들을 생매장하여 살해한 잔인한 방법이 등장한 것은 대원군의 생부生父 남연군南延君의 묘를 파괴하려 했던 오페르트 사건에 대한 보복적 의미가 크다고 볼 수 있다.

한편, 『공충도사학죄인성책公忠道邪學罪人成册』(이하 成册으로 약칭함)에는

---

29) <표 2>의 순교일자 참조.
30) 『병인박해 순교자 증언록』 정리번호 87.

1868년 4월과 5월에 해미현海美縣 및 해미진海美鎭에서 처형된 69명에 이르는 신도들의 명단이 수록되어 있다.[31]

　우리는 이상에서 확인한『성책』의 자료와 <표 2>를 상호 대조함으로써 1868년 당시 해미에서의 천주교 박해상을 좀더 잘 알 수 있을 것이다.『치명일기』『증언록』등에 근거하여 작성한 <표 2>를 통해서는 1868년에 해미에서 순교한 사람은 모두 15명이고(4월 8명, 5월 4명, 월 미상 3명) 여기에 농바우 교우 26명이 1868년 4월에 순교한 것을 우리는 확인할 수 있다. 그런데『성책』에는 1868년(同治 7년, 高宗 5년) 4월에 기찰포교 엄덕영嚴德永, 이희운李熙云, 최영석崔永石 등에 의해 체포된 신도 34명이 해미현海美縣에서 참수되었고, 동년 5월에는 기찰포교 엄덕영, 이희운, 이승호李承浩, 김만성金萬成, 장진호張鎭浩 등이 체포한 35명의 신도들이 해미진海美鎭에서 참수된 것으로 기록되어 있다.

　우리는 이『성책』을 통해 해미에서 천주교도들의 처형을 주관하고 있던 곳이 해미현과 해미진 두 곳이었음을 확인할 수 있다. 그리고 <표

---

31) 이 명단은 검색의 편의를 위해 가나단 순으로 재작성한 것이다.
　『公忠道邪學罪人成册』中 海美殉敎者
　(1) 1868. 4. 海美縣 斬首者 34名(男 14, 女 20)
　海美 : 金初乭, 崔召史
　沔川 : 金今得, 金連山, 金永命, 金才得, 金之先, 朴星化, 朴今得, 朴仁得, 方巡己,
　　　　李奉誼, 李世達 ,李致連, 張巡得, 姜召史, 金召史, 金召史, 金召史, 朴召史,
　　　　朴召史, 朴召史, 方召史, 方召史, 宋召史, 李召史, 李召史, 李召史, 李召史,
　　　　鄭召史, 鄭召史, 趙召史, 崔召史, 黃召史
　(2) 1868. 5. 海美鎭 斬首者 35名(男 11, 女 24)
　洪州 : 朴致雲, 柳己尙, 金召史, 金召史, 文召史, 李召史
　德山 : 金奉學, 朴元蕉, 朴八甫, 宋京卜, 申卜實, 劉牙業, 韓道元, 金召史, 金召史,
　　　　金召史, 金召史, 方召史, 廉召史, 劉召史, 李召史, 林召史, 韓召史
　瑞山 : 李仁甲, 金召史
　新倉 : 高仁長, 金召史, 金召史, 金召史, 金召史, 朴召史, 白召史, 吳召史
　沔川 : 金召史
　禮山 : 金召史

2>의 경우 1868년 4월에 순교한 사람으로는 농바우 교우 26명을 포함
할 경우 최대한 34명으로까지 볼 수 있다. 그러나 이 34명 가운데『성책』
에 기재된 인물과 확실히 일치되는 사례는 방순기方巡己(표 2 No. 20)하나
뿐이며,『성책』에는 면천沔川에서 체포되어 온 것으로 기재된 조소사趙召
史가 <표 2>에 나오는 농바우 출신 조베로니카와 동일 인물일 가능성
은 매우 높다. 그러나『성책』에 수록되어 있는 나머지 32명은 <표 2>
와는 대부분 중복되지 않는 인물로 생각된다. 또한 1868년 4월 농바우
에서 체포되어 참수 당한 26명의 신도들은 면천에서 농바우라는 지명을
확인하게 된다면, 구체적 이름들이『성책』을 통해 확인될 수 있을 가능
성이 매우 높다고 하겠다.

한편, 1868년 5월의 경우에는 <표 2>에서는 단지 4명의 순교자만
집계되어 있다. 그러나『성책』에는 35명의 참수자가 기재되어 있다.
<표 2>와『성책』을 대조해보면『성책』에 홍주洪州 출신으로 기록된 문
소사文召史는 <표 2> 문마리아와 순교일殉敎日이 일치됨을 볼 때 동일
인물일 가능성이 높다. 그리고『성책』에 덕산德山출신으로 나오는 방소
사方召史는 <표 2>에 덕산 신프런에 살다가 덕산 황모실로 이주한 것으
로 나타나는 방마리아와 동일 인물일 것이다. 또한『성책』에 기재된 홍
주 출신 박치운朴致雲은 <표 2>에 나오는 홍주 원머리 출신 박요한과
동일 인물로 볼 수 있다.

병인교난 때에 체포된 신도들은 대개의 경우 체포된 10여 일을 전후
하여 처형되기도 했다. 그런데 조선 왕조에서는 사형의 집행에 신중을
기하여 주요 사형 사건에 대해서는 삼성추국三省推鞫의 절차를 밟음으로
써 오판에 의한 억울한 죽음을 막기 위한 장치가 어느 정도 마련되어
있었다. 그러나 병인교난 때 사학죄인邪學罪人인 천주교인의 경우에는 이
원칙이 적용되지 아니하고 선참후계先斬後啓에 준하여 천주교도들에 대한
처형이 진행되었다. 그리하여 서울의 좌·우포도청左·右捕盜廳에 체포된 신

도들의 경우에도 대개는 옥에 갇힌 지 10여 일을 전후해서 사형이 집행
되고 있는 것을 볼 수 있다.[32]

그리고 해미 진영에 체포된 신도들 가운데 다수도 이와 같이 단기간
안에 처형되고 있음을 확인하게 된다. 그러나 물론 여기에도 예외는 있
었다. 대부분의 신도들은 혹독한 고문에도 불구하고 자신의 신앙을 고수
할 경우 죽음에 처해졌지만 김춘겸과 같은 이는 1866년에 체포되었다가
1868년에 이르러서야 순교했다.[33]

해미진영에서는 앞서 잠깐 언급한 바와 같이 집단 처형이 성행했다.
우리는 집단처형에 관한 여러 기록들을 확인할 수 있다.[34] 그리고 그 처
형의 방법과 장소도 다양했다. 해미진영의 순교자 가운데 일부의 신도들
은 장독杖毒으로 말미암아 해미의 감옥에서 옥사하기도 했다. 또한 교수
형이 해미 감옥에서 직접 집행되기도 했다.[35] 또한 교수형은 해미의 서
문 밖에서 집행되기도 했다.[36]

그리고 1866년에는 5명의 신도들에게 참수형斬首刑을 집행하기도 했
다.[37] 신도들에 대한 참수형은 당시의 관행으로 보아 서문 밖에서 집행
했을 것으로 판단된다. 한편 1868년 5월 3일과 5월 23일에는 해미천 가
에서 신도들을 생매장하여 죽였다.[38]

이와 같은 박해의 과정에서 적지 않은 수의 신도들이 자신의 목숨을
희생했다. 병인교난 기간동안 이곳 해미에서 순교한 사람으로는 <표
2>에 수록된 53명과 『성책』의 4월조에 기재된 34명 중 <표 2>와 중
복이 안되는 32명, 그리고 『성책』의 5월조를 통하여 밝혀진 35명의 순

---

32) 위의 증언록, 정리번호 120.
33) 「치명일기」 694.
34) 『치명일기』 685, 689, 695~7, 709~713.
35) <표 2>의 No. 14, 18, 23, 26, 28, 29, 30, 31, 35, 41, 42, 52.
36) <표 2>의 No. 3.
37) <표 2>의 No. 1, 6, 7, 39, 40.
38) <표 2>의 No. 17, 24, 25.

교자 가운데 <표 2>와 중복이 안된 32명 합계 117명 정도의 씨명氏名을 확인할 수 있다.

물론 이와 같이 이름을 확실히 밝힐 수 있는 신도들 이외에도 또 다른 많은 사람들이 순교했을 가능성은 있다. 해미 지방 순교자의 숫자가 증가될 수 있는 가능성은 『치명일기』의 기록을 통해서도 암시되고 있다. 즉 1866년 해미에서 교수형을 당한 손사중은 다른 신도 30여 인과 함께 교수되어 순교한 것으로 되어 있다. 그러나 그와 함께 순교했을 것으로 추정되는 사람은 『치명일기』에 5~6인 내외로 나타나고 있으며, 나머지의 사람들에 대해서는 전혀 기록이 남아있지 아니하다.39) 그리고 1868년에 순교한 조유진의 경우에 있어서도 "해미 포교에게 잡혀 합 수십여 명이 한가지로 치명하니"하고 기록되어 있다. 그러나 1868년 그와 동시에 순교한 다른 수십여 명의 이름은 밝혀지지 않고 있다.40) 그리고 1868년 4월 순교한 김춘겸의 경우 "해미로 잡혀와 합 네 사람이 한가지로 치명하니"하고 되어 있으나, 그를 제외한 나머지 세 사람의 순교자를 확인할 수가 없다.41) 이밖에도 『치명일기』에는 순교 월일을 각각 달리하여 "다른 교우와 한가지로 치명했다"고 표현된 순교자들이 있는 바,42) 이 경우에도 그 동반 순교자들의 이름이 밝혀지지 아니하고 있다. 그러므로 문헌을 통해 밝힐 수 있는 117명의 순교자 이외에도 또 다른 순교자들이 존재하고 있을 것이다.

그렇다 하여 순교자의 숫자가 무한정으로 늘어날 수는 없는 것이며, 순교자의 숫자를 무한정 늘리려는 시도는 박해 당시의 역사적 사실과는 큰 차이를 드러내게 될 것이다. 그러므로 우리는 해미 지방의 순교자 숫자를 구체적으로 밝히기보다는 다수의 순교자들이 남긴 순교의 의미에

---

39) 『치명일기』 690.
40) 『치명일기』 697.
41) 『치명일기』 694.
42) 『치명일기』 685, 702.

주목해야 한다. 이곳 해미에서 전개된 순교의 주인공들은 거개가 '불학 무식한 농투성이'로 지칭되던 사람들이었다. 종전에 이들은 양반 관료나 지주에 얽매여 지내며 자신의 인격 자체가 중세 봉건적 질곡 속에 매몰되어 있었던 사람들이다. 이들이 천주교 신앙을 갖게 된 후 이들은 양반 관료나 나라님으로부터도 강제될 수 없는 자신의 양심의 존재를 터득했다. 그리하여 그들은 양심의 자유, 신앙의 자유를 지키기 위해 자신에게 가해지는 모든 고통을 감내하고 자신의 생명까지 희생했던 것이다. 이들에게 있어서 양심과 신앙은 생명보다도 중요했으므로 이들은 이를 위해 생명을 희생할 수 있었던 것이다. 그러므로 이들에게 있어서 순교는 자신의 인격을 되찾기 위한 노력의 표현이기도 했으며, 이들은 양심과 신앙의 자유를 확보하려던 노력의 과정에서 자신을 산화했다. 바로 이러한 측면에 19세기 조선의 순교가 가지고 있는 역사적 의미의 일단이 있는 것이다. 그리고 우리는 그들의 순교에 대해 이외에도 교회사적 의미를 별도로 추가할 수도 있을 것이다.

그렇기 때문에 해미 지역의 순교자들에 관해서도 그 수적 측면만을 강조하며 더 이상 경탄해서는 아니되고, 그 질적 의미를 음미해 나가야 한다. 19세기 조선 왕조에서 진행된 순교의 주체는 이름 없는 민중들이 대부분이었다. 이 비특권적 민중의 각성은 우리 역사의 위대한 발전을 뜻하는 사실이기도 하다. 그리고 그 각성을 통해 봉건 사회의 어둠이 걷혀 갈 수 있었던 것이다. 그렇다면, 여러 순교자의 활동 무대였던 해미는 하찮은 인민들이 자신의 존귀함을 확인한 장소이며, 새로운 깨달음의 장소인 것이다. 여기에서 우리는 해미의 사적지가 갖는 올바른 의미를 파악할 수 있을 것이다.

4. 맺음말

해미 지방에 천주교 신앙이 전파된 때는 1784년 교회가 창설된 직후로 추정된다. 이 때 '내포內浦의 사도使徒'로 불리는 이존창李存昌은 충청도 내포 지방 일대에 천주교를 전파했고, 그 과정에서 해미海美에도 천주교 신앙이 알려져서 후일 이곳에서 서학운동西學運動이 일어나는 계기를 맞게 되었다. 서학西學 즉 천주교와 관련하여 해미가 문헌 자료에 등장하기 시작한 때는 1799년이었다. 그 이후 해미는 주로 신도들의 처형지나 구금처로 등장하고 있었다.

그러나 이미 1811년에 이 지역에 거주하는 사람들에 의해 '사학사건邪學事件'이 발생하고 있음을 보면, 이때에 이르러 이곳에서 천주교 신도들의 존재를 우리는 확인해 줄 수 있을 것이다. 이러한 과정에서 1839년 기해교난에 이르기까지 해미와 관련된 18명의 신도들의 행적이 확인된다.

19세기 해미 지방에서 천주교 신앙이 가장 성행했던 시기는 1860년대를 들 수 있다. 이때에 이르러 이곳에서는 적지 않은 신도들의 존재가 발견된다. 그리고 1866년 병인교난을 당하여 이곳은 이 지역뿐만 아니라 다른 군현에서 이송되어 오는 신도들을 처형하는 곳이 되었다. 해미는 한 때 내포 지방의 8개 군현 가운데 유일하게 진영鎭營이 설치되어 있는 곳이기 때문에 이곳에서 신도들에 대한 처형이 집중적으로 진행되었던 것이다.

또한 해미에서는 1868년 4월 '오페르트 사건'이 발생한 이후 신도들에 대한 집단 처형이 단행되었다. 이 과정에서 신도들은 생매장을 당하기도 했다.[43] 1866년에서 1868년 사이에 집중적으로 전개된 병인교난의

---

43) 趙珖, 앞의 글, 128쪽. 이 생매장지는 1935년 바로(Barraux) 신부에 의해 해미면

과정에서 이곳에서 순교한 117명에 이르는 순교자를 문헌자료를 통해 우리는 확인할 수 있다. 그러나 이곳의 순교자는 이 숫자보다도 분명히 많은 수일 것으로 생각된다.

그런데 1960년대 이후 순교자에 대한 관심이 고조되어 가는 과정에서 이 지역의 순교자의 수가 대략 2천여 명에 이르는 것으로 추정되었다. 그러나 이러한 추정치는 문헌적 사료 근거가 전무全無한 것이다. 그러므로 해미 지방의 순교자 숫자에 관한 과도한 추정은 피해야 할 것이다.

원래 순교자란 그 수적數的 다과多寡에 의미가 있는 것이 아니라 그들의 신앙인으로서의 삶과 그 증거적證據的 죽음에 가치가 있는 것이다. 순교란 양적인 측면에서 의미를 부여할 수는 없는 것이며, 그 질적 측면을 주목해야 하는 것이다. 그렇다면 단 한 명의 순교자가 존재한다 하더라도 그 의미 부여 여하에 따라서는 중요성을 발견할 수 있게 될 것이다. 이 점은 해미 지방의 순교자에 대한 이해에 있어서도 틀림없이 적용된다.

우리는 여기에서 해미 지방에서의 서학 운동 내지 천주교 신앙운동과 그 순교자에 대해 간단히 검토해 보았다. 이로써 우리는 19세기 중엽을 전후한 시기 충청도 내포지역에서 활발히 전개되던 천주교 신앙 운동을 확인하며, 성리학 중심의 조선 왕조 사회가 붕괴되어 나가는 과정을 점검했다. 천주교 신앙은 당시 사회에서 비특권적 피지배층에 의해 실천되던 사회 운동이었던 바, 이와 같은 사회 운동의 구체적 전개상을 해미에서의 순교라는 사례를 통해 확인하게 될 것이다.

초산리에서 발굴 확인되었고, 현재 이곳은 성역화 되어 있다.

제5장

호남지역 천주교의 전파와 조선정부의 대응

1. 머리말

조선후기 사회에서 천주교 신앙이 수용되던 그 시점에서 천주교 신앙을 호남지방에 전해졌다. 이러한 사실은 윤지충, 유항검 등이 천주교 신앙을 수용했던 때가 조선교회 창설 직후였다는 사실을 통해서 확인할 수 있다. 이와 같이 수용된 호남 지역의 천주교 신앙은 조선교회 자체 내부 및 호남사회에 뿐만 아니라 조선 사회 전반에 걸쳐서 큰 의미를 가지고 있었다.

18세기 후반기 일부 신도들은 자발적 신앙운동을 전개했고 이를 통해서 조선후기 사회는 천주교 신앙에 접하게 되었다. 그러나 천주교는 조선후기 사회에서 곧 반대에 직면했고 정부에서는 새롭게 전파된 천주교 신앙에 대한 탄압을 시도하기에 이르렀다. 즉, 조선후기 교회와 국가의 관계에 있어서 가장 큰 문제로 부각되는 점은 조정의 천주교 탄압 내지는 박해정책을 들 수 있다. 이 박해의 원인으로는 크게 세 가지를 들 수 있다.

즉, 첫 번째로는 성리학적 세계관에 대한 도전 내지는 부정이었다. 조상제사 문제를 통해서 확인되고 있는 바와 같이 당시 교회에서는 천주교 신앙을 통해서 성리학적 가치관에 대한 도전을 시도하고 있었다. 물론 신앙의 도입초기에는 보유론적補儒論的 인식을 통해서 천주교 신앙은 조선사회에 자리를 잡을 수 있었다. 그러나 천주교 신앙이 전개되던 과정에서 천주교는 반유론反儒論적 성격을 분명히 하고 있었다. 특히 천주교 신앙이 반유론의 특성을 선히 드러낸 사건은 조상제사에 대한 거부문제였다. 제사는 당시 지배문화의 상징이었다. 제사거부는 지배문화 자체에 대해 도전이었고, 반유론反儒論은 유자儒者 본위의 국가였던 조선왕조의 사상적 기초 자체에 대한 거부로 인식되었다. 사실, 교회의 가르침은 양반지배층의 문화와 관습에 대한 도전이었고, 세계관의 전환을 요청한 사건이었다.

박해의 두 번째 원인은 당시 지배층에서 천주교를 통외분자通外分子로 외국 침략세력의 앞잡이라고 인식했던 까닭이었다. 조선왕조에 있어서 대외교섭권은 오직 조정에서만 장악하고 있었다. 그러나 조선교회는 독자적으로 서양과 통하려 했고, 이점에서 조정에서는 교회를 조선에 대한 외국의 침략을 초래하려는 '통외분자'로 파악하게 되었다. 서양의 큰배를 불러들여 '일장판결一場判決'을 보려던 당시 교회의 계획은 조선왕국의 존립 자체에 대한 위협으로 인식되기에 충분했다.

한편, 세 번째로는 신분제를 기반으로 한 조선후기 사회에 천주교 신앙의 전파는 일종의 평등사상의 보급이라는 특성을 가지고 있었다. 당시의 지배층은 천주교의 가르침이 신분제적 사회원리에 대한 근본적 도전으로 인식했다. 일부 신도들도 천주교 신앙이 평등사상임을 믿고 실천했다. 여기에서 당시 사회의 기존 질서를 지키기 위해서는 천주교 신앙에 대한 탄압이 '불가피하게' 전개되었다.

이와 같은 원인들 이외에도 현실정치와 관련된 문제 등도 박해의 원

인으로 작용했음에 틀림없다. 그런데 당시 사회에서 전개된 박해의 직접
적 원인 세 가지 원인 가운데 두 가지가 호남지역의 교회에서 제기된
것이었다. 즉, 조상제사문제와 관련하여 발생된 1791년의 진산사건과
1801년의 '일장판결' 요청사건은 호남교회의 사건에만 그치지 않고 조
선사회전반에 큰 영향을 미친 사건으로 비화되어 나갔다. 이 사건들은
집권 사족들에게 박해의 정당성을 확인시켜준 계기가 되었다. 호남교회
의 이러한 문제 제기는 중앙정부로 하여금 천주교에 대한 전반적 대책을
마련하도록 촉구했던 사건이었다. 이 문제에 대한 정부의 대응책은 호남
지방 뿐만 아니라 조선 전국에 적용되어 나갔다.

따라서 본고에서는 초기 교회사 전반에 대한 이해를 높이기 위한 방
법 가운데 하나로 교회창설이후 1801년의 박해에 이르기까지 호남지방
에서 전개되었던 천주교신앙의 특성 및 이 지역에서 제기된 주요사건의
의미를 검토해보고자 한다. 호남지역 천주교 신앙의 특성에 대한 이해는
신앙의 전파와 수용 상황에 대한 주목을 통해서 검출될 수 있다. 그리고
조상제사 문제로 인한 진산사건 및 일방판결 요청사건 가운데 특히 진산
사건을 중심으로 하여 당시 호남 내지는 조선교회가 기존의 사상체제에
가한 도전의 실상을 밝혀보고자 한다.

조선후기 교회사에서 호남지역의 위상을 밝혀보려는 연구는 이미 선
학들에 의해 진행된 바 있다.[1] 또한 조상제상문제 및 이른바 '대박청래
大舶請來'에 관해서도 기존의 연구논문을 찾을 수 있다.[2] 그러나 본고에

---

1) 김진소, 1998,『천주교 전주교구사』I, 천주교 전주교구.
2) 崔基福, 1990,『儒敎와 西學의 思想的 葛藤과 相和的 理解에 관한 연구 : 近世의
   祭禮問題와 茶山의 宗敎思想에 關聯하여』, 성균관대 대학원 박사학위논문.
   한국교회사연구소, 1998,「선교의 자유와 '대박청래' 문제」『교회사연구』13, 한
   국교회사연구소.
   한국순교자현양위원회, 2003,「신유박해와 황사영백서 사건」『신유박해연구 논문
   집』3, 한국순교자현양위원회.

서는 초기교회에 있어서 호남지방에서 신앙활동을 했거나 호남지방에
머물렀던 천주교도의 존재를 대충 검토해 보고, 제사문제의 구체적 전개
상황과 관련하여 조선의 통치당국과 신도들이 조상제사를 어떻게 이해
하고 규정해 왔는지를 살펴보겠다. 이 글이 18세기말 조선교회사의 성격
규명 내지는 호남지역 천주교 신앙의 형성과정에 대한 이해에 도움이 될
수 있기를 기대한다.

2. 호남지역 천주교의 전파

호남지방에 천주교 신앙이 전파된 계기는 권일신의 선교에 의해 유항
검이 입교한 사실에서 찾고 있다.3) 유항검은 권일신에게서 세례를 받고
전주로 돌아가 호남지역의 천주교신앙의 초석을 놓았다.4) 이와는 별도
로 전라도 진산군 장구동에 살던 윤지충의 경우에도 1784년 겨울 서울
김범우의 집에서 천주교 서적을 얻어 본 결과 천주교에 입교하여 활동하
게 되었다.5) 이들 가운데 전라도지역의 선교에 가장 중요한 영향을 미친
인물은 유항검이었다. 그는 가성직제도 아래 신부로 임명되어 활동하기

---

3) 달레 著, 崔奭祐·安應烈 譯註, 『韓國天主敎會史』(이하 '달레, 번역본'으로 약칭)
   上, 한국교회사연구소, 313쪽. "조선 남쪽에 있는 全羅道의 천주교회를 튼튼한 기
   초 위에 세운 영광도 權(日身)사베리오에게 돌아가게 되었으니, 그것은 柳恒儉을
   입교시킴으로써 이룩하였다. 柳恒儉은 아우구스띠노라는 本名으로 영세하였다."
4) 달레, 번역본 상, 313~314쪽. "그는 새 종교에 대한 말을 듣고, 또 그 敎를 신봉
   하는 유명한 사람들의 평판에 끌려, 자신이 직접 연구해 보려고 權氏 집안을 찾아
   갔다. 천주교의 원리를 알자마자 그의 정직한 마음은 승복하여 곧 실천하기 시작
   하였다. 자기 집으로 돌아가 곧 자기의 많은 가족들을 가르쳤고, 또 자기 친구들
   과 이웃 사람들과 아는 사람들에게도 이 좋은 소식을 전하였다. 그의 열심과 열성
   과 항구한 마음은 그를 남쪽 지방 천주교회의 모퉁이돌로 인정받을 수 있게 하여
   준다."
5) 달레, 번역본 상, 336쪽.

도 했다. 또한 유항검은 1795년 주문모 신부가 입국한 이후 주문모 신부를 도와 교회의 발전을 위해 노력했다. 그리고 주문모 신부의 존재가 발각된 이후에 유항검은 주문모 신부를 전주로 초치招致한 바도 있었다. 이 과정에서 호남지방 신앙공동체는 점차 그 규모가 커져갔다.

호남지방 천주교회가 조선교회에 제시한 일 가운데 두 가지의 사건이 주목된다. 하나는 유항검이 가성직제의 문제점을 제기하여 이를 재검토하도록 촉구했던 사실이다. 가성직자단의 일원이었던 유항검은 신품성사에 대하여 다른 어떤 구성원보다도 먼저 이해할 수 있었기 때문에 가성직제의 문제점을 지적하게 되었다. 이는 그가 영세 입교한 다음, 교회의 신앙활동을 지도하면서 교리에 대해서 꾸준히 연구했던 결과였다.

그리고 다른 하나는 유항검의 아들 유중철과 이순이의 동정생활을 들수 있다. 그들은 결혼의 형식을 취하였으나, 수도자적 삶을 살고자 했고 이를 실천했다. 또한 이들은 자신의 삶을 통해서 성리학적 가족윤리를 거부하고 있었다. 성리학적 가족윤리에서는 남상여하男上女下, 부위부강夫爲婦綱으로 지칭되던 수직적 상호관계를 규정하고 있었다. 또한 전통적 효의 개념과 관련하여 제사상속의 중요성을 강조하고 있었다. 이러한 상황에서 남녀, 부부의 대등한 삶의 가능성을 그들은 수도적 생활을 통해 실험하고 있었다. 또한 그들은 조상제사와 제사상속권이 새롭게 주목받던 그 당시의 사회에 대해 부모와 조상에 대한 효의 개념을 재해석하여 하느님에 대한 효를 몸소 실천하여 부모에 대한 효가 상대적인 것임을 밝혀주었다.

이상에서 살펴본 바와 같이 교리상의 오해에 대한 문제를 유항검이 지적했던 일이나, 유중철과 이순이의 동정생활은 호남지역 교회가 질적으로 볼 때 상당히 성숙된 형태로 존재하고 있었음을 제시해 준다. 호남지역의 교회에서 드러나는 이와 같은 질적 성숙은 양적 성장과 상호 관계를 가지면서 전개되었다.

호남지방 교회가 양적으로 성장되어 나가던 상황은 현재의 전라북도 지역에서 들어난다. 즉, 유항검 일가가 자리잡고 있던 전주가 호남지역 천주교 신앙전파의 중심지였다. 전주지역에는 유항검 일가와 그의 마름舍音 및 작인作人들 사이에서 천주교 신앙이 전파되어 갔던 사실을 확인할 수 있다. 그리고 윤지충과 권상연의 사건에서 드러나듯이 호남의 진산珍山도 천주교 신앙과 관계되던 곳이었다. 윤지충이 사형을 당한 다음 그의 처와 딸이 윤지충의 제자였던 아전 김토마스의 집에 피신해 있었다는 기록으로 보아, 그곳에는 윤지충의 혈족 이외에도 천주교 신도가 있었음을 알 수 있다.[6]

또한 윤지충이 순교한 이후 전라도 고산으로 이사하여 그곳에 정착했던 윤지충의 동생 윤지헌도 전라도 신앙공동체의 구성원이었다. 그리고 무장茂長 출신이었던 최여겸崔汝謙이나 김제金堤 출신이었던 한정흠韓正欽의 존재를 통해서 적어도 이러한 지역에 천주교 신앙이 전파되어 나갔음을 확인하게 된다. 그리고 우리는 1801년의 박해 당시 죽음을 당한 천주교 신도들에 관한 『사학징의邪學懲義』의 기록을 통해서 전라도 지역의 천주교 전파상을 부분적으로나마 확인할 수 있다. 그리고 『사학징의』에는 수록되어 있지 않으나 달레의 다음과 같은 기록을 통해서도 1801년 당시 호남지역 천주교 신도의 존재를 확인하게 된다.

여기에 같은 전라도의 몇몇 다른 증거자들의 이름을 덧붙이기로 하는데 이들에 대하여는 자세한 사정이 남아 있지 않고, 또 그들이 순교한 정확한 날짜도 보존되어 있지 않으나, 같은 시기에 고통을 당하였을 것이 거의 틀림없다 .이들은 아래와 같은 사람들이다. 이화백, 이 사람은 영광 고을의 양반이요 최여겸崔汝謙(마티아)의 제자로 자기 고향에서 참수당하였다. 같은 최여겸의 조카로, 흔히 금노라고 불리는 최일안이란 사람은 영광스럽게 신앙을 증거한 후 전주에서 당한 형벌로 죽으니, 나이는 40세였다. 영광 고을 복산지의 양반으

---

6) 달레, 번역본 상, 356쪽.

로 참수당한 원씨라는 또 한사람의 교우이다.[7]

　정산定山 고을 한티태생으로 전주 근처로 이사 가서 살던 신광서는 전주 감영에 잡혀가서 이국과 함께 참수되었다.[8]

　1801년 당시에서는 이상에서 같이 전주를 비롯하여 고산, 김제, 무장, 영광 등에서 천주교 신자들이 살고 있었다. 1801년 당시 천주교 박해의 과정에서 순교한 호남인들을 도표로 정리해 보면 다음과 같이 20명의 순교자들을 확인할 수 있다.

〈표 1〉 1801년 迫害時 全羅道 出身 刑死者

사망지	현재지명	성명	판결관아	처벌내용	비고
高山	전북 고산군	尹持憲	鞫廳	正法	尹持忠의 동생
金堤	전북 김제시	韓正欽	金堤	正法	柳恒儉 關係人, 廢祭毁祠, 信奉耶穌
茂長	전북 고창군	崔汝謙	茂長	正法	尹持忠, 李存昌 關係人, 篤信邪學
全州	전북 전주시	柳恒儉	鞫廳	正法	大逆不道罪人
		柳觀儉	鞫廳	正法	謀逆同參罪人
		申喜	全州	斬首	柳恒儉의 妻, 耶穌爲敎 刑戮爲榮
		李六喜	全州	斬首	柳觀儉의 妻, 西敎本重
		柳重誠	全州	斬首	柳恒儉의 조카, 西敎家傳之學
		李順伊	全州	斬首	柳恒儉의 며느리, 柳重哲의 妻
		金千愛	全州	斬首	柳恒儉의 奴, 邪敎爲大道至行
		尹持憲	全州	斬首	高山人, 尹持忠의 동생
		金有山	鞫廳	斬首	鎭岑人
		李宇集	鞫廳	斬首	
		柳重哲*	全州	絞首	柳恒儉의 아들
		柳文碩*	全州	絞首	유항검의
		元某*		斬首	錦山 솔티 출신
		신광서*		斬首	定山人
		李국*		斬首	
靈光	전남 영광군	李화백*	靈光	斬首	崔汝謙의 제자
		吳某*	靈光	斬首	

---

7) 달레, 번역본 상, 522쪽
8) 달레, 번역본 상, 616쪽.

		崔일안*	靈光?	拷問致死	崔汝謙의 조카

자료 : 『邪學懲義』.
    *는 달레, 『한국천주교회사』상, 522쪽; 616쪽.

　호남지역의 경우에는 이상에서와 같이 1801년의 박해과정에서 순교한 20명의 신도들을 확인할 수 있다. 그러나 1801년 5월 16일 당시 전라감사가 보고한 바에 따르면 전주에서는 137명이 수감되어 있었음을 알수 있다. 이러한 수감자와 순교자의 숫자 사이에는 상당한 차이가 있음을 알 수 있지만, 문헌 자료를 통해서 확인할 수 있는 초기교회(1784~1801) 전라도지역의 순교자는 이상의 표에 수록된 20명과 1791년의 박해 때에 순교한 윤지충, 권상연을 포함하면 모두 22인으로 볼 수 있다. 그리고 1801년 당시 전라도 지역 순교자 20명은 전국에서 처형된 사람들이 113명 정도였음을 감안할 때(<표 2> 참조), 결코 작은 숫자는 아니었음을 알 수 있다.

〈표 2〉 1801년 迫害時 刑死者

判決官衙 ＼ 內容	正法	絞首	賜死	杖斃	合計
鞫廳	12+10		2	3	27
刑曹	37				37
捕盜廳		18		4	22
京畿內 官衙	7				7
忠淸道 官衙	5				5
全羅道 官衙	7+5*	2*		1*	15
合計	83	20	2	8	113

자료 : 『邪學懲義』.
    *는 달레, 한국천주교회사 .

　한편, 박해가 진행되던 과정에서 서울과 경기 등지에서 작배酌配된 신자들 가운데 적지 않은 사람이 그 배소配所가 전라도로 결정되었다. 이들의 경우에는 대개가 자신의 신앙을 포기한 결과 죽음을 면할 수 있었던 인물들이었다. 이들은 이른바 배교를 통해서 자신의 목숨을 지킬 수 있었다. 그렇지만 이때의 '배교자' 가운데 일부는 다시 자신의 신앙을 회복하여 교회활동을 하고 있었다. 이러한 사례를 감안한다면, 이때의 작배인配配人 가운데 일부는 자신의 배소에서 신앙을 실천하고 있었음을 알 수 있다. 그리고 적어도 이러한 신도들이 작배된 지역에서는 천주교의 존재에 대한 인식이 좀더 강화될 수 있었으리라 추정된다. 다음 도표는 1801년 천주교 사건으로 인해 전라도 지역에 작배配配되었거나 관노비로 충정되었던 사람들의 명단이다.

〈표 3〉 1801년 天主教 迫害時 全羅道地域의 酌配人 및 連坐人

當時 地名	現在 地名	判決 官衙	處罰	姓名	備考
康津	전남 강진군	鞫廳	定配	丁若鏞	
		楊根	流配	趙應大	權哲身에게 邪學을 배운 죄
康津 薪智島	전남 완도군	刑曹	酌配	任大仁	丁若鍾의 雇工
		刑曹	酌配	申召史	女, 李重馥의 딸
		刑曹	酌配	李興任	女, 金喜仁의 媤叔母
		刑曹	酌配	金興年	女, 姜完淑의 雇工
		全州	官奴	柳日文	柳恒儉의 3歲子
古阜	전북 정읍시	刑曹	酌配	朴占金	陽城人
		公州	流配	金善龍	李道起에게 배운 죄, 金丁得 等과 學習
高敞	전북 고창군	沔川	徒配	朴有卜	朴龍得에게 邪學을 배운 죄
谷城	전남 곡성군	刑曹	酌配	趙鳳祥	
光陽	전남 광양시	刑曹	酌配	鄭 涉	
		楊根	流配	趙 海	李中培에게 邪學을 배운 죄
光州	광주광역시	刑曹	酌配	洪梓榮	洪樂敏의 아들, 세례명 프로다시오
求禮	전남 구례군	刑曹	酌配	鄭元相	楊根人, 金建淳의 黨人
		驪州	配	鄭宗淳	被人教誘邪學罪
金溝	전북 김제시	忠州	徒配	鄭召史	女, 李女, 權女와 邪學을 한 죄
金堤	전북 김제시	忠州	徒配	李召史	女, 黃女 및 李石中과 邪學한 죄

羅州	전남 나주시	刑曹	酌配	李在新	李在璣의 친척동생
		刑曹	酌配	趙燮	趙桃愛의 오라버니, 세례명 예로니모
羅州 黑山島	전남 신안군	鞫廳	定配	丁若銓	
		全州	官奴	柳日碩	柳恒儉의 6歲子
		鞫廳	官婢	宗恒	尹持憲의 妻
樂安	전남 순천시	刑曹	酌配	諸寬得	流配中 死亡
		楊根	流配	張志義	兪汗淑과 함께 邪學을 학습한 죄
南原	전북 남원시	刑曹	酌配	朴師敏	
		洪州	徒配	李取蕃	金卜星에게 邪學을 배운 죄
南平	전남 나주시	忠州	流配	韓致宅	李箕延과 교류하며 邪書를 토론한 죄
綾州	전남 화순군	刑曹	酌配	李學逵	
		驪州	配	元景信	被人敎誘邪學罪
		洪州	徒配	崔맛재	金卜星에게 邪學을 배운 죄
潭陽	전남 담양군	刑曹	酌配	金致錫	廣州人, 金建淳의 黨人
同福	전남 화순군	刑曹	酌配	南松老	南履翼의 庶族叔, 筆工
務安	전남 무안군	刑曹	酌配	沈樂熏	廣州人
茂長	전북 고창군	刑曹	酌配	南 悌	南必容의 아들
茂朱	전북 무주군	青陽	徒配	金之白	邪書를 학습한 죄
寶城	전남 보성군	刑曹	酌配	李寅燦	李鴿逵의 아비
		刑曹	酌配	李乭仁阿只	女, 金景愛의 어미
扶安	전북 부안군	忠州	徒配	朴忠云	李箕延에게 邪學을 배운죄
淳昌	전북 순창군	保寧	徒配	金成玉	李道起에게 邪學을 배운 죄
順天	전남 순천시	刑曹	酌配	韓在濂	松都人, 석방되어 進士에 올랐다.
		刑曹	酌配	姜福惠	女
		楊根	流配	吳淑惠	女, 權哲身의 子婦(權相問의 처), 邪學罪
礪山	전북 익산시	沔川	徒配	李日先	동생 李甘先의 邪書를 옮겨놓은 죄
靈光	전남 영광군	刑曹	酌配	洪順喜	女, 姜完淑의 딸, 童女
靈光 荏子島	전남 신안군	鞫廳	定配	吳錫忠	
		刑曹	酌配	尹 鏘	尹有一의 아비
		刑曹	酌配	權相學	權日身의 아들
靈岩	전남 영암군	刑曹	酌配	趙桃愛	趙燮의 누이동생, 세례명 아나다시아
靈岩 楸子島	제주 북제주	鞫廳	官奴	黃景漢	黃嗣永의 아들
玉果	전남 곡성군	刑曹	酌配	方聖弼	狼川人
		洪州	徒配	金行得	邪學에 깊이 홀린 죄
沃溝	전북 군산시	德山	徒配	崔就公	兄 崔南山에게 邪學을 배운 죄

雲峰	전북 남원시	刑曹	酌配	申與權	
		楊根	徒配	李是鎔	趙東暹에게 邪學을 배운 죄
益山	전북 익산시	忠州	徒配	崔召史	女, 黃女 및 李石中과 함께 邪學을 한 죄
任實	전북 임실군	洪州	徒配	李世采	李道起에게 邪學을 배운 죄
臨陂	전북 군산시	靑陽	徒配	李元京	李道起에게 邪學을 배운 죄
長城	전남 장성군	刑曹	酌配	鄭命福	鄭福惠 干之臺의 오라버니
		洪州	徒配	金斗千	아비의 邪學을 전수받은 죄
長水	전북 장수군	刑曹	酌配	金聖丹	女, 金漢彬의 딸
		驪州	徒配	鄭亨相	被人敎誘邪學罪
		忠州	流配	李仲德	李箕延의 아들, 사학을 이어받은 죄
長興	전남 장흥군	鞫廳	定配	李寬基	
		刑曹	酌配	李得任	女, 李鴿逵의 누이, 童女
井邑	전북 정읍시	忠州	流配	李載燮	權哲身의 사위, 邪書를 외워 익힌 죄
濟州	제주도	鞫廳	定配	李致薰	
		鞫廳	官婢	丁命連	黃嗣永의 妻
		鞫廳	官奴	尹鐘遠	尹持憲의 아들
珍島 金甲島	전남 진도군	鞫廳	官婢	曾分	女, 黃沁의 妻
鎭安	전북 진안군	忠州	徒配	金召史	女, 邪書를 빌려보고, 主日에 參禮한 죄
昌平	전남 담양군	刑曹	酌配	金世奉	金世貴의 동생
		洪州	徒配	朴成和	邪學에 물들고 홀린 죄
泰仁	전북 정읍시	忠州	流配	李宗德	李箕延의 아들, 邪術에 물든 죄
咸平	전남 함평군	保寧	流配	洪樂升	洪樂敏의 親族, 丁若鍾의 徒黨
海南	전남 해남군	刑曹	酌配	尹鉉	尹有一의 叔父
		刑曹	酌配	南必容	權哲身의 妻男
		楊根	流配	李惠曾	女, 李儁臣의 손녀, 邪學罪
		鞫廳	官奴	尹鐘得	尹持憲의 아들
和順	전남 화순군	刑曹	酌配	柳德伊	女, 宣惠廳 私庫直의 妻
興陽	전남 고흥군	刑曹	酌配	朴允煥	廣州 朴重煥의 동생
		楊根	流配	趙時鐸	그의 妻 李茂에게 邪學을 배운 죄
		鞫廳	官婢	判禮	女, 黃嗣永의 婢女
		鞫廳	官婢	福德	女, 黃嗣永의 婢女
興陽 蛇島		鞫廳	官奴	黃可祿	黃沁의 5歲兒

자료 : 『邪學懲義』

이상의 표에서 확인되는 바와 같이 1801년의 박해과정에서 대역죄에 연좌되었던 사람들 11명이 관노나 관비로 충정되어 전라도 경내에 머물게 되었다<표 4> 참조. 관비로 충정된 사람들은 제주도 및 추자도, 흑산도와 같은 절도絶島로 보내진 경우 외에도 강진 신지도薪智島, 진도珍島 금갑도金甲島, 흥양興陽 사도蛇島 등 비교적 육지와 가까운 지역으로 배정된 경우도 확인할 수 있다. 그리고 해남이나 흥양 등 연해지역에 충정된 경우도 있었다.

〈표 4〉 1801年 邪學連坐人 處罰 名單

원범	연좌인	관계	처벌	처벌지역	현재지명
柳恒儉	柳日碩	6歲子	官奴	羅州 黑山島	전남 신안군
	柳日文	3歲子	官奴	康津 薪智島	전남 완도군
	柳暹伊	9歲女	官婢	慶尙 巨濟府	경남 거제시
尹持憲	宗恒	妻	官婢	羅州 黑山島	전남 신안군
	尹鐘遠	15歲子	官奴	濟州牧	제주도
	尹鐘近	13歲子	官奴	慶尙 巨濟府	경남 거제시
	尹鐘得	4歲子	官奴	全羅 海南縣	전남 해남군
	尹英日	딸	官婢	咸鏡 慶興府	함경 경원군
	尹成愛	딸	官婢	平安 碧潼郡	평안 벽동군
黃嗣永	李允惠	母親	官婢	慶尙 巨濟府	경남 거제시
	丁命連	妻	官婢	濟州 大正縣	제주 대정군
	黃景漢	2歲子	官奴	靈岩 楸子島	제주 북제주군
	黃錫弼	叔父	定配	咸鏡 慶興	함경 경흥군
	六孫	奴	官奴	咸鏡 甲山	함경 갑산군
	丐伊	奴	官奴	咸鏡 三水	함경 삼수군
	判禮	婢	官婢	平安 謂原	평안 위원군
	古音連	婢	官婢	慶尙 丹城	경남 산청군
	福德	婢	官婢	全羅 興陽	전남 고흥군
	朴三就	婢夫	定配	慶尙 居昌	경남 거창군
黃沁	曾分	妻	官婢	珍島 金甲島	전남 진도군
	黃可祿	5歲子	官奴	興陽 蛇島	전남 고흥군
	黃五祿	2歲子	官奴	慶尙 南海縣	경남 남해군

자료 : 『邪學懲義』.

한편, 전라도 지역에는 73인의 작배인酌配人들이 배치되었다표5 참조.

이들이 보내졌던 곳은 대개가 원악지遠惡地로 평가되어 당시인들이 거주하기를 꺼리던 지역들이었다. 그러나 1801년 박해 때 유배流配되거나 도배徒配된 신도들은 대개의 경우 전라도 지역의 일반적인 해읍산촌海邑山村에 해당되던 곳들이었다. 그리고 이들의 배소配所 내지 소관처는 전라도 53관官 중 46관官에 해당된다. 그리고 여기에 신자들이 살고 있던 전라도의 수부 전주와 고산을 더하면 전라도 내 48관에 신자들이 확산된 결과가 나타난다. 즉, 1801년을 계기로 하여 전라도 내 군현의 90% 이상에서는 천주교 사건과 관련된 사람들이 있게 되었다.

이는 뒷날 천주교 신앙의 확산과정에서도 일정한 영향을 미쳤을 가능성은 있다. 물론 당시의 작배인酌配人들에게는 다음과 같은 관리규정이 적용되어 이들이 작배된 초기부터 본격적인 신앙활동을 하기는 어려웠으리라 생각된다.9)

> 유배를 보내는 공문 형식 [發配關文式]
> … 대체로 천주교에 관계되어 유배를 당하는 사람은 다른 죄수와 스스로 구별된다. 전후의 엄중한 지시 <칙교飭敎>에서 분명히 말한 바이지만, 유배 죄인을 책임진 보수주인保授主人은 반드시 내력이 확실하고 근실한 사람을 택한다. 보수주인은 죄인을 한 곳에 별도로 두게 해야 한다. 만일 죄수를 가두어 두려거든 문과 울타리 밖에는 한 발자국도 내보내지 말고, 외부인과는 서로 통하지 못하게 해야 한다. 비록 집안의 사람들이라 하더라도 한가한 말로 수작하지를 말라. 멀리 떨어져 있는 고을 <외읍外邑>에도 오가작통五家作統의 제도가 있으니, 같은 통統 안에 있는 여러 집이 힘을 모아서 감시하고, 5일이나 10일마다 별다른 일이 있는지 없는지를 지방관에게 보고하며, 지방관도 때때로 살펴보아야 한다. 지금 유배자를 단속해서 지키는 일을 엄밀히 함은 오로지 천주학의 전염을 염려하기 때문이다. 만일 조금이라도 소홀히 하는 일이 있다면, 지방관의 죄를 논하는 일은 전번에 지시한 말뜻대로 시행될 터이다. 각도의 감영에서도 수시로 살피고, 십분 착실하게 마음을 두어서 서로 견주어 고찰하면서 시행하라. …

---

9) 조광 역주, 2001. 『역주 사학징의』, 113~114쪽.

이 자료에서 보이는 바와 같이 천주교인 유배자는 가능한 한 외부와의 접촉을 차단하도록 되어 있었고, 보수주인保授主人 내지는 주변의 감시 아래 놓여 있었다. 그런 이러한 감시 감독은 세월의 경과에 비례하여 흔히 이완되어 갔다. 이 과정에서 신도들은 유배지에서도 자신의 신앙을 지킬 수 있었을 것으로 생각된다. 물론, 이러한 경우를 상정하지 않는다 하더라도 천주교 신앙으로 인한 유배자의 존재는 그 지역주민들에게 천주교의 존재에 대한 확인의 기회로 작용했다. 이 점을 감안할 때, 전국에 분속分屬된 유배자 223명 중 84명(38%)이 있던 전라도의 경우에는 1801년의 박해로 말미암아 천주교의 존재가 확실히 부각되고 있었다고 하겠다.

〈표5〉 1801年 迫害時 酌配人 및 官奴婢 充定者의 道別 分布

	全羅道	慶尙道	忠淸道	江原道	黃海道	平安道	咸鏡道	合計
鞫廳	4	1				2	1	8
刑曹	35	18	2	8	8			71
京畿 官衙	10	14						24
忠淸 官衙	24	25		2	2	2		55
全羅 官衙		6	3	7	9	4	4	33
其他 官衙		2		5		1	1	9
連坐人處罰	11	6				2	4	23
合計	84	72	5	22	19	11	10	223

資料 : 『邪學懲義』

요컨대, 호남지역에 천주교 신앙이 전파된 시기는 교회창설 직후였다. 호남지방에서는 유항검, 윤지충 등 초창기 교회에서 주요한 역할을 담당하던 신도들에 의해서 복음의 전해졌다. 이들은 전주, 진산, 무장, 영광 등 전라도 지역에서 신앙을 실천하는 활동을 하고 있었다. 이들은 초기 교회에 대해서 교리에 대한 철저한 연구와 동정생활의 실천이라는 모범을 제시한 바 있었다. 그 후 1801년의 박해 과정에서 전라도 지역 신앙

공동체도 심각한 탄압을 받아 최소한 20명의 신도가 순교한 바 있었다. 그러나 이 박해의 과정에서 전라도 53관중 46관에 천주교와 관련된 작배인配配人이나 관노官奴, 관비官婢들이 있었다. 이들은 현지인들에게 천주교의 존재를 알려주는 기능을 하고 있었다. 이러한 과정에서 전라도 지역에서는 천주교 신앙이 확산되어 갈 수 있는 여건이 마련되고 있었다.

3. 조선정부의 대응

초기교회에 있어서 호남지역에서 발생한 천주교 관계 사건 가운데 그 파장이 가장 큰 사건으로는 1791년에 발생한 진산사건을 들 수 있다. 이 사건은 윤지충과 권상연이 조상제사를 철폐하고 신주를 불태워 땅에 묻은 사건이었다. 이 사건은 조선교회 안팎에 일대 파문을 일으켰다. 이 사건으로 인해 조선에서 교회와 국가의 관계가 대결적 구도로 전개되었고, 교회에 대한 본격적 탄압이 시작되었다. 그리고 조선교회의 신도구성 내지는 교회의 성격에 있었서도 일대 변화가 일어나, 교회창설이후 지도층으로 활동하던 양반 지식층에 속하는 사람들이 대거 탈락되었고, 제사에 대한 부담이 상대적으로 적었던 중인층이나, 조상제사를 지내지 않았던 상한층常漢層이 교회의 지도층으로 부상되어 갔다. 또한 이 이후 교회의 성격도 보유론적補儒論的 입장보다는 반유론反儒論의 견해를 강하게 제시하기에 이르렀다.

조상제사문제는 원칙적으로 중국의 전례문제와 연결된다. 중국에서의 전례논쟁은 선교신학 내지는 그 방법론에 관한 문제에서 출발하여 교의 신학적 문제로까지 확대 전개된 사건이었다. 이 논쟁은 마테오 리치 이래 존중되어 오던 보유론적 선교신학에 대한 도전으로 시작되었다. 마테오 리치가 제시했던 보유론적 선교 방법론가운데 하나로는 공자 숭배와 조상제사[拜孔祭祖] 용인하던 선교정책이 있었다. 중국에서 수도회간에 전개된 신학논쟁의 과정에서 보유론이 거부되자 '배공제조拜孔祭祖'도 당연히 금지되었다. 특히 전례논쟁 과정에서 조상제사를 금지했던 이유는 이를 조상신에 대한 제사로 규정했고, 우상숭배의 일종으로 파악되었기 때문이었다.

중국전례논쟁의 여파가 조선에 이르러 일어난 일이 진산사건이었다. 교회창설 당시 조선의 지도층 신도들은 『천주실의』를 비롯한 보유론적 서적에 주로 접하고 있었고, 중국전례논쟁의 과정을 알 수 없었던 그들은 천주교 신앙과 조상제사를 병행하고 있었다. 그 때문에 그들은 가성직제도를 만들어 교회의 조직을 유지 강화할 정도로 열정을 가지고 있었으면서도 조상제사에 대하여 별다른 의문을 갖지 않고 이를 지냈다. 초기 교회의 지도자들은 유일신 천주에 대한 확실한 신앙을 가지고 있었고, 우상 숭배에 대한 금지에 대해서도 잘 알고 있었다. 그러나 그들이 천주교 신앙과 조상제사를 병행시키고 있었다는 사실을 조상제사를 우상숭배로 생각하지 않았기 때문이었다.

그러나 그들은 전례논쟁 이후에 간행된 교리서를 학습하던 과정에서 중국교회가 조상제사를 금하고 있다는 사실을 새삼 인식하고, 이에 대한 교회의 원칙을 확실히 파악하고자 했다. 1790년 북경에 파견되었던 윤유일尹有一과 지황池璜은 바로 이러한 문제들에 대한 해답을 가져왔다. 구베아 주교는 조선에서 거행되는 조상제사에 대해 다음과 같이 설명하고 있었다.

> 조선에는 죽은 조상들에게 그들의 이름을 쓴 신주를 공식으로 만들어 그것을 단정한 곳에(그래서 그곳을 사당이라고 한다) 아주 경건히 모셔야 하고, 또 그 앞에서 모든 후손들은 연중 정한 시기에 제물을 바치고, 향을 피우며, 준비한 음식을 바치고, 또 그밖의 여러 가지 미신행위를 하도록 법으로 정해진 관습이 있는데, 죽은 조상들에 대한 조선인의 효성은 주로 이러한 것를 행하는 데

에 있습니다. 1790년 조선교회에서 본인에게 보낸 질문 중에 조상들의 신주를 세우거나 또는 이미 세운 신주를 보존할 수 있는가 하는 것이었습니다. 이 질문에 대해 본인은 베네딕도(교황)의 칙서 "엑스 쿠오(Ex quo)"와 클레멘스(교황)의 "엑스 일라 디에(Ex illa die)"를 통한 성청의 아주 명백한 결정에 의거해 부정적으로 대답하였습니다. 이 대답은 조선의 많은 양반들이 배교하는 계기가 되었습니다. 그들은 조상들의 신주와 또 그밖의 미신적 행위에 관한 성청에서 선언한 질의에 대해 본인이 사목서한에서 한 명확한 대답을 발견하고는 그들 나라의 습관이나 그릇된 풍습을 끊어 버리기보다는 오히려 그들이 이미 그 참됨을 깨달은 종교를 버리려 하였습니다.[10]

구베아 주교는 조선신도들에게 조상에 대한 제사가 '죽은 이들에 대한 미신행위'임을 밝혀주었다.[11] 구베아 주교의 이와 같은 지시는 조선교회에서도 교황 베네딕트 14세의 교서(1742.7.11.)와 클레멘스 11세의 결정(1715.3.19.)을 따라야 함을 뜻했다. 이 과정에서 조선교회를 대표하여 북경에 파견되었던 윤유일은 조상제사가 "조상제사가 죽은 이 받들기를 산 사람과 같이 한다事死如生; 事死如事生"는 의미임을 구베아 주교에게 말하며 조상제사를 천주교 신앙과 병행할 수 있는 방안이 없는지를 물었으나 이에 대해 부정적 대답을 듣고, 그는 이를 조선교회에 전달했다.[12]

그러나 조선교회의 일각에서는 주교의 지시에 따라 제사를 폐기하면서, 조상에 대한 제사를 폐기하는 이유를 스스로 합리적으로 설명하기 위한 시도가 다음과 같이 일어났다.

> a-1 : 산 사람은 음식만 탐하고 영신靈神은 음식을 들지 못할뿐더러, 만일 부모의 영靈이 분명히 흠격歆格한다면 비록 집과 몸을 팔아서도 풍성하게 갖추어 행할 것이다. 그러나 그 일이 허사虛事임을 알기 때문에 성심

---

10) 「구베아 서한」(1797.8.15) 『敎會史硏究』 8, 192~193쪽.
11) 「구베아 서한」(1790.10.6.) 『敎會史硏究』 8, 185쪽,
12) 『邪學懲義』 232쪽. "有一又問曰 祭祀卽所以事死如生 而若與聖學不可竝行 則是 爲難行 或可有闊狹之道否 主敎曰 天主之敎 必以誠實爲主 人死之後 設饌侑食 大 非誠實之道云云".

誠心이 과연 제사를 지내는 일에 이르지 못했다. 사학邪學을 하지 아니하
는 사람이 제사를 지내지 않으면 진실로 죄가 된다. 그러나 사학을 하는
사람이 제사를 지내지 않음은 역시 도리인 것이다.[13]

a-2 : "네가 부모를 효도로 공경한다면 어찌하여 제사를 지내지 않느냐?"고
물으니, 최창현은 "잘 생각해 보시오. 밤에 잠이 든 때는 아무리 맛있는
음식이 있더라도 맛볼 수가 없지 아니하오. 그렇거늘 하물며 이미 죽은
사람이 어떻게 음식을 먹을 수 있겠소"라고 대답하였고,[14] 이에 대답을
못한 관리가 그를 옥에 가두라고 명령하였습니다.[15]

a-3 : 그들은 말하기를 "사람이 죽으면 선을 행한 자는 천당으로 돌아가지만
악을 행한 자는 지옥으로 빠진다. 그러니 비록 제사를 지내더라도 천당
으로 돌아간 자는 반드시 기꺼이 와서 흠향하려 하지 않을 것이고 지옥
에 빠진 자는 또한 와서 흠향할 수가 없다. 그러니 쓸데없는 제사를 지
낼 필요가 없다."합니다. 우리 나라는 예의의 나라인데도 불구하고 도리
어 요망한 설에 미혹되니, 실로 가증스럽습니다.[16]

즉 이 자료에서 볼 수 있는 바와 같이 제사가 죽은 부모를 위해 무용
無用한 일임을 밝히고, 조상제사의 부당성을 논리적으로 설명하고자 시
도했다. 또한 당시 사회의 관행상 서인庶人이나 가난한 선비가 제사를

---

13) 『邪學懲義』 284쪽. "生人則貪嗜飮食 靈神則不享飮食旀除良 若知父母之靈 分明
歆格 則雖賣家驚身 必也豊備過行 而的知其虛事 故誠心果不及於祭祀是白如乎
不爲邪學者之不祭 因其罪也 而爲邪學者之不祭 亦是道理是白乎"

14) 조상 제사 문제(祖上祭祀問題): 1715년 3월 19일 교황 클레멘스 11세는 칙서 'Ex
illa die'를 통해서, 또 1742년 7월 11일 교황 베네딕토 14세는 클레멘스 11세의
칙서를 재천명하면서 조상 제사의 금지령을 내렸다. 조선에서는 1790년 윤유일을
통해서 조선에 전해진 북경 교구장 구베아 주교의 조상 제사 금지 명령을 받았다.
제사를 폐하고 신주를 불태운 죄로 1791년 11월 순교한 윤지충의 공술(供述)과
1839년 9월 순교한 정하상의 '상재 상서(上宰上書)'에서 폐제 분주의 첫째 이유
가, "물질적 음식은 혼의 양식이 될 수 없고, 잠자는 사람에게 음식물을 드리지
않듯이 영원히 잠든 이에게 제물을 차려 봉헌하는 것은 허세요 가식이다"라는 것
이었다(최기복, 1982, 「조선조에 있어서 천주교의 廢帝焚主와 유교 제사의 근본
의미」 『한국 교회사 논총』, 한국교회사연구소, 95~104쪽 참조).

15) 黃嗣永, 『帛書』, 35行.

16) 『正祖實錄』 卷33 15년 10월 25일(병인), 蔡濟恭筵對.

지내지 않아도 탓하지 않던 당시 사회의 관행을 들어 천주교의 제사 폐지론이 당시 사회에서 용납될 수 있으리라고 다음과 같이 기대하기도 했다.

> b-1 : 서인庶人이 신주를 모시지 않아도 나라에서는 금하지 않고, 가난한 선비가 제향을 하지 않아도 예에서는 막지 않는다. 그러므로 신주를 모시지 않거나 제향을 하지 않는 것은 국금國禁을 범하는 일이 아닌 듯하다.17)
>
> b-2 : 제례를 다시 실행하지 않은 일은 제가 일단 신해(1791년) 이후부터 이미 문중에서 축출당해, 감히 스스로 보통사람 사이에 끼지 못했으며, 궁벽한 산골에 흘러 들어가 살면서, 스스로 서민의 신분이 되었습니다. 오직 집안 형편이 미치지 못하고, 가난한 사람으로 제사를 폐하게 되었음이니, 그 또한 일의 형세가 그렇게 된 것입니다. 제 숙부 윤승尹撜은 자식이 없이 죽어서, 매장과 상례의 절차는 예법대로 시행했지만, 제사를 주관할 사람이 없고 사판祠版을 놓아 둘 곳이 없었던 까닭에 신주를 세우지 않았습니다.18)

즉 위의 자료 가운데 b-1은 당시 국가에서 서인庶人이나 가난한 선비가 제사를 지내지 않아도 별문제로 삼지 않은 사실을 지적하여, 천주교인이 제사를 지내지 않는 행위가 국금國禁을 어기는 행위가 아니라고 스스로를 변호하는 경우였다. 그리고 b-2에서 윤지헌尹持憲이 말하고 있는 바와 같이 자신은 굳이 제사를 지낼 만한 경제력을 가지고 있지 못했음을 말하면서 당시 사회의 관행에 따라 자신이 제사를 지내지 않음도 사회적으로 용납될 수 있는 범위의 일이라고 생각했다. 이렇게 하여 양반 출신 신도들 중 일부는 자신의 신앙을 계속 유지하기 위해서 조상에 대한 제사를 폐기했다. 그리고 그 행동의 정당성에 대한 자기변호를 시도

---

17) 『正祖實錄』 卷33, 正祖 15년 11월 戊寅條. "尹持忠供草. 死人之前 薦酌酒食 亦天主敎之所禁也 且庶人之不立主 國無嚴禁 窮儒之不設享 禮無嚴防 故不立主不設享 … 似無犯國禁之事也"
18) 『역주 사학징의』 I, 80쪽.

하고 있었다.

그러나 조상제사에 대한 문제가 새삼스럽게 대두하자 초창기의 신도
들 가운데에는 자신들이 천주교 서적을 처음 읽고 실천하던 단계에서는
조상제사 문제가 별도로 언급된 바가 없었다는 사실을 다음과 같이 밝히
면서, 이 문제의 뒤늦은 제기에 대한 당혹감을 다음과 같이 표현했다.

> c-1 : 저는 정약전·약용·권일신 무리와 함께 이벽의 집에 모여 과연 책을 모방
> 하여 대세代洗 등의 일을 하였으며, 정미 연간부터 과연 단념하였다가,
> 경술 연간에 정약용과 권일신 및 제자 윤유일이 저의 이름자를 빌어 북
> 경의 서양인에게 왕복하였는데, 제가 책을 가지고 왔을 때는 '제사를 폐
> 한다'는 따위의 말은 듣지 못하였습니다. 19)
>
> c-2 : 제사를 폐한다는 설에 이르러서는 신이 옛날에 보았던 책에서는 역시
> 본 바가 없습니다. … 어찌 가슴이 무너지고 있으며 뼈골이 떨리는데
> 도 그 어지러운 싹을 끊어버리지 않을 수 있겠습니까? 그러나 커다란
> 물결이 능陵을 덮치고 맹렬한 불길이 들을 태워 불행하게도 신해辛亥년
> 의 변고가 발생하였으니, 신은 이때부터 화가 나고 서글퍼 마음속으로
> 맹서하여 미워하기를 원수처럼 하였으며, 성토聲討하기를 흉악한 역적
> 같이 하였습니다. 양심이 이미 회복되자 이치를 보는 것이 스스로 분
> 명해졌습니다.20)

이 자료에서처럼 이승훈(c-1)과 정약용(c-2)은 조상제사의 금지에 관한
조항을 1791년 이전 자신이 읽었던 천주교 서적에서는 찾을 수 없었음
을 말했다. 그리고 조상제사 금지가 결코 옳지 않다는 사실에 동의하면
서, 조상제사금지 조처를 일종의 '변고變故'로 파악했다. 이러한 그의 견
해는 조상제사에 대한 당시인들의 일반적 견해와 일치되는 것이었다.

그러나 조상제사의 금지는 조선천주교에서도 강행되기에 이르렀다.

---

19) 『邪學罪人 李家煥等推案』 辛酉, 2,18, 李承薰供草.
20) 『承政院日記』 卷94, 288~290쪽.
　　 『日省錄』 25책, 228~230쪽, 正祖 21년 6월 21일. 庚寅 / 丁若鏞 辭職疏.

이에 일부 신도들 사이에는 "갑자기 제사를 폐하기가 어려우므로 밥과 국으로 간략하게 제사를 지내거나,"[21] 아니면 자신이 천주교도임을 숨기기 위해서 부득이 사당에 참배하는 행위인 허배虛拜를 행하기도 했다.[22] 그러나 조상제사의 금지에 적극적으로 저항하고 이를 공개적으로 비난하지는 않았다 하더라도 종래의 관습을 좇아 조상제사를 계속 설행하는 신도들도 있었다. 이러한 예를 양근 지방에 살던 권일신과 조동섬에게서 찾아 볼 수 있다.

> d-1 : 신해년 저의 동생이 형륙을 받은 것으로 인해 방금邦禁이 지엄하고, 또 한 그 때에 저의 동생이 살아 나와 국은國恩이 망극하여 문을 닫고 감읍感泣하였습니다. 저는 스스로 저의 동생이 베낀 사서邪書 오십 여권을 감영에 보내어 마당에서 불태웠고 의議를 바치고 제사題詞를 받아 집에 두었습니다. 이후에 집에는 한 권의 책도 없었습니다. 문을 닫고 허물을 자책하였으니 이와 같은 말은 귀로 들을 수 없습니다. 저희 동생이 처음에 사오 년 빠져있었던 까닭에 비방을 면할 수 없었습니다. 저희 동생은 증험할 수 있는 것이 있으니 다른 사학자邪學者는 제사祭祀를 폐하였으나 저희 집은 제사를 폐하지 않았습니다.[23]
>
> d-2 : "저는 신해 이후 배척하고 끊었다는 분명한 증거가 있사옵니다. 사학을 하는 자는 제사를 설행하지 않는데 저는 애초 제사를 폐하지 않았으니 이 어찌 사학과 상반되지 않겠사옵니까?"[24]

이상에서와 같이 조상제사를 계속 설행設行하되, 교회의 가르침에 대해서는 적극적으로 거부하거나 반대하지 않았던 인물들도 있었다. 그러나 상당수의 양반 지배층에서는 제사 폐기에 대해 적극적으로 반발하고

---

21) 『邪學懲義』285쪽. "南必容供草 哲身以爲廢祭卒難 卽以飯羹略設爲如云 故矣身 亦其言 不廢香火"
22) 『邪學懲義』258쪽. "邪學之人 不祭祀 爲人所指目 故不得已拜于祠堂 所謂虛拜者 此也"
23) 『邪學罪人 李家煥等推案』, 辛酉 2月11日 權哲身供草.
24) 『邪學罪人 李家煥等推案』, 辛酉 2月18日 趙東暹供草.

있었다. 이러한 반발을 통해서 당시 조선의 일반 지식층이나 집권층에서 가지고 있었던 조상제사에 대한 견해가 드러난다. 이러한 사례로는 1801년 전주에서 유관검을 체포하여 신문하던 전주판관 정지용鄭持容 등의 신문 내용을 들 수 있다. 그는 조상에 대한 제사를 다음과 같이 규정했다.

> 신주를 세우는 것은 곧 "조상을 사모하여, 근본을 잊지 않고 은혜를 갚으며(追遠報本)", "죽은 이를 섬기기를 산 사람처럼 한다(事死如生)"는 뜻이다. 이렇게 신주를 파손하면, 인도人道가 아주 없어진다. 너는 그 사람의 동생으로서, 망극한 변고를 눈으로 보고서도 일찍이 이를 바로잡게 하려는 한 마디 말도 없었으니 마음보가 같음을 알 수 있겠다. 저 사학邪學은 "아비도 임금도 안중에 없으며(無父無君)" "인간의 윤리를 깨뜨려 없애니(亂倫敗常)", 하늘과 땅이 용납하지 않는 바이며, 신神과 사람이 함께 벌하고자 한다.25)

즉, 당시 관료들은 조상제사가 "조상을 사모하여 근본을 잊지 않고 은혜를 갚으며(追遠報本)"과 "죽은 이를 섬기기를 산 사람처럼 한다(事死如事生)"의 뜻을 가지고 있음을 분명히 인식하고 있었다. 따라서 제사가 인도人道를 강화하는 요소로 해석되고 있었으므로 이를 폐기할 때에는 '무부무군'과 '난륜폐상'의 결과가 예상된다고 보았다. 따라서 당시의 관료지식인들은 조상제사의 폐지에 대해 강한 반발의식을 가지고 있었다. 그들이 반발했던 가장 중요한 이유는 조상신에 대한 숭배의 포기에 있지 않았다. 그들이 조상제사 금지에 반발했던 중요한 까닭은 조상제사의 포기가 인도를 쇠약하게 하여 사람들을 금수의 지경으로 떨어뜨린다는 데에 있었다. 이러한 사실은 다음의 자료를 통해서 확인된다.

> 지금 상황을 보니 성스러운 교화敎化는 삼대三代에 비길만 하고, 유교儒敎는 전국에 영향을 미치고 있으니, 대소신료大小臣僚나 일반 백성 중에 교화되

---

25) 『역주 사학징의』 I, 73~74쪽.

지 않은 자가 없다. 무릇 사람은 모두 같은 성품을 갖고 태어났으니, 어찌 난민亂民이 되는 것을 기꺼워 하겠는가? 처음에는 요설妖說에 미혹되었다가 점차 그 더러움에 물들게 되고, 끝내는 그 본심本心을 잃어버리게 되어, 자기가 깨닫지도 못한 상태에서 윤리를 저버리고 제사를 지내지 않게되며, 삼강오륜도 모르게 되는 것이다. 그리고는 바른 속도로 금수禽獸와 같은 상태로 빠져들게 되니 어찌 몹시 안타깝지 않겠는가? 관장官長은 진실로 성심을 다하여 백성을 효유하는 것과, 법을 엄히 하여 사학에 물든 자는 처벌하는 것을 마치 불속에 갇히거나 물에 빠진 사람을 구해주는 것처럼 해야 한다. 그렇게 하면 저 잘못된 길로 들어선 이들(사학을 믿는 이들)이 반드시 크게 깨닫고 뉘우치면서 서로를 이끌어 성인聖人의 백성이 될 것이니, 사학이 없어지지 않는 것을 무엇 때문에 근심하겠는가?[26]

그러므로 이가환과 같은 인물도 이승훈이 가져온 서학서를 읽다가 "그 중 신주에 절하지 않는다는 것과 제사 드리지 않는다는 한 구절이 있었던 까닭에 놀라움을 다하지 못하고 그 부분을 칼로 잘라 없애버렸고," 이를 반환한 다음 다시는 읽지 않았다고 말했다.[27] 이와 같은 사례에 입각하여 판단해 볼 때 조선교회를 지도하고 있던 양반 사족층 출신들이 제사문제로 인해서 교회를 떠나게 된 것은 구베아 주교가 생각했듯이 "마음이 약한 천주교인들은 그것이 몹시 무서워서 그날부터 천주교를 신봉하기를 그쳤다."[28]라고 보기는 어렵다. 그들은 조상제사를 옹호하는 근거와 논리를 가지고 있었다.

이러한 반응의 당연한 결과는 조상제사를 거부하는 천주교회에 대한 탄압이었다. 이 탄압의 과정에서 조상제사에 대한 신도들의 입장도 더욱 분명히 제시되었다. 즉, 정인혁과 같은 신도는 제사에 대한 유학의 주장이 크게 그르다고 생각해서 영구히 폐기했음을 당당히 선언하고 나섰다.[29] 조상제사에 대한 신도로서의 입장을 선명히 밝힌 사람으로는 윤

---

26) 『일성록』 22책 473~474쪽, 정조 19년 7월 11일 경신.
27) 『邪學罪人 李家煥等推案』, 辛酉 2月9日.
28) 달레, 번역본 상, 330쪽.

지충과 황사영 등을 들 수 있다. 그들은 신문 과정에서 다음과 같이 말
했다.

> e-1 : 천주天主를 큰 부모로 여기는 이상 천주의 명을 따르지 않는 것은 결코
> 공경하고 높이는 뜻이 못됩니다. 그런데 사대부 집안의 목주木主는 천주
> 교天主敎에서 금하는 것이니, 차라리 사대부에게 죄를 얻을지언정 천주
> 에게 죄를 얻고 싶지는 않았습니다. 그래서 결국 집안에 땅을 파고 신주
> 를 묻었습니다. 그리고 죽은 사람 앞에 술잔을 올리고 음식을 올리는 것
> 도 천주교에서 금지하는 것입니다. 게다가 서민庶民들이 신주를 세우지
> 않는 것은 나라에서 엄히 금지하는 일이 없고, 곤궁한 선비가 제향을 차
> 리지 못하는 것도 엄하게 막는 예법이 없습니다. 그래서 신주도 세우지
> 않고 제향도 차리지 않았던 것인데 이는 단지 천주의 가르침을 위한 것
> 일 뿐으로서 나라의 금법을 범한 일은 아닌 듯합니다.30)
> e-2 : 이 몸은 과연 서양학을 정도正道라고 확신하고 있는데 무군무부無君無父
> 라는 말은 어느 곳에도 없는, 알지 못하는 낭설浪說이고 … 제사는 양학
> 洋學에서 금하는 고로 과연 드리지 않았습니다.31)
> e-3 : 홍낙민이 계醫하여 말하였다. "심지어는 신주神主를 불태우고 제사를 폐
> 지하기까지 하고는, 생각하기를 '이렇게 하면 천당에 갈 수 있으나, 이
> 렇게 하지 않으면 지옥에 떨어질 것이다'라고 여기고 있습니다. 누군가
> 가 그것을 힐문詰問하자, 대답하기를 '이렇게 하지 않으면 지옥에 빠지
> 게 된다.'고 합니다. 때문에 비록 혹형酷刑을 받더라도 사학에 현혹된 자
> 들은 끝내 그 말을 바꾸지 않고 있습니다. 그 법은 기껏 천당과 지옥이
> 라는 설로 사람을 꾀는데 불과한 것인데도, 서울에서 시골에 이르기까
> 지 모두 몰래 그 무리를 증식시키고는 바뀔줄 모르는 것입니다."32)

그들은 정도正道인 천주교에서 금하는 제사를 지낼 수 없음을 당당히
말하고자 했다. 그리고 "나무로 만든 신주를 세우는 일은 곧 천주께서

---

29) 『역주 사학징의』 I, 150쪽.
30) 『정조실록』 卷33 15년 11월7일(무인). 尹持忠供述.
31) 『사학죄인 황사영등추안』 신유 10월 3일 황사영공초.
32) 『일성록』 22책 544쪽.
  『승정원일기』 卷92 815쪽, 정조 19년 8월 1일 기묘, 홍낙민의 사학배척.

금지하는 바이고, 천주교는 반드시 성실하게 천주님을 위하라고 했는데, 사람이 죽은 후에 음식을 차려 놓은 것은 성실의 도를 크게 그르친다고 가르쳤음"33)을 제시하면서 천주께 대한 성실한 신의를 지키기 위해서 제사를 지내지 않음을 말했다.

이러한 상황에 대해서 정부 당국자들은 제사를 반대하는 신도들은 "인생의 모든 감정을 배반한 사람으로 지탄했다."34) 그리고 제사 거부는 '인륜의 커다란 변괴'로 규정했다.35) 이와 같은 규정의 당연한 결과는 천주교신앙에 대한 탄압이었다. 그리하여 제사를 폐지했다는 이유가 그 결안에 기록되거나 신문과정에서 주요범죄사항으로 논의되거나 그 결안에 기록된 사람들을 『사학징의』를 통해서 살펴보면 다음과 같다.

〈표 6〉 제사문제로 인한 순교자

성명	내용	비고
鄭涉	제사를 전적으로 폐했던 사람	『역주 사학징의』 I, 124쪽
丁哲祥	조상의 제사에 참배하지 않았다.	앞의 책, 140쪽.
鄭仁赫	제사를 폐기했다.	앞의 책, 150쪽
崔仁喆	신주를 불사르고 제사를 행하지 않았다.	앞의 책, 153쪽.
尹雲惠	媤家의 제사에 참여하지 않았다.	앞의 책, 167쪽.
洪翼萬	신주를 태우고 제사에 불참했다.	앞의 책, 202쪽.
李中培	제사를 폐하고 신주를 버렸다.	앞의 책, 243쪽.
任喜永	신주를 세우지 않고 제사를 지내지 않았다.	앞의 책, 244쪽.
元景道	형에게 제사의 폐지를 권고했다.	앞의 책, 244쪽
鄭宗浩	제사도 지내지 않았다.	앞의 책, 244쪽.

---

33) 『역주 사학징의』 I. 74쪽.
34) 달레, 번역본 상, 335쪽.
35) 『일성록』 22책 933~934쪽.
　　『승정원일기』 卷93 14~15쪽. 「이승훈의 척사소」 정조 19년 10월 18일(을미). "나라의 법금(法禁)은 기강(紀綱)과 관련이 되는 것인데, 일종(一種)의 사학이 우리나라를 어지럽히고 있습니다. 한 사람이 주도하여 백 사람이 그에 물들게 되었고, 심지어는 제사를 지내지 않고 신주를 불태우기까지 하였으니 인륜에 매우 커다란 변괴라고 하겠습니다."

金丁得	제사란 폐할 수도 있다고 했다.	앞의 책, 244쪽.
李富春	집안의 제사에 참여하지 않았다.	앞의 책, 245쪽.
李箕延	집안의 제사에 참여하지 않았다.	앞의 책, 246쪽.
韓正欽	사당을 허물고 제사를 폐지했다.	앞의 책, 246쪽.
金伯淳	예수 탄생후 제사폐지는 의의가 있다.	추안 신유 2.26; 3.29.
柳觀儉	제사를 지내지 않았다.	추안 신유 3.28.
尹持憲	제사를 폐했다.	추안 신유 3.28.
柳恒儉	신주를 묻고 제사를 폐했다.	추안 신유 9.11.
金丁得	제사는 무익한 것이라며 윤리를 敗沒했다.	순조실록 1년 4월23일
高光晟	신주를 땅에 묻고 제사를 폐했다.	순조실록 1년 5월22일

요컨대, 중국 전례논쟁의 연장선상에서 조선교회에서도 제사문제가 제기되었다. 그리고 조상제사에 대한 거부는 전라도 진산의 윤지충과 권상연의 사건을 계기로 하여 조선사회의 안팎에 적지 않은 파문을 일으켰고, 정부 당국자들에게 박해의 명분을 주었다. 그리고 이로써 강화된 박해정책은 조선에서 무고한 죽음을 강요하고 있었다.

4. 맺음말

천주교신앙은 18세기 말엽 전라도 지방에서 활발히 전개되고 있었다. 그리고 천주교 신앙은 1801년의 박해를 계기로 하여 전라도 각처에 더욱 깊이 각인되기에 이르렀다. 조선교회의 경우 전라도에서 발발했던 조상제사 문제는 천주교에 대한 박해를 강화시켜주는 빌미가 되었다. 그런데 중국교회에서 조상제사문제를 금지했던 까닭은 이를 조상신에 대한 숭배로 파악했기 때문이었다. 그러나 초기교회에서 조선인 신도들은 조상제사를 조상신에 대한 숭배로 보지는 않은듯하다. 그들은 추원보본追遠報本과 사사여생事死如生의 입장에서 조상제사를 생각했고, 일반 지식인들도 대체로 이와 같은 관념에 동의했다. 즉, 그들은 조상제사가 신神에 관한 문제라기보다는 인간에 대한 문제로 생각했다. 그러나 이에 대한 당시 교회의 공식입장은 이를 신神에 대한 문제로 해석하는 것이었다. 이러한 해석은 당시 조선사회의 일반적 관념이나 지도적 신도들이 가지고 있던 해석과는 차이가 나는 일이었다.

물론 당시 양반사회에서는 4대봉사를 통한 조상제사가 조상에 대한 효심의 자연스런 표현으로 인정되었고, 또한 그것은 팔촌친八寸親 혈연공동체의 구성과 유지를 가능케 해 주는 요소였다. 이를 통해서 양반가문의 사회적 위세가 유지되어 나갔던 측면이 강했다. 이 때문에 그들은 조상제사에 더욱 집착했다. 이 상황에서 조선교회가 조상제사를 거부한 일은 성리학적 가치관과 양반중심의 사회질서에 대한 철저한 거부라는 성격을 가지고 있었다. 그렇다 하더라도 조선교회는 제사거부를 통해 주류사회의 정통문화와 거리를 둘 수밖에 없었고, 이질적 존재로 오랫동안 인식되어 왔다. 이로 인해 무익한 죽음이 강요되기도 했다.

그렇다면 그 무익한 죽임과 죽음에 대한 오늘날 교회의 공식적 입장이 표명되어야 하지 않을까 생각한다. 호남의 교회에서 발생했던 사건에 대한 정부의 대응에 대한 정확한 이해와 함께, 조선왕조 정부의 대對천주교 정책이 가지고 있던 무리한 측면의 배후에 있는 교회의 책임에 관해서도 살펴볼 시점이 되었다고 생각된다. 과거사의 정리는 한국천주교회사에도 남아 있다.

찾아보기

조 광趙珖

1945년 서울 출생
고려대학교 대학원 사학과 박사과정 수료(문학박사)
동국대학교 사범대학 국사교육과 조교수 역임
한국사연구회 회장 역임
한일역사공동연구위원회 위원장 역임
고려대학교 문과대학장 역임
고려대학교 박물관장 역임
현재 고려대학교 문과대학 한국사학과 교수

■ 논 저
朝鮮後期 天主敎史 硏究
역주 사학징의 외 다수

조선후기 사회와 천주교

값 40,000원

2010년 2월 12일 초판 인쇄
2010년 2월 25일 초판 발행

지 은 이 : 조   광
발 행 인 : 한 정 희
발 행 처 : 경인문화사
편   집 : 문 영 주
　　　　서울특별시 마포구 마포동 324 - 3
　　　　전화 : 718 - 4831～2, 팩스 : 703 - 9711
　　　　이메일 : kyunginp@chol.com
　　　　홈페이지 : 한국학서적.kr / www.kyunginp.co.kr
등록번호 : 제10 - 18호(1973. 11. 8)

ISBN : 978-89-499-0718-5 93910